바다와 문명

바다와 문명-14세기 동남아시아에서 아랍까지
지은이 왕대연(汪大淵)
교주 후지타 토요하치(藤田豊八)
역주 박세욱
발행일 2022년 4월 28일 초판 1쇄
발행인 최외출
발행처 영남대학교 출판부
경북 경산시 대학로 280
전화 053 - 810 - 1801~3
팩스 053 - 810 - 4722
book.yu.ac.kr
출판등록 1975년 9월 5일 경산 제16 - 1호
ISBN 978 - 89 - 7581 - 854 - 7 93910

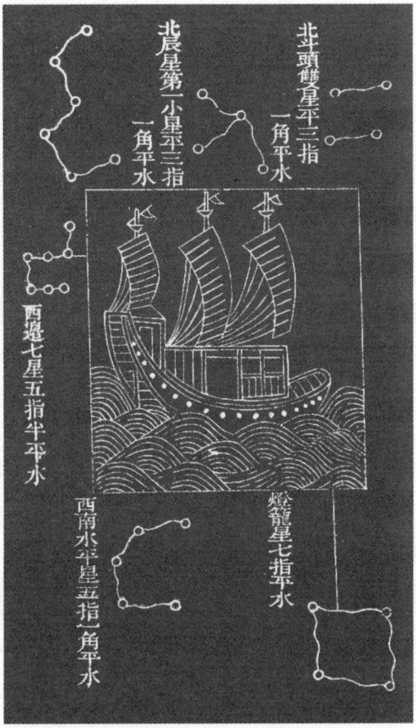

바다와 문명

【도이지략역주 島夷志略譯註】

◆14세기 동남아시아에서 아랍까지◆

왕대연 汪大淵 지음

후지타 토요하치 藤田豊八 교주

박세욱 역주

영남대학교출판부

저자 소개

○ 왕대연(汪大淵): 자(字)는 환장(煥章)으로 남창(南昌) 출신이다. 14세기 초, 1309년경에 태어나, 약관의 나이로 장삿배를 타고 동남아시아를 여행하고 귀국하여, 1349~1350년 견문기 『도이지략』을 남겼다.

○ 후지타 토요하치(藤田豊八, 1869~1929): 제국대학 문과대학 한문과를 졸업하고 도쿄 와세다 대학에서 중국문학사를 강의하며 중국 문학자로 활동을 시작했다. 1896년 중국 문학자 오야나기 시게타(小柳司気太, 1870~1940) 등과 함께, 동아학원(東亜学院)을 설립하고 『강호문학(江湖文学)』을 창간했다. 1897년 상하이를 방문한 그는 이듬해 나진옥(羅振玉)과 함께 동문학사(東文学社) 창설을 도왔고, 또 1905년에는 강소순무(江蘇巡撫) 단방(端方)의 초청으로 강소사범학당(江蘇師範学堂) 설립에 협력한 등의 공으로 청나라 정부로부터 훈장을 받았다. 1909년 경사대학당[北京大学]에서 교수를 담당하고, 1912년 일본으로 돌아와 도쿄에서 동서교통사 연구로 1920년 문학박사 학위를 받았다. 1923년 와세다대학 교수, 1925년에는 동경제국대학(東京帝国大学) 교수를 역임하고, 1928년 타이베이 제국대학 교수로 나갔다가, 1929년 귀국하여 서역사 특별강의를 준비하다가 7월에 신장병으로 병사했다. 중국 고전문학 연구로 출발한 후지타 토요하치는 1911년 『혜초의 왕오천축국전 주석(慧超往五天竺国伝箋釈)』을 발표하면서 중국 서역사에 연구를 시작했고, 1914년 『도이지략교주』를 이어, 유작으로 1932~33년 『동서교통사 연구(東西交渉史の研究)』라는 훌륭한 연구서를 남겼다.

○ 박세욱: 중국 문학과 예술 그리고 동서양 문물교류를 공부하고 있는 강사이다. 근래 연관 역주서로 『바다의 왕국들』(2019), 『8세기 말 중국에서 인도로 가는 두 갈래 여정』(2020), 『파리에서 둔황까지』(2022), 『앙코르 캄보디아-진랍풍토기 역주』(2022)가 있다.

역자 서문

유럽은 '동방'을 끊임없이 동경했고, 소유하고자 했다. 그들의 관심은 가장 멀리 떨어진 소위 '중국'이란 나라에 있었다고 해도 과언이 아니다. 그들은 당사자인 중국인들보다 앞서, '바다 밖'의 정황들을 기록해 놓은 중국 자료를 찾아 소개하는 데 혈안이 되었다. 이국적 욕구를 충족시키려는 순수한 '인문학적' 결실이라고 말할 수 있을까? 아우렐 스타인과 폴 펠리오가 둔황의 문서를 발굴하고 뒷북을 울렸던 것처럼, 20세기 중후반부터 중국의 학자들은 자신들이 소유한, '바다 밖' 정황을 기록한 자료에 주목하기 시작했다. 21세기에 들어서면서 '일대일로'라는 기치 아래 보란 듯이 과거의 기억을 소환하고 있다. 우리는 다시 물을 수밖에 없다. 왜 유럽 학자들이 이런 자료에 주목했는지를.

섬이나 바다를 통해 삶을 영위하는 민족을 지칭하는 '도이(島夷)'라는 표현은 글자 의미 그대로 '섬의 오랑캐'란 의미로 '중화사상'에 찌든 용어이다. 이러한 용어의 관습적 사용은 과거 중국인들이 이들을 정복과 교화의 대상으로 삼았다는, 중국 중심의 우월의식이 도사리고 있다. 소통과 교류의 차원이 아닌 이러한 적대 의식은 결국 '아편전쟁'이라는 결과를 초래했다. 지략(誌略) 또는 지략(志略)의 '지'는 '역사적 기록'을 의미하므로, '지략'이란 '간략한 역사적 기록'을 말한다.

왕대연(汪大淵)의 삶에 대해 정확한 기록이 없다는 것은 그의 신분과 그가 가져온 정보들이 당시 문인사회에서 주목받지 못했다는 사실을 방증해준다. 14세기 초에 태어난 그는 20세쯤에 장삿배를 타고 '바다 밖'의 세계를 편력했다. 그의 기록은 1349~1350년 '섬나라 이민족들에 대한 간략한 기록'이라는 서명으로 남아 전해졌다. 반세기 뒤, 1402년 정변(政變)을 통해 등극한 영락제 주체(朱棣)가 남아있는 위험 세력을 소탕하고 황제로서의 권위를 표방할 목적으로 남해 원정을 기획할때 『도이지략』은 중요한 정보로 활용되었다. 그러나 원정이 마감된 뒤 새롭고 보다 정확한 견문 기록들이 남겨지면서 왕대연의 책은 그 효용성을 잃어갔다.

14세기까지 중국인으로서 직접 바다를 여행하면서 남중국해와 아랍 세계에 관한 견문을 기록한 책으로, 왕대연의 『도이지략』만큼 많은 정보를 다룬 책은 없다. 동시대 인물인 이븐 바투타에 비교할 수 있을까? 이보다 정확하고 자세한 세계 견문기는 4세기 뒤인 사청고(謝清高, 1765~1821)의 『해록(海錄)』으로 나타났다. 소위 '동방의 마르코 폴로'라고도 불리는 왕대연의 『도이지략』은 명나라 시기 정화(鄭和)의 원정에 중요한 토대자료가 되었다. 당시 통역관으로 따라나섰던 비신(費信)이 남긴 『성사승람(星槎勝覽)』은 많은 부분 왕대연의 기술에 힘입었다.

전체 99개의 동남아시아와 아랍 지역의 나라를 비롯해 항구도시와 섬을 기술하고 있는 『도이지략』은 동시대의 마르코 폴로나 이븐 바투타의 여행 기록에 필적할 만한 중요한 동서양 교류의 정보들을 담고 있다. 이 책이 없으면, 우리는 마르코 폴로나 이븐 바투타의 기술 내용을 검증할 자료가 사실은 없다. 이 분야에 상당히 조예가 깊었던 폴 펠리오도 이 책을 충분히 활용하지 못한 아쉬움을 토로한 바 있다.

남송 시대 조여괄(趙汝适, 1170~1231)이 천주(泉州) 시박사(市舶司)를 지내면서, 수출입 항구를 주관하는 임무를 맡아 해외의 나라들과 산물들에 관해, 이전 사료들과 출입하는 상인들로부터 얻은 정보를 통해 지은 『제번지』가 가장 종합적이고 전문적인 자료로 평가받아왔다. 15세기 초 정화의 원정에 통역사로 수행했던 마환(馬歡)이 자신의 견문을 기록한 『영애승람(瀛涯勝覽)』도 15세기 전반 중국의 바다 밖의 정황을 살펴볼 수 있는 믿을 만한 자료로 알려져 있다.

아쉬움이 많지만 『제번지』는 이미 국내에 출간되었고, 『영애승람』도 마무리되어 가고 있다. 한편 근래 『해국도지(海國圖志)』라는 방대한 자료가 출간을 앞두고 있고, 『영환지략』, 『태평환우기』(10세기 저술로, 마지막 29권의 사이(四夷)편에 해양 왕국들이 일부 소개되어 있음)의 번역이 시작되었다. 『해국도지』와 『영환지략』은 19세기의 자료이다. 13세기의 『제번지』부터 시작하여, 15세기의 『영애승람』, 그리고 곧장 19세기로 넘어가 최종 결실을 얻게 된 셈이다. 하지만, 이 19세기의 저술들은 빠진 세기의 기록들로 재구성되어있으며, 쉽게 딸 수 있는 결실이 아니다.

왕대연의 『도이지략』은 이미 1869년 아더 웨일리(Arthur Wylie, 1815~1887)가 『중국 문헌 해제(Notes on Chinese Literature)』에서 언

급되었고, 중국의 남해 지리에 조예가 깊었던 흐루너펠트(Groeneveldt, 1841~1915)는 직접 인용하지는 않았지만, 1876년 『말레이 군도와 말라카(Notes on the Malay Archipelage and Malacca)』에서 언급했었다. 브레트슈나이더(E. Bretschneider, M.D., 1833~1901)는 『중세 연구(Mediaeval Researches)』(II, 1888, 307~8쪽)에서 처음으로 천방(天方, 메카) 조목을 번역하여 소개하기도 했다. 이어 프랑스의 오루쏘(Léonard Aurousseau, 1888~1929)는 조르주 마스페로(Geroges Maspero, 1872~1942)의 『참파 왕국(Le Royaume de Champa)』에 관한 서평을 쓰면서 점성(占城, 참파), 민다랑(民多郞), 빈동룡(賓童龍), 일려(日麗) 등 4개 조목을 번역하여 소개했다(『BEFEO』, 1914, 8~43쪽). 페랑(Gabriel Ferrand, 1864~1935)은 스리비자야 왕국을 연구하면서 『도이지략』의 삼불제(三佛齊), 구항(舊港) 두 조목을 불어로 소개했다(『Journal Asiatique』, 1922, 30~31쪽).

『도이지략』의 최초 교주(校注)본은 민국(民國) 초기 학자 심증식(沈曾植, 1850~1922)이 1912~1913년 상해국수학보사(上海國粹學報社)에서 상하 두 권으로 『고학휘간』에 발표한 『도이지략광증』이다. 이 교주본을 토대로 1914년 일본의 중국 문학자 후지타 토요하치[藤田豊八, 1869~1929]는 서양 학자들의 선행연구를 종합하여, 더욱 정확한 고증을 선보였다. 이 책은 나진옥(羅振玉, 1866~1940)이 주편한 『설당총간(雪堂叢刊)』 제2집으로 출간되었다. 이후 1935년 북경에서 『국학문고(國學文庫)』에 편입되어 중간(重刊)되었다. 후지타 토요하치가 교주본을 내고 있을 때, 미국의 록힐(W. W. Rockhill, 1854~1914)은 1914~1915년에 걸쳐 「14세기 중국과 인도양 연안, 동부 열도와의 무역 관계에 관한 주석(Notes on the relations and trade of China with the eastern archipelago and the coasts of the Indian Ocean during the fourteenth century)」[1]이란 제목으로 전제 99개 조목 중에서

1) Part I, 『통보(通報)』, 15-3(1914), pp. 419-447; Part II-1, 『통보』, 16-1(1915), pp. 61-159; Part II-2, 『통보』, 16-2(1915), pp. 236-271; Part II-3, 『통보』, 16-1, pp. 374-392; Part II-4, 『통보』, 16-1, pp. 435-467; Part II-5, 『통보』,

60개의 항목을 간략한 주석과 함께 번역했다. 비록 완역은 아니지만, 세계 최초의 역주서인 셈이다.

이로부터 반세기가 지나 쑤 지칭(蘇繼廎, 1894~1973) 씨는 다시 전체적인 고증과 주석을 달기 시작하여 결국 사후 1981년 『도이지략교석』이란 서명으로 북경, 중화서국에서 출간되었다. 쑤 지칭 씨의 친절한 주석들은 많은 학자에게 '믿을 만한' 레퍼런스를 제공했다. 예를 들어, 2000년 중화서국에서 출판한 '중외교통사적총간'에 참여하여 연관 자료들을 교감하고 주석한 학자들 대부분이 쑤 지칭의 주석을 참고하고 있으며, 1986년에는 중화서국에서 출판한 『고대남해지명휘석』이라는 사전에도 상당 부분이 반영되었다. 특히 우리나라 학계가 자랑할 만한 『중국정사외국전』역주 사업의 주석에도 중요 참고서로 활용되었다.

아쉽게도 출판사 측의 교정에도 불구하고, 쑤 씨의 교석(校釋)은 절반 이상이 억측과 근거 없는 설들로 가득하다. 성실하지 못한 참조 사항, 무리한 추론, 정확하지 못한 외래어 표기, 논지를 파악하지 못하거나 잘못 이해한 서구 학자들의 연구성과들은 연구자들에게 많은 오해를 낳게 했다.

그로부터 40년이 지나서야 한국어 역주본을 내는 순간이다. 외국어로는 명실상부한 최초의 역주가 아닐까. 새로운 설을 내세우거나 달리 고증한 조목은 크게 많지 않다. 다만, 선행연구를 최대한 섭렵하고, 객관적 시각에서 정확하게 설명하려고 노력했다. 후행 연구를 위해 가능한 참조 사항을 충실히 갖추었다.

관련 연구와 역주 작업을 하다 보니, 이미 출판된 작업에 아쉬움이 많다. "이 책을 공부하고 그 책을 출판하는 것이 좋았겠다"라는 그런 아쉬움 말이다. 지난 작업 특히 『바다의 왕국들』(제번지 역주)에 반드시 고쳐야 할 항목들이 한둘이 아니게 되었다. 응원해주는 독자들에게 미안하지만, 그래도 그 책이 있었기 때문에 이 책을 낼 수 있었다고 위안하고 싶다. 부디 개정 증보판을 낼 기회가 오기만을 기다린다.

16-1, pp. 604-626.

소위 ‘인문학’을 공부하는 사람이 ‘돈벼락’을 꿈꾸면 안 되고말고다. 그래도 생계에 보탬이 될까 하여, 지원을 신청했지만, 이 책보다 다급한 저술이 많았나 보다. ‘재수’해 볼까 하다가 ‘초심’으로 돌아왔다. 이미 출판사와 계약이 체결되어있어, 원고를 미루는 것도 염치가 없고, 정리된 작업은 책으로 가지고 있어야 다음 공부에 유용하리라. 그럴리는 없겠지만 이 책도 다음 책을 낼 때 후회의 대상이 되지 않았으면 좋겠다. 더 낳은 결과를 위해 나아가는 한 시간 강사의 학습 노트라고 읽어 준다면 얼마나 행복하겠는가.

조만간 3세기에 걸친 『제번지』, 『도이지략』, 『영애승람』이 진용을 갖추어, 향후 독서가 수월해지기를 고대한다. 폴 펠리오의 「15세기 초 중국의 대항해」, 펑 청쥔의 『중국남양교통사(中國南洋交通史)』라는 책이 순서를 기다리고 있고, 폴 펠리오의 『마르코 폴로에 관한 주석』, 번작(樊綽)의 『만서(蠻書)』, 사청고(謝淸高)의 『해록(海錄)』, 마단림(馬端臨)의 『문헌통고(文獻通考)』를 위해 키보드를 두드린다.

벽에 붙여 놓은 세계 전도에 공부한 곳들을 표시하며 다짐한다.
“아내와 함께 갈 것이라고.”
2022년 4월 중순, 또 다른 지혜를 찾으며.

차례

일러두기

○ 본서는 일본의 후지타 토요하치(藤田豊八)가 교주하여 1914년 나진옥(羅振玉)이 주편한 『설당총간(雪堂叢刊)』 제2집에 『도이지략교주(島夷志略校注)』라는 서명으로 출간했고, 이후 1935년 국학문고 제26편에 수록되어 문전각서장(文殿閣書莊)에서 다시 간행되었다. 본 역주서는 1935년 문전각서장본을 저본으로 삼아 번역하고 주석한다.

○ 교감에 활용된 판본은 다음과 같다.

- 문연각사고전서(文淵閣四庫全書)['사고전서본'으로 약칭함]
- 팽원서(彭元瑞)의 지성도재(知聖道齋) 소장본(북경도서관 소장)
- 정씨(丁氏)의 죽서당(竹書堂)에 소장된 필사본(『선본실독서지(善本室讀書志)』에 수록된 본, 남경도서관 소장).
- 광서 18년(1892) 순덕(順德) 용봉표(龍鳳鑣)가 북경에서 간행한 『지복재총서(知服齋叢書)』본.

○ 자주 인용되는 자료들은 다음과 같이 약칭한다.

『통보』: T'oung Pao
『JA』: Journal Asiatique
『BEFEO』: Bulletin de l'École française d'Extrême-Orient
『차이나리뷰』: China Reviews
『AQR』: Asiatic Quarterly Review
『JRAS』: The Journal of the Royal Asiatic Society of Great Britain and Ireland
『JChBRAS』: Journal of the China Branch of the Royal Asiatic Society
『JMBRAS』: Journal of the Malayan Branch Royal Asiatic Society
『JGIS』: Journal of the Greater India Society
『TBG』: Tijdschrift v. Indische Taal-, Land- en Volkenkunde van het Bat. Gen.

- 『도이지략교주』 汪大淵 著, 藤田豊八 校注, 『島夷誌略校注』, 文殿閣書莊, 1936.
- 『도이지략교석』 汪大淵 著, 蘇繼廎 校釋, 『島夷志略校釋』, 中華書局, 1981.
- 『유양잡조』 段成式 著, 方南生 点校, 『酉陽雜俎』, 中華書局, 1981.
- 『대당서역기교주』 玄奘 著, 季羨林 等校注, 『大唐西域記校注』, 中華書局, 2000.
- 『남해기귀내법전』 義淨 著, 王邦維 校注, 『南海寄歸內法傳校注』, 中華書局, 1995.
- 『대당서역구법고승전』 義淨 著, 王邦維 校注, 『大唐西域求法高僧傳校注』, 中華書局, 1988
- 『통전』 杜佑 著, 『通典』, 中華書局, 1988.
- 『만서』 樊綽 著, 向達 校注, 『蠻書校注』, 中華書局, 1962.
- 『문헌통고』 馬端臨 著, 『文獻通考』(点校本), 中華書局, 2011.
- 『계해우형지』 范成大 著, 嚴沛 校注, 『桂海虞衡志校注』, 廣西人民出版社, 1986.
- 『영외대답』 周去非 著, 楊武泉 校注, 『嶺外代答校注』, 中華書局, 1999.
- 『제번지교주』 趙汝适 著, 馮承鈞 校注, 『諸蕃志校注』, 商務印書館, 1940.
- 『제번지교석』 趙汝适 著, 楊博文 校釋, 『諸蕃志校釋』, 『中華書局』, 1996.
- 『진랍풍토기』 周達觀 著, 夏鼐 等校注, 『眞臘風土記校注』, 中華書局, 2000.
- 『마환』 J.J.L. Duyvendak, 『Ma Huan Re-examined』, Amsterdam, Noord- Hollandsche uitgeversmaatschappij, 1933.
- 『영애승람역주』 J.V.G. Mills, Ying-Yai Sheng-Lan 'The Overall Survey Of The Ocean's Shores', Cambridge, Published for the Hakluyt Society, at the University Press. 1970.
- 『명초본영애승람교주』 馬歡 著, 萬明 校注, 『明鈔本瀛涯勝覽校注』, 海軍出版社, 2005.
- 『성사승람』 費信 著, 馮承鈞 校注, 『星槎勝覽校注』, 中華書局, 1954.
- 『서양번국지』 鞏珍 著, 向達 校注, 『西洋番國志』, 中華書局, 1961|1982.

- 『서양조공전록』 黃省曾 著, 謝方 校注, 『西洋朝貢典錄校注』, 中華書局, 2000.
- 『동서양고』 張燮 著, 謝方 点校, 『東西洋考』, 中華書局, 2000.
- 『고대남해지명휘석』 陳佳榮, 謝方, 陸峻嶺 著, 『古代南海地名匯釋』, 中華書局, 1986.
- 『조여괄』 Friedrich Hirth and William Woodville Rockhill, 『CHAU JU-KUA: His Work on the Chinese and Arab Trade in the Twelfth and Thirteenth Centuries, entitled Chi-fan-chi』, St. Peterbourg, Printing Office of Imperial Academy of Sciences, 1911.
- 「15세기 초 중국의 대항해」 P. Pelliot, 「Les Grands voyages maritimes chinois au début du XVe siècle」, 『통보』, Vol. 30, 1933. 237~452.
- 「8세기 말 중국에서 인도로 가는 두 갈래 여정」
  P. Pelliot, 「Deux itinéraires de Chine en Inde à la fin du VIIIe siècle」, 『BEFEO』, IV(1904), 131~413쪽; 역주본, 영남대학교출판부, 2020.
- 『프톨레마이오스의 동아시아 지리에 관한 연구』
  Colonel G.E. Gerini, 『Researches On Ptolemy's Geography Of Eastern Asia』, London, 1909.
- 『말레이반도와 말라카에 관한 주석』
  W.P. Groeneveldt, 『Notes on the Malay Archipelago and Malacca』, Batavia, The Hague, 1876.
- 「14세기 중국과 인도양 연안, 동부 열도와의 무역 관계에 관한 주석」
  W. W. Rockhill, 「Notes on the relations and trade of China with the eastern archipelago and the coasts of the Indian Ocean during the fourteenth century」: Part I, 『통보(通報)』, 15-3(1914), 419-447; Part II-1, 『통보(通報)』, 16-1(1915) pp. 61-159; Part II-2, 『통보(通報)』,

16-2(1915), 236-271; Part II-3, 『통보(通報)』, 16-1, 374-392; Part II-4, 『통보(通報)』, 16-1, 435-467; Part II-5, 『통보(通報)』, 16-1, 604-626.

- 『중국과 이란』 Berthold Laufer, 『Sino-Iranica』, Chicago, 1919.
- 『영국-인도 용어사전』
  H. Yule & A.C. Burnell, 『Hobson-Jobson: A Glossary of Colloquial Anglo-Indian Words and Phrases, and of Kindred Terms, Etymological, Historical, Geographical and Discursive』, London, 1903.

○ 후지타 토요하치의 주석은 동그라미 숫자로 표기했고, 각주는 모두 역자의 주석이다.

○ 원문에 관하여 간략한 역자의 부가 정보는 밑줄로 표기했다.

『도이지략』 서문

장저(張翥)의 서문[張序][1]

구주(九州)[2]는 큰바다[大瀛海]가 감싸고 있어 중국을 적현신주(赤縣神州)라고 한다. 그 밖으로 주(州)를 이루는 것이 또 아홉이 있고, 작은 바다[裨海]가 둘러싸고 있으며, 사람과 짐승이 서로 통하지 못하고, 하나의 구역 안에 있는 것처럼 하나의 주를 형성하고 있다는 이것이 추연(鄒衍)의 설이다.[3] 사람들

---

1) 후지타 토요하치는 『도이지략』을 교주하면서, 저본으로 사용한 것으로 추정되는 『지복재총서』에 수록된 3편의 서문을 모두 수록하지 않았다. 이들 서문 중에서 원서의 저자인 왕대연의 인적 사항과 원서의 간행연도를 확인할 수 있는 두 편의 서문을 보충하여 역주해 둔다. 다른 한편은 『청원속지(清源續志)』의 서문이므로 싣지 않았다.

2) 후지타 토요하치의 저본으로 생각되는 『지복재총서』본에는 '주'자가 '해(海)'자로 되어있어, 정본(丁本)에 따라 고쳤다.

3) 『사기』, 「맹자순경열전」에서 추연(鄒衍)의 설을 인용하여, "중국을 이름하여 적현신주라고 하는데, 적현신주에는 원래부터 구주(九州)가 있었다. 우임금이 구주의 질서를 잡았다고 하는 것이 이를 말하는 것이라고 하나, '주'라 할 만한 것이 못되었다. 중국 이외에 적현신주 같은 것이 아홉이 있는데, 그것이 바로 구주라고 하는 것이다. 여기에는 비해(裨海)가 있어 구주를 둘러싸고 있으며, 사람과 짐승들이 서로 통할 수 없고, 한 구역 안에 있는 것처럼 하나의 주(州)를 이루고 있다. 이와 같은 것이 아홉이 있고 그 밖을 둘러싼 대영해(大瀛海)가 있으니 천지가 그곳에서 닿는다(中國名曰赤縣神州. 赤縣神州內自有九州. 禹之序九州是也, 不得爲州數. 中國外如赤縣神州者九, 乃所謂九州也. 於是有裨海環之, 人民禽獸莫能相通者, 如一區中者, 乃爲一州. 如此者九, 乃有大瀛海環其外, 天地之際焉)."라고 하였다. 사마천이 인용한 추연의 설은 중국을 적현신주라고 하는 설을 부정하고 있는 것으로 읽힌다. 적현신주를 중국이라고 해석하는 설은 중화중심주의적 사고의 소산일 것이다. 추연은 적현신주가 바로 세계[천하]이며, 그 세계는 아홉 개의 대륙[州]로 구성되어 있다는 것을 말하고 있다. 비해(裨海)란 표현에 대해 사마정(司馬貞)은 『사기색은(史記索隱)』에서 "비해(裨海)는 작은 바

대부분이 황당하고 허황하다고 했다. 하물며 당시에는 바깥 먼 곳이 중국과 교통하지 못할 때였으니 어찌 (추연의) 그 말을 증명할 수 있었겠는가! 한나라와 당나라 이후로, 여러 도이(島夷)들에게 이르려 힘쓰고, 이를 수 있는 바를 편리하게 한 기록이 역력히 역사에 전하면서 실로 그 명칭을 가지게 되었다. 그러나 견문을 고증하면서 대부분 옛 서적을 따르는 것에 그치고 직접 나가 눈으로 보고 안 것이 아니었으며, 상세한 것이라고 해도 여전히 다 입증해 내지 못했었다.

서강(西江)[4]의 왕환장(汪煥章)[5]군이 약관의 나이에 두 차례나 배를 타고 '동서양'으로 나가 지나는 곳마다, 그곳의 산천, 풍토, 산물의 다름과 사는 집, 음식, 의복의 선호, 그리고 교역에 활용할 적당한 바를 기술했는데, 직접 보고 쓰지 않은 것이 없으므로 증거로 삼을 만할 것이다. 나에게 말하기를 "바다에는 옛날부터 교룡, 경예(鯨鯢, 고래) 같은 거대한 물고기가 많아, 무리 지어 나타나 유영하면, 파도가 치고 바람이 일어나는데, 그 수를 헤아릴 수 없었습니다. 선원들이 닭털을 태워 닿게 하면 멀리 유영하여 물속으로 들어갔습니다. 어떤 도서는 넓이가 수천 리에 달했고, 섬에 사는 사람들이 많았습니다. 군장(君長)이 사는 곳에는 밝은 구슬, 아름다운 옥, 코뿔소 뿔[犀角], 상아(象牙), 향나무로 만든 장식이 많았습니다. 교량은 금은을 쌓아 만들기도 했으며, 산호, 낭간(琅玕), 대모 같은 것들을 사람들은 기이하게 여기지 않았습니다."라고 했다. 말한 것에 더 가관(可觀)인 것이 더 있었으니, 추연(鄒衍)이 한 말이 허황한 것이 아니었다는 것을 이 책 이외에서 알 수 있겠는가! 환장이 지나지 않은 곳

다[小海]이다. 구주(九州)의 밖에는 또 큰 바다[大瀛海]가 있다고 했으므로, 여기의 '비(裨)'자는 작은 바다임을 알 수 있다. 장수[將]에는 비장(裨將)이 있는데, '비'는 작다는 의미이다(裨海，小海也。九州之外，更有大瀛海，故知此裨是小海也。且將有裨將，裨是小義也)"라고 설명했다(『사기』, 중화서국, 2344쪽).

4) 강서(江西)는 현 장쑤성 난창[南昌]이다.

5) 저본에는 '강군장환(江君煥章)'으로 되어있으나, '강(江)'자는 '왕(汪)'자의 오기로 생각하여 고쳤다. 환장(煥章)은 왕대연의 자(字)이다.

에 기이하고 광대하며 또 이들을 뛰어넘는 나라들이 있지 않겠는가!

대략 하나의 기운이 천지에 가득 차, 그것이 융합하여 사람이 되고 사물이 된다. 오로지 중국 문명만이 그 바른 기운을 얻었다. 둘러싼 바다 밖에는 기운이 사물에 치우쳐, 추우와 더위가 기후를 달리하며, 재질이 품부한 바를 달리하는 것은 본디 그 이치이다. 요즘 이목이 이르지 않았다고 죄다 의심하는 것이 옳은가? 장주(莊周)는 "육합(六合)의 밖에 성인이 존재하나 논하지 않는다."[6]라고 한 말이 있다. 그러나 옛것에 박식한 군자들은 기이한 서적을 찾는 행위를 또한 그치지 않았다. 천주(泉州)에서 군지(郡誌)를 편수하면서 이 책을 넣어 간행했다. 환장이 돌아올 즈음 다시 서강(西江)에서 간행하여 널리 전해지게 되었다. 이에 내가 그 서문을 지었다. 지정(至正) 10년(1350), 세차로 경인(庚寅)년 2월 초하루에, 한림원 수찬(修撰), 하동(河東)의 장저(張翥)[7]가 서문을 짓다.

九州環大瀛海, 而中國曰赤縣神州. 其外爲州者復九, 有裨海環之, 人民禽獸, 莫能相通, 如一區中者, 乃爲一州, 此騶氏之言也. 人多言其荒唐誕誇. 況當時外徼未通於中國, 將何以徵驗其言哉! 漢唐而後, 於諸島夷力所可到, 利所可到, 班班史傳, 固有其名矣. 然考於見聞, 多襲舊書, 未有身遊目識, 而能詳其實者, 猶未盡之徵也.

西江江君煥章, 當冠年, 嘗兩附舶東西洋, 所過輒采錄其山川·風土·物產之詭異, 居室·飮食·衣服之好尚, 與夫貿易賚用之所宜, 非其親見不書, 則庶乎其可

6) 이 문장은 『장자』 「제물론(齊物論)」에 보인다. '육합(六合)'이란 동·서·남·북 그리고 상·하의 여섯 방위를 지칭하는 말이다.

7) 장저(張翥, 1287~1386)의 자는 중거(中擧), 호는 태암(蛻菴)으로 진녕(晉寧, 현 산시성 린펀臨汾) 사람이다. 한림원에서 승지를 지낸 것으로 알려져 있으며, 저서로는 『태암시(蛻菴詩)』와 『태암사(蛻菴詞)』가 있으나 온전한 모습으로 전하지는 않는다. 그의 전기는 『원사』 열전에 수록되어있다.

徵也. 與予言, 海中自多鉅魚, 若蛟龍鯨鯢之屬, 羣見遊, 鼓濤距風, 莫可名數. 舟人燔鷄毛以觸之, 則遠遊而沒. 一島嶼間或廣袤數千里, 島人浩穰. 某君長所居, 多明珠·麗玉·犀角·象牙·香木爲飾. 橋梁或甃以金銀, 若珊瑚·琅玕·玳瑁, 人不以爲奇也. 所言尤有可觀, 則騶衍皆不誕, 焉知是誌之外, 煥章之所未歷, 不有瑰怪廣大又逾此爲國者哉!

大抵一元之氣, 充溢乎天地, 其所能融結爲人爲物. 惟中國文明, 則得其正氣. 環海以外, 氣偏於物, 而寒燠殊候, 材質異賦, 固其理也. 今乃以耳目弗逮而盡疑之, 可乎? 莊周有言, 六合之外, 聖人存而不論. 然博古君子, 求之異書, 亦所不廢也. 泉修郡乘, 旣以是誌刊入之. 煥章將歸, 復刊諸西江, 以廣其傳. 故予序之. 至正十年, 龍集庚寅二月朔日, 翰林修撰河東張翥序.

오감(吳鑒)의 서문[吳序][8]

중국의 밖으로 사해(四海)가 매여있다. 해외의 오랑캐 나라[夷國]들은 수만에 달하고, 북해(北海)만 풍속이 나쁜 탓에 들어오지 않았다. 동쪽, 서쪽, 남쪽으로 수천만 리에 달하는데, 모두 산을 잇는 다리와 물을 잇는 배를 얻어 그 도로를 통하게 하였고, 사신들[象胥]을 확보하여 그 언어를 통역해냈다. 오로지 성인께서 재위하고 있어, 서로 따르며 조공과 교역을 본받았다. 비록 하늘 끝 멀리 불모의 땅일지라도 통하지 못할 이치가 없었다.

세조(世祖, 쿠빌라이 칸, 1260~1271년 재위) 황제가 송나라를 평정하고 비로소 정봉대부(正奉大夫, 정4품)[9] 공부상서 제번선위사(諸番宣慰使), 포사문(蒲師文)[10]과 부사(副使) 손승부(孫勝夫), 우영현(尤永賢) 등에게 외국과 교통하고 여러 오랑캐[諸夷]를 선유(宣諭)하게 하였다. 유독 자바[爪哇]만이 고집스레 복종하지 않아 마침내 평장사 고흥(高興)과 사필(史弼) 등에게 수군을 거느리고 가서 토벌하게 했다. 그때 이후로 장사하는 중국인들이 외국[外蕃]에서 모두 명을 받은 사신의 예우를 받아, 그 나라의 풍속, 토산, 인물(人物), 기괴

8) 이 서문은 『청원속지(清源續志)』에 『도이지략』을 붙이게 된 경위를 설명하는 글이다. 음력 1349년, 12월 15일, 즉 양력 1350년 1월 23일로 서명되어 있다. 오감이 1년 뒤인 1351년 4월 4일에 쓴 『청원속지』 서문도 『도이지략』의 서문처럼 연이어 3편이 수록되어 있었지만, 1351년의 것은 여기에서는 싣지 않는다.

9) 펠리오는 여기의 정봉대부(正奉大夫)의 '정(正)'자가 '병(兵)'의 오기로 추정했으나 잘못이다. Paul Pelliot, 『Mémoirs sur les Coutumes du Cambodge de Tcheou Ta-Kouan』, Paris, Adrien Maisonneuve, 1951, 103쪽 주3.

10) 구와바라 지쓰조(桑原隲藏)는 포사문이 포수경(蒲壽庚)의 맏아들로 추정했고(7, 67, 92쪽), 포수경의 선조들은 참파의 아랍인들이었다. 그의 할아버지는 광주에 정착했고, 그의 아버지는 천주에 정착했다(7, 5, 35쪽)는 고증을 내놓았다. 「On P'u Shou-keng」, 『Memoirs of the Research Department of the Tōyō Bunko』, 7(1935).

한 일이 중원 땅에 모두 알려질 수 있었고, 기이하고 진귀한 보물들이 중국 바깥으로 유포된 것이 적지 않았다. 그러나 그 사실을 고구(考究)하려 해도 일을 맡은 사람들이 그 말을 대부분 비밀리 하여 글을 지어내는 사람도 그 상세함을 알 수 없었다. 다만 예장(豫章)의 왕환장(汪煥章) 군은 어려서부터 기특한 기상을 품고 사마천 같은 원유를 하여 족적이 천하의 절반에 이르렀다. 해외의 풍토가 국사에 미진하게 기록된 것을 돌아보고, 배를 타고 바다에 나갔다가 수년 뒤에 돌아왔다. 그의 눈에 미치는 것들은 모두 써서 기록해 두었는데, 5년간 옛 기록[舊誌]과 교감해 보니[11] 큰 차이가 있었다. 군(君)이 전하는 말은 분명

11) 쑤 지칭 씨는 1981년 『도이지략교석』이라는 책을 통하여, 이전의 설들을 방대하게 인용하며, 자신의 설을 주장한 점은 돋보이나, 헤아릴 수 없이 많은 크고 작은 실수와 억측을 하여, 일일이 지적하는 것은 많은 지면을 할애해야 할 것이다. 이 부분을 설명하는 과정에서 언급하지 않고 넘어가기에는 너무 결정적인 오류가 있어 주석을 달아둔다. 여기에서 문제가 되는 것은 '5년'이 왕대연의 것인지 아니면 이 서문을 쓰고 있는 오감이 행한 '5년'인지이다. 쑤 지칭 씨는 먼저 『BEFEO』, 1914(14)에 실린 오루쏘(Léonard Aurousseau)씨의 설명에 대해 "오루쏘는 이 말이 왕대연이 귀국하여 5년이라는 시간이 걸려 『도이지략』을 완성했다고 보았다."라고 하면서 오해라고 일축했다. 그러나 쑤 지칭 씨는 오루쏘의 문장을 꼼꼼하게 읽지 않고, 스스로 오해를 한 것이다. 오루쏘의 글은 조지 마스페로(Georges Maspero)의 「참파왕국(Le Royaume de Champa)」에 관한 장문의 서평에(36쪽 주1) 보이는데, 오감의 이 문장을 다음과 같이 해석하고 있다. "(왕대연은) 여행에서 목격한 모든 사실을 기록한 책을 썼다. 5년이 걸려 교열했다. (일단 이 책을 완성하고 보니) (저자의) 첫 번째 기술과 상당한 차이를 보였다." 이로써 볼 때, 오루쏘 씨도 두 개의 판본이 존재했음을 전제하고 있다. 따라서 쑤 지칭 씨의 첫 번째 오독인 것이다. 이어서 쑤 지칭 씨는 펠리오의 설명에 대해, "이 문장에 들어있는 '5년'을 고려하지 않고, 왕대연 이전의 책들을 가리키는 것으로 보았다."라고 하면서 잘못되었다고 하였다. 『도이지략』에 관한 펠리오 씨의 설명은 『주달관의 진랍풍토기(Mémoires sur les coutumes du Cambodge de Tcheou Ta-Kouan)』, 미완의 주석을 붙인 신판(파리, Librairie d'Amérique et d'Orient, Adrien-

믿을 만하여 『청원속지(淸源續志)』[12] 뒤에 붙였다. 이후 「왕회(王會)」[13]를 그리는 사람에게 족히 고증할 것이 있도록 하고, 국가에 온 오랑캐[蠻]들이 귀의토록 하는 것은 모두 이러한 이치 때문이다. 지정(至正) 기축년(己丑年, 1349), 12월 15일에 삼산(三山)의 오감(吳鑒)[14]이 서문을 짓다.

Maisonneuve, 1951), 73~74쪽에 보이는데, 쑤 지칭 씨는 펠리오의 주석을 거의 읽어보지 않은 것 같다. 사실 쑤 지칭 씨는 오루쏘와 같은 실수를 하고 있다. 이 서문은 분명 오감이 쓴 서문이다. 왕대연 본인도 아닌 사람이, 왜 또는 어떻게 왕대연이 쓴 5년 전의 것과 비교한다는 말인가? 오감이 설옥립(偰玉立, 1290~1365)에게 『청원속지』를 편찬하라는 명을 받은 것은 분명 1346년 이후이다. 그로부터 5년 뒤인 1351년에 서문을 써서 간행되었다고 보아야 한다. 그러므로 여기 '5년'은 명을 받은 이후로 천주(泉州)와 관련된 옛날 기록[舊誌]과 왕대연이 직접 여행하면서 기록해 둔 것을 비교해보니 큰 차이가 있었다는 말이다. 그 결과 왕대연의 기술이 믿을 만하여 『청원속지』에 붙여 간행한다는 의미이다. 결국, 오루쏘와 쑤 지칭 씨는 오감이 서문을 쓰고 있다는 사실을 망각하고 '5년'의 행위를 왕대연에게 돌리면서 오해가 생겨난 것이다.

12) 청원(淸源)은 바로 천주(泉州)의 옛 명칭으로, 1278년 '천주'로 바뀌었다. 전대흔(錢大昕, 1728~1804)의 『원사예문지(元史藝文志)』에는 『청원속지(淸源續志)』 20권은 원나라 오감(吳鑒)이 지은 것이고 하였다. 쑤 지칭(蘇繼廎) 씨는 『청원속지』의 정식 명칭은 『천주로청원지(泉州路淸源志)』라고 하며 같은 책으로 보았으나(『도이지략교석』, 7쪽 주5) 잘못된 설명이다. 설옥립(偰玉立, 1290~1365)이 1346년 천주로(泉州路)의 다루가치로 부임하여 학자들에게 이전의 『청원지(淸源志)』를 산정하고 보충하게 하여 『청원속지』로 만들었다는 사실을 『청원속지』의 서문으로 확인할 수 있다(시아오 치칭蕭啓慶의 『九州四海風雅同』, 타이완, 中央研究院, 2012, 323쪽 참고).

13) 여기서 말하는 '왕회(王會)'란 당나라 염립본(閻立本)이 그렸다고 하는 「왕회도(王會圖)」와 같이 외국 사신들이 중국의 천자를 알현하는 소위 '조공(朝貢)' 장면을 그린 그림을 뜻한다.

14) 오감(吳鑒)은 『팔민통지(八閩通志)』, 권6, 「문원전(文苑傳)」에 수록된 약전에 따르면, 자는 명지(明之)이고 삼산(三山, 현 푸저우시) 사람이라고 한다. 간결하고 청신한 문사에 뛰어나 당시의 추중을 받았다고 하며, 그의 문집은 대부분

中國之外, 四海維之. 海外夷國以萬計, 唯北海以風惡不可入, 東西南數千萬里, 皆得梯航以達其道路, 象胥以譯其語言. 惟有聖人在乎位, 則相率而效朝貢互市. 雖天際窮髮不毛之地, 無不可通之理焉.

世祖皇帝旣平宋氏, 始命正奉大夫工部尙書海外諸番宣慰使蒲師文, 與其副孫勝夫·尤永賢等通道外國, 撫宣諸夷. 獨爪哇負固不服, 遂命平章高興·史弼等帥舟師以討定之. 自時厥後, 唐人之商販者, 外蕃率待以命使臣之禮, 故其國俗·土產·人物·奇怪之事, 中土皆得而知, 奇珍異寶, 流布中外爲不少矣. 然欲考求其故實, 則執事者多祕其說, 鑿空者又不得其詳. 唯豫章汪君煥章, 少負奇氣, 爲司馬子長之遊, 足跡幾半天下矣. 顧以海外之風土, 國史未盡其蘊, 因附舶以浮於海者數年然後歸. 其目所及, 皆爲書以記之, 校之五年舊誌, 大有逕庭矣. 以君傳者其言必可信, 故附淸源續志之後. 不惟使後之圖王會者有足徵, 亦以見國家之懷柔百蠻, 蓋此道也. 至正己丑冬十有二月望日三山吳鑒序.

산실 되었다.

1. 팽호(彭湖)[1] [1~3]

섬은 36개로 나뉘고[2] 크고 작은 것이 섞여 있으며 비탈과 고개가 서로 바라보고 있으며, 일곱 개의 오(澳)[3]가 그 사이에 있고 각기 그 이름이 있다. 천주에서 순풍에 이틀 밤낮을 가면 이를 수 있다. 풀은 있지만 나무는 없으며, 땅이 척박하여 벼에는 적합하지 않다. 천주 사람들이 띠를 엮어 집을 짓고 산다. 기후는 항상 따뜻하고 풍속은 순박하고 촌스러우며 사람들 대부분이 장수한다. 남녀는 긴 베적삼을 입고 토포(土布)[4]로 묶는다. 바닷물을 끓여 소금을 만들고 차

---

1) 송나라 영종(寧宗) 가정(嘉定) 14년(1221)에 완성된 왕상지(王象之)의 『여지기승(輿地紀勝)』(권130)에 팽호(澎湖)가 보이는데, 천진강(泉晉江) 동쪽에서 나와 바다로 들어가는데, 배로는 3일을 가면 팽호에 이른다고 하였다. 또, 누약(樓鑰)의 「왕대유행장(汪大猷行狀)」에 "건도(乾道) 7년(1171) 4월에 지천주(知泉州)로 나갔다.…군은 바닷가에 있고, 가운데에는 모래섬이 수만 묘(畝)가 있어 평호(平湖)라 하였다."라고 하였다. 이로써 볼 때, 팽호(彭湖)와 평호(平湖)라는 명칭이 함께 쓰였음을 알 수 있다.

2) 팽호는 대략 36개의 섬으로 구성된 것으로 기록되어 있다. 그런데, 강희(康熙) 연간(1662~1722)에 다시 편찬한 『대만부지(臺灣府志)』에는 "팽호의 섬을 다 헤아려보면 45개인데, 왜 36개라고 하는가. 아마도 천참(天塹)의 험지가 없고 아득히 창해뿐이므로, 이름은 있으나 사람들의 입에 오르내리지 않아 그 대략을 들어 말한 것일 뿐이다."라고 하였다. 건륭(乾隆) 시기의 『대만부지』에는 50개라고 한다.

3) 오(澳)는 선박이 정박할 수 있는 천연의 항만으로 보통 지명에 붙여 많이 사용한다. 건륭 시기의 『대만부지』에 따르면 팽호에는 55개의 오(澳)가 있다고 하였다.

4) 토포(土布)는 팔절나간(八節那間) 조목(28)에도 보인다. 유구(2) 조목에서는 토주(土珠), 가장문리(加將門里) 조목(75)에는 토주견(土紬絹), 팔절나간 조목에는 토분(土粉)이란 표현이 보인다. 여기의 '토'자는 본서 토탑(土塔) 조목(71)에서 토탑은 속칭 중국탑(China Pagoda)이라 한다고 하였으므로, 중국 본토를 의미하는 것으로 의미를 새겨볼 수 있다. 따라서 여기의 '토포'란 중국에서 짠 면

조를 발효시켜 술을 만들며, 물고기, 새우, 소라, 대합조개로 식량을 보충하고, 쇠똥을 태워 밥을 짓고, 생선 지방을 기름으로 쓴다. 땅에서는 호마(胡麻)[5], 녹두(綠豆)가 난다. 산양들이 새끼를 낳아 수만 마리가 군생한다. 집에서는 털을 그을리고 뿔을 깎아 기록하고, 무시로 수확하지 않고 각각 그 생육 정도에 따른다. 공예 상품을 흥판하여 그 이득을 챙긴다. 땅은 천주 진강현(晉江縣)에 예속되어 있다. 지원(至元) 연간(1264~1294)에 순검사(巡檢司)를 두고 해마다 소금 세액[6]을 정하고 중통(中統) 전초(錢鈔, 지폐) 10정(錠) 25냥을 내는데,

---

포를 의미하는 것으로 본다.

5) 호마(胡麻)는 참깨속(Sesamum Indicum)을 말한다. 『제민요술(齊民要術)』 권2의 호마(胡麻) 조목에는 "『한서』에 장건이 외국에서 호마를 얻었다."라고 하였고, 『몽계필담(夢溪筆談)』 권26에도 "장건(張騫)이 처음 대완(大宛)에서 유마(油麻)의 씨를 얻었다."라고 하였고, 또 참깨는 지마(芝麻), 거승(巨勝), 방경(方莖), 구슬(狗蝨), 유마(油麻), 지마(脂麻) 등의 이름이 있는 것으로 보아 한나라 초기에 들어왔음을 짐작게 한다. 호마라는 명칭은 아마(亞麻, Linum usitatissinum)를 지칭하기도 하므로 조심할 필요가 있다. 여기서는 녹두와 함께 언급하고 있으므로, 참깨를 말하는 것이 맞다.

6) 『원사』 「식화지(食貨志)·염법(鹽法)」에 따르면, 원나라 시기 염세(鹽稅)는 태종(太宗) 2년(1230)에 처음으로 시행되었다. 지원(至元) 13년(1276)에는 송나라 제도를 취하여, 매 인(引, 소금이나 차를 달 때의 무게 단위로 4백 근)당 중통초(中統鈔) 9관(貫)을 염세로 냈고, 지원 연간 계속 올려 매 인(引)당 150관까지 부과하기도 했다. 원나라 시기에는 은50냥을 1정(錠)이라 하였고, 초(鈔)는 100관을 1정(錠)이라 하였다. 이 당시 팽호의 염세는 중통초(中統鈔)로는 10정 25냥, 즉 1,025관이다. 중통(中統)의 전초(錢鈔)는 중통 원년(1260) 7월에 교초(交鈔, 지폐)를 만들어 유통하고 사(絲)를 본위로 삼았다. 은 50냥은 사(絲)나 초(鈔) 1천 냥에 바꾸었다. 이해 11월 다시 중통 원보초(元寶鈔)를 만들었다. 또 지원(至元) 24년(1287)에 지원초(至元鈔)를 발행하여 중통초와 함께 사용하였다. 후에 지대은초(至大銀鈔)를 만들었으나 1년도 못가 폐지되었다. 지정(至正) 10년(1350)에 지정초(至正鈔)를 만들어 중통초를 폐지하였으나 이 지정초 면에는 '중통교초(中統交鈔)'라고 적혀있는 것으로 보아, 『원사』에는 중통(中統)과 지원

부역을 대체하는 별도의 세금[科差]은 없다.

島分三十有六, 巨細相間, 坡隴相望, 乃有七澳居其間, 各得其名. 自泉州順風二晝夜可至. 有草無木, 土瘠不宜禾稻. 泉人結茅爲屋居之. 氣候常暖, 風俗朴野, 人多眉壽. 男女穿長布衫, 繫以土布. 煮海爲鹽, 釀秫爲酒, 採魚蝦螺蛤以佐食, 爇牛糞以爨, 魚膏爲油. 地產胡麻·綠豆. 山羊之孳生數萬爲羣. 家以烙毛刻角爲記, 晝夜不收, 各遂其生育. 工商興販, 以樂其利. 地隸泉州晉江縣. 至元間立巡檢司, 以週歲額辦鹽課中統錢鈔一十錠二十五兩, 別無科差.

『수서』에 따르면, 대업(大業) 7년(611)에 황제는 진릉(陳稜)에게 군대를 이끌고 의안(義安, 현 조주부潮州俯)에서 배를 타고 가 유구(琉球)를 치게 했다. 고화서(高華嶼)에 이르렀고, 다시 동쪽으로 이틀을 가서 구벽서(鼅鼊嶼)에 이르렀고, 또 하루를 가서 유구(流求)에 이르렀다고 한다.[7] 고화서는 현재의 화서(花嶼)이고, 구벽서는 지금의 규벽서(奎壁嶼)이고, 규벽서는 팽호에 부속되었으므로, 수나라 사람들은 이미 팽호에 이르렀을 것이다. 그러나 당시에는 아직 팽호라는 명칭이 없었다. 송나라 조여괄(趙汝适)의 『제번지』 비사야(毗舍耶) 조목에, "천주에는 팽호라는 섬이 있는데 진강현(晉江縣)에 예속되어 있다(泉有海島曰彭湖, 隸晉江縣)."라고 하였는데, 여기에서 처음으로 보인다.

원나라 조맹부(趙孟頫, 1254~1322)에게는 「황제의 뜻을 받들어 팽호로 가는 오 예부를 전송하며(送吳禮部奉旨詣彭湖)」라는 시가 있다.

나라를 위해 원대한 계책을 세우셨으니	爲國建長策,
이번 행차는 우연한 것이 아니네.	此行非偶然.
전쟁을 멈추려 무(武)를 보이려는 것이지,	止戈方見武,
바다로 들어가 선(仙)을 구하는 것이 아니네.	入海不求仙.

(至元)의 두 초(鈔)가 원나라 말까지 유통되었다고 할 수 있다.

7) 『수서』, 권81, 「유구열전」, 1825쪽.

붉은 인끈을 차고, 낭관이 된 날이, 朱紱爲郎日,
황금 부절을 들고 사신으로 나가는 해이네. 金符出使年.
일찍 돌아와 성은을 받들어, 早歸承聖渥,
도상으로 능연각에 오르시게. 圖像上凌烟.

이 시는 원나라 시기 팽호가 판도에 예속되어 있었다는 증거로 이 조목과 잘 부합한다. 명나라 진무인(陳懋仁)의 『천남잡지(泉南雜誌)』에는 『천군지(泉郡志)』를 인용하여 "동쪽으로 해문을 나가, 배를 타고 2일 정(程)[8]을 가면, 팽호섬이라 한다. 대양 가운데 두르고 있는 섬이 36개이다. 옛날 사람 대부분이 그곳에서 타향살이하는 사람들이었다. 띠를 덮어 움막집을 짓고, 나이를 따져 많은 사람이 수장이 되며, 축첩하지 않고 밭갈이와 고기잡이를 생업으로 한다. 그곳은 소와 양을 방목하기에 적합하여 먹이를 산과 계곡에 흩어 두고, 귀를 베어 기억한다. 소송하는 사람은 진강현에서 처결을 받는다. 성 밖으로의 교역은 해마다 수십 척에 달한다. 당시는 천주의 바깥 부서였으나 뒤에는 잦은 왜

8) 정(程)은 당송시기 거리를 계산하는 단위로 육로이냐 물길이냐에 따라 다르다. 육로로 갈 때는 다시 말을 타고 가는지, 도보인지, 수레를 타고 가는지에 따라 다른데, 말로 가면 하루에 70리, 도보는 50리, 수레는 30리를 간다. 물길로 배를 타고 갈 때 강인지, 호수인지, 바다인지를 따져야 하고, 또 거슬러 가는지 흐름을 따라가는 것인지에 따라 계산이 복잡하다. 『송회요(宋會要)』 권198, 「번이(蕃夷)5」에 "[지도(至道) 원년(995)에] 황제는 그 나라 사신을 불러 보고, 그 나라 지리와 풍속을 물었다. 역관이 대답하여 이르기를 '의주(宜州)에서 육로로 45정(程)입니다. 정(程)에는 리(里)나 이정표가 없지만, 새벽에 출발하여 밤까지를 1정(程)이라고 합니다.'라고 하였다(帝召見其使, 詢其地理風俗, 譯對曰, 地去宜州陸待四十五程. 程無理堠, 但晨發至夜, 謂之一程)."라고 하였다. 또 『금병매(金瓶梅)』 제84회에 보면 "가을이 깊어졌을 때 날씨는 춥고 해는 짧아 하루에 2정(程) 6~70리의 땅을 갔다(那秋深時分, 天寒日短, 一日行兩程六七十里之地)."라고 한 것을 보면 두 역참 사이의 거리를 1정이라 한 것임을 알 수 있다. 따라서 1정은 30리 남짓으로 계산하면 무리가 없을 것으로 보인다.

구의 침입으로 그 땅이 황폐해졌다. 혹자는 현의 관리에 맞서다가 황폐해졌다고 한다. 지금도 촌락의 집터가 아직 남아 있다(東出海門, 舟行二日程, 曰彭湖嶼. 在巨浸中, 環島三十六, 昔人多僑寓其上, 以苫茅爲廬舍, 推年大者爲長, 不蓄妻女, 以耕漁爲業. 其地宜牧牛羊, 散食山谷間, 各剺耳爲記. 訟者取決於晉江縣. 城外貿易, 歲數十艘. 時爲泉州之外府, 後屢倭患墟其地. 或云抗于縣官, 故墟之. 今鄉落屋址尙存).”라고 하였다.

당나라 시견오(施肩吾, 780~861)는 「섬 오랑캐를 노래함(島夷行)」에서 다음과 같이 노래했다.

비린내 나는 해변에는 귀신 시장 많고, 腥臊海邊多鬼市,[9]
섬 오랑캐 사는 곳엔 고향이나 마을도 없네. 島夷居處無鄕里.
검은 피부에 어린 소년 진주 따는 것 배우며, 黑皮年少學採珠,
손에 잡은 무소는 소금물에 비치네 手把生犀照鹹水.

현 팽호에는 유병(遊兵, 이동하는 소규모 부대)이 설치되어 그곳에서 주둔하며 지킨다. 시견오의 「도이행」은 팽호를 거명하지도 않았고, 말한 것도 팽호와 비슷한 것이 아니라 합포(合浦)와 비슷하다. 만진(萬震)의 『남주이물지(南州異物志)』에 “합포의 주민은 헤엄쳐 진주를 캐는데 뛰어나, 아이 나이가 십여 세가 되면 물속에 들어가는 것을 가르친다(合浦民善遊採珠, 兒年十餘歲, 便教入

9) 귀시(鬼市)에 관하여, 『제번지』 대진국 조목에는 두환(杜環)의 『경행기(經行記)』를 인용하여, “땅은 가로세로 1천 리고, 뛰어난 병사들이 1만여 명으로 대식(大食)과 서로 맞서고 있다. 서해(西海)에는 시장이 있는데 손님과 주인이 화합하여 이쪽이 가면 저쪽이 떠나가고 저쪽이 오면 이쪽이 돌아간다. 파는 사람이 먼저 진설해 놓으면 사는 사람이 나중에 값을 치른다. 대개 그 값을 물건들 옆에 두면, 값을 받아 간 뒤에 물건을 가져오는데, 귀시(鬼市)라고 한다(地方千里, 勝兵萬餘, 與大食相禦. 西海中有市, 客主同和, 我往則彼去, 彼來則我歸. 賣者陳之於前, 買者酬之於後, 皆以其値置諸物旁, 待領値然後收物, 名曰鬼市).”라고 하였다. 자세한 사항은 『바다의 왕국들』, 162쪽을 참고하시오.

水).”[10]라고 하였는데 이를 말한다.

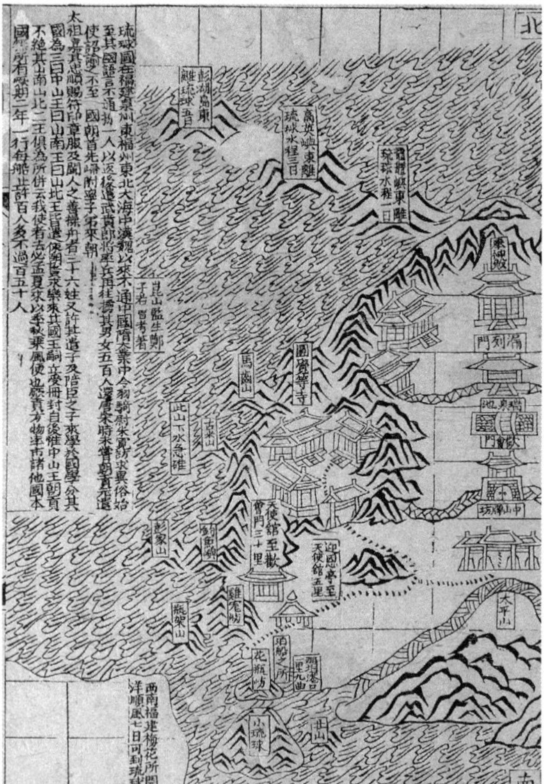

원나라 주사본(朱思本)이 그린 지도를 토대로 나홍선(羅洪先, 1504~1564)이 편집하고 보완한 『광여도(廣輿圖)』, 권2에 수록된 「유구도(琉球圖)」의 중국 쪽 부분. 팽호-고영서-구벽서-유구에 이르는 여정이 기록되어 있다.

---

10) 『남주이물지』는 삼국시대 오나라 단양(丹陽) 태수를 지냈다고 하는 만진(萬震)이 기록한 일종의 지리서로, 원본은 전해지지 않고, 『제민요술(齊民要術)』, 『초학기(初學記)』, 『예문유취(藝文類聚)』, 『북당서초(北堂書鈔)』, 『사기정의(史記正義)』, 『일체경음의(一切經音義)』, 『법원주림(法苑珠林)』, 『태평어람(太平御覽)』, 『사류부주(事類賦注)』 등등의 유서에 인용되어 전한다. 위의 문장은 당나라 구양순(歐陽詢)의 『예문유취』, 권84에 가장 빨리 보인다.

2. 유구(琉球)[1)][3~6]

---

1) 유구(琉球)는 오키나와섬을 지칭하기도 하고 오늘날 타이완을 지칭하기도 한다. 여기서는 타이완섬의 서남부를 가리키고 있다. 진제(陳第, 1541~1617)가 1603년, 대만의 지리와 민족을 기술한 『동번기(東番記)』에 "동번의 사람들이 언제부터인지는 모르지만, 팽호 밖 바다 섬에 산다. 망항(魍港), 가로만(加老灣)에서 시작하여, 대원(大員), 요항(堯港), 타구서(打狗嶼), 소담수(小淡水), 쌍계구(雙溪口), 가리림(加哩林), 사파리(沙巴里), 대방갱(大幫坑)에 걸쳐 모두 살고 있다(東番夷人不知所自始, 居彭湖外洋海島中. 起魍港·加老灣, 歷大員·堯港·打狗嶼·小淡水·雙溪口·加哩林·沙巴里·大幫坑, 皆其居也)."라고 하였는데, 복건 출신 주영(周嬰)이 『원유편(遠遊篇)』에서 『동번기』를 인용하면서 대원(大員)을 민남어 발음으로 대원(臺員, Tayouan)이라고 표기했다. 이로부터 타이완[臺灣]이란 명칭이 생겼다는 설이 있다. 그렇지만 이 대원(大員) 또는 대원(臺員)은 오늘날 타이난[臺南], 안핑[安平] 일대를 지칭할 뿐이다. 이곳을 제일의 곤신이란 의미로 일곤신(一鯤鯓)이라고도 한다. '곤신'이란 옛날부터 고래가 많이 출현한다고 하여 붙여진 명칭이다.

이보다 더 이른 역사적 기술을 찾으려 했던 쑤 지칭 씨는 『후한서』「동이전」에 보이는 이주(夷洲), 단주(澶洲), 그리고 『삼국지·오지』 권2에 이주(夷洲)와 단주(亶洲)로 거슬러 올라가고자 했다. 이어서 호위(胡渭)의 『우공추지(禹貢錐指)』에 딸린 지도를 통해 이주를 대만에 두고 있고 단주를 여송(呂宋)에 두고 있다고 판단했다. '이주'와 타이완의 음성적 관계를 찾고자, 『후한서』「동이전」에 보이는 '이주'에 관한 설명을 인용했다. "[『예기』]「왕제」에 이르기를 '동방을 이(夷)라 한다'고 하였다. 이(夷)는 뿌리로, 어질어 [사물을] 잘 살리니 만물이 땅에 뿌리를 내리고 나오는 것을 말한다(王制云, '東方曰夷.' 夷者, 柢也, 言仁而好生, 萬物柢地而出)."라고 하였다. 이로부터 쑤 지칭 씨는 '이(夷)'자의 발음이 '저(柢)'자와 발음이 같고, '이(夷)'자는 『광운(廣韻)』에 이(洟)자와 동음이므로, 夷=洟=柢라는 등식을 설정했다. 그런 다음 쑤 지칭 씨는 『수서·유구전』에 대업(大業) 3년(607)에 양제가 주관(朱寬)을 유구국에 보내, 베로 만든 갑옷[布甲]을 가지고 돌아왔는데, 당시 왜(倭)의 사신이 내조하여 보고 "이야구국(夷邪久國) 사람들이 쓰는 것입니다(此夷邪久國人所用也)”라고 한 기록을 인용하며, 여기에 나오는 이야구(夷邪久)의 ‘구(久)’자를 ‘예(乂)’자의 잘못으로 보고, 지[디]야예(夷邪乂)가 앞서 본 타이우안(Tayouan)의 음과 가깝다는 것이다(『도이지략교석』, 18쪽).

『예기·왕제』에서의 말은 ‘이(夷)’자의 발음을 표기하는 것이 아니라 그 뜻을 설명하는 말이다. 그 어떤 자전에도 ‘이(夷)’자의 발음이 [di] 또는 [ti]인 경우는 보이지 않는다. 게다가 이야구국(夷邪久國)은 야쿠시마(屋久島)를 지칭하는 것이 일반적인 설이다. 또 『동서양고』 「동번고(東番考)」에서 계룡담수(雞龍淡水) 조목에 보이는 대원요항(大圓堯港)이 두 장소를 지칭함에도 불구하고 ‘대원요’가 여기의 타이우안(Tayouan)과 발음이 비슷하다고 본 것은 잘못에 잘못을 더한 격이다.

한편, 『책부원구(冊府元龜)』 권959[『태평어람(太平御覽)』 권790]에 인용된 삼국시대 오나라 사람인 심영(沈瑩)의 『임해수토기(臨海水土記)』에서는 이주(夷洲)를 다음과 같이 설명하고 있다. “이주는 임해(臨海, 현 타이저우시) 동남쪽에 있고 군(郡)에서 2천 리 거리이다. 그 땅에는 서리와 눈이 없어 초목이 죽지 않는다. 사방이 산과 계곡이다. 사람들은 머리를 깎고 귀를 뚫는데 여인들은 귀를 뚫지 않는다. 토양은 풍요롭고 비옥하여 오곡이 자라며 생선이 많다. 개는 꼬리가 노루 꼬리처럼 생겼다. 이 오랑캐들은 시아버지, 고모, 자식, 아내가 함께 하나의 큰 침상을 사용하며 서로 피하지 않는다. 땅에는 동철(銅鐵)이 있지만, 다만 사슴뼈로 창을 만들어 전투하며 청석(青石)을 갈아 화살촉을 만든다. 생선을 잡아 큰 옹기에 섞어 집어넣고 소금에 절였다가 수개월이 지나 먹는데 최상의 반찬으로 친다(夷洲在臨海東南, 去郡二千里. 土地無霜雪, 草木不死. 四面是山谿. 人皆髡髮穿耳, 女人不穿耳. 土地饒沃, 既生五穀, 又多魚肉. 有犬. 尾短如麕尾狀. 此夷舅姑子婦臥息共一大牀, 略不相避. 地有銅鐵, 唯用鹿格[骼]爲矛以戰鬪, 摩礪青石以作弓矢[鏃]. 取生魚肉雜貯大瓦器中, 以鹽鹵之, 歷月所日, 乃啖食之, 以爲上餚也).”라고 하였다. 본서에서 기술한 풍습과 전혀 부합하지 않고, 거리도 일치하지 않는다. 그런데도 쑤 지칭 씨는 대만족을 설명한 가장 빠른 기록이라고 하였다. 그도 타이저우에서 동남쪽으로 ‘2,000리’라는 거리가 조금 거슬렸던지, 타이완 남항(南港)까지의 거리를 말하는 것 같다는 견강부회의 설을 폈다. 따라서 쑤 지칭 씨의 설은 폐기되어야 한다.

지세는 넓고 크며, 숲의 나무들은 아름드리이다. 취록(翠麓)[2], 중만(重曼), 부두(斧頭), 대기(大崎)라는 산이 있다. 이 중에서 대기산(大崎山)이 가장 높고 험준하여, 팽호에서 바라보면 아주 가깝게 보인다. 나는 이 산에 올라 조수가 들고 나는 것을 살폈다. 한밤중에 양곡(暘谷)의 일출을 바라보면, 붉은빛이 하늘에 닿아 산 정상이 모두 환해졌다. 땅은 윤택하고 농토는 비옥하여 농사에 적합하다. 기후는 비교적 따뜻하여 사람들은 팽호와 차이가 없다고 [한다]. 물에서는 배가 없어 뗏목으로 건너다닌다. 남자와 부인은 머리를 말아 올리고 화포(花布)[3]로 적삼을 만들어 입는다. 바닷물을 끓여 소금을 만들고 사탕수수[蔗][4]

---

2) 후지타 토요하치는 이곳에 대하여 아무런 언급이 없다. 쑤 지칭 씨는 제라산(諸羅山)으로 추정하며, "현지 명칭으로 티루센(Tirussen) 혹은 티로센(Thilocen)이라 하는데, 취록은 그 음역이다. 제라산은 샤먼 말로 쭈로산(Tsulosan)처럼 발음하고 청나라 시기에는 이곳에 제라현(諸羅縣)을 두었다가 이후에 지아이(嘉義)로 고쳤다. 그곳의 항구는 분항(笨港)이라 하는데 『동서양고·동양침로』에는 '망항(魍港)'으로 되어있다."라고 하였다(『도이지략교석』, 19쪽). 시에 팡(謝方) 씨는 『서양조공전록교주』에서 쑤 씨의 설을 그대로 따르고 있다(51쪽).

3) 화포(花布)란 꽃문양을 날염한 베를 말한다. 본서에서는 인화포(印花布)라고도 했다.

4) 자(蔗)는 한나라 이전에도 '자(柘)'자와 통용한 것을 보면, 사탕수수는 이미 고대 중국에서도 잘 알려진 식물임이 분명하다. 사탕수수의 원산지로 보이는 곳은 뉴기니의 Saccharum officinarum과 타이완과 남중국의 Saccharum sinense이다. 이후 인도지역을 거쳐 아랍 세계로 이식되었다. '자'에 대한 두 글자 표현으로 저자(藷蔗), 제자(諸蔗), 제자(諸柘), 도자(都蔗), 두자(杜蔗), 감자(甘蔗), 간자(干蔗), 우자(芋蔗) 등이 있다. 라우퍼(Laufer) 씨에 따르면, 여기에서 기원후 285년에 부남(扶南)이 조공품으로 바친 제자(諸蔗)는 인도차이나의 구어에서 왔다고 확신하고 있다(『Sino-Iranica』, 376쪽, 주5). 그렇다면 '諸蔗=藷蔗=諸柘=都蔗=杜蔗'는 같은 어원에서 파생된 표기들로 볼 수 있다. 간자(干蔗)는 모양이 대나무 같아서, 감자(甘蔗)는 달콤한 맛 때문에 붙여진 형용사일 것이다. 서진(西晉)의 계함(稽含)이 지었다고 하는 『남방초목상』(권1, 4쪽)에는 석밀(石蜜)이라는 사탕수수를 언급하고 있다. 음식을 달게 하는 유일한 식품이 꿀이었던 만큼

즙을 발효시켜 술을 만든다. 현지 주인[番主]인 추장을 존경할 줄 알고, 부자간에는 골육의 정이 있다. 다른 나라 사람들이 죄를 짓기라도 하면 산채로 그 살을 베어내 먹고, 그 머리를 취해 나무 장대에 건다. 그곳에는 사금(沙金), 황두(黃荳), 서자(黍子), 유황(硫黃), 황랍(黃蠟), 녹(鹿), 표(豹), 궤피(麂皮)가 난다. 토주(土珠)[5], 마노(瑪瑙), 진주(珍珠), 조완(粗碗), 처주(處州)의 자기(磁器) 등

사탕수수즙을 졸인 것은 충분히 꿀과 같게 볼 수 있을 것이고, 또 굳은 모양이 돌과 같으므로 '석밀'이라 했을 것이다. 『예문유취』 권87, 감자(甘蔗) 조목에서 인용한 『남중팔군지(南中八郡志)』에 "교지에는 감자(甘蔗)가 있는데, 직경은 수 촌이고 키는 1장 남짓하며 대나무와 비슷하고 잘라 먹으면 매우 달다. 즙을 짜서 햇볕에 말리면 엿이 되는데 입에 넣어 녹여 먹는다, 그 사람들은 그것을 석밀이라 한다."라고 하였다. 또 즙을 졸여 당을 만드는 것은 7세기 중반에 인도에서 중국으로 알려졌다. 백거이(白居易, 772~846), 『백공육첩(白孔六帖)』 권100, 감자(甘蔗) 조목에서 "당 태종이 사신을 보내 마게타국(摩揭陀國)에서 당을 졸이는 법을 얻어오게 하였고, 곧바로 양주(揚州)에 조서를 내려 제자(諸蔗)를 올리게 하여, 제조법대로 즙을 짜니 색과 맛이 서역의 것보다 훨씬 좋았다(唐太宗遣使至摩揭陀國取熬糖法, 即詔揚州上諸蔗, 榨瀋如其劑, 色味愈於西域遠甚)."라고 하였다. 하지만 사탕수수를 정제하는 법에 관하여, 라우퍼 씨는 "몽골시대 카이로에서 온 사람을 통해 중국인에게 알려지게 되었다."라고 하였다.(앞의 책, 377쪽).

5) 토주(土珠)란 구슬은 왕대연이 본서에서 한 차례만 언급했다. 쑤 지칭 씨는 '토'자는 중국을 의미하고, '주'자는 유리구슬을 말한다고 설명했다. 따라서 본서에서 보이는 소주(燒珠), 소주(焇珠), 초주(硝珠) 등과 같은 것으로 보았다(『도이지략교석』, 21쪽). 하자양(夏子陽, 1522~1610)의 『사유구록(使琉球錄)』에 "정전(正殿)의 창문은 오색소토주(五色燒土珠)로 발을 만들고, 탁자도 그처럼 두른다(凡閤門, 以五色燒土珠爲簾櫳, 桌圍如之)."라고 하였고, 왕이 출입할 때 쓰는 일산에는 청벽토주산(青碧土珠傘)이 있다고 하였다. 여기 '토'자의 의미가 중국을 가리키는 것으로 보이지는 않는다. 『예문유취』 권8, 유리(瑠璃) 조목에 인용된 3세기 만진(萬震)의 『남주이물지(南州異物志)』란 책으로, 그에 따르면 "유리(瑠璃)는 원래 돌이지만 용기로 만들려면, 천연 회(灰)로 만든다. 천연 회의 모습은 황회(黃灰)로 남해(南海) 바닷가에서 난다."라고 하였다. 따라서 '토'자의 의미는 '회(灰)'자로 보는 것이 맞을 것이다. 펠리오는 이들 유리 제품에 관하여 "아마도

을 교역한다. 해외의 나라들은 대체로 여기에서부터 [교역을] 시작한다.

地勢盤穹, 林木合抱. 山曰翠麓, 曰重曼, 曰斧頭, 曰大峙①. 其峙山極高峻②, 自彭湖望之甚近. 余登此山則觀海潮之消長, 夜半則望暘谷之出③, 紅光燭天, 山頂爲之俱明. 土潤田沃, 宜稼穡. 氣候漸暖, 俗與彭湖差異. 水無舟楫, 以筏濟之. 男子婦人拳髮, 以花布爲衫. 煮海水爲鹽, 釀蔗漿爲酒. 知番主酋長之尊, 有父子骨肉之義. 他國之人倘有所犯, 則生割其肉以啖之, 取其頭懸木竿. 地產沙金·黃荳·黍子·琉黃·黃蠟·鹿·豹·麂皮. 貿易之貨, 用土珠·瑪瑙·金珠④·粗碗·處州磁器之屬⑤. 海外諸國蓋由此始.

① 비신(費信)의 『성사승람』 천일각본, 유구(琉球) 조목에 '치(峙)' 자는 '기(崎)'자로 되어있다. 황성증의 『서양조공전록』에도 역시 그러하다. 본서의 삼도(三島) 조목에는 "대기산의 동쪽에 있다(居大奇山之東)"라고 하였으므로, '치' 자는 '기(崎)'자로 되어야 한다.

② '기(其)'자는 '대(大)'자의 잘못일 것이고, '치(峙)'자는 '기(崎)'자가 와전된 것이다.

③ '출'자 아래 '일(日)'자가 빠졌을 것이다.

④ '금(金)'자는 '진(珍)'자의 와전일 것이다. 『성사승람』 천일각본에는 "교역하는 상품으로 진주, 마노, 자기 사발 등을 사용한다(貨用珍珠瑪瑙磁碗之屬)."라고 하였다.

⑤ 원나라 도종의(陶宗儀)의 『철경록(輟耕錄)』 요기(窰器) 조목에, "본

초자(硝子) 또는 초자주(硝子珠)는 크리스털 형태를 갖춘 채색 유리 세공품을 지칭하고, 반면 소주(燒珠)는 일반적으로 구슬로 만드는 유리 제품으로 보인다." 라고 설명했다(「15세기 초 중국의 대항해」, 358쪽). 마지막으로 『평향현지(萍鄉縣志)』에 "토주령은 현의 서쪽 50리 선거리에 있다. 구슬처럼 단단하고 붉은 돌을 대장장이가 주어와 쇠처럼 단련하는데, 토주라고도 부른다(土珠嶺. 在縣西五十里仙居里. 有石堅赤如珠, 冶者取以煅鐵, 又名土珠)."라고 하였다. 따라서 '토'자의 의미를 중국으로 보기 힘들다. 유리에 관해서는 『바다의 왕국들: 제번지 역주』(408쪽), 하권 유리 조목과 펑 청쥔(馮承鈞) 씨의 주석을 참고하시오.

조의 정주 자기에는 비치는 빛살[光芒]이 있어 쓰임을 감내할 수 없으므로, 마침내 여주에 청자를 만들게 하여 하북의 당주·등주·요주 모두 가지게 되었다. 여요(汝窰)가 강남에서 으뜸이라면 처주·용천현의 요는 질감은 사뭇 거칠지만 두껍다(本朝以定州白磁器有芒, 不堪用, 遂命汝州造青窰器, 故河北唐鄧耀州悉有之. 汝窰爲魁江南, 則處州龍泉縣窰, 質頗麤厚)"라고 하였다.[6]

『수서』에 "구벽서(黿鼊嶼)에서 하루를 가면 곧 유구(流求)에 이른다."[7]라고 하였으므로 유구는 지금의 대만이지 현 유구(琉球, 오키나와 섬)가 아니다. 한퇴지(韓退之, 한유, 768~824)의 「정 상서님을 보내는 서(送鄭尙書序)」, 유종원(柳宗元, 773~819)의 「영남절도사 향군당 기문(嶺南節度使饗軍堂記)」에는 모두 유구(流求)로 되어있다. 송[8]나라 장작(張鷟)의 『조야첨재(朝野僉載)』에는 유구(留求)로 되어있는데, 그 주에, 바로 유규국(流虬國)이라고 하였다. 『제번지』, 『문헌통고』 등의 책에서 전하는 것은 대략 『수서』를 따르고 있다. 『원사』에는 "유구(瑠求)는 남해의 동쪽에 있다. 장주(漳州)·천주(泉州)·흥화군(興化軍)·복주(福州) 등 네 주 경계 내의 팽호(彭湖)의 여러 섬이 유구와 마주하고 있지만, 원래 교통하지 않았다. 날씨가 맑을 때 바라보면 어렴풋이 마치 연무 같아서, 그 거리가 몇천 리인지 모른다(瑠求, 在南海之東. 漳·泉·興·福四州界

---

6) 심증식(沈曾植) 씨는 『도이지략광증』(상, 1쪽)에서 처주 자기는 용천요(龍泉窯)에서 생산한 것이라고 했는데, 후지타 토요하치의 설명도 이를 따르고 있다. 쑤지칭 씨는 더 정확하게, "용천요(龍泉窯)는 여요(汝窯, 쑤 지칭 씨가 '餘姚'로 잘못 옮김) 월요(越窯)를 계승하여 번창한 것으로 남송 시기에 거의 우위를 차지했다. 장씨(章氏)의 가요(哥窯), 제요(弟窯)의 제품이 더욱 유명했다. 그러나 원나라와 명나라 시기에 처주는 여러 현의 요업(窯業)을 관할했는데, 여수(麗水)가 자장 번성하여 처주 자기는 용천과 여수 등에서 나는 자기의 총칭으로 쓰기에 비교적 적합했던 것으로 보인다."라고 하였다(『도이지략교석』, 22쪽)

7) 『수서』, 권81, 유구열전(1825쪽): 黿鼊嶼, 又一日便至流求.

8) 장작(張鷟, 658~730)은 당나라 사람이다. 여기는 인쇄상 오류로 보인다.

內彭湖諸島, 與瑠求相對, 亦素不通. 天氣清明時, 望之隱約若煙若霧, 其遠不知幾千里也).”라고 하였다. 이 또한 지금의 대만을 말하는 것 같다. 본서에서는 유구(琉球)로 되어있고, “팽호에서 바라보면 아주 가깝게 보인다.”라고 하였고, 또 “땅은 윤택하고 전토는 비옥하여 농사에 적합하다.”라고 했으며, 또 “물에서는 배가 없어 뗏목으로 건너다닌다.”라고 하였고, 또 “다른 나라 사람들이 죄를 짓기라도 하면 산채로 그 살을 베어내 먹고, 그 머리를 취해 나무 장대에 건다.”라고 하였으며, “그곳에는 사금(沙金), 황두(黃荳), 서자(黍子), 유황(硫黃), 황랍(黃蠟), 녹(鹿), 표(豹), 궤피(麂皮)가 난다.”라고 하였는데, 그 풍속과 산물이 모두 대만과 같으므로, 대만으로 결정할 수 있다.

명나라 장섭(張燮, 1574~1640)의 『동서양고(東西洋考)』 「동양침로」에 “팽호섬에서 병사(丙巳)의 지침으로 5경[9]을 가면 호두산에 이르고, 호두산에서 병사 지침으로 7경을 가면 사마두오에 이른다(彭湖嶼, 用丙巳針, 五更, 取[虎頭山] 虎頭山, 用丙巳, 七更, 取沙馬頭澳).”라고 하였다. 본서에 부두(斧頭)는 바로 호두(虎頭)이고, 사마두오(沙馬頭澳)는 사마기두(沙馬機頭)일 것이다.[10] 부두(斧頭), 호두(虎頭)는 지금 안평(安平) 부근에 있고, 중만(重曼)은 사마(沙馬)의 다른 글자[異字]인 것 같다. 또 “동번(東番)의 사람들은 ‘소동양’이라 하는데, 팽호에서 하루 낮밤을 가면 망항에 이른다. 또 하루 낮밤을 가면 타구자(打狗仔)에 이른다(東番人稱爲小東洋, 從彭湖一日夜至魍港. 又一日夜至打狗仔).”라고 하였다. 대개 수나라에서 원나라에 이르기까지 대만을 서남 연해의 땅이라고만 알았을 뿐이다. 수나라 병사들이 구벽(鼊鼊)에서 하루 만에

9) 경(更)이란, 명·청시대 바다를 항해할 때 거리를 측정하는 용어로, 육지의 60리(里)에 해당한다.

10) 황숙경(黃叔璥, 1682~1758)의 『대해사사록(臺海使槎錄)』에 “남로의 끝은 사마기두에서 다하고, 전하는 바에 따르면 지맥이 루손으로 곧장 이어진다고 한다(南路界盡沙馬磯頭, 相傳地脈直接呂宋).”라고 한 것으로 보아, 사마기두는 타이완 최남단을 말하는 것을 알 수 있다. 현 헝춘 어루안비(鵝鑾鼻) 곶을 가리킨다.

유구(留求)에 이르렀으므로 대략 망항(魍港, 네덜란드어로 Wankan) 주변의 땅이다. 망항은 북항(北港)이라고도 하는데, 지금의 분항(笨港, 부다이진布袋鎮)이다.

본서의 대기산(大崎山)은 또한 『동서양고』의 타구자(打狗仔) 즉 지금의 타구(打狗)[11]일 것이다. 그렇다면 대만은 서남 연해의 땅을 옛날부터 유구(琉求), 유구(留仇), 유규(流虬), 유구(瑠求), 유구(琉球)라 불렀는데, 지금의 낭교(瑯璚[嶠])와 소유구(小琉球) 섬이 바로 그 유적이다.[12] 명나라 진인석(陳仁錫, 1581~1636), 『황명세법록(皇明世法錄)』, "그 땅 경계에 수많은 파도가 구불구불 물에 떠있는 것 같아 유규라 하였고, 뒤에 유구로 바뀌었다(其地界萬濤, 蜿蜒若浮水中, 因名流虬, 後轉謂琉球)."라고 하였는데, 허황하여 변론할 가치도 없다.

명나라 초 중산왕(中山王)이 조공하고 봉호를 받았다.[13] 이로부터 오키나

---

11) 타구(打狗)는 현 가오슝(高雄)의 옛 명칭으로, 1603년 진제(陳第)의 『동번기』에 처음으로 언급되었다. 마카타오 족의 발음은 'Takau'로 의미는 죽림(竹林)이란 뜻이다. 가오슝의 일본어 발음은 'たかお'인데, 바로 타구의 현지 발음 그대로이다. 그렇다면 대기산은 가오슝 인근의 산을 말하는 것일까? 왕대연은 "대기산(大崎山)이 가장 높고 험준하여, 팽호에서 바라보면 아주 가깝게 보인다."라고 하였다. 타이완에서 가장 높은 산은 위산(玉山)으로 해발 3,952m이다. 둥강(東港)에서 수로를 타고 올라가면 위산까지 닿는다. 왕대연이 위산에 올라 일출을 보았다면 이 수로를 따라가지 않았을까?

12) 낭교(瑯嶠, 娘嬌, 琅嶠, 娘嬌, 浪嶠)는 파위안[排灣] 족의 말을 한자로 표기한 것으로, 네덜란드 사료에 보이는 최초의 음역은 [Longkiauw], [Lonckjau]이다. 이 명칭은 1936년부터 헝춘[恆春]으로 바뀌었다. 따라서 쑤 지칭 씨가 유구(琉球, 流求, 琉求, 瑠求) 유규(流虬)등의 표기는 대만 남부의 구역 이름인 낭교(螂嬌)에서 음을 얻은 것으로 추정된다는 설명(『도이지략교석』, 18쪽)은 이해하기 어렵다.

13) 추잔왕(中山王)은 삿토(察度, 1350~1395 재위)이다. 1372년 홍무제가 초유사(招諭使) 양재(楊載)를 파견하여 초유(招諭)하면서 국교를 수립하였고, 이후 1374년 아우인 타이키(泰期)를 명나라에 보내 칭신(稱臣)하여 봉호를 받았

와 제도는 대유구(大琉球)라 하고, 대만은 소유구(小琉球)라 칭했다. 『성사승람』 천일각본 유구국(琉球國) 조목에【여러 총서본에는 이 조목이 들어있지 않다】, "그곳 산의 형세는 서로 끌어안은 듯이 솟아있다. 한 산은 취록, 한 산은 대기, 한 산은 부두, 한 산은 중만이라고 하는데 높이 솟아 있고 숲이 무성하다. 농토는 비옥하고 곡물은 풍성하다. 기후는 항상 덥다. 남녀는 화인포(花印布)로 큰 적삼을 만들고 치마를 달아서 입는다. 추장은 예(禮)를 존중하고 사람들에게 세금을 매기지 않아 사람들이 모두 그의 법을 본받는다. 사탕수수를 빚어 술을 만들고 바닷물을 끓여 소금을 만든다. 중국 글을 익혀 읽을 수 있고, 옛 그림과 청동 그릇을 좋아하며 당시(唐詩)를 본받아 시를 짓는다. 땅에서는 사금(沙金), 유황, 황랍이 나고, 진주, 마노, 자기 그릇 등을 교역한다(其處山形, 抱合而生. 一山曰翠麓, 一山曰大崎, 一山曰斧頭, 一山曰重曼, 高聳叢林. 田沃, 穀盛. 氣候常熱. 男女以花印布大袖衫, 連褲穿之. 其酋長尊禮, 不科民下, 人皆效法. 釀甘蔗爲酒, 煮海爲鹽. 能習讀中國書, 好古畫·銅器, 作詩效唐體. 地產沙金·硫黃·黃蠟, 貨用珍珠·瑪瑙·磁碗之屬)."라고 하였다.

다. 우리나라 『태조실록』 권2, 윤 12월 28일 기사에 "이 해에 유구국(琉球國)의 중산왕(中山王) 찰도(察度)가 신하로 일컫고 글을 받들어 통사(通事) 이선(李善) 등을 보내어 예물(禮物)을 가져와서 바치고, 아울러 사로잡혔던 남녀 8명을 송환(送還)하였다."라고 하며 조선의 역사무대에 등장하고 있고, 또 태조 6년(1397) 8월 6일자 기사에 "유구국(琉球國) 중산왕(中山王) 찰도(察度)가 사신을 보내어 글을 바치고 방물(方物)을 바쳤으며, 잡혀 있던 사람과 바람을 만나 표류한 사람 9명을 돌려보냈다."라고 하는 기록으로 보아 삿토왕은 1397년까지는 재위하고 있었다.

3. 삼도(三島) [6~9]

대기산(大崎山)의 동쪽에 있으며, 섬은 세 발의 솥처럼 나뉘어 겹겹의 산과 층층의 봉우리가 있고, 사람들은 그 가장자리를 따라서 산다. 농토[田土]는 척박하고 곡식은 적으며, 풍속은 질박하며 기후는 조금씩 온난함이 다르다. 남녀들 중에는 흰 사람이 있다. 남자는 정수리에 머리를 말아 올리고, 부인들은 상투를 틀었으며, 모두 홑겹의 옷을 입는다. 남자들은 선박을 타고 천주(泉州)에 이르러 장사를 하며 돈주머니를 다 털어, 몸에 문신을 새긴다.[1] 그 나라로 돌아가면 나라 사람들이 그를 추장으로 예우하여 윗자리로 영접하는데, 부로(父老)라고 해

---

1) 천주의 문신술에 관해서는 이미 마르코 폴로가 언급한 적이 있다. 마르코 폴로는 "상부인도(Upper India) 사람들은 문신을 새기기 위해 이 도시로 온다."라고 하였다. 펠리오는 『마르코 폴로에 관한 주석(Notes on Marco Polo)』, I, 596쪽에서 "운남 남서쪽의 샤르단단(Çardandan)과 (상부통킹)의 카우지구(Caugigu, 교지交趾) 사람들과 같은 비한족에 관해 말하면서, 마르코 폴로는 문신하는 관습을 묘사했는데, 중국 본토에서 행해지고 있다는 것은 샤이톤(Çaiton, 천주) 챕터에서 유일하다. 즉, 사람들이 상부인도(Upper India)에서 천주의 장인들에게 문신을 새기기 위해 온다는 것이다! 나는 천주에서 문신하는 것에 관한 어떠한 정보도 갖고 있지 않다. 그러나 『원전장(元典章)』, 권41, 24쪽에는 1309년 항주의 한 남자에 관한 특별한 경우를 언급하고 있는데, 그는 자기 아내의 등과 넓적다리에 파랗게 용과 악마를 억지로 문신시켜, 거리에 벌거벗겨 내놓았다. 참작할 여지도 없이 그는 장모를 두들겨 팼다. 그래서 큰 대나무로 87대의 곤장형을 받았으며 그의 아내도 친족에게 돌아가게 되었다고 한다."라고 설명했다. 펠리오는 왕대연의 이 기록을 보지 못했던 것 같다. 크로포드(John Crawfurd, 1783~1868)는 『인도양군도의 역사(History of the Indian Archipelago)』, I, 218쪽에서 "필리핀에서 문신을 하는 관습은 여전이 행해지는 것 같고 한 때는 매우 흔했다. 그래서 스페인 사람들은 이러한 환경에서 사는 사람들로 이루어진 몇몇 섬에 핀타도스(Pintados) 즉 문신을 한 사람들의 섬이라는 명칭을 부여했다."라고 하였다.

도 그 자리를 다툴 수 없다. 습속에 중국에 다녀온 것을 높이 사기 때문이다. 사람들은 바닷물을 끓여 소금을 만들고, 사탕수수 즙을 발효시켜 술을 만든다. 추장이 있다. 땅에서는 황랍(黃蠟), 목면, 화포(花布)가 난다. 교역하는 상품으로는 동주(銅珠), 청백화완(靑白花碗)[2], 소화인포(小花印布), 쇳덩이 등이 있다. 이곳 다음으로 답배(答陪), 해섬(海贍), 파농길(巴弄吉), 포리로(蒲里咾), 동류리(東流里)라는 곳이 있다. 그다지 특이한 산물이 없으므로 여기에 붙여 놓을 따름이다.

居大奇山之東①, 嶼分鼎峙, 有疊山層巒, 民傍緣居之②. 田瘠穀少, 俗質朴, 氣候差暖. 男女間有白者. 男頂拳③[髮], 婦人椎髻, 俱披單衣④. 男子嘗附舶至泉州經紀, 罄其資囊, 以文其身. 旣歸其國, 則國人以尊長之禮待之, 延之上座, 雖父老亦不得與爭焉. 習俗以其至唐, 故貴之也. 民煮海爲鹽, 釀蔗漿爲酒. 有酋長. 地產黃臘·木棉·花布. 貿易之貨, 用銅珠⑤·靑白花碗·小花印布·鐵塊之屬. 次曰答陪, 曰海贍, 曰巴弄吉, 曰蒲里咾, 曰東流里. 無甚異產, 故附此耳.

① 『성사승람』 천일각본, 삼도(三島) 조목에는 ‘기(奇)’ 자가 ‘기(崎)’ 자로 되어있는데, 이것이 맞다.

② ‘연(緣)’ 자는 지복재본에 ‘육(陸)’ 자로 되어있어 정씨(丁氏) 초본에 따라 고쳤다.

③ ‘권(拳)’ 자 아래에 ‘발(髮)’ 자가 빠졌을 것이다. 『성사승람』에 ‘男生拳髮’로 되어있다.

④ 『성사승람』에는 “홑겹 베를 갈라 옷을 만들며, 재봉은 할 줄 모른다(單布披之爲衣, 不解裁縫).”라고 하였다.

⑤ 『성사승람』에는 [동주(銅珠)가] ‘금은(金銀)’으로 되어있다.

『제번지』에, “삼서는 마일(麻逸)[3]에 속해있는데, 가마연(加麻延), 파로유(巴姥

---

2) 청백화완(靑白花碗)은 흰 바탕에 청색으로 꽃문양이 들어간 그릇을 말하는 것일 것이다.

3) 베르톨드 라우퍼(Berthold Laufer)는 「중국과 필리핀 군도와의 관계(The

西), 파길농(巴吉弄)이라 한다. 각각 종족과 부락을 가지고 있으며 도서에 흩어져 살다가 배가 이르면 나와서 교역하는데 모두 묶어서 '삼서'라고 한다(三嶼乃麻逸之屬, 曰加麻延·巴姥酉·巴吉弄, 各有種落, 散居島嶼, 舶舟至則出而貿易, 總謂之三嶼)."라고 하였고, 또 "산이 동북쪽 모퉁이에 의지하고 있어 남풍이 이따금 불면 파도가 산에 몰아닥쳐 빠르게 배를 몰아가므로 배를 댈 수 없다(其山倚東北隅, 南風時至, 激水衝山, 波濤迅駛, 不可泊舟)."라고 하였다. 히어트 씨는 가마연, 파로유, 파길농을 현 필리핀 열도의 서남쪽 가장자리에 있는 칼라미안(Calamian), 팔라완(Palawan), 부상가(Busanga)로 생각했다(히어트와 록힐, 『조여괄』, 162쪽). 그러나 명칭이 서로 비슷한 것은 파로유 뿐이다. 루손섬 서남쪽 모퉁이인 시에라 드 마리벨스(Sierra de Mariveles)의 옛 명칭이 카마야(Camaya)인데, 가마연일 것이다. 『제번지』의 파길농이 파농길

Relations Of The Chinese To The Philippine Islands)」, 『Smithsonian Miscellaneous Collections』, Volume L, No. I759, City Of Washington, The Smithsonian Institution, 1908(248~284쪽), 252쪽에서 조여괄의 삼서를 주석하며, "나는 블루멘트리트(Blumentritt) 교수에 따라(Versuch einer Ethnographie der Philippinen, 65쪽), 옛날 마이트(Mait)라고 불렸던 민도로섬을 의미한다고 생각하고 싶다. 분명 중국인들은 루손섬보다 더 이른 시기에 민도로를 알고 있었다. 1571년 스페인 사람과 중국인이 처음으로 만난 곳이 바로 민도로섬에서였다. 이 세 섬은 아마도, 부수앙가(Busuanga), 칼라미안(Calamian), 페농 드 코란(Peñon de Coran)이다. 조여괄이 언급한 다른 지역으로, 백포연(白蒲延)은 루손섬 북부의 바부얀(Babuyan), 포리로는 루손섬 동부의 포릴로(Polillo)로 추정된다."라고 하였다. 히어트와 록힐 씨는 이 설명을 그대로 따르면서 조여괄은 루손섬 북부의 바부얀과 루손섬 동부의 포릴로가 마일에 속해 있는 것으로 보았으므로, 여기의 마일은 루손(Luzon, 呂宋)과 민도로섬에 합친 것이거나 아니면 필리핀군도 전체를 포괄한다고 했다(『조여괄』, 160쪽). 한편, 『문헌통고(文獻通考)』 권332 사바(闍婆) 조목에 "또 마일국이 있는데, 태평흥국(太平興國) 7년(982)년에 보화를 싣고 광주(廣州) 해안에 이르렀다(又有摩逸國, 太平興國七年, 載寶貨至廣州海岸)."라고 했는데, 중국 자료에서 마일을 언급한 가장 빠른 기록으로 볼 수 있을 것이다.

로 되어있는데, 발랑가(Balanga)에 해당하는 음이나, '길농' 두 글자가 도치된 것이다.[4] 파로유는 『동서양고』의 파로원(巴姥圓, Palawan)과 거의 같지만, 루손섬 남단에는 발라얀(Balanyan)이 있으므로 파로유는 발라얀에 해당하는 음일 것이다. 요컨대, 삼서(三嶼)는 루손섬의 서남쪽 일대로 필리핀 열도에서는 동북쪽 모퉁이에 기대어 있다고 할 수 있다. 『제번지』의 삼서가 본서의 삼도일 것이다. 대기산(大崎山) 동쪽에 있다고 하였는데, 실은 동쪽에 있는 것이 아니라 남쪽에 있다. 당시 바다를 항해하여 이 지역에 올 때 대략 동남쪽으로 향하므로 오해가 생긴 것일 뿐이다.

또한 답배(答陪)는 바로 토바고(Tobago)에 해당하는 음으로, 『제번지』 유구(流求) 조목에는 담마안(談馬顏)으로 되어있고, 『동서양고』, 『해국문견록』의 홍두서(紅豆嶼)가 이곳이다. 당시 루손으로 항해하는 사람들은 멀리서 이 산이 보인다고 한다.[5] 해섬(海贍)은 『제번지』에 해담(海膽)으로 되어있다. "궁

4) 히어트와 록힐 씨는 『제번지』의 파길농(巴吉弄)을 부수앙가(Busuanga)로 보았다. 펑 청쥔 씨도 『제번지교주』에서 히어트와 록힐의 설을 소개하는 데 그치고 있다. 후지타 토요하치는 『제번지』의 파길농은 『도이지략』에 따라 파농길(巴弄吉)이 도치된 형태로 생각하고 그에 해당하는 음으로 발랑가(Balanga)를 제시했다. 음성적으로 그렇게 만족스러운 것은 아니고, 또 왕대연은 파농길을 삼도(三島)에 부속된 곳이라고 하였으므로 세 섬 중 하나를 구성하는 것으로 보기는 어렵다. 이를 해결하기 위해 쑤 지칭 씨는 루손 마닐라만 어귀 남쪽에 있는 바갈랑기트(Bagalangit)라는 곳을 제시했는데,(『도이지략교석』, 25쪽) 역시 파농길과의 음은 발랑가로 보는 것에 비해 더 나을 것이 없다. 하지만 쑤 지칭 씨는 본문에 나오는 파농길을 설명할 때는 "루손 군도에는 발랑가(Balanga)라는 지명이 예닐곱이 있는데, 가장 부합하는 것이 바탄(Bataan)반도 동안에 있는 마닐라만의 발랑가인 것 같다."(앞의 책, 32쪽)라고 하면서 발랑가로 다시 돌아왔다.

5) 답배(答陪)를 토바고(Tobago)에 해당하는 음이라고 한 것은 히어트와 록힐이 『제번지』 유구(流求) 조목에 보이는 담마안(談馬顏)을 보텔 토바고(Botel Tobago)로 추정한 것(『조여괄』, 164쪽)을 따른 것이다. 보텔 토바고는 필리핀 사람들이 부르는 것으로, 일본 지도에서는 타바코(Tabako)로, 불어와 영어에서는 타바코(Tabaco)로 표기한다. 현지 야미어 또는 타오어(達悟語)로는 퐁소 노 타

벽한 골짜기에는 별도의 종족과 부락이 있는데 해담(海膽)이라 부른다. 사람의 형상이나 작고, 눈은 둥글고 누렇다. 곱슬머리에 이를 드러내고 나무 끝에 깃들어 살면서, 간혹 3~5명이 무리를 지어 덤불에 엎드려 다니면서 몰래 화살을 쏘아, 많은 사람이 해를 당한다. 자기 그릇을 던지면 구부려 줍고 기쁘게 소리치며 달아난다(窮谷別有種落, 號海膽, 人形而小, 眼圓而黃, 虬髮露齒, 巢於木顚, 或三五爲羣, 跧伏榛莽, 以暗箭射, 人多罹其害. 投以甆椀, 則俯拾忻然跳呼而去).”라고 하였다. 해섬(海贍)과 해담(海膽)은 모두 아에타(Aëta)에 해당하는 음이다. 필리핀 흑인 원주민의 명칭이다. 루손섬에는 심산과 깊은 계곡 인

오(Ponso no Tao, 사람의 섬이라는 뜻)라고, 중국인들은 [Âng-thâu-sū], 홍두서(紅頭嶼)라고 불렀다. 답배(答陪)=담마안(談馬顏)=토바고라는 등식인데, 음성적으로 전혀 부합하지 않는다. 『동서양고(東西洋考)』, 권9에 “필가산, 멀리 홍두서와 부갑산이 보이고, [그쪽으로] 진입하면 대항이다(筆架山, 遠望紅豆嶼幷浮甲山, 進入爲大港).”라고 하였고, 『해국문견록(海國聞見錄)』에는 “사마기와는 서북쪽 동남쪽으로 멀고, 가운데 여러 섬을 끼고 있다. 단 하나의 섬이 대만과 가까운데, 홍두서라고 한다(與沙馬崎西北東南遠, 拱中有數島, 唯一島與臺灣近者, 名曰紅頭嶼).”라고 하였다. 『동서양고』는 ‘두(豆)’자이고 『해국문견록』은 ‘두(頭)’자이다. 쑤 지칭 씨는 “『동서양고』의 필가산은 바로 칼라얀(Calayan)섬, 홍두서(紅豆嶼)는 카믹닌(Camignin), 부갑산(浮甲山)은 푸가(Fuga)섬으로 모두 루손군도 북부 바다 바부얀(Babuyan) 열도에 있는 섬들인” 반면 『해국문견록』의 홍두서는 루손섬으로 가는 항로가 아니라고 일축했다. 그리고 답배가 타바고와 음성적으로 상응하지 않자, “『동서양고』의 대항(大港, Tagog)은 바로 루손섬 북안의 아파리(Aparri) 항으로, 그곳에 있는 강은 카가얀(Cagayan, 타곡강이라고도 함)이라 한다. 타곡(Tagog)은 중국어 대항(大港)에 대응하는 음이다. 대항에서 서쪽으로 항해가면 루손 북안에 이르는데, 지금의 방니(Bangni) 동북쪽 부군으로, 보카루트(Bocarut)라는 강이 있고, 그 강어귀의 땅을 타보이(Taboy)라고 하는데 답배(答陪)는 이 명칭의 음역인 것 같다.”(32쪽)고 하였다. 억지로 항로에 따라 끼워 맞춘 인상을 지울 수 없다. 음성적으로 맞추기 위해 루손섬에서 타보이를 찾은 것은 말할 것도 없다. 반대로 두 홍두서를 같은 섬으로 보아도 안 될 것도 없다. 답배가 무엇을 음역한 것인지는 현재까지 만족할 만한 추정은 없다.

적이 드문 곳에는 지금도 여전히 이런 사람이 있다(『조여괄』, 162쪽).[6] 포리로(蒲里咾)는 루손섬 동쪽 해안에 있는 포릴로(Polillo) 섬을 말할 것이다.[7] 『제번지』에는 포리로(蒲哩嚕)가 있고 본서에는 마리로(麻里嚕)가 있는데, 『제번지』에서 [포리로를] 언급한 것과 비슷하므로, [『제번지』의] 포리로(蒲哩嚕)는 바로 마리로이지 [본 조목의] 포리로(蒲里咾)가 아니다. 동류리(東流里)는 『제번지』 마일(麻逸) 조목에 동류(東流)로 되어있다. "삼서, 백포연, 포리로, 이은, 동류, 신리한 등은 모두 그 속국들이다(三嶼·白蒲延·蒲里嚕·里銀·東流·新里漢

---

6) 『제번지』의 해담(海膽)=『도이지략』의 해섬(海贍)=아에타(Aëta)라는 설을 펴고 있다. '담(膽)'자와 '섬(贍)'자는 자형이 비슷하여 어느 하나가 잘못 쓰고 있을 가능성이 충분하지만, 두 글자의 발음은 현저하게 다르다. 만약 이 둘이 아에타에 대응하는 음이라면, [ta]에 해당하는 것은 '담'자가 담당해야 한다. 그렇다면 '해(海)'자가 [aë] 또는 [ai]로 발음되어야 하는데, 어느 방언에서도 [h]음은 탈락하지 않는다. 펑 청쥔 씨는 『제번지교주』에서 "아에타는 아이타(Aita)로도 되어있는데, 아마도 말레이어 히탐(Hitam)이 잘못 쓰인 것으로 보인다. 이 말은 흑인을 뜻하며 민도로(Mindoro)섬에도 있다. 데니커(J. Deniker)의 『세계의 인종(Races et peuples de la terre)』 556쪽을 보라."라고 하였다(『제번지교주』, 중화서국, 1956, 83쪽). 이 설이 가장 그럴법하게 보인다. 하지만, 쑤 지칭 씨는 여기의 해담 또는 해섬은 지명이지 종족의 이름이 아니라고 하며, "현 루손섬 서안의 안당(岸塘, Condon)부근에는 아숭(Asung)이란 곳이 있는데 아마도 해섬(海贍)은 이에 대응하는 음일 것이다."(32쪽)라고 하였다. 오히려 음성적 근접성은 더 멀어져 버렸다. 『제번지』의 원문을 다시 보면, 별도의 종족 부락이 있다고 하였으므로, 해담이 종족만을 지칭하는 것은 아니라고 읽어야 한다.

7) 왕대연이 언급한 답배, 해섬, 파농길, 포리로, 동류리라는 곳(또는 섬)들은 삼도 구역에서 언급할 만한 곳을 열거한 것이지, 반드시 그곳에 갔다는 것을 의미하지는 않는다. 그럼에도 쑤 지칭 씨는 "루손섬 동안은 이 군도와 대만이 왕래하는 항로에 해당하지 않으므로, 포리로를 포릴로 섬으로 보는 것은 그 대응하는 음은 부합할지라도 동의할 수 없다. 루손섬 링가옌(Lingayen) 서북쪽 어귀에는 볼리나오(Bolinao)라는 항구가 있는데 『동서양고·동양침로』에는 마리배서(麻里荖嶼)로 되어있다. 바로 이곳이 포리로(蒲里咾)이다."(33쪽)라고 하였다.

等, 皆其屬也).”라고 하였다. 히어트는 백포연을 루손 북쪽 해안에 있는 바부얀(Babuyan) 섬이 이곳이라고 생각했다. 그러나 ‘里銀東流新里漢’을 ‘里銀東, 流新, 里漢’으로 구두했다. ‘이은동’은 루손 서쪽 해안의 링가얀(Lingayan), 유신은 루손(Luzon), 이한(里漢)은 루방(Lubang)일지도 모른다고 했는데(『조여괄』, 160쪽), 잘못이다. 본서에는 동류리가 있고 『동서양고』에는 ‘이은중방(里銀中邦)’이 있으므로 이은도 한 곳이고, 동류리도 한 장소이며, 신리한도 마찬가지이다. 그러나 동류와 동류리는 오늘날 어디인지 알 수 없을 뿐이다.[8)]

또 『원사』에 “삼서국은 유구와 가깝다. 세조 지원 30년(1293), 사람을 뽑아 그들을 불러 타이르게 했다. 평장정사 백안(伯顏) 등이 ‘신 등이 [정황을] 잘 아는 사람들과 상의해보았는데, 이 나라의 백성은 200호에 미치지 못하며, 이따금 천주(泉州)에 와서 무역하는 자들도 있습니다. 지난해 유구에 갈 때, 군선(軍船)이 이 나라에 들른 적이 있는데, 나라 사람들이 양식을 제공해주고, 우리 장교들을 재워 주면서도 다른 뜻이 없었습니다. 사신을 보내시지 않기를 바랍니다.’라고 하니 황제가 따랐다(三嶼國, 近瑠求. 世祖至元三十年, 命選人招誘之. 平章政事伯顏等言, ‘臣等與識者議, 此國之民不及二百戶, 時有至泉州爲商賈者. 去年入瑠求, 軍船過其國, 國人餉以糧食, 館我將校, 無它志也. 乞不遣使.’ 帝從之).라고 하였다. 이는 약간 의심스럽다. 「유구전」에 따르면, 당시 군선이 삼서에 들른 적이 없었다. 아마도 원정을 꺼리는 자가 이 말을 지어냈을 것이다. 그러나 나라 사람들이 천주에 이르러 장사를 했다는 것은 본서와 같다.

---

8) 『순풍상송(順風相送)』 송포(松浦)에서 여송(呂宋)으로 가는 조목에, “[마리배표]에서 사(巳)침으로 5경을 가면 동루산에 이르고, 병오(丙午) 침으로 5경을 가면 이은산에 이른다([麻里荖表]單巳五更取東樓山, 丙午五更取里銀山).”라고 하였다. 『고대남해지명회석(古代南海地名汇释)』(중화서국, 1985) 266쪽에 따르면, 마리배표는 현 필리핀 루손섬 서안의 볼리나오(Bolinao) 곶이라고 하였다. 쑤 지칭 씨는 여기의 동루산이 바로 동류 또는 동류리로, “루손섬 서안에 있는 마신록(Masinloc)항 북쪽 부근에는 두로루이(Durorui)라는 항구가 있는데, ‘동류’ ‘동류리’는 이곳에 해당하는 음인 것 같다.”(33쪽)고 하였으나, 분명한 근거나 설명을 따로 하지는 않았다.

4. 마일(麻逸) [9~11]

산세는 평평하고 넓으며, 협곡에 부락을 이루었고, 농토는 비옥하며 기후는 조금 따뜻하다. 풍속은 절개와 의리를 숭상한다. 남녀가 상투를 틀고 푸른 베로 만든 적삼[衫[을 입는다. 부인은 남편이 죽으면 머리를 자르고 7일 동안 먹지 않으며, [죽은] 남편과 함께 자는데, 대부분 죽음에 이른다. 7일 뒤에도 죽지 않으면 친척들이 음식을 권한다. 행여 살더라도 종신토록 절개를 고치지 않는다. 심지어 남편이 죽고 시신을 불태울 때 불에 뛰어들어 죽는다. 부유한 두목들의 상에는 노비 2~30명을 죽여 순장한다. 사람들은 바닷물을 끓여 소금을 만들고 사탕수수를 발효시켜 술을 만든다. 땅에는 목면, 황랍, 대모(玳瑁)[1], 빈랑[2], 화포(花布)가 난다. 동정(銅鼎)[3], 쇳덩이, 오채홍포(五采紅布)[4], 홍견(紅絹), 아정

---

1) 대모(玳瑁)는 고급 장식을 만드는 재료로, 바다거북의 일종(Eretmochelys imbricata)이다. 대모(瑇瑁), 독모(毒冒)라고도 한다. 자세한 것은 『바다의 왕국들: 제번지 역주』, 441~443쪽을 참고하시오.

2) 빈랑은 동남아 원산인 종려나무과의 식물(Areca catechu)로 말레이어로는 피낭(pinang), 자바어로는 얌베(jambé)로, 산스크리트어로는 쿠지 팔라타(kûgī-phalata)라고 한다. 자세한 것은 『바다의 왕국들: 제번지 역주』, 368~370쪽을 참고하시오.

3) 동정(銅鼎)은 구리로 만든 솥단지일 것이다. 쑤 지칭 씨는 『도이지략』과 『제번지』의 '정(鼎)'은 모두 조(竈)를 지칭한다고 했다. 특히 『제번지』 대식(大食) 조목은 '정'과 '조'를 나란히 열거하고 있는데 역시 하나의 사물임을 보여준다고 단정했는데, 그 원문을 따라가 보면, "각종 그릇, 솥, 부엌 아궁이는 금은을 섞어 사용한다(器皿鼎竈雜用金銀)."라고 했으므로, 정과 조를 다르게 열거하고 있음을 알 수 있다. 이어서 쑤 지칭 씨는 "『화이역어(華夷譯語)』 만랄가(滿剌加國) 역어에 보이는 철조(鐵竈)는 대복아(大卜兒)라고 했는데, 말레이어 다포르(dapor)에 해당하는 것이 분명하다. 왕대연의 책에 들어있는 관련 조목으로 볼 때, 과거 중국에서 수출한 '정'이란 것은 모두 일종의 '조(竈)'를 가리키는 것이고, 쇠로 만든 것도 있고, 동(銅)으로 만든 것도 있다. 그리고 정(鼎)은 바로 이 말

(牙錠)[5]등을 교역한다. 오랑캐 상인들은 값을 상의하고 [물건을 가져가] 토속 상품과 교역한 뒤에 [그에] 준하여 선박 상인에게 갚는다. 시종일관 믿음을 지키며 약속을 어기지 않는다.

山勢平寬, 夾溪聚落, 田膏腴, 氣候稍暖. 俗尙節義. 男女椎髻, 穿靑布衫①. 凡婦葬夫②, 則削其髮, 絶食七日, 與夫同寢, 多瀕於死. 七日之外不死, 則親戚勸以飮食, 或可全生, 則終身不改其節. 甚至喪夫而焚尸, 則赴火而死. 酋豪之喪則殺奴婢二三千[十]人以殉葬[6]. 民煑海爲鹽, 釀糖水爲酒. 地產木綿·黃蠟·玳瑁·檳榔·花布. 貿易之貨, 用銅鼎③·鐵塊·五采紅布·紅絹·牙錠之屬. 蠻賈議價, 領去博易土貨, 然後准價舶商. 守信終始, 不爽約也④.

① 정본(丁本)에는 '俱披單衣'로 되어있고, 『성사승람』에는 "장삼을 입고 색포를 두른다(穿長衫, 圍色布)."라고 하였다.

② '장(葬)' 자는 『성사승람』에 '상(喪)'자로 되어있는데, 맞다.

레이어의 축약된 음이다."라는 다소 엉뚱한 주석을 달고 있다(『도이지략교석』, 37쪽). 말레이어 다포르 역시 부엌 또는 아궁이를 뜻한다. 또 다포르가 어떻게 [ding]으로 축약될 수 있는지도 이해하기 어렵다.

4) 오채홍포란 오채포(五采布)와 홍포(紅布)의 약칭으로, 여기의 '채(采)'자는 '채(彩)'자와 통용한다. '오채'란 오색의 색깔이 들어간 베를 말한다.

5) '아정'은 본서 마리로(麻里嚕), 첨산(尖山), 소분(嘯噴) 조목에도 보이지만, 다른 문헌에서는 전혀 보이지 않는다. 쑤 지칭 씨는 "작은 은정(銀錠)을 말하는 것 같다. 아마도 은정(銀錠)은 원래 50냥을 1정(錠)이라 하는데, 그 작은 것을 '아정'이라 했을 것이다."라고 설명했다. 은을 녹여 '정'으로 만든 것이 은정(銀錠)이므로, 1정은 50냥이라는 일종의 은의 중량을 재는 용어이다. 어떻게 '작은 은정'이 있을 것이며, 또 '아(牙)'자에는 '작다'는 의미가 없다. 『원전장(元典章)』 권32에 따르면, 원나라 시기 금은의 수출은 엄격하게 금지되어있었다. 본서의 발니(浡泥) 조목에는 아상(牙箱)이란 물건도 보인다. 아마도 '아'자는 상아를 의미하여, 상아로 장식한 시루 같은 용구로 보는 것이 더 타당하다.

6) '천(千)'자는 '십(十)'자의 오기일 것이다.

③ 지[7]복재본에 '동(銅)'자가 빠져 정본(丁本)에 따라 보충했다.

④ 준가(准價)의 '가' 자는 '상(償)' 자의 잘못일 것이다. 『제번지』에 "교역하는 관례는 오랑캐 상인들이 빼곡히 이르러 광주리로 물건들을 옮겨가는데, 당초에는 알지 못하지만, 차차 물건을 가져간 사람을 알게 되어 유실되는 것은 없다. 오랑캐 상인들은 이내 그 물건을 다른 섬에 들여가 교역을 하고 모두 8~9월이면 돌아와 기준에 따라 바다 상인들에게 갚는데, 시기를 넘기고, 돌아오지 않는 자도 있다. 그러므로 마일에서 장사하는 선박이 가장 늦게 돌아온다(交易之例, 蠻賈叢至, 隨{⺮+皮}簍搬取物貨而去, 初若不可曉, 徐辨認搬貨之人, 亦無遺失. 蠻賈迺以其貨轉入他島嶼貿易, 率至八九月始歸, 以其所得準償舶商, 亦有過期不歸者. 故販麻逸舶回最晚)."라고 하였다.

『문헌통고』「사예고(四裔考)」에, "또 마일국이 있다. 태평흥국 7년에 보화를 싣고 광주 해안에 이르렀다(又有摩逸國, 太平興國七年, 載寶貨至廣州海岸)."라고 하였고, 『제번지』에, "마일국은 발니국(渤泥國)의 북쪽에 있다. 1천여 가구가 모여 살고 계곡을 끼고 산다. 토착민들은 천을 이불처럼 덮거나 천을 허리에 둘러서 몸을 가린다(麻逸國, 在渤泥之北, 團聚千餘家, 夾溪而居. 土人披布如被, 或腰布蔽體)."라고 하였다. 마일이 발니(渤泥, Brunei)의 북쪽에 있다면, 이 나라는 필리핀 열도에 있을 것이다. 블루멘트리트(Blumentritt)는 『필리핀 인종 연구(Versuch einer Ethnographie der Philippinen)』에서 마이트(Mait)는 흑인의 나라라는 의미로, 현 민도로섬의 옛 이름이라고 하였다. 마일은 마이트에 해당하는 음이라는 것에는 거의 의심이 없으나 마이트가 민도로의 옛 명칭이라면, 송나라 원나라 시기 소위 마일(摩逸, 麻逸)은 지금의 민도로섬을 말한다. 『동서양고』,「동양침로」에 "여봉(呂蓬, Luban)[8]은 곤미 지

---

7) 저본에는 '지(知)' 자가 '여(如)' 자로 잘못되어있다.

8) 루방 섬(Lubang Island)은 필리핀 중부 민도로섬 북서쪽 해안 남중국해 가운데 위치한 섬으로, 동쪽에는 루손의 바탕가스 주가 있고 마닐라시에서 남서쪽

침으로 5경을 가면 망연산(芒煙山, C. Calavite?)에 이른다. (망연산에서) 정미 지침으로 10경을 가면 마엽양(磨葉洋)에 이른다(從吕蓬, 用坤未針, 五更, 取芒煙山. 用丁未針, 十更, 取磨葉洋).”라고 하였다. 마엽양이 민도로 해협이므로,[9] 명나라 시기의 마엽(磨葉)은 바로 마일(麻逸)이다. 『성사승람』 천일각본 후집에 들어있는 마일국 문장은 대체로 본서를 채록했는데, 그 주에서 교란산(交欄山)의 서쪽에 있다고 하였고, 통행본에는 마일동(麻逸凍)이라 고치고 그곳은 교란산의 서쪽에 있다고 하였다. 남해의 교란산은 현 발니(渤泥) 서남단 해상에 있는 겔람(Gelam) 섬이므로 비신(費信)이 음 때문에 마일을 빌리톤(Biliton)으로 잘못 여겼을 것이다. 『성사승람』 후집은 대부분 자신이 바꾼 번역어를 사용하였는데, 다 믿을 것은 못 된다. 이는 그중 하나이다.

150km 떨어진 비교적 가까운 위치에 있다. 『동서양고』, 권9(95쪽)에 따르면, “여봉(呂蓬)은 루손의 남쪽에 있다(在呂宋之南).”라고 하였으므로, 루방 섬임은 분명하다.

9) 『고대남해지명회석(古代南海地名汇释)』(중화서국, 1985) 741쪽에 따르면, 마엽양은 민도로섬과 팔라완섬 사이의 해역이다. 일설에는 민도로 해협이라고 하고 일설에는 리나파칸(Linapacan) 해협이라고도 한다. 『동서양고』에서 기술한 거리로는 900리에 달하므로, 민도로 해협으로 보기에는 너무 가깝다.

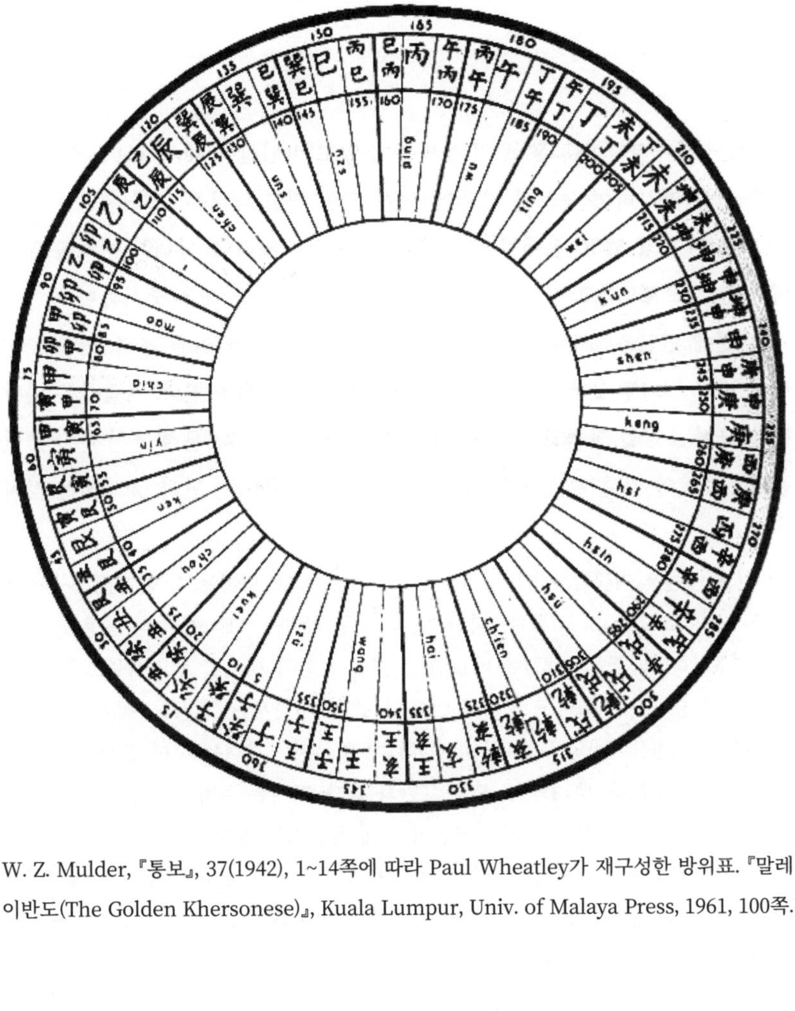

W. Z. Mulder, 『통보』, 37(1942), 1~14쪽에 따라 Paul Wheatley가 재구성한 방위표. 『말레이반도(The Golden Khersonese)』, Kuala Lumpur, Univ. of Malaya Press, 1961, 100쪽.

5. 무지발(無枝拔) [11~12]

[나라는] 감마라화(闞麻羅華)의 동남쪽에 있고 바위산이 대치하고 있다. 사람들은 산을 개간하여 농토를 만들어, 먹을 것이 적고 대부분 참마[薯][1)]를 심는다. 기후는 항상 덥고, 봄에만 약간 춥다. 풍속은 정직하다. 남녀는 머리를 땋아 머리를 [천으로] 감고 가늘고 붉은 베로 묶는다. 혼인을 매우 중시하여 태어나기도 전에 인연을 맺는[指腹] 경우가 많다. 온 나라가 의리를 지켜, 믿음을 저버린 자가 있다면 2냥의 금으로 처벌하고 그 국주에게 바친다. 사람들은 바닷물을 끓여 소금을 만들고, 야자즙, 고사리 뿌리 가루[蕨粉]를 발효시켜 술을 만든다.[2)] 추장이 있다. 주석[花斗錫], 납, 녹모구(綠毛狗)[3)]가 난다. 교역하는 상품

---

1) 서(薯)에는 서여(薯蕷)가 있고 감서(甘薯)가 보인다. 서여는 저예(諸預), 저여(藷藇) 등으로도 쓰며 서(薯)는 사탕수수나 마를 뜻하는 '저(藷)'자와 통용해 쓴다. 『본초강목』의 집해(集解)에 따르면, 서여는 토란과 비슷한 뿌리식물로 말려 가루로 식용한다고 한다고 알려져 있다. 한편 감서(甘薯)는 『본초강목』, 권27에서 인용한 계함(稽含)의 『초목상(草木狀)』에 따르면, "감서는 서여 종류이고 토란 종류라고도 한다. 뿌리와 잎 모두 토란과 같다. 뿌리는 주먹이나 사발만 하고 쪄서 먹는데, 맛은 서여와 같고, 성질이 크게 차갑지는 않다. 주애(珠崖) 지역에서 농사를 짓지 않는 자들은 이것만 심는다. 이것을 찌고 썰어서 햇볕에 말렸다가 거두어들여 양식으로 충당하는데 이것을 서량(薯糧)이라 한다(甘薯, 薯蕷之類, 或云芋類也. 根·葉亦如芋. 根大如拳·甌, 蒸煮食之, 味同薯蕷, 性不甚冷. 珠崖之不業耕者惟種此, 蒸切晒收, 以充糧糗, 名薯糧)."라고 하였다. 별도의 조목으로 나누어 설명하고 있지만 서여=감서=서(薯)로 봐도 문제되지 않을 것 같다. 어쨌든 감자나 고구마와는 다른 종임에는 분명하다. 얌(yam), 참마, 산마에 해당하는 것으로 보인다.

2) 『제번지』 하권, 야자 조목에서는 "말라바르[南毗]등 여러 나라에서는 이 나무의 꽃 즙을 짜서 꿀과 당(糖)을 섞어서 술을 만든다(南毗諸國取其樹花汁用蜜糖和之爲酒)."라고 하였는데, 고사리 가루[蕨粉]를 넣어 술을 만든다는 정보는 이곳이 유일하다. 전사하는 과정에서 오류가 있었을 것으로 보인다. 야자에 관해서는

은 서양포(西洋布)[4], 청백의 처주 자기, 기와, 항아리, 쇠솥 등이다.

『바다의 왕국들: 제번지 역주』, 371~374쪽을 참고하시오.

3) 『본초강목』 권51하에서 이시진(李時珍)은 "이리[狼]는 승냥이[豺] 종류이다. 곳곳에 있으며, 북방에 더 많다. [사람들이] 즐겨 잡아먹는데, 남방 사람들이 모구(毛狗)라고 하는 것이 이것이다. 그 모습은 크기가 개와 비슷하나, 머리는 길쭉하고, 주둥이는 뾰족하며, 흰 뺨이 나란하고, 갈비뼈는 크며 앞쪽은 넓고, 뒷다리는 그다지 크지 않다. 닭, 오리, 쥐를 잘 잡아먹는다. 그 색은 황색과 검은색이 섞여 있고, 푸르고 회색인 것도 있다(狼, 豺屬也. 處處有之, 北方尤多. 喜食之, 南人呼爲毛狗, 是矣. 其居有穴. 其形大如犬, 而銳頭, 尖喙, 白頰騈, 脇高, 前廣, 後腳不甚高. 能食雞·鴨·鼠. 物其色雜黃黑, 亦有蒼灰色者)."라고 하였다. 한편 쑤 지칭 씨는 조류로 추측하고, "말레이반도에서 나는 앵가(鸚哥, Palacornis spp)는 타이어로 노르 케아오(nor keao)라고 하는데 '노르'는 날짐승을 뜻하고 '케아오'는 앵가(구관조)를 지칭한다. 이 녹모구의 '구'자는 타이어 케아오(keao)에서 음을 얻은 것 같다. 원나라 시기에 타이족은 말레이반도에서 매우 우세했고 그 지역에는 타이어가 유행했으므로 그다지 이상한 것은 아니다." (『도이지략교석』, 43쪽)라고 하였는데, 수긍하기는 어렵다.

4) '서양포'의 의미부터가 문제이다. 소위 '서양'에서 나는 베를 말하는 것인지, 고유 명사처럼 특정한 지역의 베를 말하는지를 판단하기 어렵다. '서양'이 지칭하는 곳이 본서에만 무수히 많을뿐더러, 베를 생산하는 곳도 많다. 게다가 생산하는 베들도 다양하다. 이러한 점에서, 마환은 『영애승람』 고리(古里) 조목에서 실마리를 제공해주는 것 같다. "서양포(西洋布)는 그 나라에서 차려포(撦黎布)라고 하는데, 인근의 감파이(坎巴夷) 등지에서 난다. 매 필의 폭은 4척 5촌이며, 길이는 2장 5척으로, 그곳에서 금전 여덟 개 혹은 열 개에 팔린다. 나라 사람들은 또한 잠사(蠶絲)를 각종색으로 물들여 사이사이에 꽃을 짜 넣은 수건을 짜는데, 폭은 4~5척이고, 길이는 1장 2~3척으로 매 건당 금전 1백 개에 팔린다(西洋布本國名撦黎布, 出於鄰境坎巴夷等處. 每疋闊四尺五寸, 長二丈五尺, 賣彼處金錢八箇或十箇. 國人亦將蠶絲練染各色, 織間道花手巾, 闊四五尺, 長一丈二三尺, 每條賣金錢一百箇)."라고 하였다. 분명 서양에서 나는 베가 아니라 서양의 특정 지역에서 생산하는 베를 말하고 있다. 펑 청쥔에 따르면, 여기 마환이 말하는 감파이(坎巴夷)는 코얌파디(Koyampadi)를 음차한 것으로 오늘날 코임바토

在闞麻羅華之東南, 石山對峙. 民墾闢山爲田, 鮮食, 多種薯. 氣候常熱, 獨春有微寒. 俗直. 男女編髮纏頭, 繫細紅布. 極以婚姻爲重, 往往指腹成親. 通國守義, 如有失信者, 罰金二兩重, 以納其主. 民煮海爲鹽, 釀椰漿蕨粉爲酒. 有酋長. 產花斗錫[①]·鉛. 綠毛狗. 貿易之貨, 用西洋布·青白處州磁器·瓦·壜[②]·鐵鼎之屬.

① 화석(花錫)은 모래를 채질하여 모은 주석 조각을 녹여, 두(斗)로 만들었는데, 큰 것을 화두석이라 한다. 『영애승람』에 보인다.

르(Coimbatore)를 지칭한다(『영애승람교주』, 서문). 『명일통지』, 권90에 서양 고리(西洋古里)에는 "서양포가 나는데 폭은 4~5척이다(幅廣至四五尺)."라고 하였다. 서양고리는 본서에는 고리불(古里佛)로 되어있는데, 모두 남인도 서안 말라바르(Malabar) 해안 코지코드(Kozhikode) 항구의 아랍어 명칭인 칼리쿠트(Kalikut)에 해당하는 음역이다. 그렇다면 '서양'은 바로 인도양을 뜻하는 것으로 볼 수 있다.

쑤 지칭 씨는 출처를 정확히 밝히지 않고 "남인도 동안, 코로만델 해안의 마술리파트남(Masulipatnam)에는 극세한 면포가 나는데, 그곳에서는 무살(Musale), 무슬린(Moucelin)이라 한다. 모두 이 도시의 옛 이름인 마살리아(Masalia)에서 변화한 것이다. 혹자는 중국의 문헌에 보이는 서양포는 모석리(毛夕里, al-Mawsil)에서 왔으며 인도와는 무관하다고 한다. 이 모석리포(毛夕里布)는 영어로 무슬린(Muslin), 불어로는 무쓸린(Mousseline)이라 하는데 모두 알 마우실에서 어원을 가진다. 『장춘진인서유기(長春真人西遊記)』의 백마사(白麼斯), 도종의(陶宗儀) 『철경록』 권10의 모자(毽子), 『영애승람』 홀로모시(忽魯謨厮) 조목의 모사(毽紗)는 모두 원나라 시기 서적에 보이는 서양포의 번역명칭들이다."라고 하였다. (『도이지략교석』, 43쪽) 사실, 이 설명은 브레트슈나이더(『Mediaeval Researches from Eastern Asiatic Sources』, II, 308쪽)의 설과 이를 인용하여 논의한 폴 펠리오의 설(「15세기 초 중국의 대항해」, 『통보』, XXX, 438쪽)을 차용한 것이다. 이상을 종합해보면, 서양포는 인도 동쪽 해안에서 나는 모슬린을 말한다. 그렇다고 이 서양포가 인도 동안에만 생산된다는 것을 말하지는 않는다. 적어도 이를 기준으로 서쪽에 있는 나라에서 생산한다는 말로 이해하면 된다.

② 『지복재(知服齋)』본에는 '첩(墶, 성가퀴)'자로 되어있어 정씨(丁氏)의 필사본에 따라 고쳤다.

마르코 폴로 여행기에는 무트필레(Mutfile)라는 나라가 보이는데[5], 바로 지금

---

5) 무트필레(Mutfile)는 뮬과 펠리오, 『마르코 폴로』, I, 394쪽에, 'Mutifili'로 되어 있다. 『통전(通典)』 권188, 「변방」4의 다마장(多摩萇) 조목(중화서국, 5017쪽)에, "다마장국은 바다 섬에 있으며, 동쪽으로는 파봉(婆鳳)과, 서쪽으로는 다융(多隆)과 접하여 있고, 남쪽으로는 반지발(半支跋)과 접하였는데, 중국말로는 오산(五山, 다섯 개의 산 또는 섬)이다. 북쪽으로는 가릉(訶陵) 등의 나라와 접해있다. 나라의 경계는 동서로 족히 1개월 거리이고, 남북으로 25일 남짓 걸린다. 그 왕의 선조는 용이며, 이름이 골리(骨利)이다. 골리가 큰 새의 알을 얻었는데, 갈라보니 여자 하나가 나왔다. 용모가 뛰어나 바로 아내로 삼았다. 그 왕 시라구용이설(尸羅劬傭伊說)은 곧 그의 후예이다. 당나라 현경(顯慶) 연간(656~661)에 사신을 보내와 조공하였다. 그 풍속에 성씨는 없다. 왕이 기주하는 곳에는 말뚝을 세워 성을 만들고, 나무판자로 집을 짓는다. 사자 모양의 좌석에 동면(東面)하여 앉는다. 의복은 임읍(林邑)과 같다. 정예병이 2만여 명이다. 말[馬]은 없고, 활, 칼, 갑옷, 창은 있다. 혼인에 동성(同姓)의 구별은 없다. 식기로는 구리, 쇠, 금, 은으로 만든 것들이 있다. 먹는 것으로는 치즈[酥], 버터[乳酪], 사탕, 석밀을 즐겨 먹는다. 가축으로는 불깐 양[羖羊]과 물소(水牛)가 있으며, 짐승으로는 노루[獐]와 사슴[鹿] 등이 있다. 장례에는 상복을 입는 제도가 없으며, 불로 그 시신을 태운다. 음악은 대략 천축과 같다. 파나파(波那婆), 타호차(宅護遮), 암마(菴磨), 석류 등의 과실이 있으며, 사탕수수[甘蔗]가 많다. 그 나라에서 살로도(薩盧都), 사가로(思訶盧), 군나로(君那盧), 임읍(林邑) 등의 나라를 거쳐, 교주에 이른다(多摩萇國居於海島, 東與婆鳳, 西與多隆, 南與半支跋, 華言「五山」也, 北與訶陵等國接. 其國界東西可一月行, 南北可二十五日行. 其王之先, 龍子也, 名骨利. 骨利得大鳥卵, 剖之得一女子, 容色殊妙, 即以爲妻. 其王尸羅劬傭伊說, 即其後也. 大唐顯慶中, 遣使貢獻. 其俗無姓. 王居以柵爲城, 以板爲屋. 坐獅子座, 東向. 衣物與林邑同. 勝兵二萬餘人. 無馬, 有弓·刀·甲·槊. 婚姻無同姓之別. 其食器有銅·鐵·金·銀. 所食尚酥·乳酪·沙糖·石蜜. 其家畜有羖羊·水牛, 野獸有獐·鹿等. 死亡無喪服之制, 以火焚其屍. 其音樂略同天竺. 有波那婆·宅護遮·庵磨·石榴等果, 多甘蔗. 從其國經薩盧都·思訶盧·君那盧·林邑等國, 達於交州)."

의 무타팔리(Mutapalli)이다(율, 『마르코 폴로』, II, 348쪽). 「서남해이총도(西南海夷總圖)」[6]에는 인도 동안 간지부남(干支不南, Conjeveram) 다음에 몰특부(沒特不)가 있고, 또 그 다음에 오다(烏爹, Orda)가 있으므로 몰특부는 무타팔리에 해당하는 음으로 보이는데, 세 개의 성(城)을 의미한다. 무지발(無枝拔)과 몰특부는 동음이자이다. 그러나 본서에서는 "감마라화(闞麻羅華)의 동남쪽에 있다"라고 하였다. 감마라화는 『대당서역기』의 가마루파(迦摩縷波)로 지금의 캄루프(Kamrup), 즉 무타팔리 서남쪽에 있으며, 동남쪽이 아니다.[7] 또 이

라고 하였다. '반(半)'자는 원문에 '양(羊)'자로 잘못되어 있는데, 북송본, 명초본, 명각본에 따라 고쳤다고 하였다. 또 『태평어람』 권788, 『태평환우기』 권177, 『문헌통고』 권332 모두 '반(半)'자로 되어있다. 『신당서』 권222에 「천지전(千支傳)」에 "천지(千支)는 서남쪽 바다 가운데 있는데, 본디 남천축국(南天竺國)의 속국이다. 반지발(半支跋)이라고도 하는데, 당나라 말로 다섯 개의 산이라고 하는 것과 [뜻이] 같다. 북쪽으로는 다마장(多摩萇)과 조금 떨어져 있다(千支在西南海中, 本南天竺屬國, 亦曰半支跋, 若唐言五山也, 北距多摩萇)."라고 하였다. 정리해보면, 반지발은 다마장의 남쪽에 있고 다마장은 북쪽으로 가릉(訶陵)과 접해 있다. 다마장은 파탈룽(Pathalung), 더 위쪽의 나콘시탐마랏, 또는 더 위에 있는 끄라 지협으로 추정하는 설이 있고, 가릉은 자바 중부의 케디리(Kediri), 말레이반도의 크다(Kedah) 또는 끌랑(Klang), 수마트라섬, 보르네오섬의 칼리만탄 등이 거론되지만, 여기서는 오산(五山)=오서(五嶼)=반지발=말라카가 제일 남쪽에 있고, 그 위 동북쪽으로 파탈룽 지역의 다마장, 서북쪽으로 크다 또는 끌랑이 위치한다.

6) 「서남해이총도(西南海夷總圖)」는 원나라 주사본(朱思本, 1273?~?)이 제작한 『여지도(與地圖)』를 명나라 나홍선(羅洪先, 1504~1564)이 증보하여 1541년 만든 『광여도(廣輿圖)』에 수록되어있다.

7) 산스크리트어 카마루파(Kāmarūpa)를 그대로 옮긴 가마루파(迦摩縷波)는 오늘날 북인도 아쌈 구와하티(Guwahati) 지역에 해당한다. 왕대연이 갔을까 하는 의심이 들 정도로 내륙에 위치하며, 하필 주변의 지역을 들어 설명하지 않고 멀리 떨어진 곳으로 위치를 설명했는지 의아스럽다. 이에 쑤 지칭 씨는 감마라화를 두 곳으로 나누어 볼 것을 제안하면서 만랄가 서북쪽에서 그럴법한 두 곳을

들 지방에서는 화석이 나지 않는다. 명나라 초기에 화석(花錫) 생산으로 유명한 곳은 만랄가(滿剌加, Malaca)이다. 『영애승람』 만랄가 조목에 "이곳에는 옛날부터 나라라고 하지 않고 바다에 다섯 개의 섬이 있었을 뿐이다.…나라의 동남쪽은 대해이고, 서북쪽은 오래된 해안으로 산들과 닿아있는데, 모래와 소금의 땅이다. 기후는 아침에는 덥고 저녁에는 추우며, 밭은 척박하고 곡물은 빈약하여 사람들은 밭을 갈아 파종하는 일이 적다(此處舊不稱國, 因海有五嶼之名耳. …其國東南是大海, 西北是老岸連山, 沙滷之地. 氣候朝熱暮寒, 田瘦穀薄, 人少耕種)."라고 운운하였다. 그렇다면 만랄가는 옛날 '오서(五嶼)'라는 명칭만 있었다는 말이다. 『통전』(권193)에 "양지발(羊支跋)은 중국어로 오산(五山)이라 한다(羊支跋華言五山也)."라고 하였는데, 여기 양지발(羊支跋)은 판차팔리(Panchapalli)에 해당하는 말이고, 무지발(無枝拔)은 양지발(羊支跋)이 와전된 것 같다. 또 마수디(Macoudi)의 책에 보이는(『Prairies d'Or』, I, 340쪽) 펀샵(Fendjab)도 『통전(通典)』의 양지발인 것 같다.

찾아냈다. "감마(闞麻)는 카무닝(Kamuning)의 약칭으로 보이는데, 그곳에는 갑(岬)이 있어 그 때문에 이름이 붙여졌다. 나화(羅華)는 루쿠트(Lukut)강어귀에 있는 동명의 마을을 지칭하는데, '화(華)'는 샤먼(廈門)의 말로 호아(hoa)로 읽히는데, [h]음과 [k]음은 통할 수 있으므로 '화'는 쿠트(kut)음과 가깝다고 볼 수 있다."(『도이지략교석』, 39쪽) 단박에 수긍할 수는 없지만 하나의 새로운 의견을 제시한 것에 의미를 두어야 할 것 같다.

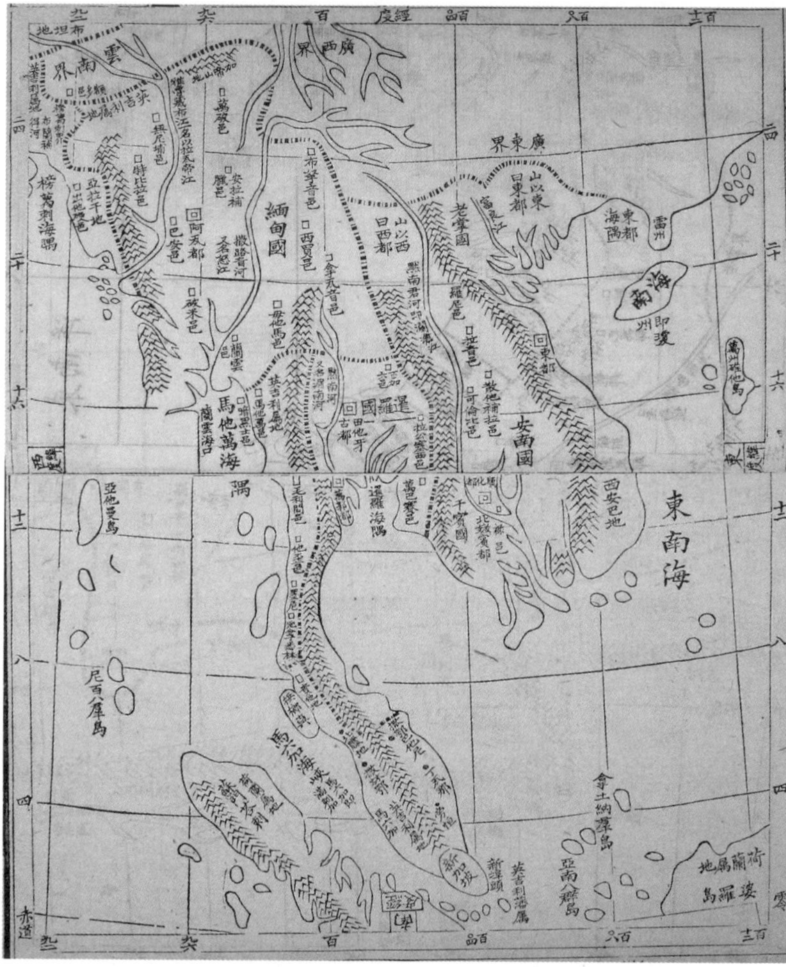

위원(魏源, 1794~1857)의 『해국도지(海國圖志)』, 권3에 수록된 「동남양 연해 각국도」

섬은 사각형이면서 평평하고, 사방이 황야이며, 위는 운무가 덮인 촌락의 지반[雲塢之盤]같아 농사를 지어 작물을 생산하는 이점이 전혀 없다. 날씨가 화창하고 바람이 파도를 일으킬 때면 용들이 유영하면서 바닷가에 출몰하여, 종종 섬 위에 침을 뱉어내기 때문에 얻어진 이름이다. 용연의 색은 오향(烏香)[1]보다 검기도 하고 부석(浮石)[2]과 비슷하며 비린내가 거의 나지 않는다고 한다. 그래서 다른 여러 향과 섞어 사용하면 그 향이 더욱 맑고 멀리 가며, 가람목(茄藍木)·매화뇌(梅花腦)·단향(檀香)·사향(麝香)·치자화(梔子花)·침속목(沉速木)·장미수(薔薇水)와 같은 향들도 반드시 이것을 보태 피운다. 이곳에는 이전에 사람이 살지 않았다. 간간히 다른 곳의 원주민들이 통나무로 배를 파서 타고 나와 [용연을] 주워 다른 나라에 되팔았다. 교역은 금이나 은 같은 것과 용연을

---

1) 오향(烏香)은 오리향(烏里香)으로 보는 것이 일반적이다. 『신찬향보(新纂香譜)』에 인용된 섭정규의 『향보』에는 오리향(烏里香)으로 되어있는데, "점성국(참파)에서 나는데, 그 곳을 오리라고 하며 그곳 사람들은 그 나무를 베어, 거기에서 추출하여 향을 만든다. 불에 쬐어 말리면 향의 수지가 밖으로 나오는데 그것으로 세금을 낸다. 상인들은 칼로 그 나무를 베어 그 향을 추출하므로 다른 향보다 품질이 떨어진다(出占城國, 地名烏里, 土人伐其樹, 扎之以爲香. 以火焙乾, 令香脂見於外, 以輸租役. 商人以刀剩其木而出其香, 故品下於他香)."라고 하였다.

2) 부석(浮石)은 『초학기』 권5에 인용된 『포박자(抱朴子)』에서 "물거품이 부석이 된다(水沫爲浮石)."라는 말이 보이는데, 검고 구멍이 많은 용암분출 때문에 만들어진 것으로 수화(水花) 또는 해석(海石)이라고도 한다. 『문선』 좌사(左思, 250?~205)의 「오도부(吳都賦)」에 "부석은 뗏목과 같다(浮石若桴)"라고 하였다. 『문선』을 주석한 다섯 신하 중 한 사람인 유량(劉良)은 "부석은 속이 비고 가벼워 바다에 떠 있으며 남해에 있다(浮石體虛輕, 浮在海中, 南海有之)."라고 설명했고, 여연제(呂延濟)는 "부석이란 돌이 가벼운 것으로 물에서 떠서 마치 뗏목 같다(浮石, 石之輕者, 水中浮泛, 猶如桴楫也)."라고 설명했다.

바꾸는 것으로 이루어진다.

嶼方而平, 延袤荒野①, 上如雲塢之盤[3], 絕無田產之利. 每值天清氣和, 風作浪湧, 羣龍游戲, 出沒海濱, 時吐涎沫於其嶼之上, 故以得名. 涎之色或黑於烏香②, 或類於浮石③, 聞之微有腥氣. 然用之合諸香, 則味尤清遠, 雖茄藍木④·梅花腦⑤·檀·麝⑥·梔子花⑦·沉速木⑧·薔薇水⑨衆香, 必待此以發之⑩. 此地前代無人居之. 間有他番之人, 用完木鑿舟, 駕使以拾之⑪, 轉鬻於他國. 貨用金銀之屬博之⑫.

① '야(野)'자는 '해(海)'자의 잘못인 것 같다.

② '오(烏)'자는 지복재본에 '조(鳥)'자로 되어있어 정본(丁本)에 따라 고쳤다.

③ '류(類)'자는 지복재본에 '수(數)'자로 되어있어 정본(丁本)에 따라 고쳤다. 『영외대답』에 "막 나온 것은 색깔이 희지만, 조금 지나면 자주색으로 변하고 아주 오래되면 검은 색으로 변한다. 때문에 번우(番禺)에 가서 그것을 본 적이 있는데, 향기도 없고 악취도 나지 않아 마치 부석같이 가벼웠다(新者色白, 稍久則紫, 甚久則黑. 因至番禺嘗見之, 不薰不蕕, 似浮石而輕也)."라고 하였다.

④ 『영애승람』 점성 조목에서는 가람향(伽藍香)이라 했고, 『성사승람』에서는 기남향(棋楠香), 『명일통지』에서는 가남목향(伽南木香), 『동서양고』에서는 기남향(奇楠香)이라 하였다. 말레이어와 자바어에서 가루(Garu) 나무는 칼람박(Kalambak), 칼람바(Kalambah)라고 하고(Crawfurd, 『A Descriptive Dictionary of the Indian Islands & Adjacent Countries』, 6쪽), 참파에서는 키난(Kinan)이라고 한다(Yule, 『Maroco Polo』, II, 252쪽). 가람목(茄藍木), 가람(伽藍), 기남

---

3) 후지타 토요하치는 '상(上)'자를 윗 문장에 붙여 구두하고자 하는 것 같다. "사방은 황량한 바다에 안개 낀 촌락이 떠있는 쟁반 같다(延袤荒野上, 如雲塢之盤)"라는 의미를 염두에 둔 것 같다.

(棋楠), 기남(奇楠) 모두 카람박에 해당하는 음이다. 『환유필기(宦遊筆記)』[4]에 “가남(伽楠)은 바로 침향목(沈香木) 중에서 좋은 것이다(伽楠沈香木之佳者).”라고 하였고, 『본초강목습유』에서는 “광주 사람들은 가남(伽楠)을 잔향(棧香)이라 부른다(廣人呼伽楠爲棧香).”라고 하였다.[5]

⑤ 『제번지』 뇌자(腦子) 조목에, “편으로 된 것을 매화뇌(梅花腦)라 하는데 모양이 매화와 같기 때문이다(其成片者謂之梅花腦, 以狀似梅花也).”라고 하였다.[6]

---

4) 『환유필기(宦遊筆記)』는 나란상안(納蘭常安, 1681~1748)이 지은 책으로 전체 명칭은 『수의당환유필기(受宜堂宦遊筆記)』이다.

5) 침향(沈香)에 관하여 히어트와 록힐 씨는 물에 가라앉기 때문에 붙여진 이름이라고 하면서, “말레이어와 자바어로는 칼람박(Kalambak) 또는 칼람바(Kalambah)라고 한다. 이들 명칭은 가루(gharu) 또는 카유 가루(kayu gharu), 즉 가루 우드(gharu-wood)로도 알려졌는데, 바로 산스크리트어 아가루(agaru)에서 와전된 것들이다. 이로부터 포르투갈 사람들이 파오 다킬라(pao d’aquila)로 옮기면서, 불어 부아 데글(bois d’aigle), 영어 이글 우드(eagle-wood) 등으로 파생되었다. 성경, 아랍인 그리고 중세의 다른 작가들에게서 보이는 알로에(aloes) 또는 알로에 우드(aloes-wood)는 산스크리트어에서 나온 것 같다. 또 불어의 부스 드 깔랑부르(boos de calambour)라고 하는데 이것은 말레이어 칼람박에서 나온 것이다.”라고 설명했다(『조여괄』, 205쪽). 이로써 본문의 가람목(茄藍木)은 침향(沈香, , Aquilaria agallocha)을 말하며, ‘가람’은 칼람박 또는 칼람바에 해당하는 음임을 알 수 있다. ‘가람’은 가람(迦藍), 가남(伽倆), 기남(棋楠), 기남(奇南), 기남(奇楠) 등으로도 표기되었다. 쑤 지칭 씨는 이들 명칭이 참파어 가라(Gahlå)에 해당하는 음이라고 했는데(『도이지략교석』, 47쪽), 그다지 근접해 보이지는 않는다. 침향과 그 종류에 관해서는 『바다의 왕국들: 제번지역주』, 334~343쪽을 참고하시오.

6) 매화뇌(梅花腦)란 용뇌향속(Dipterocarpus) 나무에서 나오는 방향 수지인 용뇌(龍腦)를 모양에 따라 붙인 이름이다. 이 향나무는 남해군도와 인도 남부 지역에 분포하며 대략 적도에서 북위 3도 사이에 많이 자란다. 보르네오 칼리만탄(Kalimantan)과 수마트라섬이 주요 산지로 알려져 있다. 산스크리트어로는 카

⑥ 단향(檀香)과 사향(麝香)을 말한다.[7]

⑦ '치(梔)'자는 지복재본에 '올(杌)'자로 되어있어 정본(丁本)에 따라 고쳤다. 『유양잡조』에 "일반 꽃들은 (꽃잎이) 6개로 나는 것이 적은 데, 유독 치자화는 6개로 난다. 도홍경(陶弘景)이 '치자는 잘린 꽃잎이 6개로 나며, 화방(花房)은 7갈래로 나눠어 있어 꽃의 향기가 매우 진하다.'

르푸라(Karpūra)라고 하는데 『대당서역기』 권10에 보이는 갈포라(羯布羅)향이 그에 해당하는 음일 것이다. 한편 말레이어로는 카푸르(kapur)와 카푸르 바루스(kapur barus)라고 한다. 『정화증류본초(政和證類本草)』 권13에 보이는 『명의별록』에는 이 향이 나는 나무를 파율수(波律樹)라고 하는데, 바루스(barus)에 해당하는 음으로 보인다. 『유양잡조』 전집 권18에 보이는 파율고(婆律膏)도 같은 어원을 가질 것으로 생각한다. '용뇌향'이라는 이름으로 도홍경(陶弘景, 456~536)의 『명의별록(名醫別錄)』에서 가장 빨리 보인다. 『제번지』에는 뇌자(腦子)로 부르며 다음과 같이 설명했다. "뇌(腦)의 나무는 삼나무처럼 깊은 산 궁벽한 골짜기에서 자란다. 1천 년이 지났어도 둥치와 줄기가 손상되지 않았다면 그대로 남아 있다. 그렇지 않으면 뇌는 공기를 따라 새어 나간다. 토착민들은 산에 들어가 뇌를 채취하는데 반드시 수십 명씩 무리를 지어 다니고, 나무껍질로 옷을 만들어 입고 사호(沙糊)를 식량으로 삼아 길을 나누어 간다. 뇌수(腦樹)를 만나면 도끼로 찍어 표시하고 십 여 그루가 된 이후에 잘라서 고르게 나눈다. 각자 얻은 것을 쪼개, 판자를 만들고 그 판자 옆을 따라서 가로로 갈라 틈을 만든다. 틈에서 뇌가 나오면 베어 채취한다. 편으로 된 것을 매화뇌(梅花腦)라 하는데 모양이 매화와 같기 때문이다(腦之樹如杉, 生於深山窮谷中, 經千百年, 支幹不曾損動, 則膸有之, 否則腦隨氣泄. 土人入山採腦, 須數十爲羣, 以木皮爲衣, 賫沙糊爲糧, 分路而去. 遇腦樹則以斧斫記, 至十餘株, 然後截段均分, 各以所得, 解作板段, 隨其板傍橫裂而成縫. 腦出於縫中, 劈而取之. 其成片者謂之梅花腦, 以狀似梅花也)."라고 설명하고 있다. 자세한 것은 『바다의 왕국들』, 301~306쪽을 참고하시오.

7) 단향(檀香)은 불경에서 전단(旃檀), 또는 진단(眞檀)이라고 하는데 산스크리트어 찬다나(Chandana)의 음역으로, 단향나무(Santalum album)이다. 자세한 것은 『바다의 왕국들』, 352~355쪽을 참고하시오. 사향(麝香)은 사(麝, moschus moschiferus)의 수컷이 배꼽에서 내는 분비물이다.

고 하였다. 전하는 바에 따르면 서역의 담복화(薝蔔花)가 이것이다(諸花少六出者, 唯梔子花六出, 陶貞白言梔子翦花六出, 刻房七道, 其花香甚, 相傳即西域瞻蔔花也).”라고 하였다. 『영외대답』에서 “외래 치자는 대식국에서 난다. 불경에서 말하는 담복화(薝蔔花)이다. 바다의 외국들이 그것을 말리는데, 염색하는 집의 홍화(紅花)같다. 오늘날 광주에서 용연(龍涎)을 향으로 만들 수 있는 것은 외래의 치자를 사용하기 때문이다(蕃梔子出大食國. 佛書所謂薝蔔花是也. 海蕃乾之, 如染家之紅花也. 今廣州龍涎所以能香者, 以用蕃梔故也).”라고 하였다. 치자(梔子)는 바로 가르데니아 플로리다(Gardeniaflorida)이다(Hambury, 『Science Papers』, 241쪽 등등과 Bretschneider, 『Botanicum Sinicum』, III, 500~503쪽). 첨포화(瞻蔔花), 담포화(薝蔔花)는 또한 첨박가(瞻博迦)라고도 하는데, 바로 산스크리트어 참파카(Champaka)에 해당하는 음으로, 미첼리아 참파카(Michelia Champaka)이다(히어트, 『조여괄』, 203쪽).[8)]

⑧ 『제번지』에 “만약 향이 나무 안에서 이미 생겼으면 그것을 생향이라 하고, 표층이 3분(分)정도 형성되었으면 잠향(暫香)이라 하고, 5분은 속향(速香), 7~8분은 전향(箋香), 10분이 바로 침향이다(若香已生在木內, 則謂之生香, 結皮三分爲暫香, 五分爲速香, 七八分爲箋香, 十分卽爲沉香也).”라고 하였다. 모두 가루(Gharu) 나무이다. 목(木)은 목향(木香)으로 풋추크(Putchuck)이다.[9)] 『위서(魏書)』, 『수서』의 「파사전(波斯傳)」에서 청목향(青木香)이라 한 것이 바로 이것이다.

⑨ ‘수(水)’자는 지복재본에 ‘목(木)’자로 되어있어 정본(丁本)에 따라 고

---

8) 더 자세한 것은 『바다의 왕국들』, 329~330쪽을 참고하시오.

9) 본서의 진랍(眞臘) 조목에서도 보이는 침속목에 대하여, 쑤 지칭 씨는 침향(沈香)과 속향(速香)의 합칭으로 보았다(『도이지략교석』, 48쪽). 앞서 가람목(茄藍木)으로 침향을 들었으므로, 이 침속목은 침향 중의 일종인 속향(速香)으로 보아야 할 것이다. 자세한 것은 『바다의 왕국들』, 350~351쪽을 참고하시오.

쳤다. 『제번지』에 "장미수는 대식국의 꽃이슬이다. 오대(五代)에 외국 사신 포가산(蒲謌散)이 15개 병을 공물을 바쳤고 그 이후 거의 오지 않았다. 오늘날은 대부분 꽃을 채취하여 물에 담가 쪄서 그 액을 취하는 것으로 대신한다(薔薇水, 大食國花露也. 五代時番使蒲謌散以十五缾效貢, 厥後罕有至者. 今多採花浸水, 蒸取其液以代焉)."라고 하였다. 송나라 채조(蔡絛)의 『철위산총담(鐵圍山叢談)』에서는 "구설에 장미수는 외국에서 장미화에 맺힌 이슬을 채취한 것이라고 하는데 그렇지 않다. 실은 백금으로 시루를 만들고 장미화를 채취하여 찌면 물이 나오는데, 자주 채취하여 쪄, 쌓이면 향이 된다. 그래서 썩지 않는다. 그러나 이역의 장미수는 향기가 매우 강하여, 대식의 장미수는 유리 항아리 속에 밀봉하여 놓아도 향기가 수십 보까지 퍼지고, 옷에 뿌리면 십여 일이 지나도 없어지지 않는다. 광주에서 외국에서 만든 향을 모방하려해도 장미를 얻을 수 없어 단지 바탕 향으로 재스민을 취해 만드는데, 또한 사람들의 후각을 자극할 수 있지만, 대식국의 장미수에 비하면 둔하다(舊說, 薔薇水, 乃外國采薔薇花上露, 殆不然. 實用白金爲甑, 採薔薇花蒸氣成水, 則屢採屢蒸積而爲香, 此所以不敗, 但異域薔薇花氣馨烈非常, 故大食國薔薇水. 雖貯琉璃缶中蠟蜜封其外, 然香猶透徹聞數十步, 灑著人衣經十數日, 不歇也. 至五羊效外國造香, 則不能得薔薇, 第取素馨茉莉花, 爲之, 亦足襲人鼻觀, 但視大食國眞薔薇水猶奴爾)."라고 하였다. 이븐 하우칼(Ibn Hawqal)이 전하는 바에 따르면, 파르스(Fars)에서 나는 장미수는 인도차이나, 호라산[火剌散], 북아프리카, 시리아, 이집트 등의 나라로 운송된다고 했는데(Le Strange, 『Eastern Caliphate』, 293쪽), 여기서 말하는 대식(大食)의 장미수가 바로 이것이다. 다른 책에서는 장미로(薔薇露)로 되어있는데 같은 것이다.[10)]

---

10) 장미는 도홍경의 『명의별록』에 보이는 장미(墻薇)가 가장 빨리 보이는 표기이다. 산스크리트어로는 자브(jave), 페르시아어로는 잘바(jalva)라고 하는데, 장미(墻薇) 또는 장미(薔薇)는 모두 이들과 음이 가까우므로 이런 유의 외래어에

⑩ 『영외대답』에 "사람들은 용연에 기이한 냄새가 있다고 하고, 어떤 사람은 용연의 향이 비리고 여러 향을 발산할 수 있다고 하는데, 모두 그렇지 않다. 용연은 향기를 피워도 원래 아무런 손익(損益)이 없고 단지 연기를 모을 수 있을 뿐이다(人云龍涎有異香, 或云龍涎氣腥, 能發衆香, 皆非也. 龍涎放香, 本無損益, 但能聚煙耳)."라고 하였다.

⑪ 『성사승람』에 "원주민들은 나무로만 만든 배를 타고 이 섬에 와서 [용연을] 채취하여 돌아간다. 풍랑을 만나기라도 하면 사람들은 모두 바다로 들어가 한 손으로 배 옆을 잡고, 한 손으로는 물을 저어 해안에 이른다(番人乃駕獨木舟登此嶼, 採取而歸. 設遇風波, 則人俱下海, 一手附舟傍, 一手揖水而至岸也)."라고 하였다.

⑫ 또 『성사승람』에 "소문답랄 시장에서 파는데, 중국 저울로 1냥은 그 나라 금전으로 12개이고, 1근은 금전 192개이며, 중국 동전으로는 4만 9천 문(文)이니 더욱 비싸다(**貨**於蘇門答剌之市, 官秤一兩, 用彼國金錢十二個, 一斤該金錢一百九十二個, 准中國銅錢四萬九**千**文, 尤其貴也)."라고 하였다.[11]

『성사승람』 통행본(기록휘편본), 용연서(龍涎嶼) 조목에 "남무리 바다에 우뚝 솟아있으며, 소문답랄에서 서쪽, 밤낮으로 하루 일정 떨어져 있다(獨峙南巫里洋之中, 蘇門答剌西, 去一晝夜程)."라고 하였고, 취람서(翠藍嶼) 조목에서는 "그 산은 용연의 서북쪽, 주야로 5일 정에 있다(其山在龍涎之西北, 五晝夜程)."라고 하였으며, 『정화항해도』에 "소문답랄에서 출항하여 건술 침으로 12경을 항해해 가면 용연서에 이른다(蘇門答剌開船, 用乾戌針, 十二更船平龍涎嶼)."라고 하였다. 『성사승람』에서 말하고 있는 것과 큰 차이가 없다. 현

서 나왔다고 할 수 있다(『도이지략교석』, 50쪽).

11) 후지타 씨는 『기록휘편』본을 따르고 있다. 펑 청쥔 씨의 『성사승람교주』본(전집, 27쪽)에는 "**貨**於蘇門之市, **價亦非輕**, 官秤一兩, 用彼國金錢十二個, 一斤該金錢一百九十二個, 準中國銅錢四萬九**十**文, 尤其貴也."라고 하였다.

수마트라섬 서북쪽 바다 근처에 있는 도서들 중에서 비교적 큰 것들로는 와이(Wai, Weh), 브라스(Bras, Breueh), 론도(Rondo)섬이 있다. 흐루너펠트는 용연서를 론도섬으로(Groeneveldt, 『Notes on the Malay Archipelago and Malacca』, 222쪽), 필립스는 웨이(Wei) 섬으로(G. Phillips, 「Seaports of India and Ceylon」, 『JChBRAS』, XX, 221쪽), 제리니는 브라스(Bras) 섬으로 보았다(Colonel G.E. Gerini, 『Researches On Ptolemy's Geography Of Eastern Asia』, 691쪽). 『영애승람』 남발리(南浡里) 조목에서는 이 나라 "서북쪽 바다에는 꼭대기가 평평한 험준한 산이 있다. 반나절이면 이를 수 있는데, 모산이라고 한다(西北海內有一大平頂峻山, 半日可到, 名帽山)."라고 하였고, 그 산의 서쪽은 또한 모두 대해로, 무릇 "서쪽에서 대양을 지나오는 배들은 돛을 접고 모두 이 산을 기준으로 삼는다(西來過洋船隻收帆, 俱望此山爲準)"라고 하였다. 『명사』에서 말한 것과 대략 같다. 흐루너펠트 씨는 이를 근거로 브라스(Bras)섬으로 보았고, 『성사승람』에서 "서쪽으로 하루 밤낮 간다"라는 문장을 근거로 용연서를 론도(Rondo)섬으로 생각했다. 이 설은 맞는 것 같지만 틀렸다. 『성사승람』에서 하루 밤낮의 여정이라고 한 것은 수마트라로부터 하루 밤낮을 말한다. 『영애승람』에서 반나절이면 도착할 수 있다고 한 것은 남발리로부터 반나절이므로, 출발한 것이 같지 않다. 흐루너펠트의 오류 중 하나이다. 『영애승람』 남발리국 조목에는 또한 그 나라는 "수마트라 서쪽에 있고, 산이 모두 서로 연결되어 있으며, 배로 하루 밤낮이면 도착할 수 있다(在蘇門答剌西, 山皆相連, 船行一晝夜可到)"[12]라고 하였고, 『성사승람』에서 용연서까지 밤낮으로 하루라고 하였으므로 두 곳은 서로 가까이 붙어있음이 틀림없다. 『정화항해도』에서 수마트라에서 출발하여 건술(乾戌) 침으로 12경이면 용연서에 이른다고 하였고, 용연서를 모산(帽山)의 서쪽에 두면 모산은 와이(Wai) 섬이 되고 용연서는 브라스(Bras) 섬으로 확정할 수 있다.

---

12) 『기록휘편』본을 비롯한 명나라 필사본들에는 모두 "自蘇門答剌往正西, 好風行三晝夜可到"라고 되어있다. 후지타 씨가 참고한 것은 청나라 시기의 『승조유사(勝朝遺事)』본에 따른 것이다.

용연서라는 명칭은 본서에서 가장 먼저 보이지만 중국인들이 용연향을 안 것은 이미 오래 되었다. 단성식(段成式, 803?~863)의 『유양잡조(酉陽雜俎)』, 권4에 "발발력(Berbera)국은 서남해에 있다.…땅에서는 상아와 아말향만 난다(撥拔力國在西南海中…土地唯有象牙及阿末香)."라고 하였다. 히어트 씨는 아말(阿末)이 아라비아어 [ʻambar]에 해당하는 음으로 바로 용연향(龍涎香, Ambergris)라고 했다.[13] 『철위산총담(鐵圍山叢談)』 권5에 정화(政和) 4년(1114), 조종(祖宗)의 진귀한 물건을 소장하고 있는 봉신고(奉宸庫)에서 "용연향 2개, 유리부(琉璃缶), 파리모(玻璃母) 두 광주리를 찾아냈다(得龍涎香二·琉璃缶·玻璃母二大篚)."라고 하였고, 또 "사람들이 그 쓰는 방법【어떤 판본에는 '用'자로 되어있음】을 몰랐고, 또 세월이 오래되어 자료도 없어, 어디서 온 것인지 몰랐다. 혹 이르기를 '시영(柴榮) 주세종(周世宗, 921~959, 후주의 2대 황제) 현덕(顯德, 954~962) 연간에 대식(大食)이 바친 것이라고도 하고, 진종(眞宗, 997~1022)조의 물건이라고도 했다'(人莫知其方, 又歲久無籍, 不知其所從來. 或云柴世宗顯德間, 大食所貢, 又謂真廟朝物也)."라고 하였다.

장세남(張世南, 1125년경 죽음)의 『유환기문(遊宦紀聞)』, 권7에 "여러 향 중에서 용연향이 가장 비싸다. 광주 시가로 매 1냥이 1십만 이하로 떨어지지 않고, 다음 등급도 5~6만이며, 번국에서도 매매를 금한 물품으로 대식국(大食國)의 근해에서 난다. 바다 옆에는 항상 구름 기운이 산을 가두고 있는데, …(諸香龍涎最貴. 廣州市直每兩不下百千, 次等亦五六十千. 係番中禁榷之物, 出大食國近海. 傍常有雲氣罩山間,…)"라고 하였다. 『유환기문』에서 인용한 『영외잡기(嶺外雜記)』의 글은 『영외대답』과 같다. 『영외대답』, 권7, 용연조목에 "대식국(大食國)의 서해(西海)에는 용이 많은데 돌을 베고 한 숨 자면 침 거품이 물에 뜨고, 쌓이면 단단하게 될 수 있어 교인(鮫人)들이 이것을 채취하여, 지고의 보배로 여긴다(大食西海多龍, 枕石一睡, 涎沫浮水, 積而能堅, 鮫人採之以爲至寶)."라고 하였는데, 『제번지』 용연 조목에서도 『영외대답』의 문장을

13) 히어트와 록힐의 『조여괄』, 필파라(弼琶囉) 조목, 128쪽과 하권 용연 조목, 237쪽 주를 참고하시오.

그대로 따르고 있다.

또 『제번지』 중리국(中理國) 조목에서, "나라에는 산이 있어 필파라국(弼琶囉國, Berbera)과 경계를 이루는데, 주위는 4천여 리이고 대부분 사람이 살지 않는다. 산에서는 혈갈(血碣)【『본초강목』에는 혈갈(血竭)로 되어있음】, 노회(蘆薈)가 나고 물에서는 대모(瑇瑁), 용연(龍涎)이 난다. 이 용연이 나는 곳은 모른다. 갑자기 3~5근 혹은 10근이나 되는 덩어리로 나타나는데, 해안가로 떠밀려 와 토착민들이 다투어 나누어 가지고, 혹 배를 타고 바다로 나가 찾아 건지기도 한다(國有山與弼琶囉國隔界, 周圍四千里, 大半無人煙. 山出血碣·蘆薈, 水出瑇瑁·龍涎, 其龍涎不知所出. 忽見成塊, 或三五斤, 或十斤, 飄泊岸下, 土人競分之, 或船在海中驀見採得)"라고 하였다.

필파라(弼琶囉)는 발발력(撥拔力)과 동음이자이다. 그러므로 당나라, 송나라 시기에 이 향은 베르베라(Berbera) 연해에서 온 것이지 남해에서 난다고 할 수 없다. 『송사』「예지(禮志)」(권162, 2814쪽)에 소흥(紹興) 7년(1137)에 삼불제국(三佛齊國)이 남주(南珠), 상치(象齒), 용연(龍涎), 산호(珊瑚), 유리(琉璃), 향약(香藥) 바쳤다고 한다. 그러나 이 나라는 『영외대답』에서 "외국 선박이 경계를 지나면서 그 나라에 들어오지 않은 자들이 있으면, 반드시 군사를 보내 모두 죽여 버렸기 때문에 그 나라에는 서상(犀象), 주기(珠璣), 향약(香藥)등이 풍부했다(蕃舶過境, 有不入其國者, 必出師盡殺之, 以故其國富犀象·珠璣·香藥)."라고 한 것처럼, 바친 용연은 대식(大食)의 선박에서 얻은 것일 것이다.

원나라 유욱(劉郁)의 『서사기(西使記)』(1263년 씀)에 "살팔아는 서해에서 나는데, 대개 대모(瑇瑁)가 흘린 정액을 상어[蛟魚]가 먹고 토해낸 것으로, 세월이 오래되어 뭉친 것은 값이 황금과 같다. 가짜는 무소의 똥으로 만든 것이다(撒八兒, 出西海中, 蓋瑇瑁之遺精, 蛟魚食之, 吐出, 年深結成, 價如金. 其假者, 卽犀牛糞爲之也)."라고 하였다. 브레트슈나이더 씨는 살팔아가 바로 용연향으로, 즉 아랍인이 암베르(Amber) 또는 사하비리(Sahabiri)라고 하는데, 이 사하비리가 바로 살팔아에 해당하는 음이라고 하였다(Bretschneider, 『Mediaeval Researches』, I, 152쪽). 브레트슈나이더 씨의 설은 원래 크로포드(John Crawfurd) 씨가 남양의 원주민들이 이것을 향으로 안 것은 아랍인과의 교통 이후이다. 이것에 현지 명칭이 없고 오로지 아랍어로만 암베르 또는 사하비리라고 하는 것으로 알 수 있다(『A Descriptive Dictionary of the Indian Islands & Adjacent Countries』, II)고 한 것에 근거하고 있다. 그러나 유욱 또한 남해에서 그것이 난다고 하지 않았다. 마수디(Masudi)만 엘렌자말루스(Elendjamalous, 니코바르)의 나인(裸人)들은 혼자 나무로 만든 배를 타고 와 이 향을 판다고 했는데(『황금의 평원(Prairies d'Or』, I, 339쪽), 동방에서 이 향을 언급한 것은 [마수디의] 책에서 시작되었다.

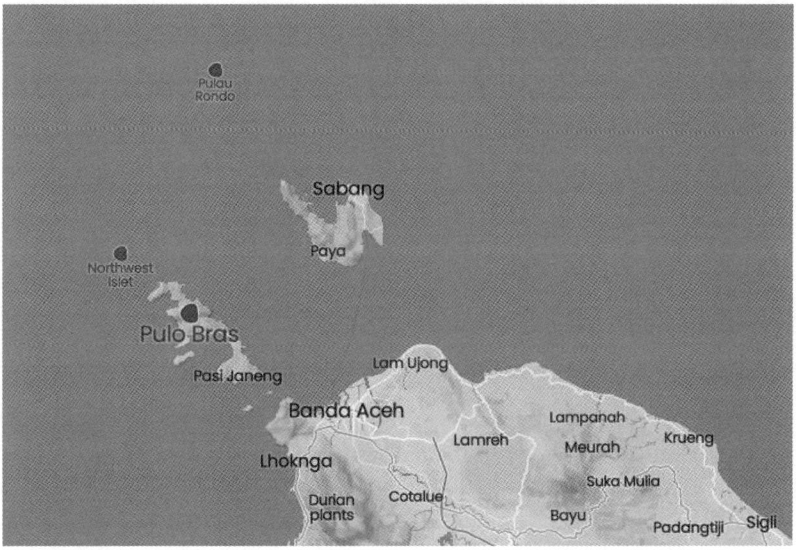

Mapcarta

7. 교지(交阯) [18~21]

옛날 교주(交州)의 땅으로 지금은 안남(安南), 대월국(大越國)이다. 산으로 둘러싸여 험하고, 하천 길이 서로 펼쳐져 있다. 외곽에는 36개의 장(莊)[1]이 있고, 땅은 넓고 인구는 조밀하다. 기후는 항상 덥다. 농토는 대부분 비옥하고, 풍속은 예의를 중시하여 중국의 풍속이 있다. 남녀의 얼굴을 하얗지만, 치아는 검고, 관(冠)을 쓰며, 중국식 옷과 비단 겹옷[皂褶][2]을 입고, 비단 버선, 모난 신발을 신는다. 민간의 준수한 자제들은 8세에 소학에 들어가고 15세에 태학에 들어간다. 이들은 시서(詩書)를 송독하고, 성리(性理)를 논하며 글쓰기를 하는데, 모두 중국과 같지만, 언어가 다를 뿐이다. 옛날부터 지금까지 중국에 조공한 것이 여러 사서에 기재되어 있다. 사람들은 바닷물을 끓여 소금을 만들고, 차조를 발효시켜 술을 만든다. 추장은 나라 사람을 아내로 삼는다. 땅에서는 사금(沙金), 백은, 동(銅), 주석, 납, 상아, 취모(翠毛)[3], 육계(肉桂)[4], 빈랑이 난

---

1) 장(莊)은 특정한 종족들이 같은 목적을 위해 형성한 촌락 또는 그로부터 발전한 시장을 말하는 것으로 추정된다. 쑤 지칭 씨의 주석에 따르면, "『안남여지략(安南輿地略)』은 레 왕조 소명(紹明) 연간(1137~1139)에 많은 외국 상선들이 운둔(雲屯, Vân Đồn)에 정박하여 해변에 마을[莊]을 세우고 운둔주(雲屯州, 원문에는 '둔'자가 빠져있음)라 불렀는데, 이로부터 외국 상인들이 운집하는 장소가 되었다. 이를 근거해 볼 때, 이 장(莊)은 12세기 중엽에 이미 건설되어 있었다."라고 하였다(『도이지략교석』, 53쪽).

2) 정본(丁本)에는 '습(褶)'자로 되어있다. '습'자로 보는 것이 맞다. 조습(皂褶)이란 구성은 옛 전적에서 전혀 찾을 수 없다. '조(皂)'자는 '백(帛)'자를 잘못 쓴 것은 아닐까? '백습'이란 비단으로 만든 속이 없이 두 겹으로 만든 옷을 말한다. 후지타 씨는 '조습'을 해석하지 못해 '백습'으로 설명했다.

3) 취모(翠毛)란 바로 고급 장식으로 사용하는 비취새(Halcyan spp.)의 깃털인 취우(翠羽)를 말한다. 『회남자·인간훈(人間訓)』에는 비취(翡翠)로 되어있다. 『영외대답(嶺外代答)』 권9 비취 조목에 "비취는 깊고 넓은 산 못에서 나는데 물가

다. 교역하는 상품들은 다양한 색의 능(綾), 나(羅), 필백(匹帛, 직물)[5]과 청포(靑布), 상아 빗, 종이, 구리, 철 등이다. 동전을 유통해 사용하는데, 민간에서는 67전을 중통은(中統銀) 1냥으로 치는데 중국에서는 70전을 기준으로 삼는다. 뱃사람들은 그곳에서 물건을 팔 수 없다. 몰래 파는 배들은 단산(斷山) 위아래에 머물뿐 그 관장(官場, 국영 시장)에 들어갈 수 없는데, 중국인들이 나라의

에 둥지를 튼다. 한 계곡의 물에는 한 쌍의 암수만 사는데, 밖에 한 마리가 더 있으면 반드시 영역을 다투며 죽을 때까지 싸운다. 사람들이 이러한 기미를 이용하여, 한 마리 중매하는 새를 길러 왼손에 들고 못으로 가면, 비취새가 보고 손으로 날아와 치며 싸우는데 사람이 있는 줄도 모른다. 이내 오른손의 그물로 덮어 잡으면 벗어날 수 없다. 옹주(邕州)의 우강(右江)에서는 일등의 비취를 생산하는데, 그 뒷면 털은 모두 가는 털이기 때문에 아주 사치스러운 사람들이 그것을 사용하여 꼬아 직물을 짠다.(翡翠, 產于深廣山澤間, 穴巢于水次. 一壑之水, 止一雌雄, 外有一焉, 必爭界而死鬥. 人乃用其機, 養一媒, 擎諸左手, 以行澤中, 翡翠見之, 就手格鬥, 不復知有人也. 乃以右手取羅掩之, 無能脫者. 邕州右江產一等翡翠, 其背毛悉是翠茸, 窮侈者用以撚織).”라고 하였다. 자세한 것은 『바다의 왕국들: 제번지역주』, 433~434쪽을 참고하시오.

4) 육계(肉桂)는 계피(桂皮), 즉 녹나무속, 육계나무(Cinnamomum cassia)의 말린 껍질이다. 『정화증류본초(政和證類本草)』 권12에 도홍경(陶弘景)의 설을 인용하여 “교주(交州) 계주(桂州)에서 나는 것은 모양은 작지만, 지육(脂肉)이 많다(交州桂州者, 形段小, 多脂肉).”라고 하였다. 녹나무속 중에서 껍질이 두껍고 부드러운 것[脂肉]을 육계(肉桂)라고 불렀다. 이어서 진장기(陳藏器, 757년 죽음)의 설명을 들어, “계피가 두터운 것은 반드시 어리고, 얇은 것은 반드시 늙었다. 늙고 얇은 것을 한 색으로 삼고, 두텁고 어린 것을 한 색으로 친다. 어리고 매운 향이 나면 통처럼 말리고, 늙은 것은 맛이 엷어져 저절로 판이 얇아진다(桂皮厚者必嫩, 薄者必老. 以老薄者爲一色, 以厚嫩者爲一色, 嫩既辛香, 兼又卷筒, 老必味淡, 自然板薄).”라고 하였다.

5) 능라필백(綾羅匹帛)은 능라와 필백으로 이해해야지 능라백필(綾羅帛匹)로 읽으면 안 된다. 릉(綾)과 라(羅)는 평문(平紋)으로 짠 비단을 말하고 ‘라’는 꽃문양을 넣어 짠 비단을 말한다. ‘능라’는 문양이 들어간 비단을 말하고, 필백(匹帛)은 글자 그대로 ‘필(匹)로 헤아리는 직물’을 통칭하는 말이다.

허실을 훔쳐 볼까 두려워하기 때문이다.

古交州之地, 今爲安南大越國. 山環而險, 溪道互布. 外有三十六莊, 地廣人稠. 氣候常熱. 田多沃饒, 俗尙禮義, 有中國之風. 男女面白而齒黑①, 戴冠, 穿唐衣·皂褶,[6] 絲襪方履[7]. 凡民間俊秀子弟, 八歲入小學, 十五入大學. 其誦詩讀書·談性理·爲文章, 皆與中國同, 惟言語差異耳②. 古今歲貢中國, 已載諸史. 民煮海爲鹽, 釀秫爲酒. 酋長以國人爲妻③. 地產沙金·白銀·銅·錫·鉛·象牙·翠毛·肉桂·檳榔. 貿易之貨, 用諸色綾羅匹帛·青布·牙梳·紙扎[8]·青銅·鐵之類. 流通使用銅錢. 民間以六十七錢折中統銀壹兩, 官用止七十爲率. 舶人不販其地. 惟偸販之舟, 止於斷山上下④, 不得至其官場, 恐中國人窺見其國之虛實也.

① 『명일통지』에 인용된 『위월외기(僞越外記)』에 "입은 붉고 이빨은 검으며, 존비와 관계없이 모두 빈랑을 먹는다(口赤齒黑, 尊卑皆食檳榔)."라고 하였다.

② 『제번지』 교지국(交趾國) 조목에 "왕들은 중국 성씨이다.[9] 복식과 음식은 중국과 대략 같지만, 남녀 모두 맨발로 다니는 것만 다를 뿐이다(王

6) 습(褶)자는 원문에 '褶'자로 잘못 인쇄되어 있어 사고전서본에 따라 고쳤다.

7) 저본에는 '방리(方履)' 두 글자가 빠져 사고전서본에 따라 보충하였다.

8) '찰(扎)'자는 '찰(札)'자로 보아야 할 것 같다. 지찰(紙札), 즉 종이를 총칭한다.

9) "왕들은 중국 성씨이다[王係唐姓]": 『문헌통고(文獻通考)』, 권 330에 "민(閩) 사람 중, 바다에서 배에 의지하며 왕래하는 자들은 반드시 후한 대접을 받았다. 관청에서는 명을 받았기 때문에 그들에게 자문받아 일을 처리했다. 공문은 매우 괴이하고 어지러웠는데, 대부분 돌아다니는 사람들에게서 나온 것이었다. 전하는 바에 따르면 그들의 조상인 공온 또한 원래 민(閩) 사람이다(閩人附海舶往者, 必厚遇之. 因命之官, 咨以決事. 凡文移詭亂, 多自遊客出. 相傳其祖公蘊亦本閩人)."라고 하였다. 공온은 이공온(李公蘊)으로 자는 조연(兆衍), 박닌성 뜨선(Từ Sơn)현의 출신이나 조상은 중국의 복건성에서 이주해 간 사람으로 전해진다. 전 레 왕조(前黎朝)의 무장이자, 리 왕조를 건국한 황제(1010~1028년 재위)이다.

係唐姓. 服色飮食略與中國同, 但男女皆跣足差異耳).”라고 하였다.

③ 지복재본에는 ‘국인(國人)’ 두 글자가 빠졌다. 이문전(李文田, 1834~1895)은 ‘성녀(姓女)’ 두 글자가 빠졌을 것이라고 했다. 여기서는 정씨(丁氏) 필사본에 따른다.

④ 『명일통지』에 “운둔산은 신안부 은둔현(Vân Đồn)에 있다. 대해 가운데 두 산이 대치하고 있고, 물길로만 번국들과 통하여, 장사 배들 대부분이 이곳에 모인다(雲屯山在新安府雲屯縣, 大海中兩山對峙, 一水中通蕃國, 商舶多聚於此).”라고 하였다. 본문의 단산(斷山)은 은둔산을 말할 것이다. 『원사』 「안남전(安南傳)」에 “장문호의 식량을 실은 배가 작년 12월 둔산에 머물렀다(張文虎糧船以去年十二月次屯山).”라고 하였다. 그렇다면 운둔산은 또한 둔산이라 했으므로, 단산과 같다. 명칭의 글자만 다를 뿐이다.

『서경·요전』에는 ‘남교(南交)’가 보이고, 『묵자·절용편』에 “옛날 요임금이 천하를 다스릴 때, 남쪽으로 교지를 안무하고, 북쪽으로 유도를 항복시켰으며, 동서로는 해가 출입하는 곳에까지 복종하지 않음이 없었다(古者堯治天下, 南撫交趾, 北降幽都, 東西至日所出入, 莫不賓服).”라고 했으며, 『대대례기·소간편(少閒篇)』에 “옛날 순임금은 하늘의 덕으로 요임금을 이어, 공을 펼치고 덕을 베풀어 예를 만들었다. 북방의 유도가 복종해 왔고, 남으로는 교지를 안무했으며, 일월이 출입하는 곳까지 모두 복종하지 않음이 없었다(昔虞舜以天德嗣堯, 布功散德制禮, 朔方幽都來服, 南撫交阯, 出入日月, 莫不率服).”라고 하였다. 『여씨춘추』, 『사기』 우임금이 물과 땅을 다스린 것[禹平水土], 남쪽으로 교지를 안무한 것[南撫交阯]을 언급하였다. 한무제 원정(元鼎) 6년(기원전 111)에는 “남월을 평정하고, 담이(儋耳), 주애(珠厓), 남해(南海), 창오(蒼梧), 울림(鬱林), 합포(合浦), 교지(交阯), 구진(九眞), 일남(日南)의 아홉 군을 설치했다.”[10]고 하였다.

10) 『한서』, 권6, 「무제본기」(188쪽): 平南越以爲南海·蒼梧·鬱林·合浦·交阯·九眞·日南·朱崖·儋耳九郡.

『한서·지리지』 주에서는 모두 교주에 속한다[屬交州]고 하였으나, 안사고(顏師古)는 호광의 설을 인용하여, "한나라가 남월의 땅을 평정하고 교지 자사를 설치하여 여러 주와 달리했다(漢既定南越之地, 置交阯刺史, 別於諸州)."라고 하였으니[11], 한나라 이전에는 아직 '교주'라는 명칭이 없었다. 『후한서』 이현(李賢)의 주에 따르면, 건무(建武) 5년(기원후 29), 12월, 교지목(交阯牧) 조목에서 "교지군은 지금의 교주현이다. 남쪽으로 대해와 가깝다. 『여지지』에 '그 오랑캐는 발이 크고 발가락이 벌어져, 두 발로 서면 발가락이 서로 교차 된다.'라고 하였다. '지(阯)' 자는 '지(趾)' 자와 같으며, 옛 글자로 통용했다. 응소의 『한관의』에 '비로소 북방이 열리고, 마침내 남쪽과 교통하여 자손들의 터전이 되었다.'라고 하였다(交阯郡, 今交州縣也. 南濱大海. 輿地志云, 其夷足大指開析, 兩足並立, 指則相交. 阯與趾同, 古字通. 應劭漢官儀曰, 始開北方, 遂交於南, 爲子孫基阯也)."[12]

두우(杜宇)의 『통전』에도 "남단의 사람들은 이마에 문신하고 발을 교차

---

11) 『한서·지리지』, 권28상(1543쪽): 胡廣記云, 漢既定南越之地, 置交阯刺史, 別於諸州, 令持節治蒼梧, 分雍州置朔方刺史.

12) 『후한서』 권1, 「광무제본기」(41쪽). 『사기·진시황기』에는 상군(象郡), 북호(北戶) 또는 북향호(北嚮戶)가 보이고, 『한서·무제기』, 「지리지」 등에는 일남(日南)이라는 명칭이 보인다. 안사고(顏師古)의 주에는 "태양의 남쪽에 있으므로 북쪽으로 집을 지어 해를 향하게 한 것을 말한다(言其在日之南, 所謂開北户以向日者)."라고 하였다. "[안사고의 주석은] '북호(北戶)'가 '태양의 남쪽'에 있는 곳에서만 적용된다는 것을 보여준다. 왜냐하면 문을 북쪽으로 돌리는 것은 태양의 남쪽에 있는 지역들이기 때문이다. 한 지역이 태양의 남쪽에 있으려면, 반드시 남반구에 있을 필요는 없다. 사실 열대지역으로 들어가면 매년 여러 날 동안 태양의 남쪽에 있고, 남쪽으로 가면 갈수록 더 증가하고, 하지를 지나면 한 해 내내 태양의 남쪽에 있게 된다. 사실, 중국인들은 적도 북쪽에 있는 더운 지역의 나라를 일남(日南, 틀림없이 북호와 같은 의미)으로 이해하고 있다. 말하자면, 한나라 시기의 일남에 해당하는 것은 꽝남성이다. 따라서 진시황제시기에 북호(北戶) 또는 북향호(北嚮戶)라는 명칭으로 지칭된 곳은 바로 통킹과 안남이다."(『사마천의 사기(Les Mémoires historiques de Se-ma Ts'ien)』, II, 136쪽)

한다(極南之人, 雕題交趾).”라고 하였는데, 그 주에, “‘제(題)’는 이마이다. ‘조(雕)’는 그 피부에 새겨 단청을 넣는 것을 말한다. ‘교지’는 발이 크고 발가락이 벌어져, 서면 교차 된다는 말이다(題, 額也. 雕謂刻其肌, 以丹青涅之也. 交趾, 謂足大趾開闊, 並立相交).”라고 하였다. 모두 의미를 억지로 끌어다 붙인 설일 뿐이다. 하노이[Hanoi, 河內]의 땅을 ‘케쇼’(Kesho)라고 한 샤반느 씨는 교지가 케쇼에 해당하는 음이라고 하였는데(『샤반느구법고승전』, 53쪽), 맞는지 모르겠다.[13)]

또 『통전』에 따르면, 한나라 시기 아홉 군[九郡] 주에, 교지(交阯)는 지금의 안남(安南)이라고 하였고[14)], 『당서·지리지』에서는 “안남중도호부는 원래 교지군이다. 무덕 5년에 교주, 치교지라 하였다. 조로 원년에는 안남도호부라고 하였고, 지덕 2년에는 진남도호부라 하였다가, 대력 3년에 다시 안남이 되었다(安南中都護府, 本交趾郡, 武德五年曰交州, 治交趾. 調露元年曰安南都護府, 至德二載曰鎭南都護府, 大曆三年復爲安南).”[15)]라고 했으나, 안남이란 국명은 송나라 시기에 시작되었다. 『송사』「교지전(交趾傳)」에 “순희 원

---

13) 교지(交趾)란 명칭의 내원에 관하여 샤반느는 하노이의 현지 명칭으로, 시장을 뜻하는 케쇼(Kesho)에 해당하는 음으로 보았다(『샤반느구법고승전』, 53쪽). 프톨레마이오스는 『지리지(Geographika syntaxis)』에서 중국의 남쪽에는 카티가라(Kattigăra)라는 항구가 보이는데 리히트호펜(Richthofen)은 그 곳이 당시 교지에 속했고, 쏭코이(Song-Koi)에 해당한다고 했다(『China』, I, 507~510쪽). 이 리히트호펜의 글을 잘못 읽은 쑤 지칭 씨는 한 걸음 더 나가 이 카티가라가 ‘케쇼’에서 변화된 것임이 틀림없다고 단정했는데(『도이지략교석』, 52쪽), 근거는 제시하지 않았다. 동한(東漢) 연희(延熹) 9년(166)에 대진국(大秦國)의 안돈(安敦, Marcus Aurelius, 121~180)이 중국에 사신을 보낸 것은 프톨레마이오스의 『지리지』가 완성된 10여 년 뒤이고, 상륙한 지점은 교지일 가능성이 크다.

14) 『통전·변방4』, 영남만료(嶺南蠻獠) 조목의 구군(九郡) 주에 “모두 지금의 군 땅이다. 교지만이 지금의 안남이다(並今郡地, 惟交趾則今安南也).”라고 하였다.

15) 『신당서·지리지』, 권43상(1111~2쪽).

년(1174) 2월에, 이천조(李天祚, Lý Thiên Tộ)를 안남국의 왕으로 올려 봉했다(淳熙元年二月, 進封天祚安南國王).”[16]라고 하였고, 또 “이일존(李日尊, Lý Nhật Tôn, 1023~1072)이 스스로 그 나라에 황제라 칭하고, … 국호를 대월이라 하였다(日尊自帝其國…國號大越).”[17]라고 하였으니, 바로 봉호가 안남이고, 자칭하여 대월이라 했기 때문이다. 원나라 때에도 그러했다. 『원사』「안남전」에, 중통(中統) 2년(1261) 진광병(陳光昺, Trần Thái Tông, 1218~1277)을 안남국의 왕으로 봉했고[18], 그의 아들 일훤(日烜, Trần Thánh Tông, 1240~1290)이 스스로 대월국이라 칭했다.[19] 본서에서 대월국(大越國)은 바로 봉호와 스스로 칭한 것을 겸하여 말한 것이다.[20]

---

16) 『송사』, 권488, 「교지전」(14071쪽).

17) 『송사』, 권488, 「교지전」(14069쪽).

18) 『원사』, 권209, 「안남전」(4635쪽): 遂封光昺爲安南國王.

19) 『원사』, 권209, 「안남전」(4644쪽): 日烜僭稱大越國主憲天體道大明光孝皇帝陳威晃

20) 한나라 시기의 일남(日南)은 현 베트남 중부이고 그 남쪽 경계는 현 바렐라 갑(Cape Varella) 정도가 될 것이다. 반면 서한 말에 처음으로 보이는 교주(交州)란 명칭은 영해(嶺海)의 여러 지역을 지칭하면서 교지도 포함했는데, 현 하노이 일대 베트남 북부를 지칭했다. 따라서 교지와 일남은 현 베트남 중부와 북부로 나뉜다. 적어도 이 둘을 통합한 나라가 당나라 조로(調露) 원년(679)에 안남(安南)으로 나타나면서 베트남을 통칭하는 국명으로 널리 알려졌다. 송나라 태평흥국 5년(980) 이후로는 대월국(大越國) 혹은 대구월국(大瞿越國)으로 국호를 바꾸었고, 월남(越南)이란 명칭은 청나라 가경(嘉慶) 7년(1802)년에 처음으로 불렸다. 『제번지』, 『대덕남해지』, 『도이지략』 등과 같은 송나라 원나라 시기의 책에는 이 나라의 명칭을 교지국(交趾國)이라 하였고, 라시드 웃딘(Rashīd al-Dīn), 『연대기집성(Jami al-Tawarikh)』 같은 중세 서양인들의 기록에는 카프치크네(kafchikne)라고 하였으며, 마르코 폴로 여행기에는 카우지구(Caugigu)라고 했는데 모두 교지국(交趾國)과 연관된 음역으로 생각된다.

8. 점성(占城) [21~24]

땅은 바다를 향해 차지하고 있고, 신주와 구주가 이웃하고 있다. 날씨는 조금 덥다. 농토는 중상의 등급으로 농사에 적합하다. 풍속이 약탈을 좋아한다. 매년 원일(元日)을 전후로 사람들이 산 사람의 쓸개 [즙]을 마구 채취하여 관청에 판다. 관청에서는 은으로 그것을 사들여 쓸개즙을 술과 섞어 집안사람들이 함께 마시며, "온몸이 담즙이니 사람들이 두려워할 것이고 또 피부병에 걸리지 않을 것이다."라고 한다. 성(城) 아래에는 물이 많이 선회하여 배들이 며칠을 왕복한다. 배가 멈추었을 때 여인이 배에 오르면 뱃사람의 배필이 되었다가 떠나가면 눈물을 흘리며 작별한다. 그다음 해 그 뱃사람이 오면 예전처럼 배필로 합친다. 그곳에서 조난되어 떠돌아다니는 자라도 부인이 옛정을 생각하여 음식과 의복을 그에게 제공했다가, 돌아갈 때도 노자를 충분히 주어 보내는데 대략 정의(情義)가 이와 같다. 그들의 의복은 태반이 중국인과 비슷하다. 하루에 서너 번 목욕하고, 뇌자(腦子)와 사향을 합한 기름을 몸에 바른다. 검은 가죽에 하얗게 글자를 써서 문서를 만든다. 바닷물을 끓여 소금을 만들고 좁쌀[小米]을 발효시켜 술을 만든다. 땅에서는 홍시(紅柴)[1], 가람목(茄藍木)[2], 타포(打布)

---

1) 홍시(紅柴)는 후피향(厚皮香, Ternstroemia gymnanthera)나무의 별칭이다. 상록교목으로 사계절 푸르러서 일본에서는 정원수로 사랑을 받는다. 목재는 흰색이나 상온에 노출되면 붉은 자주색으로 변하기 때문에 '홍시'라는 명칭이 붙여졌다고 한다. 재질이 견고하고 흰개미 같은 벌레의 침식에 강하여 건축, 조선에 사용된다. 잎과 꽃은 염증과 해독에 효과가 있는 것으로 알려져 약재로 활용하며, 껍질은 염료로 사용하고, 열매는 기름을 짜 공업용으로도 쓴다. 대만이 원산으로 중국 남부, 일본, 한반도 남부 등지에 분포한다.

2) 가람향(茄藍香)으로 옮겨 놓은 록힐에 따르면, "칼람박 나무로, 침향을 지칭하는 이 용어는 원나라 시기 이전에는 사용되지 않은 것으로 보인다. 『영애승람』에서는 가남(伽南), 『성사승람』에서는 기남(棋楠)으로 썼으며, 16세기 『동서양고』에서는 기남(奇楠)이라 불렸다. 율과 버넬의 『Hobson-Jobson』, 110쪽을 참고하

등이 난다. 교역하는 상품으로는 청자의 꽃문양 그릇[青磁花碗], 금은의 장식물, 술, 화포(花布), 소주(燒珠) 등이 있다.

地據海衝, 與新舊州爲鄰. 氣候乍熱. 田中上等, 宜種穀. 俗喜侵掠①. 歲以上下元日縱諸人採生人膽, 以鬻官家. 官家以銀售之, 以膽調酒與家人同飲, 云通身是膽, 使人畏之, 亦不生疵癘也②. 城之下水多洄旋, 舶往復數日. 止舟③載婦人登舶, 與舶人爲偶. 及去, 則垂涕而別. 明年, 舶人至, 則偶合如故. 或有遭難流落於其地者, 則婦人推舊情以飲食衣服供其身, 歸則又重贐以送之, 蓋有情義如此. 其衣服半似唐人④. 日三四浴, 以腦·麝合油塗體⑤. 以白字寫黑皮爲文書⑥. 煮海爲鹽, 釀小米爲酒. 地產紅柴·茄藍木·打布⑦. 貨用青磁花碗·金銀首飾·酒·花布⑧·燒珠之屬.

① 『통전』「임읍」 조목에 "인성이 흉악하고 사나우며 전투에 과감하다(人性凶悍, 果於戰鬬)"라고 하였고, 『영외대답』 점성 조목에서는 "그들의 풍속은 원래 약탈을 좋아한다(其俗本好剽掠)"라고 하였다.

② 『성사승람』 점성 조목에는 "세시에 사람들은 멋대로 산 사람의 답즙을 채취하여 관청에 판다. 그들 추장 또는 부령들이 술에 타서 식구들과 함께 마시며 [또 몸을 씻으며] '통신시담(몸에 이 담즙을 바르기)'이라 한다(歲時縱人採生人之膽, 鬻於官, 其酋長或部領得膽入酒[中], 與家人同飲, [又以浴身], 謂之曰通身是膽)."라고 하였고, 『영애승람』에서는 "그 왕은 연초에(그 왕은 연중 절기에) 산 사람의 담즙(膽汁)을 물로 조정하여 목욕한다. 각 처의 두목들이 채취하여 바치는 것을 헌상하는 예로 삼는다(其王於歲首[其王年節日], 用生人膽汁調水沐浴, 其各處頭目采取進納, 以爲貢獻之禮)."라고 하였는데, 전하는 것이 서로 다르다.[3)]

라"(86쪽)고 하였다. 이에 관해서는 앞의 용연서 조목을 참고하시오.

3) 이 해괴한 이야기는 『진랍풍토기(眞臘風土記)』「취담(取膽)」 조목에 매우 상세하고 가장 빨리 보인다. "이보다 앞서 8월에 쓸개를 채취한다. 점성의 성주가 매년 다른 사람의 쓸개 한 단지를 취하는데, 1천여 개에 달한다. 밤이 되면 사방으

로 사람들을 시켜 성안과 촌락에 사는 곳으로 가게 한다. 밤에 돌아다니는 자가 있으면 끈과 자루로 그 사람의 머리를 잡고 작은 칼로 오른쪽 옆구리를 찔러 쓸개를 빼낸 다음 얼마간 충분해지기를 기다려 점성의 성주에게 바친다. 유독 중국 사람의 쓸개는 취하지 않는데, 1년에 중국 사람의 쓸개 하나라도 채취해 [그 쓸개들] 속에 섞으면 단지 속의 쓸개들이 모두 부패하여 쓸 수가 없기 때문이다. 근래에는 이미 쓸개를 채취하는 일을 없앴고, 별도로 쓸개를 채취하는 관속(官屬)을 두었는데 북문 안에 살고 있다.(前此於八月內取膽, 蓋占城主每年索人膽一甕, 可千餘枚. 遇夜則多方令人於城中及村落去處. 遇有夜行者, 以繩兜住其頭, 用小刀於右脅下取去其膽, 俟數足, 以饋占城主. 獨不取唐人之膽, 蓋因一年取唐人一膽雜於其中, 遂致甕中之膽俱臭腐而不可用故也. 近年已除取膽之事, 另置取膽官屬, 居北門之裏).”라고 하였다. 또한 여기 『도이지략』에서도 비슷한 이야기가 등장한다. 이후의 『영애승람』, 『성사승람(星槎勝覽)』, 『명사』 「점성전」에도 보이는데 이 이야기의 출처는 모두 『진랍풍토기』와 『도이지략』에서 나왔을 것으로 추정된다. 특히 『명사』 「점성전」의 이야기는 상당히 정돈된 모습을 보이고 있는데, 다음과 같다. “세시(歲時)에 산 사람의 쓸개를 채취하여 술에 넣어 두었다가 집안사람들과 함께 마시며, 또 [그것으로] 목욕을 하며 ‘몸을 통하게 하는 것이 쓸개다.’라고 한다. 이 나라 사람들은 [쓸개를] 채취하여 왕에게 바치고, 또 그것으로 코끼리의 눈을 씻었다. 매번 길에서 다른 사람을 엿보다가 갑자기 나와 급살하고 쓸개를 채취해 간다. 그 사람이 놀라 알아채면 쓸개가 이미 파열되어 쓰기에 부족하게 된다. 여러 사람의 쓸개를 그릇에 넣어 두는데, 중국인의 쓸개는 위에 두고 매우 귀하게 여겼다. 5~6월 사이에 상인이 나갈 때는 반드시 경계하고 대비해야 한다(歲時采生人膽入酒中, 與家人同飮, 且以浴身, 曰「通身是膽」. 其國人采以獻王, 又以洗象目. 每伺人於道, 出不意急殺之, 取膽以去. 若其人驚覺, 則膽已先裂, 不足用矣. 置衆膽於器, 華人膽輒居上, 故尤貴之. 五六月間, 商人出, 必戒備).”라고 하였다(동북아역사넷, 중국정사외국전의 번역을 약간 수정하였음). 참고로 동북아역사넷, 중국정사외국전에 보이는 주석을 보면 펑 청쥔씨는 “범인(凡人)의 두려움을 불러일으키고, 동시에 염병이 생기지 않도록 방지하기 위한 차원으로 이해하였다.”라고 하였는데, 이 말은 왕대연의 『도이지략』의 원문을 인용해 놓은 것이므로 바로잡아야 할 것이다. 이처럼 사람을 죽여 쓸개를 채취하는 일은 남의 나라에만 있었던 것은 아닌 것 같다. 『조선

③ 지주(止舟)는 '전(歬)'[4] 자일 것이다.

④ '기의(其衣)'는 지복재본에 '잉금(仍禁)'으로 되어있어 정씨의 필사본에 따라 고쳤다.

⑤ 『구당서』 「임읍전」에 사향을 구해 몸에 바르며 하루 동안 두 번 바르고 두 번 씻는다(得麝香以塗身, 一日之中, 再塗再洗)."라고 하였고, 『제번지』 점성 조목에서는 나라 사람들은 매우 청결하여 매일 3~5번 목욕을 하고 뇌향과 사향이 섞인 기름[향]을 몸에 바른다(國人好潔, 日三五浴, 以腦麝合[油-香]塗體)."라고 하였다.

⑥ 『제번지』에 "상선이 그 나라에 도착하면 관리를 보내 검은 가죽을 접어 책(策)[5]을 만들어 흰색으로 글자를 써서 물건의 숫자를 써넣는다(商舶到其國, 卽差官摺黑皮爲策, 書白字, 抄物數)."라고 하였고, 『성사승람』에서는 "그 나라에는 종이나 붓 같은 도구가 없고, 단지 양피를 얇게 두드려 검게 그을린 다음, 가는 대나무로 필기구를 만들어 백회에 적셔 글자를 쓰는데, 마치 지렁이[가 꾸불꾸불한] 모양이다(其國無紙筆之具,

---

왕조실록』(명종실록 권32)에 기록된 명종 21년(1566) 2월 29일 첫 번째 기사를 보면, "이때 경중에는 사람을 죽여 그 쓸개를 취하는 자가 자못 많았는데 혹 잡혀서 벌을 받은 자도 있었다. 이때 사대부나 일반 서민 중에 주색(酒色)을 좋아하다가 음창(淫瘡, 일종의 습진)에 걸린 자가 많았다. 한 의관이 이르기를 '사람의 쓸개를 가져 치료하면 그 병이 즉시 낫는다.' 하므로, 많은 재물로 사람을 사서 사람을 죽이고 그 쓸개를 취하곤 하였다. 이보다 앞서 경중의 동활인서(東活人署)·보제원(普濟院)·홍제원(弘濟院) 및 종루(鐘樓) 등의 곳에서 걸인들이 많이 모여 떨어진 옷을 입고 바가지를 들고 가두에 걸식하는 자가 누누이 있었는데, 4~5년 이래 길거리에 한 명의 걸인도 없었다. 이는 대개 쓸개를 취하는 자에게 모두 살해된 것으로, 걸인들을 살해하기는 매우 쉬웠기 때문이다. 그들이 다 없어지자 다시 평민에게까지 손을 뻗쳤기 때문에 여염 사이에 아이를 잃은 자가 자못 많았다."(국사편찬위원회의 번역을 조금 수정하였음)라고 기록하고 있다.

4) '전(歬)' 자는 전(前)의 이체자이다.

5) 책(策)이란 고대 대나무나 나무 조각으로 글을 쓸 수 있게 만든 것을 말한다.

但將羊皮[挻-搥]薄薰黑, 削細竹爲筆, 蘸白灰爲字, 若蚯蚓[委曲]之狀).” 라고 했으며, 『영애승람』에서는 “글을 쓰는 것은 종이와 붓이 없어 양가죽을 두드려 얇게 하거나 혹은 나무껍질을 검게 그을린 다음, 접어 작은 수첩으로 만들어, 흰 가루로 글자를 쓴다[글자를 써서 기록한다](其書寫無紙筆, 用羊皮搥薄, 或樹皮熏黑, 折成經折, 以白粉[爲字-載字爲記]).” 라고 하였다.

⑦ 타포(打布)는 백첩포(白疊布)일 것이다. 『후한서』「마원전」‘도포단의(都布單衣)’ 주에, “『동관기』에 ‘도(都)는 답(荅)으로 되어있다. 『사기』에 ‘천 필의 답포’라 했는데, 『음의(音義)』에 답포는 백첩포(白疊布)라고 하였다. 하승천의 『찬문』에 도치·착리·무극은 모두 베 이름이라고 하였다(東觀記云, 都作荅. 史記曰, 荅布千匹. 前書音義曰, 荅布, 白疊布也. 何承天纂文曰, 都致·錯履·無極, 皆布名).” 백첩은 또 백첩(白氎)으로도 쓰며, ‘백’자는 ‘백(帛)’자로도 쓴다. 펠리오 씨는 돌궐어 팍타(Pakhta)에 해당하는 음으로 면포를 말한다고 보았다(『조여괄』, 218쪽).[6]

6) 타포(打布)는 공진(鞏珍)의 『서양번국지(西洋番國志)』 조와(爪哇) 조목에 “그 나라 남자들은 더벅머리를 하고 부인들은 방망이 모양으로 상투를 한다. [나라 사람들은] 상체에는 옷을 입지 않고 하체에는 수건으로 두른다. 그 수건은 일반적으로 쓰는 것보다 곱절은 넓으며, 타포(打布)라고 한다. 남녀 모두 허리 아래 엉덩이 위에서 둘러 배꼽 아래에 이르게 가리고, 베로 만든 좁은 한 자락 수건을 타포 위에 매는데, 이를 압요라고 한다.(國人男子髼頭, 婦人椎髻, 上不著衣, 下圍手巾. 其手巾比世用者倍闊, 名曰打布, 男女皆從腰下臀上圍起, 至於面臍下掩閉, 却以狹布巾一條繫於打布上面, 名爲壓腰).”라고 하였다(시앙 다 교주, 『서양번국지』, 중화서국, 1982, 5쪽). 시앙 다 씨가 찾아낸 『서양번국지』는 사실 『영애승람』과 거의 유사한데, 여기 압요를 설명하는 부분은 유난히 다르다. 『영애승람』에는 타포를 전혀 언급하지 않고 있으며, 압요도 일반인의 복식과 관련된 것이 아니라 국왕의 차림새를 설명하면서 나온다. “국왕의 의복은 더벅머리나 혹은 황금 잎으로 만든 화관(花冠)을 쓰고 몸에는 옷을 입지 않고, 아래는 명주실이 들어간 수건 한두 자락을 두르며, 또 비단 혹은 모시 베를 사용하여 허리에 묶

⑧ '화(花)'자는 지복재본에 '파(叵)'자로 되어있어 정본(丁本)에 따라 고쳤다. '주(酒)'자는 인쇄상 잘못으로 보인다.

의정의 『남해기귀내법전』에는 "환주에서 정남쪽으로 걸어서 반 달 정도가 걸리는데, 배를 타면 5~6일 만에 비영(匕景)에 도착한다. 남쪽으로는 점파(占波)에 이르는데, 바로 임읍(臨邑)이다(驩州正南步行可餘半月, 若乘船纔五六朝, 即到匕景. 南至占波, 即是臨邑)."라고 하였다. 『대당서역구법고승전』 첨파(瞻婆) 주에 바로 임읍국(林邑國)이라고 하였다. 현장(玄奘)의 『대당서역기』에 나오는 마하첨파(摩訶瞻波) 또한 이 나라를 말한다. 『신당서』 「남만전」에 "환왕은 원래 임읍(林邑)이다. 점부로(占不勞)라고도 하고 점파(占婆)라고도 한다."라고 하였으며, 『원사』에 나오는 점팔(占八), 잠팔(蘸八)이 모두 이 나라의 산스크리트어 명칭인 참파(Campa)에 해당하는 음이다. 또 『당서』에 왕이 사는 곳을 점성(占城)이라고 한 이래로 이 나라를 점성이라 불렀는데, 점성의 '점'은 참(Cham)에 해당하는 음이다. 그 나라 사람들이 자신들을 점부로(占不勞, Camp-pura)라고 하는 것이 바로 점성의 의미이다.

또 『제번지』 점성 조목에서 "나라의 도읍은 신주(新州)"라고 하였고, 『문헌통고(文獻通考)』에서는 경덕(景德) 4년에 [점성에서] 보낸 사신이 표문을 받들어 내조하였는데 그 사신이 말하기를, '우리나라는 옛날 교주(交州)에 예속된 뒤에 불서(佛逝)로 도망하여, 북쪽 옛날 있었던 곳에서는 7백 리 떨어져 있다고 하였다. 『통전(通典)』 임읍 조목에 "구진(九眞) 태수 관수(灌邃)가 군사

는데, 압요(壓腰)라고 한다(國王之絆, 鬂頭或帶金葉花冠, 身無衣袍, 下圍絲嵌手巾一二條, 再用錦綺或紵絲纏之於腰, 名曰壓腰)."라고 하였다. 또 『영애승람』 가지(柯枝, 코치) 조목에도 국왕의 복식을 설명하면서 "위에는 옷을 입지 않고, 아래는 저사(紵絲) 수건으로 두르고, 다시 유색의 저사 한 필로 허리를 싸매는데, 압요(壓腰)라고 한다(上不穿衣, 下圍紵絲手巾, 再用顏色紵絲一匹纏之於腰, 名曰壓腰)."라고 하였다. 이로써 볼 때, 공진이 설명한 '타포'는 천의 종류를 말하는 것임을 알 수 있다. 후지타 토요하치는 공진의 『서양번국지』를 참고하지는 못했지만, 타당한 설명 방향을 설정했다고 본다.

를 데려가 불서를 토벌하고 물리쳤다. 관수가 임읍까지 추격했다고 하였다. 당시 5월의 해시계로, 태양은 북쪽을 표시하고 있었고, 그림자는 남쪽으로 9촌 1푼을 가리켰다(九眞太守灌邃率兵討佛, 走之, 邃追至林邑. 時五月立表, 日在表北, 影在表南九寸一分)."라고 하였다. 여기서 말하는 5월은 바로 하지(夏至)이고 8척의 지침을 세우면 그림자가 남쪽으로 9촌 1푼에 있었다는 말이므로, 그곳은 북위 17도 0분 38초의 장소이다. 그렇다면 임읍의 도성은 『문헌통고』에서 말한 옛날 있던 곳[舊所]의 인근지역이다. 『제번지』에 보이는 이 나라의 속국 중에는 구주(舊州)가 들어있고, 『원사』「점성전」에도 마찬가지이다. 따라서 『문헌통고』의 옛날 있던 곳은 바로 오늘날 후에(Hué)이다. 이곳의 남쪽으로 7백 리 지점은 신주(新州)인데, 지금의 꾸이년(Qui-nhon)이다. 『영애승람』 점성국 조목에서 "나라의 동북쪽 1백 리에는 신주항이라는 해구가 있는데, 항구 해안에 있는 돌탑에는 '여러 곳의 선박들이 이곳에 와서 정박하고 뭍에 오른다.'라고 적혀있다. 해안에는 성채가 하나 있는데, 설비내라고 하며, 두 명의 두목이 주인이다. 안에는 현지인 5~60가구가 살면서 항구를 지킨다. 서남쪽 1백 리를 [가면] 왕이 사는 성에 이르는데, '점(佔)'이라 한다(國之東北百里有一海口, 名新州港, 港岸有一石塔爲記, 諸處船來到此停泊登岸. 岸有一寨, 名曰設比奈, 以二頭目爲主. 內居番人五六十家, 以守港口. 西南百里到王居之城, 番名曰佔)."라고 하였다. 여기에서 말하는 동북(東北)은 동남(東南)의 잘못이고, 서남(西南)은 서북(西北)의 잘못이다.[7] 『정화항해도』에는 점성국(占城國)

---

7) 록힐(85쪽)은 『영애승람』 점성조목과 조지 마스페로의 『참파왕국』에 따라 신주는 현 슈리 바노이(Çri Banöy)라고 확인하고, 펠리오의 『8세기 말 중국에서 인도로 가는 두 갈래 여정』을 참조케 했다. 펠리오도 역시 시리피내(尸唎皮奈)에 대응하는 음으로 참파 왕국의 연대기에 보이는 슈리 바노이를 떠올렸다(143쪽). 즉 신주항=설비내(設比奈)=시리피내=슈리 바노이가 된다. 이어 펠리오는 "9세기 초에 도읍을 위치시켜야 할 곳은 정확하게 말해서 바로 '동즈엉(Đông Dương)'이라는 현재의 마을이고, 982년과 990년에 이 수도는 꾸이년의 항구인 불서라는 도시로 옮겨졌으며, 마침내 불서라는 도시는 적어도 14세기 초반부터 빈딘의 성채 북쪽에 여전히 유적이 남아있는 수도 짜반을 세운 동일한 곳

이 수록되어있는데, 대략 신주항의 서북쪽에 있다. 또 탑은 신주항의 옆, 바로 오늘날 랑선(Langson)에 그려져 있다. 점(佔)은 참(Cham)에 해당하는 음으로 지금은 빈딘(Bin-dhin)이며, 이 책에서 신주와 구주는 이웃하고 있다고 한 것은 점성이 그 도성만을 지칭하기 때문이다.

이 틀림없다."라는 결론에 도달했다. 이러한 설명은 동시대지만, 서로의 연구를 참조하지 못한 후지타 토요하치의 판단과 일치하고 있다. 이들의 성과를 종합하여 연구한 결과가 바로 중국학자 앙리 마스페로(Henri Maspero, 1883~1945)의 이복형인 조지 마스페로(Georges Maspéro, 1872~1942)가 지은 『참파 왕국(Le Royaume de Champa)』(Paris et Bruxelles, G. Van Oest, 1928, 24쪽)이다. 그에 따르면, 참파의 영토는 크게 환경에 따라 3~4부분으로 나뉘는데, 하나는 북부의 아마라바티(Amarāvati, 오늘날 꽝남)로 참파의 수도가 있는 인드라푸라(Indrapura, 현 짜끼에우)가 있으며, 신하푸라(Siṅhapura)는 항구로 사용되었다. 중부는 비자야(Vijaya, 오늘날 빈딘)인데, 같은 명칭으로 1000년부터 수도가 되었으며 항구는 슈리 비나야(Çrī Vinaya)였다. 하나는 남부의 판두랑가(Pāṇḍuraṅga)로 현지 표기에 따르면 판랑(Pāṇraṅ)이었다. 또한 라자푸라(Rājapura)라고 불리는 비라푸라(Virāpura)는 특히 판두랑가 첫 번째 왕조의 사티야바르만(Styavarman) 시기에 일시적으로 참파의 수도였다. 연도는 특정하기 어렵지만, 세 영역 중에서 카우타라(Kauṭhāra)를 차지하고 있던 가장 큰 나라가 분리되어 중심도시로 양푸나가라(Yāṅpunagara)를 차지한 네 번째 큰 영역을 형성했다고 하였다. 이로써 정리하자면, 신주는 꾸이년이고, 신주항은 불서(佛逝, Vijaya)=설비내=시리피내=슈리 비나야가 되어야 할 것이다. 그러므로 후지타 토요하치는 구주를 7백 리 지점인 현 후에(Hué)로 추정하고 있다.

바다의 중요 나루에 임해있고, 하천은 바다로 통하며, 물은 짜지 않다. 농토는 비옥하고 미곡은 저렴하다. 기후는 덥다. 풍속은 검소함을 좋아한다. 남녀는 몽둥이 모양으로 상투를 하고 검고 짧은 적삼을 입고 아래는 청포(青布)로 만든 짧은 치마를 맨다. 사람들은 우물을 파서 마시고, 바닷물을 끓여 소금을 만들며, 좁쌀[小米]을 발효시켜 술을 만든다. 추장이 있다. 도둑질을 금하는데, 도둑질하면 온 가족을 죽인다. 땅에는 오리목(烏梨木), 사향목(麝香木), 목면화, 소와 노루 가죽을 생산한다. [교역하는] 상품에는 칠기, 놋쇠 솥, 자바의 베[闍婆布], 홍견(紅絹), 청포(青布), 두석(斗錫), 술 등이 있다.

臨海要津, 溪通海, 水不鹹. 田沃饒, 米穀廉①. 氣候熱. 俗尚儉. 男女椎髻, 穿短皂衫, 下繫青布短裙. 民鑿井而飲, 煑海爲鹽, 釀小米爲酒. 有酋長. 禁盜, 盜則戮及一家. 地產烏梨木②·麝·檀③·木綿花·牛麂皮. 貨用漆器·銅鼎·闍婆布·紅絹·青布·斗錫·酒之屬.

① [‘렴(廉)’자는] 지복재본에 ‘광(廣)’자로 되어있어 정본(丁本)에 따라 고쳤다.

② 심증식 씨는 『광증』에서 ‘리(梨)’ 자는 ‘만(樠)’ 자의 잘못이라고 하였다. 『제번지』 점성의 땅에 나는 것으로 오만목(烏樠木)이 있다. 『성사승람』 점성 조목에서는 오목(烏木)과 강향(降香)을 나무하여 땔감으로 삼는다고 하였고[1), 『영애승람』 [점성 조목에서] “오목은 매우 윤기가 나고 검으며 다른 나라에서 나는 것보다 훨씬 좋다(烏木甚潤黑, 絕勝他國出者).”라고 하였다. 오만(烏樠)은 바로 페르시아어 압누스(Abnus)에 해당하는 음으로, 마르코 폴로가 말한 참파의 무성하게 큰 숲을 이루는 보

---

1) 펑 청쥔, 『성사승람교주』,(전집, 2쪽) “오목, 강향은 사람들이 나무하여 땔감으로 쓴다(烏木·降香, 民下樵而爲薪).”라고 하였다.

누스(Bonus)[2] 또한 이 말에서 나온 것이다. 단 말레이와 자바 사람들은 이 나무를 카야-아랑(Kaya-Arāng, 오목이라는 뜻)이라고 하는데, 오리 또한 아랑(Arāng)에 해당하는 음이 아닌지 모르겠다.[3]

③ 심증식 씨는 『광증』에서 『제번지』를 인용하여 "사향목은 참파, 캄보디아에서 난다. 나무가 늙어 쓰러져 땅 속에 들어가 썩은 것으로 완전히

---

2) 후지타 씨는 'Bouns'로 철자를 바꾸어 쓰고 있어 바로잡는다.

3) 오리목(烏梨木)에 관하여, 심증식 씨는 '리(梨)'자가 '만(樠)'자의 잘못으로 보고, 흑단을 지칭하는 오만목(烏樠木)으로 설명하고자 했는데, 후지타 토요하치도 마찬가지이다. 히어트와 록힐 씨는 최표(崔豹)의 『고금주』에 "예목(翳木) 또는 의예목(蘙翳木)은 교주에서 나는데, 색은 검고 나뭇결이 있으며 오문목(烏文木)이라고도 한다."라고 한 것에서 『제번지』의 오만자(烏樠子)가 바로 오문목이라고 추정했다. 또 오만자는 샤먼(廈門) 방언으로 [오반쯔]이므로 이 단어는 페르시아어 압누스(ābnūs)에 해당한다고 확신했다. 이어서 스페인어 아베누스(abenuz)와 영어의 에보니(ebony)가 페르시아어에서 나왔다고 하였다(『조여괄』, 216쪽 주). 쑤 지칭 씨는 『문선』에 실린 좌사(左思)의 「오도부(吳都賦)」 주석에 "문(文)은 문목(文木)이다. 재질이 치밀하고 결이 없으며, 색은 물소 뿔처럼 검고, 일남(日南)에 있다(文, 文木也. 材密緻無理, 色黑如水牛角, 日南有之)."라고 한 것을 들어, 이 나무에는 결이 없다고 주장하며, '문(文)'자가 붙은 것은 크메르어 막펭(mak peng)의 '펭'이 변화된 것으로 설명했다(『도이지략교석』, 61쪽). 이들은 결국 오리목(烏梨木)=오목(烏木)=오문목(烏文木)=오만목(烏樠木)이라는 등식에 모두 동의하고 있다. 이들이 외래어가 아닌 것에 대하여 이미 라우퍼(Lafer) 씨가 입증했다(『Sini-Iranica』, 485~486쪽). 사실, '리(梨)'자와 '만(樠)'자는 자형이나 자음 그 어느 것도 혼동할 여지가 없으며, 아랍어 압누스(ābnūs)와도 아무런 유사성이 없다. 게다가 '문'자와 '만'자는 더더욱 그러하다. 따라서 이러한 등식이 성립하기에는 출발부터 무리가 많다. 역자의 생각으로, 여기 오리목(烏梨木)은 앞서본 용연서 조목에서 보이는 오향(烏香) 즉 오리향(烏里香)으로 보인다(자세한 것은 용연서 조목의 주를 참고하시오). 바로 '리(梨)'자는 '리(里)'자의 다른 표기에 지나지 않는다. 오리가 참파의 지명이었으므로 얼마든지 가능하다. 또 뒤이어 나오는 사단(麝檀)이 사향과 단향이든, 아니면 후지타 토요하치가 추정하는 것처럼, 사향목(麝香木)이건 결국은 향나무를 말하고 있다.

숙성되어 벗겨진 것이 좋다. 그 향기는 은은하여 사향과 비슷하여 사향목(麝香木)이라고 한다. 살아 있는 나무를 베서 얻으면 향기가 강하고 고약한데 이것은 하품(下品)이다. 천주(泉州) 사람들은 그릇을 만들어 쓰는데, 화리목(花梨木) 종류이다(麝香木出占城·眞臘, 樹老仆, 湮沒於土而腐, 以熟脱者爲上, 其氣依稀似麝, 故謂之麝香(木). 若伐生木取之, 則氣勁而惡, 是爲下品. 泉人多以爲器用, 如花梨木之類).”라고 하고, 여기의 사단(麝檀)은 바로 사향목일 것이라고 하였다. 『명일통지』에 진랍(眞臘)의 토산으로 또 사향목이 있다고 하고 “향기는 사향노루 배꼽과 비슷하다(氣似麝臍)”라고 한 것 또한 『제번지』를 따른 것이다.[4]

『영외대답』 점성 조목에 “그 속국에는 빈동룡국과 빈타릉국이 있다. 목련의 집터가 빈타릉에 있는데, 바로 왕사성이라고도 한다(其屬有賓瞳朧國·賓陁陵國.

---

4) 남송의 진경(陳敬)이 지은 『진씨향보(陳氏香譜)』에 남아있는 섭정규(葉廷珪, 1125년 진사)에 따르면(사고전서본, 권1, 24b), “점성국에서 나는데, 나무는 늙으면 쓰러지는데, [그것이] 땅에 묻히면 썩어, 겉은 검고 안은 누렇고 붉으며, 그 향기가 사향(麝香)과 같아 그렇게 부른다. 하품은 생나무를 잘라 향을 채취하므로 그 향기가 고약하고 세다. 이 향은 빈동롱(賓瞳朧)에 더욱 많다. 남쪽 사람들은 그릇을 만들어 사용하는데 화리목(花梨木) 같은 유이다(出占城國, 樹老而朴[仆], 薶於土而腐, 外黑, 肉黄赤, 其氣類於麝, 故名焉. 其品之下者, 蓋緣伐生樹而取香, 故其氣惡而勁. 此香賓瞳朧尤多. 南人以爲器皿, 如花梨木類).”라고 하였다. 『제번지』와 비교해보면, 조여괄(趙汝适, 1170~1231)은 섭정규의 『향보』(산실됨)에 나오는 “이 향은 빈동롱에 더욱 많다.”라는 문장을 뺏다. 점성이 바로 빈동롱이라고 보았기 때문일까? 적어도 섭정규는 앞에서는 점성국이라고 하고 뒤에서는 ‘빈동롱’이라고만 했으니 같은 나라의 한 지역을 말하는 것으로 이해한 것임에는 분명하다. 이렇게 되면 여기의 사단(麝檀)이 바로 사향목(麝香木)이라는 말인데, 사단의 ‘단’자가 의미하는 것은 무엇일까? 섭정규는 이 사향목과 비슷한 나무로 화리목(花梨木)을 들었는데, 바로 로즈우드(rosewood)라는 목재로 우리나라에서는 자단(紫檀)으로 알려져 있다. 한편, 역자의 생각으로는 단순히 사향과 단향을 묶어 언급한 것으로 보인다.

目連舍基在賓陁陵, 或云卽王舍城).”라고 하였다. 『제번지』에는 빈동룡(賓瞳龍)은 있으나 말한 빈타릉은 없다. 본서에는 민다랑(民多朗)이 있고 빈동룡(賓童龍)도 있다. 민다랑과 빈타릉, 빈동룡과 빈동롱(賓瞳朧), 이름은 서로 비슷하지만, 『영외대답』에서는 목련의 집터가 빈타릉에 있다고 했고, 『제번지』와 본서에서는 모두 빈동롱(賓瞳朧)에 있다고 한다. 그렇다면 본서의 빈다랑이 바로 『영외대답』의 빈동룡이고, 본서의 빈동룡(賓童龍)이 바로 『영외대답』의 빈타릉이며, 『제번지』의 빈동롱(賓瞳朧)일 것이다. 히어트는 『제번지』의 빈동룡(賓瞳龍)이 현 베트남 판랑(Panrang) 연해로, 산스크리트어로는 판두랑가(Panduranga)라고 하였다.[5] 학자들이 따르고 있지만, 『영외대답』의 빈동롱(賓瞳朧)과 빈타릉, 본서의 민다랑과 빈동룡(賓童龍)은 당연히 두 곳이다. 『영외대답』의 빈동롱, 본서의 민다랑은 바로 지금의 판랑 항구이고, 『영외대답』의 빈타릉, 본서의 빈동룡은 지금의 칸-호아(Khan-hoa)의 포-나가르(Po-nagar)인 것 같다.[6] 이 두 곳은 원래 하나의 주(州)였기 때문에 『제번지』는 빈동룡(賓

5) 후지타 씨는 여기에 참조 사항을 빠트렸다. 록힐과 히어트의 『조여괄』, 51쪽, 주1을 말한다.

6) 히어트와 록힐 씨는 『조여괄』, 51쪽 주1에서 “히어트가 『Aur des Ethnographie des Tschau Ju-kua』에서 처음으로 이곳을 산스크리트어로 판두랑가(Pāṇḍuraṅga)인 코친차이나의 판랑(Panrang)으로 추정한 이래로 여러 학자가 받아들였다(L. Finot, 『BEFEO』, III, 630~648쪽을 참고하시오). 가장 이른 참파 비문에 판랑(Panrang)과 파란(Parān)이란 형태로 처음 나타난다. 모든 중국 명칭은 아홉 개로 알고 있는데, 원래 형태인 판다란(Pandaran)을 가리키고 있다. 판다란이 원래 형태였다는 것은 현지 연대기의 기술로 확인된다. 중국 문헌에서 판다란을 가장 빨리 언급하고 있는 것은 『신당서』, 권 222에 보이는 분타랑(奔陀浪)이다. 명칭의 표기는 확정되지 않은 것 같다. 주거비(周去非)는 두 형태를 사용했고 『송사』는 세 곳에서 이 나라를 언급하고 있다. 펠리오는 『BEFEO』, III, 649~654쪽에서 판다랑에 관한 중국측 언급들을 완벽하게 번역하고 연구했다. 조여괄은 『영외대답(嶺外代答)』 권 2, 10쪽에 나오는 정보를 대부분 채록하고 있는데, 『영외대답』의 내용은 다음과 같다. ‘빈동롱 또는 빈타릉(賓陁陵)은 점성(占城)의 속국이다. 목련의 집터가 빈타릉에 있다. 혹 왕사성(王舍城)이 이

曈龍)으로 묶어 말한 것일까?

나라에 있다고도 한다. 건융(建隆) 2년(961)에 [중국 조정으로] 조공품을 가져왔다. 또 3년(962) 8월에 또 조공해 왔다. 철종(哲宗) 원우(元祐) 원년(1086), 12월에 또 조공해와 황제는 2600민을 하사했다(其屬有賓瞳朧國·賓陁陵國. 目連舍基在賓陁陵, 或云卽王舍城. 建隆二年曾貢方物, 三年八月又來貢. 哲宗元祐元年十二月又進貢, 有詔賜錢二千六百緡).'라고 하였다."(『조여괄』, 51쪽 주1).

이상에서 히어트와 록힐 씨는 점성의 두 속국인 빈동롱과 빈타릉을 목련의 집터를 근거로, 『제번지』의 빈동룡이 바로 빈타릉이라고 추론했다. 이들은 펠리오가 판두랑가를 음역하고 있는 중국 자료의 9개 명칭에 관한 해설을 보았음이 분명하다(「판두랑가에 관한 중국 자료(Textes chinois sur Pānduranga)」, 『BEFEO』, III권(1093), 649~654쪽). 히어트와 록힐이 빈동롱=빈타릉으로 본 것은 펠리오의 설명에서 비롯된 것이다. 쑤 지칭 씨도 이에 동의하며 주거비(周去非)가 한 나라를 두 나라로 오인한 것으로 보았다(『도이지략교석』, 60~61쪽). 사실 『제번지』의 빈동룡(賓瞳龍) 내용과 『영외대답』에 보이는 빈타릉의 기술은 완전히 다르다. 어떻게 같은 나라로 볼 수 있는지 납득하기 어렵다.

문제는 『도이지략』에서 '민다랑(民多朗)' 조목과 빈동룡 조목이 동시에 출현하면서 발생했다. 후지타 토요하치는 『영외대답』의 빈동롱과 본서의 민다랑이 지금의 판랑 즉 판두랑가에 있는 것으로 추정했다. 이렇게 민다랑을 판두랑가에 두어버리면, 뒤에 나오는 빈동룡을 위치시킬 곳을 찾아야 했던 저자는 칸-호아(Khan-hoa)의 포-나가르(Po-nagar)를 생각했다. 빈동룡이 판두랑가임에는 학자들이 거의 일치를 보이고 있다. 또 포-나가르와 빈동룡이 어떤 음성적 유사성이 있으며, 그렇게 추정하는 근거가 없다. 이 점을 간파한 쑤 지칭 씨는 민다랑을 메콩강 삼각주에 위치시키면서, "현 속짱(Soc Trang) 서남쪽 부근에 보이는 푸자오현 (Phú Giáo)은 캄보디아어로 벵 트라오(Beng-trao)라고 하는데, 민다랑은 이 캄보디아 명칭에 해당하는 음으로 보인다."라고 하였다(『도이지략교석』, 61쪽). 역자의 생각으로는, 바로 다음 조목이 빈동룡임을 감안해보면 점성, 즉 참파 지역을 크게 벗어나는 곳은 아닐 것이다. 판두랑가 북쪽이거나, 또는 판두랑가에서 더 서남쪽일 것이다.

10. 빈동룡(賓童龍) [26~29]

빈동룡은 점성에 예속되어 있고, 땅도 점성과 연접해있으며 두 하천이 사이에 흐른다. 불교 서적에서 왕사성(王舍城)이라는 곳이 이곳이다. 목련(目連)의 옛 집터가 남아 있다고도 한다. 농토, 인물, 풍속, 기후는 점성과 대략 같다. 사람이 죽으면 상복을 입고, 부처에 제사를 지내고 궁벽한 곳을 골라 장례를 치른다. 국주(國主)는 코끼리나 말을 타고, 붉은 일산을 쓰며, 따르는 1백여 인이 방패를 들고 찬양하며 '아(亞)' 또는 '복(僕)'이라 한다.【그곳의 말이다.】 시두만(尸頭蠻)이란 여자가 사람을 해하는 것이 점성보다 심하여 사람들은 대부분 사당에 모시며 피로 제사를 올린다. 시두만도 부모가 낳은 사람으로 다른 여자와 다르지 않지만, 특히 눈에 눈동자가 없다. 밤이 되면 머리를 날려 사람의 배설물을 먹는다. 머리가 날아갔을 때 종이나 천으로 그의 목을 가려버리면 머리가 돌아와 [몸에] 붙지 못하고 죽는다. 그곳에 사는 사람들은 대변을 본 후에 반드시 물로 깨끗하게 씻어낸다. 그렇지 않으면 시두만이 그 배설물을 먹고 냄새를 따라 그 사람과 함께 잠을 잔다. 그런 일이 있게 되면, 창자와 배 모두 먹히고 정신도 빼앗겨 죽는다. 이곳에는 가람목(茄藍木), 상아가 난다. [교역하는] 상품에는 은, 인화포(印花布)가 있다. 다음으로 호마, 사만, 두라사, 개보, 비제, 신고, 월주 등의 오랑캐[番]들이 있는데, 산출하는 것이 없어 배들이 가지 않는다.

賓童龍隷占城, 土骨與占城相連, 有雙溪以間之. 佛書所稱王舍城是也. 或云目連屋基猶存. 田土·人物·風俗·氣候與占城略同. 人死則持孝服, 設佛擇僻地以葬之. 國主騎象或馬, 打紅傘, 從者百餘人, 執盾贊唱曰亞或僕[①]【番語也】其尸頭蠻女子害人甚於占城, 故民多廟事而血祭之. 蠻亦父母胎生, 與女子不異, 特眼中無瞳人. 遇夜則飛頭食人糞尖. 頭飛去, 若人以紙或布掩其項, 則頭歸不接而死. 凡人居其地大便後, 必用水淨浣, 否則蠻食其糞, 卽逐臭與人同睡. 倘有所犯, 則腸肚皆爲所食, 精神盡爲所奪而死矣. 地產茄藍木·象牙. 貨用銀·印花布. 次曰胡麻·沙曼·頭羅沙·犗寶·毗齊·新故·越州[②]諸番, 無所產, 舶亦不至.

① 원주에 “현지의 말이다(番語也)”라고 되어있다. 원나라 주치중(周致中)의 『이역지(異域志)』, 『사림광기』는 본서와 같다. 『성사승람』에 ‘혹(或)’ 자가 ‘왈(曰)’자로 바뀌어 ‘云亞曰僕’으로 되어있다.

② 호마(胡麻), 사만(沙曼), 두라사(頭羅沙)는 다른 곳에 보이지 않는다. 개보(犗寶), 비제(毗齊)는 『제번지』 점성의 속국에는 양보(亮寶)가 있고 또 비제(毗齊)가 있는데, 어느 곳인지 모른다. 신고(新故), 월주(越州)는 『제번지』에 월리(越裏)가 보이고, 『원사』에서는 월리(越里)로 되어있다. 어느 곳인지 역시 고증할 수 없다.[1)]

---

1) 참파 왕국 주변의 나라인지, 또는 민족을 지칭하는 것조차도 확실하지 않은 일련의 명칭들은 한 곳도 확인되지 않아 구두하기가 쉽지 않다. 후지타 토요하치는 저본인 『지복재총서』본에 따라 호마(胡麻), 사만(沙曼), 두라사(頭羅沙), 개보(犗寶), 비제(毗齊), 신고(新故), 월주(越州)라고 끊어 읽었다. 록힐은 ‘호마사’, ‘만두사라’, ‘개보’, ‘비제’, ‘신고’, ‘월주’로 읽고 종족의 명칭으로 보았다. 이어서 주석에서 “빈동룡(Panrang)의 이들 속국에 대해 전혀 모른다. 『제번지』 점성 조목에 양보(亮寶), 비제(毗齊), 그리고 월리(越裏)가 점성의 속국으로 보이므로, 분명 본서의 개보, 비제, 월주와 같다.”라고 확인했지만(98쪽), 사실 똑같은 형태로 전하는 비제(毗齊)조차 현재까지 그곳을 확인하지 못하고 있다. 또 본서의 월주가 『제번지』의 월리(越裏)라는 근거도 없으며, ‘개보’와 ‘양보’는 글자와 음이 전혀 다르다. 펠리오도 『도이지략』의 이 부분을 읽으면서 ‘개보비제(犗寶毗齊)’로 구두했다(『통보』, 13, 466쪽). 이후 펑 청쥔 씨는 이를 다시 히어트와 록힐에 따라 ‘개보’와 ‘비제’로 나누고, 비제를 비자야(Vijaya, 佛逝)로 추측했을 뿐 아무런 근거도 내놓지 못했다. 반면 쑤 지칭 씨는 과감한 추정을 제시했다(『도이지략교석』, 68~68쪽). 우선 그는 ‘호마’, ‘사만’, ‘두라’, ‘사개(沙犗)’, ‘보비제(寶毗齊)’, ‘신고’, ‘월주’로 구두했다. 사만, 두라, 사개는 『도이지략』에만 보임에도, 마치 지도를 펴놓고 비슷한 발음이 나는 곳을 찾은 것처럼 보이는 만큼, 여기서 언급할 만한 것은 못 된다. 한번 따져볼 만한 것으로, 호마(胡麻)가 있는데, 사실 『운록만초(雲麓漫抄)』, 권5에서 협전향(夾煎香)이 나는 곳을 기술하면서 “점성, 목[일]려, 목력간, 빈달농, 호마파동, 신주국에는 협전이 있다(占城, 目[日]麗, 木力千, 賓達儂, 胡麻巴洞, 新洲國則有夾煎)”라고 했다. 그러나 호마파동(胡麻巴

『신당서』(권222하) 「환왕전」에 "남쪽으로 분타랑주에 이른다(南抵奔浪陀州)."라고 했고, 「지리지」에서는 "고달국에 이른다. 또 반나절을 가면 분타랑주에 이른다. 또 이틀을 가면 군돌농산에 도착한다(至古笪國. 又半日行, 至奔陀浪洲. 又兩日行, 到軍突弄山)."라고 하였으므로, 분랑타(奔浪陀)는 분타랑이 도치된 것이고, 판두랑가(Panduranga)에 해당하는 음이다. 군돌농(軍突弄)은 본서의 군둔(軍屯), 곤륜(崑崙)과 같은 곳으로, 푸로 콘도르(Pulo Condore)를 다르게 표기한 것이다. 고달(古笪)은 바로 쿠타라(Kuthara)에 해당하는 음으로 지금의 나짱(Nha-trang)의 옛 명칭이므로, 분타랑주는 지금의 판랑(Phanrang) 지방을 말한다는 것에는 거의 의심할 만한 것이 없다(펠

洞)으로 붙여 읽어야 할지 두 글자씩 '호마'와 '고동'으로 구두해야 하는지 확인할 길이 없다. 이 문제를 해결하지 않고, 이 '호마'가 『제번지』 점성 조목의 오마(烏馬), 『대덕남해지』의 고망(古望), 『무비지·항해도』의 관목산(棺木山)일 것으로 추정하는 것은 억측일 가능성이 크다. '보비제(寶毗齊)'에 대해서 "『신당서·환왕전』에는 '봉피세(蓬皮勢)'가 보이는데, '봉(蓬)'과 '보(寶)'자는 음이 가까우므로 '보'자는 뒤로 붙이는 것이 맞다. 이 명칭은 월남 역사 자료에서 불서(佛逝)와 불서(佛誓), 즉 비자야(Vijaya)의 음역이다. '봉'과 '보'는 [pô]의 음역으로 하나의 존칭이다. 현 시나이(Thinai, 施耐) 항 서북쪽의 짜반(Cha Ban 闍盤)에 있다."라고 주장했다. 먼저 「환왕전」의 '봉피세'는 "왕이 거처하는 곳을 점성이라 부르고, 다른 거주지를 제국 또는 봉피세라고 한다(王所居曰占城, 別居曰齊國·曰蓬皮勢)."라고 명확하게 규정하고 있는데, 어찌 속국과 다름없고, 배도 들어가지 않는 하찮은 나라와 비교할 수 있겠는가. 또 '비제'를 비자야로 추측한 것은 앞서 본 펑 청쥔 씨의 생각일 뿐이다. '불서'와 '비제'는 자형과 발음에 있어서 나란히 비자야의 음역 표기가 될 만한 개연성이 거의 없다. 억지로 끌어다 붙인 것에 지나지 않는다. 마지막으로 쑤 지칭 씨는 "후지타 토요하치가 '신고월주(新故越州)'는 바로 점성 조목에 나오는 '신구주(新舊州)'라고 하였다. '신고월주' 네 글자는 '고(故)'자와 '구(舊)'자가 같지 않은 뿐만 아니라, '월(越)'자가 더 있으므로 신구주의 이칭으로 볼 수 없을 것 같다."(앞의 출처)라고 하였다. 앞서 본 것처럼 후지타 토요하치는 이런 주장을 하지 않았다. 이들 지명에 대해서는 또 다른 자료의 발굴을 기다려야 할 것 같다.

리오, 『BEFEO』, IV).[2] 그러나 『영외대답』에는 빈동롱(賓瞳朧) 외에도 빈타릉(賓陁陵)이 있는데, “목련(目連, Maudgalyayana)의 집터는 빈타릉국에 있다. 혹 왕사성(Rajagriha)이라고 한다(目連舍基在賓陁陵, 或云卽王舍城).”라고 하였다. 본서에는 민다랑 이외에 빈동룡(賓童龍)이 있는데, “불교 문헌에서 말하는 왕사성이 이곳이다. 혹 목련의 집터가 아직 남아있다고 한다(佛書所稱王舍城是也. 或云目連屋基猶存).”라고 하였다. 현 나짱에는 옛 사원들의 층대(層臺)가 심하게 부서졌지만 남아있는 곳은 ‘숭고(崇高)’라 하는데, 지금은 ‘포나가르(Po-nagar)’라고 한다. 옛 비문에 보이는 얌푸-나가라(Yampu-nagara)가 와전되어 성(城)의 이름으로 남아있다. 옛날 이 나라 왕은 종종 얌푸라고 했는데, 『신당서』(권222하) 「환왕전」에 왕을 양포포(陽蒲逋)라고 부른다고 하였다. 그렇다면 양포나게라(陽蒲那揭羅, Yampu-nagara)는 왕성(王城)을 말하는 것 같다. “혹은 왕사성이라고 한다”는 설이 근거한 바이다.[3] 또 이곳의 가장

---

2) 펠리오, 「8세기 말 중국에서 인도로 가는 두 갈래 여정(Deux itinéraires de Chine en Inde à la fin du VIIIe siècle)」, 『BEFEO』, IV(1904), 216쪽을 가리킨다. 역자의 『8세기 말 중국에서 인도로 가는 두 갈래 여정』(영남대출판부, 2020), 157~158쪽을 참고하시오.

3) 왕사성(王舍城)이란 글자 그대로 왕이 사는 성 또는 도읍을 말한다. 일반적으로 라자그리하(Rājagṛiha, 왕의 거처), 즉 『바라타 왕조의 대서사시(Mahabharata)』에 나오는 마가다(Magadha) 왕국의 황제인 자라산다(Jarasandha)의 왕궁으로 알려져 있다. 이곳은 지금의 인도 나란다(Nalanda) 주의 라즈기르(Rajgir)의 어원이 되었다. 당연히 본 조목에서 말하고 있는 ‘왕사성’이 아니므로, 연결할 필요도 없다. 그러나 왕대연은 주거비의 문장을 기억하고, “불교 문헌에서 말하는 왕사성이 이곳이다. 혹 목련의 집터가 아직 남아있다고 한다(佛書所稱王舍城是也. 或云目連屋基猶存).”라고 하며 인도의 왕사성으로 오인했을 것이다. 『성사승람』 빈동룡국(賓瞳龍國) 조목에는 왕사성이 ‘사위걸식(舍衛乞食)’으로 되어 있다는 점에서 록힐 씨는 왕사성이 슈라바스티(Çravasti, 사위성)의 음역으로 추측했지만(97쪽, 주1), 전혀 음성적으로 부합하지 않는다. 왕대연이 혼동한 이유를 후지타 토요하치는 상당히 그럴법하게 설명하고 있다. 쑤 지칭 씨도 비슷한 추측을 하고 있지만(『도이지략교석』, 65쪽), 후지타 씨의 설을 참고했다는 말

오래된 비석은 말랍 왕(末拉, Muraraja)의 명으로 새긴 것이다. 말랍과 목련(木連)의 발음이 비슷하여, 목련의 집터라는 설이 나오지 않았는지 모르겠다.[4] 『제번지』 빈동룡(賓瞳龍) 조목에 "현 나한 중에 빈두로존자(Arhat Pindola)가 있다(今羅漢中有賓頭盧尊者)."라고 했는데, [빈두로는] 이곳을 지칭한 것으로 빈동룡의 음이 와전된 것이다. [왕사성의 경우] 이 또한 음이 비슷하여 의미를 끌어다 붙인 것일 뿐이다.

또, 『양서』 「임읍전」에 "그 남쪽 경계에 수로와 육로로 200여 리 가면, 서도이(西圖夷)【지금 판본에는 서국이(西國夷)로 되어있다. 여기서는 『태평어람』에서 인용한 『남사(南史)』에 의하여 고쳤다】가 있는데, 또한 왕(王)으로 칭한다. 마원이 두 개의 동주(銅柱)를 세워 한나라의 경계를 표시한 곳이다(其南界, 水步道二百餘里, 有西國夷亦稱王, 馬援植兩銅柱表漢界處也)."라고 하였고, 『통전』에도 대략 같지만, 단 '서도(西圖)'가 '서도(西屠)'로 되어있다. 그 주에, "마원이 북쪽으로 돌아가고, 동주가 있던 자리에 10여 가구가 남아 살았다.

을 뺐다.

4) 목련의 집터[目連屋基]'라는 말은 『영외대답』과 『제번지』에 '목련사기(目連舍基)'를 가져온 것이다. 이 때문에 '왕사성'을 인도와 연결할 수밖에 없었다. 목련(目連)은 불제자 목건련(目犍連, Maudgalyāyana)을 말한다. 이 잘못된 정보에 대해, 쑤 지칭 씨는 "참파는 바라문교가 가장 극성한 나라인데 어떻게 목건련이 살던 집의 터가 남아있겠는가."(앞의 출처, 66쪽)라고 반문하고 있다. 조지 마스페로의 『참파왕국』에 따르면, 불교 유적들이 왕대연의 시대인 14세기에 흔적도 없이 사라진 것이 아니며, 참파가 몰락했던 1470년 이전 브라만교도는 참파 사람들의 3분의 2 정도였다고 한 것을 보면 이슬람교나 불교도 어떠한 형태로든 남아있었다는 것을 짐작할 수 있다(Georges Maspéro, 『Le Royaume de Champa』, 11~13쪽). 따라서 불교 유적은 충분히 남아있을 수 있는 여건이다. 그렇다면 왕대연은 무엇을 보고 목련의 집터라고 오인한 것일까? 후지타 토요하치는 말랍 왕(末拉, Muraraja)으로 보았고, 쑤 지칭 씨는 참파어에 무타 링가(Mutha Liṅga)와 목건련이란 명칭이 음성적으로 근접하여 와전된 것으로 보았다. 단순한 음성적 유사성으로 보았을 때, 말랍(Mura)이 목련에 근접한 것은 사실이다.

수나라에 이르러 3백여 가구가 있었는데, 성이 모두 마씨로, 원주민들은 이주해온 사람들이라 여기고 마류(馬流) 사람이라 불렀다. 동주는 어느덧 사라졌지만, 마류 사람들은 그 있던 곳을 알고 있었다(馬援北還, 留十餘戶於銅柱處. 至隋有三百餘戶, 悉姓馬, 土人以爲流寓, 號曰馬流人. 銅柱尋沒, 馬流[人]常識其處)."[5]라고 하였다. 이와 같다면 마류 사람은 서도이(西屠夷)와는 근본 다르다. 『당서·환왕전』에 "또 서도이(西屠夷)라는 종족이 있는데, 대체로 마원이 [중국으로] 돌아갈 때 남아서 돌아가지 않은 자들이다. 겨우 10호였으나, 수나라 말에는 [자손이] 번성하여 3백 호에 달했다. 모두 성이 마씨인데, 민간에서는 그들이 옮겨와 살기 때문에 '마류인(馬留人)'이라고 불렀다(又有西屠夷, 蓋援還, 留不去者, 才十戶, 隋末孳衍至三百, 皆姓馬, 俗以其寓, 故號馬留人, 與林邑分唐南境)."라고 하였는데, 시도(尸屠)[6]와 마류(馬留)【바로 마류(馬流)】를 하나로 오해한 것 같다. 서도(西屠)와 서도(西圖)는 동음의 글자들로, 나라 이름이다. 혹자는 현 쩌우독(Chaudoc)이 그 남상이라고 한다. 본서에 보이는 시두(尸頭)는 서도(西屠)가 와전되어 비두(飛頭)를 끌어다 붙인 것 같다. 『신당서·남평료전(南平僚傳)』에 "비두료(飛頭僚)가 있는데, 머리가 날아가려 하며, 목둘레에 실 같은 흉터가 있다. 처자가 함께 지키는데도, 밤이 되면 병이 난 듯이 앓다가 갑자기 머리가 사라진다. 그리고 다음 날 아침이면 돌아온다(有飛頭僚者, 頭欲飛, 周項有痕如縷, 妻子共守之, 及夜如病, 頭忽亡, 比旦還)."라고 하였다.[7] 이 이야기가 나오자 원나라, 명나라 문헌에서 모두 이를 따랐다.

---

5) 『신당서』 권222, 「환왕전」에도 비슷한 문장을 보여준다.

6) 여기의 시도(尸屠)는 서도(西屠)의 오기로 봐야 할 것이다.

7) 사실, 후지타 토요하치가 말한 서도(西圖), 서도(西屠)는 상당히 음성적으로 그럴법하지만, 이들에게 머리가 날아가는 사람이 있었는지 확인해 주지 않았고, 쩌우독과 무슨 음성적 유사성이 있는지에 대해서도 설득력이 떨어진다.

본서의 시두만(尸頭蠻) 이야기는 '비두(飛頭)'와 같은 전승을 계승하며 진화한 것으로 추정한다. 853년 이후의 저술로 보이는 『유양잡조』전집 권4에 "우씨(于氏)의 『지괴(志怪)』에 의하면, 남방의 낙민(落民) 중에 그 머리를 날릴 수 있었다. 그곳 풍속에 제사지내는 곳을 충락(蟲落)이라 부르기 때문에 '낙민'이라고 한다(于氏志怪, 南方落民, 其頭能飛. 其俗所祠, 名曰蟲落, 因號落民).”라고 하였다. 쑤 지칭 씨는 여기에 인용된 우씨의 『지괴』가 간보(干寶, ?~336)의 『수신기(搜神記)』를 말하는 것으로 보고, 중국에서 ‘비두’를 언급한 가장 빠른 자료라고 하였다(『도이지략교석』, 67쪽). 하지만 이 ‘비두’는 현존하는 『수신기』에는 보이지 않을뿐더러 원본이 아니므로 간단히 단정할 수 있는 문제는 아니다.

엄가균(嚴可均, 1762~1843)이 편집한 『전상고삼대진한삼국육조문(全上古三代秦漢三國六朝文)』, 권15에 수록된, 환담(桓譚, ?~56)의 『신론(新論)』을 보면, “형주에는 코로 마시는 만(蠻)이 있고 남성에는 머리를 날리는 이(夷)가 있는데, 꾸며낸 말이 아니다(荊州有鼻飮之蠻, 南城有飛頭之夷, 非爲幻也).”라고 하고, 아래 연강섭씨(連江葉氏)본 장화(張華, 232~300)의 『박물지(博物志)』(권2), 『법원주림(法苑珠林)』(권76), 『태평어람(太平御覽)』(권643, 737, 944)에 보인다고 하였다. 원본 없이 후세 편집되어 전하는 장화의 『박물지』에 ‘비두’는 보이지 않는다. 668년에 이루어진 『법원주림』, 32권에 “진나라 시기 남방 낙민 중에 머리를 날리는 변괴가 있었다(秦時南方有落民飛頭變)”라는 언급을 찾을 수 있다. 따라서 엄가균의 고증을 신뢰한다면, 이 이야기는 분명 한나라시대로 거슬러 올라 갈 수 있을 것이다. 하지만 실질적으로 확인할 수 있는 것은 『법원주림』의 기술이 가장 오래된 기록인 셈이다. 이어 신라의 최치원(崔致遠, 857~908)이 「안남의 기이함을 기록한 그림과 기술을 보충함(補安南錄異圖記)」에서 언급한 이래로, 남송시기 범성대(范成大, 1126~1193)의 『계해우형지(桂海虞衡志)』, 권1, 38a, 주거비(周去非, 1135~1189)의 『영외대답』, 권 10, 11b에 ‘비두(飛頭)’를 소개하고 있다. 하지만 『제번지』에는 보이지 않는다. 이러한 ‘비두’에 관한 이야기는 한나라시기부터 알려진 것 같지만, 또 중국의 남부인 베트남과 관련된 소문이기 때문에 시기적으로 그런 이야기가 한나라시기에 전해질 수도 있었겠지만, 이 해괴한 이야기의 전말은 대부분 당나라 이후의 자료들에 집중적으로 나타나고 있다는 점에 주목할 필요가 있다.

693년 낙양에 와서 역경에 종사했던 인도승려 보사유(寶思惟, 721년 죽음)가 번역한 『대방광보살장경중문수사리근본일자다라니경(大方廣菩薩藏經中文殊師利根本一字陁羅尼經)』, 1권에는 ‘비두’의 귀신에게 당했을 때의 처방법이 기술되어 있다. “만약 일체 중생이 비두귀(飛頭鬼)에게 잡혔다면, 손으로 자기 얼굴을 문지르면서 주문을 108번 외우고, 두려워할 만한 얼굴 모습을 지은 다음, 곧 왼손으로 본생인(本生印)을 짓되 엄지손가락을 굽혀서 손바닥 안에 넣고, 나머지 네 손가락으로 엄지를 눌러 급히 주먹을 쥐고 눈을 부릅뜨고 몰래 위의 주문을 외우면서 병자를 보면 병이 곧 낫는다(若有一切衆生, 爲飛頭鬼所執, 以手自摩其面, 誦呪一百八遍, 作可畏相貌, 便以左手作本生印, 以大母指屈在掌中, 用後四指押大母指上, 急把拳, 卽自努目, 陰誦此呪而看病者, 所患卽除).”라고 하였다. 이로써 볼 때, 일종의 정신질환으로 보이며 7~8세기 당시 민간에 이런 증상이 많이 있었던 것으로 추정할 수 있다.

『성사승람』 점성 조목에는 시두만(尸頭蠻), 『기록휘편(紀錄彙編)』본 『영애승람』 점성 조목에는 시치어(屍致魚), 『국조전고(國朝典故)』본과 『승조유사(勝朝遺事)』본의 『영애승람』에는 시두만(屍頭蠻), 공진(鞏珍)의 『서양번국지』 점성 조목에서는 시지우(尸只于), 『서양조공전록』 점성 조목에는 시두만(屍頭蠻)으로 되어있고, 주에 “혹 시치어라고도 한다.”라고 하였다. 『해록』에는 비두만(飛頭蠻), 『해도일지(海島逸志)』에는 사라만(絲羅蠻)으로 나타난다. 시두만(尸頭蠻)=시두만(屍頭蠻)=시치어(屍致魚)=시지우(尸只于)=비두만(飛頭蠻)=사라만(絲羅蠻) 등의 표기로, 모두 ‘점성’ 조목에만 나타나고 있다. ‘만’자를 제외하면 모두 동일한 외래의 기원을 가지는 것으로 보인다. 이에 대해 쑤 지칭 씨는 “말레이어로 여자 흡혈귀를 펠레시트(pelesit)라고 하고, 머리를 날려 다른 사람의 피를 빨아먹는 것을 펠레시트 쿠동(pelesit kudong)이라 한다. 원나라 명나라 시대의 문헌에 기록된 시두(尸頭)는 세투(setu)에 해당하는 음으로 보이고, 산스크리트어로는 아스투(astu)라고 하는데, ‘내려와 요술을 부려 형체를 변화시키는 자가 있다(降有妖術而變形者)’라는 말이다. 시치어(屍致魚)와 시지우(尸只于)라는 두 명칭은 세투(setu)를 느슨하게 읽으면서 얻어진 이름이다. 『해도일지』의 사라만(絲羅蠻)은 ‘t’음을 ‘l’음으로 잘못 읽은 음역이다.”(『도이지략교석』, 67쪽)라고 설명했지만, ‘세투’를 정확하게 설명하지 않았기 때문에, 쉽게 수긍할 만한 것은 아니다. 마지막으로 본서에서는 빈동룡 조목에서 이를 기록하고 있으므로, 점성과 빈동룡은 적어도 같은 문화를 공유하고 있었다고 할 수 있다. 따라서 빈동룡을 다른 지역에서 찾은 추정에는 동의하기 어렵다.

주(州)의 남쪽 문이 실제 중심 도회지이다. 주위 70여 리의 성이 있고, 석하(石河)는 주위 폭이 20장이며 전투용 코끼리는 40만 마리에 가깝다. 궁전은 30여 곳이고, 매우 장엄하고 아름답다. 금과 옥으로 장식하고 은을 깔아 전돌로 삼았으며 칠보의 의자를 놓고 군주를 모신다. 귀족과 인척들이 앉는 곳은 좌석이 모두 금으로 만든 의자이다. 해마다 한 차례 만날 때는 옥으로 만든 원숭이, 금으로 만든 공작, 여섯 개의 어금니가 있는 흰 코끼리, 삼각형 은제 발굽을 갖춘 소를 앞에 펼쳐 헌상한다. 동대(銅臺) 위에는 금으로 만든 사자 10마리가 늘어서 있고, 늘어선 12개의 은탑은 구리로 만든 코끼리가 누르고 있다. 사람들이 먹고 마실 때는 반드시 금찻잔, 굽 높은 제기, 금 그릇에 담아 먹는다. 성 밖 백탑주(百塔洲)라는 곳은 금 스투파 1백 개로 이루어졌다. 구소촉(狗所觸)이라는 한 스투파는 꼭대기가 완성되지 않은 채 세워져 있다. 다음은 마사록지(馬司錄池)라고 하는데 다시 5개의 스투파를 세워 황금으로 끝을 만들었다. 다음은 상향불사(桑香佛舍)라고 하는데, 금으로 돌을 싼 40여 장의 다리가 조성되어 있다. 속담에 '부귀한 진랍 사람들'이라고 하는 것이다. 기후는 항상 따뜻하고, 풍속은 호화스럽고 사치를 좋아하며 밭에 나는 것들은 풍요롭다. 사람들은 바닷물을 끓여 소금을 만들고 좁쌀[小米]을 발효시켜 술을 만든다. 남녀는 방망이 모양으로 상투를 한다. 딸아이가 아홉 살이 되면 승려를 초청하여 산스크리트식 율법을 행한다. 손가락으로 처녀막을 파내고 딸의 이마와 어미의 이마에 붉은 점을 찍는데, 이를 이시(利市)[1]라고 한다. 이렇게 해야 훗날 시집가

1) 이시(利市)라고 하는 일종의 성인식에 해당하는 풍습은 주달관(周達觀)이 『진랍풍토기』에서 자신이 대덕(大德) 정유년(丁酉年, 1297) 4월 6일 밤에 목격한 진담(陣毯)이라는 풍습과 아주 유사하다. 그 목격담은 "부잣집의 딸은 7~8살에, 가난한 집의 딸은 간혹 11살 전에 승려나 도사에게 처녀성을 빼앗게 한다. 이것을 진담(陣毯)이라고 한다(富室之女, 自七歲至九歲, 至貧之家, 則止於十一歲, 必

命僧道去其童身, 名曰陣毯).”(시아 나이, 『진랍풍토기교주』, 106쪽)라는 문장을 시작으로 상당히 자세하게 기록되어 있다. 또한 마환은 『영애승람』 섬라(暹羅) 조목에서 “남녀가 혼인할 때는 먼저 승려가 남자를 맞이하여 여자 집에 이르면, 곧바로 승려는 여인의 동정을 빼앗아, 남자의 이마에 붙이는데 이를 ‘이시(利市)’라고 하며, 그런 이후에 혼인을 맺는다. 3일이 지난 뒤에 승려와 여러 친척과 벗들을 초대하고 빈랑, 채색한 배 등의 물건들을 분담하여 그 부부를 맞이하여 남자 집으로 돌아가면, 술을 차리고 풍악을 울려 친척과 벗들을 대접한다(男女婚姻, 先請僧迎男子至女家, 就令僧討取童女喜紅, 貼於男子之面額, 名曰利市, 然後成親. 過三日後, 又請僧及諸親友拌檳榔彩船等物, 迎其夫婦回於男家, 置酒作樂待親友).”(『영애승람교주』, 29쪽)라고 기술하고 있다. 아이모니에(E. Aymonier) 씨는 이러한 풍습이 캄보디아에 사는 중국인들이 허구로 만들어낸 음담패설 정도로 생각했다(『Le Cambodge』, III, 625쪽). 분명 주달관은 자신이 목격한 것을 기술했다고 밝혔다. 물론 왕대연이 주달관의 기록을 참고해 기록했을 수도 있지만, 왕대연은 이러한 풍습이 ‘이시’라고 했다. 즉 중국인들이 만들어낸 이야기가 아님을 보여주는 근거이다. 또한 17세기 말에, 시몬 드 라 루베르(Simon de la Loubère)는 시암에서 소녀들은 “12세부터 아이를 가질 수 있고 어떤 경우는 더 빠르고, 대부분 40세를 넘기지 않는다. 따라서 관습은 아주 어렸을 때 결혼하며 소년들도 그 비율에 맞춘다.”(『시암 왕국에 관한 기술(Descriptions du Royaume de Siam)』, 1714년본, 2책, 암스테르담, I, 155쪽)라고 기술한 바 있다. 성직자들에게 소녀의 처녀성을 뺏게 하는 풍습은 필리핀 제도에서 보고된 바 있다. “또한 일부러 강간하여 처녀성을 빼앗은 사람들이 있는데, 그들은 결혼했을 때 처녀이면 장애가 된다고 생각하기 때문에 대가를 받고 그것을 한다.”(드 모르가(De Morga), 『필리핀 군도(The Philippine Islands)』, 1609년, 하클루트 협회본, 런던, 1868, 304쪽). 따라서 이러한 풍습이 터무니없는 허구였다고 일축할 수는 없을 것 같다. ‘진담’이든 ‘이시’든 한자로서 적합한 의미를 찾을 수는 없다. 어쩔 수 없이 펠리오는 ‘진담’을 음역 용어로 추측할 수밖에 없었다(『Mémoire sur les coutumes du Cambodge』(『BEFEO』, II(1902), 153쪽 주4). 시아 나이(夏鼐) 씨는 『진랍풍토기교주』(중화서국, 1981, 108쪽)에서 일본학자 이와이 카이케이(岩井大慧, 1891~1971)의 설명을 빌려 이러한 풍습이 서하(西夏)와 토번(吐蕃)에도 보이며, 진담(陣毯)은 바

서 아내가 될 것이라고 한다. 10세가 되면 시집간다. 아내가 손님과 음란행위를 하면 그 남편은 매우 기뻐하며 다른 사람들에게 "내 아내가 재주가 있고 지혜로워 다른 사람이 사랑해 준다."라고 자랑한다. 비단으로 몸을 감고 눈썹 이마에는 구슬을 단다. 추장이 출입할 때는 깃으로 장식한 금수레를 사용하며 몸에는 목걸이를 걸치며 오른손에는 검을 들고 왼손에는 먼지떨이[尾]를 쥔다. 법에는 코를 베고, 발꿈치를 자르고, 찔러 죽이고, 유배 보내는 등의 형벌이 있다. 나라 사람이 도둑질하면 수족을 자르고 등과 가슴에 낙인을 찍으며 이마에 경을 친다. 중국 사람을 죽이면 사형시키고, 중국인이 현지인을 죽이면 무거운 벌금을 부과하고, 금이 없으면 몸을 팔아 속죄한다. 땅에서는 황랍, 코뿔소 뿔, 공작, 침속향, 소목, 대풍자, 비취새 깃 등이 나는데 외국 중에 으뜸이다. [교역하는] 상품은 은, 누렇고 붉은 소주(燒珠), 용단(龍緞), 건녕금(建寧錦), 사포(絲布) 등이다.

州南之門, 實爲都會. 有城週圍七十餘里, 石河週圍廣二十丈①, 戰象幾四十餘萬. 殿宇凡三十餘所, 極其壯麗. 飾以金壁, 舖銀爲磚, 置七寶椅, 以待其主. 貴人貴戚所坐, 坐皆金机. 歲一會, 則以玉猿·金孔雀·六牙白象·三角銀蹄牛羅獻

로 말레이어 친타(cinta)에서 왔는데, 중국인들이 이를 이시(利市)라고 했다는 설을 소개하고 있다. 캄보디아 풍습에서 진담의 어원을 추적하면서 말레이어를 가져와 추적한 것은 이해할 수 없다. 타카하시 타모츠(高橋保)는 진담이 바로 촘톤(chomton)에 해당하는 음이며, 캄보디아어로, 10~14세까지의 소녀를 지칭하고, 결혼할 나이가 된 사람은 크롬옴(kromom)으로 불러 구분한다고 하였다(「『眞臘風土記』にみえるカンボジア語について」, 『歷史と文化』, 1972, 2호, 83쪽). 하지만 음성적 접근성과 가능성은 희박하다. 한편 쑤 지칭 씨는 "이 이시(利市)가 진담(陳毯)을 의역한 것이다. 현대 캄보디아어에서 찾아보면, '축복', '행운', '길조'를 [suosdei, suosden, suratthi]등으로 말하는데, 이들이 담고 있는 뜻이 중국 속어로 이시(利市, 재수 운수)와 같다. 주달관(周達觀)은 온주(溫州) 사람으로 그가 든 진담이란 명칭은 바로 온주 방언으로 말한 것이다. 그것이 바로 수오스데이(suosdei)에 해당하는 음이면서 바로 '이시(利市)'라고 볼 수 있

於犇.[2) 列金獅子十隻於銅臺上, 列十二銀塔, 鎭以銅象. 人凡飮食,[3) 必以金茶盤·豆·金碗貯物用之. 外名百塔洲, 作爲金浮屠百座. 一座爲狗所觸, 則造塔頂不成②. 次曰馬司錄池, 復建五浮屠, 黃金爲尖. 次曰桑香佛舍, 造裹金石橋四十餘丈. 諺云富貴眞臘者也③. 氣候常暖, 俗尚華侈, 田產富饒. 民煮海爲鹽, 釀小米爲酒. 男女椎髻④. 生女九歲, 請僧作梵法. 以指挑童身, 取紅點女額及母額, 名爲利市. 云如此則他日嫁人, 宜其室家也⑤. 滿十歲卽嫁⑥. 若其妻與客淫, 其

다."라고 주장했지만(『도이지략교석』, 77쪽), '진담'의 원음을 재구성하지 못한 채로 '이시'를 그의 의역이라고 추정하는 것은 어불성설이다.

2) 구두상의 문제가 있다. 어전(於犇) 즉 '어전(於前)'을 후치타 토요하치와 쑤 지칭 씨의 교정문처럼 두는 것은 '어디 또는 누구'의 앞이냐는 문제가 생긴다. 펠리오 씨는 '어전'을 뒷 문장에 붙일 것을 주장하는데, 논리적으로 상당히 타당하다. 말하자면, 귀족들이나 대신들은 해마다 한차례 모임에서 언급한 동물들의 모형을 헌상한다. 그 헌상한 동물 모형들 '앞에' 열 마리의 황금 사자를 배치한다로 읽고 싶은 것이다(폴 펠리오의 사후 유작인, 『진랍풍토기』, 139쪽 주2). 이처럼 문장을 구두해 보면, "則以玉猿·金孔雀·六牙白象·三角銀蹄牛羅獻, 於犇列金獅子十隻. 於銅臺上, 列十二銀塔…"으로 된다.

3) 후지타 토요하치와 쑤 지칭 씨는 여기의 '인(人)'에 대해 아무런 의심 없이 받아들이고 있지만, 여기의 기술 내용은 왕궁에서 벌어진 상황을 말하고 있으므로, 왕을 중심으로 말하고 있다는 것은 분명하다. 또한, 12개의 은탑을 청동 코끼리(들)가 지키고 있다고 하였다. 앞에서 10마리의 사자로 명시한 것과는 달리 그 숫자를 주달관이 빠뜨렸을 가능성은 적다. 한편, 조여괄의 『제번지』를 보면, "서남쪽 모퉁이 동대 위에는 은탑 24개가 있고 8개의 청동 코끼리가 지키고 있는데, 각기 4천 근에 달한다(西南隅銅臺上列銅塔二十有四, 鎭以八銅象, 各重四千斤)."라고 하였다. 따라서 여기 '인(人)'자는 '팔(八)'자의 오기이며, 앞 문장에 붙여 '동상팔(銅象八)' 또는 『제번지』에서처럼 읽고, '범(凡)'자로부터 음식에 관한 이야기가 기술되는 것이 훨씬 합리적이다. 이러한 교정은 폴 펠리오의 사후 유작인, 『진랍풍토기』, 139쪽 주2에 보인다. 역자는 이에 전적으로 동의한다. 결과적으로, 위의 번역문은 "12개의 은탑은 8마리의 청동 코끼리가 지키고 있다. 무릇 음식은…"으로 고쳐야 할 것이다.

夫甚喜, 詫於人, 我妻巧慧, 得人愛之也⑦. 以錦圍身, 眉額施珠⑧. 酋出入⑨, 用金車羽儀, 體披瓔珞, 右手持劍, 左手持麈尾. 法則劓·刖·刺·配之刑. 國人犯盜, 則斷手足·烙胸背·鯨額. 殺唐人則死, 唐人殺番人至死, 亦重罰金, 如無金, 以賣身取贖. 地産黃蠟·犀角·孔雀·沈速香·蘇木·大楓子⑩·翠羽⑪, 冠於各番. 貨用銀⑫·黃紅燒珠·龍緞·建寧錦·絲布之屬⑬.

① 『기록휘편』본 『성사승람』 진랍 조목에는 이 책을 요약하여, "성지(城池)는 주위 70여 리이고 석하(石河)는 폭이 20여 장이다(有城池周七十餘里, 石河廣二十餘丈)."라고 하였다.[4)]

② 주달관(周達觀)의 『진랍풍토기』에 "단지 개만 성문으로 들어오지 못한다(惟狗不許入城[5)]門)"라고 하였다.

③ '자(者)'자 아래에는 '차(此)' 자가 빠졌을 것이다. 『명일통지』에서는 『도이지』를 인용하여 "속담에 '부귀한 진랍'이란 것이 이것이다(諺云富貴眞臘者此也)"라고 하였다. 『진랍풍토기』에 "이 나라의 중심에는 금탑 1좌가 있고, 옆에는 석탑 20여 개가 있으며, 석실 100여 칸이 있다. 동쪽으로 황금 다리 하나가 있는데, 두 황금 사자가 다리의 좌우에 배열되어 있고, 금불 여덟 개가 석실 아래에 배열되어 있다. 금탑이 있는 곳에서 [금탑에서 북쪽으로] 1리쯤에 동탑 하나가 있는데 금탑보다 더 높아 바라보면 찬란하다. 그 아래에도 석실 10여 칸이 있다. 또 북쪽으로 1리쯤이 바로 국왕이 거처하는 곳이다. 그의 침실에도 금탑 1좌가 있다. 배를 타고 온 상인들이 부귀한 진랍이라고 칭찬하는 것은, 이 때문일 것이다

4) 여기의 석하(石河)는 글자 그대로 돌로 축성하여 만든 하천, 즉 앙코르와트를 둘러싸고 있는 해자를 말하는 것으로 보인다. '석하' 글자 뒤에는 모든 판본에 '주위(週圍)' 두 글자가 들어있다. 그런데도 쑤 지칭 씨는 비신의 『성사승람』에 따라 '주위' 두 글자를 원문에서 삭제했다. '석하주위(石河週圍)'라는 말은 성의 주위를 감싸고 있는 돌로 축성한 하천 즉 해자를 의미하는 것으로 해석해야 할 것이다.

5) 현존하는 판본에 '성(城)'자는 보이지 않는다. 아마도 저자가 잘못 옮긴 것이리라.

(當國之中有金塔一座, 傍有石塔二十餘座. 石屋百餘間, 東向金橋一所. 金獅子二枚, 列於橋之左右. 金佛八身, 列于石屋之下. 金塔之[地-北]可一里許, 有銅塔一座, 比金塔更高, 望之鬱然. 其下亦有石屋數十間. 又其北一里許, 則國主之廬也. 其寢室又有金塔一座焉. 所以舶商自來有富貴眞臘之褒者, 想爲此也).”라고 하였다.

④ 『명일통지』에서는 『도이지』를 인용하여 풍속에 화려함을 좋아하고, 전토에 나는 것은 풍요로우며, 남녀가 머리를 방망이 모양으로 묶는다(俗尙華侈, 田產富饒, 男女椎髮).”라고 하였다.[6)]

⑤ 『진랍풍토기』에서 처음으로 이 풍습을 기록하고 있다. 『이역지』, 『사림광기』의 진랍 조목에서도 이와 같다. 『영애승람』의 섬라(暹羅) 조목에서 말한 것도 이와 대략 같다.

⑥ 『명일통지』에서는 『도이지』를 인용하여 “여자 나이 10세가 되면 시집간다(女滿十歲即嫁).”라고 하였다.

⑦ ‘타(詑)’자는 정본(丁本)에 ‘과(誇)’자로 되어있는데, 잘못이다. 『사림광기』에 “여자 나이 10세면 시집을 간다. 그 아내가 손님과 합방하면, 남편은 기뻐 자랑하며, ‘내 아내가 예쁘고 재주가 많고 슬기로우므로 다른 사람들이 좋아한다.’라고 한다(女滿十歲即嫁, 若其妻與客合, 夫喜詑云, 我妻有姿色且巧慧, 故人暱云).”라고 하였다.

⑧ ‘주(珠)’자는 ‘주(朱)’자의 잘못이다. 『명일통지』에 『도이지』를 인용하여 “비단으로 몸을 두르고 눈썹 위 이마에는 붉게 칠한다(以錦圍身, 眉額施朱).”라고 하였다.

⑨ ‘추(酋)’자 아래 어떤 판본에는 ‘호(豪)’자가 있다.

⑩ 『진랍풍토기』에 따르면, 이 나라 산물에는 대풍자유(大風子油)가 들어있고, 『성사승람』은 본서를 따르고 있지만 역시 ‘대풍자유’로 되어있다. 대풍자는 바로 라크라바우(Lacrabau) 열매이다.

---

6) 『명일통지』가 인용한 『도이지』에는 ‘발(髮)’자보다는 ‘계(髻)’자로 더 많이 쓰였다.

⑪ 『제번지』 취모(翠毛) 원주에서 "이 나라에 가장 많다(此國最多)"라고 하였다.

⑫ '은(銀)'자 위에 '금(金)'자를 빠뜨렸을 것이다. 『제번지』에 "외래 상인들은 금은(金銀), 자기(瓷器), 단금(緞錦)[7]등등을 흥판한다(番商興販, 用金銀·甆器·緞錦…)."라고 하였고, 『진랍풍토기』에서는 "그곳에서는 금과 은이 나지 않아 중국의 금은을 으뜸으로 치고, 오색으로 가볍게 짠 비단을 그다음으로 친다(其地想不出金銀, 以唐人金銀爲第一, 五色輕縑帛次之…)."라고 하였으며, 본서를 근거하고 있는 『성사승람』에서는 "교역하는 상품은 금은, 소주, 비단, 사포 등이다(貨用金銀·燒珠·錦段·絲布之屬)."라고 하였다.

⑬ 심증식 씨는 『광증』에서 "『화명유취(和名類聚)』에 인용된 당나라 제도에는 백사포가 있다. 『지순진강지(至順鎭江志)』에 금단의 사포와 저포는 모두 여관(女冠)들이 짜는 것이다. 모시풀 껍질과 명주실을 섞어 만드는 것을 사포라고 한다(和名類聚引唐式有帛絲布, 至順鎭江志, 金壇之絲布苧布, 皆女冠所織. 以苧皮兼絲緝而成者, 謂之絲布)."라고 하였다.[8]

『수서』에 처음으로 진랍국(眞臘國)이 보인다. 『구당서』에 "남방의 사람들은 진랍국을 길멸국(吉蔑國)이라 부른다(南方人謂眞臘國爲吉蔑國)."라고 하였고, 『신당서』에 "진랍은 길멸이라고도 한다."라고 하였다. 혜림(慧琳)의 『일

7) '단금(緞錦)'은 펑 청쥔의 『제번지역주』(1956, 7쪽)에 가금(假錦)으로 되어있다. '단(緞)'자와 '가(假)'자는 자형이 비슷하여 혼동할 개연성은 충분하다. 단금과 가금에 관한 자세한 설명은 다음 나오는 단마령 조목의 주석을 참고하시오.

8) 사포에 관하여, 쑤 지칭 씨는 "남인도 코로만델 해안의 여러 도시에는 시문(simun)이라는 일종의 미세한 면포(棉布)가 나는데, 이 책의 사포는 이 단어의 생략된 형태의 음역이다."(『도이지략교석』, 78쪽)라고 하며 '시문'의 음역 명칭으로 보았다. '시문'이라는 면포에 대해서 아무런 정보도 제공하지 않았고, 실제 코로만델 해안에 있는 섬들과 항구들을 기술할 때는 전혀 언급하지 않았다.

체경음의(一切經音義)』, 혜초(慧超)의 『왕오천축국전』 상권에 각멸(閣蔑)이라 하였고, 『음의』에서는 "민별의 반절음이고 곤륜어이다. 옛날에는 임읍국이며, 곤륜의 나라들 중에서 이 나라가 가장 크고 삼보를 경배하고 믿는다(眠鼈反, 崑崙語也. 古名林邑國, 於諸崑崙國中, 此國最大, 亦敬信三寶也)."라고 하였다. 『송사』에 "진랍국은 점랍(占臘)이라고도 부른다."라고 하였고, 주달관의 『진랍풍토기』에는 "진랍국은 점랍이라고도 하는데, 그 나라에서는 감패지(甘孛智)라고 한다. 현 왕조에서는 서번(西番)의 경전에 따라 감포지(澉浦只)라 부르는데, 감패지와 음이 가깝기 때문일 것이다(眞臘國或稱占臘, 其國自稱曰甘孛智. 今聖朝按西番經, 名其國曰澉浦只, 蓋亦甘孛智之近音也)."라고 하였고, 『원사』에는 진랍(眞臘), 점랍(占臘), 계몰(繼沒)이 있고, 또 간부석(干不昔), 감부찰(甘不察)으로도 불렀다. 명나라 하교원(何喬遠)의 『명산장(名山藏)』 진랍 조목에 "그 나라에서는 자신들을 감패지라 하는데, 뒤에 와전되어 감파자(甘破蔗)가 되었다. 민(閩) 사람들이 이 나라에 장사하러 와서 방언으로 간포채(柬埔寨)라고 하였다(其國自號曰甘孛智, 後訛爲甘破蔗. 閩人賈其國 , 方言曰柬埔寨也)."라고 하였다. 길멸(吉蔑), 각멸(閣蔑), 계몰(繼沒)은 모두 크메르(Khmer) 또는 코메르(Komer)에 해당하는 음으로 진랍 사람을 말한다. 감패지(甘孛智), 감포지(澉浦只), 감부석(甘不昔), 감부찰(甘不察), 감파자(甘破蔗)는 모두 캄보자(Kamboja)에 해당하는 음들로, 진랍국을 말한다. 점랍(占臘)은 진랍의 음이 와전된 것으로, 송나라 이후에 있었다. 혹, 송나라 말에 그 나라 왕이 점성(占城)을 멸망시키고 복속시켜 점랍이라 했다고 하는데, 명나라 사람들이 억지로 끌어 붙인 설일 것이다. 섬라(暹羅)는 이 나라의 옛 도읍인 앙코르(Angkor)를 시엠레아프(Siemreap)라고 하는데, 진랍은 이에 해당하는 음이다.[9)]

---

9) 쑤 지칭 씨는 '진랍'에 관해서는 침묵했다. 폴 펠리오는 사후 유작으로 출판된 『주달관의 진랍풍토기: 개정본, 미완의 해설(Mémoire sur les coutumes du Cambodge de Tcheou Ta-Kouan: Version nouvelle, suvie d'un commentaire inachevé)』(Paris, 1951, 71~82쪽)에서 "이 명칭은 대략 600년

『진랍풍토기』에 “진랍에서 순풍에 15일이면 진포에 도착할 수 있는데, 바로 그 나라의 경계이다. 또 진포에서 곤신(坤申) 방향으로 가면, 곤륜양을 지나 항구로 들어간다. 항구는 수십 개 있지만 네 번째 항으로만 들어갈 수 있고, 나머지는 모두 얕은 모래 때문에 큰 배가 지나갈 수 없다. 그러나 멀리서 바라보면 모두 긴 등나무, 고목, 누런 백사장, 흰 억새가 있어 쉽게는 식별할 수 없어 뱃사람들이 항구 찾는 것을 어렵게 여긴다. 항구에서 북쪽으로 물을 따라 15일가량 가면 ‘사남(查南)’이라는 곳에 이르는데 그 나라에 속한 군이다. 또 사남에서 작은 배로 갈아타고 물을 따라 10일 남짓을 가면 반로촌, 불촌을 지나 담양(淡洋)을 건너면 간방(干傍)이라는 곳에 도착할 수 있다(自占城順風可半月

부터 진랍(眞臘)[T'śįĕn-lāp]으로 나타난다고 알고 있는데, 주달관은 13세기에 점랍(占臘)[T'śįäm-lāp]이라고도 부른다고 덧붙이고 있다. 오늘날까지도 진랍이란 명칭은 설명되지 않고 있다.”라고 하며 이전 제리니(Gerini)의 설과 파커(Parker)의 설을 자세히 설명한 다음, 자신의 설을 조심스럽게 내놓았다. “…몽골 시대 문헌에서 중국어로 나타나는 캄부자(Kambuja, 또는 kamvuja)라는 명칭임에도 불구하고, 첫 번째 글자가 항상 중국어로 참(Cham)과 같은 명칭을 옮기는 데 사용된 점랍(占臘)은 일정하게 원래의 Čam-rãp으로 이끌고, 이 Čam-rãp은 바로 ‘정복된 참’을 의미하고 마찬가지로 시엠 라프(Siem-rãp)는 ‘정복된 시암’을 의미한다. 이 같은 명칭이 크메르 왕국의 공식 명칭으로 불리는 시점에 통용되었다는 것이 불가능하지는 않다. 진랍(眞臘)이라는 옛 명칭도 비슷한 설명으로 가능해질 수 있다. ‘진(眞)’자는 당나라 시기와 그 이전에 čin을 옮기는 데 자주 사용되었다. 따라서 진랍은 일정하게 Čin-rāp(현대 캄보디아어로는 Čĕn-rāp일 것임)에 대응하고 그 의미는 ‘정복된 중국인’일 것이다. 메콩강 유역을 따라 캄보디아 역사의 건국자들은 인도차이나 북부의 중국 속령들과 매우 빠르게 접촉하게 되었다. 어떤 분쟁의 결과로 ‘중국인들을 정복한 사람들’로 선언하게 되었고, 중국의 실체 이름처럼 부수적인 이러한 명칭으로 중국인들을 지칭하며 간교한 기쁨을 누린 것일까? 그 뒤에 그들이 참파를 침공한 결과로 의도적으로 고친 것일까? 분명 많은 가설이 들어있지만, 그것들은 이러한 해법을 크메르 전문가들의 판단에 부쳐볼 만한 정도로 상당히 놀라운 일치성에 근거하고 있다.” 자세한 설명은 『앙코르 캄보디아-진랍풍토기 역주』를 참고하시오.

到眞蒲, 乃其境也. 又自眞蒲行坤申針, 過崑崙洋, 入港. 港凡數十, 惟第四港可入, 其餘悉以沙淺故不通巨舟. 然而彌望皆修藤古木, 沙白葦, 倉卒未易辨認, 故舟人以尋港爲難事. 自港口北行, 順水可半月, 抵其地曰查南, 乃其屬郡也. 又自查南換小舟, 順水可十餘日, 過半路村·佛村, 渡淡洋, 可抵其地曰干傍)." 라고 하였다. 진포(眞蒲)는 『정화항해도』의 점포산(占浦山)일 것이다. 필립스 씨는 점포산이 지금의 캄폿(Kampot)일 것이라고 했지만, 진포가 과연 점포산이라면 곤륜양의 동북쪽 지금의 생작(St. Jacques)이라는 곳일 것이다. 이로부터 또 곤신(坤申) 방향으로 곤륜양을 지나 항구로 들어가는데, 소위 네 번째 항구는 Cua Tieu, 즉 메콩강 지류가 바다로 흘러 들어가는 곳일 것이다. 15피트 이상의 배들이 들어갈 수 있는 곳은 이 한 곳뿐이다(Moura, 『Cambodge』, I, 6쪽). 사남(查南)은 쯔낭(Chnang)에 해당하는 음이다. 이곳에서 작은 배로 갈아타고, 톤레삽 호수로 들어가 그 남안을 따라 반로촌(Babor), 불촌(Pursat, Buddhisatva)를 지나, 담양(淡洋) 톤레삽(Tonle Sap, 담수의 호수라는 의미)을 건너, 그 북안에 이르면 이 나라의 옛 도읍, 지금의 앙코르, 일명 캄부푸리(Kambupuri)가 있다. 간방(干傍)은 캄부(Kambu)에 해당하는 음이다. 『진랍풍토기』에서는 이 성을 주성(州城)이라 했는데, 본서 또한 "주의 남쪽 문이 사실상 도회지이다(州南之門, 實爲都會)."라고 하였다. 아마도 이 나라가 원나라에 신복(臣服)하여, 한 주가 되었기 때문일 것이다.

『제번지』에 "국도는 녹올이라 한다(國都號祿兀)."라고 하였는데, 히어트 씨는 로벡(Lovek)에 해당하는 음이라고 한다고 했지만, 송나라와 원나라 시기에 이 나라는 여전히 앙코르였다. 15세기에 이르러 비로소 로벡으로 수도를 옮겼다. 그러므로 '녹올'은 로벡에 해당하는 음이 아니다. 현 앙코르를 안남(安南) 사람들은 로고(Logo)라고 하였는데, 록올은 바로 로고에 해당하는 음으로 현 앙코르이고, 산스크리트어 나가라(Nagara)가 와전된 것이다.

『진랍풍토기』에 주성(州城)은 둘레가 20리가량이고 성 밖으로 큰 해자가 있다고 하였다.[10] 본서에서 말하는 석하(石河)는 큰 해자[巨濠]를 말하고, [『진

10) 『진랍풍토기』, "州城周圍可二十里, 有五門, 門各兩重. 惟東向開二門, 餘向皆

랍풍토기』에서] 왕궁[Angkor thom] 밖에는 석탑과 석실이 있다고[11]한 것은 본서의 '백탑주(百塔州)'이다. 그 남쪽에 있는 앙코르와트(Angkor Vat)가 바로 본서의 '상향불사(桑香佛舍)'이다. 그러나 사마록(馬司錄)[12]은 어디에 해당

一門. 城之外皆巨濠, 濠之外皆通衢大橋."

11) 『진랍풍토기』, "왕국[도시]의 중심에는 금탑이 있고, 옆으로 20여 개의 돌로 만든 탑과 100여 개의 석실이 있다(當國之中有金塔一座, 傍有石塔二十餘座. 石屋百餘間)."

12) 『진랍풍토기』에 "동지(東池)는 성의 동쪽 10리에 있고 둘레는 백 리쯤 되며 돌탑과 돌집들이 들어있다(東池在城東十里, 周圍可百里, 中有石塔·石屋)."라고 한 것을 보고, 쑤 지칭 씨는 이 동지(東池)가 바로 사마록지(馬司錄池)에 해당한다고 추측했다. 이어서 "이 책에서 마사록지(馬司錄池)의 '마'자는 '언(焉)'자를 잘못 쓴 것 같다. 언사록지(焉司錄池, Yaśodharatataka)는 야륜발마(耶輪拔摩)가 축성한 것이기 때문에 이렇게 불렀을 것이다. 펠리오는 이 연못은 현재 말라버렸고 성의 동쪽 약 1㎞에 있으며, 10리가 아니고, 주위는 약 7~8㎞지 100리가 아니라고 하였다(『BEFEO』, II, 144쪽)."라고 근거를 제시했는데(『도이지략교석』, 76쪽), 이 설명에는 먼저 참조 사항에 오류가 있고, 다른 학자의 설을 자신의 것으로 돌려버린 점이 있다. 쑤 지칭 씨가 참고한 자료는 펠리오가 주달관의 『진랍풍토기』를 역주한 『Mémoire sur les coutumes du Cambodge』(『BEFEO』, II(1902), 123~177쪽)이다. 펠리오는 144쪽 주1에서 두 전문가의 설을 인용하고 있다. 하나는 루이 피노(Finot) 씨의 설로, "동쪽 호는 오늘날은 말라버린 인공 저수지로서, 뜨날 바레이(Thnal Baray)라는 통로가 두르고 있는 야쇼다라타타카(Yaçodharataṭāka)에 해당하는 것 같다. 그 중심에는 메본(Mébon)이라는 인공 섬에 세워져 있다."라고 한 것과 다른 하나는 에띠엔느 아이모니에(Étienne Aymonier) 씨의 설로, "동쪽 호는 비문에서 야쇼다라(Yaçodhara)의 연못으로 오늘날은 말라버렸고 바레이(Baray, 동쪽)라 부른다, 10리가 아니라 성에서 동쪽으로 고작 1㎞에 지나지 않는다. 그 둘레는 1백 리가 아니라 고작해야 7~8㎞에 지나지 않는다. 그 중간에 세워진 사원은 실제로 메본(Mébonne)이라 불리는 기념물이다."라고 하였다. 쑤 지칭 씨가 '마사록지'를 '언사록지'로 추정하고, [Yaśodharatataka]라고 복원한 것은 억지스러운 설명에 가깝다.

하는 음인지 모르겠다.

『동서양고』 간포채(柬埔寨) 조목에 이목주(篱木州)가 있는데 "나무로 성을 만든 곳으로 중국인들이 임시로 사는 곳이다(以木爲城, 是華人客寓處)."라고 하였다. 『정화항해도』에 진랍의 남쪽에는 죽리목(竹里木)이 있다고 하였다. 분명 현 프놈펜으로 중국인들은 이 도시에 가장 많이 산다. 찌도르 묵(Chidor-muc)이라고도 부른다. 죽리목은 바로 찌도르 묵에 해당하는 음이고 이목(篱木)은 그 약칭이다.

여인들이 상품의 무게를 달고 있는 장면. 앙코르 바이욘 사원의 남쪽 회랑 부조.
출처: Wikimedia.

12. 단마령(丹馬令) [34~37]

땅은 사리(沙里)[1), 불래안(佛来安)과 나라를 이웃하고 있다. 산은 평탄하고 농토는 많아 곡식을 먹고도 여유가 있어 새로 거둔 것은 남겨두고 묵은 것을 대접한다. 민속은 절제하고 검소하다. 기후는 온화하다. 남녀가 몽둥이 모양으로 상투를 틀고, 백포(白布)로 흰 적삼을 만들어 입으며 청포(青布)의 만(縵)[2)을

---

1) 말레이반도에 있을 것으로 추정되는 사리(沙里)라는 곳은 본서에서만 보이기 때문에 정확히 어디를 지칭하는지 밝혀지지 않았다. 『고대남해지명휘석』, 453쪽에 따르면, 태국의 사이부리(Saiburi)강 유역 일대를 지칭하는 설이 있고, 반돈(Ban Don)의 수랏 타니(Surat Thani)로 보는 설이 있으며, 또 푸켓(Puket) 섬의 타루아(Tharua) 항으로 보는 설이 있다고 한다. 쑤 지칭 씨는 푸켓 섬이라는 설을 따르고 있는데, "반도 서안의 타쿠아퉁(Takuatung) 남쪽 부근 바다에는 살랑(Salang)과 푸켓(Puket, 普吉)이라는 섬이 있는데, 『해록(海錄)』에는 양서령(養西嶺)으로 되어있다. 아마도 서양 명칭인 중크 세일론(Junk Seylon)의 음역일 것이다. 이 섬 북쪽과 반도는 반 마일도 되지 않은 정도로 떨어져 있다. 이 섬은 줄곧 중요한 주석 산지였고, 푸켓항(Puket Harbour) 서북쪽 부근에는 통카(Tongka)라는 항구가 있고, 섬의 동안에는 타르나(Tharna)라는 항구가 있는데 바로 사리(沙里)라는 옛 항구이다. 양서령(養西嶺)이란 명칭이 유행한 이래로 이 섬의 현지 명칭과 옛 항구의 명칭을 아는 사람은 드물었다."(『도이지략교석』, 82쪽)라고 설명하고 있다. 과연 왕대연이 단마령(單馬令)이란 곳의 위치를 설명하면서 잘 알려지지 않는 작은 항구나 섬을 들었을 것 같지는 않다.

2) 만(縵)의 글자적 의미는 문양이 없는 견직물을 지칭하는 말이다. 하지만 여기서는 해당하지 않는다. 주로 인도네시아 여성들이 가슴부위를 싸매 입는 상의를 켐반(kemban)이라 하고, 동남아시아뿐만 아니라 아프리카 사람들이 천으로 허리 부분을 싸매 입는 하의를 사롱(sarong)이라 한다. 『양서·부남전』에 나오는 간만(干縵), 의정의 『남해기귀내법전』의 감만(敢曼)은 모두 켐반을 음역한 용어이다. 본 조목에서는 "백포(白布)로 흰 적삼을 만들어 입으며 청포(青布)의 만(縵)을 맨다."라고 하였으므로, 여기의 만(縵)은 바로 켐반을 의미하는 것으로 보

맨다. 혼인을 결정하는 데는 단금(緞錦), 약간의 백석(白錫) 덩어리를 사용한다. 사람들은 바닷물을 끓여 소금을 만들고 좁쌀을 발효시켜 술을 만든다. 추장이 있다. 상등의 백석(白錫), 편뇌(片腦), 구통(龜筒), 학정(鶴頂), 강진향(降眞香)과 황숙향두(黃熟香頭)가 난다. 교역하는 상품은 감리포(甘理布), 홍포(紅布), 청백화완(靑白花碗), 북 등이다.

地與沙里·佛來安爲鄰國. 山平亙, 田多, 食粟有餘, 新收者復留以待陳. 俗節儉. 氣候溫和. 男女椎髻, 衣白衣衫, 繫靑布縵. 定婚用緞錦[3]·白錫若干塊. 民煮海

인다.

3) 『지복재총서』본과 사고전서본에는 '가(假)'자로 되어있고, 『도성도재』본과 『죽서당』본에는 '단(緞)'자로 되어있다. 쑤 지칭 씨는 자신의 저본인 『사고전서』의 가금(假錦)의 '가(假)'자를 '단(緞)'자로 원문을 고쳤지만(『도이지략교석』, 79쪽), 그에 대한 근거도, 또 단금(緞錦)이 무엇인지 설명을 제시하지 않았다. 또 반졸(班卒) 조목에서도 쑤 지칭 씨는 같은 교정을 하고 있다. 이는 후지타 토요하치의 원문을 참고하여 신중하지 않게 판단한 것으로 보인다. 중국 문헌상 용례를 보면, '단금'은 거의 쓰이지 않았다. 아마도 '금단(錦緞)'의 어순을 바꾸어 쓴 것일 것이다. 금단 또는 금단(錦段)은 염색한 명주실로 짠, 표면에 채색한 꽃문양이 있는 고급 직물이다. 『진랍풍토기』에서는 "그곳에서는 금과 은이 나지 않아 중국의 금은을 으뜸으로 치고, 오색으로 가볍게 짠 비단을 그다음으로 친다(其地想不出金銀, 以唐人金銀爲第一, 五色輕縑帛次之…)."라고 하며, 귀한 제품으로 기술하고 있다. 그리고 『도이지략』의 문장을 거의 따르고 있는 비신(費信)의 『성사승람』에서는 "교역하는 상품은 금은, 소주, 비단, 사포 등이다(貨用金銀·燒珠·錦段·絲布之屬)."라고 하며, '단금'을 '금단'으로 기록하고 있다. 따라서 여기 단마령 조목에서, 혼례를 결정하는 데 사용하는 예물로는 단금(緞錦) 즉 금단이 적합하다. 그렇지만 가금(假錦)일 가능성이 사라지는 것은 아니다. 『도이지략』 반졸(班卒) 조목에 보이는 경우는 다르다. 왕대연의 기술에 따르면, 척박한 농토에 산물이 적은 작은 섬나라인 반졸에서 전두(纏頭)하는 천을 말하면서 고급의 단금 또는 금단을 사용했을 가능성은 매우 적다. 또 반졸에서 교역하는 상품에는 토인포(土印布)가 들어있다. '토인포'란 꽃문양을 날염한 중국산 베를 말

爲鹽, 釀小米爲酒. 有酋長. 產上等白錫·朱腦①·龜筒②·鶴頂③·降眞香④及黃熟香頭⑤. 貿易之貨, 用甘理布⑥·紅布·青白花碗·鼓之屬.

① '주(朱)'자는 '편(片)'자의 잘못일 것이다.[4] 『제번지』 뇌자(腦子) 조목에 "뇌자는 발니국에서 나고 또 빈졸국[Pansur]에서도 난다.…편(片)으로 된 것을 매화뇌라고 하는데, 그 모양이 매화와 닮았기 때문이다(腦子出渤泥國, 又出賓窣國…其成片者謂之梅花腦, 以狀似梅花也)."라고 하였고, 명나라 황충(黃衷)의 『해어(海語)』에 "편뇌는 섬라 등의 나라에서

한다. 반졸 조목에서는 글자 그대로 가짜 꽃문양 비단[假錦]이 더 정확하다. 역자의 생각으로 이것이 바로 토인포(土印布)를 말할 것이다. 『제번지』 발니국(渤泥國) 조목에는 외국 상인들이 그곳에 와서 파는 상품 중에 가금(假錦)과 건양금(建陽錦)이 들어있다. 만약 가금이 단금(緞錦)의 잘못이라면, 복건성의 건령부(建寧府) 또는 건양현(建陽縣)에서 나는 고급 금(錦)과 차이가 없어진다. 여기서도 가금(假錦)은 금단 모양을 한 가짜 직물, 말하자면 날염 직물을 말하는 것으로 보인다. 중국 문헌에서는 정확히(이본 없이) 그 용어의 쓰임을 찾아볼 수 있다. 가장 명확한 예는 바로 백거이(白居易)가 '장십팔' 즉 장적(張籍)이 배 상공께서 말을 보내준 것에 감사하며 쓴 시에 화답한 율시[和張十八秘書謝裴相公寄馬]에서 "씻어낸 털 아래 꽃들 가짜 비단을 나부끼게 하는 듯하고, 달릴 때 발굽의 땀 진주를 밟은 듯하네(洗了頷花翻假錦, 走時蹄汗蹋眞珠)."라고 하였다. 여기의 '가금'은 명백히 '진주'와 대응하고 있다. 따라서 '가짜 꽃문양 비단'이라는 표현이 이미 당나라 중기부터 사용되었음을 확인할 수 있다.

4) 우리가 활용할 수 있는 모든 판본에 '주(朱)'자로 되어있다. 주뇌(朱腦)로 분류되는 용뇌(龍腦) 보이지 않는다. 후지타 토요하치는 이 '주'자가 '편(片)'자의 오기로 추정했다. 한편 쑤 지칭 씨는 '주'자를 '미(米)'자의 오기로 추정하며, 후지타 토요하치의 설을 일축하고 있는데(『도이지략교석』, 79쪽), 그렇게 단정할 문제는 아니다. 왜냐하면 용뇌(龍腦)의 종류로 미뇌(米腦)도 있고 편뇌(片腦)도 있기 때문이다. '미(米)'자가 '편(片)'자와 더 자형이 비슷하다는 것만으로 '미뇌'로 볼 수는 없다. 결국 편뇌이든 미뇌이든 용뇌라는 향의 모양에 따른 분류이므로, 크게 문제가 되는 것은 아니다. 용뇌에 관한 자세한 사항은 『바다의 왕국들』, 301~306쪽을 참고하시오.

나는데, 불타니에서 나는 것이 상품이다(片腦産暹羅諸國, 惟佛打泥者爲上).”라고 하였다.

② 『정화본초』에는 『영표록이(嶺表錄異)』를 인용하여 다음과 같이 설명했다. “주휴는 속칭 자이(玆夷)라고 한다. 산거북처럼 큰 것은 사람이 등에 타면 업고 갈 수 있다. 조주(潮州)와 순주(循州)에 매우 많아, 그곳 사람들은 껍데기를 취하는데, 살아서 온전하게 얻은 것을 귀하게 여긴다. 처음에는 나무를 이용하여 그 살을 발라낸다. 거북이 초독(楚毒)을 당하면 소처럼 울어 산골이 진동한다. 장인들은 그 껍데기가 밝고 황색인 것을 삶고 두르려 대모(瑇瑁)에 박아 넣어 그릇으로 만든다. 요즘 구통이라고 하는 것이 바로 이것이다(蠵蠵俗謂之玆夷, 蓋山龜之大者, 人立其背上, 可負而行. 潮循間甚多鄉人取殼以生. 得全者爲貴, 初用木挑出其肉. 龜被楚毒, 鳴吼如牛, 聲動山谷, 土人以其甲通明黃色者煮, 拍陷玳瑁爲器, 今所謂龜筒者是也).”

③ 『동서양고』에 “양용수는 유흔기(劉欣期)의 『교주기(交州記)』에 실린 것을 인용하여 ‘몽동(鸏鶇)은 물새로, 노란 부리에, 크기는 1척 남짓이다. 남쪽 사람들은 그것으로 술그릇을 만드는데, 오늘날 학정이다(楊用修載劉安期曰, 鸏鶇水鳥, 黃喙, 長尺餘, 南人以爲酒器, 卽今之鶴頂也).’라고 하였다”[5] 이 새는 학이 아니라 서양 명칭으로 부세로스(Buceros)라는 새이다.

④ 강진향은 삼불제(三佛齊, Sriboja), 사바(闍婆, Java), 봉풍(蓬豊, Pahang)에서 나는데 광동, 광서 여러 군(郡)에도 있다.[6] 향기는 강하

5) 양용수(楊用修)의 ‘용수’는 바로 명나라 문신 학자 양신(楊愼, 1488~1559)의 자(字)이다. 『동서양고』 섬라 조목의 산물에 주석으로 인용된 이 설명에서 유안기(劉安期)는 바로 유흔기(劉欣期)의 오기이다. 『승암집(升菴集)』(사고전서본) 권81, 5b쪽에 보인다.

6) 이 설명은 후지타 토요하치가 참조 사항을 빠뜨렸는데, 바로 조여괄의 『제번지』 하권에 실린 강진향 조목에 따른 것이다. 자세한 것은 『바다의 왕국들』,

고 멀리 가며 사악한 기운을 막아준다. 천주(泉州)의 사람들은 제석(除夕)에 빈부를 막론하고 모두 땔나무를 태우는 것처럼 이것을 태우는데, 그 값이 매우 저렴하다. 삼불제의 것이 가장 좋고 향기와 맛이 맑고 멀리 가기 때문이다. 일명 자등향(紫藤香)이라고도 한다(降眞香出三佛齊·闍婆·蓬豐, 廣東·西諸郡亦有之. 氣勁而遠, 能辟邪氣. 泉人歲除, 家無貧富, 皆爇之如燔柴然, 其直甚廉, 以三佛齊者爲上, 以其氣味淸遠也. 一名曰紫藤香).”라고 하였고, 『진랍풍토기』에서는 강진(降眞)은 깊은 숲에서 나는데, 오랑캐들은 그것을 자르는 데 상당한 어려움을 겪는다. 이것은 바로 나무의 심으로, 그 밖은 두께가 8~9촌에 이르는 백목질(白木質)이다. 작은 나무라도 4~5촌 이하는 없다(降眞生叢林中, 番人頗費砍斫之勞, 蓋此乃樹之心耳. 其外白木可厚八九寸, 小者亦不下四五寸).”라고 하였다. 『동서양고』에는 강향(降香)으로 되어있는데, 간포채(柬埔寨), 대니(大泥, Patani), 구항(舊港) 등의 나라에서 난다고 하였다. 말레이 사람들은 이 향나무를 라카(Laka)라고 하는데, 서양 명칭도 이를 따른 것이다.

⑤『제번지』에, “황숙향은 여러 외국에서 모두 나지만 진랍의 것이 좋다. 그 향이 누렇고 익었기 때문에 명명한 것이다. 껍질이 딱딱하며 가운데가 썩은 것은 그 모양이 통(桶)과 같은데 그것을 황숙통(黃熟桶)이라 한다. 전향(箋香)을 끼고 완전히 검은 것은 그 향기가 더욱 뛰어난데, 그것을 일러 협전황숙(夾箋黃熟)이라 한다. 협전은 바로 이들 향에서 상품이다(黃熟香諸番皆出, 而眞臘爲上, 其香黃而熟, 故名. [若]皮堅而中腐者, 其形如桶, 謂之黃熟桶. 其夾箋而通黑者, 其氣尤勝, 謂之夾箋黃熟. 夾箋者迺其香之上品).”라고 하였다.[7] 이 또한 가루(Gharu) 나무의 일종이다. 『제번지』 단향(檀香) 조목에 “그 뿌리를 향두라고 한다(其根謂之香頭).”라고 하였다.

362~363쪽을 참고하시오.

7) 자세한 설명은『바다의 왕국들』, 349쪽을 참고하시오.

⑥ '리(理)'자는 '매(埋)'의 잘못일 것이다.[8] 감매리(甘埋里)는 본서에 별도의 조목이 있다.

『영외대답』 삼불제 조목에서 "그 속국으로 불라안(佛羅安)이라는 나라가 있고, 나라 주인은 삼불제(三佛齊)에서 선발하여 파견한다. 땅에는 향이 나는데 향이 비린내가 심하여 하안의 여러 나라의 것과 비교해보면 덜 좋다. 성스러운 부처가 있어 삼불제의 국왕은 2년마다 한 번 가서 향을 사른다(其屬有佛羅安國, 國主自三佛齊選差. 地亦產香, 氣味腥烈, 較之下岸諸國, 此爲差勝. 有聖佛, 三佛齊國王再歲一往燒香)."라고 하였다. 『제번지』에는 삼불제의 속국에 단마령(單馬令), 능아사가(凌牙斯加), 불라안(佛囉安)이 있다고 하면서 "능아사가국은 단마령에서 돛에 바람을 타고 6일 밤낮을 가면 도착할 수 있고, 또한 육로로 가는 길도 있다(凌牙斯加國, 自單馬令風帆六晝夜可到, 亦有陸程)."라고 하였고, 또 "불라안국은 능아사가에서 4일이면 도착할 수 있고 또한 육지로도 갈 수 있다. 이 나라에는 비래불 2존이 있는데, 하나는 6개의 팔을 가졌고, 하나는 4개의 팔을 가지고 있어 적의 배가 그 나라 경계에 들어오려고 하면 반드시 바람을 일으켜 막아 돌아가게 하여, 사람들은 '부처의 영험'이라고 한다. 사원은 구리로 기와를 만들어 금으로 장식한다.…해마다 삼불제에 조공한다. 이웃하고 있는 봉풍, 등아농, 길란단이 비슷하다(佛囉安國, 自凌牙斯加四日可到, 亦可遵陸. 其國有飛來佛二尊, 一有六臂, 一有四臂, 賊舟欲入其境, 必爲風挽回, 俗謂佛之靈也. 佛殿以銅爲瓦, 飾之以金.…歲貢三佛齊. 其隣蓬豐·登牙儂·吉蘭丹類此)."라고 하였다. 봉풍, 등아농, 길란단은 본서에 나오는 팽갱(彭坑, Pahang), 길란단(吉蘭丹, Kelantang), 정가려(丁家廬, Tringganu)

8) 록힐, 후지타 토요하치, 쑤 지칭 씨 모두 '리(理)'자를 '매(埋)'자의 잘못으로 보는 것에 일치된 견해를 보인다. 즉 원문의 감리포(甘理布)는 바로 감매리(甘埋里)에서 나는 천으로 보는 것이다. 감매리(甘埋里)를 어디로 추정할 것인가에 대해서는 의견이 갈린다. 이에 대해서는 뒤에 나오는 감매리 조목에서 자세히 언급하기로 한다.

이고, 단마령, 능아사가, 불라안은 바로 본서에서의 단마령(丹馬令), 용아서각(龍牙犀角, Lan Kasuka), 불래안(佛來安)이다. 그런데 불라안은 봉풍 등의 세 나라와 이웃하고 있고, 단마령도 불라안과 이웃하고 있으며, 능아사가와 육로로 통할 수 있다면, 단마령은 말레이반도에 있다는 점에는 의심의 여지가 없다. 『사림광기』 단마령 조목에 "중국 배는 돛에 바람을 타고 10일 밤낮을 가면 도착한다. 이 나라에는 왕은 없고 지주(地主)가 있으며, 송나라 경원(慶元) 2년(1196)에 황금 2정·금으로 만든 일산 1병을 진상했다(唐船風帆十晝夜可到. 其國無王有地主, 宋朝慶元二年, 進金三埕·金傘一柄)."라고 하였다. 다카쿠스 준지로 씨는 단마령이 타나 말라유(Tana Malayu)에 해당하는 음이라고 하였고, 슐레겔(Schlegel) 씨도 수마트라섬에 있다고 하였는데(『통보』, 두 번째 시리즈, II, 130쪽), 잘못이다. 펠리오 씨는 팽갱(彭坑) 강의 큰 줄기에 젬블링(Jembeling)이라는 명칭이 있다고 하였고(펠리오, 『BEFEO』, IV, 328쪽), 제리니 씨는 말레이반도 동안의 제미링 즉 잠블링(Jambeling) 오늘날 콴탄(Kwantan) 지방의 옛 이름으로 보았는데(제리니, 『JRAS』, 1905, 498쪽), 모두 정확한 근거는 없다. 심증식 씨는 도이지략 『광증』에서 "「서남해이총도(西南海夷總圖)」에 따르면 섬(暹)과 단패랑(丹孛郎)은 같은 구역에 있다. 단패랑이 바로 단마령이다."라고 하였다. 그러나 단패랑이 지금 어느 곳인지 모르고, 섬(暹)과 같은 구역에 있다면, 말레이반도에 있다고 판단할 수 있다.

13. 일려(日麗) [37~38]

두 산을 사이에 두고 하나의 관문을 갖춘 시장이 서 있다. 농토는 평탄하고 넓으며, 봄에는 건조하고 여름에는 비가 내려, 농사는 항상 시기를 놓친다. 해마다 수확이 적기 때문에 다른 나라에 식량을 의존한다. 기후는 겨울에도 따뜻하다. 풍속은 절개와 의리를 중시한다. 남녀는 몽둥이 모양으로 상투를 하고 흰 만[白縵]으로 머리를 감고 작고 노란 베로 묶는다. 남자가 죽으면 여자는 재가하지 않는다. 바닷물을 끓여 소금을 만들고 야자즙을 발효시켜 술을 만든다. 추장이 있다. 그 땅에는 구통(龜筒), 학정(鶴頂), 강진(降眞), 주석이 난다. 교역하는 상품은 청자기, 화포(花布), 거친 그릇, 쇳덩이, 꽃을 날염한 작은 베[小印花布], 오색의 베[五色布]등이다.

介兩山之間, 立一關之市. 田雖平曠, 春乾而夏雨, 種植常違其時, 故歲少稔, 仰食於他國. 氣候冬暖. 風俗尙節義. 男女椎髻, 白縵纏頭, 繫小黃布. 男喪女不嫁. 煮海爲鹽, 釀漿爲酒①. 有酋長. 土產龜筒·鶴頂·降眞·錫. 貿易之貨, 用靑磁器·花布·粗碗·鐵塊·小印花布②之屬.

① '장(漿)'자 위에 '야(椰)'자가 빠졌을 것이다.

② 지복재본에는 '布·五色布' 네 글자가 없고, 주에서 "원래 일곱 글자가 빠져 있다(原脫七字)."라고 하였다.[1] 여기서는 정본(丁本)에 따라 보충했다.

『제번지』에 따르면, 점성(占城)의 속국에는 일려(日麗)가 들어있고[2], 또 발니

---

1) 지복재본의 '칠(七)'자는 '사(四)'자의 잘못일 것이다.

2) 펑 청쥔 씨는 『제번지교주』(중화서국, 1956, 6쪽)에서 참파[점성]의 속국인 일려(日麗)가 안남(安南) 동해강(洞海江)가에 있는 것으로 추정했고, 또 『도이지략』의 일려로 본 것 같다. 펑 청쥔 씨의 이 설명은 펠리오를 따르고 있는데, 펠

(渤泥) 근처에는 일려 등의 나라가 있다고 하면서, "생향, 강진향, 황랍, 대모 등이 난다(出生香·降眞香·黃蠟·瑇瑁)."라고 하였다.[3] 그러나 본서에서 일려에서는 학정(鶴頂)과 석(錫)이 난다고 하였으므로 말레이반도 혹은 수마트라섬에 있어야 한다. 명칭은 같지만 실은 다른 곳이다. 현 수마트라섬 북안에 델리(Delli, Dēli)라는 도시에 델리 강이 있다. 이 강은 두 개의 높은 산에서 발원한다. 날씨가 맑으면 바다에서 보인다. 현재 이 도시는 새롭게 조성되었지만, 내

리오는 히어트와 록힐의 『조여괄』에 대한 긴 서평에서(『통보』, 465쪽) "일려는 상부 안남에 있는 동허이(Đồng Hới) 강에 적용된다."라고 하였다. 이후 록힐 씨는(99쪽, 주1) "조여괄에 따르면 일려(日麗)는 안남(점성)의 속국 중 하나이다. 블래그덴 씨는 나에게 '거리상 해안의 참파 사람들로부터 멀지 않으며 밀접한 관련이 있는 언어를 말하는, 보다 야만 종족인 내륙의 자라이(Jarai)를 지칭하는 것이 아닐지 모르겠다. 저자(왕대연)의 방언으로 보면, '일(日)' 자를 [lai], [loi] 또는 [le]라고도 읽을 수 있으므로 가능할 것도 같다.'라고 알려주었다."라고 설명한 바 있다. 한편 쑤 지칭 씨는 오루쏘가 "『제번지』와 왕대연의 일려를 지금의 베트남 중부 즉 꽝삔(Guang Binh)의 여수(麗水, Lay Thuy)로 보았다(『BEFEO』, XIV, 15~16쪽)."라고 하였다(『도이지략교석』, 88쪽). 출처로 밝힌 오루쏘(Léonard Aurousseau)의 글은 조지 마르페로의 『참파 왕국(Le Royaume de Champa)』에 대한 긴 서평(compte-rendu)을 말한다. 오루쏘는 "조여괄은 참파의 속국들 중 하나로 들어있다. 이 참파의 속국인 일려가 『도이지략』에서 말하는 일려일까? 그럴 수도 있고 왕대연의 개괄적인 설명과 전혀 관계되지 않을 수도 있다. 심증식 씨는 『도이지략광증』에서 일려가 조여괄이 일라정(日羅亭)이라 부른 팔렘방의 속국 중 하나로 일려를 명확하게 언급했던 것에 주목해보자. 그러나 이 추정은 근거한 바가 없으며 적어도 왕대연의 일려를 참파의 속국으로 보도록 해주는 명칭들에 대한 결정적인 추정을 했다(『BEFEO』, IV(1914), 39~40쪽)."라고 한 것이 전부이다. '꽝삔 여수'라는 말이 어디서 왔는지 쑤 지칭 씨는 명확히 밝혀야 한다.

3) 후지타 토요하치는 산물을 근거로 『제번지』에 나오는 '일려'와 다른 곳임을 입증하려 했지만, 그가 인용한 산물들은 일려의 산물이 아니라 발니(渤泥)의 산물이다. 또한, 일려가 델리의 음역이라는 것은 음성적 유사성에서 볼 때 억지스럽다.

륙에는 옛 유적이 있다. 일려는 델리에 해당하는 음일 것이다.

또 『원사』 본기에 지정(至正) 21년(1361) 11월 "계묘에 복건행성이 사신 팔합로사를 보내, 남무리[Lambri], 별리랄[Perlak], 이륜[理倫, 또 래래(來來)로도 되어있는데, 라타(Lata)에 해당하는 음일 것이다. 명나라 시기의 리데(Lidé, 黎代)가 바로 이곳 같다], 대력(大力) 등의 네 나라를 타일러 항복시키자, 각기 재상을 보내 표문을 받들어 조공해왔다(癸卯, 福建行省遣使人八合魯思, 招降南巫里·別里剌·理倫·大力等四國, 各遣其相奉表以方物來貢)."[4]라고 하였는데, 대력(大力)은 일려의 다른 음역 명칭인 것 같다.[5]

---

4) 『원사』, 권13, 「세조본기」(270쪽).

5) 델리와 일려(日麗)는 음성적 접근성이 없다. 쑤 지칭 씨는 현 화교들이 델리를 일리(日里)라고 한다는 정보를 제시하고 있다(『도이지략교석』, 88쪽). 그렇게 보면 음성적으로는 매우 근접하다. 하지만 쑤 지칭 씨는 일려가 델리라는 설 뿐만 아니라, 『제번지』 발니 조목에 보이는 '일려' 모두 왕대연의 일려와 관계가 없다고 보고 다음과 같이 추정했다. "『나가라크르타가마(Nagarakretagama)』에는 제레(Jĕre)국의 이름이 있는데, 학자들이 지금의 파타니에 있다고 하는 것은 그 근방의 제링(Jering) 지방으로부터 음을 얻었다는 것이다. 또 그곳이 크다(Kedah) 구농 제라이(Gunong Jerai)의 기슭에 있다고 하는 것은 그 봉우리 명칭인 제라이에서 음을 얻었다는 것이다. 본서의 용아서각(龍牙犀角) 조목에서는 파타니를 서술했고, 소락격(蘇洛鬲) 조목에서는 크다를 서술했다. 이 두 곳은 『나가라크르타가마』에 이미 그 이름이 들어있는데, 어떻게 다시 제레(Jĕre)를 거명하고 또 이 두 곳 중의 하나를 다시 썼겠는가. 말레이반도의 페락(Perak 霹靂)의 순공 라루트(Sungong Larut)강은 배가 통하는 부분의 길이는 약 10마일이고, 강의 동단에는 제링(Jering) 강이 흘러와 만나므로, 이 책의 일려와 『나가라크르타가마』의 제레(Jĕre)는 모두 순공 라루트의 배가 다니는 끝 지점과 제링 강이 서로 만나는 곳을 지칭한다." 결국 '제라이(Jerai)=일려'라는 등식으로, 수긍하기는 어렵지만, 별다른 고증 없으므로 잠정적으로 여기에 소개한다.

14. 마리로(麻里嚕) [38~40]

작은 항구들을 굽이돌아 이곳으로 들어간다. 산은 높고 물에는 노고석(鹵股石)[1)]이 많다. 숲은 적고 농토는 높고 척박하다. 사람들은 대부분 참마[薯]와 토란을 심는다. 땅의 기후가 덥다. 풍속에 의리를 중시한다. 그곳의 관리를 지낸 남편이 죽으면, 그 아내는 평범한 사람에게 다시 시집가지 않는다. 반드시 다른 나라에서 관리를 지내는 사람의 자손 중에 집안이 서로 비슷한 자가 있어야 비로소 골라 결혼할 수 있다. 그렇지 않으면 머리를 깎고 불경을 읽으며 삶을 마친다. 남녀는 주먹 모양의 상투를 틀고, 푸른 베[靑布]로 만든 홑적삼을 입으며 붉은 베로 만든 만(縵)[2)]으로 묶는다. 사람들은 바닷물을 끓여 소금을 만들고, 사탕수수즙을 발효시켜 술을 만든다. 대나무 조각을 짜서 침상을 만들고, 생밀랍을 태워 등불을 켠다. 땅에서는 대모(玳瑁), 황랍, 강향(降香), 죽포(竹

1) 노고석(鹵股石)이라는 암석은 『제번지』 삼서(三嶼) 조목에 보인다. "바다에는 노고(鹵股)라는 돌이 많다(海多鹵股之石)."라고 하였다. 히어트와 록힐 씨는 'bare ribs of rock'로 번역했는데(『조여괄』, 162쪽), '드러난 바위의 늑골'이란 뜻이다. 이후 록힐 씨는 노고석이 산호 또는 녹석으로 보인다고 하였다(111쪽 주1). 이 노고석은 고랑부(高浪阜) 조목과 소구남(小唄喃) 조목에서도 나타난다. 비신의 『성사승람』 대갈란(大葛蘭) 조목에서는 나고(羅股)로 표기되었고, 『서양조공전록』 아단(阿丹) 조목에서 "사람들의 집은 나고(羅股)라는 돌로 만든다." 라고 하였다. 또 『동서양고·동양침로』에는 노고석(老古石)으로, 『순풍상송』, 『지남정법』에는 노고석(老古石)으로 되어있다. 이로써 볼 때, '노고'는 음역 명칭에 해당하는 것을 알 수 있다. 이 음역 명칭을 쑤 지칭 씨는 다음과 같이 복원했다. "말레이어로 '모여 있는 것[簇聚]'을 롱콜(rongkol)이라 하는데, 노고석은 바투 롱콜(batu rongkol)로 복원할 수 있을 것 같다. 뜻은 군락을 이룬 암석으로, 산호가 형성한 일종의 암석을 가리킨다. 그 경도는 비록 일반 암석보다는 못하지만, 항해에 장애가 되기에는 족하다."라고 하였다(『도이지략교석』, 92쪽).

2) 만(縵)에 대해서는 단마령(單馬令) 조목의 주석을 참고하시오.

布), 목면화가 난다. 교역하는 상품은 족쇄[足錠], 청포(青布), [청]자기 그릇, 처주 자기, 물 항아리, 큰 옹기, 쇠솥 등이다.

小港迢遞, 入於其地. 山隆而水多鹵股石. 林少, 田高而瘠. 民多種薯芋. 地氣熱. 俗尙義. 若番官沒, 其婦再不嫁於凡夫. 必有他國番官之子孫, 閥閱相稱者, 方可擇配, 否則削髮看經, 以終其身. 男女拳髮, 穿青布短杉, 繫紅布縷. 民煮海爲鹽, 釀蔗漿爲酒. 編竹片爲牀, 燃生蠟爲燈. 地產玳瑁·黃蠟·降香·竹布①·木綿花. 貿易之貨, 用足錠·青布·磁器盤②·處州磁·水壜·大甕·鐵鼎之屬.

① 죽포(竹布)는 초포(蕉布)일 것이다. 『태평어람』 권975에는 『이물지(異物志)』를 인용하여, "바나나 잎은 방석처럼 크고, 그 줄기는 토란 잎 같은데, 가마솥에 삶아 실을 만들면 직물을 짤 수 있다. 솜씨 좋은 여인들이 치격(가는 갈포)을 짜는데, 지금의 교지갈이다(芭蕉葉大如筵席, 其莖如芋, 取鑊煮之, 爲絲可紡績, 女巧以爲絺綌, 則今交趾葛也)."라고 하였다.[3] 이 파초는 Musa textiles이라 하는데, 대부분 필리핀 섬과 향료군도에서 생산한다(Crawfurd, 『History of the Indian Archipelago』, I, 413쪽).

② 정본(丁本)에는 '자(滋)'자 위에 '청(青)'자가 있다.

『제번지』에 "포리로(蒲哩噜)와 삼서는 연속되어 있고 취락은 조금 번성하나 사람들이 대부분 사납고, 공격적이며 강도질을 즐겨 한다. 바다에는 '노고(鹵股)라는 암석'이 많은데, 들쭉날쭉 마른 나무 칼날처럼 칼이나 창보다 예리하여 배가 그 옆을 지나갈 때는 미리 돌아서 피해간다(蒲哩噜與三嶼聯屬, 聚落

---

3) 초포(蕉布)에 관한 기록을 조금 더 거슬러 올라가 보면, 『후한서·왕부전(王符傳)』 주에 인용된 심회원(沈懷遠)의 『남월지(南越志)』에 "초포(蕉布)에는 세 종류가 있는데, 초포, 죽자포, 초갈이 있다(蕉布之品有三, 有蕉布, 有竹子布, 又有蕉葛焉)."라고 하였다. 『대당육전(大唐六典)』 권3에 영남도(嶺南道)의 공부(貢賦)를 열거하면서, 초포(蕉布), 죽포(竹布), 죽자포(竹子布)가 있다고 하였다.

差盛, 人多猛悍, 好攻刼. 海多鹵股之石, 槎牙如枯木芒刃, 銛於劍戟, 舟過其側, 預曲折以避之).”라고 하였다. 본서에서도 “작은 항구들을 굽이돌아 이곳으로 들어간다. 산은 높고 물에는 노고석이 많다.”라고 하였으므로, 『제번지』의 포리로(蒲里嚕)는 본서의 마리로(馬里嚕)이다. 히어트 씨는 루손 본섬 동쪽 해상에 있는 포릴로(Polillo)에 해당하는 음이라고 보았으나(『조여괄』, 160쪽, 주3) 『제번지』에서 “삼서(三嶼)와 연결되어 있고, 마을이 조금 번성했다”라고 하는 말과 서로 비슷하지 않다. 게다가 중국인들이 항해할 때는 일반적으로 루손 서안이지 동안이 아니다. 현 마닐라(Manila)는 스페인 사람들이 점령하기 이전의 옛 명칭이고 만 입구에는 많은 암초가 있어 두 책에서 말한 것과 같다. 그러므로 포리로와 마리로는 마닐라에 해당하는 음이다. 『동서양고(東西洋考)』에는 왕기종(王起宗)의 장계를 인용하고 있는데, 그 글에서는 마리여(馬里呂)로 되어있고[4], 사청고(謝清高)의 『해록(海錄)』에 만리랄(蠻里剌)로 되어있는 곳이다. 심증식 씨는 『광증』에서 “「동남해이총도(東南海夷總圖)」에 마흑로(馬黑嚕)가 있는데, 이 마리(馬里)는 그것에 따라 마흑(馬黑)으로 되어야 할 것 같다. 또 『제번지』에서 야심담(椰心簟)은 삼서(三嶼), 포흑로(蒲黑嚕)에서 난다고 했고, 대모(瑇瑁)는 삼서, 포묵로(蒲嘿嚕), 사바(闍婆) 등의 나라에서 난다고 하였으며, 황랍(黃蠟)은 삼서, 마일(麻逸), 포흑로(蒲黑嚕)에서 난다고 하였는데, 이 세 조목은 모두 포흑로를 말한다. 대모(玳瑁), 황랍 같은 산물이 같으므로, ‘리(里)’자는 ‘흑(黑)’자가 되어야 하는 것은 분명하다.”[5]고 하였다.

---

4) 『동서양고』(사고전서본), 권7, 육향(陸餉) 조목에, 만력(萬曆) 45년(1617) 독향통판(督餉通判) 왕기종(王起宗)으로 되어있다.

5) 저자의 인용은 빠뜨린 부분이 있어, 다시 심증식의 『도이지략광증』 상권(7쪽)에 나오는 마리로(麻里嚕) 조목에 붙은 주를 옮겨 번역해 둔다. “「동남해이총도(東南海夷總圖)」에 마리배(麻里荖)가 있고, 또 마흑로(馬黑嚕)가 있는데 이 마리(馬里)는 그것에 따라 마흑(馬黑)으로 되어야 할 것 같다. 여송 남쪽에는 바다밖에 없으므로, 섬이 맞는 것 같다. 또 『제번지』에서 야심담(椰心簟)은 삼서(三嶼), 포흑로(蒲黑嚕)에서 난다고 했고, 대모(瑇瑁)는 삼서, 포묵로(蒲嘿嚕), 사바(闍婆) 등의 나라에서 난다고 하였으며, 황랍(黃蠟)은 삼서, 마일(麻逸), 포흑로(蒲黑嚕)

또 본서에서 "그곳의 관리를 지낸 남편이 죽으면, 그 아내는 평범한 사람에게 다시 시집가지 않는다. 반드시 다른 나라에서 관리를 지내는 사람의 자손 중에 집안이 서로 비슷한 자가 있어야 비로소 골라 결혼할 수 있다."라고 하였다. 인도의 가족제도가 남해에서 상당히 행해졌는데, 루손의 이러한 풍습은 스페인 사람들도 마찬가지였다(Antonio de Morga, 『The Philippine Islands, 1493-1898』, II, 124쪽).

에서 난다고 하였는데, 이 세 조목은 모두 포흑로를 말한다. 대모(玳瑁), 황랍 같은 산물이 같으므로, '리(里)'자는 '흑(黑)'자가 되어야 하는 것은 분명하다(東南海夷總圖有麻里荖, 又有麻黑魯, 此麻里疑當依彼作麻黑也. 呂宋南有波浩耳, 島疑是. 諸蕃誌椰心簟出三嶼蒲黑嚕, 瑇瑁出三嶼蒲嘿嚕·闍婆諸國, 黃蠟出麻逸·蒲黑嚕, 爲下三擧皆稱蒲黑嚕, 玳瑁黃蠟物産又同, 則里字當作黑無疑)." '리'자를 '흑'자로 읽을 개연성은 충분하지만, 마닐라를 놓고 보았을 때 음성적으로 그럴법하지 않다. 쑤 지칭 씨는 "『제번지』의 포리로(蒲哩嚕)와 본서의 마리로(麻里嚕)는 후지타 토요하치가 고증한 것이 맞다. 『대덕남해지』에는 마리로(麻里蘆), 『해도일지(海島逸志)』에는 문년료(吺哖膋)가 보이는데 모두 마닐라를 지칭한다. 현재 있는 성은 스페인 사람들이 1571년 옛 성터에 다시 세운 것으로 심한 변동은 없다. 그러나 마닐라라는 명칭은 타가록(Tagálog)어 마이닐라(Maynila)로 '나무숲의 성'이란 뜻이다."(『도이지략교석』, 90쪽)라고 했는데, 참고할만하다.

15. 하래물(遐來物①) [40~41]

고루(古泪) 아래로, 산이 굽이굽이 수백 리이다. 그 농토는 중하(中下)이다. 풍속은 요괴를 좋아한다. 기후는 봄, 여름, 가을은 덥고 겨울에는 약간 썰렁하여, 사람에게 병이 없기도 하지만 반대로 장독(瘴毒)이 생겨 사람과 가축이 죽기도 한다. 남녀는 상투를 말아 올리고 붉은 베로 두르고 푸른 면포 사롱[捎]을 묶는다. 사람이 죽으면 생 뇌자[生腦][1]를 갈아 물에 섞어 닦고 시신을 보존하는데, 장례를 치를 때가 되어도 부패하지 않는다. 사람들은 바닷물을 끓여 소금을 만들고 야자즙을 발효시켜 술을 만든다. 추장이 있다. 땅에서는 소목(蘇木), 대모(玳瑁), 목면화, 빈랑 등이 난다. 교역하는 상품은 참파와 해남의 베[占城·海南布][2], 철사, 구리 솥, 오색포, 나무 빗, 참빗, 청자기, 거친 그릇 등이다.

古泪之下, 山盤數百里. 厥田中下. 俗尙妖怪. 氣候春夏秋熱, 冬微冷, 則人無病, 反此則瘴生, 人畜死. 男女挽髻, 纏紅布, 繫青綿布捎②. 凡人死, 則研生腦調水灌之, 以養其屍, 欲葬而不腐. 民煮海爲鹽, 釀椰漿爲酒. 有酋長. 地產蘇木·玳瑁·木綿花·檳榔. 貿易之貨, 用占城·海南布·鐵綫·銅鼎·紅絹·五色布·木梳·篦子·青器③·粗碗之屬.

---

1) 생뇌(生腦)란 바로 가공하기 이전의 생 뇌자(腦子), 즉 용뇌향을 말한다. 반대로 불에 볶아 가공한 것은 숙뇌(熟腦)라고 한다.

2) '점성남해포'란 참파[점성]에서 생산하는 베와 해남(海南)에서 생산하는 베의 합칭일 것이다. 본서 도독안(都督岸) 조목에서는 '해남점성포(海南占城布)'로 순서를 바꾸어 언급했고, 길란단(吉蘭丹), 정가로(丁家盧) 조목에는 '점성포'가 보이고 포분(蒲奔) 조목에서는 '남해포'가 언급되었다. 주거비(周去非)의 『영외대답(嶺外代答)』, 권6 길패(吉貝) 조목에서 해남에서 나는 것이 대체로 이 직물이라고 하였다(『영외대답교주』, 중화서국, 1999, 228쪽). 길패(吉貝)에 관한 자세한 사항은 『바다의 왕국들』, 381~386쪽을 참고하시오.

① '물(物)'자는 정본(丁本)에 '물(勿)'자로 되어있다.

② '소(梢)'자는 말레이어 사룽(Sarung)에 해당하는 음일 것이다. 하체에 두르는 베이다.[3)]

③ '청기'는 자기(磁器)이다.

『원사』「조와전」에 구란산(拘欄山)이 보이는데, 본서의 구란산(勾欄山)으로, 『성사승람』·『정화항해도』에는 모두 교란산(交欄山)으로 되어있다. 바로 오늘날 겔람(Gelam) 섬이다. 본 조목에서 말하는 '고루(古泪)'는 또한 구란(拘欄), 구란(句欄), 교란(交欄)의 다른 음역일 것이다.[4)] 원나라 군대가 조와를 공격할 때, 구란(拘欄)에서 길리문(吉利門)으로 나아갔다. 『정화항해도』의 길리문(吉里門)은, 『동서양고·서양침로』에 길리문(吉里門) 대산으로 되어있다. 바로 오늘날 카리문-자바(Karimun-Java)로, 본 조목에서 말하는 하래물은 바로 길리문(吉利門), 길리문(吉里問)의 다른 음역 명칭으로 카리문-자바이다.[5)] 본서의

3) '소(梢)'가 하체에 두르는 천 즉 사롱(sarong)을 지칭하는 것은 분명하다. 그러나 사롱을 생략해 음역한 것으로 보기에는 거리가 멀다. 이에 쑤 지칭 씨는 싱할라어로 하체를 두르는 천을 사라나(sarana)라고 하는데 이를 생략해 음역한 것으로 보았다(『도이지략교석』, 95쪽). 쑤 씨는 하래물을 술라웨시 섬으로 추정하면서 언어적 연관성도 밝히지 않고 싱할라어로 설명한 것은 타당하지 않다.

4) 사실 후지타 씨처럼 고루(古泪)=구란(拘欄)=구란(句欄)=교란(交欄)으로 보기에는 종성의 글자가 거슬린다. 저자는 하래물을 카리문 자바로 추정했기 때문에 그쪽의 한곳을 찾아야 했기 때문일 것이다. 한편 술라웨시 섬으로 보고 있는 쑤 지칭 씨는 이 '루(泪)'자가 '박(泊)'자의 잘못일 것으로 추정한다. 즉 고박(古泊)은 술라웨시 섬의 대화산 근처에 있는 콤피(Kompi)라는 마을에 해당하는 음이라고 추측했다(『도이지략교석』, 95쪽). 고박=콤피의 음성적 접근성에 의문이 드는 것은 피할 수 없다. 또 그렇게 작은 마을에까지 왕대연이 여행 기록에 남겼을까 하는 의문도 여전히 남는다.

5) 하래물은 본서에만 보인다. 록힐 씨는 『제번지』 삼불제 조목에서 그 속국으로 언급된 가라희(加羅希, 광동어로 [Ka-lo-hei])를 떠올렸다(122쪽 주2). 본 조목에

용아문(龍牙門) 조목에 길리문(吉利門)은 싱가포르 해협의 카리문 섬의 명칭으로, 여기의 길리문과 이름은 같지만 다른 곳이다.

서 하래물의 특징이라고 한다면 바로 시신을 보존하는 장례 방식이다. 말레이반도에서 이러한 장례 방식을 행하는 지역은 알려진 바 없다. 쑤 지칭 씨에 따르면, 술라웨시 섬(Sulawesi), 루손섬, 칼리만탄섬 등에서 이러한 장례 방식을 취하고 있다고 한다. "이 중에서 술라웨시 섬은 포르투갈 사람들이 16세기 초에 이 섬에 이르러 토착민들에게 물어보자, 토착민들이 의미를 오해하고 본인이 찬 칼을 셀리 베시(seli besi)라고 한다고 답했다. 이에 포르투갈 사람들은 이 섬을 셀레베스(Selebes 또는 Celebes)로 잘못 부르게 되었다고 한다. 현재 인도 사람들은 이 섬을 술라웨시라고 하는데 여기에 어원을 두고 있다. 학자 중에도 이 포르투갈 명칭이 클라바트(Klabat) 또는 칼라바트(Kalabat)에서 변화된 형태로 보는 사람도 있다. 이곳은 북쪽을 향하여 동쪽으로 아주 길게 뻗어 있고, 또 북쪽으로 향한 반도의 끝에 있는 대화산의 이름이다. 이 대화산은 해발 2,011m로 4~50마일 떨어진 바다에서 볼 수 있다. 이로써 볼 때, 여기의 하래물은 바로 이 대화산 이름에 해당하는 음이다. 이 대화산은 간헐성 화산으로 왕대연은 이를 알지 못했으므로 한 글자도 언급하지 않은 것이다."라고 추정했다(『도이지략교석』, 94쪽). 정리하자면, 쑤 지칭 씨는 술레웨시=셀레베스=클라바트 또는 칼라바트=하래물로 보는 것인데, 클라바트 또는 칼라바트와 하래물의 음성적 연관성은 극히 적어 보인다.

바위 절벽이 험난하게 둘러싸고 있어 멀리서 보면 평평한 성채 같으며, 농토는 비옥하지만, 곡식은 적게 달린다. 기후는 반년이 덥다. 풍속은 정가려(丁家廬, Trenganu)[1]와 조금 다르다. 남녀는 방망이 모양으로 상투를 하고 베로 만든 장삼(長衫)을 입으며, 단포(單布)[2]의 사롱[梢]을 맨다. 부귀한 여인들은 정수리에 황금 고리[金圈] 4개[4~5개]를 단다. 일반인은 오색의 소주(燒珠)를 고리로 만들어 묶는다. 혼담을 나눌 때는, 쌍방이 가서 백은(白銀)을 교환하는데, 5전(錢) 무게를 기준으로 삼는다. 사람들은 바닷물을 끓여 소금을 만들고 야자즙을 발효시켜 술을 만든다. 추장이 있다. 땅에서는 황숙향두(黃熟香頭), 침향(沈香), 속향(速香), 타백향(打白香), 뇌자(腦子), 화석(花錫), 거친 강진향이 난다. 교역하는 상품은 색견(色絹), 자바의 베[闍婆布], 동기(銅器), 철기(鐵器), 칠기(漆器), 자기(磁器), 북, 판자 등이다.

石崖週匝崎嶇, 遠如平塞①, 田沃, 穀稍登. 氣候半熱. 風俗與丁家盧小異. 男女椎髻, 穿長布杉, 繫單布梢②. 富貴女頂帶金圈數四③. 常人以五色焇珠爲圈以束之④. 凡講婚姻, 互造換白銀五錢重爲準⑤. 民煮海爲鹽, 釀椰漿爲酒⑥. 有酋長. 地產黃熟香頭·沉速·打白香⑦·腦子·花錫·粗降眞. 貿易之貨, 用諸色絹·闍婆布·銅鐵器·漆磁器·鼓·板之屬.

① '새(塞)'자는 '채(寨)'자의 잘못이다. 『성사승람』 천일각본 팽갱(彭坑)

---

1) 사고전서본에는 정가로(丁家盧)로 되어있다. 『제번지』 삼불제 조목에 그 나라의 속국으로 등아농(登牙儂)이 보이는데, 펑 청쥔 씨는 트렝가누로 추정했다(『제번지교주』, 14쪽). 아래 18에 별도의 조목으로 기술되어 있다.

2) '단포'란 글자 그대로 홑겹의 베를 지칭하는 것으로 보인다. 하지만 쑤 지칭 씨는 본서 점성 조목에 보이는 타포(打布)의 다른 표기로 추정했다(『도이지략교석』, 98쪽). 단순한 발음의 근접성에서 근거한 것으로 보인다.

조목에 "암석 절벽이 위태롭게 둘러싸고 있어 멀리서 보면 평평한 성채 같다(石崖周匝崎嶇, 遠如平寨)."라고 하였고, 『명일통지』 팽형국(彭亨國) 조목의 '석애' 주에, "그 나라는 바위 절벽이 험난하게 둘러싸고 있어 성채 같다(其國石崖周匝崎嶇如柵寨)."라고 하였는데, 모두 본서를 따르고 있다.

② 『성사승람』에 "남녀는 방망이 모양으로 상투를 하고, 긴 적삼을 입고 홑겹의 베로 묶는다(男女椎髻, 穿長衫, 繫單布[3])"라고 하였고, 『명일통지』에서는 『도이지』를 인용하여 "남녀는 모두 방망이 모양으로 상투를 하고 긴 베적삼을 입고 홑겹의 옷으로 묶는다(男女椎髻, 衣長布衫, 繫單衣)."라고 하였다. '단군(單裙)'으로는 고칠 수 있겠으나 '단의(單衣)'는 잘못된 것이다.

③ '사(四)'자는 지복재본에는 '회(回)'자로 되어있어 정본(丁本)에 따라 고쳤다. 『성사승람』에 "부잣집 여인들은 황금 권점 4~5개로 정수리 머리를 장식한다(富家女子金圈四五飾于頂髮)."라고 하였고, 『명일통지』에서는 『도이지』를 인용하여 "부잣집에서는 황금 권점 4개 정도를 목에 찬다(富家頸帶金圈數四)."라고 하였는데, '정(頂)'자를 '경(頸)'자로 고친 것은 잘못된 것이다.

④ 『명일통지』에서는 『도이지』를 인용하여 "보통 사람들은 오색의 소주로 권점을 만들어 묶는다(常人則以五色燒珠爲圈束之)."라고 하였다.

⑤ '호(互)'자는 지복재본에 '오(五)'자로 되어있어 정본(丁本)에 따라 고쳤다. '호조(互造)'란 양조(兩造, 쌍방)를 말한다.[4]

⑥ 『명일통지』에서 인용된 『도이지』에는 이 두 구가 보인다.

---

3) 『성사승람』(기록휘편본)에는 '繫單裙'으로 되어있는데, '군(裙)'자는 '포(布)'자를 잘못 옮긴 것 같다. 펑 청쥔 씨의 『성사승람교주』본에 따르면(후집, 7쪽), '포(布)'자 아래 "『도이지략』에서는 '초(稍)'자로 되어있다."라고 주를 달고 있다. 따라서 원문의 '소(梢)'자는 사룽의 '소(捎)'자로 보는 것이 적절하다.

4) 록힐 씨는 이 '조(造)'자를 현지의 용어로 보았지만, 설명하지는 못했다(120쪽).

⑦ '타백(打白)'은 다마르(Damar)에 해당하는 음일 것이다. 말레이어와 자바어에서 수교(樹膠, 나무의 진)이란 의미이다. 『영애승람』 만랄가국(滿剌加國) 조목에서는 '타마아향(打麻兒香)'으로[5], 『동서양고』 마육갑국(麻六甲國) 조목에서는 주타마(做打麻)로 되어있는데, '주'자는 잘못 베꼈을 것이다.

『제번지』에 기술된 삼불제의 속국 중에 봉풍(蓬豊)이 보이는데, 바로 팽갱(彭坑)이다. 『정화항해도』에는 팽항(彭杭)으로, 『명일통지』, 『명산장』 등의 책에서는 팽형(彭亨)으로 되어있는데, 모두 파항(Pahang)에 해당하는 음이다. 『성사승람』은 본서를 근거하여 문장이 대략 같다.[6]

---

5) 『영애승람』(기록휘편본) 만랄가(滿剌加) 조목에서 "타마아(打麻兒)는 원래 일등의 수지로 흘러나와 흙으로 들어가는데. 송향(松香), 역청(瀝青)처럼 파내어 불을 붙이면 붙는다. 현지인들 모두 이것으로 불을 켜 등불로 삼는다. 그곳의 선박들은 다 건조하면 이것을 녹여 겉에 바른다. 물이 못 들어오게 하는 데에 매우 좋다. 여기 사람들이 많이 채취하여 다른 나라에 팔러 다닌다. 속이 투명하고 아주 깨끗한 것이 있는데, 오히려 금박(金珀)과 비슷하여 '손도로시(損都盧廝)'라고 한다.(打麻兒香本是一等樹脂, 流出入土, 掘出如松香·瀝青之樣, 火燒卽著, 番人皆以此物點照當燈. 番船造完, 則用此物熔塗於縫. 水莫能入, 甚好. 彼地之人多採取此物以轉賣他國. 內有明淨好者, 卻似金珀一樣, 名損都盧廝)."라고 하였다.

6) 1206년 완성된 조언위(趙彥衛)의 『운록만초(雲麓漫抄)』, 권5에 "불라안, 붕풍, 달라제, 달마국에서는 목향(木香)이 난다(佛囉安·朋豐·達囉啼·達磨國則有木香)."라고 언급하고 있는데, 여기의 '붕풍(朋豐)'이 『제번지』 삼불제(三佛齊) 조목에서 그 속국으로 첫 번째 나라로 언급된 봉풍(蓬豊)에 해당한다. 펑 청쥔 씨는 "봉풍(逢豐)은 오늘날 파항(Pahang)이다. 『도이지략(島夷志略)』에는 팽갱(彭坑)으로 되어있고, 『명사(明史)』 권325에서는 팽형(彭亨)으로 되어있다."라고 설명했다(『제번지교주』, 1956, 14쪽). 쑤 지칭 씨는 좀 더 거슬러 올라가 "『송서』에는 파황(婆皇)으로, 『태평어람』 권788에 인용된 『당서·다마장전(多摩長傳)』에는 파봉(婆鳳)으로, 『신당서·다마장전(多摩萇傳)』에도 파봉(婆鳳)으로 되어있다. 팽형의 주요 광물은 주석과 금이다. 팽형이란 명칭은 그곳의 토착 민족

루이스(Albert Buell Lewis, 1867~1940) 『Javanese Batik Designs form Metal Stamps』, Chicago, Field Museum of Natural History, 1924. 나무나 쇠에 새긴 문양을 찍어 만든 자바 사롱의 부분.

인 팡양(Pangyang)에 해당하는 음이라고도 하고, 파항(Pahang)에 해당하는 음이라고도 하는데, 이 파항이 바로 크메르어로 주석이란 뜻이다."(『도이지략교석』, 97~98쪽)라고 설명했다.

17. 길란단(吉蘭丹) [42~43]

지세(地勢)는 넓고 크며, 산은 척박하여 농토는 적지만 여름에 더워지면 곱절로 수확한다. 기후는 항상 덥고 풍속은 예(禮)를 숭상한다. 남녀는 머리를 묶고 베로 만든 짧은 적삼[短杉]을 입고 검은 만(縵)을 맨다. 사계절의 절기, 생일, 혼인 등의 일이 있을 때마다 홍포(紅布)로 장삼을 만들어 입고 축하한다. 사람들은 바닷물을 끓여 소금을 만들고, 목면을 짜는 것이 생업이다. 추장이 있다. 땅에서는 상등의 침향과 속향(速香), 거친 강진향, 황랍, 구통(龜筒), 학정(鶴頂), 빈랑이 난다, 밖에는 작은 항구가 있는데 줄을 올려보면[索遷] 매우 깊으며, 물은 짜고 물고기는 맛있다. 화석(花錫)이 난다. [교역하는] 상품으로 당두시포(塘頭市布)[1], 참파의 베[占城布], 청반(青盤, 청자기 그릇), 화완(花碗), 홍록소주(紅緑焇珠), 금완(琴阮)[2], 북, 판자 등이 있다.

地勢博大, 山瘠而田少, 夏熱而倍收. 氣候平熱, 風俗尙禮. 男女束髮, 繫短衫布皂縵①. 每遇四時節序·生辰·婚嫁之類, 衣紅布長衫爲慶. 民煮海爲鹽, 織木綿爲業. 有酋長. 地產上等沉速·粗降眞香·黃蠟·龜筒·鶴頂·檳榔. 外有小港, 索遷極深, 水鹹魚美②. 出花錫[3], 貨用塘頭市布·占城布·青盤·花碗·紅緑焇珠·琴

---

1) '당두시포'는 어디에서 나는 천인지 알려지지 않았다. 록힐 씨는(122쪽) '당두포(唐頭布)'라고 잘못 읽었고 '당두'가 무엇인지 언급하지 않고 글자 의미만 번역해 두었다. 『한어대사전』에 따르면, 시포(市布)란 질이 비교적 세밀한 평문(平紋)의 면포라고 한다. 왕대연은 '산지+포(布)'의 구성방식을 주로 사용한다. 그렇다면 '당두시'가 어느 산지를 의미하는 것인지도 모른다. 쑤 지칭 씨는 해남도에서 나는 베로 추정했는데, 그 근거로는 해남도 지명에는 '시(市)'자가 많이 보인다고 하였다(『도이지략교석』, 101쪽).

2) 금완(琴阮)이란 완금(阮琴)으로 진(晉)나라 완함(阮咸)이 만들었다고 하여 만들어진 표현으로, 모양은 월금(月琴)과 비슷하다.

3) '출(出)'자 위에 '지(地)'자 또는 '토(土)'자가 빠진 것 같다.

阮·鼓·板之屬.

① 아마도 짧은 적삼을 입고 조만(皂縵, 검은 비단)으로 묶는다[穿短衫繫皂縵之]는 말의 잘못일 것이다.

② 사청고(謝淸高)의 『해록(海錄)』 길란단(咭蘭丹) 조목에 "토착민 중에 포두에 사는 사람들은 대부분 물고기를 잡아 살아가는데, 매일 오전 각자 작은 배를 조정하여 남풍을 타고 출항한다. 오후에는 북풍을 타고 돌아온다. 남풍은 '출항풍'이라 하고 북풍은 '입항풍'이라 한다. 매일 이처럼 변함이 없으니 이것이 바로 [하늘이] 이 사람들을 기르는 방식일 것이다(土番居埔頭者, 多以捕魚爲生, 毎日上午, 各操小舟, 乘南風出港. 下午則乘北風返棹, 南風謂之出港風, 北風謂之入港風. 日日如此, 從無變易, 是殆[天]所以養斯民也)."[4]라고 하였다.

『제번지』에 따르면, 삼불제의 속국 중에는 길란단(吉蘭丹)이 들어있다.[5] 『정

---

4) 프랭크 스웨튼햄(Sir Frank Swettenham, 1850~1946)은 『British Malaya』, 315쪽에서 "해수욕, 요트, 고기잡이 그리고 뱃놀이 등을 즐기는 계기는 북동의 몬순 바람이 그치는 시기로, 중국해가 동해안을 거슬러 맹렬하게 몰아치기를 그치고, 그 강력한 함성이 잦아들어 은빛으로 치솟는 물결들이 속삭일 때, 뭍의 사람들은 해방감을 느끼면서, 붉고, 희고, 오렌지, 초콜릿색의 돛을 세우고 반짝이는 물을 스치며 숲이 우거진 섬과 심해의 어장으로 나아간다."라고 기술한 것을 참고할 만하다.

5) 펑 청쥔 씨는 "『명사』에는 급란단(急蘭丹)으로 되어있다."라고 하였다.(『제번지 교주』, 15쪽) 급란단(急蘭丹)은 『명사』 권326에 별도의 조목으로 간략하게 기술되었고, 같은 권 남무리(南巫里) 조목에도 거명되어있다. 길란단과 급란단은 음성적 측면에서는 매우 가깝지만, 『명사』 권326의 기술은 "급란단(急蘭丹)은 영락 9년(1411)에 왕 마합라사고마아(麻哈剌查苦馬兒)가 사신을 보내 조공하였다. 10년(1412)에 정화에게 명하여 칙서를 가지고 가서 그 왕을 표창하도록 하고, 금기·사라·채백을 하사하게 했다(急蘭丹, 永樂九年, 王麻哈剌查苦馬兒遣使朝貢. 十年命鄭和齎敕獎其王, 賚以錦綺·紗羅·綵帛)."라고만 했기 때문에 길란단=급란단인지는 확인하기 어렵다. 요우(姚虞)의 『영해여도(嶺海輿圖)』(사고전

화항해도』에는 고란단(古蘭丹)으로 되어있는데, '고(古)'자는 '길(吉)'자의 잘못일 것이다. 바로 현 말레이반도 동안의 끌란딴(Kelantan)이다. 『명산장』 발니(浡泥) 조목에는 그 속국을 길란단(吉蘭丹)이라 하였고, 『동서양고』 대니(大泥) 조목에서 "길란단은 발니의 마두(馬頭, 부두)이고, 풍속은 대체로 발니와 같다. 가정(嘉靖) 연간(1522~1556) 말에 해적 잔당들이 이곳으로 도망 와서 마을을 꾸려 사는 사람이 2천여 명으로, 바다에서 약탈을 자행하여 상선들이 힘들어했다(吉蘭丹, 卽渤泥之馬頭也, 風俗俱同渤泥. 嘉靖末, 海寇餘衆遁歸於此, 生聚至二千餘人, 行劫海中, 商舶苦之)."라고 하였다. 발니(浡泥)는 바로 브루나이(Brunei)에 해당하는 음이다. 명나라 사람들은 종종 파타니(Patani)에 해당하는 음으로 오인했는데, 두 책에서 말한 발니도 이러한 경우이다.

서본, 권1, 61a)에 "급란단국은 정덕 4년(1509)년 와서 산품【후추·오목·정피】을 교역했다(急蘭丹國正德四年來貿易出產【胡椒·烏木·丁皮】)."라고 하였는데, 여기 『도이지략』에서 말하는 '화석(花錫)'은 언급되어있지 않다.

18. 정가려(丁家廬) [43~44]

삼각서(三角嶼)는 경항(境港)을 마주하고 있고, 그 나라 요충지로 통한다. 산은 높고 넓으며, 농토는 중하하(中下下)지만 사람들이 먹기에 족하다. 봄에는 비가 많이 내리고, 기후는 약간 덥다. 풍속은 괴기함을 좋아한다. 남녀는 방망이 모양으로 상투를 하고, 녹색 힐포(纈布)로 만든 짧은 적삼을 입으며 차리견(遮里絹)으로 맨다. 나무를 조각하여 신(神)을 만들고 사람을 죽인 피를 술과 섞어 제사를 지낸다. 수해, 가뭄, 역병 등이 있을 때마다 [그 신에게] 기도하면 응험이 있다. 그리고 혼인하거나 병에 걸렸거나, 상(喪)을 당했을 때 그 길흉을 점치면 또한 효험이 있다. 지금 추장은 탐욕을 일삼지 않고 근검하게 땅을 지킨다. 땅에서는 강진(降眞), 황랍(黃蠟), 대모(玳瑁)가 난다. [교역하는] 상품은 푸르고 흰 꽃문양 자기[青白花磁器], 참파의 베[占城布], 소홍견(小紅絹), 두석(斗錫), 술 등이다.

三角嶼對境港, 已通其津要. 山高曠, 田中下下, 民食足. 春多雨, 氣候微熱. 風俗尚恠. 男女椎髻, 穿綠纈布短衫①, 繫遮里絹②. 刻木爲神, 殺人血和酒祭之. 每水旱疫癘, 禱之則立應. 及婚姻病喪, 則卜其吉凶, 亦驗③. 今酋長主事貪禁④, 勤儉守土. 地產降眞·腦子·黃蠟·玳瑁. 貨用青白花磁器·占城布·小紅絹·斗錫·酒之屬.

① '힐(纈)'은 힐(纈)이다.[1)]

---

1) '힐(纈)'자와 '힐(纈)'자는 통용한다. 힐(纈)은 직물과 관련하여 일종의 염색하는 방법을 말하거나 꽃문양을 날염한 비단을 지칭하기도 한다. 『일체경음의』「반야등론(般若燈論)」, 권1에 따르면 "힐은 실로 명주를 동여매 염색하여 그 실을 풀면 문양을 이루는데, 이것을 '힐'이라 한다(纈, 謂以絲縛繒染之, 解絲成文曰纈也)."라고 하였다. 이러한 염색 방법으로 당나라 이후에 널리 활용된 것이 바로 협힐(夾纈)이란 방식이다. 두 판자에 같은 꽃문양을 새기고 물들일 비단을 두 판자 사이에 끼워 넣고, 조각되지 않은 빈속을 염색하는 방식을 말한다. 『중화고

② '차(遮)'자는 '월(越)'자의 잘못 같다. 『제번지』 점성(占城) 속국에는 월리(越裏)가 보이고, 『원사』에는 월리(越裏)로 되어있다.[2)]

금주(中華古今注)』에 "수나라 대업(大業, 605~617) 연간에 양제(煬帝)가 오색의 협힐 꽃문양이 들어간 비단 치마를 만들어 궁인과 관료들의 모친과 아내에게 하사하였다(隋大業中, 煬帝制五色夾纈花羅裙以賜宮人及百僚母妻)."라고 하였다. 한편 『당어림(唐語林)』에서는 "현종의 유첩여는 재주와 학문이 있어 상이 매우 중히 여겼다. 첩여의 동생이 조 씨에게 시집갔는데, 성품이 예민하고 재주가 있어, 공인에게 목판에 꽃을 새기게 하고 그것은 본떠서 협결(夾結)을 만들었다. 첩여의 생일에 왕과 황후에게 1필을 헌상하였다. 상이 보고 좋아하며 궁중에 칙서를 내려 그 문양에 따라 제조케 하였다. 당시에는 극비였지만 후에 점차 유출되어 천하에 퍼지게 되었고, 흔하게 옷을 만들어 입는 방법이 되었다(玄宗柳婕妤有才學, 上甚重之. 婕妤妹適趙氏, 性巧慧, 因使工鏤板爲雜花, 象之而爲夾結. 因婕妤生日, 獻王皇后一匹. 上見而賞之, 因敕宮中依樣制之. 當時甚秘, 後漸出, 遍於天下, 乃爲至賤所服)."라고 하였다. 원나라 시기의 협힐에 대해서, 양신(楊愼, 1488~1559)은 『단연총록(丹鉛總錄)』에서 "원나라 시기의 염색 공법 중에는 협힐이란 명칭이 있고, 별도로 단힐, 촉힐 등의 명칭이 있었다(元時染工有夾纈之名, 別有檀纈蜀纈諸名)."라고 하였다. 이상에서 힐(纈)과 협힐(夾纈)은 대체로 견직물에 해당하는 방법이었다. 하지만 왕대연은 '힐포'라고 하고 있다. 이는 원나라 시기에 비단을 날염하는 방식이 일반화되었고 그 방식이 포(布)에도 적용되었음을 보여주는 예이다. 쑤 지칭 씨는 '녹힐포'를 녹포와 힐포를 합한 명칭으로 생각했으나(『도이지략교석』, 105쪽), '녹포'에 대한 어떠한 언급도 하지 못했다. 여기서는 녹색으로 날염한 힐포를 말하는 것으로 보는 것이 좋겠다.

2) 록힐(W. W. Rockhill)은, 「14세기 중국과 인도양 연안, 동부 열도와의 무역관계에 관한 주석(Notes on the relations and trade of China with the eastern archipelago and the coasts of the Indian Ocean during the fourteenth century)」(『통보(通報)』, XVI, 1915), 119쪽 주2에서 "차리(遮里) 호박단 또는 거즈는 아마도 『영애승람』 고리 조목에서 차려(擠黎)라고 부른 것과 같은 직물일 것이다. 이 천은 또한 서양포(西洋布)라고도 하는데 감파이(坎巴夷, Cambay)에서 난다. 한편 『도이지략』 삼불제 조목에서 서양사포(西洋絲布)는 또한 왕대연의 책에서 반복적으로 만나는 용어인 사포(絲布)라고도 불렸다.

③ 『성사승람』 팽갱(彭坑) 조목에 수록된 것은 이 문장을 줄여 쓴 것이다.[3)]

④ ‘주(主)’자는 ‘불(不)’자의 잘못으로 보이고, ‘금(禁)’자는 ‘람(婪)’자의 잘못일 것이다.

『제번지』에 따르면, 삼불제의 속국에는 등아농(登牙儂, Trengganu)이 보이는데, 봉풍(蓬豐, Pahang), 길란단(吉蘭丹, Kelantan)과 연이어 언급하고 있고, 『정화항해도』에는 팽항(彭杭)과 길란단의 사이에 정가하로(丁加下路, ‘하’자는 잘못 베낀 것임)가 있다. 지금의 트링가누(Tringganu)가 본서의 정가려, 『정화항해도』의 정하하로이다. 동북 해상에는 삼각서(三角嶼)가 있는데 레당

황증식의 『서양조공전록』 6쪽에서 사포는 모시와 비단을 섞어서[苧皮兼絲絹] 만든다고 하였다. ‘차리’는 힌두어 sāṛi, sāṣhi로, 영어로는 숄(shawl)이다.”라고 설명했다. 하지만 후지타 토요하치는 “‘차(遮)’자는 ‘월(越)’자의 잘못 같다. 『제번지』 점성(占城) 속국에는 월리(越裏)가 보이고, 『원사』에는 월리(越裏)로 되어있다.”라고 교주했다. 이에 대해 쑤 지칭 씨는 “월리(越裏), 월리(越里)는 파릭(Parik)에 해당하는 음으로 현 베트남 남부에 있다. 그곳에서 나는 직물 명칭이 알려지지 않았으므로 차리견(遮里絹)이란 명칭과 무관한듯하다.…차리견(遮里絹)은 인도 말라바르(Malabar) 해안의 챠리아(Chalia) 도시에서 생산하는 명주실과 양모로 짠 베로, 아랍 지리학자가 샬리야트(shaliyat 또는 shāliāt)라고 하는 것이 바로 이것일 것이다. 힌두스탄어에 보이는 사루(sārū), 인도유럽어의 샬(chalh) 또는 샬리(shalli) 역시 이 베를 지칭하고, 서양포 또는 서양사포(西洋絲布)와는 같은 베가 아니다.”라고 설명했는데(『도이지략교석』, 105쪽), 주목할만하다. 사실 포(布)와 견(絹)은 엄연히 다르다. 따라서 월리, 즉 베트남 남부에서 나는 비단이라고 보아도 문제될 것은 없다. 오히려 트렝가누의 위치로 볼 때, 인도보다는 베트남 남부와의 교역이 더 유리하다.

3) 『성사승람』 팽갱 조목에 “풍속은 매우 괴이한데, 향나무를 조각하여 신을 만들고, 사람을 죽인 피로 제사를 지내 복을 구하고 재앙을 물리친다(風俗尙怪, 刻香木爲神, 殺人血祭禱, 求福禳災).”(펑 청쥔, 『성사승람교주』, 후집, 7쪽)라고 하였다.

(Redang) 군도 중의 한 항구이거나 베수트(Besut) 강 입구를 말할 것이다.[4] 정가려는 길란단과 사실상 이 강으로 접경하고 있다.

---

4) 밀스(J.M. Mills)의 추정에 따르면(『Journal of the Malayan Branch of the Royal Asiatic Society』, V.15, 「Malaya in the Wu-pei-chih Charts」, 28쪽), 삼각서는 푸로 퍼헨션 케칠(Pulau Perhention Kechil)로 추정했고, 각원서(角員嶼)를 푸로 레당(Pulau Redang)에 두었다. 이를 근거로, 쑤 지칭 씨는 "오늘날 간행된 서양의 지도를 놓고 볼 때, 푸로 퍼헨션 케칠은 베수트 항구 동쪽 약간 북으로 치우친 10마일 해상에 있다. 밀스가 삼각서(三角嶼)로 본 곳이다. 이로써 볼 때, 『무비지·항해도』의 삼각서는 왕대연이 말한 삼각서이고, 베수트 항구는 왕대연의 경항(境港)에 해당한다. 『송사·주련전』에 주련의 사절단이 동쪽으로 오면서 거친 지역들로는 만산수구(蠻山水口)라는 명칭이 보인다. 그 여정으로 보면, 만산수구와 베수트 항구는 같은 곳이 분명하고 또 왕대연이 말한 '경항'으로, 모두 말레이어 베수트(Besut)가 변화된 형태이며 '수구(水口)'는 말레이어 쿠알라(kuala)를 의역한 것이다. 왕대연은 무슨 근거로 이 항구를 '경항'이라 했는지는 분명하지 않다. 다만 이 말레이어인 베수트가 '정련', '맑음'의 의미가 있으므로, 왕대연이 이에 그 명징한 의미를 취해 '경항(鏡港)'이라 한 것 같다. 따라서 '경(境)'자는 '경(鏡)'자의 잘못으로 보인다."(『도이지략교석』, 103쪽)라고 설명했지만, 만산(蠻山)=경항(境港)=베수트의 등식을 성립시키기에는 근거가 부족하다. 다만 『해록』 권상에 보이는 정가라국(丁咖囉國) 조목에 따르면(펑 청쥔, 『해록주』, 12쪽), "길란단(咭蘭丹) 동남쪽에 있으며, 길란단 연해를 따라 약 하루 남짓이면 도착할 수 있다(在咭蘭丹東南, 由咭蘭丹沿海約日餘可到)"라고 했으므로, 쑤 지칭 씨의 추정이 그럴법해 보인다. 하지만 사청고(謝清高)는 같은 조목에서 "정가라국은 달랍안이라고도 하는데 정기의(丁機宜)일 것이다(丁咖囉國, 一名噠拉岸, 疑即丁機宜也)."라고 하였다. 여기의 달랍안(噠拉岸)은 바로 트렝가누의 포르투갈 명칭인 탈라가노(Talagano)에 해당하는 음일 것이다. 그러나 정기의(丁機宜)는 『동서양고』 권4, 정기의 조목에(『동서양고』, 중화서국, 2000, 81쪽) "유불(조호르, Johore)은 교활하고 용감한데, 정기의의 경계와 접해있다(柔佛黠而雄, 丁機宜境相接也)."라고 하였다. 따라서 『동서양고』와 『해록(海錄)』의 정기의(丁機宜)가 다른 곳임을 전제해야 쑤 지칭 씨의 추정이 가능하다.

19. 융(戎) [44~46]

산이 두르고 하천이 둘러싸고 있지만 부락은 평탄하다. 농토는 연이어 조각을 이루었고, 토질은 기름지다. 기후는 고르지 않아 봄여름에 비가 많이 내린다. 풍속은 비루하다. 남녀는 머리가 모났는데[方頭][1], 아이가 태어난 뒤에 목판으로 사방을 끼워 2주 뒤에 그 판자를 제거한다. 사계절 머리카락을 자르고 베로 만든 만(縵)으로 몸을 두른다. 야자즙에 차조를 담가 놓으면 반 개월이면 술이 되는데, 그 맛이 매우 쓰고 매우며 오래간다. 2월에 해류(海榴)가 열매를 맺으면 또한 그 열매를 발효시켜 술을 만드는데, 맛이 달고 시며 갈증을 푸는 데 좋다. 땅에서는 백두구, 상아, 취모, 황랍, 목면사(木綿紗)가 난다. 교역하는 상품은 구리, 칠기, 청백의 자기, 도자기 병[磁壺], 병, 화은(花銀), 자주색 소주(燒

---

1) 『대당서역기』 권1의 굴지국(屈支國, 쿠차), 12권의 구사국(佉沙國, 카슈갈)에 비슷한 풍습이 언급되어있다. 굴지국에서 "그 나라 풍속에 자식을 낳으면 나무로 머리를 눌러 평평하고 얇게 하려 한다(其俗生子以木押頭, 欲其匾㔸也)."라고 하였다. 여기의 '변체(匾㔸)'란 두 글자 모두 납작하고 얇은 것을 의미한다. 『방언(方言)』에 "사물이 얇은 것을 변체(匾㔸)라 한다."라고 하였다. 말하자면 납작하면서 둥글지 않은 것을 말한다. 이러한 풍습은 쿠차 부근에서 발견된 두개골과 벽화 등에서 확인할 수 있다고 한다. 비슷한 풍습을 말하는 것으로 보이나 같은 풍습으로 단정할 수는 없다. 『한국민족문화대백과사전』에 따르면, "『삼국지(三國志)』 위서 동이전에 전해지는 진한의 풍습으로 '어린아이가 출생하면 곧 돌로 그 머리를 눌러서 납작하게 만들기 때문에 지금의 진한사람의 머리는 모두 납작하다.'라고 기록되어 있다. 이에 대한 고고학 자료로는 경상남도 김해시 예안리(禮安里)에서 발견된 가야 고분군으로 4세기대의 목곽묘인 예안리 85호와 99호 고분에서 10 예(例)의 변형 두개골이 보고되었다. 모두 일반 여성으로 추정되며, 앞이마가 후퇴해 있는 현상을 보여주어 앞이마를 돌로 눌러 편두를 하였을 가능성이 제기되었다."라고 연관된 풍습을 설명하고 있다. 빌(Beal)은 이러한 풍습이 북아메리카 인디언 종족들에게 흔히 보인다고 설명한 바 있다(『Mémoires sur les contrées occidentales』, I, 19쪽 주60).

珠), 무륜포(巫崙布)[2] 등이다.

山邊溪環, 部落坦夷. 田畬連成片, 土膏腴. 氣候不正, 春夏苦雨. 俗陋. 男女方頭, 兒生之後, 以木板四方夾之, 二周後, 去其板. 四季祝髮, 以布縵繞身.[3] 以椰水浸秫米, 半月方成酒, 味極苦辣而味長①. 二月海榴結實, 復釀榴實酒, 味甘酸, 宜解渴. 地產白豆蔻·象牙·翠毛·黃蠟·木綿紗. 貿易之貨, 用銅·漆器·靑白花碗·磁壺·甁·花銀·紫燒珠·巫崙布②之屬.

① '극(極)'자 위에 있는 '미(味)'자는 잘못 베낀 것 같다.

② 본서 조와 조목에 무륜(巫崙)이 보인다.

『양서』「부남전」에 "그 나라 남쪽 경계 3천여 리에 돈손국이 있는데, 바다의 섬에 있으며, 땅은 사방 1천 리이고 도성은 바다에서 10리에 있다. 다섯 명의 왕이 있는데 모두 부남국에 예속되어 있다. 돈손의 동쪽 경계는 교주와 통

---

2) 무륜포(巫崙布)는 본서에서 상당히 여러 곳에서 언급된다. 본서의 구란산(勾欄山) 조목을 그대로 옮긴 비신(費信)의 『성사승람』 전집, 교란산(交欄山) 조목에 보이는 데(펑 청쥔, 『성사승람교주』, 10쪽), "남녀는 방망이 모양으로 상투를 하고 짧은 적삼을 입으며 무륜의 베를 맨다(男女椎髻, 穿短衫, 繫巫崙布)."라고 하였다. 이 문장을 역주한 슐레겔(Gustav Schlegel)은 「Geographical notes, XVI, The old states of the island of Sumatra」(『통보』, 1901, 376쪽 주246)에서 "이 단어가 말레이에 관계된 것이라면, 나무 명칭[Maranta dichotoma]으로 자바와 마카싸르(Macassar)에서 자라는 밤방(Bambang)이라고도 부르는 부론(Booron)을 지칭할 수 있다. 모든 직물은 이 나무의 껍질 섬유로 만들어진다."라고 하였다. 쑤 지칭 씨는 "본서 조와 조목에 무륜(巫崙)이란 지명이 보이는데 현 동자바의 보롱(Borong)으로, 무륜포(巫崙布)는 바로 이 지역에서 짠 일종의 면포(棉布)로 보인다."(『도이지략교석』, 109쪽)라고 하였다. 무륜에 대한 설명은 조와 조목을 참고하시오.

3) '요(繞)'자는 죽시당본과 지성도재본에 '요(遶)'자로 되어있다. 두 글자는 통용하는 글자이다.

하고, 그 서쪽 경계는 천축, 안식 등의 먼 나라들과 접하여 오가면서 교역한다.…또 술나무가 있는데, 안석류와 비슷하며, 그 꽃의 즙을 채취하여 항아리에 넣어두면 수일 만에 술이 된다(其南界三千餘里有頓遜國, 在海崎上, 地方千里, 城去海十里. 有五王, 並羈屬扶南. 頓遜之東界通交州, 其西界接天竺·安息徼外諸國, 往還交市.…又有酒樹, 似安石榴, 采其花汁停甕中, 數日成酒).”라고 한 것은, 본서에서 “2월에 해류(海榴)가 열매를 맺으면 또한 그 열매를 빚어 술을 만드는데, 맛이 달고 시며 갈증을 푸는 데 좋다.”라고 한 바로 그것이다. 주수(酒樹)는 니파 프락티칸스(Nipa francticans)일 것이다. 안석류와 비슷하므로 해류(海榴)라고 한 것일 뿐이다.[4] 또 『유양잡조』(권19)에 “백두구는

4) 해류(海榴)는 해석류(海石榴)의 약칭으로, 쌍떡잎식물 측막태좌목 차나무과의 상록 소교목, 산다화(山茶花, Camellia sasanqua)이다. 석류와는 엄연히 다른 식물이다. 그래서 『양서』「부남전」에서 안석류와 비슷하다(似安石榴)고 언급한 것이다. 일본에서는 동백을 ‘츠바끼(椿:ツバキ)’라 하고, 일본이 원산지인 아기동백을 ‘사잔카(サザンカ)’라고 하는데, 이 사잔카를 한자로 쓰면 산다화(山茶花)이다. 석류와 꽃이 비슷하므로 붙여진 이름일 것이다. 『본초강목』, 「해홍(海紅)」 조목에서, 이덕유(李德裕, 787~850)의 『초목기(草木記)』를 인용하여 “대개 꽃과 나무 이름에 ‘海’자가 있는 것은 모두 해외에서 온 것으로, ‘해당(海棠)’ 같은 것들이 그와 같은 유이다(凡花木名海者, 皆從海外來, 如海棠之類是也).”라고 하였다. 한편 『제번지』 해남(海南) 조목에 “안석류(安石榴)의 꽃으로 발효시켜 술을 만든다(以安石榴花醞釀爲酒).”라고 하였다. 여기의 ‘안석류’가 바로 해류를 지칭하는 것으로 생각한다. 이 정보는 안석류든 해류든 그것으로 술을 빚는다는 것은 믿을 만한 정보임이 분명하다. 쑤 지칭 씨는 다소 엉뚱한 설명을 하고 있는데, 이 해류가 『제번지』에 미파수(尾巴樹)로 되어있다고 하였다(『도이지략교석』, 108쪽). 그러나 『제번지』에는 해류가 전혀 언급되지 않았다. 쑤 지칭 씨가 말하는 미파수(尾巴樹)는 소길단(蘇吉丹, 자바 수카다나(Sukadana)와 발니국(渤泥國, Borneo)에 보인다. 이 식물의 학명은 니파 프락티칸스(Nypa fracticans)이다. 이로써 쑤 지칭 씨가 ‘미(尾)’자를 ‘니(尼)’의 오기로 추정한 것은 매우 정확하다. 하지만 “말레이어로는 나파(Napah)라고 하고, 현지어로는 히라(hira)라고 하는 것이 바로 해류에 해당하는 음인 것 같다.”라고 하며, 미파

가고라국에서 나는데 '다국'이라고 부른다(白豆蔻, 出伽古羅國, 呼爲多國).”라고 하였고, 진장기(陳藏器)는 『본초습유(本草拾遺)』에는 '다국(多國)'이 '다골(多骨)'로 되어있다. 백두구는 카르다몸스(Cardamoms)로, 원산은 캄보디아, 태국, 자바이다. 『제번지』에 “백두구는 진랍, 자바 등의 번국에서 나는데 진랍에서 가장 많이 난다(白豆蔻出眞臘·闍婆等番, 惟眞臘最多).”라고 하였다. 지금의 간포채(柬埔寨)와 섬라(暹羅)는 옛날 진랍(眞臘)의 땅이고, 사바(闍婆)는 조와(爪哇)이므로 『제번지』에서 말한 것은 정확하다. 가고라(伽古羅)는 『신당서』「지리지」(43하, 1153쪽)에 가곡라(哥谷羅)로 되어있다. “또 서쪽으로 해협(싱가포르 해협)을 나와 3일을 가면 갈갈승지국에 이르고, 불서(佛逝) 서북쪽 모퉁이의 별도의 섬으로, 나라 사람들은 노략질을 일삼고 난폭하여, 배를 타는 사람들이 두려워하며 꺼린다. 그 나라의 북쪽 해안이 개라국이다(又西出硤,三日至葛葛僧祇國, 在佛逝西北隅之別島, 國人多鈔暴, 乘舶者畏憚之. 其北岸則箇羅國).”라고 하였다. 개라(箇羅) 서쪽이 가곡라국이라면, 가고라(伽古羅)는 바로 가곡라로 말레이반도의 서쪽 해안에 있을 것이다. 원래는 진랍국에 속했으나 뒤에는 섬라에 속했다. 『본초습유』는 또 육두구(肉荳蔻, Nutmege)를 언급하며, 그 현지 명칭은 가구륵(迦拘勒)이라고 했는데, 백두구의 아랍어 명칭인 카쿨라(Kakulah)에 해당하는 음일 것이다(Bretschneider, 『Botanicum Sinicum』, III, 123~124쪽). 그렇다면 가고라(伽古羅), 가곡라(哥谷羅), 가구륵(迦拘勒)은 모두 동음의 다른 글자들로 약초 이름이자 나라 이름이다. 이 약초는 산스크리트어로 칵콜라(Kakkola), 팔리어로는 타콜라(Takkola)이다. 다국라(多國羅), 즉 다골라(多骨羅)는 타콜라에 해당하는 음일 것이다. 『양서』「부남전」에는 투구리구(投拘利口)가 있고, 프톨레마이오스의 지리서에는 토칼라(Tokala)가 있는데, 학자들은 지금의 팍찬(Pakchan, Kraburi River)강 하구로 본다.[5] 이를 따르면, 팍찬 하구에서 끄라(Kra)를 지나 반도 동안에

수=해류라고 주장하는 것은 전혀 이해할 수 없다.

5) 앙드레 베뜰로(André Berthelot)에 따르면(『L'Asie ancienne centrale et sud-orientale d'après Ptolémée』, Paris, 1930, 384~367쪽), 투구리(投拘利)

있는 춤폰(Chum-pon)[6]까지는 불과 약 20마일에 불과하며, 옛날 동서양 교통 요지 중 하나였다. 아마도 수로를 빙빙 돌아 멀고도 험난했기 때문일 것이다. 춤폰은 줌바라(Jumbara)의 잘못으로, 본서의 융(戎)은 줌(Jum, Chum)에 해당하는 음일 것이다. 양나라 시기에 돈손(頓遜)도 이들 지역을 말했을 것이다.[7]

는 말레이반도 서안에 있는 뜨랑(Trang)으로 추정하는데, 큰 이견이 없다. 한편 쑤 지칭 씨는 『제번지』 남비(南毗) 조목에 언급된 달농(達弄)을 뜨랑으로 추정하고 있는데(『도이지략교석』, 108쪽), 『제번지』의 '길라달농(吉囉達弄)'을 두 곳으로 분리하여 보았으나, 한 곳인지 두 곳인지 단정하기 어렵다. 쑤 지칭 씨에 따라, 양 보원은 "길라(吉囉, Kalah)는 『황화사달기(皇華四達記)』와 『통전(通典)』에 개라(箇羅)로, 『당서(唐書)·반반전(盤盤傳)』에는 가라(哥羅)로 되어있는데, 그곳은 오늘날 크다(吉打, Kedah)의 메르복(Merbok) 강의 하류에 있다고 하였고, 달농(達弄)은 중세 아랍인이 불렀던 동리(董里, Kakula)로 『황화사달기』, 『당서(唐書)·단단전(單單傳)』의 가곡라(哥谷羅)이며, 말레이 반도 서쪽 해안에 있으며 동쪽 해안에 있는 송클라(Songkhla)와 마주하고 있다고 하였다."(『제번지교석』, 71~72쪽)고 하였다. 이러한 설명은 '길라(吉囉)'에 대해서는 그럴법하지만, 달농에 대해서는 쉽게 동의할 수 없다. 제리니(Colonel G.E. Gerini)는 '길라달농'을 하나의 명칭으로 보고, 페락(Pêrak) 해안에 있는 꽐라 뜨롱(Kwāla Terong)으로 추정했다(『Researches On Ptolemy's Geography Of Eastern Asia』, London, 1909. 629쪽). 쑤 지칭과 양 보원 씨의 추정에 따르면, 길라와 달농은 크다와 카쿨라로 모두 말레이반도의 서안에 있다. 어쨌든 『양서·부남전』에서 말하는 돈손국과 『제번지』의 심번(潯番) 즉 춤폰은 말레이반도의 동안에 있어야 한다.

6) 조여괄은 『제번지』 진랍 조목에서 그 속국으로 심번(潯番)을 들고 있는데, 양 보원(楊博文)에 따르면(『제번지교석』, 27쪽), 이 심번이 타이 남부의 읍(테사반 므앙)인 춘봉(春蓬, 춤폰chumphon, chumpol, chumporn)으로 추정했다. 쑤 지칭 씨도 이에 동의하며(『도이지략교석』, 107쪽), "심번(潯番)은 춤폰의 음역이다. 이 명칭은 또한 줌본(Jumbhorn)으로도 표기하는데, 『대덕남해지』의 용리(茸里)가 바로 이 명칭에 해당하는 음역이다."라고 하였다.

7) 후지타 토요하치는 왕대연이 기술한 융(戎)이 바로 『양서·부남전』에서 언급한

돈손국(頓遜國)으로 추정하고 있다. 돈손국(頓遜國)은 동남아시아의 옛 나라 이름으로 전손(典遜, 典孫), 돈손(頓孫)으로도 음역되었다. 『태평어람(太平御覽)』 권981에서는 「부남전(扶南傳)」을 인용하여 "돈손국 사람들은 언제나 향과 꽃으로 하늘신을 섬기고 향에는 여러 가지가 있다(頓遜國人, 恆以香花事天神, 香有多種)."라고 하였고, 『양서(梁書)』 권54 제이(諸夷) 조목에서는 "이 나라 남쪽 경계 3천여 리에는 돈손국이 있는데 바다로 길게 내민 육지에 자리하고 있으며 사방 1천 리이고 성은 바다에서 10리 떨어진 곳에 있다. 왕은 다섯 명이 있는데, 모두 부남에 속해있다. 돈손의 동쪽은 교주(交州)와 통하고 서쪽 경계는 천축, 안식 등 먼 나라들과 접해있어 왕래하며 교역한다. 그런 까닭은 돈손은 바다를 천여 리 둘러 들어가는데 배를 댈만한 기슭이 없어 선박들이 지나갈 수 없기 때문이다. 시장에는 동서양 사람들이 서로 모이는데 하루에 만여 명이 넘는다. 진귀한 보물과 상품들, 없는 것이 없다. 또 술나무가 있는데 안석류와 비슷하며, 그 꽃의 즙을 항아리에 담아두면 수일 내에 술이 된다(其南界三千餘里有頓遜國, 在海崎上, 地方千里, 城去海十里. 有五王, 並羈屬扶南. 頓遜之東界通交州, 其西界接天竺安息徼外諸國, 往還交市. 所以然者, 頓遜迴入海中千餘里, 漲海無崖岸, 船舶未曾得徑過也. 其市, 東西交會, 日有萬餘人. 珍物寶貨, 無所不有. 又有酒樹, 似安石榴, 采其花汁停甕中, 數日成酒)."라고 하였다. 이를 근거로 이 나라는 말레이반도의 미얀마 동남쪽 해안에 있는 테나세림(Tenasserim, 현재명은 타닌타리)로 추정하는 것이 일반적이다. 또 일설에 따르면 태국 나콘시타마랏(Nakhon Si thamarat) 부근인 텅송(Tung Song)으로 추정하는데 음역한 글자와 가장 음이 근접하다. 이밖에도 말레이반도 북부, 말레이시아 말라카(Malacca), 조호르(Johore) 등으로 추정하기도 한다. 정리하자면 후지타 토요하치는 반도의 동쪽에 있는 춤폰과 대각선으로 반도의 서안에 있는 팍찬강 하구 일대를 하나의 권역으로 보고 있다. 하지만 춤폰과 팍찬강(끄라부리 강)이 물길로 연결되는 것이 아니다. 배로 가는 길은 말라카해협을 통과하여 북상하는 길뿐이다. 다만 반도의 폭이 상당히 좁으므로 하나의 문화권으로 보는 것도 크게 무리한 것은 아니다.

20. 나위(羅衛) [46~48]

남진랍의 남쪽에 있으며 실가라산(實加羅山)[1]은 바로 옛 명칭이다. 산은 척박하지만, 농토는 훌륭해 등급은 중상이다. 봄 끝에 열매를 맺는다. 사람들은 넉넉히 비축하여 다른 나라로 보낸다. 기후는 고르지 않다. 풍속은 근검하다. 남녀는 문신하는 것을 예의로 여긴다. 자주색 만(縵)으로 머리를 감싸고, 몰디브의 베[溜布]로 묶는다. 죽통에 생 밀랍을 채워 초를 만든다. 목면을 짜는 것을 생업으로 삼는다. 바닷물을 끓여 소금을 만들고 갈근을 물에 담가 술을 빚는데 맛이 감미롭고 부드러워 종일 마셔도 취하지 않는다. 추장이 있다. 땅에는 거친 강진향, 대모(玳瑁), 황랍, 면화가 난다. 진수(珍樹)가 있지만 벨 수 없다[雖有珍樹, 無能割][2]. 교역하는 상품은 기자수건(棊子手巾)[3], 구적견(狗跡絹)[4],

---

1) 실(實)+가라산(加羅山)으로 읽어야 하는지 아니면 실가라산(實加羅山)인지 분명하지 않다. 심증식 씨는 『광증』에서 '실'자를 부사로 읽고 가라산을 가라희(加羅希) 즉 그라히로 추정했다. 록힐 씨는(109쪽 주1) 상상력을 발휘하여 "나위의 옛 명칭으로 주어진 실가라는 아는 바 없지만, 이 명칭이 Singa 또는 Singapura를 지칭하는 것이 아니라면, Çakala 또는 Çakara 같은 형태에 해당하는 음일 것 같다."라고 하였다. 쑤 지칭 씨는 "나위를 랏부리(Ratburi, 叻丕)에 있다고 본다면 실가라는 그 외항(外港)인 사무드 송그람(Samudh Songram)에 해당하는 음일 것이다. 실가라산의 '산'자는 '항(港)'의 의미로 봐야할 것이다." (『도이지략교석』, 113쪽)라고 추정했지만, 가정의 범위를 벗어나는 것은 아니다. 『일체경음의』 권6에 따르면, 이리나 여우와 비슷한 종류로 색은 청황색이며 개와 비슷하고 떼를 지어 다니며 밤에 우는 소리가 이리와 같다는 야간(野干)이란 동물의 산스크리트어 명칭을 실가라(悉伽羅)라고 한다고 했는데, 여기 실가라산과 어떤 관계가 있는지 모르겠다.

2) 진수(珍樹)를 록힐 씨는(100쪽) 'valuable timber'로 번역했다. 쑤 지칭 씨는 타백향(打白香) 즉 담마르(dammar)를 태국어로 찬(chan)이라 하는데, '진(珍)'자가 이를 음역한 것으로 추정하여, '진수'란 담마르 향이 나는 나무로 생각했다(『도이지략교석』, 113쪽). 왕대연은 이미 팽갱 조목에서 타백향(打白香)이

오화소주(五花燒珠), 화은(花銀), 청백의 자기 그릇, 철사 등이다.

南眞駱之南[①], 實加羅山卽故名也. 山瘠田美, 等爲中上. 春末則禾登. 民有餘蓄, 以移他國. 氣候不齊. 風俗勤儉. 男女文身爲禮. 以紫縵纏頭, 繫溜布[②]. 以竹筒實生蠟爲燭. 織木綿爲業. 煮海爲鹽, 以葛根浸水釀酒, 味甘軟, 竟日飮之不醉. 有酋長. 地產粗降眞·玳瑁·黃蠟·綿花. 雖有珍樹, 無能割. 貿易之貨, 用棊

란 음역한 명칭을 사용했다. 그런데도 이 조목에서는 태국어 '찬'을 음역하여 '진수'라고 표기했다는 점은 쉽게 납득되지 않는다. 또한, '진수'를 타백향이 나는 나무로 봤을 때, 뒤에 나오는 "無能割"이란 말을 해석하기 어려워진다. 타백향은 일종의 송진으로, 그것을 채취하여 횃불을 켜거나 도료로 사용한다. 즉 그 나무를 벨 이유가 없다. 역자의 생각으로, 진귀한 나무들이 많이 나는데, 그것을 베어 상품으로 활용하지 못한다는 말로 읽는 것이 무난할 것이다.

3) 기자수건(棊子手巾)은 바둑 또는 장기판+수건 구조는 아닐 것 같다. 모자이크 문양의 수건을 말하는 것으로 생각한다.

4) 구적견(狗跡絹)이란 글자 그대로 개 발자국 같은 문양이 있는 견직물을 말하는 것 같다. 쑤 지칭 씨는 "금화(金花)가 들어간 일종의 견직물로, 페르시아어로는 캄콰(kamkhwah), 말레이어로는 킹캅(kimgkap, kimkha)라고 하는데, 중국어 금화(金花) 두 글자에 어원을 두며, 금(錦)이다. '구적'은 이 같은 외래어 명칭에 해당하는 음이다."라고 설명했다(『도이지략교석』, 113쪽). 수프라카슈 산얄(Suprakash Sanyal)은 『베나레스와 영국 동인도회사(1764~1795)』(캘커타, The World Press, 1979)에서 "베나레스(인도 우타르프라데시 주에 있음)는 아름다운 견직물과 면직물 직조로 잘 알려져 있다. 특히 아주 정교한 모슬린(muslin), 캄콰브(Kamkhwab)[금실, 은실 그리고 다양한 색상의 명주실로 장식한 견직물], 금실 또는 은실로 반점 문양과 가지 문양, 줄 문양이 있는 거즈(흰 것도 있고 색이 있는 것도 있음), 금실 또는 은실 그리고 반짝이로 장식한 직물과 터번으로 유명하다."(172쪽)라고 하였고, 220쪽 주에서 킴카프(Kimkhap) 또는 캄콰브(Kamkhwab)란 "금실 또는 은실로 수놓은 실크나 새틴이다"라고 설명하고 있다. 이로부터 쑤 지칭 씨의 잘못된 철자를 바로잡을 수 있고, '구적'이 음역이 아닌 의역한 것임을 알 수 있다.

子手巾·狗跡絹·五花燒珠·花銀·青白碗·鐵條之屬.

① '낙(駱)'은 '랍(臘)'자의 잘못일 것이다.[5]

② 본서에는 북류(北溜)에 관한 별도의 조목이 있다.[6]

『신당서』「지리지」(권43하, 1153쪽)에 기록된 안남(安南)에서 천축(天竺)으로 통하는 길의 끝부분에 육진랍(陸眞臘)의 남쪽이 수진랍(水眞臘)이라고 하였고, 또 남쪽으로 소해(小海)에 이르는데 그 남쪽이 나월국(羅越國)이라고 했으며, 또 남쪽으로 대해(大海)에 이른다고 하였는데[7], 여기서 말하는 '소해'는 시암만일 것이므로 이 나라는 대략 말레이반도에 있다. 또「지리지」에서 해협(海峽, 싱가포르 해협) 남북은 1백 리이고 그 북안은 나월국이며 그 남안은 불서국(佛逝國, Sriboja)이라고 하였다.[8] 이 문장에 따르면, 나월은 말레이반도 남단에 있는 것 같다. 그러나『신당서』「남만(南蠻)전」하(222하, 6306쪽)에 "나

5) 심증식, 록힐도 같은 견해를 보인다. 남진랍(南眞臘)은 바로 진랍이 남북으로 육진랍(陸眞臘)과 수진랍(水眞臘)으로 나뉘므로, 남진랍은 바로 수진랍을 말하는 것이 분명해 보인다. 하지만 쑤 지칭 씨는 나위(羅衛)를 라차부리 일대로 추정했기 때문에 그 일대에서 찾으려 했다. "첫 번째 '남'자는 방위의 글자로 볼 필요는 없지만, 두 번째 '남'자는 방위를 나타내는 글자이다. 나위는 이미 현 랏부리(Ratburi, 叻丕)에 있고, 현 랏부리에는 남진랍으로 불릴 만한 지명도 없다. 있다면 연접해있는 므끌롱(Meklong)과 타친(Tachin)강의 수로가 있을 뿐이다. 계곡의 물줄기를 타이어로는 람 탄(lam tarn)이라 하는데 이는 일반 명사이지 고유 명사가 아니다. 랏부리 바깥 항구인 사무드 송그람(Samudh Songram)은 이 수로 서단(西端) 남쪽에 있으므로 남진락을 이 타이어 수로 명칭과 음이 가깝다고 보는 것에 심한 이의 제기는 없을 것 같다."(『도이지략교석』, 112쪽)라고 했는데, 억측에 가깝다.

6) 왕대연은 인도양의 몰디브 군도를 북류(北溜)라고 명명하고 별도의 조목을 두어 기술하고 있다. 학자들은 이곳에서 생산하는 직물을 유포(溜布)라고 설명하는 것에 일치를 보인다.

7) 一曰陸眞臘, 其南水眞臘. 又南至小海, 其南羅越國, 又南至大海.

8) 又五日行至海硤, 蕃人謂之質, 南北百里, 北岸則羅越國, 南岸則佛逝國.

월, 북쪽은 바다에서 5천 리 떨어져 있고, 서남쪽은 가곡라이다. 상인들이 왕래하며 모이는 곳으로, 풍속은 타라발저와 같다(羅越者, 北距海五千里, 西南哥谷羅. 商賈往來所湊集, 俗與墮羅鉢底同).”라고 하였고, 나월은 육로의 남단이므로, “북쪽은 바다에서 5천 리 떨어져 있다”라고 한 것이다. 이 나라의 서남쪽은 가곡라지만, 가곡라가 과연 팍찬(Pakchan) 하구에 있다면 타이만에서 멀지는 않다. 「지리지」에서 말한 소해의 남쪽 나월국이 바로 이곳일 것이다. 또 타라발저(墮羅鉢底, Dvaravati)는 섬라(暹羅)의 옛 도읍인 아유티아(Ayuthia)의 산스크리트어 명칭이다. 나월은 이곳과 풍속이 같다고 했으므로 서로의 거리가 그다지 멀지 않아야 한다. 그러나 현재 어느 곳이지는 특정할 수 없다. 본서의 나위(羅衛)는 나월(羅越)의 다른 표기이다. “실가라산은 바로 옛 명칭이다.”라는 것은 어디에서 근거한 것인지 모르겠다.[9)]

---

9) 심증식 씨는 『도이지략광증』(총서집성본, 9쪽)에서 『송사』에 따르면, 진랍은 서쪽으로 포감(蒲甘)에 접해있고, 남쪽은 가라희(加羅希)에 접해있다고 한다. 조여괄의 『제번지』에서 진랍의 남쪽은 삼불제의 가라희에 이른다고 하였다. 『도이지략』 나위 조목에 보이는 가라산(加羅山)이 바로 가라희이다. 『신당서·남만전』 단단(單單) 조목에서 “나월은 북쪽으로 바다와 5천 리 떨어져 있고, 서남쪽은 가곡라(哥谷羅)이다. 상인들이 왕래하며 모여드는 곳으로 풍속은 타라발저(墮羅鉢底)와 같다. 해마다 배를 타고 광주에 오면, 주에서는 반드시 [조정에]보고 했다(羅越者, 北距海五千里, 西南哥谷羅. 商賈往來所湊集, 俗與墮羅鉢底同. 歲乘舶至廣州, 州必以聞).”라고 했는데 바로 이 나라이다. 『신당서·지리지』에 군돌농산(軍突弄山)에서 5일을 가면 해협에 이르는데 그곳 사람들은 ‘질(質)’이라 한다. 남북으로 100리이고 북안은 나월국이고, 남안은 불서국이라고 하였는데, 말라카해협을 말하는 것임이 매우 분명하다.

록힐에 따르면(109쪽 주1), “나위는 당나라 시기의 나월(羅越), 조여괄의 등류미(登流眉)일 것이다. 이 등류미는 일반적으로 말레이반도의 남단에 있는 리고르로 추정된다.”라고 하였다. 이 등류미에 관하여, 제리니(Colonel G.E. Gerini)는 “나는 등류미 또는 단류미를 말레이반도의 동안에 있었던 고대 국가인 탈루나(Taluna)로 확인했다. 부캄(Bhukām, 파간, 상부 미얀마), 라만나(Rāmaňňa, 페구) 등의 나라들과 더불어, 시암의 문헌자료 중에서 가장 오래된, 13세기 말 또는 14세기 초로 추정되는 레바티 노바마슈(Rēvatī Nobamāś) 부인의 전기에서 언급되었다. 나는 여전히 그곳을 탈룽(Talung) 또는 탈룸(Talum)[푸탈룽(P'huttalung)], 또는 해안 더 아래(빠타니 아래) 테루빈(Telubin) 강어귀, 아니면 리고르(Ligor) 정박지에 있는 탈룸 푹(Talum P'huk)[지도에는 부정확하게 렘 콜람-푹(Rën Kolam-puk)으로 표기되었음] 곶으로 연관시키는 것에 관해서는 의문스럽다. 그러나 그 위치는 분명히 북위 6도 50분(텔루빈 강어귀)과 8도 28분(칼룸 푹 곶의 가장 북단) 사이에 있을 것이다. 이 위치는 짠타분에서 남남서쪽에 있는 것으로, 바로 중국 기록에서 기술된 것과 대략 비슷하다. 그러므로 등류미 또는 단류미(탈루마)는 주미류 또는 단미류(Tamāla, 또는 Timira)와 혼동해서는 안 된다. 단류미(탈루마)는 이드리시가 남캄보디아 즉 크마르(Ḳmār)에서 5일을 항해하여 도착한 타누마(Tanūmah)라는 섬일 것이다."라고 설명했다. (『Researches On Ptolemy's Geography Of Eastern Asia』, London, 1909. 524쪽). 펠리오에 따르면(『8세기 말 중국에서 인도로 가는 두 갈래 여정』, 역주본, 185쪽, 주101), 리고르 또는 라콘(Lakhon)은 도시를 뜻하는 nagara에서 변형된 것들이다. 비문에서 확인되는 리고르의 공식 명칭은 무옹 나콘 시 탐마랏(Muong Nakhon Si Thanmarat, Çrī Dharmarāja)이라고 했다.

이상에서 심증식, 후지타 토요하치, 록힐 모두 '위(衛)'자와 '월(越)'자의 고음이 같으므로 나위(羅衛)는 나월(羅越)로 추정하고 있다. 특히 심증식 씨는 본문을 나월(羅越)로 고쳐놓고 있다. 이러한 추정에 쑤 지칭 씨는(『도이지략교석』, 110~111쪽) "고음이 같다고 하여 이 두 명칭이 같은 곳으로는 볼 수 없다."라고 주장하며, 나위는 말레이반도 북부 끝에 있고, 나월은 말레이반도 남부 끝에 있다고 추정했다. 그는 이상의 자료들을 근거로 출발하되, 『신당서·남만전』의 "北距海五千里, 西南哥谷羅."라는 문장을 "北距小海五千里, 西北哥谷羅."로 교정하며, 원본이 전하지 않은 가탐의 『황화사달기』의 문장에 맞추려 했다. 이미 쑤 지칭 씨의 주장은 이 점에서 설득력을 잃고 있다. 나아가 말레이반도 북부에 있다고 생각한 나위국의 위치를 "산스크리트어로 라자부리(Rājaburi) 또는 라즈부리(Rajburi)로 잘못 표기하기도 하는데 왕성(王城)이란 의미이다. 『사이관고(四夷館考)』 섬라(暹羅) 조목에 랄피(辣皮)가 보이는데 나위의 다른 음역일 것이다. 바로 지금 랏부리(Ratburi)라고 음역하는 곳이 이곳이다."라고 추정했다.

A. Yusuf Ali, 『A Monograph on Silk Fabrics produced in the North-Western Provinces and Oudh』, Allahabad, 1900. 캄카브(kamkhāb), 구적견(狗跡絹)?

첫째, 그가 고친 대로 소해(小海)를 시암만으로 본다고 하더라도, “북으로 소해와 5,000리 떨어져 있다”라는 말과 전혀 부합하지 않고, 둘째, 추정한 라차부리는 섬라(暹羅) 지역이며, 배로 항해하고 있는 왕대연의 측면에서 볼 때, 육로로도 접근이 가능한 곳을 배를 타고 가는 위험을 감수했을 리가 없다. 말하자면 항로를 벗어난 곳이라고 할 수 있다. 셋째, 거론하고 있는 라자부리(Rājaburi), 라즈부리(Rajburi), 랏부리(Ratburi) 등과 나위(羅衛)는 음성적 근접성이 만족스럽지 못하다. 넷째, 소해(小海)를 추정하면서, 금진(金陳)=금린(金鄰)=가마랑가(迦摩浪迦)=소해(小海)=현 시암만으로 추정하는 등식에 수긍할 만한 근거를 전혀 제시하지 못했다. 따라서 쑤 지칭 씨의 주장은 하나의 가설에 불과하다. 나위=나월이라는 등식보다 나위가 나월이 아니라는 설이 더 많은 의문을 제기하고 있다는 것도 사실이다. 다만, 나위=나월이 당나라 시기에는 말레이반도 북부에서 남부까지 반도의 동안을 따라 길게 세력을 형성하고 있었다는 가정을 생각해 볼 수 있다.

21. 나혹(羅斛) [48~51]

산의 형세는 성곽과 같고 흰 암석들이 가파르고 위태롭다. 농토는 평탄하고 넓어 농사를 많이 짓기 때문에 섬(暹)사람들이 그에 의존한다. 기후는 봄처럼 항상 따뜻하다. 풍속은 굳세고 사납다. 남녀는 몽둥이 모양으로 상투를 하고 흰 베로 머리를 감싸고 긴 베적삼을 입는다. 매번 형법, 돈과 곡식을 주고받는 일은 모두 부인에게서 결정되는데, 그녀들의 지혜가 남자들보다 항상 뛰어나기 때문이다. 바닷물을 끓어 소금을 만들고 차조와 쌀을 발효시켜 술을 만든다. 추장이 있다. 법으로 파자(䝿子)를 돈으로 대신하여 유통한다. 매 [파자] 1만은 중통초 24냥으로 기준 삼아 사람들에게 매우 편리하다. 이곳에는 나혹향(羅斛香)이 나는데, 맛이 아주 맑고 오래가 침향에 버금간다. 다음으로, 소목(蘇木), 코뿔소 뿔[犀角], 상아, 물총새 깃[翠羽], 황랍이 난다. [교역하는] 상품은 청자기, 꽃문양을 날염한 베[花印布], 금, 주석, 해남 빈랑, 파자(䝿子)이다. 다음으로 미륵불

---

1) 후지타 토요하치는 왕대연이 추가로 언급한 미륵불(彌勒佛), 홀남규(忽南圭), 선사판(善司坂), 소랄사평(蘇剌司坪), 길돈력(吉頓力) 등 다섯 곳에 대해 아무런 추정도 하지 못했다. 심증식 씨는 『도이지략광증』(총서집성본, 9쪽)에서 『제번지』 진랍 조목에 보이는 진랍의 속국 중에 마라문(麻羅問)이 있는데, 바로 여기의 미륵불(彌勒佛)이고, 서붕(西棚)이 바로 여기의 선사판(善司坂)이며, 길돈력(吉頓力)은 『신당서』, 권222하, 표국(驃國) 전에, 그 속국으로 게타(偈陀)가 있는데, 바로 이곳이라고 했다. 록힐 씨는(110쪽) 『제번지』 진랍 조목의 서붕(西棚)은 소랄사평(蘇剌司坪), 탐리부(呑里富)는 길돈력(吉頓力)과 비슷하다고만 추측했다.

『영외대답』 진랍 조목에서 언급한 인근 나라들로 마란국(麻蘭國)이 보인다. 양 우취안(楊武泉)은 주에서(『영외대답교주』, 83쪽) "마란(麻蘭)은 바로 『진랍풍토기』 속군(屬郡) 조목에 보이는 막량(莫良)이다. 프랑스의 세데스(Georges Cœdès)는 톤레삽 호수 서안의 바탐방 주 남부에 있다고 하였다." 양 우취안이 인용한 세데스의 글은 「진랍풍토기재보주(眞臘風土記再補注)」로 『통보』(1933)

에 실린 「캄보디아 연구(Etudes cambodgiennes)」라는 짧은 글이다. 하지만 역자는 해당 내용을 찾지 못했다. 인용에 오류가 있는 것으로 보인다. 어쨌든 양 우취안은 마란(麻蘭)=막량(莫良)=마라문(麻羅問)=미륵불(彌勒佛)을 같은 곳으로 보고 있는 것은 분명하다. 『고대남해지명휘석』(739쪽)에서 "혹자는 현 캄보디아 마탐방 남부에 있다고 한다. 또 마라문(麻羅問), 미륵불(彌勒佛) 등과 동명의 다른 음역이라고 보는 사람도 있다."라고 하였고, 다시 마라문 조목(743쪽)에서 "일설에 마래분(麻來墳)으로 된 곳도 있는데, 현 말레이반도 북부의 끄라 지협 일대로 태국 팍찬 강 하류에 있는 말르분(Malebun)에 해당하는 음이라고 한다. 또 일설에는 마란(麻蘭), 막량(莫良), 미륵불(彌勒佛) 등이 동명의 다른 음역으로, 캄보디아에 있다고 한다."라고 설명했다. 시아 나이(夏鼐)는 『진랍풍토기교주』(중화서국, 1981, 173쪽)에서 펠리오의 주를 인용하여, "막량(莫良)은 분명 비문에서 보이는 Malyan일 것이다."라고 했다. 펠리오의 이 주석은 『BEFEO』(II, 173쪽)에 보이는데, 펠리오의 설명이 아니라, 에띠엔느 아이모니에의 설명을 재인용 한 것이다. 펑 청쥔 씨가 이를 번역하면서 빠뜨려 오해가 이어졌다.

미륵불(彌勒佛)에 관하여, 쑤 지칭 씨는(『도이지략교석』, 118쪽) "미륵불은 원래 불교에서 말하는 마이트레야(Maitreya)라는 법명에 해당하는 음으로 왕대연의 이 조목에 나오는 미륵불은 태국 나콘 파툼(Nakhon Pathum, 佛統)의 옛 명칭인 프라푸탐(Praputam)의 생략된 음역 같고, 원래 타라발저(墮羅鉢底, Dvārapati)라는 옛 나라가 도읍을 정했던 곳으로는 자이야(Jaiya), 치아이(Ciai) 등의 옛 명칭이 있는데, 현 태국 방콕[曼谷] 서쪽 약 30마일에 있으며, 해안과의 거리는 25마일 떨어져 있다."라는 가설을 제시했다.

쉬 자오린(許肇林)은 「《真腊风土记》中的柬埔寨语考辨」(『中山大学学报』, 1981, 1기)에서(101쪽), "막량은 현 캄보디아에서 보석 산지로 잘 알려진 파일린(Pailin)에 해당한다고 할 수 있다. 파일린은 캄보디아어 바이리안(Bailean)으로 산스크리트어에 어원을 두고 있으며, 의미는 보석을 뜻한다. …파일린은 또한, 캄보디아와 잘 알려진 진리부(眞里富, 짠타부리)와 육로로 통하는 길에 있고, 짠타부리는 고대 상업항구였다. 그러므로 막량은 지금의 파일린에 있다는 것은 비교적 타당한 것 같다. 『영외대답』(권2) 진랍국 조목에 마란국(麻蘭國)은 미선(Mỹ Sơn) 비문에도 말얀(Malyan)으로 나타난다. 마란(麻蘭), 말얀, 막량은

(彌勒佛)[1), 홀남규(忽南圭)[2), 선사판(善司坂)[3), 소랄사평(蘇剌司坪)[4), 길돈력

음역이 서로 근접하며 동명의 다른 음역으로, 현 파일린을 지칭한다."라고 추정했으나, 또한 하나의 가설에 지나지 않는다.

2) 홀남규(忽南圭)에 관하여, 쑤 지칭 씨는 후지타 토요하치의 설명을 요약하며, "홀남규란 명칭이 다른 곳에는 보이지 않는다고 하면서, 본서 첨산(尖山) 조목에는 불남규(佛南圭)로 되어있는데, 메르귀(Mergui)를 지칭하는 것 같다. 그곳의 옛 명칭은 므리트(Mrit)로 『영외대답』과 『제번지』에 와리(窊裏)라는 곳이 바로 이곳이다."(『도이지략교석』, 118쪽)라고 하였다. 후지타 토요하치는 첨산(尖山) 조목 보이는 불남규가 홀남규일 것으로 추측한 것은 확인이 된다. 그러나 이후의 기술은 어디에서 근거한 것인지, 그 출처를 알 수 없다. 사실 나혹은 말레이반도 동안이고 메르귀는 서안에 위치하므로 부합하지 않는다. 쑤 지칭 씨는 홀남규에 관하여, "프라추압 키리 칸(Prachuap Khiri Khan)의 생략된 역어라고 생각한다. 그곳은 끄라 지협 동안 부근에서 남쪽에는 꾸이(Kui) 항구가 있는데 프라안(Praan) 강어귀 안에 위치한다. 프라추압에서 서쪽으로 가서 일단의 육지를 거처 자링가(Jalinga) 또는 서남쪽에 있는 벰 후에 사이 까오(Bem Hue Sai Kao)에 이르러 다시 물길로 바꾸어 흐름을 따라 내려오면 므리트[Mrit, 丹老]에 이른다."라고 하였지만, 하나의 가설일 뿐이다.

3) 선사판에 관하여, 쑤 지칭 씨는 후지타 토요하치가 『제번지』의 심번(潯番)과 명칭이 서로 비슷한데 같은지 모르겠다고 주를 달았다고 했으나, 그의 교주에서는 확인되지 않는다. 『제번지』의 심번은 현 춤폰(Chumphorn)으로 이미 융(戎) 조목에서 설명한 바 있다. 선사판=심번이란 추정은 성립하지 않는다. 쑤 지칭 씨는 선사판=『제번지』 진랍 조목과 『송사』의 진리부(眞里富), 즉 짠타부리로 추정했으나(『도이지략교석』, 119쪽), 사실 짠타부리는 시암만 동안에 있으므로, 주변국이 될 수 있는지 의문이고, 이 짠타부리를 짠타반(Chantaban)으로 잘못 읽은 것이며, 산스크리트어로 짠딩브라(Chandhingbhra)라고 할지라도, 여기 선사판과의 음성적 근접성을 수긍하기 어렵다.

4) 해당하는 지명이 밝혀지지 않은 소랄사평(蘇剌司坪)에 관하여, 쑤 지칭 씨는 후지타 토요하치의 설명을 들어 『제번지』 진랍 조목의 서붕(西棚)과 비슷하다고 했다고 했으나, 여기서는 분명히 후지타 토요하치가 아니라 록힐의 추측을 말한다. 쑤 지칭 씨도 어디를 음역한 것인지 모른다고 하면서도, 다음과 같은 추측을

(吉頓力)[5] **이 있는데, 땅에서 나는 것이 없어 여기에 붙여 적어 둔다.**

山形如城郭, 白石峭厲. 其田平衍而多稼, 暹人仰之①. 氣候常暖如春. 風俗勁悍. 男女椎髻, 白布纏頭, 穿長布衫②. 每有議刑法錢穀出入之事, 並決之於婦人, 其志量常過於男子③. 煮海爲鹽, 釀秫米爲酒④. 有酋長. 法以𧴩子代錢, 流通行使⑤. 每一萬準中統鈔二十四兩, 甚便民. 此地產羅斛香, 味極淸遠, 亞於沉香⑥. 次蘇木·犀角·象牙·翠羽·黃蠟. 貨用靑器⑦·花印布·金·錫·海南檳榔·口𧴩子⑧. 次曰彌勒佛, 曰忽南圭, 曰善司坂, 曰蘇剌司坪, 曰吉頓力, 地無所產, 用附於此.

① 『명일통지』 섬라국 조목에 “전토가 평탄하고 넓어 농사를 많이 지어 섬(暹) 사람들이 해마다 그들의 공급에 의지한다(土田平衍而多稼, 暹人歲仰給之).”라고 하였다.

② 『명일통지』에 인용한 『도이지』에는 “남녀가 방망이 모양으로 상투를 하고, 흰 베로 전두하며, 장삼을 입는다(男女椎髻, 白布纏頭, 被服長衫).”라고 하였다.

③ ‘형법(刑法)’ 아래에는 ‘경중(輕重)’ 두 글자가 있어야 한다. 『명일통지』에 인용된 『도이지』에는 “매번 형법의 경중이나, 돈이나 곡식의 출입을 의논할 일이 있으면 모두 부인이 결정하는데, 그 지량이 남자보다

제시했다. “수라슈트레(Surashtre)와 비슷하지만, 마지막 한 글자가 부합하지 않는다. 수라슈트레는 현 반돈 만(Bay of Bandon)과 그 서북쪽 일대의 태국지역 명칭이다. 소랄사평의 ‘평(坪)’자는 ‘부(埒)’자를 잘못 쓴 것으로, 소랄사부(蘇剌司埒)는 수라슈트레에 해당하는 음으로 볼 수 있다. ‘평’자와 ‘부’자는 베껴 쓰는 과정에서 흔히 보이는 실수이다. 왕대연의 소랄사평은 현 반돈 만의 옛 명칭이다.”(『도이지략교석』, 119쪽) 하지만 반돈(Bandon)의 태국어 명칭은 수랏타니(Suratthani)로, 소랄사평, 또는 ‘소랄사부’와 음성적으로 부합하지 않는다.

5) 길돈력(吉頓力)은 어느 지명을 음역한 것인지 밝혀지지 않았다. 심증식의 『광증』에 따르면, 길돈력(吉頓力)은 『신당서』, 권222하, 표국(驃國) 전의 게타(偈

위이다(每有計議刑法輕重, 錢穀出入之事, 並決之婦人, 其志量在男子上).”라고 하였다.

④ 『명일통지』에 인용한 『도이지』의 문장과 같다.

⑤ 『명일통지』에 인용한 『도이지』에는 “파자로 돈을 대신하여 유통한다(以䝲子代錢流通).”라고 하였고, 『문헌통고(文獻通考)』에는 ‘파(䝲)’자가 ‘파(䶕)’자로 되어있는데, 자전에 없는 글자로, ‘패(貝)’자의 속자(俗字)이다. 『원사』 「세조본기(世祖本紀)」(권9, 177쪽)에, “지원(至元) 13년(1276) 봄 정월 정해일에 운남행성 새전적(Sayyid Ajjal Shams al-Din Omar al-Bukhari, 1211~1279)이 운남 여러 로(路)의 명칭을 고쳐 올렸다. 또 이르기를 ‘운남의 무역은 중주(中州)와 다르며 화폐법의 실상도 알려진 바 없으니 교자(交子)와 회자(會子), 파자(䝲子)로 공·사간에 통용하여 백성들이 편리하게 하는 것만 못합니다.’라고 하여 그에 따랐다. 운남의 부세는 금을 원칙으로 하되 패자(貝子)로 해당 금액에 맞추어 내게 하였는데, 금 1전은 패자 20삭에 해당했다(至元十三年春正月丁亥, 雲南行省賽典赤, 以改定雲南諸路名號來上. 又言雲南貿易與中州不同, 鈔法實所未諳, 莫若以交會·䝲子公私通用, 庶爲民便. 並從之. 雲南稅賦用金爲則, 以貝子折納, 每金一錢直貝子二十索).”라고 하였다. 왕기(王圻)의 『속문헌통고』(사고전서본, 권10)에 명나라 영락(永樂) “9년(1411) 6월 계처전장관사(溪處甸長官司)가 해파를 세납하고, 은폐에 맞추어 세납을 면제해 줄 것을 청했다(九年六月雲南溪處甸長官司歲納海䶕, 請折輸銀鈔除之).”라고 하였고, 주국정(朱國禎, 1557~1632)의 『용당소품(湧幢小品)』에서는 “남인들은 조개 1매를 장(莊)이라 하고, 4장을 수(手)라

陀)로 추정했고, 록힐 씨는(110쪽) 『제번지』 진랍 조목의 탐리부(呑里富)와 비슷하다고 추측했다. 쑤 지칭 씨는 ‘길(吉)’자가 ‘고(古)’자의 오자로 보고, “고돈력(古頓力)은 꼬 둘(Koh Dul, Koh Tron)로 베트남 사람들이 부국도(富國島)라 부르는데, 하띠엔(Hatien)항구 서쪽 바다에 있다.”(『도이지략교석』, 119쪽)라는 추정을 제시했다.

하며, 4수는 묘(苗)가 되고 5묘는 삭(索)이라 한다(南人用貝一枚曰莊, 四莊曰手, 四手爲苗, 五苗爲索)."라고 하였다. 『속문헌통고』에는 '4묘는 '탁'이라 한다(四苗爲槖).'라고 되어있는데, 여기 '탁(槖)'자는 '삭(索)'자의 잘못일 것이다.

⑥ 『명일통지』의 나혹향(羅斛香) 주와 같다. 또한 침향(沈香)의 일종일 것이다.

⑦ 『성사승람』에는 청백화자기(青白花磁器)가 보인다.

⑧ '구(口)'자는 잘못 베꼈을 것이다.

『송회요』[6] 점성 조목에 정화(政和) 5년(1115) 8월 8일에 예부에서 이르기를, "복건제로시박사 장계에, '본도에서는 지난날 시박사를 부흥시킨 이래로 이미 천주에 내원역(來遠驛)을 설치했으며, 사람을 나혹과 점성국으로 먼저 보내 타일러 불러들이게 하고, 보화를 먼저 와서 진공하도록 허락한 이외에, 생각건대, 여러 번국의 조공하는 정사, 부사, 판관, 수령들이 주군(州郡)에 이르면 기악(妓樂)으로 맞이하여 보내고, 수레와 말을 타고 지주나 통판 혹은 감사의 객청이 이르면 상견례가 끝나기를 기다려 객청의 상마연에 가도록 허락해 주시기 바랍니다. 나머지 관련되어 약속된 일들은 외국의 오랑캐[蠻人]들이 조공하는 조목에 따라 시행하기를 바랍니다.'라고 하였습니다. 본주에서 곧바로 홍려시에 내려 검토하게 했습니다. 홍려시가 검토한 바에 따르면, '복건로 시박사는 숭녕 2년(1103) 2월 6일 조정의 뜻에 따라, 점성과 나혹 두 나라를 불러들이기 전에 진봉(進奉)하러 왔습니다. 영내에 있는 점성이 먼저 누차 조정에 나아가 진봉한 것은 바로 광주에서 호송하여 보낸 것입니다. 복건로 시박에 거듭 온 것 이외에 나혹국은 자발적으로 조공해 온 적이 없어, 시박사는 정화의 칙령에 따라 그 나라의 원근, 대소, 강약, 그리고 이미 조공한 어느 나라와 비슷한

6) 후지타 토요하치가 인용한 『송회요』는 청나라 서송(徐松, 1781~1846)이 『영락대전(永樂大典)』에서 편집해낸 『송회요집고(宋會要輯稿)』에 나오는 내용이다. 류 린(劉琳) 등이 교점한 『송회요집고』, 상해고적출판사, 2014, 9814쪽.

지 등을 자문하고, 본부에 조사하여 아뢰었습니다. 근래 본사에는 조사를 시행한 적이 없습니다.'라고 하였습니다." 예부에서 검토하지 않았다는 본사의 아뢴 바에 따라, 해당 낭관을 강등하고 아래 관리를 강급하라고 조서를 내렸다(政和五年八月八日, 禮部言, 福建路提舉市舶司狀, 本路昨自興復市舶, 已於泉州置來遠驛, 及已差人前去羅斛·占城國, 說諭招納, 許令將寶貨前來投進外, 今相度, 欲乞諸蕃國貢奉使·副·判官·首領所至州軍, 並用妓樂迎送, 許乘輪[轎]或馬, 至知通或監司客位, 俟相見罷, 赴客位上馬. 其餘應干約束事件, 並乞依蕃蠻入貢條例施行. 本部尋下鴻臚寺勘會. 據本寺契勘, 福建路市舶司依崇寧二年二月六日朝旨, 納到占城·羅斛二國前來進奉. 內占城先累赴闕進奉, 係是廣州解發, 福建路市舶申到外, 有羅斛國自來不曾入貢, 市舶司自合依政和令詢問其國遠近大小強弱, 與已入貢何國爲比, 奏本部勘會. 今來本司並未曾勘會施行. 詔依本司所申, 其禮部並不勘, 當郎官降一官, 人吏降一資)." 라고 하였다. 이것이 나혹이 조공해온 시작이다. 『제번지』 진랍의 속국중에 이 나라가 들어있고, 『송사』, 『문헌통고』의 단미류국(丹眉流國)[7] 조목에는 모두 "동북쪽으로 나혹까지 25일 정이다(東北羅斛二十五程)."라고 하였다. 펠리오와 제리니 씨는 모두 나혹을 라후(La-hu)로 읽고, 르보(Lvo), 라보(Lavo), 라호트(Lahot)에 해당하는 음이며, 지금의 롭푸리(Lophuri) 또는 라보푸라(Lavopura)로 메남강에 있다고 하였다(Gerini, 『AQR』, 3집, XIII, 119쪽; 펠리오, 『BEFEO』, II, 235, 264쪽). 히어트 씨도 이에 따르고 있다(『조여괄』, 56쪽). 이 설의 시비는 알 수 없으나 메남강에 있다는 것은 틀림없다. 섬(暹)은 본서에 별도의 조목이 있다.

---

7) 『문헌통고』(사고전서본), 권332, 37쪽 원문에는 '주미류(州眉流)'로 되어있는 것을 후지타 씨가 단미류로 고친 것이다. 또한 '동(東)'자를 빠뜨려 보충해 넣었다.

산이 험하고 가파르며 숲이 무성한 곳 아래에는 담수의 항구가 임해있고, 바깥 성가퀴로 제한되어 있다. 농토는 훌륭하고 곡물은 빼어나며, 기후는 갑자기 더워지지만, 비가 내리면 조금 썰렁해진다. 풍속은 노략질을 일삼는다. 남녀는 머리카락을 자르고, 붉은 손수건 같은 것[手帕]으로 머리를 두르고, 누런 면포로 만든 짧은 적삼을 입으며 월리(越里)의 베[1] 로 묶는다. 사람이 죽으면 화장하지 않고, 그 뼈를 수습하여 바다에 버린다. 그것을 '종식법(種植法)'이라고 하는데, 자손들이 다시 살아가게 하는 것이다. 효성스러운 사람은 몇 달을 재계한 뒤에 그친다. 사람들은 바닷물을 끓여 소금을 만드는데 뛰어나지 못하며, 사탕수수즙을 발효하여 술을 만든다. 추장이 있다. 땅에서는 사금, 황랍, 거친 강진향, 구통(龜筒), 침향이 난다. 교역하는 상품은 화은(花銀)[2], 소금, 청백의

---

1) 월리(越里)에 관하여, 『제번지』 점성(占城, 참파) 조목에 그 속국으로 월리(越裏)가 들어있다. 같은 곳을 말하는 것인지 의문이다. 히어트와 록힐, 펑 청쥔 씨도 이곳에 대한 아무런 추측도 없다. 쑤 지칭 씨는 "베트남 남부에는 판리(Phan Ri)라는 도시는 참파어로 파릭(Parik)이라 하는데, 『제번지』의 월리(越裏)와 본서의 월리(越里)는 모두 이 참파어에 해당하는 음들이다."라고 과감한 추정을 제시했지만(『도이지략교석』, 122쪽), 지리적으로 부합할지는 모르겠지만 음성적으로 썩 부합하는 것은 아니다. 역자의 생각으로, 여기의 월리포(越里布)는 『제번지』 촐라(Cola, 注輦國) 조목에 보이는 월낙포(越諾布)의 다른 음역으로 보인다. 『실크로드대사전(絲綢之路大辭典)』(섬서인민출판사, 2006, 217쪽)에 따르면 "월낙(越諾)은 페르시아어 바무바라(bamu vara)의 음역어로 페르시아 비단 제품이란 뜻으로, 『수서(隋書)』 「서역전(西域傳)」에 페르시아 사신이 헌상한 방물에 이 물품이 들어있다."라고 하였는데, 음역한 것과 거리가 멀다. 라우퍼(B. Laufer)의 『중국과 이란(Sino-Iranica)』에 따르면, 페르시아 바라(Vala, 실크 직물이란 뜻)와 낙스(nax, 비단이란 의미)의 음역이라고 하는데, 참고할 만하다.

2) 화은에 대해서는 조소(曹昭)의 『격고요론(格古要論)』 권6에 보이는 설명이 정

자기 그릇, 크고 작은 물 항아리[埕][3], 청단(青緞), 구리 솥 등이다.

巖嶭豐林, 下臨淡港, 外堞爲之限界. 田美穀秀, 氣候驟熱, 雨下則微冷. 風俗輕剽. 男女斷髮, 紅手帕纏頭, 穿黃綿布短衫, 繫越里布. 凡有人喪亡者, 不焚化, 聚其骨撒於海中①, 謂之種植法, 使子孫復有生意. 持孝之人, 齋戒數月而後已. 民不善煮海爲鹽, 釀蔗漿爲酒. 有酋長. 地產沙金·黃蠟·粗降眞香·龜筒·沉香.

확하다. “은이 순도 100%를 갖추어 정(錠)으로 만든 것의 표면에는 황금빛 꽃문양이 있고, 다음으로 녹색 꽃문양이 있으며, 그다음 것에는 검은 꽃문양이 있는데, 이것을 화은이라 한다(銀足色成錠者面有金花, 次者綠花, 又次者黑花, 謂之花銀).”라고 하였다.

3) ‘정(埕)’에 관하여 『사림광기』 권5, 단마령(單馬令) 조목에 “그 나라에 왕은 없고 지주(地主)가 있다. 현 왕조 경원(慶元) 2년(1195)에 금 3정(埕)과 황금 일산 1자루를 바쳤다(其國無王, 有地主. 國朝慶元二年進金三埕, 金傘一柄).”라는 기록을 찾을 수 있고, 『제번지』 능아사가(凌牙斯加) 조목에는 ‘등(墱)’자가 보인다. 히어트와 록힐 씨는 『제번지』 역주에서(69쪽 주2) “중국 불교 문헌에서 ‘불교식 무게’라고 설명되어있는데, 여기에서 이것은 인도인들의 용어로 톨라(tola)이다. 이 경우에는 건조된 물품을 지칭하는 것 같다. 마스덴(Marsden)과 크로포드(Crawfurd) 모두 말레이 사람들은 모든 것을 무게가 아니라 양으로 측정한다고 하였다. 마스덴은 무게의 사용은 외래인들이 들여간 것 같다고 하였다.”라고 설명했다. 이에 대해 펠리오는 『Notes on the Marco Polo』(I, 160쪽)에서 “히어트 등이 말한 것은 무엇을 근거했는지 모르겠다. 『제번지』를 제외하면, 불교 자료뿐만 아니라 중국 문헌에서 등(墱)을 측정단위로 본 것을 찾을 수 없다. 게다가 톨라(tolā)는 늦은 시기의 무게로, 인도 불교 문헌에서 보이지 않는 것 같다. 내 생각으로, 방언이겠지만 정식 글자가 없는 것에 대한 순수 중국어로 봐야 할 것이다. 조여괄은 등(墱)으로 썼으나 한 세기가 조금 넘는 『도이지략』에서 여러 차례 나타나는 정(埕)자로 썼는데, 이 글자는 정식 글자는 아니다. 록힐 씨는 『도이지략』을 부분 역주하면서 아무런 설명 없이 자르(jar)로 번역했다. 록힐이 번역한 용어가 확실히 맞다. 『도이지략』의 글자는 지금도 복주(福州) 방언으로 [띵(ding)](항아리)으로 읽는다.”라고 정확하고 자세한 설명을 했다.

貿易之貨, 用花銀·鹽·青白花碗·大小水埕·青緞·銅鼎之屬.

① ‘별(撇)’자는 ‘벌(筏)’자의 잘못일 것이다. 황충(黃衷)의 『해어(海語)』 섬라 조목에 “사람이 죽으면 부자들은 시신을 태워 매장하고, 가난한 사람들은 시신을 뗏목에 태워 바다로 띄워 보낸다(凡死喪富夷火尸而葬, 貧者舉尸筏而浮諸海).”라고 하였다.[4)]

『정화항해도』에 따르면, 말레이반도 동쪽 해안에 손고나(孫姑那)가 보이는데, 바로 숭클라(Sungkla, Songora)이다. 『황청문헌통고(皇淸文獻通考)』에는 송거로(宋腒勝), 『해국문견록』에는 송각(宋脚), 『해록』에는 송잡(宋卡)로 되어있는데 본서의 충고랄(冲古剌)과 같은 명칭을 다르게 표기한 것들이다.[5)]

---

4) 쑤 지칭 씨도 따르고 있는 후지타 토요하치의 이 설은 우선 근거로 든 『해어』의 섬라 조목은 여기 동충고랄(東冲古剌)과 같은 나라가 아니고, ‘별’자를 ‘벌(筏)’자로 본다고 해도 해석에 유리할 것은 없다. 여기서는 글자 그대로 의미를 살려, 화장하지 않고 그대로 썩도록 내버려 뒀다가 그 뼈를 수습하여 바다에 버린다는 의미로 읽힌다. 그래야 뒤에 나오는 ‘종식법’이란 말을 연결할 수 있을 것이다.

5) 동충고랄(東冲古剌)에 관하여, 먼저 록힐 씨는(266쪽 주1), “이 이름과 비슷한 더 나은 근거가 없으므로 나는 조여괄이 자바의 속국을 들면서 언급한 단융무라(丹戎武囉, 보르네오 Tanjongpura)와 같은 것으로 생각한다. 보르네오 서쪽의 파완(Pawan) 강, 약 동경 110도 12분, 남위 1도 45분에 있으며, 보르네오 장소 중에서 일종의 수도로 기록에 언급되었다.”라고 하였다. 이에 대해 쑤 지칭 씨는 “록힐이 언급한 단융무라(丹戎武囉) 또는 단중포라(丹重布囉)는 『대덕남해지』에 단중포라(單重布囉)로 되어있고, 『나가라크르타가마(Nagarakretagama)』에는 탄종네가라(Tanjongnegara)로 되어있다. 『제번지』에 따르면, 이 나라와 마리(麻篱, Bali) 등은 외국 상인들이 드물게 이른다고 하였는데 왕대연도 그곳에 배를 대지 못했던 것 같다. 게다가 파완강 하류는 지세가 낮고 높은 산이나 구릉이 없다. 본서에서 말한 동충고랄의 경물과 부합하지 않으므로 단융무라(丹戎武囉)를 그곳에 해당시킬 수 없는 것은 분명하다.”라고 단정하고 있다(『도이지략교석』, 121쪽). 쑤 지칭 씨가 근거로 든 마리(麻篱)는 현 발리섬에 해당한다. 그러나 “외국 상인들이 드물게 이른다.”라고 한 기술은 발리에 해당하는 설명이

이 나라는 이전 자료에 보이지 않고 본서에 처음 언급되었다.[6] '동(東)'자로 보아 서쪽에 같은 이름을 가진 나라가 있을 것 같지만 본서에는 보이지 않는다.[7]

아니라, 소길단(蘇吉丹, 자바 수카다나)을 기술한 말이다. 단지 파완강 하류가 지세는 낮고 높은 산이나 구릉이 없다는 점을 근거로 록힐의 견해를 일축할 수는 없다. 어쨌든 록힐의 탄중푸라는 음성적으로 전혀 근접하지 않은 것은 사실이다. 쑤 지칭 씨는 후지타 토요하치의 주장을 따르면서 더 자세한 고증을 하고 있다. "이 항구는 시암만 서안에 위치하고, 말레이반도 동안 중부에 있으며 서북쪽은 대도(大島)의 남단과 마주하고 있다. 이 조목 첫 구절에 '높은 산골짜기 풍성한 숲(巖崻豐林)'이라 한 것은 대도(大島) 남단의 수목이 울창한 높은 언덕을 지칭하고 있고, '아래로 담항에 임해있다(下臨淡港)'라고 하는 다음 구절은 이 항구 서남쪽에 남으로 흘러 톤레 삽(Tonle Sap) 서남쪽으로 들어가는 강을 지칭한다. '바깥 성가퀴는 한계를 이룬다(外堞爲之限界)'라고 한 세 번째 문장은 이 항구 동쪽의 곶을 가리키고 있다. 그러므로 손고나(孫姑那)가 바로 동충고랄(東冲古剌)로, 자연지리도 부합한다(『도이지략교석』, 121쪽)."

6) 『대덕남해지』 권7에 송클라의 음역 표기로 보이는 '숭고라(崧古囉)'를 언급하고 있다. 그러므로 여기 왕대연의 기술이 가장 빠르게 송클라를 언급한 것이라고는 단정할 수 없다.

7) 후지타 토요하치는 '동'자를 방위를 의미하는 글자로 보았지만, 쑤 지칭 씨는 "충고랄 앞에 있는 '동'자는 방위를 지칭하는 것이 아니다. 원나라 시기에 이 항구는 몽족이 살던 곳이었다. 몽어로 성이나 나라를 둥(dung)이라 하므로 둥 송클라(Dung Sunkla)라는 것은 층고랄성 또는 층고랄국이란 의미이다(『도이지략교석』, 121쪽)."라고 상반된 견해를 주장했다. '동(東)'에 대한 의미 설명은 매우 그럴법하다. 하지만 '성' 또는 '나라'라는 의미가 고유 명사 앞에 오는 것이 일반적인지 생각해볼 필요가 있다.

관문 같은 낙산(洛山)과 띠 같은 하천이 어우러져 취락에 적합하다. 농토는 척박하고 곡물은 적으며, 기후는 조금 따뜻하다. 풍속은 용맹하고 사납다. 남녀가 몽둥이 모양으로 상투를 하고 청색 베로 만든 짧은 적삼을 입으며, 흰 목면으로 만든 만(縵)을 묶는다. 아이를 낳은 뒤에, 자궁에 남아있는 나쁜 양수[惡露]가 나오지 않으면, 우물을 길어와 머리를 씻어주면 나온다. 열 증상으로 힘든 사람도 물로 네 번쯤 씻어주면 낫는다. 사람들은 바닷물을 끓여 소금을 만든다. 추장이 있다. 땅에서는 상등의 강진향, 편뇌(片腦), 학정(鶴頂), 침속향(沉速香), 대모(玳瑁)가 난다. 교역하는 상품은 청백의 꽃문양 자기, 해남포, 무륜포, 은, 철, 물 항아리, 작은 동이, 구리 솥 등이다.

洛山如關, 幷溪如帶, 互[宜]有聚落[1). 田瘠穀少, 氣候少暖. 風俗勇悍. 男女椎髻, 穿青布短衫, 繫木綿白縵. 凡生育後, 惡露不下, 汲井水澆頭卽下. 有害熱症者, 亦皆用水沃數四則愈①. 民煮海爲鹽. 有酋長. 地産上等降眞·片腦·鶴頂·沉速·玳瑁. 貿易之貨用青白花器·海巫崙布②·銀·鐵·水埕·小罐·銅鼎之屬.

① 『해록(海錄)』 길란단(吉蘭丹) 조목에 "원주민 아이들의 질병은 바람에서 걸리는 것으로, 열이 나는 아이는 물에 푹 적시면 나아 약이 필요없다. 남양의 여러 나라가 모두 그러하다(土番嬰疾其傷於風, 熱者多淋水卽瘳, 無庸藥石. 凡南洋諸國皆然)."라고 하였다.

② '해(海)'자는 덧붙여진 것 같다. 본서 조와(爪哇) 조목에 무륜국(巫崙國)이 보인다.[2)]

---

1) '호(互)'자는 '의(宜)'자의 인쇄상 오류일 것이다.

2) '해무륜포(海巫崙布)'의 '해'자가 후지타 토요하치는 잘못 붙여진 것으로 생각했다. 반면, 쑤 지칭 씨는 '해'자 뒤에 '남(南)'자가 빠진 것으로 추정했다. 그 근거로 포분(蒲奔) 조목에 '해남포(海南布)'라는 명칭이 보이고, 도독안(都督岸)

길달(吉達, Kedah) 연대기(Marong Mahāvamsa, Law 씨가 영어로 번역함)에 따르면, 이 나라의 옛 명칭은 스로캄(Srokam)이다. 소락격은 바로 이에 해당하는 음이다.[3] 그리고 '낙산(洛山)'이란 구농 그리앙(Gunong Geriang)을

조목에 해남점성포(海南占城布)가 보이며, 하래물(遐來勿) 조목에는 점성해남포(占城海南布)라는 베를 언급하고 있는 것을 들었다. 그러므로 여기의 '해'자는 '해남'으로, 해남포, 무륜포 2종으로 봐야 한다고 주장했다(『도이지략교석』, 123~124쪽). 가능한 원문을 있는 그대로 살려야 한다는 의견에서는 쑤 지칭 씨의 이 설을 충분히 인정할 만하다.

3) 사실 왕대연이 소락격(蘇洛鬲)에 관하여 기술한 내용으로는 어디를 지칭하는지 추정하기 매우 어렵다. 학자들의 견해에는 두 곳이 거론되고 있다. 먼저 심증식 씨는 『광증』에서 "이곳은 『해국도지』의 사림악(沙林鄂)으로 되어있는 곳으로, 근인들은 석란아(石蘭莪)라고 한다."라고 하였다. 여기의 사림악(沙林鄂)은 『해국도지』 권3에 수록된 「동남양연해각국도」에 살림악(撒林鄂)을 잘못 옮겼고, 석란아는 말레이반도 서남안에 있는 슬랑고르(Selangor)를 지칭한다. 또, 여기 후지타 토요하치는 소락격이란 음역 명칭이 『크다 연대기(Marong Mahāvamsa)』에 보이는 크다(Kedah)의 옛 명칭인 스로캄(Srokam)에 근접한 것을 근거로 소락격을 크다 일대로 추정했다. 문제는 크다의 항구가 어디에 있는가에 대해서 약간의 논란이 있다. 말하자면 크다의 항구를 메르복강 하구로 볼 것인가, 아니면 크다 강 하류로 볼 것인가를 놓고 쑤 지칭 씨는 "옛 크다에 있는 스로캄이란 명칭은 『크다 연대기(Marong Mahāvamba)』에 따르면, 원래 메르복강 하류에 건설한 궁궐 명칭으로, 이 명칭에서 도성의 이름을 얻었을 것이다."라고 하며 크다 강 하류가 아니라 메르복강 하류로 추정했다. 이상을 종합해보면, 말레이반도의 서안을 따라 심증식의 슬랑고르가 가장 아래 있고, 중간에 쑤 지칭의 메르복강 하류가 있고, 후지타 토요하치의 크다강이 가장 북쪽에 있다. 소락격=스로캄=크다로 보는 설에 관하여, 먼저 크다는 이미 『양서』에 간타리(干陁利), 『수서』와 『대당서역구법고승전』에 갈다(羯茶), 『제번지』에서 길타(吉陀) 등으로 음역되고 있었는데, 왕대연이 이곳을 지칭하면서 옛 명칭인 스로캄으로 거명했을 가능성은 적어 보인다. '크다'는 산스크리트어로 카타하(Kataha), 타이어로 키다람(Kidaram), 카다람(Kadaram)이고, 자바어로는 크다(Kedah)로 알려져 있다. 또 아랍의 문헌 자료에는 칼라(Kalah), 킬라(Kilah),

지칭하고[4], 계(溪)는 지금의 크다강이다.[5] 중국의 문헌에서 이 나라를 전하는 자료는 본서가 유일하다.

칼라바르(Kalah bar)로 언급되었다. 여기 소락격과 비슷한 음을 가진 명칭은 보이지 않는다. 쑤 지칭 씨는 옛 크다가 메르복강 하류에 있다고 전제하고 옛 크다의 위치를 찾는 논의를 전개하고 있지만(『도이지략교석』, 125쪽), 왕대연의 기술에 아무런 단서가 없으므로, 더 이상의 논의는 무의미하다.

4) 낙산(洛山)의 위치 추정에 관하여, 이미 후지타 토요하치는 소락격을 크다강 하구로 보았기 때문에, 하구 근처에 있는 크리앙(Keriang)산으로 추정했다. 하지만, 쑤 지칭 씨는 메르복강 하구로 보았으므로, 강 북안에 있는 해발 '3,955m'의 제라이(Jerai)산을 제시했다(『도이지략교석』, 125~6쪽). 쑤 지칭 씨는 피트를 미터로 잘못 기술했다. 현재 알려진 제라이산의 높이는 3,854피트(1,175m)이다. 이 산은 영문판 지도에 크다 피크(Kedah Peak)로 표기된 산으로 코로만델 해안에서 크다로 갈 때 이정표 역할을 한다.

5) 병계(犿溪)에 관하여, 후지타 토요하치는 '계(溪)'자만 언급한 것으로 보아, '병(犿)'자를 접속사로 풀이한 것 같다. 아니면 '병'자를 실수로 빠뜨린 것인지도 모른다. 어쨌든 후지타 씨는 '계'를 크다 강으로 추정했다. 한편, 메르복강 하류로 보고 있는 쑤 지칭 씨는 메르복강의 지류인 부장(Bujang) 강에 해당하는 음으로 보았다(『도이지략교석』, 126쪽). 과연 소락격이 크다 일대에 있고, 옛 크다에 해당한다면, 병계에 관한 추정은 쑤 지칭 씨의 설을 따르는 것이 좀 더 합당할 것이다.

24. 침로(針路) [53]

마군산(馬軍山) 물길에서 마래분(麻來墳)을 경유하여 이곳에 이르면[1]**, 산에는**

---

1) 침로(針路) 이곳을 추정하기 위해서는 먼저 왕대연이 본문에서 기술한 마군산(馬軍山)이 어디인지를 알아봐야 한다. 『고대남해지명휘석』(167쪽)에 따르면, "혹자는 말레이반도의 끄라 지협 북면, 즉 태국 팍찬이다."라고 한다고 했다. 여기의 '혹자'는 바로 쑤 지칭 씨를 말하는데, 마군(馬軍)이 팍찬의 변형된 음역이라고 한다(『도이지략교석』, 127쪽). 쑤 씨는 이어서 『정화항해도』에 보이는 북섬(北暹) 또한 팍찬을 가리키는 것으로 추정했다. 『순풍상송(順風相送)』에는 "섬라에서 마군으로 가는 길[暹羅往馬軍]"이란 조목이 보이는 것으로 보아 위치상으로는 그럴법하다. 그러나 어떻게 팍찬이 마군이 되었는지는 명확하게 설명하지 못했다. 우선은 만족할 만한 추정이 없으므로 팍찬(끄라부리)=마군산으로 볼 수밖에 없다. 왕대연의 본문에서 두 번째로 고증해야 할 지명은 바로 마래분(麻來墳)이다. 이곳을 경유하여 침로라는 나라에 이른다고 했기 때문이다. 후지타 토요하치는 말라바르와 음이 비슷한 것만 언급했다. 반면 쑤 씨는 『제번지』에 보이는 마라문(麻羅問)이란 곳으로, "마리운(Mariwun, 또는 Malebun)에 맞춘 음이고, 팍찬강 하류 서안에 있다."라고 확신했다. 오늘날 지도로 보면, 팍찬 강을 경계로 서북쪽은 미얀마와 동남쪽은 태국으로 나뉘는데, 미얀마령 즉 안다만 해안 서쪽 팍찬 강 하류 즈음 말리완(Maliwan)이 보인다. 쑤 씨는 왕대연의 행로를 다음과 같이 추적했다. "왕대연은 말레이반도 동안의 융(戎, 춤폰)을 경유하여 육로를 통해 서쪽으로 마군산(馬軍山, 팍찬강 항구)에 이를 수 있었고, 또 마군산에서 배를 타고 마군산 수로를 따라 내려와 마래분에 이르러, 그곳에서 배를 갈아타고 벵갈해로 들어간 다음 북쪽으로 항해하여 침로에 이를 수 있었으니 바로 지금의 메르귀[丹老]이다." 하지만, 여기 '벵갈해'는 아마도 '안다만해'를 잘못 쓴 것일 것이다. 또, 왕대연이 배를 타고 동쪽에서 서쪽으로 항해한다는 점을 상기할 때, 과연 춤폰에서 육로로 걸어서 팍찬 강 상류에 있는 항구에서 도착한 다음 다시 배를 타고 갔다는 설정이 쉽게 이해되지는 않는다. 그뿐만 아니라 팍찬강 상류에서 말리완을 경유해서 이른 곳이 바로 침로인데, 그곳이 메르귀라는 근거는 없다. 메르귀는 미얀마어로 므에리트(mrit)이고, 몽어로는 뽀이크[pòik], 타이어로는 마리트(Marit)이다. 침로와 음성적으로 아무런 관련이 없는 것처럼 보인다. 현 중국어로 메르귀는 단노(丹老)라고 음역하는데, 그 근거는 그곳의 화교들이 그렇게 부른다는 것이 쑤 씨의 주장이다. 이어서 이 단노는

노고석(鹵股石)[2]이 많다. 농토는 하등으로 농사를 적게 짓는다. 사람들은 참마[薯], 호로(胡蘆), 서과(西瓜)[3]를 심고, 아울러 바다소라, 방합조개, 새우를 잡

시암어 타나오스(Tanaos)에 어원을 두고 있고, 이 타나오스를 말레이어로는 타나 사리(Tanah Sari)라고 하며, 미얀마어로는 타넨타(Ta-nen-tha)라고 하는데, 현 서양 지도의 테나세림(Tenasserim)에 해당한다고 하였다. 급기야 메르귀가 테나세림이라는 결론에 이르게 되는 매우 황당한 추정이 생겨났다. 게다가 쑤 씨에 따르면, '침(針)'자가 샤먼어[Amoy]로 [tim]으로 발음되는데, 그로부터 'ta'로 변형되었다는 것이다. '침'자의 샤먼어 발음은 [tsiam], 또는 [tsim]으로 [짐]에 가깝다. 쑤 씨의 이러한 추정은 받아들일 수 없는 억측에 지나지 않는다. 하지만 왕대연이 이곳의 산물로 서과(西瓜, 수박)을 언급하고 있다는 점은 쑤 씨의 추정에 약간의 근거가 될 수는 있다. 아래 서과에 관한 주석을 참고하시오.

2) 앞의 마리로(麻里嚕) 조목의 주석을 참고하시오.

3) 서과(西瓜, 수박)에 관하여, 먼저 '과(瓜)'는 박과 식물의 총칭이다. 그게 박[calabash]과 멜론을 지칭한다. 박은 포(匏), 호(瓠), 호로(胡盧), 포로(蒲蘆) 등이 있고, 멜론에는 호과(胡瓜, 오이), 동과(冬瓜, 동아), 서과(西瓜, 수박) 등이 있다. 따라서 중국 자료에서 '과(瓜)'자가 정확히 어느 종을 지칭하는지를 분별하기는 쉽지 않다. 여기 수박을 가리키는 '서과(西瓜)'에 관하여, 히어트(Hirth)는 그리스어 시쿠아(σικύα)의 음역으로 추정했다(『Fremde Einnusse in der chinesischen Kunst』, 17쪽). 사실 음성적으로 매우 근접해있다. 그러나 시쿠아는 오이를 지칭할 뿐, 수박과는 전혀 다른 단어이다. 한편 라우퍼(B. Laufer)는 음역의 글자가 아니라, 의역한 것으로 '서역의 멜론' 즉 투르키스탄의 멜론이란 뜻으로 확인했다(『Sino-Iranica』, 445쪽). 분명 서과는 음역이 아니라 중국식 의역으로 보는 것이 더 그럴법하다. 중국 자료에서 '서과'를 언급한 가장 이른 기술은 『신오대사』 권73에 인용된 호교(胡嶠)의 『함로기(陷虜記)』일 것이다. "상경(上京) 동쪽으로 2정(程) 거리에 있는 평천에는 초목이 많았다. 처음으로 서과를 먹었다. 거란이 회흘을 격파하고 이 종자를 얻어 소똥으로 시렁을 덮어 심었더니 중국의 동과(冬瓜)만 하게 컸다(至上京東二程之平川, 多草木, 始食西瓜. 云契丹破回紇, 得此種, 以牛糞覆棚而種, 大如中國冬瓜)."라고 한 것이다. 이는 분명 서과를 언급하고 있지만, 중원이 아닌 북방의 거란지역에 있었다는 기술이다. 서과가 중원에 들어온 것은 2세기 이상을 더 지나, 금(金, 여진)에 사신

아먹는다. 안쪽 들[內坪][4]에는 작은 하천이 흐르는데, 물고기와 게가 있어 아

으로 간 홍호(洪皓, 1090~1155)는 15년 동안(1129~43년) 그곳에 체류한 경험을 토대로, 『송막기문(松漠紀聞)』(사고전서본, 권2, 6a)이란 기록을 남겼다. "서과의 모양은 납작한 박[蒲, Acorus]처럼 둥글고, 짙푸른 색이며, 세월이 지나면서 누렇게 변한다. 오이류[Cucurvitacea]의 첨과(甜瓜, 멜론)로, 맛이 달고 무르다. 안에는 즙이 있어 더욱 냉하다. 『오대사』 「사이부록」에 '소똥으로 시렁을 덮어 심었다고 한다.' 나는[홍호] 그것을 가지고 돌아왔다. 지금은 황실 정원, 시골 정원에 모두 있으며, 역시 수개월을 저장할 수 있다. 그러나 해를 넘기지 못하고, 또 누렇게 변하지도 않았다. 파양에 오래 눈병을 앓은 사람이 [수박을] 햇볕에 말려 복용하자 나았는데, 아마도 그 성질이 냉했기 때문일 것이다(西瓜形如扁蒲而圓, 色極青翠, 經歲則變黃. 其瓞類甜瓜, 味甘脆. 中有汁尤冷, 五代史四夷附錄云, 以牛糞覆棚種之. 予攜以歸. 今禁圃·鄉囿皆有, 亦可留數月, 但不能經歲, 仍不變黃色. 鄱陽有久苦目疾者, 曝乾服之而愈, 蓋其性冷故也)."라고 하였다. 따라서 중국인의 눈에 수박이 확인된 것은 10세기부터이고 실제 중국에 유입된 것은, 12세기임을 알 수 있다. 하지만 당시는 양자강을 중심으로 나뉜 시기로, 남쪽으로 유입된 시기는 더 늦어질 것이다. 『대덕남해지』 권7 물산 조목에는 "서과는 지원(至元, 1264~1394) 연간 [중앙아시아가] 복속된 뒤에야 이 종을 가지게 되었다(西瓜自至元歸附後, 方有此種)."라고 한 것으로 짐작할 수 있다. 원산지에 대해서는 논란이 많다. '서'자를 붙인 것을 보면 수박은 확실히 외래종이다. 학자들 사이에서 주로 언급되는 곳은, 페르시아와 인도지역이다. 14세기 기록에서는 여기 왕대연이 언급한 '서과'가 유일하며, 15세기 마환의 『영애승람』에는 만랄가(滿剌加, 말라카), 소문답랄(蘇門答剌, 수마트라), 천방(天方, 메카)의 산물로 언급되고 있다. 따라서 수박은 늦어도 14세기 중반에 중국인들에게 잘 알려져 있었던 것으로 추정할 수 있다. 또한, 이상 수박이 언급된 왕국들을 볼 때, 바닷길로는 인도가 수박 전파의 중심 역할을 했고, 육로로는 페르시아가 중심이 되었다고 추정할 수 있다. 이러한 이원론은 수박의 어원이 페르시아어와 인도어에서 출발하고 있다는 점이 이를 뒷받침해 주고 있다(수박의 외국 명칭에 관해서는 라우퍼의 『Sino-Iranica』, 438~445쪽을 참고하시오).

4) 쑤 지칭 씨는 현 메르귀(Mergui)에서 12~3마일 떨어진 곳에 냥웅비(Nyaungbi)라는 마을을 지칭하는 것이라고 하였다(『도이지략교석』, 130쪽). 음도 근접하지

주 맛있다. 민간에서는 하천 가까이에서 그물을 한 번만 던져도 며칠을 먹고도 남는다. 기후는 조금 덥다. 풍속은 열악하다. 남녀는 붉은 면포로 머리를 두르고, 검은 만(縵)으로 몸을 싸맨다. 사람들은 바닷물을 끓여 소금을 만들고, 죽사포(竹絲布) 짜는 것을 생업으로 삼는다. 추장이 있다. 궁초(芎蕉, 바나나)가 난다. 파자(貝八子)를 섬(暹)에 유통하고 돈으로 사용한다. 교역하는 상품은 동선(銅線), 쇠솥, 동주(銅珠), 오색의 소주(燒珠), 크고 작은 항아리, 화포(花布), 북, 청포(青布) 등이다.

自馬軍山水路, 由麻來墳至此地, 則山多鹵股. 田下等, 少耕植. 民種薯及胡蘆·西瓜, 兼採海螺·螃蛤·蝦食之. 內坪下小溪, 有魚蟹極美. 民間臨溪每一擧網, 輒食數日而有餘. 氣候差熱. 俗惡. 男女以紅綿布纏頭, 皂縵繫身. 民煮海爲鹽, 織竹絲布爲業. 有酋長. 地產芎蕉. 貝八子通暹, 准錢使用. 貿易之貨, 用銅條·鐵鼎·銅珠①·五色焇珠·大小埕·花布·鼓·青布之屬.

① 이 두 글자에는 오류가 있는 것 같다.[5]

파자(貝八子)가 많이 나는 곳은 서쪽에 있는 유산(溜山, Maldives)와 라카디브(Laccadives) 산 동쪽이므로 소록(蘇祿, Sulu)이다. 침로(針路)는 생산한 파자를 섬(暹)에 유통하고 화폐로 사용하며, 죽포(竹布) 짜는 것을 생업으로 삼는다고 했으므로 소록 군도 중 하나일 것이다. 그러나 마래분(麻來墳)은 인도 서쪽 해안의 말라바르(Malabar)와 음이 매우 근접하므로, 이곳에서 침로에 이른다면 유산 군도 중 하나일 수도 있다.

않을뿐더러, 내륙 지역을 여행하지 않은 왕대연이 그렇게 작은 마을을 언급했을 리는 없을 것 같다.

5) 모든 판본에서 이본은 없다. 그리고 본서 삼도(三島) 조목에 동주(銅珠)라는 산품이 보이므로, 두 글자의 오류로 볼 수 없다.

25. 팔도마(八都馬) [54~55]

[팔도마는] 번화한 시장의 광장이다. 산은 무성하고 농토는 작지만, 인력이 고루 분포되어 항상 먹을 것이 족하다. 기후는 따뜻하며, 풍속은 질박함을 좋아한다. 남녀는 몽둥이 모양으로 상투를 하고 청포로 만든 만(縵)을 두르고 감매리(甘埋里) 베로 묶는다. 추장이 땅을 편안히 지켜, 사람들은 안락하게 산다. 부모가 죽으면 반드시 목욕재계하고 반 개월을 곡한 다음 장례를 치른다. 매일 상향불(桑香佛)을 성실하게 모신다. 간음이나 도둑질한 자는 효수하여 경계를 보인다. 자기들의 법을 따르는 자는 상을 주어 권장함을 보여준다. 풍속은 사뭇 합리적이다. 그곳에서는 상아가 나는데, 무거운 것은 1백여 근에 달하고 가벼운 것도 7~80근이 나간다. 후추는 자바[闍婆]에 버금간다. 교역하는 상품은 남북사(南北絲), 화은(花銀), 적금(赤金, 순금), 구리, 쇠 솥, 사포(絲布), 초금단(草金緞), 단산금(丹山錦), 홍견(紅絹), 백반(白礬) 등이다.

闊市廣陽①. 山茂田少, 民力齊, 常足食. 氣候暖, 俗尚朴. 男女椎髻, 纏青布縵, 繫甘理布②. 酋長守土安, 民樂其生. 親沒, 必沐浴齋戒, 號泣半月而葬之. 日奉桑香佛惟謹. 有犯奸盜者, 梟之以示戒. 有遵蠻法者, 賞之以示勸. 俗稍稍近理. 地產象牙, 重者百餘斤, 輕者七八十斤. 胡椒亞於闍婆. 貿易之貨, 用南北絲·花銀·赤金·銅·鐵鼎·絲布·草金緞·丹山錦山③·紅絹·白礬之屬.

① '양(陽)'자는 심증식본에 '장(場)'자로 되어있다.[1)]

② '리(理)'자는 '매(埋)'자의 잘못이다. 본서에는 감매리(甘埋里) 조목이 있다.

---

1) 광양(廣陽)이란 조합은 중국의 지명 이외에는 술어로 사용된 경우를 찾지 못했다. 아마도 심증식 씨의 『도이지략광증』 본에 따라 '양'자를 '장(場)'자로 보는 수밖에 없을 것 같다.

③ '금(錦)'자 아래에는 '산(山)'자가 보이는데, 잘못 베꼈을 것이다.[2)]

팔도마라는 명칭은 본서에서 처음 보인다. 『정화항해도』에도 이 나라가 들어있는데, 바로 현 마르타반(Martaban)[3)]이 이곳이다. 이 나라를 태국사람들은 마타마(Ma-ta-ma)라고 하고 미얀마 옛 비문에는 무타마(Mouttama), 『나가라크르타가마』 표에는 마루트마(Marutma)로 되어있다. 팔도마는 바로 이들에 해당하는 음역이다. 필립스 씨가 번역한 『항해도』에서는 '마도팔'로 도치되어 있는데, 잘못이다. 심증식 씨는 『광증』에서 『신당서』 「표국전(驃國傳)」을 인용하여 마지발(麻地勃)[4)]을 마타만(馬他萬) 즉 팔도마로 보았는데, 그럴 수도 있다.

---

2) 잘못 베낀 것으로 보이는 '산(山)'자를 쑤 지칭 씨는 뒤로 붙여 '산홍견(山紅絹)'으로 읽고, '산'자가 영산홍의 '산'자로 보고, 영산홍이 들어간 비단으로 풀었는데(『도이지략교석』, 132쪽), 억지스러운 감을 떨칠 수 없다. 여기서 '산'자는 잘못 베낀 것으로 보는 것이 맞다.

3) 마르타반은 공식적인 명칭으로, 양곤의 동쪽에 있는 살윈강 어귀 서쪽, 모울메인(Mawlamyine) 맞은편에 있는 1287~1364년 마르타반 왕국의 수도였던 모타마(Mattama)를 지칭한다.

4) '마(麻)'자를 '마(磨)'자로 고쳐야 한다. 심증식의 『도이지략광증』(상, 11쪽)의 해당 부분은 다음과 같다. "『신당서』 「표국전」에서 소속된 부락 32개의 맨 마지막이 마지발(磨地勃)인데, 마지발 책(柵)에서 바다로 닷새를 가면 불대(佛代)에 이른다. 불대는 바로 불서(佛逝)이므로 마지발은 표국 서남쪽 항구로, 현 마타만(磨他萬) 땅임이 틀림없다." 심증식의 이 기술은 『신당서』 「표국전」, 6307쪽에서 확인할 수 있다. 불대=불서이고, 마지발-팔도만의 추정 근거는 전혀 제시하지 않았다.

26. 담막(淡邈) [55]

[담막은] 작은 항구로 바다에서 몇 리 떨어져 있다. 산들은 쇠로 만든 붓 같고, 장사진처럼 길게 이어져 사람들이 그에 따라 의지해 산다. 농토는 평탄하고 곡물 농사에 적합하여 먹고도 남는다. 기후는 따뜻하고 풍속은 검소하다. 남녀는 몽둥이 모양으로 상투를 틀고 흰 베로 만든 짧은 적삼을 입고, 죽포(竹布)로 만든 사롱[捎]을 맨다. 사람들은 산속 약초를 많이 알고 있어 질병의 증상이 있을 때, 복용하면 귀신같이 낫는다. 바닷물을 끓여 소금을 만들고, 그물 치는 일을 생업으로 삼는다. 그곳에는 후추가 나는데 팔도마(八都馬)에 버금간다. [교역하는] 상품은 황소주(黃燒珠), 기린갈(麒麟竭), 서양사포(西羊絲布), 거친 그릇, 청자기, 구리 솥 등이다.

小港去海口數里. 山如鐵筆, 迤邐如長蛇, 民傍緣而居. 田地平, 宜穀粟, 食有餘. 氣候暖, 風俗儉. 男女椎髻, 穿白布短衫, 繫竹布捎. 民多識山中草藥, 有疵癘之疾, 服之其效如神. 煮海爲鹽, 事網罟爲業. 地產胡椒, 亞於八都馬. 貨用黃硝珠①·麒麟粒②·西洋絲布·粗碗·青器③·銅鼎之屬.

① 초주(硝珠)의 '초'자는 '소(焇)'자의 잘못일 것이다. 바로 소주(燒珠)이다.

② 혈갈(血竭)은 『본초』에서 기린갈(麒麟竭)이다. 물건이 말린 피와 같아 '혈갈(Dragon's blood)'이라 한다. '갈'자는 아랍어 카티르(ka-tir)에 해당하는 음이다.[1)] 알갱이[粒] 모양이므로 본서에서는 '기린립'이라 하

1) 이 설명은 히어트와 록힐의 설을 따른 것이다(『조여괄』, 198쪽 주). 펠리오는 「15세기 초 중국의 대항해(Les grands voyages maritimes chinois au début du XVe siècle)」, 『통보』, 1933, 388쪽 주에서 "나는 후지타 토요하치와는 달리, 『도이지략』(37a)의 기린립(麒麟粒)은 단순히 기린갈(麒麟竭)을 잘못 쓴 것에 불과하다고 생각한다."라고 설명한 바 있다. 수지를 굳힌 것이므로 얼마

였다.

③ '청기'는 청백화자기(青白花磁器)이다.

『정화항해도』의 답나사리(答那思里, Thanasari, Tenasserim), 팔도마[Martaban] 사이에 타왜(打歪)가 보이는데, 바로 현 타보이(Tavoy, Tavai)[2]이다. 담막은 타왜의 다른 음역으로,[3] 명나라 사람들이 타회(打回)라고 한 곳이 바

든지 입자 형태로 만들 수도 있을 것이다. '립'자가 '갈'자의 오기로 볼 필요는 없다. 기린갈(麒麟竭), 혈갈(血竭)에 관해서는 『바다의 왕국들』, 315~318쪽을 참고하시오.

2) 타보이는 원문에 자보이(Javoy, Javai)로 잘못 인쇄되어 있어 바로 잡는다. 앞서 본 모토마(마르타반)와 미얀마 남쪽 중심 항구도시 메르귀 중간 지점으로, 타닌타리(Tanintharyi) 지역의 거점 도시이다. 타보이의 공식 명칭은 다웨이(Dawei)이다. 미얀마어로는 '더웨', 몽어로는 '허와이', 태국어로는 '타와이'로 발음한다. 사실 여기서 말하는 담막(淡邈)의 발음과는 아무런 연관성이 없어 보인다. 다만 산물 중에 후추가 팔도마[모토마]에 버금간다고 한 것뿐이다. 이것이 담막을 다웨이로 추정하는 근거가 될 수는 없다.

3) 담막(淡邈)은 타왜(打歪)의 다른 음역이다는 설은 그 근거를 전혀 밝히지 않았다. 타왜=타회(打回)에 대하여, 쑤 지칭 씨는 "중국 자료에서 이 나라 이름을 기록한 것은 당나라 시기로 거슬러 올라갈 수 있다. 『신당서·가릉전』에는 타원국(沱洹國)이 보이는데, 이것이 중국 문헌에서 보이는 가장 빠른 기록이다. 『신당서』에 '타원(陀洹)은 '누타원(耨陀洹)'이라고도 하는데 환왕(環王) 서남쪽 바다에 있고, 타화라와 접해있다. 교주에서 9~10일 항해하면 이른다(陀洹, 一曰耨陀洹, 在環王西南海中, 與墮和羅接, 自交州行九十日乃至).'라고 하였다. 여기의 환왕(環王)은 참파이고, 타화라는 바로 타라발저(墮羅鉢底)이다. 타원(沱洹)은 몽족이 건설한 나라로 몽어로 '국(國)'자에 해당하는 말이 한둘이 아니지만, 가장 흔히 보이는 것은 [reh]이고, '누(耨)'자의 고음은 [노(no)]로 읽으며, 광주말로는 나우(nau), 샤먼어로는 로(lo)로 읽고, 중국에는 [r]음이 없어 [l] 또는 [n]에 해당시키므로 누타원의 '누'는 [reh]가 변화된 형태이고, 누타원은 레 타와이(Reh Thawai)에 해당하는 음이다. 『제번지』 진랍 조목에는 두회(杜懷)가 보이

로 이곳이다.

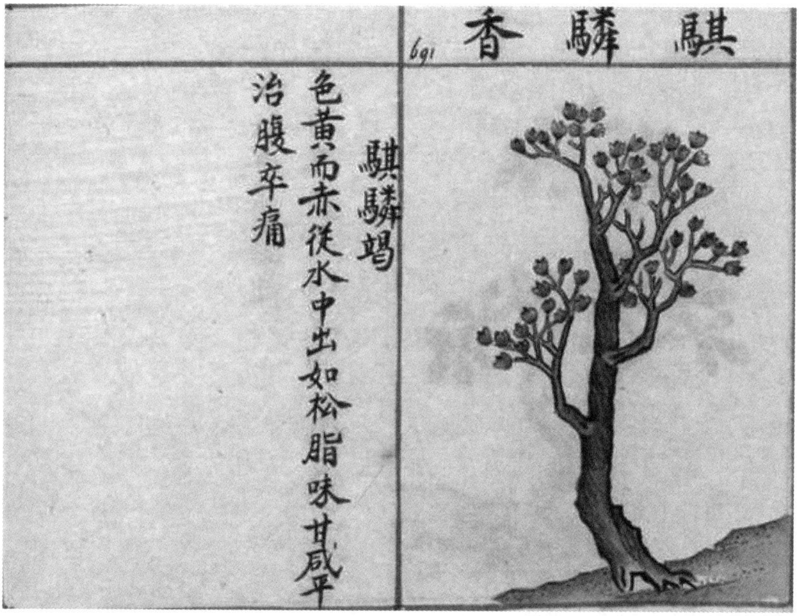

『중국 약용식물론과 라틴어 번역(Traité chinois de botanique médicale et traduction en latin)』(I), 18세기 익명의 사본. 제안냉 드 샹블랑(1722~1897)의 렉션(Collection Jehannin de Chamblanc). Ms 387. 기린갈(麒麟竭).

는데, 바로 송나라 시기의 음역 명칭이다."라고 추정했다(『도이지략교석』, 134쪽). 우선 『신당서·가릉전』이 아니라 『신당서』, 권222, 「담릉전(曇陵傳)」이 맞고, '타원(沱洹)'은 타원(陀洹)이 되어야 한다. 둘째, 환왕, 즉 참파의 서남쪽 바다에 있다고 한 점, 그리고 교주에서 9~10일 걸린다고 한 것과 부합하지 않는다. 이는 리 다오강 씨가 이미 일축한 바 있다(黎道纲, 「陀洹昙陵二國考 - 唐代泰境古國考」, 『南洋问题研究』, 1999(4), 21쪽). 셋째, '누'자의 고음은 'no'가 아니라 'nòu'이며, 광저우어로는 'nau'가 아니라 'nậ'이다. 넷째, 쑤 씨는 앞서, '타회'는 타이어 발음을 음역한 것으로 추정했으면서도, '레 타와이(Reh Thawai)'에서는 몽어 발음을 취하고 있다. 마지막으로, 『제번지』 진랍 조목의 두회(杜懷)로 동일시하는 점에 대해서는 아무런 근거를 제시하지 않았으므로, 감각적 추정이라고 볼 수밖에 없다. 따라서 쑤 씨의 설은 폐기되는 것이 맞다.

27. 첨산(尖山)[1)] [55~57]

[첨산은] 자체로 세계를 갖추었고, 이 산은 '소동양'에 쟁반처럼 차지하고 있다. 붓을 하늘에 꽂은 듯 우뚝하여, 수백 리 떨어져 걸려있지만 멀리 바라다보면 엄연하다. 농토는 적지만, 참마[薯]를 많이 심어, [그것을] 익혀 밥으로 대용한다. 기후는 무덥고 풍속은 인색하다. 남녀는 머리를 자르고, 불남규(佛南圭)의 베로 몸을 두른다. 바닷물을 끓여 소금을 만들고 사탕수수즙과 좁쌀[小米]을 발효시켜 술을 만든다. 그곳에서는 수면화(水綿花), 화포(花布), 황랍이 난다. 거친 강진(降眞)도 나는데, 모래땅에서 자라기 때문에 열매를 맺지 않는다. 교역하는 상품은 아정(牙錠), 구리, 쇠솥, 청자기, 크고 작은 동이와 옹기, 청단피(青單皮), 면, 북, 악기 등이다.

自有宇宙, 玆山盤據于小東洋. 卓然如文筆插霄漢, 雖懸隔數百里, 望之儼然. 田地少, 多種薯, 炊以代飯. 氣候頓[煩]熱[2)], 風俗纖嗇. 男女斷髮, 以紅絹纏頭, 以佛南圭布纏身①. 煮海爲鹽, 釀蔗漿水米爲酒②. 地產水綿花·竹布·黃臘. 粗降眞. 沙地所生, 故不結實. 貿易之貨, 用牙錠·銅·鐵鼎·青碗·大小埕甕·青皮單③·錦·鼓·樂之屬.

① 본서 나혹(羅斛) 조목에 보이는 홀남규(忽南圭)가 바로 이 불남규(佛南圭)[3)]이다.

---

1) 심증식 씨는 『도이지략광증』(총서집성속편본, 상, 11쪽)에서 "사청고(謝清高)가 말한 소록(蘇祿)의 첨필란(尖筆闌)인 것 같다."라고 하였다. 후지타 토요하치의 위치 추정은 이로부터 시작한다.

2) '돈(頓)'자는 정본(丁本)에 '번(煩)'자로 되어있는데, '번'자가 문맥에 더 잘 어울린다.

3) 심증식 씨는 앞의 출처에서, "불남규는 바로 명나라 사람들이 말하는 불랑기(佛郎機)이다."라고 하였다. 포르투갈 사람들이 이 지역에 온 것은 빨라도 16세기이므로 시간상으로 맞지도 않고 이들이 포르투갈의 베로 몸을 두르지는 않았을 것

② '수미(水米)'의 '수'자는 '소(小)'자의 잘못일 것이다.

③ '피단(皮單)'은 '단피(單被)'의 오기일 것이다.[4)]

『해록』 소여송(小呂宋) 조목에서 "소여송 섬은 원래 만리랄(蠻里剌, Manila)이라 하였고 소록(蘇祿, Sulu) 첨필란(尖筆蘭)의 북쪽에 있다(小呂宋島本名蠻里剌, 在蘇祿尖筆蘭之北)."라고 하였고 또, 고달(古達, Kudat)[5)] 조목에서 "고달국은 첨필란 동남쪽 바다에 있는데, 별도의 대산이 서 있고 동남쪽으로 굽이굽이 이어져 수천 리에 달하며, 10여 개의 나라가 빙 둘러 차지하고 있다. 혹 식력대산(息力大山)이라고도 한다. 첨필란산 동남쪽에서 순풍에 약 2~3일을 가면 도착한다(咕嗟國在尖筆蘭東南海中, 別起一大山, 迤邐東南, 長數千里, 十數國環據之. 或謂之息力大山. 此其西北一國也. 由尖筆蘭山東南行, 順風約二三日可到)."라고 하였으며, 또 "첨필란산은 지분산(地盆山, Jimun) 동쪽으

이다. 음성적 유사함에서 비롯한 추측에 지나지 않는다. 쑤 지칭 씨는 인도네시아어로 '무지개'를 뜻하는 '펠랑기(pelangi)'에 대응하는 음으로 생각했다(『도이지략교석』, 138쪽). 이 단어는 '색동천'을 의미하기도 하므로 그럴법해 보이지만, 대응하는 음이 만족스럽지 않고, 또 이곳은 '소동양'의 한 섬이며, 이곳에서 나는 산물로 베와 관련되는 것은 죽포(竹布)뿐이다. 게다가 이러한 시기에 색동의 직조기술이 이 섬에 존재했다고 보이지도 않는다. 차라리 후지타 토요하치처럼 홀남규(忽南圭)의 베로 보는 것이 이해하기 더 쉽다.

4) 후지타 토요하치는 '청단피(青單被)' 즉 푸른색 홑이불로 읽고 싶은 것이다. 이에 대해 쑤 지칭 씨는 후지타 토요하치의 '피(被)'자를 '피(皮)'자로 급하게 읽고, 이 '피(皮)'자는 '포(布)'자의 잘못된 글자로, 말하자면 '청단포(青單布)'로 읽고자 했다(『도이지략교석』, 138쪽). 쑤 지칭 씨가 자신의 주석인 점성 조목의 타포(打布)를 참조하라고 한 것을 보면, 그는 청단포가 바로 '푸른 타포'로 이해하고자 했던 것 같다. 이 설이 성립하려면, '피'자와 '단'자 모두가 잘못된 표기임을 상정해야 한다.

5) '고달(古達)'은 원문에 '고달(咕嗟)'인데, 잘못 옮긴 것 같다. 아래에 나오는 것도 마찬가지로 표기하고 있어, 원문에 따라 고쳤다. 펑 청쥔 교주, 『해록주』, 47쪽.

로 조금 남쪽에 있는 남해의 작은 섬이다. 주위는 1백 리이고 원주민 수백 명이 산다. 또한 무래유(無來由, Malayu) 인종이다. 첨필란은 중국어로 '아홉'으로 산에 아홉 봉우리가 있어서 토착민들이 첨필란으로 불렀다. 지분산 동쪽으로 약 2~3일을 가면 이르는데, 산의 서쪽이 바로 천리석당(千里石塘)이다. 땅에서는 빈랑·야자·빙편이 난다(尖筆蘭山在地盆山東少南, 南海中小島也. 周圍百里, 有土番數百人, 亦無來由種類. 尖筆蘭者, 華言九也. 山有九峰, 故土番呼爲尖筆蘭. 由地盆山東行約二三日可到, 山西北卽千里石塘. 土産檳榔椰子氷片).라고 하였다. 식력대산(息力大山)은 잔중-살라탄(Janjung-Salatan) 남쪽 갑(岬)이라는 뜻이다. 여기서는 보르네오 섬의 천리석당(千里石塘)을 말한다. 본서에는 만리석당(萬里石塘)으로 되어있다. 『해록』의 방위는 두루뭉술하지만 첨필란은 지금의 대(大) 나투나(Natuna)[Bungoran]을 말하는 것 같다.[6] 본서의 '첨산(尖山)'이 이곳일 것이다. 옛날부터 발니(渤泥) 동쪽을 '동양'이라 하였으므로, 이 산은 발니와 거리가 그리 멀지 않다. 그러므로 "소동양에 쟁빈처럼 차지하고 있다"라고 하였다. 가장 큰 것은 해상에서 45마일 떨어져 있어도 볼 수 있다. 그러므로 "수백 리 떨어져 걸려있지만 바라보면 엄연하다."라고 한 것이다. 또 첨필란은 셈빌란(Sembilan)에 해당하는 음이다. 말레이어로는

---

6) 쑤 지칭 씨는 첨산=첨필란=그레이트 나투나라는 등식에 의문을 제기한다. 그레이트 나투나 섬은 『원사』「사필전」과 『동서양고』「서양침로」에 보이는 동서동산(東西董山)과 동서동(東西董)으로 확신하고 본서의 첨산은 술루해 서안, 팔라완 남부에 있는 현 산 안토니오 베이(San Antonio Bay)안에 있는 탐파란(Tamparan)으로 추정했다(『도이지략교석』, 137쪽). 나투나가 동서동산 또는 동서동이라는 아무런 근거도 제시하지 않았고, 현 구글 지도에 따르면 산 안토니오 베이 안에 탐파란은 보이지 않는다. 또 이 첨산이 팔라완 섬 남부에 있는 만탈링가잔(Mantalingajan) 산으로 보았는데, 왕대연의 원문은 분명 섬을 가리키고 있으므로, 첨산=팔라완이라는 추측인데, 논리적으로 모순이다. 그렇다고 후지타 토요하치의 손을 들어 주고 싶지도 않다. 새로운 자료를 통한 납득할 만한 고증을 기다려야 할 것이다. 만약 불남규가 홀남규를 말하는 것이라면, 나혹 인근 섬에서 찾는 것이 더 타당할 것이다.

'아홉'이란 뜻이다. 『성사승람』에는 구주산(九州山)이 보이는데, 원래 명칭은 셈빌란으로 페락(Perak) 서쪽 해상에 있다. 이름은 같지만 다른 곳이다.

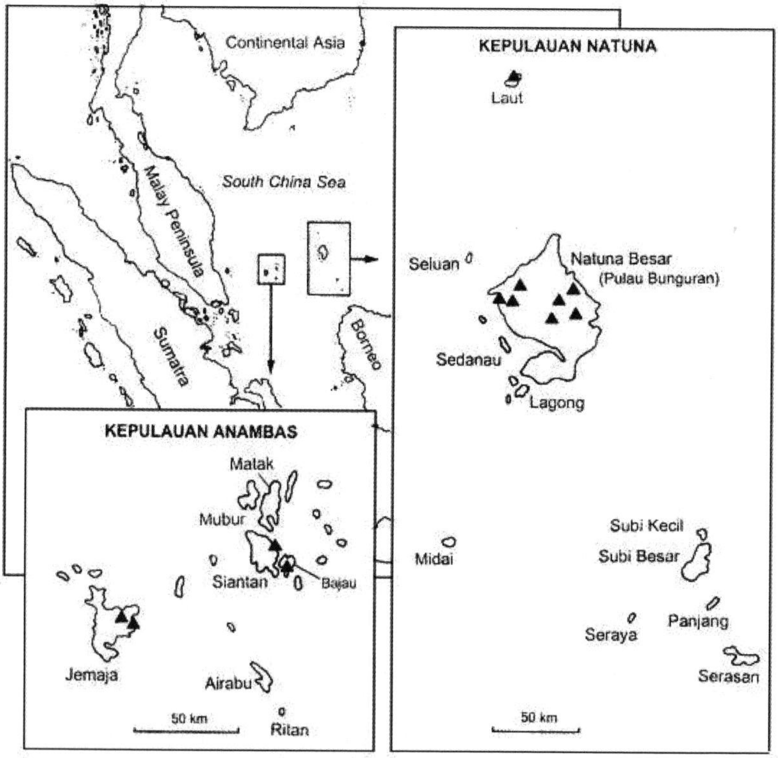

A.D. Tran, C.M. Yang, 「The aquatic bugs (Heteroptera) of the Anambas and Natuna Islands」, 『The Raffles Bulletin of Zoology』, 2004, Supplement 11, 56쪽.

이 고을은 바다에 임해있고, 산들은 모나 있고 나무는 메말라 있다. 농토는 척박하여 조나 밀을 심기에 적합하다. 풍속은 사도(邪道)를 숭상하여 호북도(湖北道) 풍주(澧州) 풍속과 같다. 남녀는 몽둥이 모양으로 상투를 하고, 백포의 만(縵)을 하고 토포(土布)로 싸맨다. 한 해에서 3월 안에 사람들은 산 사람을 잡아 귀신에게 제사 지내고 소원에 보답해 주기를 바라는데 [그래야] 재해가 생기지 않는다고 믿는다. 사람들은 바닷물을 끓여 소금을 만든다. 추장이 있다. 그곳에서는 단피(單茇),[1] 꽃문양을 날염한 베, 불퇴색(不退色), 목면화, 빈랑이 난다. [교역하는] 상품은 청자기, 자광(紫鑛)[2], 토분(土粉)[3], 청사포(青絲布), 항

---

1) '단피'가 무엇을 말하는지 모른다. 다만, 앞의 첨산(尖山) 조목의 청피단(青皮單), 바로 후지타 토요하치가 청단피(單被)로, 쑤 지칭 씨가 청단피(青單皮)로 읽은 것과 관계되는 것인지 모르겠다. 쑤 씨는 역시, '단피'가 타포(打布), 즉 타페(tapeh)라고 확신하고 있다(『도이지략교석』, 140쪽).

2) 자광(紫鑛)이라는 이 상품은 본서에서 여기에서만 보인다. '자광(紫礦)'으로도 쓴다. 글자로 봐서는 광물질처럼 보이지만, 나무의 수지이다. 중국 자료에서는 그 설명을 찾기 어렵지만, 『동의보감』「탕액편」에서 그 설명을 찾을 수 있다. 허준은 "또한 수지가 결정되어 만들어진 것으로, 모양은 문드러진 돌 같다(亦木脂液結成, 形若爛石)."라고 하였다. 쑤 지칭 씨는 『유양잡조』, 권18에서 "자비(紫鉼)는 진랍국에서 나는데, 그 나라 사람들은 늑거(勒佉)라고 부른다. 또한, 파사국에서도 난다(紫鉼出真臘國, 國人呼爲勒佉, 亦出波斯國)."라고 한 설명을 들어 자광을 자비로 추정했으나(앞의 출처), 글자도 전혀 다르고, 현지 발음인 '늑거'와도 어울리지 않는다. 이시진은 『본초강목』, 권4에서 자광은 "살을 돋게 하고 통증을 멈추게 하며 상처를 아물게 한다(並生肌止痛斂口)."라고 하였고, 또 같은 권에서 "월경이 그치지 않을 때 가루로 복용한다(經水不止, 末服)"라는 약효를 기록하고 있다.

3) '토(土)'자 뒤에 산물이 붙는 경우, '토'자는 대부분 '중국'을 의미했다. '분(粉)'이 정확히 어떤 '가루'를 말하는 것인지 확인되지 않았다. 쑤 지칭 씨는 납 가루[鉛

아리, 옹기, 철제기물 등이다.

其邑臨海①, 嶺方木瘦. 田地瘠, 宜種粟麥. 俗尙邪, 與湖北道澧州風俗同②. 男女椎髻, 披白布縵, 繫以土布③. 一歲之間, 三月內, 民採生以祭鬼酬愿, 信不生災害. 民煮海爲鹽. 有酋長. 地產單茇·花印布不退色[4]·木綿花·檳榔. 貿易之貨, 用青器·紫鑛·土粉·青絲布·埕甕·鐵器之屬.

① '기(其)'자는 지복재본에 '감(甘)'자로 되어있어 정본(丁本)에 따라 고쳤다.

② 초나라 사람들이 미신을 믿고 음사(淫祀)를 중시한다는 말일 것이다.

③ 지복재본에서는 '만(縵)'자 아래 '위(爲)'자가 더 있는데 정본(丁本)에는 없어 정본을 따랐다.

『원사』「조와전」에 사필(史弼)이 수군을 통솔하여 두병족(杜並足, Tuban)에서 융아로(戎牙路) 항구(Ganggala)를 경유하여 팔절간(八節澗)에 이르렀고, 고흥(高興)은 마보군(馬步軍)을 통솔하여 두병족에서 육로로 행군하고, 부장들을 찬봉선(鑽鋒船)에 태워 보내, 융아로에서 마야파헐(麻喏巴歇, Majapait)에서 부교(浮橋)를 세워 전진하여 팔절간으로 가서 만나기로 하였다."[5]라고

粉]로 추정했다(앞의 출처).

4) '화인포불퇴색(花印布不退色)'은 하나의 사물인지 둘인지 분명하지 않다. 쑤 지칭 씨는 "아마도 자바에서 생산하는 일종의 사롱(紗籠)으로 만든 화포(花布)로 보이는데, 바텍(baték)이라 한다. 이 베의 채색과 도안은 나무틀에 밀랍을 발라 염색하는 방법으로 여러 차례 나누어 염색하므로 퇴색되지 않는다."라고 설명하였다(앞의 출처). 사실, '화인포+불퇴색'과 같은 결합방식은 본서에서 전혀 보이지 않을뿐더러, 만약 쑤 씨의 말대로, 염색한 것이라면, 퇴색하지 않는다는 말은 이해되지 않는다. 당시 염색 기술이 어느 정도였는지는 알 수 없지만, 변색의 여부가 판단 기준이 되지는 않았을 것이다.

5) 『원사』, 권210, 「조와전」(4665쪽): "自杜並足, 由戎牙路港口, 至八節澗. 興與亦黑迷失帥都元帥鄭鎭國·萬戶脫歡等馬步軍, 自杜並足陸行. 以萬戶申元爲前鋒.

하였고, 또 [팔절]간 위로는 두마반(杜馬班, Tumapel) 왕부(王府)와 접해있고, 아래는 포분(莆奔) 대해로 통하여 목구멍과 같아 반드시 쟁취해야 하는 곳이다(澗上接杜馬班王府, 下通莆奔大海, 乃爪哇咽喉必爭之地)."라고 하였다. 흐루너펠트 씨는 팔절간이 칼리 마스(Kali Mas)라고 하였다(흐루너펠트, 『Notes』).[6] 이 강의 우안은 바다와 약 9마일 떨어진 곳에 있으며, 지금은 파슈칸(Pachekan)읍이고, 강은 이곳에서 얻은 명칭이다. 본서에서 팔절나간(八節那間)은 여기 팔절간과 명칭이 매우 비슷하므로 '나(那)'자가 잘못 베껴진 것 같다.[7] 그러나 그 읍이 바다에 임해있다면, 파슈칸읍이 아닐 것이다. 자바[조와] 왕국에 소속된 먼 성(城)을 만차나가라(Manchanagara)라고 하는데, 팔절나간은 이 만차나가라에 해당하는 음일지도 모르므로 우선은 보류해 둔다.

遣副元帥土虎登哥, 萬戶褚懷遠·李忠等乘鑽鋒船, 由戎牙路, 於麻喏巴歇浮梁前進, 赴八節澗期會."

6) 후지타 토요하치는 참조 사항을 인쇄상 오류로 잘못된 위치에 두고 있어 바로잡았다. 약칭한 'Notes'는 바로 『Notes on the Malay Archipelago and Malacca』(Batavia, 1876)이고 해당 페이지는 22쪽이다. 쑤 지칭 씨는 흐루너펠트의 원문을 확인하지 않고, 마치 흐루너펠트가 "팔절간은 칼리 마스(Kali Mas) 강 우안에 있으며 바다에서 약 9마일 떨어져, 현재는 그곳에 파슈칸이라는 마을이 있다"라고 오해했다(『도이지략교석』, 139쪽). 흐루너펠트는 단지 팔절간에 괄호로 칼리 마스를 넣은 것뿐이다. 그다음 추정은 후지타 토요하치의 주석이다.

7) 쑤 지칭 씨는 마치 후지타 토요하치의 설을 무조건 부정하고 자신만의 추정을 내놓으려는 욕심이 앞선 것인지, 당황스러운 추정으로 신뢰도를 떨어뜨렸다. '팔절간'과 '팔절나간'은 확실히 다른 곳이라 주장하며, 팔절나간은 중자바 북안의 페칼롱간(Pekalongan)에 해당하는 음이며, 팔절간은 수라바야 남쪽 베카착(Bekachak) 하구라고 주장했으나(『도이지략교석』, 139~140쪽), 수긍할 만한 어떠한 근거도 제시하지 않았다.

루이스(Albert Buell Lewis, 1867~1940) 『Javanese Batik Designs form Metal Stamps』, Chicago, Field Museum of Natural History, 1924. 나무나 쇠에 새긴 문양을 찍어 만든 자바 사롱의 부분. 본문에서 말하는 '화인포(花印布)', 조와(자바) 조목에서 언급한 '색인포(色印布)'일까?

용아문(龍牙門)[1]에서 닷새를 밤낮으로 가면 이 나라에 도착한다. 사람들의 성에는 포(蒲) 씨가 많고,[2] 바다와 육지의 전투를 훈련한다. 관병들은 약을 먹어, 칼 같은 병장기에도 상처를 입지 않아 이 때문에 여러 나라를 압도한다. 이곳 사람들은 조밀하게 살며, 밭과 땅은 비옥하고 훌륭하다. 기후는 따뜻하며 봄과 여름에는 항상 비가 내린다. 풍속은 순박하다. 남녀는 상투를 틀고, 푸른 면포로 된 짧은 적삼을 입으며 동충포(東沖布)를 맨다. 매우 청결한 것을 좋아하여 물 위에 집을 짓는다.[3] 방합조개를 채취하여 젓갈을 만들고 바닷물을 끓여 소금을 만들며 차조를 발효시켜 술을 빚는다. 이곳에서는 매화편뇌(梅花片腦)[4],

---

1) 용아문(龍牙門)은 싱가포르 해협을 지칭한다. 본서에 별도의 조목으로 기술되어 있다.

2) 삼불제에 '포(蒲)' 씨가 많다는 정보는 『제번지』 삼불제국 조목에서도 확인할 수 있다(『바다의 왕국들』, 75쪽).

3) 『제번지』 삼불제국 조목에서는 "나라 사람들은 성 밖에 흩어져 살고, 혹 패(牌)를 만들어 물에서 살며, 판자를 깔고 띠로 덮는다(其人民散居城外, 或作牌水居, 鋪板覆茅)."라고 하였다. 엄종간(嚴從簡)이 『수성주자록(殊城周咨錄)』, 권8, 삼불제 조목에서 "물이 많고, 땅이 적어 통솔하는 사람들은 모두 해안에 가옥을 짓고 살며 둘레에는 수행하는 사람들이 빙 둘러 산다. 나머지 사람들은 모두 나무 뗏목을 설치하여 지붕을 이어 산다. 야자수 잎으로 덮고 나무와 참죽으로 가리고 막아 혹 물이 불어나면 뗏목은 떠올라 빠지지 않는다. 혹 다른 곳에 살고 싶으면 참죽을 세워 떠나는데, 집 자체를 옮겨 다니므로 재력이 들지 않는다(水多地少, 部領者皆在岸造屋居之, 周匝皆僕從住宿. 其餘民庶皆於水架木筏, 蓋屋而居. 覆以椰葉, 以木椿拴闌, 或水長則筏浮起, 不能沒也. 或欲別居, 起椿去之, 連屋移徙, 不勞財力)."라고 한 설명을 참고할 수 있다.

4) 매화편뇌란, 뇌자(腦子, 용뇌향)의 한 종류를 말한다. 『제번지』, 하권, 뇌자(腦子) 조목에 "편(片)으로 된 것을 '매화뇌(梅花腦)'라 하는데 모양이 매화와 같기 때문이다."라고 하였다. 자세한 것은 『바다의 왕국들』, 304쪽을 참고하시오.

중급의 강진향(降眞香), 빈랑, 목면포, 세화목(細花木)이 난다. 교역하는 상품은 색견(色絹), 홍소주(紅焇珠), 사포(絲布), 화포(花布), 놋쇠 솥 등이다. 옛날 전설에 이 나라에는 동굴에서 수만 마리의 소가 나와 사람들이 잡아먹었는데, 나중에 대나무와 나무로 그 동굴을 막자 끊어졌다고 한다.

自龍牙門去五晝夜至其國. 人多姓蒲, 習水陸戰, 官兵服藥, 刀兵不能傷, 以此雄諸國①. 其地人烟稠密, 田土沃美. 氣候暖, 春夏常雨. 俗淳. 男女椎髻, 穿靑綿布短衫, 繫東冲布②. 喜潔淨, 故於水上架屋③. 採蚌蛤爲鮓, 煮海爲鹽, 釀秫爲酒. 有酋長. 地產梅花片腦·中等降眞香·檳榔·木綿布·細花木④. 貿易之貨, 用色絹·紅硝珠⑤·絲布·花布·銅鐵鍋之屬. 舊傳其國地忽穴出牛數萬, 人取食之, 後用竹木塞之, 乃絕⑥.

① 이상은 『영외대답』, 『제번지』와 대략 같으며, 『명일통지』에 인용된 『도이지(島夷志)』에는 "관병이 약을 먹으면 병장기에 상처를 입지 않는다(官兵服藥, 兵不能傷)."라고 되어있다.

② 『명일통지』에 인용된 『도이지(島夷志)』에는 "남녀는 몽둥이 모양의 상투를 틀고(男女椎髻)" 이하가 같다. 동충(東冲)은 동충고랄(東冲古剌)의 약칭인 것 같다.[5] 본서에 별도의 조목이 있다.

③ 『명일통지』에 인용된 『도이지(島夷志)』의 문장과 같다.

④ 본서 중가라(重迦羅) 조목의 산물에 '세화목면단(細花木綿單)'이 보이는데, '목(木)'자 아래에 '면단' 두 글자가 빠진 것으로 본다.

⑤ '초(硝)'자는 '소(焇)'자의 잘못으로 '타다[燒]'는 의미이다.

---

5) 쑤 지칭 씨는 동충고랄의 산물에 이러한 베가 보이지 않는다는 점을 근거로 들어, 동충포의 '동(東)'자가 '속(束)'의 오기로 보고, 자바[爪哇]에서 짜는 사롱을 만드는 베로, '카인 신장(kain sinjang)'에 해당하는 음일 것으로 추정했다. (『도이지략교석』, 145쪽) 소위 '속충(束冲)'과 'sinjang'은 음성적으로 전혀 어울리지 않는다.

⑥ '구전(舊傳)'이란 바로 『제번지』에 의거했다는 말일 것이다.[6)]

의정(義淨)의 『남해기귀내법전(南海寄歸內法傳)』에 "말라유주(末羅遊洲, Malayu)는 지금의 시리불서국(尸利佛逝國)이다"라고 하였고, 또 "또한 실리불서국(室利佛逝國)에 이르면, 8월 중에는 해시계 그림자가 줄어들지도 않고 늘지도 않는다. 한낮에 사람이 서도 전혀 그림자가 없다. 봄에도 역시 마찬가지다. 1년에 두 번 해가 머리 위를 지나간다. 만약 해가 남쪽으로 갈 때면 북쪽 가장자리의 그림자가 2, 3척(尺)으로 길어지고 해가 북쪽으로 향하면 남쪽의 그림자도 그와 같이 된다(如室利佛逝, 至八月中以圭測影不縮不盈, 日中人立並皆無影, 春中亦然, 一年再度日過頭上. 若日南行, 則北畔影長二尺三寸, 日向北邊, 南影同爾)."[7)]라고 하였으므로, 실리불서(室利佛逝, Sriboja)는 적도

---

6) 『유양잡조(酉陽雜俎)』 권18, 섬피국(贍披國, 참파?) 조목에 1천여 마리의 소를 치는 사람 이야기가 보인다(『역주 유양잡조』, 1, 415쪽을 참고하시오). 『제번지』 삼불제 조목에 "옛날 전설에 따르면, 그 나라의 땅이 갑자기 갈라지며 구멍이 생겼는데 수만 마리의 소들이 나와 무리를 지어 산으로 달려 들어가자 사람들이 다투어 잡아먹었다. 후에 대나무와 나무로 그 구멍을 막자 마침내 끊어졌다고 한다(舊傳其國地面忽裂成穴, 出牛數萬, 成羣奔突入山, 人競取食之, 後以竹木窒其穴, 遂絕)."라고 하였다(『바다의 왕국들』, 77~78쪽을 참고하시오). 쑤 지칭 씨는 현 수마트라섬 팔렘방 서북쪽 부킷팅기(Bukittinggi)의 응아라이(Ngarai)라는 바위 골짜기를 들어 '소의 굴'이라는 근거 없는 설을 내놓았다(『도이지략교석』, 145쪽). 쑤 씨가 말하는 '응아라이'는 응아라이 시아누크(Sianok), 즉 시아누크 협곡을 지칭하는데, 여기 '응아라이'는 협곡, 절벽 등의 뜻이다. 시시아누크의 의미는 밝혀지지 않았다. 캄보디아 서남단에 시아누크빌(Sihanoukville)이란 도시가 있는데, 'Sihanouk'는 팔리어로 '사자'를 의미하는 'siha'와 '턱'을 뜻하는 'hanu'의 결합으로 알려져 있다.

7) 왕 방웨이(王邦維) 교주, 『남해기귀내법전』, 중화서국, 1995, 167~168쪽. 다카쿠스 준지로는 여기의 낙주(洛州)를 중인도로 추정하였다. 락(洛)은 중국의 수도이자 천하의 중심[天下之中]인데, 매우 이상하기는 하지만 의정은 여기에서만 중인도의 의미로 사용했을 것이다. 다카쿠스 준지로(高楠順次郎), 『A

바로 아래이다. 『대당서역구법고승전』에 “20일도 채 걸리지 않아 마침내 불서(佛逝)로 갔다. 6개월을 [그곳에서] 보내고, 점차 학문적 성취가 있었다. 왕이 후원하고 말라유국으로 가도록 호송해주었다【지금은 실리불서로 바뀌었다】未隔兩旬, 果之佛逝. 經停六月, 漸學聲明. 王贈支持, 送往末羅瑜國.【今改爲室利佛逝也】”라고 하였고, 또 “동풍에 배를 타도 1개월을 가면 실리불서국에 도착한다.…뒤에 왕의 배를 타고 15일이 걸려 말라유주에 도착했다(東風汎舶一月到室利佛逝國. …後乘王舶經十五日達末羅瑜洲).”라고 하였으므로, 실리불서는 두 곳이고, 서로의 거리는 대략 15일 정이다. 『신당서』「지리지」에 “[또 5일을 가서 그곳 주민들이 ‘질’이라고 하는 해협에 도착했다. 남북으로 1백 리이고 북안은 나월국이며 남안은 불서국이다([又五日行至]海硤, 蕃人謂之質, 南北百里, 北岸則羅越國, 南岸則佛逝國).”라고 하였다. 불서(佛逝)는 바로 실리불서(室利佛逝)로, 현 수마트라섬 동부의 적도 바로 아래의 지점이다.

삼불제(三弗齊)는 실리불서(室利佛逝)가 와전된 것이다. 『제번지』에 “삼불제는 캄보디아, 자바의 사이에 있으며 관할하는 주는 15개가 있다. 천주(泉州)의 정남쪽에 있어 겨울이라도 순풍이면 달포 만에 능아문(凌牙門)에 이른다. 지나는 상인 중 3분의 1이 이곳에서 그 나라에 들어간다(三佛齊間於眞臘·闍婆之間, 管州十有五. 在泉之正南, 冬月順風月餘方至凌牙門. 經商三分之一始入其國).”라고 하였다. 여기 능아문(凌牙門)은 본서에서 말하는 용아문(龍牙門)으로, 현 싱가포르섬이다. 『성사승람』, 『영애승람』 등의 책들이 모두 삼불제가 구항(舊港)의 옛 명칭이라고 하고 있으나, 본서에는 삼불제도 있고 구항도 있으므로 구항은 분명 삼불제가 아니며, 본서의 구항 조목에 따르면, 구항

record of the Buddhist religion as practised in India and the Malay archipelago』, Oxford, Clarendon Press, 1896. 143쪽, 주2. 또 다카쿠스 준지로는 스리보자의 위치에 관해서, 현 팔렘방이 의정의 시대에 스리보자라면 ‘팔월중(八月中)’은 수마트라에서 추분 이후 6일일 것이다. 그러나 ‘팔월중’이 정확히 추분이라면 스리보자는 적도 또는 팔렘방 북쪽으로 약 2.5도의 어느 지점에서 찾아야 한다고 하였다. 앞의 책, 144쪽 주를 참고하시오.

은 발림방(浡淋邦, 팔렘방)이고, 『제번지』에서는 파림풍(巴林馮)으로 삼불제의 속국 중의 하나로 되어있다. 명나라 사람들이 이곳에 장사하러 가서, 구항으로 전체 나라를 일컫게 되었을 뿐이다. 『송사』의 「삼불제전」에 "그 왕은 첨비라 한다(其王號詹卑)."라고 한 것은 잘못이다. 첨비(詹卑, Gambi)는 바로 나라 명칭이지 왕호가 아니다. 당나라 단공로(段公路)의 『북호록(北戶錄)』[8]에 "첨비국에서는 아몬드가 난다(詹卑國出扁核桃)"라고 하였고, 당나라 유순(劉恂)의 『영표록이(嶺表錄異)』에는 비점국(卑占國)으로 되어있는 것은 점비(占卑)가 도치된 것일 것이다. 송나라 시기 삼불제의 조공품에도 편도(褊桃)가 들어있으므로, 『정화항해도』에서 점필(占必)이라 한 곳이 바로 이곳이다. 지금 잠비 사람들은 말레이 사람 중에서 가장 청결함을 좋아하는 사람들로 본서에서 말한 것과 부합한다. 따라서 본서의 삼불제는 잠비를 말하는 것 같다. 당나라 시기의 실리불서는 두 나라가 있는데, 동쪽에 있었던 옛 나라는 발림방(浡淋邦)이라 불렸고, 서쪽에 있는 새로 생긴 나라를 '첨비'라고 했을 것이다.

8) 단공로(段公路)는 단성식(段成式, 803?~863)의 아들로, 생몰년은 미상이나, 함통(咸通, 840~874) 연간 영남(嶺南)에서 관직 생활을 했는데, 이때 영남의 기이한 사물과 사건들을 기록한 책이 바로 『북호록(北戶錄)』, 또는 『북호잡록(北戶雜錄)』이다. 주요 판본으로 『고금설해(古今說海)』, 『학해류편(學海類編)』본이 있다.

30. 소분(嘯噴) [61~63]

[소분은] 감비(監毗), 길타(吉陀)의 동쪽에 있으며, 그 산비탈이 남북으로 수천 리에 달한다. 띠를 엮어 살고, 농토는 비옥하여 곡물을 심기에 적합하다. 기후는 항상 따뜻하다. 풍속은 비루하다. 남녀는 몽둥이 모양으로 상투를 하고 등나무 껍질을 부드럽게 삶아 거친 베를 짜 짧은 적삼을 만들어 입으며, 청포(靑布)로 사롱[捎]을 만든다. 그곳에서는 소목(蘇木)만 산에 가득하고 다른 것은 보이지 않는다. 매년 타망국(打網國)과 교통하며, 교역은 뱃사람을 통한다. 교역하는 상품은 오색의 소주(燒珠), 자기, 놋쇠 솥, 아정(牙錠), 옹기, 거친 그릇 등이다.

繇監毗·吉陀以東, 其山陂延袤數千里. 結茅而居, 田沃, 宜種粟. 氣候常暖. 俗陋. 男女椎髻, 以藤皮煑軟, 織粗布爲短衫, 以生布爲捎①. 地產惟蘇木盈山, 他物不見. 每歲與打網②國相通, 貿易通舶人. 貨用五色焇珠·磁·銅鐵鍋·牙錠·瓦甕·粗碗之屬.

① '생(生)'자는 '청(靑)'자의 잘못일 것이다.

② '타망(打網)'[1)]의 '타'자는 지복재본에 '전(靔)'자로 되어있어 정본(丁本) 따라 고쳤다.

---

1) 『제번지』 소길단(蘇吉丹) 조목에, 이 나라와 연결되어 교역하는 나라중 하나인 '타강(打綱)'이란 나라가 등장하는데, 여기의 '타망(打網)'과 같은 곳을 말하는 것은 아닌지 모르겠다. 소길단은 자바, 즉 서·중부 자바를 말한다. 먼저 『제번지』를 교주한 펑 청쥔 씨는 출처를 전혀 밝히지 않고, 슐레겔이 추정했다는 사마랑(Samarang)을 제시했다가, 이후 중간본에서는 테라칸(Terakan) 군도일 가능성을 제기했다(『바다의 왕국들』, 121, 123쪽). 쑤 지칭 씨는 이 '타망'이란 나라는 싱켑(Singkep) 섬의 코타 다박(Kota dabak)일 것으로 추정했다(『도이지략교석』, 148쪽). 양 보원[楊博文] 씨는 『제번지교석』(중화서국, 2000, 64쪽)에서 칼리만탄 서남쪽 케타팡(Ketapang)의 줄인 음에 해당할 것으로 추측했다.

『영외대답(嶺外代答)』 고림(故臨) 조목에서 “감비국은 해를 번갈아 코끼리, 소를 팔고, 대식(大食)은 말을 파는데, 먼저 이 나라에 와서 물건을 판다(監篦國遞年販象牛, 大食販馬, 前來此國貨賣).”라고 하였고, 『제번지』 감비국 조목에서는 “감비국은 길 입구를 차지하고 있어 선박들이 대부분 이곳에 정박한다. 삼불제국에서 돛에 바람을 타면 반달이면 도착할 수 있다. 옛날에는 삼불제에 속했는데, 이후 전쟁을 통해 마침내 자립하여 왕이 되었다. 땅에는 백석(白錫), 상아, 진주가 난다. 나라 사람들은 활을 잘 쏘고, 사람을 많이 죽인 사람은 신표를 차고 표방하며 서로 자랑한다. 물길로 5일이면 남무리국에 도착한다(監篦國, 其國當路口, 舶船多泊此. 從三佛齊國風帆半月可到. 舊屬三佛齊, 後因爭戰, 遂自立爲王. 土產白錫·象牙·眞珠. 國人好弓箭, 殺人多者帶符標榜, 互相誇詫. 五日水路到藍無里國).”라고 하였다. 히어트 씨는 람브리(Lambri) 국이 지금의 캄파르(Kampar)라고 하였는데, 그렇지 않다. 『정화항해도』의 점필(占必, Gambi) 항 서쪽에 감파항(甘巴港)이 보이는데 바로 캄파르이다. 『원사』에서 건백(乾伯)이라고 하는 곳이 이곳이다. 또 서쪽에는 아로(亞路, Aru)가 있고 다음에는 감배항(甘杯港)이 있는데 바로 감비(監篦)의 다른 음역이다. 지금의 탄종 바자우(Tanjong Bajau)로, 탄종 캄피(Tanjong Kampi)라고도 하며 감비의 곶이라는 의미이다. 그 옆으로 항구가 있는데 지금의 랑사르(Langsar)이다. 『영외대답』과 『제번지』의 감비국, 『정화항해도』의 감배항은 이곳에 있을 것이다. 본서의 감비(監毗)도 마찬가지이다. 『나가라크르타가마』의 마자파힛 속국 중에는 캄페이(Kampei, Kampé)가 보인다 지금의 랑사르 인근에 마야파헐(麻喏巴歇)이라는 마을이 있는데, 이전 마자파힛의 속국이었기 때문에 그 이름을 여전히 가지고 있다. 또 『제번지』 고림 조목에 “매년 삼불제, 감비, 길타 등의 나라에서 배를 띄워 교역한다(每歲自三佛齊·監篦·吉陀等國發船, 博易).”라고 하였고 본서에서 “감비, 길타 동쪽에서…”라고 하였고, 중가라(重迦羅) 조목에서도 길타(吉陀)와 아기(亞崎)를 연달아 언급하고 있는데, ‘아기’가 아친(Achin)이므로 길타는 감비와 아기 옆에 있어야 할 것이다. 의정의 『대당서역구법고승전』에는 갈도국(羯荼國)이 보이는데, 대략 실리불서국(室利佛逝國)에서 15일이 걸려 말라유주(末羅瑜洲)에 이르렀고, 또 15일을 가서 갈도

(羯荼)에 도착했다고 하였으므로 말라유에서 갈도(羯荼)까지 일정은 대략 『제번지』에서 삼불제에서 감비까지의 거리와 같다. 당나라 시기의 갈도(羯荼)는 송나라 원나라 시기의 길타(吉陀)로 동음의 다른 음역일 것이다. 혹 갈도와 길타를 말레이반도의 길달(吉達, Kedah)로 보지만, 명나라 이전에 이 나라는 없었다(제리니, 『JRAS』, 1905, 495~6쪽). 감비, 길타가 현 랑사르와 그 인근에 있는 이상, 이 두 나라의 동쪽에 있는 소분은 분명 수마트라(Sumatra)섬의 동안 현 심팡(Simpang) 하구에 있는 세루웨(Seruweh) 마을에 있을 것이다. 소분이 이곳일 수도 있지만, 당시 이곳이 과연 본서에서 말한 것과 부합하는지는 현재로서는 알 수 없다. [2]

---

2) 후지타 토요하치가 주장하는 바를 요약하자면, 『제번지』의 감비(監篦)가 바로 본 조목에서 말하는 감비(監毗)라는 전제에서 출발하여, 이 감비는 탄장 바자우(Tanjang Bajau), 즉 탄장 캄피(Tanjang Kampi)로, 랑사르(Langsar, 현 지도에는 'Langsa'로 되어있음) 근처라고 추정한다. 또 본 조목의 길타(吉陀)를 의정의 『대당서역구법고승전』에 보이는 갈도(羯荼)의 다른 음역으로 보고, 이곳은 명나라 이후에 보이는 말레이반도의 길달(吉達, Kedah)이 아니라, 랑사르 근처에 있다고 추정했다. 즉 감비(監篦)=감비(監毗)=탄종 캄피(Tanjong Kampi)이고, 길타(吉陀)=갈도(羯荼) 즉 랑사르 근처로, 감비와 길타는 랑사르를 중심으로 수마트라섬의 서북안을 따라 나란히 있다는 주장이다. 그러므로 본 조목에서 감비와 길타의 동쪽에 소분이 있다고 했으므로, 세루웨(Seruway) 지역을 찾아냈다. 이에 대해 쑤 지칭 씨는 "후지타 토요하치가 든 심팡은 타미앙(Tamiang) 강의 지류 명칭이고 세루웨는 타미앙 강변에 있어 하구와 상당한 거리에 있다." 고 지적하고, 감비(監毗)와 병칭되는 길타(吉陀)는 감비 동부 근해에 있는 쿤드르(Kundur) 섬과 음이 가깝다고 하면서, 결국, 여기 소분이 링가(Lingga)섬의 북쪽에 있는 세방카(Sebanka) 섬에 해당하는 음으로 보았다(『도이지략교석』, 147쪽). 후지타 토요하치가 거명한 'Tanjang'은 'Tanjong' 또는 'Tanjung'의 오기일 것이다. 그렇다 할지라도, 역자는 수마트라 랑사 근처에서 '바자우' 또는 '캄피'라는 지명을 찾지 못했고, 또 두 사람이 언급한 세루웨(Seruweh)는 현 세루웨이(Seruway)일 것이다. 그러나 심팡 강이 어디를 말하는지 모르겠다. 쑤 지칭 씨는 타미앙강 지류 명칭이라고 하지만, 무엇을 근거한 것인지 모른다. 심팡

『Journal of the Malayan Branch of the Royal Asiatic Society』, Vol. 33, No. 2 (190), Hikayat Raja-Raja Pasai (June, 1960), 214쪽..

(Simpang)은 잠비 동북쪽으로 바탕 하리(Batang Hari)강을 끼고 있다. 하지만 그곳에는 세루웨가 없다. 한편 수마트라섬 남안에 심팡 카난(Simpang-kanan)강이 있지만 랑사와 정반대 편으로 위치가 부합하지 않는다.

31. 발니(浡泥) [63~65]

용산(龍山)[1]의 검은 너럭바위가 오른쪽에 있다. 터전과 집은 크고 넓으며, 들과 밭에는 소득이 많다. 여름철은 조금 썰렁하고 겨울에는 매우 덥다. 풍속은 매우 사치스럽다. 남녀는 상투를 틀고, 오색의 비단으로 허리를 묶으며, 꽃문양 비단[花錦]으로 적삼을 만든다. 부처 숭배가 매우 엄정하다. 중국 사람들을 더욱 공경하고 좋아하여 [중국인이] 술에 취하면 부축하여 쉴 곳으로 돌려보낸다. 사람들은 바닷물을 끓여 소금을 만들고 차조를 발효시켜 술을 만든다. 추장이 있고, 그 나라에서 셈에 능한 한 사람을 뽑아 장부를 맡기고, 그 출납을 계산하며, 세금을 받는데 조금의 차이도 없다. 땅에서는 강진(降眞), 황랍(黃蠟), 대모(玳瑁), 매화편뇌(梅花片腦)가 난다. [향이 나오는] 그 나무는 삼나무나 회나무 같고, 쪼개서 채취하며, 반드시 목욕하고 간다. 교역하는 물품은 백은, 적

1) 심증식 씨는 "『동서양고』에 발니(渤泥)에는 금산(金山)이 보이는데, '바로 오롱리탄으로, 깊은 곳, 깊은 강물[澗]을 거슬러 올라가는데, 배를 몰아가기가 매우 힘들다. 양쪽 언덕에는 녹음이 짙고, 아름드리나무들이 많으며, 매일 석양과 새벽 구름에 새소리가 사방에서 들려 사람의 간장을 끊을 듯한다. 중국 상인들은 좋은 때를 틈타 가보지만 중도에 돌아오지 않는 자가 없었다(卽烏籠裏彈, 深處幽澗遡流, 驅舟良苦, 兩岸繁陰, 木多拱抱, 每夕景曉雲, 禽聲四合, 幾斷人腸. 華商卽乘輿以行, 未有不中道返者也).'라고 하였다. 생각건대, 오롱리탄(烏籠裏彈)이 바로 여기 용산(龍山)에 해당한다."라고 용산을 설명했다. 이에 대해 쑤지칭 씨는 문랑마신(文郎馬神)은 보르네오섬 남부 반자르마신(Banjarmasin)으로 추정하며, 발니=용산=금산일 가능성을 일축했다(『도이지략교석』, 149쪽). 록힐 씨는 여기 발니(浡泥)를 브루나이로 추정하고 『동서양고』, 문래(文萊, Brunei) 조목에 보이는 '성산(聖山)'으로 추측했다(265쪽). 쑤 씨는 '용'이 루모르(Lumor)에 해당하는 음이며, 폰티아낙 북쪽에 있다고 했지만, 현 지도에서는 찾지 못했다.

금(赤金), 색단(色緞), 상아 상자[牙箱][2], 철기 등이다.

龍山磻礴於其右. 基宇雄敞, 源田獲利①. 夏月稍冷, 冬乃極熱. 俗侈. 男女椎髻, 以五采繫腰, 花錦爲衫②. 崇奉佛像唯嚴. 尤敬愛唐人, 醉則扶之以歸歇處③. 民煮海爲鹽, 釀秫爲酒④. 有酋長, 仍選其國能算者一人掌文簿, 計其出納, 收稅, 無纖毫之差焉. 地產降眞·黃蠟·玳瑁·梅花片腦. 其樹如杉檜, 劈裂而取之, 必齋浴而後往⑤. 貨用白銀·赤金·色緞·牙箱·鐵器之屬.

① '원(源)'자는 '원(原)'자의 잘못일 것이다. 『명일통지』 발니(浡泥) 조목에서는 『제번지』를 인용하여 "터와 집은 크고 넓으며, 들과 밭에서는 소득이 많다(基宇弘敞, 原田獲利)"라고 하였는데, 『제번지』에는 보이지 않는다. 아마도 『도이지』를 인용한 것일 것이다. 그 이하도 비슷하다.

② '채(采)'자 아래에는 '백(帛)'자가 빠졌을 것이다. 『명일통지』에 "풍속은 사치스럽고, 남녀는 방망이 모양으로 상투를 하고 오색의 비단을 허리에 묶고, 꽃문양 비단으로 적삼을 만든다(俗尙奢侈, 男女椎髻, 以五采帛繫腰, 花錦爲衫)."라고 하였다.

③ 지복재본에는 '취(醉)'자 아래 '야(也)'자가 있지만, 정 씨 필사본에는 없어, 『명일통지』에 "중국인을 좋아하여 취한 중국인을 보면 부축하여 돌려보낸다(愛敬中國人, 每見中國人醉者, 則扶之以歸)."라고 한 것에 따랐다.

④ 이상 두 구는 『명일통지』와 같다.

⑤ 『명일통지』에 "삼나무나 회나무 같은 나무를 채취하는 자는 반드시

2) 아상(牙箱)은 본서의 층요라(層搖羅) 조목에 보이고, 용아보제(龍牙菩提)에서는 '아상정(牙箱錠)'도 있다. 쑤 지칭 씨는 앞서 마일 조목에 보이는 아정(牙錠)으로 보고, 이들의 '아(牙)'자를 '작다'는 의미로 설명하고자 하지만(『도이지략교석』, 151쪽), 사실 자전에서 '작다'는 의미를 찾을 수 없다. '아상'은 상아로 만든 또는 상아로 장식한 상자를 말하고, '아정'은 상아로 만든 제기(祭器)류일 것이다. 덧붙여, '아상정'은 '아상'과 '아정'의 합칭으로 볼 것을 제안한다.

목욕하고 간다. 조각난 것이 매화 같은 것을 상품으로 친다(樹如杉檜取之者, 必齋沐而往. 其成片似梅花者爲上).”라고 하였다. 본서에서 말한 것은 『제번지』의 것과 같다. 비교는 생략한다.

번작(樊綽)의 『만서(蠻書)』에는 발니(浡泥)가[3] 실려 있으므로, 당나라 사람들은 이 나라를 이미 알고 있었을 것이다. 『송사』와 『문헌통고』 모두 발니(勃泥)로 되어있고, 『제번지』에는 발니(渤泥), 어떤 곳에는 불니(佛泥)로 되어있다. 모두 천주 동남쪽에 있으며 사바(闍婆)에서 45일 정, 삼불제에서 45일 정, 점성(占城)과 마일(麻逸)에서 30일 정 떨어져 있다고 한다. 모두 순풍을 기준으로 계산한 것이므로, 흐루너펠트 씨는 이곳을 지금의 보르네오라고 판단했다(흐루너펠트, 『Notes』, 101쪽 등등). 발니(勃泥), 불니(佛泥) 모두 브루이(Brui), 보르네오(Borneo)에 해당하는 음이다(『조여괄』, 158쪽). 이들 자료에서 말한 방위와 일정을 믿을 수 있다면, 이 나라는 보르네오섬 서안에 있을 것이다.[4] 또 이 나라는 저문국(底門國, Timur)과 이웃하고 있다고 하는 것은 의

3) 시앙 다 교주, 『만서교주』, 권6, 운남성진(雲南城鎭)의 은생성(銀生城)을 기술하면서 ‘발니(勃泥)’를 언급하였다(164쪽). 후지타 토요하치가 ‘浡’자로 잘못 쓴 점에 주의하시오. 쑤 지칭 씨는 “번작(樊綽)의 『만서』 권6에는 발니(勃泥)라는 명칭이 보이는데, 펠리오는 발니(浡泥)로 잘못옮겼다(『BEFEO』, 287~296쪽). 히어트, 록힐, 후지타 토요하치, 펑 청쥔 모두 그를 따르고 있는데 잘못이다.”라고 하였다. 이는 쑤 씨가 펠리오의 원문을 확인하지 못한 것 같다. 그가 밝힌 출처는 바로 「8세기 말 중국에서 인도로 가는 두 갈래 여정(Deux itinéraires de Chine en Inde à la fin du VIIIe siècle)」이라는 긴 논문으로, 287쪽의 주2를 가리킨다. 원문을 보면 발니(浡泥)라고 한 것이 아니라 발니(勃泥)라고 정확하게 옮기고 있다.(역주본, 276쪽, 주325를 참고하시오)

4) 쑤 지칭 씨의 추정에 따르면 “발니는 현 카푸아스(Kapuas) 삼각주의 곤전(坤甸, Kota Pontianak), 즉 『대덕남해지』의 빈저현(頻底賢, Pontianak)이다. 빈저현은 광저우말로 판티인(P’an ti in)이라고 읽는다. 발니는 소록(蘇祿)에 압박을 당해 폰티아낙 또는 그 부근으로 옮겨 피했다. 1368년(명나라 홍무 원년)에 발

심스럽지만, 당시 해상을 왕래하는 사람들이 이웃 나라로 잘못 생각한 것이지 그 원근을 몰라서 그런 것이 아닐 것이다. 브루나이의 용뇌(龍腦)는 지금도 유명하여 『제번지』와 본서의 기술에 부합한다.

또 명나라 사람들의 자료에 따르면 발니(浡泥)를 대니(大泥, Patani)로 보았다. 하교원(何喬遠)의 『명산장(名山藏)』에 이 나라 속국으로 길란단(吉蘭丹)을 언급하고 있고, 모서징(茅瑞徵)의 『상서록(象胥錄)』에서는 현재 일컫는 대니는 섬라(暹羅)에 예속되었다고 하였으며, 『동서양고』에서는 대니(大泥)는 바로 옛 발니(浡泥)라고 하였는데 모두 잘못이다. 명나라 초 이전에 대니는 없었고 『정화항해도』에도 실려 있지 않다. 또 『명산장』에서 "명나라 때, 그 나라 [발니(浡泥)] 왕 모하메드 샤(Mohamed Shah)가 나라를 일으켜, 소륙(蘇陸, Sulu)으로 침공하자 사바가 출병하여 물리쳤다(明興其國王馬合謨沙也國, 侵於蘇陸, 闍婆爲發兵, 擊卻之)."라고 하였는데, 소륙이 대니를 침공한 것이 아니다. 이로써 볼 때, 발니는 대니가 아님을 알 수 있다.

니는 마침내 자바의 힘을 빌려 옛 땅 대부분을 회복했는데, 문래항도 포함되었다."(『도이지략교석』, 150쪽). 쑤 씨가 말한 광저우어 발음은 대략 [pʰɐn-tɐi-jin]으로 '폰티'까지는 근접할지라도, '아낙'과는 거리가 멀다. 또한 1368년의 일은 『명산장』에 기술된 문장을 근거로 하고 있으나, 원문을 잘못 이해하고 있다. 이에 관해서는 아래 후지타 토요하치의 설명을 참고하시오. 또 "문래항까지 포함되었다."라는 진술은 쑤 씨의 추측일 뿐이다.

32. 붕가라(朋家羅)[1)] [65~67]

고림국(故臨國)의 서쪽 산이면서 세 개의 섬이다.[2)] 가운데 섬은 상향불(桑香佛)[3)]이 있는 곳으로 진귀한 보물이 앞에 가득해도 사람들은 가져가지 않는다.

---

1) 정본(丁本)에는 '붕(朋)'자가 '명(明)'자로 되어있다. 록힐 씨는 자신이 본 중국 책에서 이러한 명칭을 보지 못했다고 전제하고, "아랍 저자들에게서 보이는 파크누르(Faknur), 즉 바카노르(Bacanor)라고만 추측할 뿐이다. 내가 추정하기로, 고림(故臨)은 퀼론인데, 왜 왕대연이 조여괄 시대에 사용된 옛 명칭을 취하고, 그가 항상 다른 곳에서 사용한 소갈란(小葛蘭)을 사용하지 않았을까? 이들 섬에 관해 말하는 왕대연의 긴 이야기는 나에게는 매우 낯설다. 붕가라는 왕대연이 방문하지 않은 곳 중 하나 임이 분명하다."라고 하였다(466쪽 주1). 록힐이 말한 파크누르 즉 바카노르는 쑤 지칭 씨가 말한 것처럼 말라바르(Malabar) 해안의 망갈로레(Mangalore) 북쪽이 아니라(『도이지략교석』, 152쪽), 인도 동쪽 해안 망갈로레 북쪽에 있으며, 전통적으로 툴루바(Tuluva) 인들의 수도였다. 또, 왕대연이 고림를 다른 명칭으로 지칭한 것은, 소갈란이 아니라, 소구남(小唄喃)이다.
2) 이 문장은 "고림국의 서쪽에 있는 섬[山]들로, 3개의 섬으로 구성되어 있다."라는 말로 이해해야 할 것 같다. '고림'을 이미 고증된 대로, 인도 서남부의 퀼론으로 본다면, 스리랑카는 서쪽도 아니거니와 동쪽이며, 스리랑카가 세 개의 섬으로 구성되었다는 점도 이상하다. 위치와 발음 표기로 볼 때, 인도의 서쪽 락샤드위프(Lakshadweep) 제도에 있는 방가람(Bangaram) 섬과 가장 어울린다. 이곳에 가보지 않은 왕대연이 스리랑카의 이야기를 뒤섞어 놓은 것인지 모르겠다.
3) 상향불이란 이 명칭은 이미 본서 진랍(眞臘, 캄보디아) 조목에서 상향불사(桑香佛舍)가 보이고, 팔도마(八都馬) 조목에서도 상향불이 등장한다. 주달관(周達觀)의 『진랍풍토기』에는 "노반의 무덤은 남문 밖 1리쯤에 있는데 둘레가 약 10리쯤 된다. 거기에는 백여 채의 돌집이 있다(魯般墓在南門外一里許, 周圍可十里, 石屋數百間)."라고 하였다. 따라서 학자들은 노반묘가 바로 상향불사, 즉 앙코르와트라고 추정한다. '불사'는 불교 사원을 말하지만, '상향'은 무엇을 음역한 것인지 현재까지 재구성하지 못했다. 쑤 지칭 씨는 "말레이어로 신에 대한 일종

한 섬은 호랑이, 표범, 파충류가 마구 설쳐, 사람들이 감히 들어가려 하지 않는다. 한 섬의 땅에서는 홍석(紅石)이 나서 [사람들이] 채취한다. 그 색은 선홍색으로 야쿠트[雅鶻]라 부른다. 바다 배의 상인들이 물건을 판매할 때, 금은으로 교역한다. 땅은 척박하여 조를 심기에 적합하고 기후는 몹시 덥다. 풍속은 순박하다. 남녀는 푸른 홑이불[青單被][4] 을 입는다. 사람들은 바닷물을 끓여 소금을 만든다. 추장이 있다. 홍석이 나는 것 외에 다른 것은 보이지 않는다.

故臨國之西山而三島. 中島桑香佛所居, 珍寶盈前①, 人莫能取. 一島虎豹蛇虺縱橫, 人莫敢入. 一島土中紅石, 握而取之. 其色紅活, 名鴉鶻也②. 舶人興販, 往往金銀與之貿易. 土瘠宜種粟, 氣候大熱. 俗朴. 男女衣青單被. 民煮海爲鹽. 有酋長. 惟產紅石之外, 別物不見.

① '영(盈)'자는 지복재본에 '이(而)'자로 되어있어 정본(丁本)에 따라 고쳤다.

② '아골(鴉鶻)'은 『성사승람』 석란산(石蘭山) 조목에 아골(雅鶻), 『영

의 경칭을 상 이양(Sang Yiang)이라 하는데, '상향(桑香)'은 이를 음역한 것 같다."(『도이지략교석』, 154쪽)라고 설명했다. 그러나 여기의 '상(Sang)'은 특정 사람이나 동물에 대한 존칭의 형태소가 분명하지만, 쑤 씨의 추측은 궁여지책에 가깝다.

4) 단피(單被)라는 표현은 첨산(尖山), 팔절나간(八節那間), 용아보제(龍牙菩提), 파남파서(巴南巴西) 조목에서 보인다. '특성 또는 속성+단피' 구조를 보여준다. 여기 청단피는 첨산 조목에서의 '청피단'을 후지타 토요하치가 '청단피'로 고친 것은, 이 조목 때문이다. 쑤 지칭 씨는 첨산 조목에서 '단피'가 타포(打布)일 것으로 설명했지만, 본 조목에서는 이전과는 달리, "단피(單被)는 아마도 아랍어 타비(tabi)의 음역으로 일종의 견직물을 가리키는데, 최초의 산지가 아타비(Attabi)였기 때문에 그렇게 불렸을 것이다. 본서 점성 조목에 보이는 타포(打布)와는 다른 천이다."(『도이지략교석』, 154쪽)라고 설명했다. 분명, 쑤 씨는 이 곳을 스리랑카 마그나로 추정해 놓고, 인도 문화권인 곳에서 '타비'라는 아랍어 단어를 끌어다 붙인 것은 의아하다.

애승람』에는 아고(雅姑)로 되어있는데, 모두 아랍어 야쿠트(yakut)에 해당하는 음이다. 『철경록(輟耕錄)』에는 7종의 아골을 들면서 "홍아고【상등으로 백수가 있음】(Ruby), 마사간저【돌에 붙어 있고 광택이 없다. 두 종은 같은 갱에서 나옴】, 청아고【상등, 짙은 청색】(Corundum같은 Sapphire), 니람【중등, 연한 청색】(Nilam, blue Sapphire), 옥박니람【하등, 물처럼 돌에 붙어있으며 온통 청색】, 황아고(Oriental Topag), 백아고(White Sapphire) 등이다(紅亞姑【上有白水】, 馬思艮底【帶石無光, 二種同坑】, 靑亞姑【上等深靑色】, 你藍【中等淺靑色】, 屋撲你藍【下等如水樣帶石渾靑色】, 黃亞姑, 白亞姑)."라고 하였다(Bretschneider, 『Mediaeval Researches』, I, 174쪽). 이것은 그 색이 붉고 윤기 나는 루비를 말한다.

『제번지』 남비국(南毗國) 조목에 "나라에는 민물 강이 있는데 바로 지류들이 모여드는 곳이다. 강은 매우 넓고 길며 옆에는 산이 돌출해 있으며 언제나 별들이 그 위에 모습을 드러낸다. 빼어난 기운이 모여서 작은 돌을 만들어내는데 고양이 눈동자[猫兒睛]와 같다. 그 색은 맑고 투명하며 산 구덩이 속에 묻혀 있다가 불시에 계곡물이 불어나면 물에 떠밀려 흘러간다. 관리들은 이때 사람들을 보내 작은 배를 타고 채취하는데, 나라 사람들이 그것을 귀하게 여긴다(國有淡水江, 乃諸流湊匯之處. 江極廣袤, 傍有山突兀, 常有星現其上, 秀氣鍾結, 產爲小石, 如猫兒睛. 其色明透, 埋於山坎中, 不時山水發, 溯洪推流. 官時差人乘小舸採取, 國人珍之)."라고 하였다. 이 나라의 경계는 석란(錫蘭, 실론)까지 이르며, '담수강'은 석란에 있을 것이다(『조여괄』, 90쪽). 『성사승람』 석란산국(錫蘭山國) 조목에 "나라 안에는 하늘에 닿는 높은 산이 있는데, 산꼭대기에서는 청미감석·황아골석·청홍보석이 난다. 큰비가 내릴 때마다 산 아래로 솟구쳐 흘러 모래 속에서 줍는다(中有高山參天, 山頂產有靑美藍石·黃鴉鶻石·靑紅寶石, 每遇大雨, 衝流山下, 沙中拾取之)."[5]라고 하였다. 『영애승람』에서는

5) 후지타 토요하치는 『기록휘편』본을 따르고 있다. 펑 청쥔 씨의 교주본에는 "國

왕의 거처 측면에는 큰 산이 있는데, 구름을 찌를 듯 높이 쏟아 있고, 산꼭대기에는 사람의 발자국이 하나 있다. 들어간 돌의 깊이는 2척이고 길이는 8척 남짓이다. 사람의 조상인 아담(阿聃) 성인, 즉 반고(盤古)의 발자국이라고 한다. 이 산 안에는 홍아고, 청아고, 황아고, 청미람심, 석랄니, 굴몰람 등 온갖 보석이 모두 있다. 큰비가 내릴 때마다 흙에서 나온 것들이 모래 속으로 흘러 들어가므로 찾아 주우면 된다. 이러한 보석들은 바로 부처의 눈물이 맺혀 만들어진 것이라고 한다(王居之側有一大山, 侵雲高聳, 山頂有人脚跡一箇, 入石深二尺, 長八尺餘. 云是人祖阿聃聖人, 卽盤古之足跡也. 此山內出紅雅姑·青雅姑·黃雅姑·青米藍心·昔剌泥·窟沒藍等一切寶石皆有. 每有大雨, 冲出土, 流下沙中, 尋拾則有. 常言寶石乃是佛祖眼泪結成)."라고 하였다. 이상 두 책에서 말한 것은 대략『제번지』의 기술과 같다. 따라서 이곳은 석란산에 있는 것이 확실하다. 텐넌트 씨는 "편마석층이 단단한 평판을 형성하여 어떨 때는 길게 잘라 석판으로 만들이 가옥의 들보를 대체할 수 있는데, 불교 시원에서 종종 이것을 사용한다. 갈레(Galle)에서 콜롬보(Colombo)로 가는 길에서 칼투라(Caltura)까지 약 4마일 떨어진 피아갈라(Piagalla)에는 이러한 편마암 언덕이 있고 그 위에 한 사찰이 있다. 돌을 사용하여 지어졌는데 위에서 말한 편마암 속에 붉은 결정체를 가지고 있지만, 이 석층에서만 아고를 함유하고 있다. 해안 넓은 도로에서 멀지 않은 곳의 채석장이 있는데, 그곳에서 나는 아고는 그 아름다움이 비할 데 없지만, 이 채석장에서 나는 보석은 잘게 부수어 가루로 만든다."[6]고

有高山參天之聳山, 山頂產有青美盤石·黃鴉鶻石·青紅寶石, 每遇大雨, 衝流山下, 沙中尋拾得者."로 되어있다.

6) 텐넌트 씨의 원문은 다음과 같이 번역된다. "압축된 얇은 편마암 지층은 종종 잘라 평판으로, 나무 늑재의 대용으로 만들 수 있을 정도로 커지므로 그들은 종종 불교 사원을 세울 때 사용된다. 갈레(Galle)에서 콜롬보(Colombo)로 가는 길에서 칼투라(Caltura)까지 약 4마일 지점에 있는 피아갈라(Piagalla)에는 이러한 편마암 언덕이 있고 그 위에 한 사원이 세워져 있다. 이 특이한 암석에서 종종 편마암 형태로 발견되는 석류석들은 루비로 대용하지만 그 아름다움은 내륙 쪽의 간선도로 가까이 있는 채석장에서 얻을 수 있는 견품들에는 미치지 못한다. 그

하였다(James Emerson Tennent, 『Ceylon』, I, London, 1859, 17쪽 주). 이 설명은 본서에서 말한 것과 완전히 들어맞으므로, 붕가라(朋家羅)는 피아갈라에 해당하는 음이다.[7] 『제번지』의 '담수강'은 칼라 강가(Kala Ganga), 즉 흑수강(黑水江)일 것이다. 그 어귀는 칼투라(Caltura)에 있다. 『영애승람』의 '대산(大山)'은 바로 아담스 피크(Adam's Peak)로, 그 남쪽에 있는 왕의 거처는 라트나푸라(Ratnapura), 즉 아고의 성이란 뜻이며 흑수강의 상류에 있다. 아담(阿聃)은 아담에 해당하는 음이다. 그러나 본서에서는 고림(故臨)의 서쪽 산이라 했는데, 고림은 『제번지』에서 남비(藍毗)의 종속국, 즉 퀼론(Quilon)이므로 붕가라는 그 동쪽에 있다. 아마도 왕대연은 『제번지』의 고림이 지금의 갈레(Galle)라고 생각했던 것 같다.

렇지만 그곳의 보석들은 대부분 잘게 부서진다."

7) 사실 내용상으로 붕가랄은 스리랑카에 있을 것이다. 그러나 붕가랄과 피아갈라는 앞부분의 음이 잘 대응하지 않는다. 쑤 지칭 씨는 자신의 저본인 『사고전서』에 따라 명가랄(明家剌)로 읽고, '명'자를 고려하여 피아갈라에서 차로 5분 거리인 마고나(Maggona)일 것으로 추정했다(『도이지략교석』, 153쪽).

신문대(新門台)에서 항구로 들어가면 밖은 산이 높고, 안은 깊다. 땅은 척박하여 밭을 갈아 씨를 뿌리기에는 적합하지 않다. 미곡은 해마다 나혹(羅斛)에 의지한다. 기후는 고르지 않다. 민간에서는 침략과 약탈을 좋아한다. 다른 나라에 혼란이 있으면 곧 백여 척의 배를 타고 사호(沙糊)를 가득 싣고 목숨을 걸고 가서 반드시 얻어낸다. 근래 70척이 와서 단마석(單馬錫)을 침략하여 도성[城池]을 공격하는데, 한 달도 걸리지 않았다. 그곳에서는 문을 닫고 지키며 맞서 싸우려 하지도 않았다. 자바[爪哇] 사신이 지나갈 때, 시암[暹] 사람들은 그 소식을 듣고 물러났다가 결국은 석리(昔里)를 약탈하여 돌아갔다. 지정(至正) 기축년(1349) 여름 5월 나혹에 항복했다. 무릇 사람이 죽으면 수은을 넣어 그 몸을 유지한다. 남녀의 의복은 나혹과 같다. 그리고 파자(肌子)를 저울에 달아 돈처럼 사용한다. 그곳에서는 소목(蘇木), 화석(花錫), 대풍자, 상아, 취우(翠羽)가 난다. 교역하는 물품은 소주(燒珠), 수은, 청포(青布), 놋쇠 등이다.

自新門台入港, 外山崎嶇, 內嶺深邃. 土瘠, 不宜耕種, 穀米歲仰羅斛. 氣候不正. [俗]尚侵掠①. 每他國亂, 輒駕百十艘以沙糊滿載②, 舍生而往③, 務在必取. 近年以七十餘艘來侵單馬錫, 攻打城池, 一月不下. 本處閉關而守, 不敢與爭. 遇爪哇使臣經過, 暹人聞之乃遁, 遂掠昔里而歸. 至正己丑夏五月, 降於羅斛. 凡人死, 則灌水銀以養其身④. 男女衣著與羅斛同. 仍以肌子權錢使用⑤. 地產蘇木·花錫·大風子·象牙·翠羽. 貿易之貨, 用硝珠·水銀·青布·銅鐵之屬.

① ‘상(尙)’자 위에는 ‘속(俗)’자가 빠진 것 같다. 『명일통지』에 인용된 『도이지』에는 “기후는 고르지 않다. 사람들은 침탈을 좋아한다(氣候不正. 俗尙侵掠).”라고 하였다.

② 사호(沙湖)는 본서 다른 조목에도 보이는데 사호(沙糊)로 되어있는

데, 바로 '호(糊)'자의 잘못이다.[1] 『제번지』 소길단 조목에 "나라에는 오래된 나무들이 많아 그 속에서 사호(沙糊)를 생산하는데 모양은 밀가루 같다 토착인들이 물을 사용하여 둥글게 만들어 크기는 녹두(綠豆)같다. 햇볕에 말려 포대에 넣어 비축하여 식량으로 삼는다. 혹 물고기나 고기와 섞어 국으로 만들어 먹기도 한다(國多老樹, 內產沙糊, 狀如麥麵, 土人用水爲圓, 大如綠豆, 曬乾入包, 儲蓄爲糧. 或用魚及肉雜以爲羹)."라고 하였다. 『영애승람』에는 사고(沙孤)로 되어있는데, 만랄가 조목에서 "야산에는 사고 나무라는 일등의 나무가 있는데, 그곳 사람들은 이 나무의 껍질을 중국의 칡뿌리처럼 찧어 침전시켜 그 분말을 걸러 녹두 크기만 하게 환으로 만들어 햇볕에 말려 판다. 밥을 해서 먹거나 또 서국(西國)의 요리를 만들기도 한다(山野有一等樹名沙孤樹, 鄉人以此物之皮如中國葛根擣浸, 澄濾其粉作丸, 如菉豆大, 曬干而賣, 作飮喫, 又或作西國采)."[2] 해남의 여러 나라에서 통용하는 사가(Saga)는 바로 사고(Sago)에 해당하는 음이다.

---

1) 후지타 토요하치는 '사호(沙糊)'의 '호'자가 '호(湖)'자로 된 곳은 모두 원문을 고쳤다. 여기서는 실수로 고치지 않은 것 같아 바로잡았다.

2) 『영애승람』 어느 판본에 근거했는지 밝히지 않았다. 역자가 본 여러 판본 중에 "作飮喫, 又或作西國采"라고 된 곳은 없었다. 명나라 장섭(張燮)의 『동서양고(東西洋考)』, 권3(사고전서본, 17a), 대니(大泥) 즉 길란단(吉蘭丹, 끌란딴) 조목의 산물 중에 서국미(西國米)가 보인다. 그 아래 다음과 같은 주석이 달려있다. "사고미(沙孤米)라고도 한다. '사고'라는 이 나무는 바나나 나무와 같지만 심이 비어 그 껍질을 벗겨내 물레방아로 찧어 가루를 만든다. 가는 것은 왕의 쌀로 가장 정밀하다. 거친 것은 민가에서 먹으며 곡식으로 대용한다. 요즘 장삿배들은 파도에 젖을까 걱정되어 그 가루만 가지고 돌아가 자기들이 섞어 환으로 만든다(亦名沙孤米. 其樹名沙孤, 身如蕉, 空心, 取其裏皮削之, 以水擣過舂以爲粉. 細者爲王米, 最精. 粗者民家食之, 以此代穀. 今賈舶慮爲波濤所濕, 只攜其粉歸, 自和爲丸)"라고 하였다. 이로써 후지타 씨가 '서국채(西國采)'로 옮긴 것은 '서국미(西國米)'에 해당하는 것이며, 이 '서국' 역시 사고(Sago, Sagu)의 다른 음역 표기임을 알 수 있다.

③ 『지복재』본에는 '주(主)'자가 없어 정본(丁本)에 따라 보충했다.

④ 이 한 구는 『명일통지』에 인용된 『도이지』와 같다.

⑤ 『명일통지』에 인용된 『도이지』에는 "파자를 돈 대신 유통한다(以肌子代錢流通)."라고 되어있다.

『원사』 [성종]「본기」에 "조서를 내려, 섬 국왕을 불러 타이르자, 감목정이 내조했다. 혹 유고 때는 그 자제와 신하들에게 조공하게 하였다(詔招諭暹國王敢木丁來朝, 或有故, 則令其子弟及陪臣入貢)."라고 하였다. 『원사·섬전』 "섬국(暹國)은 성종 원정(元貞) 원년(1295)에 금자(金字)의 표문를 바치면서 조정에서 그들 나라로 사신을 파견해 주기를 원했다. 이 표문이 이르기 전에, 이미 사신을 파견했는데 그들은 아직 모르고 있었을 것이다. 사신들에게 금부(金符)를 하사하여 달게 하고, 그들에게 조서를 가져가는 사신을 급히 뒤따라가 함께 가도록 하였다. 섬국 사람과 마리여아(麻里予兒)는 옛날부터 서로 원수처럼 죽이곤 하였는데, 이때 이르러 모두 [조정에] 귀순하였으므로, 성지(聖旨)를 내려 섬국 사람들에게 '마리여아를 해치지 않겠다는 너희들의 말을 실천하라!'라고 타일렀다(暹國, 當成宗元貞元年, 進金字表, 欲朝廷遣使至其國. 比其表至, 已先遣使, 蓋彼未之知也. 賜來使素金符佩之, 使急追詔使同往. 以暹人與麻里予兒舊相讎殺, 至是皆歸順, 有旨諭暹人勿傷麻里予兒, 以踐爾言)."라고 하였다. 여기의 마리여아(麻里予兒)는 마르코 폴로의 말라이우르(Malaiur)일 것이다. 당나라 송나라 시기의 말라유(末羅瑜, Malayu)가 와전된 것이다. 지금 말레이 사람들이 바로 그 후예들이다. 당·송시기에 이 종족은 파림풍(巴林馮, 팔렘방)과 점비(占卑, 잠비)에 살았고, 원나라에 이르러 말레이반도 남단에 만연했다. 본서에서 시암[暹] 사람들이 단마석(單馬錫)을 침략하고 석리(昔里)를 약탈했다고 한 것은 사서에서 말한 마리여아와 서로 원수처럼 죽였다는 것이다. 단마석은 타마삭 또는 타마식(Tamasak, Tamasik)으로 싱가포르의 옛 명칭이다(Bastian, 『Reisen im indischen Archipel』[3],

3) 아돌프 바스티안(Adolf Bastian, 1826~1905), 『인도 군도에서의 여행(Reisen

9쪽; Gerini, 『JRAS』, 1905, 500~511쪽). 석리(昔里)는 슬라트(Selat)로,[4] 지금의 조호르(Johore)일 것이다.

또, 지원(至元) 기축(己丑)은 1349년에 해당하는데, 섬라(暹羅) 전승에 따르면 로마티보디(Romathibodi, Ramadhivata) 1세가 사방을 경략하여 아유티아(Ayuthya, Ayuddya) 성을 세운 시기는 바로 그다음 해이므로, 본서에서 섬이 나혹(羅斛)에 항복했다고 하는 것은 바로 이때의 일이다. 학자들은 대체로 나혹이 라보(Lavo), 라호트(Lahot)에 해당하는 음으로, 지금의 롭파부리(Lophaburi)로 보고, 또 섬은 시얌(Syam), 시야마 쿠타(Syama Kuta)에 해당하는 음으로 그 북쪽에 있다고 추정한다. 그렇다면 이 두 나라는 모두 메남강 유역에 있다. 단 본서의 나혹 조목에서 "그 전토는 평평하고 넓어 농사를 많이 지어 시암[暹] 사람들이 부러워한다(其田平衍而多稼, 暹人仰之)."라고 하였고, 섬 조목에서는 "땅은 척박하여 농사에 적당하지 않고, 미곡은 해마다 나혹에 의존한다(土瘠, 不宜耕種, 穀米歲仰羅斛)."라고 하였다.[5] 모두 메남강 유

Im Indischen Archipel)』, Jena, Hermann Costenoble, 1869, 9쪽의 해당 문단은 다음과 같이 해석된다. "스리 찌 부와나(Sri Tri Bueana)가 인도 여행 중에 아스자르 샤(Asjhar Shah) 왕의 딸, 완 스리 바네(Wan Sri Bane) 여왕에게 벤탐(Bentam, Bintang) 섬에 초대를 받고, 데망 레바르 다완(Demang Lebar Dawan)과 타마삭(Tamasak)에 갔다. 거기서 잠부 라우트(Djambu Laut)라고 부르는 나무 아래에서 사자 도시(Singhapura)를 건설했다."

4) 석리(昔里)는 슬라트(selat)에 해당하는 말로 이해한다. 슬라트는 인도네시아어로 '해협'을 뜻한다.

5) 심증식 씨는 『도이지략광증』 섬 조목(상, 13쪽) '나혹(羅斛)' 아래 『문헌통고』를 인용하여 "섬라는 나라를 산이 나라를 두르고 있고 서북쪽의 땅은 척박한 섬의 땅이고, 동남쪽은 땅이 평탄한 나혹의 땅이다(暹羅環國皆山, 西北土磽确, 暹地也, 東南土平衍, 羅斛地也)."라고 한 뒤에 "방콕은 바로 옛 포감(蒲甘)으로 아마도 나혹의 도읍일 것이다. 섬의 도읍은 유타아(由他雅, 아유타야)로, 메남강 기슭 방콕의 상류에 있다."라고 설명했다. 이에 대해 쑤 지칭 씨는 "본서의 섬(暹)은 분명히 수코타이(Sukhodaya, Sukhotai)를 가리키며 섬라와는 아무런 관계

역에 있으며 거리도 그다지 멀지 않으나 땅이 기름지고 척박함이 이처럼 현격하니 왜 그런 것인가? 또 본서의 섬 조목에는 "신문대에서 항구로 들어가면 밖은 산이 높고, 안은 깊다(自新門台入港, 外山崎嶇, 內嶺深邃)."라고도 하였다. 신문대는 지금의 하띠엔(Hatian) 항구를 말하고, 빈떼(Vĩnh Tế) 강 하구에 있다(Gerini, 『Researches On Ptolemy's Geography Of Eastern Asia』, 196쪽).[6] 신문대는 빈떼 강(Song Vĩnh Tế)에 해당하는 음이다. 원나라 시기

가 없다."(『도이지략교석』, 157쪽)라고 했다. 본서의 섬이 수코타이를 가리키는 것은 그럴법하지만(그에 대한 근거는 제시하지 않았음), 심증식이 섬을 섬라와 연결하는 시대착오적 기술을 한 것으로 보이지 않는다. 심 씨는 바로 뒤에 『동서양고』를 들어 두 나라의 합병을 언급한 것에서 알 수 있다.

6) 제리니가 『Researches On Ptolemy's Geography Of Eastern Asia』, 195쪽 주2에서 하띠엔에 관해 설명한 것은 다음과 같다. "하띠엔은 안남어로, 막 쿠(Mak kü)가 통치자가 되었던 1715년부터 지역에 붙여진 명칭이다. 그 이전 강의 우안에 있는 영토는 반따이 마스(Banthai-māś) 지방에 속했고, 강의 좌안은 짱(Trang) 지역에 속했다. 강어귀 근처와 현 하띠엔 시 자리에는, 『기아딘 통치(嘉定通志)』(21쪽)에 따르면, 크메르 사람들이 만 캄(Man Kham)으로, 안남 사람들이 푸언 딴(P'huon thanh)으로 부르는 마을이 있었다. 또 주변 영토는 사이 맛(Sai mat)의 푸(P'hu, '지역') 또는 사이 맛 푸(Sai mat P'hu)[즉, P'hutthai-māt, Banthai-māś]로 알려졌다(앞의 책, 22, 270쪽). 이 '만 캄'이라는 마을에서 한 세기 넘게, 유명한 막 쿠(Mak kü)의 모습으로 처음 나타난 막(Mak, 莫) 가문의 미래가 시작되고 끝이 났다. 뇌주(雷州) 출신으로, 반도의 평화를 시도한 이 중국인은 광동성에서 1658년 태어났다. 새로 제정되어 낯설었던 통치방식과 청나라의 만주 왕조를 거부하고 1681년 캄보자로 이민하여 빠르게 만 캄에 정착했다. 이곳에서 그는 도박장을 경영하며 그를 부유하게 만들어줄 투기사업에 종사했다. 그는 해안과 코 쫀(Koḥ Tron) 섬에 여러 마을을 건설했다. 그 결과 그는 1715년 안남인들에게 지역의 통치자로 추대되었다. 그때부터 옛 크메르어 지명을 없애고, 새로웠지만 종종 터무니없는 안남어 용어로 대체했다. 신 또는 수호신이 반따이 마스 강을 오르내린다는, 아마도 인도 정착민들에게서 전해져 오는 것으로 보이는 민간 신앙을 존중하여 그 지역은 '강 수호

에는 강 이름이자 항구의 명칭이었고, 하띠엔이라는 명칭을 가진 것은 1715년에 비롯되었다. 『영애승람』 섬라국 조목에 "점성에서 서남쪽으로 배로 순풍에 7일 낮밤을 가면 신문대 해구에 이르러 항구로 들어가야 그 나라에 도착한다(自占城向西南, 船行七晝夜, 順風至新門臺海口入港, 纔到其國)."라고 하였다. 당시 섬과 나혹은 한 나라로 합쳐져 있었고, 신문대 해구에 이르러 항구로 들어가야 그 나라에 이를 수 있다면 섬라의 경계는 당연히 지금의 하띠엔 지방에 있어야 한다. 제리니 씨는 『교지통지(Gia-dinh Tung-Chi)』을 인용하여 하띠엔 부근 지역을 사이 맛 푸(Sai-mat-phu)라고 한다.[7] 바로 사이 맛 지방이라는 뜻이고 섬(暹)은 사이 맛에 해당하는 음일 수 있다. 이들 지방은 1349년 메남강 유역의 나혹에 항복했는데, 바로 명나라의 섬라국(暹羅國)이다. 또 나혹(羅斛)은 라보(Lavo)와 음이 다르다. 라오스(Laos), 라호트(Lahot)에 대응하는 음일 것이다.

신의 영역'이란 의미로 하-띠엔[河仙]이라 불렸다(『가정통지』, 21쪽). 어떤 이유로 그렇게 된 것인지는 모르지만, 이 강은 '빈 떼 강'이라는 의미로 쏭 빈 떼(Song Vĩnh Tế)로 명명되었다(앞의 책, 279, 248~9쪽). 막 쿠는 78세의 나이로 1736년에 죽었다. 그의 아들 막 통(Mak tôn)이 계승하여 1737년 정식으로 임명을 받았다. 이후 막 통을 감옥으로 보낸 프야 탁(P'hyā Tāk) 왕의 요청으로 방콕에 갔을 때, 그곳에서 1781년 살해되었다(앞의 책 47쪽). 그의 아들 산(Sanh)이 1788년 통치자가 되었으나(앞의 책, 61쪽), 얼마 뒤에 곧 죽었다(1790). 산의 형인 막 콩 빈(Mak kong binh)이 시암왕의 지명으로 그 자리에 올랐다(63쪽). 얼마 되지 않아 그도 병에 걸려, 결국 막씨 왕조의 종말을 고했다. 시암인 통치자들이 그때부터 임명되었다(1802~3). 가끔 하티엔을 지칭하는 데 사용한 칸카오(Kankao)에 관해서는 자세한 정보를 얻을 수 없었다."

7) 『교지통지』는 후지타 토요하치가 잘못 읽었다. 『기아딘 통치(嘉定通志)』이다.

조와는 바로 옛날 사바국(闍婆國)이다. 문차파일(門遮把逸)의 섬들은 관에서 운영하는 교역 시장이 있는 곳들이다. 궁실은 웅장하고 화려하며, 땅은 넓고 인구는 조밀하여 실로 동양의 여러 외국 중에서 으뜸이다. 구전에 따르면, 국왕은 벼락 맞은 바위에서 나왔다고 하며 여인을 추장으로 삼았다고 한다. [이곳의] 밭은 비옥하며, 땅은 평평하고, 곡식은 풍요로워 다른 나라의 곱절이다. 사람들은 도둑질하지 않고, 길에 버려진 것도 줍지 않아, 속담에 '태평한 사바(闍婆)'라는 곳이 이곳이다. 풍속은 순박하다. 남자들은 상투를 틀고 베로 싸맨다. 추장만 머리카락을 그대로 둔다. 대덕(大德) 연간(1297~1307)에 역흑미실(亦黑迷失)·평장사 사필(史弼)·고흥(高興)이 이곳에 가서 복속시키고 공세(貢稅)를 받아 관청을 세워 기강을 진작시켰으며, 포병(鋪兵)을 두어 공문서를 보내고 받게 하였고, 일정한 형법을 지키도록 했으며, 염법(鹽法)을 무겁게 하고 동전을 사용케 하였다. 민간에서는 은·주석·놋쇠·구리를 섞어 소라딱지만하게 주조한 것을 '은전(銀錢)'이라 하고 동전(銅錢)을 저울에 달아 사용한다. 땅에는 청염(靑鹽)이 나는데, 햇볕에 말려 만든다. 후추는 매년 1만 근이 난다. 매우 가늘고 내구성이 뛰어난 색인포(色印布), 백앵무 같은 것들이 난다. 약물은 모두 다른 나라에서 온다. [교역하는] 상품은 소주(燒珠), 금은, 청단(靑緞), 색견(色絹), 청백의 꽃문양이 들어간 그릇[靑白花碗], 철기 등이다. 다음으로 무륜(巫崙), 희령(希苓), 삼타판(三打板), 길단(吉丹), 손랄(孫剌) 등지가 있는데, 이들 땅에는 다른 산물이 없으므로 여기에 부기할 따름이다.

爪哇卽古闍婆國. 門遮把逸山係官場所居. 宮室壯麗, 地廣人稠, 實甲東洋諸國. 舊傳國王係雷震石中而出, 令女子爲酋以長之①. 其田膏沃, 地平衍, 穀米富饒, 倍於他國. 民不爲盜, 道不拾遺. 諺云太平闍婆者此也②. 俗朴. 男子椎髻, 裹打布. 惟酋長留髮③. 大德年間, 赤黑迷失·平章史弼·高興曾往其地, 令臣屬納貢稅, 立衙門, 振綱紀, 設鋪兵, 以遞文書. 守常刑, 重鹽法, 使銅錢④. 俗以銀·錫·

鍮·銅雜鑄如螺甲大, 名爲銀錢⑤, 以權銅錢使用. 地產青鹽, 係晒成⑥. 胡椒每歲萬斤⑦. 極細堅耐色印布⑧·半鸚鵡之類⑨. 藥物皆自他國來也. 貨用硝珠·金銀·青緞·色絹·青白花碗·鐵器之屬. 次曰巫崙, 曰希苓, 曰三打板, 曰吉丹⑩, 曰孫剌等. 地無異產, 故附此耳.

① 장지(長之)는 군주로 삼는다는 말이다. 『신당서·사바전』에 "[당 숙종] 상원(上元) 연간(674~675)에 나라 사람들이 여인을 왕으로 추대하고, 실막(悉莫)이라 불렀다. 정령(政令)이 엄정하여 길에 버려진 물건도 줍지 않는다(至上元間, 國人推女子爲王, 號 悉莫, 威令整肅, 道不舉遺)." 라고 하였다. 『성사승람』 조와 조목에 "옛날 전설에 귀자마천이 이곳에 있었다. 얼굴은 푸르고, 몸은 붉으며 빨간 머리카락을 가진 망상(罔象)과 교합하여 자식을 1백여 명을 낳았는데 항상 다른 사람의 피와 살을 먹였다. 불경에서 말하는 귀국(鬼國)이 바로 이곳이다. [나라의] 사람들이 거의 다 잡아먹혔을 때, 갑자기 천둥과 번개가 치더니 바위가 갈라지고 그 속에서 한 사람이 앉아있었다. 사람들이 기이한 일로 여기며 나라의 주인으로 삼았다. 곧바로 [그는] 병사들을 이끌고 망상을 몰아내고 그 해악을 제거했다. 그 뒤에 백성들이 회복되어 편안히 생업에 종사했다. 지금까지도 나라에 남은 문서 뒤에는 1376년이라고 적혀있었다. [그 나라의] 시작을 생각해보니, 한나라 초기에서 시작하여 대명(大明) 선덕 7년(1432)까지 전해졌다(舊傳鬼子魔天, 正於此地, 與一罔象青面紅身赤髮相合, 凡生子百餘, 常食啖人血肉. 佛書所云鬼國, 即此地也. 其中人被啖幾盡, 忽一日雷震石裂, 中坐一人, 衆稱異之, 遂爲國主, 即領兵驅逐罔象而除其害. 後復生齒而安業, 乃至今國之遺文後書一千三百七十六年. 考之肇在漢初, 傳至大明宣德七年矣)."라고 하였다. 『영애승람』에서 말하는 것도 대략 이와 같다.[1)]

---

1) 후지타 토요하치는 왕대연 시대 이후의 『성사승람』과 『영애승람』을 근거로 들었는데, 적절하지 않다. 진원정(陳元靚, 1195~1265?)의 『사림광기(事林廣記)』 대사바(大闍婆) 조목에 "구전에 따르면, 국왕은 벼락을 맞고 바위가 갈라져, 한

② 이 문장은 『명일통지』에 인용한 『도이지(島夷志)』와 같은데, 다만 '옥(沃)'자가 '유(腴)'자로 되어있다.

③ 『명일통지』에 인용한 『도이지(島夷志)』에는 "남녀는 머리를 싸매고 장삼을 입는다(男女纏頭, 被服長衫)."라고 되어있다.

④ 적흑미실(赤黑迷失)의 '적'자는 '역(亦)'자의 잘못이다. 『원사』에는 역흑미실(亦黑迷失, Ikemece)되어있고, 또 이극묵색(伊克黙色)이라 한 자가 바로 이 사람이다. '왕(往)'자는 '정(征)'자의 잘못이다. 『조와전』에 따르면 지원(至元) 29년(1292) 2월에 복건행성(福建行省)을 불러, 사필(史弼), 역흑미실, 고흥(高興)을 평장정사(平章政事)에 제수하고 조와를 정벌하도록 했다. 12월에 출발하여 30년 4월 24일에 군대를 돌렸다고 했으므로 대덕(大德) 연간이라고 한 것은 잘못이다. '영신속(令臣屬)' 운운하는 것도 사실이 아니다. 왕대연이 나라를 높여 말한 것이리라.

⑤ 지복재(知服齋)본에 '유(鍮)'자는 '연(鉛)'자로 되어있어 여기서는 정본(丁本)에 따라 고쳤다. 『제번지』 사바 조목에 "구리, 은, 놋쇠, 주석을 섞어 동전을 만든다(以銅·銀·鍮·錫雜鑄爲錢)."라고 하였다.

⑥ 『위지기(魏地記)』에 소금이 크고 청백색을 띠는 것을 청염(青鹽)이라 한다고 하였다.[2] 『명일통지』 청염(青鹽) 주에, "졸이거나 굽지 않고 햇볕에 말려서 만든다(不假煎煮日曬而成)."라고 하였다.

⑦ 『제번지』 사바 조목에, "이 나라는 후추를 많이 모아 두었다가 상선들이 두세 배의 이득을 본다(此番胡椒萃聚, 商舶利倍蓰之獲)."라고 운운했다.

사람이 나왔는데 뒤에 왕으로 추대했으며, 그의 자손들이 여전히 남아있다(舊傳國王係雷震石裂, 有一人出, 後立爲王, 其子孫尙存)."라고 한 것을 들어야 한다.

2) 여기의 『위지기』란 『수경주(水經注)』 권3에 인용된 『위토지기(魏土地記)』라는 책을 말한다. '토'자를 빠뜨린 것으로 보인다. 이 청염은 『사림광기』 대사바 조목에서도 "청염은 바닷물이 밭으로 들어오면 햇볕을 쬐어 과립으로 만든다(青鹽係海潮入田, 曝成顆粒)."라고 하였다.

⑧ 자바[조와]의 인화포(印花布)는 지금도 내구성으로 유명하다.

⑨ '반(半)'자는 '백(白)'자의 잘못으로 보인다. 당나라 시기 사바[자바]에서는 백앵무를 바쳤다. 『제번지』, 『명일통지』에 보이는 이 나라의 산물 중에 이 새가 들어있다.

⑩ 지복재(知服齋)본에 '단(丹)'자는 '주(舟)'자로 되어있어, 정본(丁本)에 따라 고쳤다. 또 '타(打)'자 위에 '삼(三)'자는 잘못 베낀 것 같고, '길(吉)'자에 '사(斯)'자가 빠져있다. 본서 소문방(蘇門傍) 조목에 보이는 사길단(斯吉丹)이 바로 『제번지』의 소길단(蘇吉丹)이다.

문차파일(門遮把逸)은 『원사·조와전』에는 마야파헐(麻喏巴歇), 「사필전」에는 마야팔헐(麻喏八歇), 『영애승람』에는 만자백이(滿者伯夷)로 되어있다. 모두 마자파힛(Mojopahit, Majapahit)에 해당하는 음들이다.[3] 이 나라는 1299년에 건국하여 1478년에 멸망했다. 위로소보(Wirosobo, Wirasaba)에 그 유적

3) 록힐 씨는 "조와라는 명칭이 자바섬 전체에 적용되는 것이지만, 중국인들은 더 특별하게 섬을 따라 동북쪽 부분, 수라바야, 마두라스 해협, 마자파힛의 통치 아래에 있었던 곳에 적용했다. 왜냐하면, 바로 이 제국과, 『원사』에서 명백하게 그곳에 관한 기술에서 본 바대로, 원나라 시기의 중국인이 긴밀한 관계를 수립했기 때문이다. 루파에르(G.P. Rouffaer)는 『Encyclopaedie van Nederlandsch-Indië』, IV, 385~393쪽에서 마환과 비신의 자바 기술에 관한 매우 흥미로운 언급을 했다. 왕대연이 언급한 곳의 입구는 아마도 수라바야 강의 어귀에 있을 것이다. 파일산(또는 파일 섬)은 둥글고 평평했을 것이다. 머지않아 그곳에 중국인은 마환과 비신이 언급한 시촌(厮村) 또는 신촌(新村)이라는 마을 또는 도시를 세웠다."(236쪽)라고 하였다. 확실히 록힐 씨는 '문차파일산(門遮把逸山)'을 "[그 항구로] 들어가는 입구[문차]는 파일산(또는 섬)에 보호되어 있다."라고 해석했다. 문차파힐은 마자파힛에 해당하는 음으로 보는 것이 맞다. 그렇다면 '산(山)'자는 왜 붙인 것일까? 쑤 지칭 씨는 이 '산'자가 항구 또는 선창의 의미가 있다고 하였으나(『도이지략교석』, 163쪽), 사전적 정의에서는 찾을 수 없다. 단순히 문차파일의 주변 섬들이 맞을 것이다.

이 남아있다. 『영애승람』에 "소아파아(蘇兒把牙, Surabaya)에서 작은 배를 타고 7~80리를 가면 장고(章姑, 『원사』에는 장고章孤로 되어있음, Chang Kir)라는 부두에 이르고, 상륙하여 서남쪽으로 반나절 정도 가면 만자백이에 이르는데 바로 왕이 사는 곳이다(自蘇兒把牙小船行七八十里到埠頭, 名章姑. 登岸投西南行一日半到滿者伯夷, 卽王之居處也)."라고 하였다.

또, 무륜(巫崙)은 브람바난(Brambanan)[4]의 브람(Bram)과 음이 비슷하고 그곳에는 유허가 남아있다. 희령(希苓)은 바로 『통전』과 『당서』의 가릉(訶陵),[5] 『제번지』의 희녕(禧寧), 『원사·조와전』의 갈랑(葛郞, Kalang) 즉 답합

4) 지금은 프람바남(Candi Prambanan)으로 표기한다. 무륜(巫崙)은 『제번지』에 보이는 우륜(牛崙), 또는 우론(牛論)인가? 조여괄은 『제번지』 하권 육두구(肉豆蔻) 조목에서 그 산지로 황마주(黃麻駐)와 우륜(牛崙) 등의 심원한 외국을 들었다(『바다의 왕국들』, 360쪽). 또 상권 소길단(蘇吉丹) 조목에서는 소길단이 교역하는 섬나라를 열거하고 있는데, 황마주와 우론(牛論)이란 나라가 보인다(앞의 책, 123쪽). 따라서 우륜=우론은 같은 곳임을 추측할 수 있다. 또 이 소길단 교역국들 바로 앞에는 조여괄의 원주인지, 이조원(李調元, 1734~1803)이 추가한 주석인지는 모르지만, "적대하는 나라로 단중포라(丹重布囉), 파리(琶離), 손타(孫他), 고론(故論)이다."라고 하였다. 이로써 볼 때, 우륜 또는 우론은 고론(故論)과는 다른 나라임을 잠정적으로 추론할 수 있다. 펑 청쥔 씨는 우륜=우론=고룽(Gorung)섬으로 추정했다(앞의 책, 361쪽). 초성 'ŋ' 또는 'ng'가 어떻게 후음 'g'에 대응하여 전사될 수 있는지 의문이다. 쑤 지칭 씨는 『도이지략』의 무륜이 『제번지』의 우륜, 우론, 고론과는 다른 곳으로 추정하고, 후지타 토요하치와는 달리 "금하(金河) 하류의 포롱(Porong)"이란 도시를 상정했다(『도이지략교석』, 164~5쪽). 후지타 씨가 제시한 브람바난보다는 더 그럴법한 것은 사실이다. 다만, 여기의 '금하(金河)'는 자바섬에서 가장 긴 브란타스 강을 말하는데, 사실 포롱은 포롱 강과 연결되는 도시이다.

5) 가릉(訶陵)은 의정(義淨)의 『남해기귀내법전(南海寄歸內法傳)』에 보이는 7세기 명칭으로 중부 자바 칼링가(Kalinga)로 알려져 있다. 이 명칭이 원나라 시기에도 유효했는지는 별개의 문제이다.

(答哈, Doho)은 지금의 케리디(Keridi)가 이곳이다.[6] 타판(打板)은 『제번지』와 같고, 『원사』에는 두병족(杜並足)으로 되어있는데 '족'자는 잘못 베낀 것 같다. 『성사승람』에는 두판(杜板)으로 되어있다. 『영애승람』에 "그곳에서는 '도반'이라 한다(番名賭班)."라고 하였는데, 모두 투반(Tuban)에 해당하는 음들이다.[7] 사길단(斯吉丹, Sukadana)는 『제번지』의 소길단(蘇吉丹)으로, "소길

---

6) 『도이지략』 조와 조목의 희령(希苓)은 『제번지』 소길단 조목에 보이는 희녕(禧寧)인가? 록힐 씨는 말루쿠 군도의 세람[Ceram, Seram]으로 추측했다(238쪽). 음성적으로도 어울리지 않을뿐더러, 여기서는 자바의 다른 지역을 말하고 있으므로, 지리적으로 적합하지 않다. 후지타 씨는 『원사』 「조와전」에 보이는 갈랑(葛郎)과 답합(答哈)이 같은 곳으로 현 케디리(Kediri)라고 한다. 1042년 아이를랑가(Airlanga)는 브란타스강 상류에 케디리 도시 왕국을 건설하고 그곳을 다하나푸라(Dahanapura), 또는 다하(Daha)로 불렀고, 아이를랑가가 죽은 뒤에 동쪽의 장갈라(Janggala)와 서쪽의 판잘루(Panjalu)로 분리되었는데, 다하는 바로 서쪽 판잘루의 거점으로 케디리 왕국의 수도가 되었다. 따라서 후지타 씨의 '도호(Doho)'는 다하이고, 중국어 답합(答哈)에 해당하는 음임을 알 수 있다. 그러나 갈랑(葛郎)은 확인되지 않는다. 갈랑은 칼랑(Kalang)에 해당한다고 하지만, 자바섬에 칼랑은 한두 곳이 아니다. 후지타 씨가 '갈랑'을 케디리 지역으로 본 것은 당나라 역사서들에서 보이는 가릉(訶陵, Kalinga 또는 Kaling)과 발음이 비슷하기 때문으로 보인다. 결국, 후지타 씨는 가릉(訶陵)=『제번지』의 희녕(禧寧)=갈랑(葛郎)=답합(答哈)=케디리로 보고 싶은 것이다. 그렇지만 『제번지』의 희녕(禧寧)이 어떻게 나머지 표기들과 연결되는지 어느 학자도 설명하지 못하고 있다. 『대덕남해지(大德南海志)』 권7에는 사바국(자바)이 관할하는 대동양(大東洋)의 여러 나라를 보여주고 있는데, 희녕(熙寧)이 보인다. 희녕(禧寧)=희녕(熙寧)=희령(希苓)이 같은 나라를 지칭하고 있는 것은 분명하다.

7) 삼타판(三打板)에 관하여, 심증식 씨는 『제번지』의 타판(打板), 『속문헌통고(續文獻通考)』의 두판(杜板)으로 보았으나 '삼'자와 그 위치에는 아무런 언급을 하지 않았다. 후지타 씨는 '타판=두판'설을 지지하면서 '삼'자는 부연으로 보았고, 록힐 씨는 동타판(東打板)으로 읽었는데(238쪽), 이는 히어트 씨와 공동으로 한 이전 작업인 『조여괄』(83쪽)에서 마동(麻東)과 타판(打板)으로 읽은 것 때문이다. 쑤 지칭 씨는 '삼(三)'자를 '기(己)'자의 오기로 생각하고 기타판(己打板), 즉

단은 바로 자바[闍婆]에 속한 나라이다. 서쪽으로 순다[新拖]에 접해있고 동쪽으로는 타판(打板)에 이어져 있다. 매우 험준한 산이 있는데 보로안(保老岸)이라 한다. 외래 선박이 도착하지 않아도 먼저 이 산에서 보인다. 꼭대기에서는 5개의 봉우리가 솟아 있고, 때때로 구름이 그 위를 덮고 있다(蘇吉丹卽闍婆之支國, 西接新拖, 東連打板, 有山峻極, 名保老岸, 番舶未到, 先見此山, 頂聳五峰, 時有雲覆其上).”라고 하였다. 히어트 씨는 보로안을 판투만(Pantuman) 곶으로 보았다. 소길단은 중부 자바로, 『명산장(名山藏)』에 “소길단국에서 중심이 되는 곳은 길력석(吉力石, Gressie, Grasik)이라 하는데, 길력석에는 1백여 세가 된 왕이 있는데, 길흉을 알 수 있었다(主蘇吉丹國者, 曰吉力石, 吉力石有王百餘歲, 能知吉凶).”라고 하였다. 『동서양고』에 보이는 사길항(思吉港)은 “소길단(蘇吉丹)이 와전된 것으로, 조와의 속국이다. 그곳에는 여러 부락이 있는데, 길력석이 중심이다. 길력석에는 1백여 세의 왕이 있는데, 능히 길흉을 알 수 있다. 나라는 산속에 있고 장삿배는 다만 해수의 모래섬을 지나갈 뿐 배를 댄 적이 없다. 그 사람들이 요동(饒洞, Yortan)에 나와 중국인들과 교역한다. 중국인들이 정박하는 지점은 요동이다(思吉港者, 蘇吉丹之訛也, 爲爪哇屬國. 其中凡數聚落, 而吉力石其主也. 吉力石有王百餘歲, 能知吉凶. 國在山中, 賈舶僅經過其水澨, 而未嘗泊船. 彼民出詣饒洞, 與華人貿易. 華人所泊者饒洞也).”라고 하였다. 그렇다면 소길단은 현 그레시(Gressie) 지방에 있는 것 같은데, 『제번지』와 부합하지 않는다. 어느 것이 맞는지 모르겠다. 현 자바에는 소길단이라는 곳이 없다. 보르네오 서안에 수카다나(Sukadana)성은 자바인이

체타판(Chetapan, Cheribon의 옛 명칭이라고 함)으로 추정했다(『도이지략교석』, 165쪽). 그러나 고음과 광동 발음의 초성인 ‘k’와의 근접성은 전혀 보이지 않는다. 역자의 생각으로는 왕대연이 본 조목에서 언급을 생략한 이들 나라는 가보지 않은 곳이다. 아마도 이전 자료를 참고했을 가능성이 매우 크다. 그 자료는 바로 조여괄의 『제번지』였을 것이다. 이 때문에 왕대연이 열거한 나라는 『제번지』의 나라들과 비슷하게 나타나고 있음에 주목해야 한다. ‘삼’자는 록힐이 본 것처럼 ‘동(東)’자의 오기이고, 이 글자는 ‘마동(麻東)’으로 읽어야 하는 글자였을 것이다.

건설한 것으로 『제번지』에서 말한 사바의 속국이 바로 이 나라를 말하는 것인지 알 수 없다.[8] 손랄(孫剌)은 『명사·정화전』에 그 명칭이 보이는데 솔로(Solo, Sala)에 대응하는 음으로, 솔로(Solo) 강에 있다. 『제번지』에 보이는 신타(新拖), 손랄(孫剌)은 혹 이것이 와전된 것인지도 모르겠다.[9]

---

8) 길단(吉丹)은 『제번지』 사바 조목에 보이는 소길단(蘇吉丹)인가? 심증식, 록힐, 후지타 토요하치 모두 같은 생각이다. 후지타 씨는 『동서양고』의 사길항(思吉港)의 위치가 『제번지』에서 말하는 소길단(蘇吉丹)의 위치가 들어맞지 않다고 의심을 하고 있다. 결국 후지타 씨는 보르네오 서안에 있는 수타다나(Sukadana)를 상정하고 있다. 하지만 쑤 지칭 씨는 자바섬에서 찾아야 한다고 주장하며, 길단과의 음성적 유사성을 근거로 자바 북안의 사마랑(Samarang)의 칸델(Kandel) 항구를 들었다(『도이지략교석』, 166쪽). 쑤 씨의 주장과는 달리 음성적 근접성은 부족하다. 길단에 대한 추정은 후지타 씨의 설이 더 설득력이 있다.

9) 손랄(孫剌)에 관하여, 후지타 씨는 솔로(Solo) 또는 살라(Sala)에 대응하는 음으로 보고 있는데, 확실히 가설일 뿐이다. 분명히 중부 자바에 있는 솔로강과는 거리가 멀고 음성적으로도 근접하지 않는다. 『제번지』 삼불제 조목에는 이 나라 속국 중 신타(新拖)가 보인다. 히어트와 록힐 씨는 "다른 조목에서는 손타(孫他)로 쓰인 신타는 자바섬의 서부 또는 순다 해협에 있는 작은 지역일 것이다. 아래 신타 조목, 사바 조목을 통해서 각각 결론이 가능할 것이다. 제리니는 『Researches On Ptolemy's Geography Of Eastern Asia』, 628쪽에서 신타가 바르보사(Barbosa)가 말한 수마트라섬 남서쪽의 순다(Zunda) 왕국으로, 인드라푸라(Indrapura) 지역에 해당하는 것으로 생각했다. 조여괄이 순다 해협 근처 자바에 있는 나라와는 다른 어떤 나라를 지칭하기 위해 신타를 사용했다고는 생각하지 않는다."(『조여괄』, 66쪽 주12)라고 하며 신타=손타=순다로 추정했는데, 록힐 씨는 이후에도 이 추정에 대해 당연시하고 있다(238쪽). 쑤 지칭 씨도 이 설에 동조하며 반텐(Banten) 지역을 들었다(『도이지략교석』, 167쪽). 한편 쑤 씨는 "『명사』「정화전」과 「유산국전」에는 모두 비랄(比剌)과 손랄(孫剌) 두 명칭이 들어있는데, 펠리오는 손랄이 바로 순다(Sunda)이고 비랄은 브라와(Brawa)라고 추정했다(『통보』, XXX, 451~2쪽)."라고 하며 펠리오의 설에 동조하고 있다. 이는 쑤 씨가 원문을 보지 않고 날조한 설명이다. 첫째 출처의 페이지가 326~327쪽이어야 한다. 둘째 내용으로 펠리오는 위와 같은 말을 하지 않았

C.J. Temminck et le baron Meiffren Laugier de Chartrouse, 『새로운 조류도감(Nouveau recueil de planches coloriées d'oiseaux)』, IV, Paris, 1838. 백앵무(白鸚鵡).

다. 위의 진술은 록힐 씨가 추정한 것이다. 펠리오는 정화(鄭和)의 열전에 보이는 여러 나라를 설명하면서 문제가 되는 비랄(比剌)과 손랄(孫剌) 두 나라에 관해 록힐 씨의 위와 같은 추정에 대해 오히려 반박하고 있다. 펠리오는 "손랄(孫剌)에 관하여 순다(자바에 있음)를 말하는 것이라면, 손타(孫他)로 고칠 필요가 없었을 것이다. 왜냐하면 손랄은 세칸다르(Sèkandar)를 소간랄(蘇幹剌)로 읽는 표기가 있을 수 있기 때문이다. 그러나 이는 우리를 말레이반도에 머무르게 하므로 손랄은 '중국에서 아주 먼 곳에' 있지 않을 것이다. 현재로서 나는 이 나라 이름에 대하여 해결책을 갖고 있지 않다."(「15세기 초 중국의 대항해」, 『통보』, 1933, 327쪽)라고 하였다.

35. 중가라(重迦羅) [74~78]

두병(杜瓶)의 동쪽을 중가라(重迦羅)라고 하는데, 자바[爪哇]와 국경을 접하고 있다. 간간이 기이하고 빼어난 높은 산이 있는데, 다른 나무는 나지 않고, 온 산에 염부수(鹽敷樹)[1]와 남수(楠樹)[2]가 있다. 안에는 바위 동굴이 있는데 앞뒤로 세 개의 문이 있으며, 1~2만 명이 들어갈 수 있다. 농토는 자바[闍婆]에 버금간다. 기후는 덥고 풍속은 순박하다. 남녀가 상투를 틀고 긴 적삼을 입는다. 토산으로는 면양(綿羊), 앵무, 세화목면단(細花木綿單), 야자, 목면화사(木綿花紗)가 있다. 교역하는 물품은 화은(花銀), 화선견(花宣絹), 여러 색의 베[諸色布]이다. 바닷물을 끓여 소금을 만들고, 연유[酥]를 발효시켜 술을 만든다. 추장은 없고, 나이가 들고 존경할 만한 사람이 통솔한다. 다음은 제번(諸番)[3]이라 하는데 물길로 며칠 걸리는 거리에 있다. [그다음에] 손타(孫陀), 비파(琵琶), 단중(丹重), 원교(圓嶠), 팽리(彭里)가 있다. 농사를 짓지 않고 오로지 약탈을 숭상한다. 길타(吉陀)[4], 아기(亞崎)[5] 등의 나라들과 서로 교역하지만, 뱃사람들은 가지 않는 곳이다.

---

1) 후지타 토요하치는 바로 『영애승람』 소문답랄(蘇門答剌) 조목에 나오는 엄발(掩拔), 즉 암바(amba, 망고)에 대응하는 음으로 보았다. 폴 펠리오도 후지타 토요하치의 설을 따르고 있다(「Les Grands voyages maritimes chinois au début du XVe siècle」, 『통보』, 30호, 332쪽 주11 참고). 하지만 염부=엄발(俺拔)이라는 대응에는 큰 설득력이 없다.

2) 남(楠)자는 녹나무로 알려져 있고, 학명은 Cinnamomum camphora, 바로 장뇌 나무이다. 이 나무가 자바섬에 흔히 보이는 수종인지는 확인하지 못했다. 다만 『제번지』 사바(闍婆, 자바)의 산물에 용뇌(龍腦)가 들어있다는 점에서 남수는 바로 녹나무라고 추정해도 될 것이다.

3) 후지타 토요하치는 타판(打板), 두병(杜瓶), 도반(賭斑)과 같은 투반(Tuban)의 다른 음역으로 보았다. 확실히 지명이 되어야 문맥이 순조롭기는 하다.

4) 『제번지』 고림국(故臨國) 조목에서 "매년 삼불제(三佛齊), 감비(監篦), 길타(吉

杜瓶之東曰重迦羅, 與爪哇界相接①. 間有高山奇秀, 不產他木, 滿山皆鹽敷樹及楠樹②. 內一石洞③, 前後三門, 可容一二萬人④. 田土亞於闍婆⑤. 氣候熱, 俗淳. 男女撮髻, 衣長衫. 地產綿羊·鸚鵡·細花木綿單·椰子·木綿花紗. 貿易之貨, 用花銀·花宣絹·諸色布. 煮海爲鹽, 釀酥爲酒. 無酋長, 年尊者統攝. 次曰諸番相去約數日水程. 曰孫陀·曰琵琶·曰丹重·曰員嶠⑥·曰彭里⑦. 不事耕種, 專尙寇掠. 與吉陀·亞崎諸國相通交易, 舶人所不及也.

① 지복재본에는 '여(與)'자가 '서(嶼)'자로 되어있어 정본(丁本)에 따라

陀) 등의 나라에서 배가 오고, 교역하는 물품은 남비와 같다(每歲自三佛齊·監篦·吉陀等國發船, 博易用貨亦與南毗同).”라고 하였다. 히어트와 록힐 씨는 감비(監篦)를 수마트라섬 동부 해안에 있는 캄파르(Kampar)로 추정하고, “이 길타는 'Karta'를 전사했을 것이다. 팔렘방[三佛齊]와 캄파르의 관계로 볼 때 수마트라섬에서 찾아야 한다.”라고 생각했다(『조여괄』, 91쪽). 제리니는 1909년 『Researches On Ptolemy's Geography Of Eastern Asia』, 628쪽에서 길타(吉陀)는 “[Kat-to]=수마트라섬 서부의 Telok 'Kruit'?”이라는 의문을 남겼다. 즉 길타가 수마트라섬에 있는 것으로 추정한 셈이다. 제리니 역시 수마트라섬의 인드라기리(Indragiri) 강어귀, 랑사(Langsa) 등의 지역으로 추정하고자 했다(「The Nagarakretagama List of Countries on the Indo-Chinese Mainland (Circâ 1380 A.D.)」, 『JRAS』, 1915, 496~7쪽). 그러나 제리니가 인정한 것처럼, 『제번지』의 낭아수(狼牙脩)=능아사가(淩牙斯加)=『나가라크르타가마』의 렌카수카=크다(Kedah)로 보는 것이 타당하다. 하지만 쑤 지칭 씨는 여기 중가라 조목의 '길타'는 동자바의 베수키(Besuki) 부근의 크다(Kedah)라는 곳이라고 추정한 것은(『도이지략교석』, 172쪽) 설득력이 떨어진다. 그럴만한 역사적 근거를 제시한 것도 아니다. 중가라가 교역하는 나라들을 언급하고 있으므로, 동자바에서만 찾을 필요가 없다.

5) 록힐 씨는 아체(Acheh)를 언급한 최초의 기록이라고 하면서 사무드라[蘇門答剌]일 것으로 추정했다(253쪽). 하지만 왕대연이 『도이지략』을 완성한 시기에 아체 왕국이 존재했는지를 따져봐야 한다(『Notes on Marco Polo』, I, 270쪽). 쑤 지칭 씨는 동자바에서 찾아야 한다고 했지만, 이 나라의 교역 상대국을 말하므로, 동자바로 국한할 필요는 없다.

고쳤다.

② 『영애승람』 소문답랄(蘇門答剌) 조목에서 "또 현지의 말로는 엄발(俺拔)이라 하는 매우 신 과일이 있는데 큰 소리(消梨) 모양이나…(一等酸子, 番名俺拔. 如大消梨樣…)"라고 하였다. 엄발은 암(Am), 암바(Amba)에 해당하는 음으로 바로 망고(Mango)를 말한다. 마리뇰리(Marignolli)의 여행기에는 암부란(Amburan)이라 하였다(Yule, 『Cathay and the way thither』, 362쪽).

③ 지복재본에는 '인(人)'자가 없어 정본(丁本)에 따라 보충했다.

④ 『성사승람』 중가라 조목은 본서를 거의 따르고 있는데, "기이하고 빼어난 높은 산에는 온 산이 모두 염부수와 남수이다. 안에는 동굴 하나가 있는데 앞뒤로 세 개의 문이 있으며 1~2만 명을 수용할 수 있다(高山奇秀, 滿山皆鹽敷樹及楠樹. 內有一石洞, 前後三門, 可容一二萬人)."라고 하였다.

⑤ 지복재본에 '아(亞)'자가 '지(至)'자로 되어있어 정본(丁本)에 따라 고쳤다. 『성사승람』 천일각본에는 "밭에서 나는 곡물은 조와에 버금간다(田穀亞於爪哇)"라고 하였다.

⑥ '원(員)'자는 지복재본에 '부(負)'자로 되어있어 정본(丁本)에 따라 고쳤다.

⑦ 『성사승람』 천일각본에는 "그곳 산은 약 물길로 수일 정인데, 손타라, 비파타, 단중, 원교, 팽리 등이 있다(其處山約至[6]數日水程, 曰孫陀羅, 曰琵琶拖, 曰丹重, 曰圓嶠, 曰彭里)."라고 하였다.

『제번지』 소길단(蘇吉丹) 조목에 "타판국은 동쪽으로 대사바(大闍婆)와 이어져 있어 융아로(戎牙路)【혹 중가로(重迦盧)라고도 한다】라고 부르고, 거주하는 사람들이 지은 건물과 집들은 중국과 동일하다. 이 나라 땅은 평탄하고 항구가 있어 배와 수레가 왕래한다. 청염(青鹽), 면양(綿羊), 앵무(鸚鵡) 등이 난

---

6) '지(至)'자는 '거(去)'자의 오기일 것이다.

다. 현지 관리들은 용맹하여 동쪽의 적국(賊國)과 혼인을 하는데, 친척을 찾아 본다는 명분 때문에 외래의 선박들이 약탈을 당하는 우환이 많으며 심지어 사람을 사로잡아 특별한 상품으로 삼기도 한다. 한 사람당 금 2냥 또는 3냥으로 바꿨다. 이 때문에 (이 나라와의) 거래가 마침내 끊어졌다.【적국은 단융포라(丹戎布羅), 파리(琶離), 손타(孫他), 고론(故論)이다】(打板國東連大闍婆, 號戎牙路【或作重迦盧】. 居民架造屋宇, 與中國同. 其地平坦, 有港通舟車往來. 產青鹽·綿羊·鸚鵡之屬. 番官勇猛, 與東邊賊國爲姻, 彼以省親爲名, 番舶多遭劫掠之患, 甚至俘人以爲奇貨, 每人換金二兩或三兩, 以此商貨遂絕【賊國丹重布囉·琶離·孫他·故論是也】)."라고 하였다. 이 단락은 대사바가 바로 융아로라고 기록하고 있다. 『제번지』에 언급한 사바(자바)의 속국들은 타판, 융아로 등등이라 했으므로 융아로는 원래 타판의 이름이 아니다. 이로써 대사바 즉 융아로의 방위를 제시할 따름이다. 본서에서 "두병(杜瓶)의 동쪽을 중가라(重迦羅)라고 한다."라고 하였다. 두병이 바로 타판의 다른 음역자라면 『세번지』의 융아로, 중가로는 본서의 중가라 방위와 같고 산물인 면양, 앵무도 같으며 약탈하는 것도 서로 비슷하므로 융아로, 중가로, 중가라가 모두 장갈라(Janggala)에 해당하는 음임을 알 수 있다. 장갈라의 유적은 현재 수라바야(Surabaya) 지방에 있다. 본서에서는 조와와 서로 접해있다고 하는데, 당시 조와의 관장(官場)은 문차파일(門遮把逸)에 있었으므로, 사실 지금의 수라바야 경계와 접해있다. 또 『원사』「조와전」 따르면, 대군이 연이어 길리문(吉利門, Karimon-gawa)으로 진격하고, 사필(史弼)과 고흥(高興)은 진격하여 조와의 두병족(杜並足)에 이르렀고, 역흑미실(亦黑迷失) 등과 상의하여 군대를 나누어 해안에 상륙하여 수륙 양방향으로 진격하기로 하였다. 사필 등은 수군을 이끌고 두병족에서 융아로 항구를 거쳐 팔절간(八節澗)에 이르렀고, 역흑미실은 마보군(馬步軍)을 이끌고 두병족에서 육로로 행군하며 만호(萬戶) 신원(申元)을 선봉장으로 삼았으며, 부원수 토호등가(土虎登哥) 등은 찬봉선(鑽鋒船)을 타고 융아로를 거쳐 마야파헐(麻喏巴歇)에서 부교(浮橋) 가설한 다음 진격하여 팔절간에서 만나기로 하였다.[7] 그렇다면 원수는 두병족(즉 타판)에서 융아로 항구(즉 수리바야 하구)를 거쳐 그곳에서 물을 거슬러 팔절간(Pachekan)에 이르렀고, 육군은 두병족에서 마야파헐(즉 문차파일)까지 수라바야 강을 건너 팔절간에 이르렀다. 당시 수로는 타판 동남쪽에서 수라바야 하구까지인데, 『제번지』에서 타판국은 동쪽으로 대사바(즉 융아로)와 연결되어 있다는 말과 부합한다. 본서의 두병(杜瓶, 즉 타판)의 동쪽을 중가라라고 한다는 문장에서 '동'은 동남쪽을 말한다. 『동서양고』 침로(針路) 조목에 "또 보로산에서 을진침으로 5경이면 길력석항(吉力石港)에 이른다. [길력석항에서] 을진 침으로 1경을 가면 쌍은탑에 이른다. [쌍은탑]에서 정미 침으로 5경을 가면 마리산(麻里山, Bali)으로 『성사승람』에서 말한 팽리이다. [팽리에서] 오로지 을(乙)침으로 3경을 가면 낭목산(郎木山, Lombok)에 이른다. [낭목산] 아래는 삼파와(三吧哇, Sambawa) 섬이 있고, 앞에는 노고천(老古淺)이 있다. 오로지 묘(卯)침으로 5경을 가면 중가라에 이른다."라고 하였다. 뱃사람들은 고라(高螺)라고 잘못 부른다. 오로지 묘(卯)침으로 5경을 가면 화산(火山, Gunong Api)에 이른다"[8]고 하였다. 제리니 씨는 이 문장에 근거하여 이곳이 중가라 즉 상가

---

7) 『원사』 권210, 「조와전」(4665쪽): 大軍繼進於吉利門. 弼·興進至爪哇之杜並足, 與亦黑迷失等議, 分軍下岸, 水陸並進. 弼·興與孫參政帥都元帥那海·萬戶寗居仁等水軍, 自杜並足由戎牙路港口至八節澗. 興與亦黑迷失帥都元帥鄭鎭國·萬戶脫歡等馬步軍, 自杜並足陸行. 以萬戶申元爲前鋒. 遣副元帥土虎登哥, 萬戶褚懷遠·李忠等乘鑽鋒船, 由戎牙路, 於麻喏巴歇浮梁前進, 赴八節澗期會.

8) 후지타 토요하치는 필요한 부분만 발췌한 것인데, 원문은 다음과 같다. "又從保老山【用乙辰針, 五更, 取吉力石港.】 吉力石港【卽爪哇之杜板村, 史所謂通蒲奔大海者也. 打水八九托. 用乙辰針, 一更, 取雙銀塔.】 雙銀塔【用丁未針, 五更, 取磨里山.】 磨里山【卽星槎勝覽所謂彭里者也. 俗尙寇掠, 用單乙, 三更, 取郎木山.】 郎木山【山下有三吧哇嶼, 嶼前有老古淺. 用單卯, 五更, 取重迦羅.】 重迦羅【艄人訛呼高螺. 星槎勝覽曰, 地與爪哇界相接, 高山奇秀, 內一石洞, 前後三門, 可容萬人. 用單卯針, 五更, 取火山.】 심증식(沈曾植)은 중가라섬은 자바와 같은 섬이 아니라고 추정하며, "현 지도로 숨바와(Sumbawa)섬 북쪽 해안에 있는 상

르(Sangar)로 보았다(Gerini, 『Researches On Ptolemy's Geography Of Eastern Asia』, 520~1쪽). 『동서양고』의 침로는 크게는 잘못된 것이 없지만, 옛 명칭을 고증하면서 소아파아(蘇兒把牙)가 있었으나 중가라는 없었던 명나라 때를 근거할 수는 없다. 『성사승람』에서만 이 나라가 보이는 것은 본서를 답습하여 그 문장이 서로 같다는 것으로 증명할 수 있다. 장섭이 고금의 다른 명칭들을 모르고서 중가라가 상가르(Sangar) 음과 비슷하다고 끌어 붙였을 뿐이다.

또 『사림광기(事林廣記)』 대사바국 조목에 "[대사바국은] 중가로라고 부르는데, 포가룡에서 범선으로 8일이면 이른다. 옛날 전하는 바에 따르면, 국왕은 우레가 쳐 바위가 갈라지더니 한 사람이 나와 뒤에 왕이 되었다고 한다. 그 자손들이 아직 남아있는데, 인물과 행동거지는 포가룡과 같다. 청염을 생산하는데, 바닷물이 밭에 들어오면 햇볕에 말려 과립으로 만든다. 그리고 면양, 앵무, 그리고 진주 같은 보물 등이 난다(名重迦盧, 離莆家龍風帆八日乃至. 舊傳國王係雷震石裂, 有一人出, 後立爲王. 其子孫尙存. 人物擧措, 一如莆家龍, 產青鹽, 係海潮入田, 曝成顆粒. 及產綿羊·鸚鵡及眞珠寶物之類)."라고 하였다. 포가룡(莆家龍)은 『제번지』에서 사바국이라 했고 또 '포가룡'이라고도 했다. 흐루너펠트 씨는 페칼롱간(Pekalongan)에 해당하는 음으로 생각했다.[9] 전해지는 옛날이야기는 본서 조와 조목과 같고, 산물은 『제번지』의 융아로(戎牙路), 본서의 중가라와 비슷하므로, 융아로, 중가로, 중가라는 장갈라임을 확인할 수 있다.

'제번(諸番)'은 두판(杜板), 두병(杜瓶), 도반(賭班)의 다른 음역일 것이

가르 만(Sanggar Bay) 안쪽 상가르가 바로 그곳이다."라고 하였다(『도이지략광증』, 상, 14쪽). 이 설명은 바로 『동서양고』의 기술을 잘못 읽은 것에서 비롯된 오해이다. 루파에르는 이 중가로가 자바 비문에 보이는 판잘루(Panjalu)라고 하였다(『Encyclopaedie van Nederlandsch-Indië』, IV, 389, 390쪽).

9) Groeneveldt, 『Notes on the Malay Archipelago and Malacca』, 40, 56쪽에 보인다. 저본에는 'Pakalungan'으로 되어있어 바로잡았다.

다.[10] 손타(孫拖)는 『제번지』에 손타(孫他)로 되어있는데, 신타(新拖, Sunda)일 것이다. 『성사승람』에는 손타라(孫拖羅)로 되어있는데, '라'자는 잘못 베낀 것 같다. 그러나 『제번지』에서 동쪽의 적국[東邊賊國]이라 한 기술과는 부합하지 않는다. 단중(丹重)은 『제번지』에 단중포라(丹重布羅, Tanjung-Pura)로 되어있는데 보르네오의 남쪽 해안을 말하는 것일 것이다. 팽리(彭里)는 『제번지』에 파리(琶離)로 되어있다. 『원사』「사필전(史弼傳)」에 "또 몰리국에서 올린 금자(金字) 표문과 금은, 코뿔소, 코끼리 등을 바쳤다(又以沒理國所上金字表, 及金銀犀象等物進.)"라고 하였는데, [바로 몰리국은] 발리(Bali)를 말할 것이다.[11] 원교(圓嶠)[12]는 미상이다.

---

10) 후지타 씨는 분명히 제번(諸番)을 고유 명사로 보고 있다. 타판(打板), 두병(杜甁), 도반(賭斑)과 같은 투반(Tuban)의 다른 음역을 염두에 둔다면, '제(諸)'자는 '도(睹)', '도(賭)'자의 오기로 생각할 수도 있다.

11) 이 설명 역시 흐루너펠트를 따르고 있다. Groeneveldt, 『Notes on the Malay Archipelago and Malacca』, 27쪽에서 몰리(沒理), 무리(巫里)를 발리섬으로 추정하고 있다.

12) 이전 학자들은 아무런 추정을 내놓고 있지 않다. 임시로 쑤 지칭 씨의 추정을 참고하기로 한다. "원교는 원래 중국 고대 신화에 보이는 바다에 있는 신산(神山)의 명칭이다. 왕대연의 원교는 웨타르(Wetar)로 복원할 수 있을 것 같다. 소손타(小巽他) 군도 중에서 가장 동쪽에 있는 섬으로 지금은 위탑(韋塔)으로 음역한다."(『도이지략교석』, 171쪽)

바다 허리(좁아지는 부분) 평원에서 나루가 담수항[淡港]으로 통한다. 영토는 작지만, 농토가 비옥하여 농사짓기에 적합하고, 참마[薯], 토란을 널리 재배한다. 기후는 여름에 서늘하고 장마가 길며, 봄과 가을 겨울은 모두 덥다. 풍속은 절서(節序)를 중시한다. 남녀는 몽둥이 모양으로 상투를 하고, 녹색 베로 만든 짧은 적삼을 입으며, 흰 베로 만든 사롱을 맨다. 민간에서는 매년 정월 3일 어른과 아이들이 분향하고 하늘에 절하며, 술과 제물로 산신에게 제사한 뒤에 어른과 아이들 모두 궁정에 늘어서 절을 하는데, 이것을 경절서(慶節序, 절서를 축하함)라고 한다. [바닷물을]끓여 소금을 만드는데 능하지 못하고 [바라]밀 액을 발효시켜 술을 만든다. 추장이 있다. 그곳에서는 편뇌(片腦), 거친 속향(速香), 대모(玳瑁), 구통(龜筒)이 난다. 교역하는 상품은 해남포, 참파의 베, 홍록의 비단, 소금, 쇠, 구리 솥, 색단(色緞) 등이다.

自海腰平原, 津通淡港. 土薄地[田]肥[1], 宜種穀, 廣栽薯芋. 氣候夏涼多淫雨, 春與秋冬皆熱. 俗尙節序. 男女椎髻, 穿綠布短衫, 繫白布捎. 民間每以正月三日, 長幼焚香拜天, 以酒牲祭山神之後, 長幼皆羅拜於庭, 名爲慶節序. 不喜煮鹽①, 釀蜜水爲酒. 有酋長. 地產片腦·粗速香·玳瑁·龜筒. 貿易之貨, 用海南占城布·紅綠絹·鹽·鐵·銅鼎·色緞之屬.

① 지복재본에는 '염(鹽)'자가 없어, 정본(丁本)에 따라 보충했다. '희(喜)'자는 '선(善)'자의 잘못일 것이다.

현 보르네오 서쪽 해안 남부 지방에는 탄장 다투(Tanjang Datu)라는 곳이 있는데, 도독안(都督岸)과 음이나 의미 면에서 서로 비슷하다. 이 곳에서 들어가면 바로 사라왁(Sarawak) 지방으로 사라왁 강이 바다로 흘러든다. 해구에서

---

1) '지(地)'자는 정본(丁本)에 따라 '전(田)'자로 바꾸는 것이 좋겠다.

거슬러 15마일 지점에 쿠칭(Kuching)이라는 말레이인 부락이 있다. 본서에서 말한 "바다 허리(좁아지는 부분) 평원에서 나루가 담수항으로 통한다(自海腰平原, 津通淡港)."라는 것이 이를 말하는 것이리라. 쿠칭 이 지역은 비가 많이 내리고 매우 더운데, 또한 본서에서 말한 것과 부합한다.[2)]

2) 도독안(都督岸)의 위치를 심증식 씨는 자바섬의 한 해안으로 추정했다(『도이지략광증』, 상, 15쪽). 한편 록힐 씨는 특정하지 못하고 수마트라섬에 있을 것으로 추측했다(66쪽). 쑤 지칭 씨는 후지타 씨의 고증에 동의하면서 더 자세한 설명을 제공한다. "중국 문헌에서 도독안이라는 명칭은 본서에만 보이고, 지금 지도에서 동쪽 케이프 시릭(Cape Sirik)에서 서쪽 케이프 다투(Cape Datu)의 만까지를 다투 베이(Datu Bay)라고 한다. 동서의 두 곳은 서로 약 100마일 떨어져 있으며, 만의 남쪽이 사라왁이 있는 곳이다. 여러 강의 하류에서는 중국 도자기 조각과 옛 동전들이 출토되었는데, 그 옛 동전들은 기원전의 것인 것으로 보아 중국과의 교역이 매우 오래되었음을 알 수 있다. 쿠칭 강의 한 지류의 어귀에는 산투방(Santubang, Santubong)이라는 작은 섬이 있데, 중국 고대 유물과 철물들이 발굴되었다. 따라서 왕대연이 도독안(都督岸)에서 배를 댄 곳은 바로 산투방 섬이었을 것이다."(『도이지략교석』, 173~4쪽). 말레이어에서 끝나는 'k'는 발음하지 않지만, 영어식으로 통일해 읽는다.

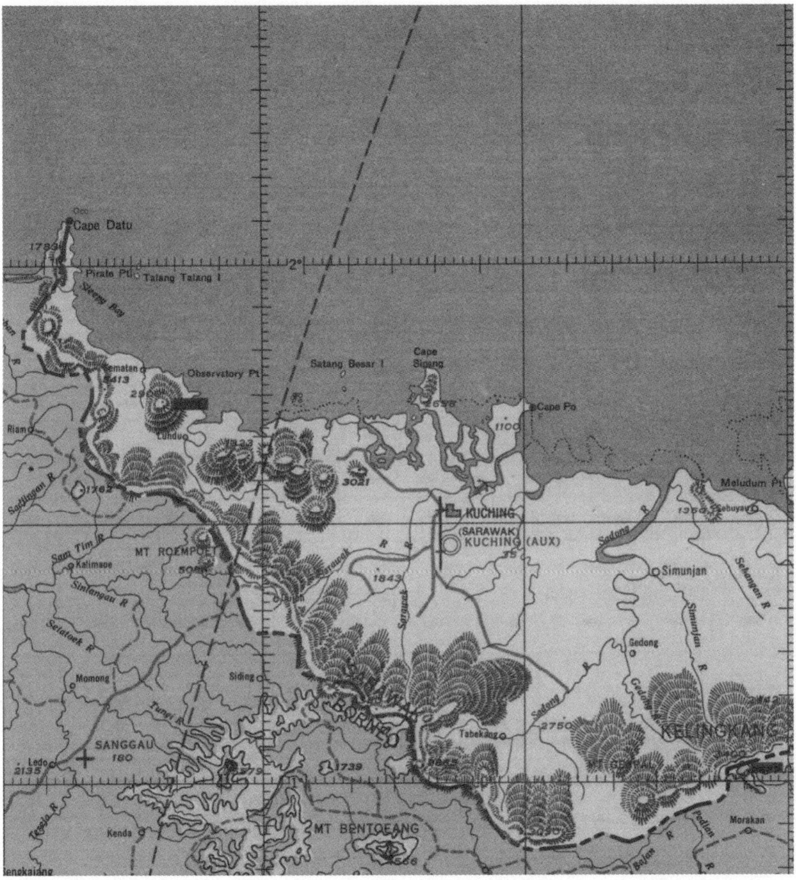

Aeronautical Chart Service, U.S. Army Air Forces, 1944-10, 1:1,000,000.

37. 문탄(文誕) [79~80]

발산(渤山)이 높이 두르고 있고, 하천물은 싱겁다[소금기가 없다]. 농토는 척박하여, 사람들 대부분 사고[沙糊], 야자를 먹는다. 기후는 매우 덥고, 풍속은 음란하다. 남녀는 몽둥이 모양으로 상투를 하고, 나체이며, 청포(青布)로 만든 사롱을 맨다. 한낮에는 더위를 꺼려 베를 짜거나 농사를 하지 않는다. 달밤에 김매기, 어로, 땔나무 하기, 물 긷기를 한다. 산에는 뱀이나 호랑이의 우환이 없고, 집에는 도적의 근심이 없다. 바닷물을 끓여 소금을 만들고 야자즙을 발효시켜 술을 만든다. 부인들은 목면 짜기를 생업으로 여긴다. 추장이 있다. 그곳에는 육두구, 흑소시(黑小厮), 두구화, 소정피(小丁皮)가 난다. [교역하는] 상품은 수릉(水綾)[1], 사포(絲布), 꽃문양을 날염한 베[花印布], 오병(烏瓶), 북, 슬(瑟), 청자기 등이다.

渤山高環, 溪水若淡. 田地瘠, 民半食沙糊①·椰子. 氣候苦熱, 俗淫. 男女椎髻, 露體, 繫青皮布捎②. 日間畏熱, 不事布種. 月夕耕鋤·漁獵·採薪·取水. 山無蛇虎之患, 家無盜賊之虞. 煮海爲鹽, 釀椰漿爲酒. 婦織木綿爲業. 有酋長. 地產肉荳蔻③·黑小厮·荳蔻花④·小丁皮⑤. 貨用水綾絲布·花印布·烏瓶·鼓·瑟·青磁器

---

1) 능(綾)은 사전적 정의에 따르면, 단(緞)에 비해 가늘고 얇으며 꽃문양이 들어간 견직물을 말하는데, 『옥편』에는 문증(文繒)이라 설명했다. 즉 꽃을 수놓거나 문양을 짜 넣은 비단을 말한다. 결국 화문릉(花文綾)으로, 『일본국어대사전』에 따르면, 오월 지방에서 화문릉을 소릉(小綾)이라 한다고 하였다. 여기 수릉은 소릉(小綾)을 말하는 것이 아닌지 모르겠다. '수(水)'자와 '소(小)'자는 자형이 매우 닮아있다. 페드로 마차도(Pedro Machado) 등이 편집한 논문집 『Textile Trades, Consumer Cultures, and the Material Worlds of the Indian Ocean』(2018), 172쪽에는 『도이지략』에 보이는 이 수릉(水綾)을 '물결무늬가 있는 다마스크(watered damask)'라고 옮기고, 반투명의 얇은 것을 말할 것으로 추측했다.

之屬.

① '호(糊)'자는 지복재본에 '호(湖)'자로 되어있어 정본(丁本)에 따라 고쳤다.

② '피(皮)'자는 '피(被)'자의 잘못일 것이다.[2)]

③ 『제번지』에 "육두구(肉荳蔻, Nutmeg)는 황마주, 우륜 등의 먼 외국에서 난다(肉豆蔻出黃麻駐·牛崙等深番)."라고 하였다.

④ 『제번지』 육두구 조목에 "봄에 꽃이 피는데, 따서 햇볕에 말리면, 이것이 오늘날 두구화이다(春季花開, 採而曬乾, 今荳蔻花是也)."라고 하였다.

⑤ 쿨릿 라왕(Kulit-lawang)이 정피(丁皮, 정향나무 껍질)의 의미이다. 문탄(文誕), 문로고(文老古)에서 나는 것이 가장 많고 우수하다(Crawfurd, 『History of the Indian Archipelago』, I, 512쪽).

문탄(文誕)은 반단(Bandan)에 해당하는 음이다. 현 반다(Banda)가 정식 명칭이다. 이 군도에서 나는 육두구는 옛날부터 제일 유명했다. 그래서 육두구 군도라는 명칭이 있다. 포르투갈인들이 동쪽으로 오기 이전 육두구와 정향(丁香) 무역은 론타르(Lontar) 섬에 있는 루타탐(Lutatam) 항구에서 이루어졌다(Crawfurd, 『A Descriptive Dictionary of the Indian Islands & Adjacent Countries』, 35쪽). '흑소시(黑小厮)'[3)]는 파푸아(Papua) 사람들도

2) 쑤 지칭 씨는 원문의 '피(皮)'자가 '화(花)'자의 잘못으로 보았다(『도이지략교석』, 177쪽). 즉 청화포(青花布)로 만든 사롱으로 생각했다. 그러나 '청화포'가 무엇인지는 밝히지 않았다. 역자의 생각으로는, '피(皮)'자는 잘못 베껴 쓴 것이다. 즉 청포(青布)로 만든 사롱을 말한다.

3) 흑소시(黑小厮)란 검고 작은 하인 즉 노예를 말한다. 가정(嘉靖) 40년(1561)에 편찬한 『광동통지(廣東通志)』, 권57(47b)에 "귀노(鬼奴)란 오랑캐 나라의 검고 작은 하인[黑小厮]이다. 광동의 부자들은 이 귀노를 많이 기르는데, 매우 힘이 세서 수백 근을 짊어질 수 있다. 언어와 욕구는 상통하지 않으며, 성질은 온순하고 도망치지 않아 그를 일러 야인(野人)이라고도 한다. 그 피부는 먹처럼 검으며, 붉은 입술에 이빨은 하얗고, 곱슬머리에 누렇고 암수가 있다. 해외의 여러 산

이 항구에서 매매했다는 것을 말하는 것 같다. 『제번지』의 황마주, 우륜은 현재로서는 고증할 수 없다. 그러나 우륜(牛崙)은 고람(Goram)과 음이 비슷하고 거리도 문탄과 멀리 않으므로, 우론은 고람에 해당하는 음일 수도 있다. 『해도일사(海島逸史)』, 『해록(海錄)』 등의 책에서는 만단(萬丹)이 보이는데, 바로 반탄(Bantan)에 해당하는 음이다. 소위 칼라파(Kalapa) 남쪽에 있는 명칭은 서로 비슷하기는 하지만 동서로 현격한 차이가 있으므로 혼동해서는 안 된다.

속에 살며, 날것을 먹지만, 잡았을 때 불로 익힌 것을 먹이면 여러 날 설사를 하는데, 환장(換腸)이라 한다. 혹 병들어 죽기도 하는데, 죽지 않으면 오래 기를 수 있다. 사람 말을 알아들을 수는 있지만 말을 하지는 못한다. 근해에 있는 어떤 종들은 물에 들어가 눈을 감지 않는데, 그를 곤륜노라 하며, 당나라 때 부잣집에서 많이 길렀다(鬼奴者, 番國黑小廝也. 廣中富人多畜鬼奴, 絕有力, 可負數百斤, 言語嗜欲不通, 性淳不逃徙, 亦謂之野人. 其色黑如墨, 唇紅齒白, 髮鬈而黃, 有牝牡. 生海外諸山中, 食生物, 采得時與火食飼之, 累日洞泄, 謂之換腸. 此或病死, 若不死, 即可久畜. 能曉人言, 而自不能言. 有一種近海者, 入水眼不眨, 謂之昆侖奴, 唐時貴家大族多畜之)."라고 하였다.

이곳은 석기산(石崎山)을 방어하는 장벽으로 삼으며, 산길에 있는 농토는 척박하고 조와 맥(麥)을 심기에 적합하다. 사람들은 사고[沙糊], 물고기, 새우, 소라를 먹는다. 기후는 반년이 덥다. 풍속은 천박하다. 남녀는 머리를 자르고, 검은 명주를 감아 소인화포(小印花布)로 맨다. 바닷물을 끓여 소금을 만들고 사탕수수즙을 발효시켜 술을 만들며, 죽포(竹布) 짜는 것을 생업으로 한다. 추장이 있다. 땅에는 중급의 강진조(降眞條), 황랍(黃蠟), 대모(玳瑁), 진주가 나는데, 사리팔단(沙里八丹), 제삼항(第三港) 등에서 나는 것과 비교하면, 여기 소록의 진주는 색이 청백색이고 둥글며 그 값이 매우 비싸다. 중국 사람들은 머리 장식으로 사용하는데, 그 색이 퇴색되지 않아 절품(絶品)이라 불린다. 직경이 1촌 되는 것이 있는데 산지에서 큰 것은 7~8백여 정(錠)이 나가고 중간 것은 2~3백 정, 작은 것은 1~2십 정이 나간다. 그 나머지 작은 진주 1만 개가 1냥을 상회하는 것 또는 1천에서 3~4백 개가 1냥을 상회하는 것들은 서양(西洋)의 제삼항(第三港)에서 나는데, 이곳(소록)에는 없다. 교역하는 상품은 적금(赤金), 화은(花銀), 팔도랄포(八都剌布), 청주(青珠, 푸른 유리구슬), 처주 자기[處器], 철조(鐵條) 등이다.

其地以石崎山爲保障①, 山畬田瘠, 宜種粟麥. 民食沙糊②·魚·蝦·螺·蛤. 氣候半熱. 俗鄙薄. 男女斷髮, 纏皂縵, 繫小印花布. 煮海爲鹽, 釀蔗漿爲酒, 織竹布爲業③. 有酋長. 地產中等降眞條·黃蠟·玳瑁·珍珠, 較之沙里八丹·第三港等處所產④, 此蘇祿之珠, 色青白而圓, 其價甚昂. 中國人首飾用之, 其色不退, 號爲絶品. 有徑寸者⑤, 其出產之地, 大者已直七八百餘錠, 中者二三百錠, 小者一二十錠. 其餘小珠一萬上兩重者, 或一千至三四百上兩重者, 出於西洋之第三港⑥, 此地無之. 貿易之貨, 用赤金·花銀·八都剌布⑦·青珠⑧·處器⑨·鐵條之屬.

① 지복재본에는 '기(崎)'자가 '의(倚)'자로 되어있어 정본(丁本)에 따라 고쳤다. 『명일통지』 석기산(石崎山) 주에, "나라는 이 산을 울타리로 삼

는다(國以此山爲保障).”라고 하였는데, 본서에 따랐을 것이다.[1)]

② ‘호(糊)’자는 지복재본에 ‘호(湖)’자로 되어있어 정본(丁本)에 따라 고쳤다.

③『명일통지』에 인용된『도이지』에는 “산은 진창이고 전토는 적합하여 간간이 조와 밀을 심었다. 사람들은 사호, 물고기, 새우, 방합조개를 먹으며, 기후는 반은 덥고 풍속은 저급하다. 남녀는 단발하고 검은 천으로 감고 작은 날염한 포를 맨다. 바닷물을 끓여 소금을 만들고 사탕수수를 빚어 술을 만들며, 죽포 짜는 것을 생업으로 삼는다(山涂田瘠, 間植粟麥. 民食沙糊·魚·蝦·螺蛤. 氣候半熱, 俗鄙薄. 男女短髮, 纏皂縵繫小印布. 煮海爲鹽, 釀蔗爲酒, 織竹布爲業).”라고 하였다. 하교원(何喬遠)의『명산장(名山藏)』, 장섭(張燮)의『동서양고』에도 대략 같다.

④ 사리팔단(沙里八丹), 제삼항(第三港) 모두 별도의 조목이 있다.

⑤『명일통지』진주(眞珠) 주에, 색은 청백색이고 둥글며, 직경이 1촌에 달하는 것도 있다(色靑白而圓, 有至徑寸者).”라고 하였는데, 본서에 따른 것이리라.

⑥ ‘제(第)’자는 지복재본에 ‘지(地)’자로 되어있어 정본(丁本)에 따라 고쳤다.

⑦ ‘랄(剌)’자는 ‘마(馬)’자의 잘못일 수 있다.[2)]

---

1) 심증식 씨는 소록(蘇祿)을『서양조공전록(西洋朝貢典錄)』에 “그 진(鎭, 중심)은 석기라는 섬이다(其鎭曰石崎之山)”라는 말로 설명하고,「동남해이총도(東南海夷總圖)」에는 소륙(蘇六)으로 되어있다고 하였다(『도이지략광증』, 상, 16쪽). 록힐 씨는 이 소록이 술루 군도를 언급한 최초의 중국 기록이라고 단정했다(270쪽). 그러나 왕대연보다 반세기 정도 앞선 1304년『대덕남해지(大德南海志)』에 보인다. ‘석기’라는 섬이 어디인지는 현재까지 그럴법한 추정이 보이지 않는다. 쑤 지칭 씨는 샤먼 발음을 근거로 시아시(Siasi) 섬으로 추정했다(『도이지략교석』, 180쪽). 그러나 ‘석’자의 발음은 잘 대응하는 것으로 보이지만 ‘기(崎)’자는 ‘k’ 또는 ‘k^h’의 초성을 가지므로 불가능하다.

2) 후지타 토요하치는 ‘랄(剌)’자를 ‘마(馬)’자의 잘못으로 보고 있다. 팔도마(八都

⑧ 청주(靑珠)는 바로 청소주(靑燒珠)이다.

⑨ 처기(處器)는 처주(處州) 자기이다.

소록(蘇祿)은 본서에서 처음으로 보이는데, 바로 지금의 술루(Sulu)이다. 원주민들은 자신을 소그(Sog)라 하고, 말레이인들은 술룩(Suluk)이라 부른다. 소록은 바로 술룩에 해당하는 음이고, 술루(Sulu) 또한 술룩(Suluk)에서 와전된 것이다(Crawfurd, 『A Descriptive Dictionary of the Indian Islands & Adjacent Countries』, 406쪽). 이곳의 진주는 청색이며 모양이 둥글어 예부터 유명했다. 피가프타(Pigaffetta)는 "발니(浡泥) 왕에게 달걀만큼 큰 두 개의 진주를 소유하고 있었는데, 매우 둥글어 틀에 놓으면 굴러다녀 잡을 수 없다는 것이 소록에 있다."[3]라고 하였다(First voyage round the World by Magellan, The Hakluyt Society, 117, 120쪽). 『명산장(名山藏)』에서는 "[영락(永樂)] 19년에 도마함이 내조하여 진주 1과를 헌상했는데, 무게가 7냥 5전이 나갔다. 그 나라에 진주 못이 있다고 했다(十九年, 都麻含來朝, 献臣珠一顆, 重七兩五錢. 蓋其國有珠池云)."라고 하였다.[4]

馬)는 본서에 별도의 조목이 있는데, 미얀마 옛 나라 혹은 옛 항구 명칭과 관련되어있다. 이 팔도랄포는 본서에서 여러 차례 나오므로, 오자로 보기는 힘들다. 쑤 지칭 씨는 카인 페톨라(kain petola)의 음역으로 보고 있는데, 이는 일종의 잡색의 베로 현재는 이 베를 카인 친다이(kain chindai)라고 부른다고 설명했다(『도이지략교석』, 181쪽). 여기 카인 페톨라는 말레이어로 의미는 잡색의 꽃문양의 견직물(또는 견직물의 통칭)을 뜻하고, 왕대연이 현지의 음에 따라 베를 전사한 경우는 보이지 않는다.

3) 원문은 다음과 같이 해석된다. "부르네(Burné) 왕이 달걀만큼 큰 두 개의 진주를 소유하고 있는데, 너무 둥글어 부드러운 테이블 위에 놓으면 멈출 수가 없다고 말했다. 나는 그것들을 보고 싶다는 뜻으로 선물들을 보냈고, 그는 보여주겠다고 해놓고 보여주지 않았다."

4) 술루 군도의 진주는 상당히 잘 알려져 있었다. 두아르테 바르보사(Duarte Barbosa), 『동아프리카와 말라바르 해안에 관한 기술(A description of the

Pearling village, with youthful fishermen. Sulu Islands

Japanese diver in Dutch East Indies, come up to "blow" for a few minutes

G.F. Kunz, C.H. Stevenson, 『The Book of the Pearl』, New York, The Century, 1908.
위: 술루 군도의 진주를 채취하는 마을, 아래: 네덜란드 동인도회사의 일본 잠수부.

---

coast of East Africa and Malabar)』(London, The Hakluyt Society, 1866), 스탠리(Henry E.J. Stanley) 역주본, 203쪽, "이 섬에 금이 많아 땅에서 찾는다. 섬의 전역에서 무어인(이슬람교도)들은 많은 진주알(seed pearl)과 색깔은 완벽하지만 둥글지 않은 좋은 진주를 채취한다."

39. 용아서각(龍牙犀角) [82~83]

봉우리 꼭대기는 안은 평평하고 밖은 치솟아 있고, 사람들은 [그 봉우리를] 빙 둘러 살며 개미처럼 비탈에 붙어있다. 그 농토는 하등(下等)이다. 기후는 태반이 덥다. 풍속은 두텁다. 남녀는 몽둥이 모양으로 상투를 하고, 이빨은 희며 마일(麻逸, Mait)의 베로 묶는다. 풍속에 혼인을 중시한다. 친척 중에 연장자가 하루도 얼굴을 보이지 않으면 반드시 술과 물품을 들고 가서 안부를 묻고 위로한다. 밤중까지 술을 마셔도 취한 모습을 보이지 않는다. 사람들은 바닷물을 끓여 소금을 만들고 차조를 발효시켜 술을 만든다. 추장이 있다. 땅에서는 침향이 나는데, 외국 중에서 으뜸이다. 다음으로 학정(鶴頂), 강진(降眞), 밀당(蜜糖), 황숙향두(黃熟香頭)가 있다. 교역하는 상품은 토인포(土印布), 팔도랄포(八都剌布), 청백화완(青白花碗) 등이다.

峯嶺[頂]內平而外聳[1], 民環居之, 如蟻附坡. 厥田下等. 氣候半熱. 俗厚. 男女椎髻, 齒白, 繫麻逸布. 俗以結親爲重. 親戚之長者一日不見面, 必携酒持物以問勞之. 爲長夜之飮, 不見其醉. 民煮海爲鹽, 釀秫爲酒. 有酋長. 地產沈香, 冠於諸番. 次鶴頂·降眞·蜜糖·黃熟香頭. 貿易之貨, 用土印布·八都剌布·青白花碗之屬.

『양서(梁書)』에 낭아수국(狼牙脩國)이 보이고, 의정의 『남해기귀내법전』과 『대당서역구법고승전』에도 낭가수국(朗迦戍國)이 있는데, 대략 말레이반도에 위치한다. 『제번지』 삼불제국의 속국에 능아사가국(凌牙斯加國)이 있고 또 능아사(凌牙斯)로도 되어있는데, "단마령에서 범선으로 6일 밤낮으로 가면 도착할 수 있고, 또한 육로로 가는 길도 있다(自單馬令風帆六晝夜可到, 亦有陸程)."라고 하였고, 또 불라안국(佛羅安國) 조목에서는 "능아사가에서 4일이

---

1) '영(嶺)'자는 다른 판본에 모두 '정(頂)'자로 되어있다. 인쇄상 오류로 추측한다.

면 도착할 수 있고 육지로 갈 수도 있다(自凌牙斯加四日可到, 亦可遵陸).”라고 하였다. 『사림광기(事林廣記)』 불라안 조목에서 “능아소가에서 범선으로 4일 밤낮을 가면 도착할 수 있고, 육지로도 갈 수 있다(自凌牙蘇家風帆四晝夜可到, 亦可遵陸).”라고 하였다. 여기 능아소가(凌牙蘇家)는 능아사가(凌牙斯加)의 다른 음역이다. 본서의 용아서각(龍牙犀角)도 마찬가지이다. 『정화항해도』에서 손고나(孫姑那)와 길란단(吉蘭丹) 사이에 낭서가(狼西加)가 있는데, 낭아서가(狼牙西加)에서 ‘아’자가 빠진 것일 것이다. 이곳은 후세의 대니(大泥) 즉 『해어(海語)』의 불타니(佛打泥, Patani)에 해당한다. 『나가라크르타가마』에 따르면, 문차파일(門遮把逸, Mojobahit)의 속국에는 렝카수카(Leng Kasuka)가 보이는데 바로 『제번지』의 능아수가(凌牙須加)이고 본서의 용아서각이므로 지금의 대니(大泥)에 있다. 펠리오 씨와 제리니 씨 모두 길달(吉達, Kedah)라는 옛 도시의 명칭으로 말레이반도 서안의 길달 봉우리 아래에 있다고 하였다(Pelliot, 『BEFEO』, IV, 345, 405~408쪽과 Gerini, 『JRAS』, 1905, 495, 498쪽). 이곳은 옛날에 스로캄(Srokam)이라 했으나 본서에는 별도로 소락격(蘇洛鬲)이 있으므로 용아서각은 원래 현 크다가 아니다. 또 『성사승람』 천일각본에는 용아서각 문장이 본서와 같다. 다른 판본(기록휘편본)에는 용아가모(龍牙加貎)로 되어있고, “그곳은 마일동에서 순풍에 3일 정이다(其地離麻逸凍, 順風三晝程).”라는 두 구가 더 들어있고, 이하는 같다. 그러므로 『정화항해도』에 있는 용아가아(龍牙加兒)는 현 수마트라 서안에 있으므로 분명하게 다른데, 후세 사람들이 잘못 고친 것이리라.[2)]

---

2) 용아서각에 관하여 심증식 씨는 『제번지』와 『사림광기』을 참고하여 용아서각=능아사가(凌牙斯加)=능아소가(凌牙蘇家)임을 확인했다. 또한 『성사승람』(기록휘편본)에 수록된 용아가모(龍牙加貎)와 내용이 같으며, 『속문헌통고』의 용아서각(龍牙犀角)과 같으므로, 능아사가는 낭아수(郎牙脩)의 음이 변한 것으로 추정했다. 이어서 그 위치를 찾으며 “『침로』는 석단협(石旦峽)을 낭아수(狼牙脩)라고 하였는데, 이는 뱃사람들의 옛 설로, [석단협은]바로 낭아수의 남쪽이다. 『수서』에서 상준(常駿) 등이 사자석(師子石)에서 남쪽으로 며칠을 가면서 서쪽으로 멀리 낭아수국의 산이 보이자 곧바로 남쪽으로 가서 적토(赤土)에 이르렀다고

하였으므로 낭아수의 북쪽 땅이 바로 능아사가의 땅이다. 양나라 시기 손타(巽他) 해협 좌우는 모두 낭아수에 속했으므로 그 경계가 동서로 30일 남북으로 20일 거리라고 하였다."(『도이지략광증』, 상, 16쪽)라고 설명했다. 여기 심증식의 설명에는 상당한 오류가 들어있다. 그가 말한 『침로』는 바로 『동서양고』의 『서양침로』을 말하는데, 이에 따르면 "석란산항구【바로 양나라 시기 낭아수로 통하는 곳으로, 지금은 석단(石旦)으로 와전되었다. 수나라 상준(常駿)이 임읍에 이르러 멀리 그곳을 봤다고 한다. 오랑캐 발로 높은 산을 '석란'이라고 하여 이름한 것이다. 지금 석란항구라고 하는 것은 멀리서 바라봤다고 말하지만, 사실은 그곳으로부터 너무 멀다…】(錫蘭山港口【即梁時所通狼牙修也, 今訛爲石旦. 隋常駿至林邑, 遙望見焉. 夷言高山爲 錫蘭, 因名. 今稱錫蘭港口者, 亦就望見言之, 其實去彼尚遠.】…)"라고 하였다. 석단(石旦)은 바로 석란(錫蘭), 즉 실론섬을 말하는 것으로, 심증식이 이 문장을 오독하고 있음이 분명하다. 나아가 이 '석단'을 손타(巽他), 즉 순다 해협으로 간주한 것으로 보이는데, 역시 오류이다. 또한, 만약 순다 해협이라면 남북으로의 거리가 동서로의 거리보다 짧은 것은 이해할 수 없다.

펠리오는 의정(義淨)의 『대당서역구법고승전』에 보이는 낭가수(郎迦戍)를 테나세림에 두었고(『8세기 말 중국에서 인도로 가는 두 갈래 여정』, 174쪽), 조여괄 『제번지』의 낭아수(狼牙脩)와 능아사가(凌牙斯加)를 『나가라크르타가마』의 렌카수카(Lĕngkasuka)로 추정했다(앞의 책, 377쪽). 이러한 추정은 1905년 제리니도 따르고 있는데(「The Nagarakretagama List of Countries on the Indo-Chinese Mainland (Circâ 1380 A.D.)」, 『JRAS』, 496~7쪽), 그는 한 걸음 더 나아가 『제번지』의 낭아수(狼牙脩)=능아사가(凌牙斯加)=렌카수카=크다(Kedah)라는 등식을 제시했다. 그런데 후지타 씨는 렌카수카=능아사가=용아서각=말레이반도 동안의 파타니(Patani)로 추정하며, "옛날에 스로캄(Srokam)이라 했으나 본서에는 별도로 소락격(蘇洛鬲)이 있으므로 용아서각은 원래 현 크다가 아니다."라고 주장한다. 이 근거는 제리니의 고증을 잘못 읽고 나온 것이다. 제리니는 1400년경에 렌카수카에서 스로캄으로 수도를 옮겼다고 추정했다. 따라서 렌카수카와 스로캄은 다른 곳으로 후지타 씨의 이 설명은 설득력이 약하다.

후지타 씨의 파타니 설에 동의하고 있는 쑤 지칭 씨는 『대당서역구법고승전·담윤법사전(曇潤法師傳)』을 들어 "국경을 넘어 낭가(郎迦)에 이르렀다가 가릉을 거쳐 나국(裸國)을 지났다(越銅柱而屆郎迦(戍), 歷訶陵而經裸國).”라고 한 문장을 근거로 들었다. 여기 ‘담윤’은 ‘도림(道琳)’ 법사의 잘못이다. 또한 원문에는 정확히 ‘수(戍)’자는 보이지 않는다. 의정은 『남해기귀내법전』과 『대당서역구법고승전』에서 한 차례씩 낭가수(郎迦戍)라고 하였고 여기 도림법사전에서만 ‘낭가’라고만 했다. 쑤 씨의 설에 따라, ‘수’자가 빠진 것으로 보고, 가릉은 동자바를, 나국(裸國)은 니코바르를 말한다. 낭가수를 테나세림 또는 크다로 놓고 보면, 이 도림법사의 여정은 다시 자바로 내려왔다가 니코바르를 거쳐 동인도로 넘어간 것이 된다. 이로써 쑤 씨는 낭가수가 말레이반도 동안의 파타니가 되어야 한다고 주장한다(『도이지략교석』, 183쪽). 사실 낭가수를 테나세림에 두지 못하는 근거는 이 문장뿐이다. ‘낭가’가 바로 ‘낭아수’인지, 또 가릉(訶陵)은 일반적으로 동자바를 지칭하지만, 다른 곳의 ‘가릉’일 수도 있으며, 그 자체로 ‘가라(哥羅)’의 잘못일 수도 있다. 이어서 쑤 씨는 “단마령(丹馬令)에서 돛에 바람을 타면 6일 밤낮이면 도착할 수 있고, 또 육로로 가는 길도 있다(自單馬令風帆六晝夜可到, 亦有陸程).”라는 『제번지』 능아사가(凌牙斯加) 조목을 근거로 들었다. 쑤 씨에 따르면 단마령을 나콘시탐마랏으로 추정하고 있다. 그렇다면 나콘시탐마랏에서 아래에 있는 파타니까지 300km에 못 미치는 거리이다. 분명 6일 밤낮으로 항해해 가야 하는 거리는 아니다. 결국 낭가수=능아사가=용아서각=파타니 설을 주장하는 두 학자의 설은 근거가 빈약하다.

마지막으로 록힐 씨는 여기 용아서각이 『성사승람』의 용아가모(龍牙加貌)이고, 조지 필립스가 복원한 15세기 중국 지도에 보이는 용아교의(龍牙交椅)와 같은 곳으로 판단하고, 필립스가 랑카위(Langkawi) 섬으로 추정한 것을 따르고 있다. 따라서 여기 용아서각은 용아각서(龍牙角犀)의 도치 형태이고, 『성사승람』 ‘용아가모’의 ‘모’자는 ‘예(猊)’자의 잘못이라고 추측했다(125쪽). 위의 학자들은 모두 렌카수카로 추정하고 있으므로, 이미 용아서각=랑카위섬이라는 전제가 잘못되었다. 또한 『성사승람』의 용아가모(龍牙加貌)는 『무비지·항해도』에 따르면, ‘용아교의’ 반대쪽에 있는 또 다른 곳이므로 같은 지역으로 볼 수 없다.

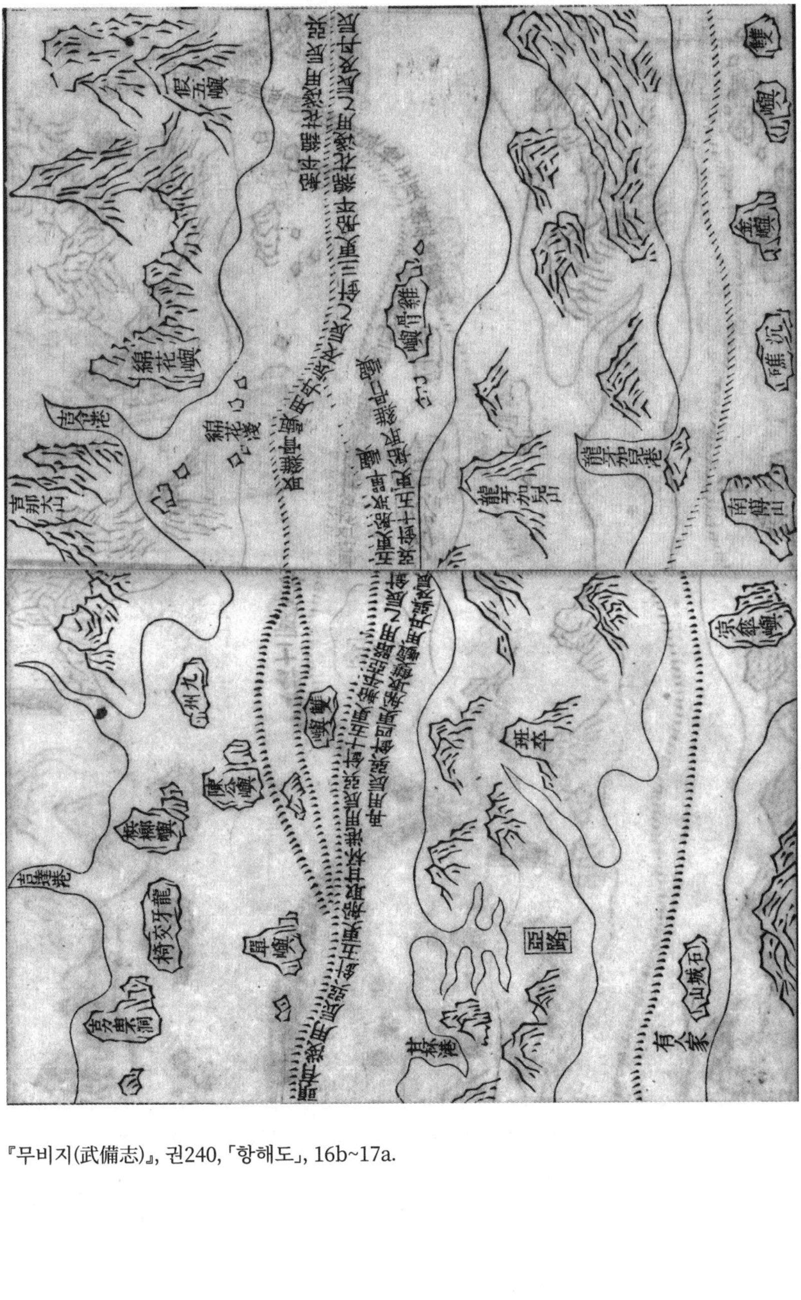

『무비지(武備志)』, 권240, 「항해도」, 16b~17a.

40. 소문방(蘇門傍) [83~84]

산들은 병풍 같고 암석들은 험하며, 그 중간 평탄한 곳에 움막 같은 집들이 있다. 땅은 척박하고 농토는 적어 대부분 밀을 심어 식용한다. 기후는 항상 따듯하다. 풍속은 더럽고 야박하다. 다른 외국에 의지하여 식량을 충당하고, 장사하는 사람들을 통해 용품들을 공급받는다. 남녀는 긴 머리를 흐트러뜨리고, 짧은 적삼을 옷으로 입고, 사길단(斯吉丹)의 베로 묶는다. 바닷물을 끓여 소금을 만든다. 추장이 있다. 이곳에서는 물총새 깃, 소목, 황랍, 빈랑이 난다. 교역하는 상품은 백당(白糖), 무륜포(巫崙布), 주견의(紬絹衣), 화색선견(花色宣絹), 도유(塗油)[1], 크고 작은 물동이 등이다. 도유는 동정도(東埕塗)에서 나며 뜨거운 햇볕에 말려 만든다.

山如屛而石峭, 中有窩藏平坦. 地瘠田少, 多種麥而食. 氣候常暖. 俗鄙薄. 藉他番以足其食, 賴商賈以資其國①. 男女披長髮, 短衫爲衣, 繫斯吉丹布. 煮海爲鹽. 有酋長. 地產翠羽·蘇木·黃蠟·檳榔. 貿易之貨, 用白糖·巫崙布·紬絹衣·花色宣絹·塗油·大小水埕之屬. 塗油出於東埕塗②, 熱曬而成.

① '국(國)'자는 '용(用)'자의 잘못일 것이다.

② ['동정도'는] 어느 곳인지 모르겠다.

심증식 씨는 『광증』에서 "『명사』 「섬라전」에 홍무(洪武) 연간(1368~1398) 여

---

1) 쑤 지칭 씨에 따르면, 석유(石油)를 말레이어, 자바어로 미냑 타나(minyak tanah)라고 하는데, '타나'가 '땅' 또는 '진흙'을 의미하고, '미냑'이 기름을 뜻하므로, 도유가 바로 석유라고 추정했다(『도이지략교석』, 186쪽). 첫째, 석유를 당시 소문방 사람들이 활용할 수 있었는지에 대한 의문이 들고, 언어를 말레이어 또는 자바어를 사용했다는 근거도 없으며, 음성적 측면에서도 부합하지 않는다. 무엇보다도 본문에서 설명하고 있는 것처럼, "햇볕에 말려 만든다."라고 하는 말과 맞지 않는다.

러 차례 조공했고, '그 왕의 누이인 참렬사녕이 별도로 사신을 보내 금박 표문을 올리고, 중궁전에 방물을 바쳤다.… 그 세자 소문부[방]왕 소록군응도 사신을 보내 황태자에게 전문(箋文)을 올리고 방물을 바쳤다(其王之姊參烈思寧別遣使進金葉表…其世子蘇門阜[邦]王昭祿羣膺亦遣使上箋於皇太子, 貢方物).'[2] 라고 하였다. 그렇다면 소문방은 또한 섬(暹)의 땅이다."라고 하였다. 그러나 그는 섬라가 어디인지는 말하지 않았다. 소문부(蘇門阜)는 『명사고(明史稿)』에는 소문방(蘇門邦)으로 되어있다. 아마도 수바르나 파니(Suvarna Pani), 수바르나 푸리(Suvarna Puri)에 해당하는 음일 것이다. 현 수판(Suphan, Sufan)이라고 부르는 곳이 이곳이다.[3]

---

2) 『명사』, 권324, 「섬라전」, 8396~7쪽.

3) 쑤 지칭 씨는 동자바 마두라(Madura) 섬 서남부의 삼팡(Sampang)에 해당하는 음으로 추정했다. 이러한 추정은 본문에 보이는 '도유(塗油)' 때문인데, 쑤 씨는 석유로 생각했다. 그렇다면 태국 방콕 북쪽에 있는 수판 부리에는 석유가 나지 않는다. 그렇다면 심증식과 후지타 씨의 추정은 거리가 멀다. 또한 섬라(시암) 지역은 방망이 모양으로 상투를 트는 것이 관습이므로 여기 소문방의 기술과 어울리지 않는다. 마지막으로 사길단(斯吉丹)은 『제번지』에 보이는 소길단(蘇吉丹) 즉 수카다나의 또 다른 음역으로 보면, 여기 소문방은 쑤 씨처럼 마두라섬으로 보는 것이 타당할지도 모른다. 다만 쑤 씨는 소문방을 마두라섬 삼팡으로 추정하고, 정작 소위 석유가 나는 '동정도'는 자바섬의 잘 알려진 유전인 본조네그로(Bonjonegro) 단데르(Dander)에 해당하는 음으로 추정했다(『도이지략교석』, 185~6쪽). 사실 소문방=삼팡, 동정=단데르 음성적 근접성은 찾기 어렵다. 게다가 왕대연이 조와(爪哇)를 기술할 때 왜 이러한 '도유'의 존재를 언급하지 않았을까 하는 의문이 드는 것은 부인할 수 없다. 학자들의 별다른 추정이 없으므로, 잠정적으로 쑤 씨의 설을 따르기로 한다. 록힐 씨는 역주하지는 않았지만, 이 소문방을 숨바와(Sumbawa)섬으로 추측했는데(66쪽), 그럴 가능성도 배제할 수는 없다.

41. 구항(舊港) [84~86]

[구항은] 담항(淡港)에서 팽가문(彭家門)으로 들어간다. 사람들은 뗏목으로 배를 대신한다. 길에는 벽돌로 만든 탑이 많다. 밭은 다른 땅에서보다 이득이 곱절이다. 한 계절에 곡식을 파종하면 3년간 금이 나온다고 하는데 곡식이 변해 금이 된다는 말이다. 나중에 서양 사람들이 그 밭의 훌륭함을 듣고 매번 배를 타고 와서 밭 속에 있는 돌멩이를 취해, 그들 밭으로 돌아와 그것을 맥(脈)으로 삼아 곡식을 심자, 구항(舊港)의 밭에는 금이 더는 나지 않았다고 하니 또한 괴이한 일이다. 기후는 약간 덥다. 남녀는 상투를 틀며, 흰 베로 사롱[捎]을 만든다. 바닷물을 끓여 소금을 만들고, 야자즙을 발효하여 술을 만든다. 추장이 있다. 그곳에서는 황숙향두(黃熟香頭)[1], 금안향(金顏香), 외국 중에서 으뜸인 목면화, 황랍(黃蠟), 거친 강진향(降眞香), 최고급 학정(鶴頂), 중급의 침향(沈香)과 속향(速香)이 난다. 교역하는 상품은 소문방(蘇門邦)의 환주(丸珠), 네 가지 색의 소주(燒珠), 기린립(麒麟粒), 처주 자기[處甆], 구리 솥, 오색의 베, 크고 작은 물 항아리 등이다.

自淡港入彭家門. 民以竹[2]代舟. 道多磚塔. 田利倍於他壤. 云一季種穀, 三年生金, 言其穀變而爲金也. 後西洋人①聞其田美, 故造舟來取田內之土骨[3], 以歸彼田爲之脈而種穀, 舊港之田金不復生, 亦怪事也. 氣候稍熱. 男女椎髻, 以白布爲捎. 煮海爲鹽, 釀椰漿爲酒. 有酋長. 地產黃熱[熟]香頭·金顏香②, 木綿花冠於諸蕃, 黃蠟·粗降眞·絕高鶴頂·中等沈速. 貿易之貨, 用門邦丸珠③·四色燒

---

1) 후치타 토요하치의 원문에는 '열(熱)'자로 되어있는데, '숙(熟)'자의 인쇄상 오류인 것 같다.

2) 여기의 '죽(竹)'자는 '벌(筏)'자의 잘못으로 보인다.

3) '고조(故造)' 두 글자는 정본(丁本)에 '매승(每乘)'으로 되어있다. 말이 통하지 않는 것은 아니지만, 문맥상 '고조'를 따르는 것이 좋겠다.

珠·麒麟粒·處甆·銅鼎·五色布·大小水埕甕之屬.

① 동서양을 발니(浡泥, 보르네오)로 나누기도 하고, 혹 남무리(藍無里)로 나누기도 한다.[4] 본서에서 '서양'은 대체로 인도의 서쪽 바다의 나라들을 말한다.

② 『제번지』에 "금안향은 바로 진랍(眞臘)에서 나고 대식(大食, 아랍)이 그다음이다. 삼불제(三佛齊)에 이 향이 있다고 하는 것은 특히 대식에서 삼불제에 팔려 오고, 상인들이 다시 삼불제에서 중국으로 되팔러 오기 때문일 따름이다(金顏香正出眞臘, 大食次之. 所謂三佛齊有此香者, 特自大食販運至三佛齊, 而商人又自三佛齊轉販入中國耳)."라고 하였다. 『영애승람』에는 금은향(金銀香)으로 되어있는데, 『영애승람』 구항 조목에 "금은향(金銀香)은 중국과 다른 나라에서는 모두 나지 않는다(金銀香中國與他國皆不出)."라고 하였다. 이 향과 안식향은 모두 벤조인(Benzoin)의 일종으로, 현 수마트라와 보르네오의 도신품이다. 말레이와 자바 사람들은 이 향들을 카마난(Kamanan), 카미난(Kaminan)이라 하고, 크로포드(John Crawfurd)는 카마얀(Kamayan)으로 옮기고 있다(『Dictionary of Indian Islands』, 50쪽). 금은(金銀), 금안(金顏)은 바로 카마얀(Kamayan), 카미난(Kaminan)에 해당하는 음들이다.[5]

③ '문방(門邦)' 위에 '소(蘇)'자가 빠진 것으로 보인다. 바로 본서의 소문방(蘇門傍)이다. 그러나 이 나라 산물에는 환주(丸珠)는 보이지 않고 소록(蘇祿)에만 들어있다.[6]

---

4) 쑤 지칭 씨는 "발니를 기준으로 나누는 것은 동서양의 구분을 말하고, 남무리로 나누는 것은 대소(大小)의 서양을 구분하는 것이다. 이로써 볼 때 왕대연이 말한 서양은 대서양, 즉 지금의 인도양을 말한다."라고 하였지만(『도이지략교석』, 189쪽) 아무런 근거나 출처도 제시하지 않았다.

5) 금안향 또는 금은향에 관하여 더 자세한 사항은 『바다의 왕국들』, 319~320쪽을 참고하시오.

6) 쑤 지칭 씨는 소문방(蘇門傍) 조목에 이러한 구슬이 보이지 않는다는 점에서 이 구슬 명칭을 '문방환(門邦丸)'으로 읽고 싶었다. 그는 이 문방환이 "말레이어 바

『영애승람』 구초본(舊鈔本)[7]에 "구항국의 옛 명칭은 삼불제국이다. 이 나라의 발림방은 조와국의 관할에 속한다. 동쪽으로는 조와 경계와 접해있고, 서쪽은 만랄가국(말라카) 경계에 닿으며, 남쪽으로는 대산과 접해있고, 북쪽은 대해에 임하고 있다. 여러 곳의 배들이 올 때는 먼저 담항에 이르고, 팽가(彭家, 방카) 안에 배를 댄다. 해안에는 석탑이 많다. 작은 배로 항구로 들어가면 그 나라에 이른다(舊港國, 卽古名三佛齊國也. 是番浡淋邦, 屬爪哇國所轄. 東接爪哇界, 西抵滿剌加國界, 南接大山, 北臨大海. 諸處舡來先至淡港, 入彭家裏繫舡. 岸多石塔. 用小舡入港, 則至其國)."라고 하였고, 『기록휘편』본에는 "구항국은 옛날 삼불제국이라 부르는 곳이다. 발림방은 조와 관할에 속한다. 동쪽은 조와에 접해있고, 서쪽은 만랄라국 경계에 접해있으며, 남쪽은 대산이고, 북쪽은 대해에 임해있다. 여러 곳의 배들이 오면 먼저 담항에 이르고, 팽가문 안으로 들어가 배를 댄다. 해안에는 벽돌로 쌓은 탑이 많다. 작은 배로 항구로 들어가면 그 나라에 이른다(舊港國, 卽古名三佛齊國是也. 浡淋邦, 屬爪哇所轄. 東接爪哇, 西接滿剌加國界, 南大山, 北臨大海. 諸處船來先至淡港, 入彭家門裏繫船. 岸多磚塔. 用小船入港, 則至其國)."라고 하였다. 그렇다면 『영애승람』에서 말한 구항은 바로 발림방, 첨비(詹卑) 등지를 아울러 일컫는 말이다. 그러나 구초본에서 "이 번국 발림방은 조와국 관할에 속한다(是番浡淋邦, 屬爪哇國所轄)."라고 한 것은 발림방이 원래 삼불제의 한 주(州)로 당시 조와의 관할에 속했다는 말이다. 『제번지』에 보이는 삼불제 속국 중에는 파림풍(巴林馮)이 들어있는데, 팔림방의 다른 음역일 것이다. 장승(張昇)의 『영애승람집』 구

우 바우 안(bau-bau-an)과 음이 가깝다고 볼 수 있다. 이 말레이어는 향이란 뜻이므로 이 명칭이 바로 향 구슬이란 의미이다."라고 추정했다(『도이지략교석』, 190쪽). 여기 쑤 씨가 제시한 '바우 바우 안'은 '바우-바우안(bau-bauan)'으로 끊어 읽어야 하며, 의미는 단지 '향'이란 뜻일 뿐이다. 그뿐만 아니라, 아무리 방언 발음을 고려하더라도 음성적 거리가 먼 억측이다. '환주'란 표현은 중국 자료에서 흔하지 않은 조합이다.

7) 후지타 씨가 말하는 '구초본(舊鈔本)'이란 바로 기승한(祁承㸁, 1563~1628)의 담생당(淡生堂) 필사본을 가리킨다.

항국 조목에는 "옛날에는 삼불제를 발림방이라 불렀고, 조와에 예속되었다(古號三佛齊, 曰浡淋邦, 隷爪哇)."라고 하였다. 그 뒤로 삼불제와 발림방을 하나의 나라로 보았는데, 후세사람이 엉터리없이 고친 오류가 이렇게까지 심하게 되었다. 담항(淡港)은 무시(Musi) 강 하구를 말하고,[8] 팽가문(彭家門)은 방카(Banka) 해협이므로, 이 책의 구항은 발림방이다. 『명산장(名山藏)』 삼불제 조목에 "영락 연간(1403~1424)에 조와에게 겸병 되어 나라가 망했으며, 그 나라의 도읍은 구항이라 했다(永樂中竟爲瓜哇所兼, 國亡廢, 其國都曰舊港)."라고 하는데, 역시 잘못된 것이다. 본서에 이미 구항이 있으므로 더 말하지 않아도 명백한 일이다.

또, 팔렘방(Palembang)은 정확히 말하자면 팔림방(Palimbang)이 되어야 한다(John Crawfurd, 『Dictionary of Indian Islands』, 322쪽). 파림풍(巴林馮), 발림방(浡淋邦)은 바로 이 팔림방에 해당하는 음들이다.

---

8) 쑤 지칭 씨는 "후지타 토요하치는 담항(淡港)이 바로 무시(Musi, 慕西)강 하구로 보았는데, 펠리오도 역시 동의하고 있다."(『도이지략교석』, 189쪽)라고 하면서 『통보』, XXX(1933), 373~5쪽을 참조토록 했다. 그러나 펠리오는 장승(張昇)의 개정본을 옮겨 놓으면서 담항(淡港)을 언급했으나, 그냥 '민물의 수로'라는 의미만 직역해 둔 것이 고작이다. 또, 참조 사항도 372쪽이 되어야 한다.

42. 용아보제(龍牙菩提) [86~87]

빙 두른 것은 모두 산이고, 암석들이 문처럼 배치되어 있다. 농사를 지을 농토는 없고, 단지 참마[薯], 토란[芋]을 재배하여[그것들을] 삶아 식량으로 대용한다. 수확할 때는 중국인들이 식량을 저장하는 것처럼 집마다 반드시 여러 방에 저장해 두고 한 해의 쓰임에 대비하고, 먹고 남으면 다음 해 [작물이] 익지 않는 것을 위해 보관해 둔다. 정원에는 과일나무를 심어 두었고, 방합조개, 물고기, 새우 등을 잡아먹는데 참마나 토란보다 배는 [많이 먹는다]. 기후는 [다른 나라들 보다] 곱절은 덥고, 풍속은 순박하다. 남녀가 몽둥이 모양으로 상투를 하고, 목면화로 만든 홑겹의 옷을 입는다. 바닷물을 끓여 소금을 만든다. 칡뿌리를 침전시켜 술을 빚는다.[1] 그곳에서는 속향(速香), 빈랑, 야자가 난다. 교역하는 상품은 홍록의 소주(燒珠), 아정(牙錠), 쇠솥, 청백의 토인포(土印布) 등이다.

環宇皆山, 石排類門. 無田耕種, 但栽薯芋, 蒸以代糧. 當收之時①, 番家必堆貯數屋, 如中原人積糧, 以供歲用, 食餘則存下年之不熟也. 園種果, 採蛤·蚌·魚·蝦而食, 倍于薯芋. 氣候倍熱, 俗朴. 男女椎髻, 披木綿花單被②. 煮海爲鹽. 浸葛根汁③以釀酒. 地產粗香④·檳榔·椰子. 貿易之貨, 用紅綠燒珠·牙箱錠⑤·鐵鼎·青白土印布之屬⑥.

① '시(時)'자는 지복재본에 '부(富)'자로 되어있어 정본(丁本)에 따라 고쳤다.

② 지복재본에는 '목(木)'자 위에 '사(絲)'가 있지만, 정본(丁本)에는 없어 따랐다.

③ '갈(葛)'자는 정본(丁本)에 '우(芋)'자로 되어있다.

---

1) 칡뿌리를 침전시켜 술을 빚는 풍습은 앞서 본 나위(羅衛) 조목의 것과 같다. 이로써 볼 때, 여기 용아보제와 나위는 같은 문화권에 생활하고 있을 가능성이 있다.

④ ‘조(粗)’자는 『성사승람』에 ‘속(速)’자로 되어있는데, ‘속’자가 맞다.

⑤ ‘상(箱)’자는 잘못 베낀 것 같다.

⑥ ‘백(白)’자 아래에 ‘기(器)’자가 있을 것 같다.

『성사승람』 천일각본의 용아보제(龍牙菩提, ‘보’자가 ‘선善’자로 잘못되어 있음)는 본서의 문장을 그대로 따르고 있다. 『정화항해도』에는 용아교의(龍牙交椅)가 보이는데, 바로 랑 카위(Lang Kawi)에 해당하는 음으로, 옛날에는 랑카푸리(Langkapuri), 랑카바리(Langkavari)라고 했다. 그러나 보제(菩提)는 보디(Bodhi)에 해당하는 음 같은데 서로 같은지는 모르겠다.[2)]

---

2) 용아보제란 섬은 『도이지략』에서만 보인다. 록힐 씨는 앞서 본 용아서각과 같은 섬인 랑카위섬으로, 이 섬의 옛 명칭 낭카푸리(Lankāpurī)에 해당하는 음으로 보았다(127쪽). 렌카수카를 용아서각에 두었으므로, 여기의 용아보제(龍牙菩提), 즉 용아보리는 랑카위가 맞다. 말하자면 ‘Lanka+Puri’ 형태를 중국어로 옮긴 것이다. 랑카는 『라마야나(Ramayana)』에 보이는 라반나(Ravana)왕의 도시 이름이고, ‘puri’ 또는 ‘puram’은 산스크리트어로 ‘도시’를 의미한다는 설명으로 보면, ‘용아보제’란 중국어 전사는 그럴법하다.

『무비지·항해도』에는 용아교의(龍牙交椅)와 용아가모(龍牙加皃, 또는 龍牙加兒)가 있는데, 용아교의는 말레이반도 서안에 그려져 있고 용아가모 또는 용아가아는 수마트라섬 서북안에 그려져 있다. 이 지도상으로 말하자면 용아교의는 렌카수카에 두어야 한다. 『기록휘편』본 『성사승람』에 따르면, 용아서각과 용아가모는 다른 내용으로 기술되어 있다. “용아가모(龍牙加貌)는 마일동(麻逸凍)에서 순풍에 3일 밤낮의 정(程)”에 있는 곳으로 설명하고 있다(『성사승람교주』, 전집, 26쪽). 쑤 지칭 씨는 이 마일동이 수마트라섬과 자바섬 사이에 있는 벨리퉁(Belitung)섬으로 추정하고 있는데(『도이지략교석』, 192쪽), 이는 『무비지·항해도』에 람방(覽邦, Lampung) 동북쪽에 보이는 군도에 마리속(麻里束)으로 표기된 곳이 보인다. 쑤 씨는 여기 ‘속(束)’자를 ‘동(東)’자의 오기로 보고 마리동(麻里東), 즉 마일동(麻逸凍)과 같은 곳으로 보고 싶은 것이다. 물론 하나의 가설이지만, 그렇다면 수마트라섬 서북안에 용아가모 또는 용아가아가 그려진 것은 이해가 된다. 종합하여 정리하자면, 용아교의는 용아보제를 말하고, 앞서본 용아서각

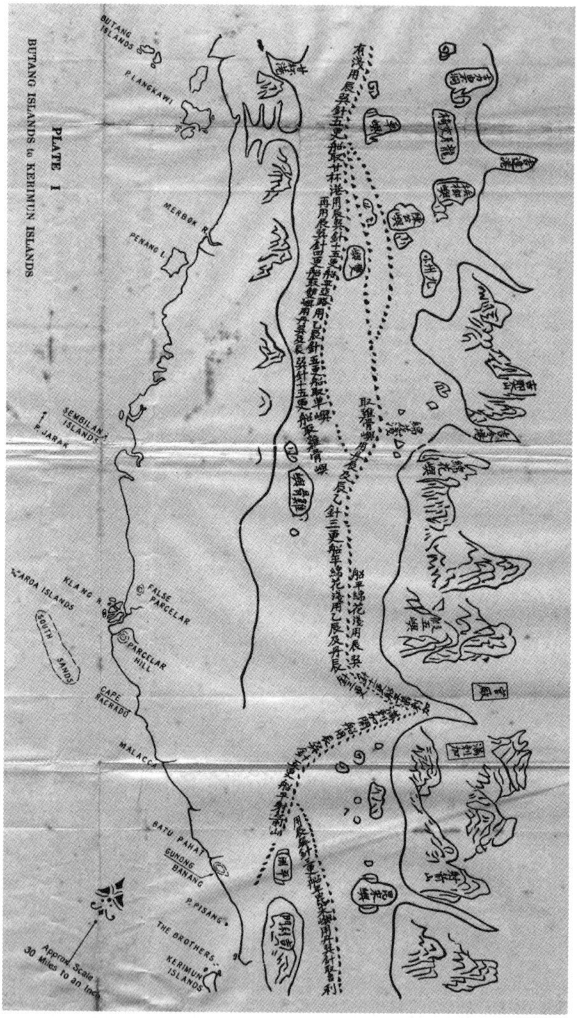

밀스(J.V. Mills), 「『무비지』에서의 말라야(Malaya in the Wu-Pei-Chih Charts)」, 『JMBRAS』(1937).

은 렌카수카로 『무비지·항해도』에 '길달항(吉達港)'으로 표기되어 있다. 용아가모 또는 용아가아는 마일동이란 곳에서 3일 항해 거리에 떨어져 있는 곳, 『무비지·항해도』에 따르면 수마트라섬 서북안 지역일 것이다. 앞의 239쪽 참고도를 보시오.

43. 비사야(毗舍耶) [87~88]

바다 동쪽의 한 모퉁이 외진 곳에 있다. 산은 평탄하고 넓으며, 농토는 적어 농사는 많이 짓지 않는다. 기후는 [다른 곳에 비해] 갑절은 덥다. 풍속이 노략질을 즐겨한다. 남녀가 상투를 틀고, 먹물로 문신을 목까지 새긴다. 붉은 비단을 머리에 묶고, 노란 베를 묶어 사롱으로 삼는다. 나라에 추장은 없고, 땅에서 나는 것도 없다. 항상 마른 식량을 싸서 작은 배를 노 저어 바깥 외국으로 다닌다. 황폐한 산 후미진 계곡, 사람 없는 곳에 숨어 살며 물고기를 잡거나 땔나무를 하는 사람을 만나면 곧장 생포하여 돌아와 다른 나라에 판다. 한 사람당 금 2냥으로 교역한다. 그 나라 사람들은 서로 번갈아 따라 하고 [그것을] 익혀 생업으로 삼는다. 그러므로 동양[1)][의 사람들이] 비사야란 이름을 들으면 모두 두려워 피해간다.

僻居海東之一隅, 山平曠, 田地少, 不多種植. 氣候倍熱. 俗尙虜掠. 男女撮髻, 以墨汁刺身至疎頸門①. 朗纏紅絹②, 繫黃布爲捎③. 國無酋長, 地無出產. 時常裹乾糧[2)], 棹小舟, 過外番④. 伏荒山窮谷無人之境, 遇捕魚採薪者, 輒生擒以歸,

---

1) 왕대연의 동양(東洋)에 관하여 쑤 지칭 씨는 다음과 같은 설명을 내놓았다. “『대덕남해지』에는 소동양(小東洋), 대동양(大東洋)이란 명칭이 보이는데, 소동양은 마닐라(Manila), 술루(Sulu) 일대의 바다를 지칭하고, 대동양은 말루쿠(Maluku), 반다(Banda), 마카사르(Makasar), 브루나이(Brunei), 폰티아낙(Pontianak), 쿠메이(Kumei), 순다(Sunda), 페카롱간(Pekalongan), 투반(Tuban), 칼랑(Kalang), 장갈라(Janggala), 발리(Bali), 티모르(Tomor) 일대의 바다를 말한다. 왕대연의 동양은 대소의 동양을 모두 가리킨다. 그러나 명나라 시기에는 칼리만탄섬 서안, 남안과 그 동쪽의 섬들과 자바, 소순다 열도는 서양(西洋)에 들었다. 그러므로 원나라 시기의 동양은 그 범위가 명나라 시기에 비해 넓었다.”(『도이지략교석』, 195쪽)

2) 후지타 토요하치의 원문에는 ‘상(常)’자가 빠져있어 다른 판본에 따라 보충했다. 역시 인쇄상 오류일 것이다.

鬻於他國. 每人易金二兩重. 蓋彼國之人遞相倣傚, 習以爲業. 故東洋聞毗舍耶之名, 皆畏避之也.

① '문(門)'자는 정본(丁本)에 '항(項)'자로 되어있다.

② '랑(朗)'자는 '두(頭)'자의 잘못일 것이다.

③ '위소' 두 글자는 지복재본에 '속이(俗以)'로 되어있어 정본(丁本)에 따라 고쳤다.

④ '과(過)'자는 지복재본에 '우(遇)'자로 되어있어 정본(丁本)에 따라 고쳤다.

『제번지』, 『송사』, 『문헌통고』에는 모두 이 나라의 기록이 보이는데 "비사야는 언어가 통하지 않아 상인들이 가지 않는다. 웃통을 벗고 다녀 쳐다보면 거의 짐승 같다. 천주(泉州)에는 팽호(彭湖)라는 섬이 있는데 진강현(晉江縣)에 예속되어 있다. 이 나라와 매우 가까워 연기를 서로 바라볼 수 있고 때때로 노략질을 하지만 그들이 오는 것을 예측할 수 없어 많은 사람이 잡아먹히는 피해를 보아 사는 사람들이 힘들어한다. 순희(淳熙, 1174~1189) 연간에 나라의 추호(酋豪, 수령)가 수백 명의 무리를 거느리고 천주의 수오(水澳), 위두(圍頭) 등의 촌에(毗舍耶語言不通, 商販不及, 袒裸盱睢, 殆畜類也. 泉有海島曰彭湖, 隸晉江縣, 與其國密邇, 煙火相望, 時至寇掠, 其來不測, 多罹生噉之害, 居民苦之. 淳熙間, 國之酋豪常率數百輩猝至泉之水澳·圍頭等村)"[3] 들어온 일을 언급하고 있다. 또 [『제번지』] 유구국(流求國) 조목에서 "옆에는 비사야, 담마안 등의 나라가 있다(旁有毗舍耶·談馬顔等國)."라고 하였다. 히어트 씨는 이 나라가 현 대만 서쪽 해안의 파예허(Payehhe, 'y'는 'z'의 오기) 족이 비사야와 비슷하다고 했지만, 본서에서 "산은 평판하고 넓으며, 농토가 적어 농사를 많이 짓지 않는다. 풍속이 노략질을 일삼고, 남녀가 상투를 틀고, 먹물로 문신을 목까지 새긴다."라고 하였으며, 또 "땅에서 나는 것도 없다. 항상 마른 식량을

3) 후지타 토요하치가 인용한 문장은 『제번지』 비사야 조목에 나오는 내용이다. 『바다의 왕국들』, 281쪽을 참고하시오.

싸서 작은 배를 노 저어 바깥 외국으로 다닌다. 황폐한 산 후미진 계곡, 사람 없는 곳에 숨어 살며 물고기를 잡거나 땔나무를 하는 사람을 만나면 곧장 생포하여 돌아온다."라고 하였는데, 모두 필리핀의 비사야(Visaya, Bisaya)의 정황과 같으므로, 이것이 비사야에 해당하는 음일 것이다. 이 종족은 작은 배를 노 저어 대만을 지나, 또 팽호(澎湖)와 천주를 노략질했으므로, 송나라 사람들이 그 나라가 대만에 있는 것으로 오인한 것일 뿐이다.[4)]

---

4) 떼리앙 드 라쿠페리(Térrien de Lacouperie)는 『The Languages of China Before the Chinese』(런던, 1887, 127쪽)에서 『제번지』에 보이는 비사야(毗舍耶)를 처음으로 확인하고 있는데, "중세의 일본인들은 여러 차례 해안을 침범하여 남김없이 파괴했다. 이들은 필리핀의 비사야(Bisaya) 사람들이라고 해야 한다. 이들은 송나라 시기 1174~1189년 동안 복건 천주(泉州)의 해안을 침략한 바 있다."라고 하였다. 이 라쿠페리의 설명은 조지 슐레겔의 반박에 부딪혔다. 슐레겔은 뗏목으로 필리핀에서 바다를 건너오는 것은 불가능하므로 이 비사야 족이 대만의 부족일 것이라고 주장했다(『통보』, 1895, 182쪽). 하지만 라우퍼 씨는 슐레겔의 주장이 전혀 타당하지 않다고 다시 반박했다. 라우퍼의 근거는 『제번지』와 『송사』의 원문을 보면 대만의 옆에 있으며, 다른 언어를 가졌다는 기술을 들었다. 게다가 대만 섬에는 비사야라는 부족이 존재하지 않는다는 것이다. 단순히 언어적 유사성만으로 이들 민족을 필리핀 부족으로 추정하기는 부족하므로 문화적-역사적 고려를 보탤 것을 제안하면서 비사야가 필리핀에 사는 부족임을 입증하려 했다(『The relations of the Chinese to the Philippine Islands』, 1908, 253~255쪽). 이에 대해 히어트와 록힐 씨는 『도이지략』의 비사야를 참고하지 못하고, 이들이 중국을 침략한 것이 한번이 아니므로, 비사야는 당시 대만섬 남서부 해안을 따라 정착해 있었고, 그들은 필리핀 부족 출신들로 보인다는 절충적 견해를 내놓았다. "이러한 생각은 조여괄이 앞 장에서 유구(대만)를 설명한 진술로 확인된다. 비사야 북쪽에 있던 유구 사람들은 필리핀[三嶼]과 규칙적인 교역 관계를 맺고 있었다. 침략자들이 만든 배를 타고 직접 필리핀에서 온 것이 아니라 뗏목을 타고 중국으로 왔다고 써야 했다."라고 하였다. 그렇다면 대만섬에 있는 이들 부족에 대해서, 음성적 근접성은 부족하지만, 타이호쿠(Taihoku) 평원, 켈룽(Kelung), 탐수이(Tamsui) 지역에 흩어져 사는 파제헤(Pazehhe, Basay) 부족을 들었다(『조여괄』, 166쪽). 『제번지』를 교주한 펑 청쥔 씨도 이 설을 그대로 따

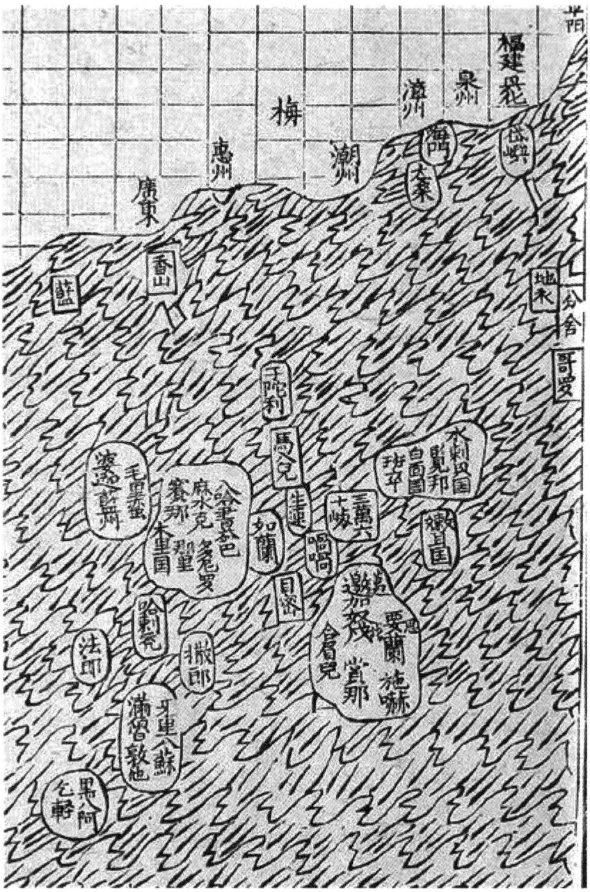

원나라 주사본(朱思本)이 그린 지도를 토대로 나홍선(羅洪先, 1504~1564)이 편집하고 보완한 『광여도(廣輿圖)』에 수록된 「동남해이총도(東南海夷總圖)」의 일부분. 만력(萬曆) 기묘년(1579) 해우전대 간본(海虞錢岱刊本). 대만 국립중앙도서관 소장.

르고 있다(『바다의 왕국들』, 281쪽). 확실히 왕대연의 기술에는 뗏목이란 말은 없다. 여러 주장들을 여러 원문과 종합적으로 검토해보면, 라우퍼 씨의 주장이 설득력 있다. 쑤 지칭 씨도 여기 비사야를 루손 군도로 추정하고, 비사얀 족이 진출한 바부얀(Babuyan) 등의 전초기지 이름을 취한 것으로 보았다(『도이지략교석』, 195쪽). 마지막에서 동양의 사람들이 비자야란 말을 듣고 모두 두려워 피해갈 정도라면 대만 섬의 부족이 되어서는 안 된다.

지세는 용아문(龍牙門) 뒷산에 이어져 있어 이어진 듯하면서도 끊어진 것도 같다. 오목한 봉우리가 서서 굽이져 있어 사람들은 그곳을 둘러 살고 있다. 농토는 척박하여 곡물은 수확이 적다. 기후는 고르지 않고, 여름에는 비가 많이 내리고 약간 춥다. 풍속은 질박하다. [남녀는] 짧은 머리를 하고, 가금(假錦)으로 머리를 두르며, 홍유포(紅油布)로 몸을 감싼다. 바닷물을 끓여 소금을 만들고 쌀을 발효시켜 술을 만드는데,[1] 명가(明家)라고 부른다. 추장이 있다. 그곳에서는 상등의 학정(鶴頂), 중등의 강진, 목면화가 난다. 교역하는 상품은 녹포(綠布), 철선(鐵線), 토인포(土印布), 자기, 쇠솥 등이다.

地勢連龍牙門後山, 若纏若斷. 起凹峯而盤結, 故民環居焉. 田瘠, 穀少登. 氣候不齊, 夏則多雨而微寒. 俗質. 披短髮, 緞緜[錦]纏頭,[2] 紅油布繫身①. 煮海爲鹽, 釀米爲酒, 名明家②. 有酋長. 地產上等鶴頂·中等降眞·木棉花. 貿易之貨, 用綠布③·鐵條·土印布·赤金·甆器·鐵鼎之屬.

① '단(緞)'자는 정본(丁本)에 '가(假)'자로 되어있고 '피(披)'자 위에 '남녀(男女)' 두 글자가 빠진 것 같다. 『명일통지』에 인용된 『도이지』에 "농토가 척박하여 곡물이 적게 열리며, 기후는 고르지 않고 여름에는 비가 많이 내려 상당히 춥다. 풍속은 질박하고, 남녀는 단발을 하며 가금으로 머리를 두르고 홍유포로 몸을 싸맨다(田瘠穀少登, 氣候不齊, 夏則多雨多寒. 俗質, 男女被短髮, 假錦纏頭, 紅油布繫身)."라고 하였고, 정효(鄭曉)의 『오학편(吾學編)』, 하교원(何喬遠)의 『명산장(名山藏)』, 모서징(茅

---

1) 원문에 기술된 지형과 기후로 볼 때, 쌀[米]을 발효시켜 술을 만든 것이 아니라, 아마도 소미(小米, 좁쌀)일 것이다.

2) '면(緜)'자는 지복재본과 정본(丁本)에 모두 '금(錦)'자로 되어있다. 인쇄상 오류일 것이다.

瑞徵)의 『상서록(象胥錄)』 등에서 말한 것들도 대략 같은데, 모두 본서를 따른 것이리라.[3)]

② '명가'에 해당하는 음이 무엇인지 모르겠다.[4)]

③ '록(綠)'자는 정본(丁本)에 '사(絲)'자로 되어있다.

『정화항해도』에 보이는 반졸(班卒)은 수마트라섬 서남쪽 해안에 있는데[5)] 대략 현 바루스(Barus), 즉 아랍인들과 중세의 책들에서 보이는 판수르(Pansur,

---

3) 쑤 지칭 씨는 『상서록』에 '유(油)'자가 '주(紬)'자로 되어있는 것을 근거로 '주'자로 교정했다. '포(布)'자와 어울리지 않을뿐더러 본서의 특번리(特番里) 조목에서도 보인다.

4) 명가(明家)라는 술에 관하여, 쑤 지칭 씨는 "말레이어에서 미주(米酒)를 베람(beram)이라 하는데 분명, 이 술 이름과는 관계가 없다. 타이어로 술을 뭇챠(mutcha)라고 하는데 '명가(明加)'의 음에 해당시킬 만하다."(『도이지략교석』, 199쪽)라고 추정했다. 한편 펠리오 씨는 "주달관(周達觀)이 캄보디아에서 언급한 쌀로 만든 술인 포릉각(包稜角)을 떠오르게 하는데, '릉각'은 크메르어로 '도정한 쌀'을 의미하는 지금은 'aṅka'라고 하는 'reṅko'이다."(『Notes on Marco Polo』, II, 663쪽)라고 음의 유사성을 언급한 바 있다. 만약, 여기 반졸이 조호르강 상류의 캄퐁 판초르라면, 펠리오의 가설과 연관 지어 생각하는 것이 유리하다.

5) 후지타 씨는 『무비지·항해도』를 잘못 읽고 있는 것 같다. 용아가모(龍牙加貌), 반졸(班卒), 아로(亞路)는 서북쪽 해안에서 약간 안쪽으로 표기되어있고, 감배항(甘杯港), 파록두(巴碌頭), 급수만(急水灣), 소문답랄(蘇門答剌), 병풍산(屛風山), 남무성[리](南巫星[里])는 서북쪽 해안을 따라 수마트라섬 끝까지 올라간다. 남무리를 돌아서 아래로 두 갈래의 물길이 표시되어 있다. 첫 번째 물길을 따라 다시 거꾸로 내려오면서 대소화면(大小花面), 아로, 반졸, 용아가모항이 보인다. 이 첫 번째 물길은 수마트라섬을 반다 아체 지점을 돌아, 섬의 남동 방향으로 나아가는 물길이 아니라, 반다 아체 지점에 있는 바로 크루엉 아체(Krueng Aceh), 즉 아체강 물길이다. 따라서 화면, 반졸은 수마트라섬 서남쪽 해안이 아닌, 서북과 서남 사이로 흐르는 중간 물길이다. 이 지역은 서남쪽보다는 서북쪽에 가까운 지역이다.

Fansur)라고 하는 곳이다. 『제번지』에 “뇌자는 발리국에서 나고 또 빈솔국에서도 난다(腦子出渤泥國, 又出賓窣國).”라고 하였는데 반졸은 바로 빈솔(賓窣)의 다른 음역이다.[6] 본서에서 “지세는 용아문의 뒤 산과 접해있다”라고 하였고, 또 산물에는 뇌자를 언급하지 않은 것이 이상하다. 용아문(龍牙門)은 본서에 별도의 조목이 있다.

---

6) 심증식 씨는 『도이지략광증』(상, 18쪽)에서 “『제번지』에 뇌자(腦子)는 발니국(渤泥國), 빈졸국(賓窣國)에서 난다고 하였는데, 반졸의 다른 표기일 것이다.”라고 한 다음, 다시 ‘용아문후산(龍牙門後山)’ 아래에서 『명사』「조와전」을 참고하여, 영락 연간에 조정 사신이 데려간 병졸 중에 반졸아에 표착한 자가 있었는데, 자바 사람이 금으로 속죄하여 돌아오게 했다는 이야기를 인용했다. 이어서 『속문헌통고』에서 “고리반졸국은 바다 한가운데 있고, 땅은 척박하고 곡물은 적으며 산물은 매우 엷다. 명나라 영락 3년에 국왕이 마적(馬的) 등을 보내와 조공했다(古里班卒國, 地在海中, 土瘠穀少, 物産甚薄. 明永樂三年, 國王遣馬的等來朝貢).”라고 인용하며 반졸이 고리반졸임을 보여주었다. 그 위치에 대해서 심 씨는 “「동남해이총도(東南海夷總圖)」에 따르면, 목랄유(木剌由), 람방(覽邦), 반졸(班卒)은 같은 한 섬이다. 근거로 삼을 수는 없지만, 반졸은 용아문 뒷산과 서로 연결되어 있다. 람방은 『침로(針路)』에 따르면, 석단(石旦) 즉 『도이지략』의 손타(孫他) 해협과 가까우므로, 반졸은 반드시 만랄갑(滿剌甲)에서 하항(下港)에 이르는 중간 기항지가 되어야 함에는 의문이 없다.”라고 하였다. 『광여도(廣輿圖)』, 권2에 들어있는 「동남해이총도」를 자세히 읽어보면, “水剌○國, 覽邦, 白面國, 班卒” 순으로 한 섬에 들어가 있다. 첫 번째 ‘水剌○國’은 심 씨와 쑤 지칭 씨 모두 ‘목랄유국(木剌由國)’으로 읽고 있다. 세 번째 있는 ‘白面國’은 심 씨는 빠뜨렸고, 쑤 씨는 ‘화면국(花面國)’으로 읽었다. 목랄유(木剌由)는 분명 말라유에 해당하는 음이다. 람방은 일반적으로 수마트라섬 남부 람풍(Lampung)으로 추정한다. 심 씨의 만랄갑(滿剌甲)은 바로 만랄가(滿剌加) 즉 말라카를 말한다. 하항(下港)은 『명사』「조와전」에 따르면, 조와의 다른 명칭이다. 결국, 심씨는 반졸 말라카에서 조와[순다] 사이에 있을 것으로 추정한 셈이다. 또 이러한 추정으로 근거해보면 「동남해이총도」의 섬은 바로 수마트라섬을 보여주고 있고, 반졸은 이 섬에 있음을 추론할 수 있다. 앞의 252쪽의 참고도를 보시오.

록힐 씨는 “『명사』, 권326, 11쪽에 고리반졸(古里班卒)로 불리며, 종종 영락 연간에 조공해왔다는 한 나라에 관한 간략한 설명이 있다. '토지는 척박하고 곡식이 적으며, 산물은 빈약하다. 관습은 좋지 않다. 여름에는 비가 많이 내리는데 그때는 춥다.'라고 한 말이 전부이다. 반졸은 말라카 해안 여러 곳에서 등장하는 말레이어 지명인 판초르(Panchor)에 해당할 것이다. 반졸은 바탐(Batam) 또는 빈탕(Bintang) 섬일 것이다. 혹 판장(Panjang, 전사는 통상적이지 않지만, 반충(班冲)이 정확할 것임)에 해당할 수도 있는데, 이 경우라면 반탐(자바) 근처에 있는 푸로 판장(Pulo Panjang)으로 볼 수도 있을 것이다."(133쪽)라고 하며 반졸이 여러 지역에 있을 수 있음을 표명했다.

『영애승람』을 역주하면서 밀스(Mills)는 반졸이 수마트라섬 서북부의 바루스(Barus) 일대로 의정(義淨) 『대당서역구법고승전(大唐西域求法高僧傳)』에 보이는 파로사국(婆魯師國)이라고 추정했다(『Ma Huan Ying-yai Sheng-lan』, 1970, 200쪽). 반졸이 파로사라면, 7세기부터 계속 이어졌다는 말인데, 중국 자료에는 두 곳을 연결하여 설명하지 않았고, 전사한 원음도 반졸에게 어울리지 않는다. 『대덕남해지(大德南海志)』 권7에는 삼불제국은 '소서양'을 관할한다고 하고 그 관할하는 나라로는, "龍牙山, 龍牙門, 便塾, 欖邦, 棚加, 不理東, 監篦, 啞魯, 亭停, 不剌, 無思忻, 深沒陀囉, 南無里, 不斯麻, 細蘭, 沒里琶都, 賓撮."이 있다고 한다. 이 목록은 앞서 본 「동남해이총도」에서 람방이 보이는 것으로 보아, 반졸이 이 중에 들어있을 것으로 추측할 수 있다. 변숙(便塾)이 반졸과 발음이 가장 비슷하다. 변숙에 대해 쑤 지칭 씨는 "조호르 강 동안의 조호르 라마(Johore Lama) 상류에서 1~2마일 떨어진 곳에 판초르라는 마을이 있는데, 그곳은 싱가포르와 매우 가깝다. 내 생각으로는, 왕대연의 책에서 말한 '후산(後山)'은 물길이나 육로를 따라 그곳으로 통하는 항구를 지칭한다. [따라서] 조호르강의 판초르는 바다와 통하지 않으므로 이곳을 말하는 것으로 볼 수 없다."(『도이지략교석』, 198쪽)라고 설명했다. 조호르강 동안에 있는 판초르가 왜 바다와 연결되지 않는지 의문이다. 그 현 명칭은 캄퐁 판초르(Kampong Panchor)이다. 캄퐁은 항구란 뜻이다. 이렇게 근거 없이 조호르강의 판초르를 일축한 쑤 씨는 다시 말레이반도의 무아르(Muar) 강에서 내륙으로 한참 들어가는 판초르라는 곳이 여기 『대덕남해지』의 '변숙'으로 추정했다. 삼불제가 관할하는 곳이므로 싱가포르 해협에서 멀어지면 그 가능성은 떨어진다. 왕대연도 분명 '용아문 후문'이라고 했으므로 용아문이 싱가포르라면 북쪽의 캄퐁 판초르일 가능성이 크다.

『명태종실록』 권36에, 영락(永樂) 3년(1405) 9월 계묘(癸卯)일에 만랄가국(滿剌加國) 추장이 사신을 보내 조공했고, 같은 해 10월 정묘(丁卯)일에는 사신을 파견하여 조서로 번속아(番速兒), 미낭갈복(米囊葛卜), 남무리(南巫里) 등의 나라를 달랬다는 기록이 보인다. 여기 번속아는 확실히 반졸의 다른 표기로 보인다. 미낭갈복은 수마트라섬 서북부의 미낭카바우를 말하고, 남무리 역시 수마트라섬 서북부로 잘 알려진 곳이다. 그렇다면 번속아는 수마트라섬 서북부 해안에 있을 것이고, '판초르'와 유사한 발음이 나는 항구가 수마트라섬 서북안에 있었다고 추론할 수 있다.

펠리오는 마르코 폴로의 여행기에 보이는 판수르(Fansur)를 치밀하게 고증했다. "판수르(Fansur) 왕국은 '판수리(fansuri)'라고 불리는 장뇌 산지의 중심으로 수마트라 남서 해안에 있는 바로스(Baros) 지역이다."라고 판수르=바로스=장뇌 산지라는 대전제를 제시했다. 이 바로스 지역은 6세기 전반부터 파율향(婆律香), 파율고(婆律膏)라는 장뇌 산물을 통해 바루스의 중국어 전사 명칭을 확인했다. 여기에 10세기 아랍 자료에서 발루스(Bālūs)라는 지명과 발루스(bālūs)라고 부르는 일종의 장뇌를 지칭하는 예들을 찾아냈다. 그렇다면 마르코 폴로의 판수르는 어디에서 나왔을까? "'Fanśūr'라는 다른 명칭이 9세기 중반부터 아랍 텍스트에서 처음으로 나타나는데" 이렇게 아랍어화 된 형태를 폴로가 채택했다고 본다. 첫 글자가 'f-'냐 'p-'냐는 시리아어에서 둘 다를 사용하므로 구분할 필요가 없다고 한다. 따라서 조여괄(趙汝适) 『제번지』에 보이는 장뇌의 산지 빈졸(賓窣)은 'Pănsur=Pansur'='Fanśūr'로 연결할 수 있다. 수마트라섬의 바루스는 섬의 남안, 토바호에서 8시 방향 해안가에 있다. 이곳에서 수마트라섬 서북안 탄중 발라이까지는 육로로 대략 270km 정도이다. 그런데 왕대연은 반졸(班卒)이란 나라를 '용아문의 뒤편' 산으로 표현하고 있으며, 왕대연에게 용아문은 싱가포르 해협이다. 왕대연의 기술에서 반졸이라는 나라를 확인할 수 있는 단서는 전혀 없다. 다만 조여괄의 빈졸과 앞서본 아랍어 명칭들과 발음이 비슷하다는 것뿐이다. 이러한 위치상의 거리는 학자들을 곤란하게 했다. 이에 대해 펠리오는 그럴법한 추론을 제시했다. 왕대연의 이 용아문(龍牙門)을 『무비지(武備志)』「항해도」에 보이는 용아가모(龍牙加皃)산과 항구로 보자는 주장이다. 이 용아가모의 서북쪽으로 좀 더 가면 '반졸(班卒)'이 있다는 것이다. 페랑 씨가 인용한 판 푸렌(L. Van Vuuren)씨의 설에 따르면, 판수르(Pansur)는 사실 바로스에서 장뇌와 벤조이 나는 지역으로 가는 길에 있는 세 번째 역참(?)이라고 한다(『JA』, 1922, II, 95쪽). 이상으로부터 펠리오는 'Pantsur(또는 Pansur)'와 바루스(Barus)가 원래 하나로 같은 곳을 의미하는 이중의 명칭이었고, 이들 중 하나를 현재의 'Pansur'로 의미를 부여하여 문제가 복잡하게 되었을 것으로 추론했다.[『Notes on Marco Polo』, II, 661~664쪽을 참고하였음]

결국, 펠리오 역시 문제를 해결하지 못하고 추론으로 수습했다. 왕대연이 반졸을 기술하면서 언급한 용아문을 「항해도」의 용아가모로 보자는 추정에는 기꺼이 동의한다. 그러나 지도를 더 들여다보면, 반졸 옆으로, 즉 같은 해안에 아로(亞路)를 볼 수 있다. (239쪽의 지도를 참고하시오) 바로 수마트라섬 서북안의 아루(Aru)가 아니겠는가. 그렇다면 반졸은 수마트라섬 토바호 서쪽에 보이는 바루스가 아니다. 당연히 말레이반도와 마주 보고 있는 수마트라섬 서북안에서 찾아야 한다.

『기행 통사(Histoire générale des voyages)』, IX, Paris, 1751, 340쪽에 보이는 보리유(Beaulieu)의 기술에 따르면, "푸로 나이스는 길이 15~16류(약 44Km)의 섬으로 많은 사람이 살고 있고, 그곳 사람들은 바로스(Barros)와 교역한다."라고 하였다. 또한 943년경 마수디는 "[세린디브에서] 약 1천 파라쌍 거리에 라민(Ramin)이라는 다른 섬들이 있는데, 많은 사람이 살고 왕들이 통치한다. 이들 섬에는 금광이 풍부하고, 장뇌로 유명한 깐수르(Kansour)라는 나라와 이웃하고 있다." 메이나르(Barbier de Meynard)가 번역한 『마수디. 황금 초원(Maçoudi. Les Prairies d'or)』, I(Paris, 1861, 338쪽). 여기의 '라민'은 라무리(Lamuri)이고, '칸수르'는 바로 판수르(Fansour)의 잘못이다. 정황이 이와 같으므로, 판수르=반졸은 라무리(Lamuri), 즉 반다 아체 주변에서 찾아야 한다.

땅은 바닷가를 끌어당기고, 산에는 흰 바위가 웅크려 있다. 농사짓기에 적합하지 않아 매년 다른 나라에 식량을 의존한다. 기후는 갑자기 덥기도하지만 조금 썰렁하다. 풍속은 과감하고, 남녀는 청흑색이다. 남자는 다박머리를 늘어뜨리고, 여자는 머리를 말아 올리고 흰색 만(縵)을 [두른다.] 사람들은 바닷물을 끓여 소금을 만들고, 누런 게를 잡아 젓갈을 만든다. 나무판자로 배를 만들 때, 등나무 껍질로 판자들을 고정하고, 면화로 이음새 부분을 막는다. 매우 유연하여 파도에 따라 위아래로 흔들거리며, 나무로 상앗대를 만들었지만 부서지는 것을 본 적이 없다. 추장이 있다. 그곳에서는 백등(白藤), 부류등(浮留藤), 빈랑이 난다. 교역하는 상품은 청자기, 거친 그릇, 해남포(海南布), 철선(鐵線), 크고 작은 동이와 옹기 등이다.

地控海濱, 山蹲白石. 不宜耕種, 歲仰食於他國. 氣候乍熱而微冷. 風俗果決, 男女青黑. 男垂髻[①], 女拳髮, 白縵. 民煮海爲鹽, 採蟹黃爲鮓. 以木板造舟, 藤篾固之, 以棉花塞縫底. 甚柔軟, 隨波上下蕩, 以木而爲槳, 未嘗見有損壞. 有酋長. 地產[②]白藤·浮留藤·檳榔[③]. 貿易之貨, 用青甆器·粗碗·海南布·鐵線·大小埕甕之屬.

① 지복재본에는 '계(髻)'자로 되어있고, 다른 모든 판본에는 '초(髫)'자로 되어있다.

② 지복재본에는 '지산(地產)' 두 글자가 없어 정본(丁本)에 따라 보충했다.

③ 『태평어람』, 권995에 인용된 『이물지(異物志)』에 "과등은 둘레가 수 촌에 달하고, 대나무보다 무거워 지팡이를 만들 수 있고, 껍질로 배를 묶거나 자리를 짤 수 있는데, 대나무보다 낫다(科藤圍數寸, 重於竹, 可以爲杖, 篾以縛船, 及以爲席, 勝於竹也)."라고 하였는데, 바로 라탄(Ratan)이다.

『제민요술(齊民要術)』 권10에 인용된 『이물지(異物志)』에 “고분 가루는 모려 가루이다. 부류, 빈랑, 세 가지를 합쳐서 먹어야 좋다. 부류등은 목방기(木防己)와 비슷하다. 부류와 빈랑은 나는 곳이 서로 멀리 떨어져 있고 완전 다른 것이지만 서로 어우러지니, 속담에 ‘빈랑과 부류면 걱정을 잊을 수 있다.’라고 한다(古賁灰, 牡礪灰也, 與扶留·檳榔三物合食, 然後善也. 扶留藤似木防以. 扶留·檳榔, 所生相去遠, 爲物甚異而相成. 俗曰, 檳榔扶留可以忘憂).”라고 하였다. 부류등(浮留藤)은 여기의 부류등으로 베텔 후추(Piper Betel)을 말한다. 루엽(蔞葉), 부엽(荖葉)이라고 하는 것도 같은 것이다.

『원사』「조와전」에 팔절간(八節澗)은 “위로는 두마반 왕부에 접해있고, 아래로는 포분 대해로 통한다(上接杜馬班王府, 下通莆奔大海).”라고 하였다. 여기 팔절간은 지금의 수라바야(Surabaya)에 있다. 그렇다면 포분대해(莆奔大海)는 조와 동해를 일컬을 것이다. 본서의 포분(蒲奔)은 『원사』의 포분(莆奔)이다. 단 『원사』에서는 바다로 보았고, 본서에서는 나라 이름으로 되어있는데, 바다를 따라서 나라가 있으므로 얻은 이름일 것이다.[1] 이 나라 산물로는 등(藤, Ratan)이 주산임으로 보르네오 동남쪽임을 알 수 있다. 『동서양고』 문랑마신(文郎馬神, Banjarmasin) 조목, 과등(科藤) 주에 “문랑도 다른 나라에 비해 유난히 많이 난다(文郎亦獨盛他國)”라고 하였는데, 그 이후에서도 마찬가지이다. 지금은 보르네오 동남쪽 해안을 타나 붐부(Tana Bumbu)라고 하는데

1) 두마반(杜馬班)은 싱가사리 왕국(Singhasari, 1222~1292)의 수도 투마펠(Tumapel)에 해당하는 음역으로 알려져 있다. 『원사』의 설명대로라면 팔절간(八節澗), 즉 수라바야는 투마펠과 포분대해 사이에 있어야 하고, 수라바야 아래는 포분 대해가 되어야 한다. 따라서 자바해가 될 수 없다. 약간 방향을 조정하더라도 포분 대해는 마두라섬과 자바섬 사이의 바다가 되어야 한다. 확실히 후지타 씨는 자바 마두라섬과 보르네오섬 사이의 자바해로 보았고 쑤 지칭 씨도 포분 대해가 자바해임을 확신하고 포분을 칼리만탄섬 남부에서 찾으려 했다. 이러한 추정은 『원사』의 포분 대해와 여기 왕대연의 포분이 같다고 보는 전제에서 이루어진 것이다. 그렇다면 포분은 자바섬 동북부 연안 또는 더 동쪽으로 발리섬 너머에 있는 섬들에서 찾아야 할 것이다.

포분(蒲奔)의 흔적일 것이다.[2] 의정(義淨)의 『대당서역구법고승전(大唐西域求

---

2) 왕대연의 설명에 따르면 포분 이곳에는 백등(白藤)이 난다고 한다. 후지타 토요하치와 쑤 지칭 씨는 자신들이 추측한 보르네오섬에서 이러한 등줄기 식물이 나는 지를 확인하여 위치 추정의 타당성을 확보하려 했다. 1618년 장섭(張燮)의 『동서양고』 발니(渤泥, 보르네오)와 문랑마신(文郎馬神, 반자르마신) 조목에서 과등(科藤)이라는 등줄기 식물을 찾아냈다. 과등이란, 『제민요술』 권10에 인용된 고징(顧徵)의 『광주기(廣州記)』에 "과(科)는 병려(栟櫚)와 같고, 잎은 성글고, 외피는 푸르며, 가시가 많다. 5~6촌의 대나무처럼 5~6장으로 큰 것이 있고, 작은 것은 필관죽(筆管竹) 같다. 푸른 외피를 부수면 백심(白心)을 얻을 수 있는데, 바로 과등(科藤)으로 10여 종이 있다(科如栟櫚, 葉疎, 外皮青, 多棘刺. 高五六丈者如五六寸竹, 小者如筆管竹. 破其外青皮, 得白心, 即科藤, 類有十許種)."라고 하였다. 이로부터 쑤 지칭 씨는 이 과등이 바로 백등이라고 한다(『도이지략교석』, 201쪽). 사실 백등(白藤)은 이미 『제번지』에 보이는 산물로, 점성(占城, 참파), 해남(海南), 남무리(藍無里) 등지의 산물로 기록하고 있다. 과등이 백등이라면, 『동서양고』의 주석에서는 왜 단 한 번도 과등이 백등임을 언급하지 않았을까. 과등이 나는 지역과 백등이 나는 지역은 상당히 다른 지역이다. 쑤 씨는 심지어 말레이어로 이 과등을 로딴(rotan)이라고 하는데, 중국어에 'r'이 없으므로 '과(科)'자로 잘못 읽은 것이라는 터무니없는 추측을 하였다. 로딴은 등나무를 일컫는 말일 뿐이다.

과등(科藤)은 『동서양고』에서 네 곳의 산물로 기록되어 있다. 발니(渤泥, 보르네오)의 중심지라고 설명한 길란단(吉蘭丹)의 산물로 과등을 들고 그에 대한 설명으로 『이물지(異物誌)』라는 책을 인용하여 "과등은 둘레가 몇 촌이고 대나무보다 무겁지만 대 껍질을 대신하여 배를 묶을 수 있는데, 대나무보다 낫다(科藤圍數寸, 重於竹, 可代篾以縛船, 勝竹也)."라고 설명했다. 또 팽형(彭亨, 말레이반도의 파항)의 산물로 과등을 들고 "덩굴이 뻗어 땅을 덮고, 가지와 잎은 없으며, 껍질이 대나무처럼 밖을 싸고 있으며, 그것을 벗겨내면 떨어진다. 덩굴은 길이가 수 장으로, 베지만 않으면 몇 아름이라도 두를 수 있다. 낭빈(狼賓)에서 나는 것이 많다(蔓抽被地, 無枝葉, 有皮裹其外如竹皮, 剝之則落. 藤長數丈, 不值剪伐, 可繚繞數圍. 狼賓出者爲多)."라고 하였다. 또한, 문랑마신(보르네오 반자르마신)의 산물로 과등은 "문랑(文郎) 또한 다른 나라와 비교하여 유난히 많다

法高僧傳)』, 담윤법사(曇閏法師) 조목에 "가릉 북쪽 발분국에 이르러 병에 걸려 죽었다(至訶陵北渤盆國, 遇疾而終)."라고 하였는데, 여기의 '발분'이 포분(蒲奔)의 다른 음역일 수도 있다.

『동서양고』 문랑마신(文郎馬神)[3] 조목에 "또 매와유가 있어 매일 밤중에 도둑질하고 사람 머리를 몰래 베어가 금으로 장식하므로 밤에는 반드시 삼엄하게 번갈아 가며 대비한다(又有買哇柔, 每夜半盜斬人頭, 以金裝之, 故夜必嚴更以待)."라고 하였는데, 매와유는 바로 베아주(Beaju, Baju, Bajou)에 해당하는 음이다. 파푸아(Papua) 흑인의 일종으로 술라웨시(Celebes)에서 보르네오 등지에 만연하다. 본서에서 "풍속이 과감하고 남녀는 청흑색"이라고 하였으므로 매와유임을 알 수 있다.[4] 그렇다면 발분(渤盆), 포분(蒲奔)은 파푸아에 해당하는 음인지도 알 수 없다. 그러나 이곳이 문랑마신의 근처임에는 그 산물들을 근거할 때 의심이 없다.

(文郎亦獨盛他國)."라고 설명하고 있다. 이밖에 문래(文萊)라는 나라의 산물로도 언급되었으나 설명은 없다.

3) 후지타 토요하치의 원문에는 '마신'이 '마래(馬來)'로 되어있어 바로 잡았다.

4) 이미 보르네오섬 남단 지역으로 포분의 위치를 설정한 후지타 씨는 '검푸른' 주민들을 『동서양고』 문랑마신(文郎馬神, 보르네오 반자르마신) 조목에 보이는 매와유(買哇柔)로 추정하려 했다. 매와유는 복건 발음으로 'boi|be|me-ua-jieu|ziu|dziu'로 표기될 수 있다. 당연히 인도네시아, 필리핀, 말레이시아 등지의 바다 '집시' 또는 '노마드'로 알려진 베아주(Bajau|Badjaw|Bajo|Bayao) 족에 해당하는 음임을 짐작할 수 있다. 쑤 지칭 씨도 이를 따르고 있는데, 사실 이 설명은 포분이 보르네오의 남쪽 해안에 있을 때만 유효한 가정이다. 흐루너펠트 씨는 문랑마신(文郎馬神)의 매와유는 바로 내륙에 사는 다약(Dayak) 원주민을 지칭한다고 생각했다(『Notes on the Malay Archipelago and Malacca』, 107쪽). 게다가 후지타 씨가 추정하는 것처럼 이 '검푸른' 주민들이 파푸아의 흑인들이라면, 포분대해를 기준으로 자바해가 아닌 동자바의 동쪽으로 보는 것이 더 유리하다.

46. 가리마타(假里馬打) [91~92]

산들이 푸르게 병풍처럼 늘어서 있고 도성과 시장은 하천에 임해있으며, 농토는 하등으로 곡식을 수확하지 못한다. 기후는 덥다. 풍속은 경박하다. 남녀는 머리를 깎고, 죽포(竹布)를 통처럼 만들어 입으며[1] 사롱[捎]을 묶는다. 염치와 부끄러움을 모른다. 바나나를 따서 식량으로 삼는다. 바닷물을 끓여 소금을 만들어 다른 나라로 가서 쌀과 교역한다. 소금 1근에 쌀 1말과 바꾼다. 땅에서는 번양(番羊)이 나는데 커서 탈 수 있으며, 하루에 5~60리를 간다. 그리고 대모(玳瑁)가 난다. 교역하는 상품은 유황, 산호주(珊瑚珠), 자바의 베[闍婆布], 청색 소주(燒珠), 소화인포(小花印布) 등이다.

山列翠屏, 闤闠臨溪, 田下, 穀不收. 氣候熱. 俗澆薄. 男女髠頭, 以竹布爲桶樣穽[穿]之, 仍繫以捎. 罔知廉恥. 採蕉實爲食. 煮海爲鹽, 以適他國易米. 每鹽一斤易米一斗前代①. 地產番羊, 高大者可騎, 日行五六十里, 及紫玳瑁.[2] 貿易之貨, 用硫磺·珊瑚珠·闍婆布·青色燒珠·小花印布之屬.[3]

① '전대(前代)' 두 글자는 잘못 베낀 것 같다.[4]

『원사』「사필전(史弼傳)」에 가리마답(假里馬答)으로, 『성사승람』에는 가리마

1) 후지타 토요하치의 원문에는 '천(穿)'자가 '정(穽)'자로 되어있는데 인쇄상 오류일 것이다.

2) 쑤 지칭 씨는 『성사승람』에 따라 '자(紫)'자를 삭제했다(『도이지략교석』, 203쪽). 사실 남해를 기록한 책에서 '자대모'란 처음 보이는 조합임에는 분명하다. 하지만 원문에 모두 '자'자를 제시하고 있으므로 그대로 따라도 문제가 될 것은 없다.

3) 심증식 씨의 『도이지략광증』에도 '소화인포'로 되어있지만, 사고전서본을 따르고 있는 쑤 지칭 씨의 교정문에는 '팔도랄포(八都剌布)'로 되어있다.

4) 후지타 토요하치의 추정은 정확하다. 다른 판본에도 보이지 않는다.

정(假里馬丁)으로 되어있다. 『동서양고』에는 길녕마나(吉寧馬那) 또는 길리마초(吉里馬礁)로 되어있는데, 모두 카리마타(Karimata)에 해당하는 음이다. 『성사승람』에서 말한 것은 대략 이 책을 따르고 있다.[5)]

---

5) 『도이지략』과 거의 같은 내용을 보여주고 있는 비신(費信)의 『성사승람』에는 가리마정(假里馬丁)으로 되어있고 『기록휘편』본에는 도치되어 '가마리정'으로 되어있다. 다른 점은 맨 앞부분 위치를 설명한 언급인데, "이곳은 교란산(交欄山)과 서로 마주 보며 바다 가운데 있다(其地與交欄山相望海洋中)."라고 하는 문장이 『도이지략』에는 빠져있다. 교란산(交欄山)은 『무비지·항해도』에서 가리마달(假里馬達, 여기의 가리마타)섬의 7시 방향 아래에 어떤 섬을 사이에 두고 그려져 있다. 바다 가운데 마주 볼 수 있는 큰 섬으로는, 흐루너펠트가 추정한 것처럼(『Notes on the Malay Archipelago and Malacca』, 115쪽) 벨리퉁(Belitung)섬이다. 필립스는 이 교란산을 겔람(Gelam)섬으로 추정했다. 이 겔람섬은 정확히 어디인지는 알려지지 않았지만, 쑤 지칭 씨는 자바섬 세마랑 북부에 바다에 있는 카리문자와(Karimunjawa)섬으로 추정했다. 그러나 카리문자와섬은 『서양조공전록』 조와 조목에서 이미 길리문(吉里門)으로 표기되어 있다(『서양조공전록교주』, 19쪽). 그렇다면 겔람섬은 벨리퉁섬이 될 수밖에 없다.
한편 『원사』 「사필전(史弼傳)」(3802쪽)에서는 지원(至元) 30년(1293) "정월에 동동, 서동산, 우기섬에 이르렀고, 혼돈대양 감람섬, 가리마답(카리마타섬)으로 들어갔다가, 구란 등의 섬[山]에서 군대를 주둔시키고 나무를 베, 작은 배를 만들어 들어갔다(明年正月, 至東董西董山·牛崎嶼, 入混沌大洋橄欖嶼·假里馬答, 勾闌等山, 駐兵伐木, 造小舟以入)."라고 하였고, 「조와전」에서는 구란산(構欄山)으로 되어있다. 사실 여기 '구란'의 '구(勾)', '구(構)', '교(交)'자 모두 복건 발음으로 'gau', 'kau'로 발음이 유사하다. 결국 같은 섬을 지칭하고 있다고 봐야 한다. 그렇지만 『서양조공전록』 조와 조목에는 구란산(勾欄山)이 있고, 교란산(交欄山)이 있다. 시에 팡(謝方) 씨는 같은 곳으로 설명하고 있다(앞의 책, 28쪽). 그러나 여기 교란산을 같은 곳으로 보기는 어렵다. 왜냐하면, 황성증은 자바섬에 도착하여 항로의 순서대로 투반, 수라바야를 설명하고 이 교란산을 언급하고 있기 때문이다. 또 교란산에 주석을 내어 옛날 고흥(高興)과 사필(史弼)이 이곳에서 배를 만들었다는 이야기를 전하고 있다(앞의 출처). 따라서 여기 교란산은 앞서본 벨리퉁이 아닐 가능성이 크다. 배를 만든 곳이라면 바로 카리문자와[吉里

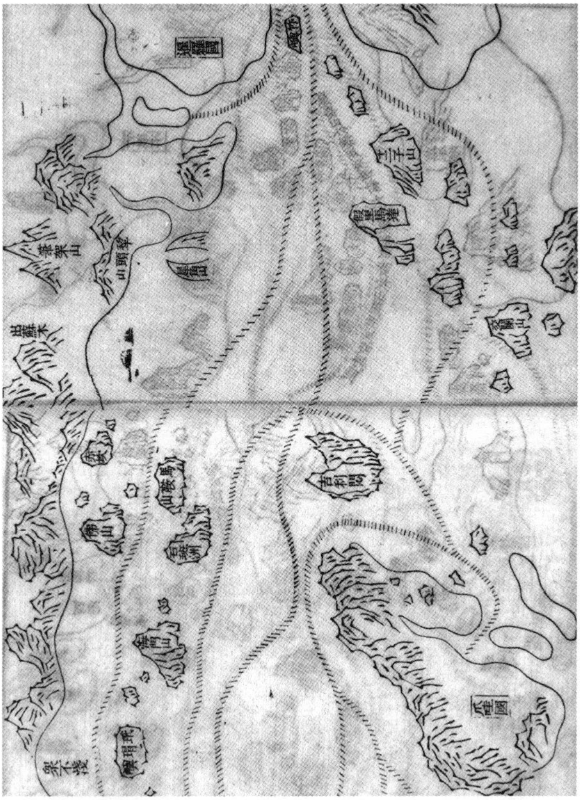

『무비지(武備志)』, 권240, 「항해도」, 13b~14a.

門]가 되어야 한다. 이 섬 서쪽 끝이 바로 탄중 겔람(Tanjung Gelam)이다. 결국, 적어도 『서양조공전록』에서 구란산(勾欄山)과 교란산(交欄山)은 다른 곳이고, 『성사승람』 가리마정 조목과 『무비지·항해도』의 교란산은 벨리퉁으로 같은 곳이지만 여기 『서양조공전록』의 교란산은 카리문자와섬의 탄중 겔람을 지칭한다고 정리할 수 있겠다.

마지막으로 쑤 지칭 씨는 이 카리마타섬이 이미 송나라 시기에 언급되었다고 하면서 『제번지』 발니(渤泥, 보르네오) 조목에 보이는 호로만두(胡蘆蔓頭)와 『대덕남해지(大德南海志)』의 호로만두(呼盧漫頭)가 바로 카리마타섬이라고 주장했지만(『도이지략교석』, 203쪽), 아무런 근거도 제시하지 않았고, 음성적 접근성도 전혀 없다.

47. 문로고(文老古) [92~93]

좁은 하천이 나루로 통하고, 지세는 낮고 좁다. 산림은 무성하고 농토는 척박하여 벼는 적다. 기후는 덥고 풍속은 천박하다. 남녀는 상투를 틀고 화죽포(花竹布)를 묶어 사롱[捎]으로 삼는다. 코끼리 이빨을 내실에 두고 공양의 도구로 삼는다. 사람들은 바닷물을 끓여 소금을 만들고 사호(沙糊)로 밥을 한다. 땅에는 정향이 나는데, 그 나무가 산에 가득하지만 대부분 항상 자라는 것이 아니라 3년 혹은 2년마다 익는다. 추장이 있다. 그곳에는 매년 중국 배가 그곳으로 팔러 오기를 바란다. 종종 오매계(五梅雞) 병아리가 나오면 반드시 중국 배 한 척이 오고, 두 마리 병아리가 나오면 반드시 중국 배 두 척이 오니, 이로써 점을 치면 그 상응함이 메아리 같다. 교역하는 상품은 은, 철, 수릉(水綾), 사포(絲布), 무륜포(巫崙布), 팔절나간포(八節那澗布), 토인포(土印布), 상치(象齒), 소주(燒珠), 청자기(青瓷器), 동이[埕], 용기[器] 등이다.

益溪通津①, 地勢卑窄. 山林茂密, 田瘠稻少. 氣候熱, 俗薄. 男女椎髻, 繫花竹布爲捎. 以象齒樹之內室, 爲供養之具. 民煮海爲鹽, 取沙糊②爲食. 地產丁香, 其樹滿山, 然多不常生, 三年中間或二年熟. 有酋長. 地每歲望唐舶販其地, 往往以五梅雞雛出③, 必唐船一隻來, 二雞雛出, 必有二隻, 以此占之, 如響斯應. 貿易之貨, 用銀·鐵·水綾·絲布·巫崙·八節那澗布·土印布·象齒·燒珠·青甆器·埕·器之屬④.

① '익(益)'자는 '애(隘)'자의 잘못일 것이다.

② '호(糊)'자는 지복재본에 '호(湖)'자로 되어있어 정본(丁本)에 따라 고쳤다.

③ 이 구에는 잘못된 것이 있다.

④ 정기(埕器)의 '기'자는 '옹(甕)'자의 잘못일 수도 있다.

문로고(文老古)란 명칭은 본서에서 처음 보인다. 『명산장』, 『동서양고』, 『상서록』 모두 미락거(美洛居)로 되어있다. 『동서양고』에 “민간에서는 와전되어 미육합이라고 한다(俗訛爲米六合)”라고 하였다. 모두 말루카(Maluka, Moluccas)에 해당하는 음이다. 또 『남해기귀내법전』 권3에 “두 색깔의 정향(Cloves)이 모두 굴륜국에서 난다(兩色丁香咸生堀倫國)”라고 하였고, 『본초』에 “정향은 동해와 곤륜국에서 난다(丁香生東海及崑崙國).”라고 하였다. 굴륜(崛倫)은 바로 곤륜(崑崙)의 다른 음역이다. 『제민요술』에 “계설향은 민간에서 그것이 정향 열매와 비슷하여 ‘정자향’이라고 한다(雞舌香俗人以其似丁子, 故名丁子香也).”라고 하였다. 【‘정(丁)’은 바로 ‘정(釘)’의 옛 글자로, 그 모양이 못 같기 때문이다. 『제번지』에 “그 모양이 ‘정(丁)’자와 비슷하여 이름한 것이다(其狀似丁字, 因以名之)”라고 하였는데, 여기 ‘자(字)’자는 ‘자(子)’자의 잘못이다】[1)]

---

1) 문로고(文老古)에 대하여 심증식 씨는 『도이지략광증』(상, 19쪽)에서 이곳이 “『제번지』 사바(闍婆)에 속한 물노고(勿奴孤)이다. 현 지도에서 수마트라섬의 매남객(邁南喀)이 그곳이다.”라고 하였는데, 매남객은 미낭카바우(Minangkabau)를 말하는 것으로 보인다. 록힐 씨는 몰루카(Molucca) 군도로 추정하면서도 어느 섬인지 특정하지 못하고 테르나테(Ternate)섬이라고 추측했다. 이어서 심증식의 추정에 따라 『제번지』 사바 조목의 물노고(勿奴孤)를 염두에 두고 “이들 군도는 왕대연의 시대 이전부터 중국인들에게 널리 알려졌다.”라고 하였다. 그러나 아무런 근거도 없이 『동서양고』 여송(呂宋, 루손) 조목에 보이는 미락거(美洛居)와, 「동양침로」에 보이는 미락거(米洛居)와 미육합(米六合)을 같은 곳으로 보았다. 한편 펑 청쥔 씨도 물노고=문로고=미락거를 말루쿠로 추정하고 있다(『바다의 왕국들』, 122쪽). 쑤 지칭 씨는 “『동서양고』에 정향(丁香)은 미락거에서만 나므로”(『도이지략교석』, 206쪽) 문로고=미락거=말루쿠가 틀림없다고 했다. 사실 『동서양고』 미락거 조목에 산물로는 정향만 수록되어 있다. 그 아래 주에 보면, “동양에서는 미락거에서만 난다(東洋僅產於美洛居)”라고 하였다. 『제번지』에 따르면, 정향은 삼불제(三佛齊, 스리비자야), 사바(闍婆, 자바), 소길단(蘇吉丹, 수카다나)에서도 토산품으로 기록되어 있다. 따라서 쑤 씨가 제시한 문로고=미락거=말루쿠 등식의 근거가 되는 것은 아니다. 『대덕남해지』에는 문로고(文魯古)로도 표기된 문로고가 미락거와 과연 같은 곳을 다

르게 표현한 것인가 하는 문제에 근거가 되는 것은 정향뿐이다. 문로고가 어떻게 미락거로 발음 변화가 있게 되었는지는 알려지지 않았다.

율과 버넬은 『Hobson-Jobson』에서 '향료 군도'는 엄격하게 지골로(Gigolo) 서쪽에 있는'다섯 정향 섬(five Clove Islands)' 즉, 테르나테(Ternate), 티도레(Tidore), 모르티르(Mortir), 마키안(Makian), 바시안(Bachian) 등이고, 몰루카스(Moluccas)라는 명칭이 셀레베스(Celebes)와 뉴 기니아(New Guinea) 사이의 모든 섬에 적용된 것은 네덜란드 통치 시기였다고 확인해 주었다. 또, 몰루카(Molucca), 또는 포르투갈어로 말루코(Maluco)라는 명칭의 어원은 기록되지 않았지만, 포르투갈인들이 발견할 당시 원주민 교역자들이 그렇게 불렀음에는 분명하다. 초기 기술들에 따르면 각 섬(적어도 3곳)에는 각각의 왕이 있었다고 한다. 그들은 '왕의 섬들'이란 의미의 아랍어로 'Jazīrat-al-Mulūk'이란 이름을 가졌을 것으로 추정한 바 있다(575쪽).

『본초강목』, 권34에서는 소송(蘇頌, 1020~1101)은 다음과 같이 설명했다. "계설향은 『당본초』(659년)에 그 나무는 밤나무와 비슷하다고 하였고, 『남월지(南越志)』(남송 沈懷遠의 저술)에서는 침향의 꽃이라고 했으며, 『광지(廣志)』에서는 풀과 꽃이 덩굴로 자라며, 열매가 익어 그 열매를 스며들게 하면 입을 향기롭게 할 수 있다고 했는데, 그 설이 일정치 않다. 요즘 사람들은 모두 유향(乳香) 중에서 대추 씨 같은 나무 열매를 골라 계설향이라 하는데, 단단하고 말라비틀어져 아무런 맛도 없고 태워도 향이 없다. 이로써 기와 구취를 치료한다고 하니 매우 어긋나고 거리가 멀다. 왜 '계설'이라고 하는지 모르겠다. 도읍의 원로 의원들은 계설과 정향(丁香)은 같은 종이며 그중 가장 큰 것이 계설, 즉 모정향(母丁香)이고, 구취를 다스리는 데 우수하고, 기를 다스리는 데에도 효과가 있다고 한다. 갈지천(葛稚川, 갈홍의 자, 283~343?)의 『백일선방(百一選方)』에는 갑작스러운 기로 심장을 찌르는 통증을 다스릴 때, 계설향을 술로 복용한다고 하였다. 또 『포박자』에서 계설, 황련(黃連), 모유를 졸여서 눈에 넣으면 온갖 습진을 다스리고, 눈에 있는 것이 모두 나아져, 더욱 눈이 밝아진다고 하였다. 옛 처방에 부스럼과 악창을 다스리는 오향연교탕(五香連翹湯)에 계설향을 사용했다고 했으나, 손사막(孫思邈)이 652년에 편찬한 『비급천금요방(備急千金要方)』에는 계설이 없고 정향을 사용했으니 하나의 약물인 것 같다. 꽃을 채취하여 숙성시켜 향을 만든다는 말은 아는 자가 전혀 없다(雞舌香唐本草言其木似栗. 南越志言是沈香

花. 廣志言是草花蔓生, 實熟貫之, 可以香口. 其說不定. 今人皆以乳香中揀出木實似棗核者爲之, 堅頑枯燥, 絶無氣味, 燒亦無香, 用療氣與口臭則甚乖疏. 不知緣何以爲雞舌也. 京下老醫言雞舌與丁香同種, 其中最大者爲雞舌, 卽母丁香, 療口臭最良, 治氣亦效. 葛稚川百一方治暴氣刺心痛, 用雞舌香酒服. 又抱朴子書以雞舌、黃連, 乳汁煎之, 注目, 治百疹之在目者皆愈, 更加精明. 古方治瘡癰五香連翹湯用雞舌香, 而孫眞人千金方無雞舌, 用丁香, 似爲一物也. 其采花釀成香之說, 絶無知者).”

소송(蘇頌)의 시대, 즉 12세기가 되어서야 정향(丁香)이 계설향(鷄舌香)임을 알게 된 것으로 보이며, 여전히 그 효능에 대해서는 여러 설이 있었음을 알 수 있다. 특히 향으로 사용하는 것에 대해서는 정보를 갖추지 못했다. 계설향을 언급한 중국 자료는 동한 시기까지 거슬러 올라갈 수 있겠지만, 그것이 정향을 말하는 것인지는 확인할 수 없다. 또 불교 문헌에서 상당수 보이는 필력가(畢力迦)라는 향에 대해, 송나라 법운(法雲)은 『번역명의집(翻譯名義集)』, 권3(1104c)에서 “혹자는 바로 정향이라 한다(或云即丁香)”라고 하였지만, 쑤 지칭 씨처럼(『도이지략교석』, 208쪽) 정향의 산스크리트어 라방가(lavaṅga)=필력가=정향이라는 근거는 너무 빈약하다. 왕대연의 정향 기술에 따르면, “3년 혹은 2년마다 익는다”라고 하였는데, 이는 이해할 수 없는 설명이다. 존 크로포드가, 정향의 산지이자 교역의 거점인 암보냐(Ambonya)에서 살다가 죽은 룸피우스(Georg Everhard Rumphius, 1627~1702)의 기술을 정리한 바에 따르면, “그곳에서 정향은 쉽게 자생하며 최상의 품질을 가진다. 정향나무는 7~8년째 꽃봉오리를 맺으며, 130~150년 산다.”라고 하였다. 또한, 열매가 아니라 피지 않은 작은 꽃봉오리라고 하였다(『A Descriptive Dictionary of the Indian Islands & Adjacent Countries』, 101쪽). 이로써 볼 때, 왕대연이 설명한 정향이 이 몰루카스의 정향을 말하는 것인지 확신하기 어렵다.

243~252년간 남해에 사신으로 간 기록인 강태(康泰)의 『오시외국전(吳時外國傳)』(『扶南傳』, 『扶南記』, 『扶南土俗傳』, 『外國傳』, 『吳時外國志』 등으로도 불림)은 그 원본은 실전하지만, 그 일문(佚文)들이 여러 유서에 보인다. 계설향에 관한 기술도 보이는데, 먼저 『태평어람』, 권787, 마오주(馬五洲) 항목(사고전서본, 6)에 강태(康泰)의 『부남토속(扶南土俗)』을 인용하여, “제박(諸薄)의 동쪽에는 [마]오주([馬]五洲)가 있는데, 계설향이 나며, 나무에는 꽃은 많고 열매는 적

다(諸薄之東有五洲, 出鷄舌香. 樹木多華少實).”라고 하였고, 또, 권981, 계설(雞舌) 항목(사고전서본, 11)에는 “『오시외국전』에, 오마주(五馬洲)에는 계설향이 난다(吳時外國傳曰, 五馬洲出雞舌香).”라고 하였으며, 또, 당나라 도세(道世)가 668년에 편찬한 『법원주림(法苑珠林)』, 권36에는 계설향을 설명하며 역시 『오시외국전』을 인용하고 있는데, “오마주에는 계설향이 난다(五馬州出雞舌香)”라고 하였다. ‘마오(馬五)’인지 ‘오마(五馬)’인지 단정하기 어렵다.

두우(杜佑)의 『통전(通典)』(사고전서본, 권188, 30)에 실린 두박(杜薄) 항목에는 “[두박에서는] 계설향이 난다. 입에 머금을 수 있지 향을 옷에 넣는 것은 아니다. ‘계설’이라는 나무는 기가 맵고 성질은 강하여 금수가 다가올 수 없어 그 나무를 아는 자가 없었다. 꽃이 익으면 저절로 떨어져 물을 따라 흘러나와 줍는다(出鷄舌香. 可含, 以香不入衣服. 鷄舌其爲木也, 氣辛而性厲, 禽獸不能至, 故未有識其樹者. 華熟自零, 隨水而出, 方得之).”라고 하였는데, 마단림(馬端臨)의 『문헌통고(文獻通考)』(권331, 28)에도 그대로 인용되어있다. 그리고, 『설부(說郛)』(사고전서본, 권60하, 14), 마오주(馬五洲) 항목에서 “제박의 동쪽에는 마오주가 있다. 계설향이 난다. [그 계설향] 나무에는 꽃이 많고 열매는 적다(諸薄之東有五洲, 出雞舌香. 樹木多華少實).”라고 하였다. 마오주라는 섬 또는 나라가 제박국(諸薄國)의 동쪽에 있다는 정보는 여러 자료에서 확인된다. 또, 제박(諸薄)이 바로 두박(杜薄)임을 알 수 있는데, 이 ‘제박’이 자바의 다른 음역 명칭으로 보면 마오주를 몰루카스 제도 일대를 지칭하는 것으로 생각해 볼 수 있다. 마지막으로 ‘마오주’ 또는 ‘오마주’는 산물+섬의 구조로 이루어져 있음을 짐작할 수 있다. 훨씬 더 많은 자료에서 ‘오마’보다는 ‘마오’를 보여주고 있다.

앞서 언급한 존 크로포드의 책에서는 정향의 명칭으로, ‘못 향[釘香]’을 의미하는 중국어 ‘tkeng-hia’가 변형된 창기크(cângkek), 말레이인들의 라왕(lawang), 몰루카스 원주민들이 정향을 부른 가우메디(gaumedi)라는 세 명칭을 보여주고 있다. 마(馬)자는 민남(閩南) 발음으로 ‘b|m e|ã|ɛ’이고, 오(五)는 ‘g|ŋ ɔ|ɔ̃|ou|u’로 발음한다. ‘오마’로 발음하면 ‘고메’가 되므로 몰루카스 원주민의 명칭인 ‘가우메디(gaumedi)’와 근접함을 확인할 수 있다. 따라서 ‘마오’는 ‘오마’의 도치이며, ‘오마’는 ‘가우메디’에 해당하는 음이라고 주장한 학자가 바로 후지타 토요하치이다(『東西交涉史の硏究』, I, 687쪽). 상당히 수긍할 만한 추정임에는 분명하다. 하지만 마지막 음절인 ‘di’는 어떻게 탈락하였는지 언급하지

말린 정향. 출처: 위키피디아

않았다. 이로써 우리는 몰루카스 군도가 적어도 송나라 이전에는 섬의 이름을 '오마' 즉 정향(계설향)이 나는 섬이라는 정도로 불렸고, 남송 시기부터 점차 몰루카스에 해당하는 음으로 전사하여 불렀다고 추론할 수 있다. 하지만 조여괄의 물노고(勿奴孤)에서 왕대연의 문로고(文老古)로의 변형은 설명할 수 있겠지만, 문로고에서 미락거(美洛居)로의 변형은 여전히 의문으로 남아있다.

48. 고리지민(古里地悶) [93~95]

가라(加羅, Jaṅgala)의 동북쪽에 있는데, 산에는 특이한 나무는 없고 단향수(檀香樹)가 가장 무성하다. 은, 철, 사발, 서양사포(西洋絲布), 색견(色絹) 등을 교역한다. 그곳에는 마두(馬頭)라 불리는 열두 곳이 있다. 추장이 있다. 농토는 곡물에 적당하다. 기후는 고르지 않아 아침에는 덥고 밤에는 썰렁하다. 풍속은 음란하다. 남녀는 머리를 자르고 목면 짧은 적삼[短杉]을 입으며 참파의 베[占城布]로 묶는다. 시장에 술과 고깃값이 저렴하고 부인들은 수치심을 모른다. 부령목(部領目, 두목)은 멋대로 먹고 주색을 탐한 나머지 누워, 이불도 덮지 않고 자다가 병에 걸려 죽는 일이 많다. 혹 그곳을 벗어나더라도 배로 돌아갈 때, 바람과 비를 맞으면 병이 나서 열이 심하게 나는데, 음양교(陰陽交)[1)]라고 하고, 걸리면 반드시 죽는다. 옛날 천주의 오택(吳宅)은 뱃사공 백여 명으로 떠나, 이곳에 도착하여 교역을 끝내자 죽은 사람이 십중팔구로, 한둘이 살아남

---

1) 왕대연의 고리지민(古里地悶)은 비신의 길리지민(吉里地悶)이다. 비신은 왕대연의 기술을 그대로 발췌하고, 요약하는 시를 붙인 것 뿐이다. 여기 '음양교'와 관련된 사항은 상당한 차이가 있다. 먼저 펑 청쥔 씨의 교주본(나이지 교정본)에 따르면 "무릇 상선의 [상인들은] 병에 걸려 열에 여덟아홉은 죽는데 대개 그곳의 장기(瘴氣)가 심하기 때문이다(凡其商舶染病, 十死八九, 蓋其地甚瘴氣)."라고만 하였지만, 『기록휘편』에 따르면, "상선이 이곳에 이르면, 부녀들이 배로 와 교역하는데, 사람들은 대부분 질병에 걸려 열에 여덟아홉은 죽는다. 아마도 그곳의 장기(瘴氣)와 그들의 음란함 때문일 것이다(商舶到彼, 皆婦女到船交易, 人多染疾病, 十死八九, 蓋其地瘴氣及其淫汚之故也)."라고 하였다. 『기록휘편』본은 확실히 '음양교'가 성관계에 의한 질병임을 암시하고 있다는 것을 확인할 수 있다. 또 16세기 이후의 기록에는 이 지역의 매독에 관한 기술을 종종 찾아볼 수 있으므로 그 연관성을 일축할 수는 없다. 후지타 씨는 나이지(羅以智)의 교정본을 근거로 삼았기 때문에 '음양교'를 장기(瘴氣) 즉 학질로 볼 수밖에 없었지만, 『기록휘편』본의 내용은 확실히 음양의 교합에 의한 병임을 짐작게 한다

앉는데, 대부분 쇠약해지고 기력이 떨어져 바람에 작은 배를 몰아 큰 배로 돌아왔다. 혹 바람이 편안하고 파도가 그치기라도 하면 황혼 무렵 미친 혼령들이 흔들흔들 부르며 가무를 그치지 않는다. 밤에 횃불을 환히 비추어도 사람의 혼을 달아나게 하여 간담이 서늘해진다. 아! 정말 두렵구나! 그렇다면 이곳에 만 배의 이득이 있다 한들 무슨 보탬이 되겠는가? 옛날 유자후(柳子厚)는 바다 장사 생명을 이득과 바꾼다고 하더니[2], 이보다 심한 것이 있겠는가?

居加羅之東北①, 山無異木, 唯檀樹爲最盛. 以銀·鐵·碗·西洋絲布·色絹之屬爲之貿易也. 地謂之馬頭, 凡十有二所. 有酋長. 田宜穀粟. 氣候不齊, 朝熱而夜冷. 風俗淫濫. 男女斷髮, 穿木棉短衫, 繫占城布. 市所酒肉價廉, 婦不知恥. 部領目縱食而貪酒色之餘②, 卧不覆被, 至染疾者多死. 倘在番荀免, 回舟之際③, 櫛風沐雨, 其疾發而爲狂熱, 謂之陰陽交, 交則必死. 昔泉之吳宅, 發船稍衆百有餘人④, 到彼貿易, 旣畢, 死者十八九, 間存一二, 而多羸弱乏力⑤, 駕舟隨風回舶. 或時風恬浪息, 黃昏之際, 則狂魂蕩唱, 歌舞不已⑥. 夜半則添炬燁燿⑦, 使人魂遊而膽寒⑧. 吁! 良可畏哉! 然則其地互市雖萬倍之利何益![3] 昔柳子厚謂海賈以利易生⑨, 觀此有甚者乎!

① '가(加)'자 위에 '중(重)'자가 빠졌을 것이다. 『성사승람』 길리지민(吉里地悶) 조목은 대략 본서를 따르고 있는데, 이 나라는 "중가라의 동쪽(重迦邏之東)"에 있다고 하였다.[4]

---

2) 유자후(柳子厚)의 '자후'는 유종원(柳宗元, 773~819)의 자로, 여기서 인용한 문장은 「초해고문(招海賈文)」에 나오는 표현으로, "바다 장사꾼에게 물었네. 그대 어찌 이득을 삶과 바꾸어 끝내 형체를 떠났는가(咨海賈兮, 君胡以利易生, 而卒離其形)."라고 하였다.

3) 심증식의 『도이지략광증』(상, 19쪽)에도 똑같이 보이지만, 쑤 지칭 씨의 교정본(209쪽)에는 "그렇다면 그곳에서 설령 만 배의 이득이 있다고 한들, 무슨 보탬이 되겠는가(然則其地雖使有萬倍之利何益)"라고 되어있다.

4) 가라(加羅)는 중가라(重迦羅)의 약칭으로 보는 것이 일반적인 견해지만, 쑤 지칭 씨는 중가라의 약칭이 아니라, "아마도 티모르 서남단에 있는 고방(故邦,

② '주색지여(酒色之餘)' 네 글자는 정본(丁本)에는 '색주감후(色酒酣後)'로 되어있다.

③ '제(際)'자는 지복재본에 '기(期)'자로 되어있어 정본(丁本)에 따라 고쳤다.

④ '초(稍)'자는 '초(梢)'자의 잘못일 것이다.

⑤ '이(而)'자는 지복재본에 '이(爾)'자로 되어있고 '핍력(乏力)' 두 글자는 '지주(之舟)'로 되어있어 모두 정본(丁本)에 따라 고쳤다.

⑥ 이상 여덟 글자는 지복재본에 '광탕창가요로(狂蕩唱歌搖櫓)' 여섯 글자로 되어있어 정본(丁本)에 따라 고쳤다.

⑦ 정본(丁本)에는 '반(半)'자가 없고, '엽(燁)'자가 '휘(煇)'자로 되어있다.

⑧ '유(遊)'자는 '서(逝)'자의 잘못일 것이다.

⑨ 유(柳)의 「초해고문(招海賈文)」에 "바다 장사꾼에게 물었네. 그대 어찌 이득을 삶과 바꾸어(咨海賈兮, 君胡以利易生)"라고 하였다.

『제번지』 발니(渤泥) 조목에 "그 나라는 저문국과 이웃하고 있다(其國鄰於底門國)"라고 하였고, 또 사바국 속국에는 저물(底勿)이 보이는데 모두 지민(地悶)과 음이 비슷하다. 『명산장』, 『동서양고』에는 지민(遲悶)으로 되어있는데, "길리지민으로 그 나라는 중가라 동쪽에 있다(吉里地悶也, 居重迦羅之東)."라고 하였다. 『성사승람』에 의거했을 것이다. 『성사승람』은 본서를 따르고 있다. 지민(地悶), 지민(遲悶)은 바로 티모르(Timor)에 해당하는 음이고, 고리(古里), 길리(吉里)는 길리(Gili)에 해당하는 음으로 섬을 뜻한다(Gerini, 『Researches On Ptolemy's Geography Of Eastern Asia』, 520쪽).

Kupang) 서쪽 세마오(Semao, 塞茅)섬 할라(Hala)라는 항구 명칭에 맞춘 음이다. 'ha'음과 'ka'음은 통할 수 있으므로 중가라와는 관계가 없다."(『도이지략교석』, 212쪽)라고 하며, 『해록(海錄)』과 『갈라파기략(噶囉吧紀略)』에 보이는 '구방(龜邦)'으로 명명된 것을 들었지만, 훨씬 이후의 자료이므로 근거가 될 수 없다. '할라'와 '가라'의 음성적 접근성도 설득력이 없다.

『통전』 단단(丹丹) 조목에 "땅에서는 금은, 백단, 소방목, 빈랑이 난다(土出金銀白檀蘇方木檳榔)."라고 하였고, 『제번지』에는 "단향은 사바의 타강, 저물 두 나라에서 나고 삼불제에도 있다(檀香出闍婆之打綱·底勿二國, 三佛齊亦有之)."라고 하였다. 남해에서 나는 이 향은 티모르에 가장 번성하다. 본서에서 말한 것처럼 이곳에는 장독[瘴, Malaria]이 많아 병에 걸리는 사람도 많다. 본서에서 말한 것처럼 저물(底勿)이 지민(地悶)임에는 의심의 여지가 없다.[5]

---

5) 심증식 씨는 『도이지략광증』(상, 19쪽)에서 여기 고리지민(古里地悶)은 "성사승람의 길리지민(吉里地悶)이다."라고 하였고, 이에 따라 본문에 보이는 "가라(加羅) 위에는 '중(重)'자가 빠졌다."라고 보았다. 1879년 흐루너펠트는 『성사승람』의 길리지민 조목을 번역하며, "마지막 두 글자는 오늘날까지 티모르를 지칭하는 데 사용한다. 그러나 선행사인 'Kri' 또는 'Kiri'가 무엇을 의미하는지는 모른다."라고 주석했다(『Notes on the Malay Archipelago and Malacca』, 1879, 236쪽). 슐레겔은 고리지민(古里地悶)을 자바의 동쪽 티모르섬으로 보는 근거는 티모르를 중국인들이 지민(地悶)이라 부르는 점에 근거할 뿐이라고 하면서, 말레이반도 말라카에서 찾아야 할 것을 주장했다. 그에 따르면 'timor'는 말레이반도와 수마트라섬 동부 지역에서도 얼마든지 찾아볼 수가 있으며, '티모르'는 말레이어로 '동쪽'을 의미하고, 'kiri'는 '왼쪽'을 의미하여, 방카섬의 동쪽 큰 해안을 고송 티모르(Gosong Timor)라고 하는 것처럼 '티모르'를 말레이반도 쪽에서도 흔히 사용하므로, 티모르를 반드시 자바 동쪽의 티모르섬으로 볼 필요가 없다는 것이다. 따라서 여기 지민(池悶)은 말레이반도 동부 파항 동쪽에 보이는 티오만(Tioman)섬으로 확신했다. 나아가 길리지민 조목에서 암시한 성병인 매독이 말레이반도 남부, 수마트라섬 동부, 자바섬 서부에서도 만연하다는 공통점을 들었다(『통보』, 1898, 370~3쪽). 이러한 슐레겔의 추정은 앞서 본 '중가라(重迦羅)'를 탕카라(Tankara, 말라카)로 보면서 비롯된 것이고, 16세기 서양인의 동양 진출과 더불어 만연해진 매독을 근거로 삼을 수는 없다.

1909년 제리니는 슐레겔의 설을 넌센스로 일축하고, 'gili'라는 말은 마두라 남부 해안에서 플로레스(Flores) 북부 해안까지의 Gili Dua, Gili Pandan, Gili Wutak, Gili Banta, Gili Bodo 등에서처럼 일종의 접두사로 흔히 보이는 것을 지적하고 여기 길리지민(吉里地悶)은 Gili Timor, 즉 '티모르의 섬'이라는 뜻에 지나지 않는다고 밝혔다(『Researches On Ptolemy's Geography Of

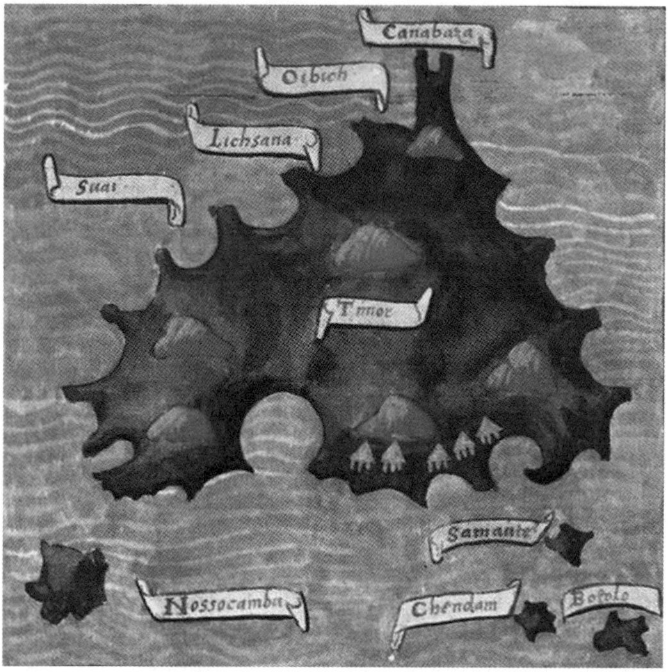

16세기 이탈리아 선원 안토니오 삐가페타(Antonio Pigafetta)의 기술에 따른 티모르섬을 그린 삽도. 바이니키(Beinecke) 희귀 도서 도서관. 위키피디아.

Eastern Asia』, 520쪽). 이후 록힐 씨는 제리니의 이 설명을 참조하지 못했는지, 조여괄은 티모르를 저물(底勿)과 저문(底門)으로 언급한 것으로 보인다고 하면서, 왕대연에게서 시작된 '고리(古里)'에 대한 만족할 만한 설명을 찾지 못했다고 했다. 이어서 "'gili'는 '산'의 의미로 예상되지만 내가 보기에 그럴법하지 않다."(258쪽)라고 하며 지민(地悶) 앞에 붙은 '고리' 또는 '길리'의 의미를 찾지 못했다. 이상에서 우리는 제리니의 설명에 따라, 본문에서 말한 가라(加羅)는 중가라(重迦羅)의 약칭이며, 고리지민 또는 길리지민의 의미는 '티모르의 섬'으로 추정해야 할 것이다. 한편, '고(古)'자와 '길(吉)'자의 혼용은 길패(吉貝)와 고패(古貝)의 혼동으로 충분히 가늠해 볼 수 있다. 쑤 지칭 씨는 "포길사(布吉斯, Orang Bugis) 말인 케라엥(Keraéng)에 해당하는 음으로, 원래는 왕이란 뜻인데, 의미를 확장하여 나라라는 뜻으로 해석할 수 있다."(『도이지략교석』, 211쪽)라고 가정했으나 지나친 상상이다.

49. 용아문(龍牙門) [95~97]

[용아]문은 단마석(單馬錫)의 두 산이 서로 교차하여 용의 이빨처럼 문의 중간에 수로가 있기 때문이다. 농토는 척박하여 벼는 적다. 기후는 덥고 4~5월에는 장맛비가 많이 내린다. 풍속은 약탈을 즐긴다. 옛날 추장이 땅을 파 옥관(玉冠)을 얻었는데, 한 해의 시작에는 달을 보고 정초(正初)로 판단될 때, 추장은 관을 쓰고 의복을 갖추어 하례를 받는데, 지금도 서로 번갈아 가며 전수되고 있다. 남녀는 중국인과 더불어 산다. 대부분 몽둥이 모양으로 상투를 하고 짧은 베로 만든 적삼을 입고 청포로 만든 사롱[捎]을 맨다. 그곳에서는 거친 강진향, 두석(斗錫)이 난다. 교역하는 상품은 적금(赤金), 청단(青緞), 화포(花布) 처주(處州)의 자기, 쇠솥 등이다. 산에는 좋은 재목이 없고 조공에도 별다른 상품이 없다. 천주(泉州)를 통해 교역하는 것은 모두 노략질한 물건들이다. 상선이 서양으로 갈 때, 이 오랑캐들을 불문에 부친다. 배를 돌려 올 때는 길리문(吉利門)에 이르는데, 뱃사람들은 반드시 활 쏘는 누각에 올라, 장막을 펼쳐 기계를 이용하여 방비해야 한다. 적의 배 2~3백 척이 조용히 맞이하러 오는데, 수일을 대적해야 한다. 다행히 순풍이라도 만나면 마주치지 않겠지만, 그렇지 않으면 사람들이 도륙되고 상품은 저들 소유가 되니, 사람의 목숨은 경각에 달려있다.

門以單馬錫番兩山,[1] 相交若龍牙, 門中有水道以間之. 田瘠稻少. 天氣候熱①, 四五月多淫雨. 俗好劫掠. 昔酋長掘地而得玉冠. 歲之始, 以見月爲正初, 酋長戴冠披服受賀, 今亦遞相傳授. 男女兼中國人居之. 多椎髻, 穿短布衫, 繫青布捎. 地產粗降眞·斗錫. 貿易之貨, 用赤金·青緞·花布·處甆器·鐵鼎之類. 蓋以山無美材, 貢無異貨. 以通泉州之貿易, 皆剽竊之物也. 舶往西洋, 本番置之不問. 回船之際, 至吉利門, 舶人須駕箭棚②, 張布幕, 利器械以防之. 賊舟二三百

---

1) '번양산(番兩山)'은 '양번산'이 도치된 것으로 보인다. 여기서 '번'자는 양사로 사용되었을 것이다.

隻必黙來迎, 敵數日[③]. 若僥倖順風, 或不遇之. 否則人爲所戮, 貨爲所有, 則人死係乎頃刻之間也.

① 『성사승람』 용아문 조목은 이 문장을 따르고 있지만, 『성사승람』에서는 “氣候常熱”로 되어있다.

② ‘붕(棚)’자는 『지복재』본에는 ‘주(裯)’자로 되어있어 정본(丁本)에 따라 고쳤다.

③ ‘묵(黙)’자가 정본(丁本)에 ‘연(然)’자로 되어있다.

『정화항해도』에서는 용아문을 섬 이름으로, 또 협(峽)의 명칭으로 보았다. 이 섬은 현 링가(Lingga) 섬이지만, 협은 현 싱가포르 해협을 말하는 것 같다. “만랄가(滿剌加)에서 배를 타고 진손(辰巽) 침으로 5경(更)을 가면 사전산(射箭山, Seginting)에 이르고, 진손 침으로 3경을 가면 비송서(毘宋嶼, Pulo Pisang)에 이르며, 단지 손(巽) 침으로 길리문(吉利門, Krimon)[2)]까지 5경이고, 을진(乙辰)과 진(辰) 침으로 장요서(長腰嶼)에 이르러 용아문(龍牙門)으로 나온다. 용아문에서 갑묘(甲卯) 침으로 5경을 가면 백초(白礁, Pedra Branca)에 이른다(滿剌加開船, 用辰巽針, 五更, 船平射箭山. 用辰巽針, 三更, 船平毘宋嶼. 丹巽針取吉里門五更. 船用乙辰及丹辰針, 取長腰嶼, 出龍牙門. 龍牙門用甲卯針白礁).”라고 하였다. 본서의 단마석(單馬錫)[3)]은 싱가포르의 옛 명칭

2) 길리문산(吉利門山), 길리문(吉里門), 길리문(吉里汶) 등으로도 표기된다. 현 위치는 조호르 해협 서쪽에 있는 카리문 베사르(Karimun Besar) 섬을 말한다. 길리문은 ‘Karimun’의 전사일 것이다.

3) 단마석(單馬錫)은 일반적으로 현 싱가포르를 지칭하는 14~15세기의 명칭으로, 대체로 1365년 『나가라크르타가마』와 15~16세기의 일을 기록하고 있는 1535년경의 『세자라 멜라유(Sejarah Melayu)』에 보이는 ‘Tumasik’를 중국어로 옮긴 것으로 본다. 왕대연은 ‘단마석’을 섬(暹), 용아문(龍牙門), 남무리(喃巫哩) 조목에서 언급하고 있다. 왕대연의 책은 1349년의 서문을 가지고 있다. 그렇다면 왕대연은 싱가포르 조호르 일대를‘Temasek’ 또는 ‘Tumasik’으로 부르는 현지 사람들의 발음을 듣고 처음으로 표기한 최초의 사람이 된다. 프톨레마이오스

이나, 이 번양산(番兩山)이 용아문을 끼고 있으며 가운데는 수로가 있다고 하였으므로 고베르나도르(Governador)[4]라는 옛 해협을 말하는 것 같다. 원나라 초기에 마르코 폴로도 이 해협을 지났다. 『제번지』 삼불제 조목에서 "천주(泉州)의 정남쪽에 있어 겨울이라도 순풍이면 달포 만에 능아문(凌牙門)에 이른다. 지나는 상인 중 3분의 1이 이곳으로 그 나라에 들어간다(在泉之正南, 冬月順風月餘方至凌牙門. 經商三分之一始入其國)."라고 하였고, 또 "만약 선박이 들어오지 않고 지나가면 곧장 배를 띄워 죽기를 각오하고 싸우니 외국의 배들이 몰려들었다(若商舶過不入, 卽出船合戰, 期以必死, 故國之舟輻湊焉)."라고 하였다. 따라서 능아문(凌牙門)은 바로 본서의 용아문이다. 당시 삼불제가 배를 띄워 교전한 곳은 이 해협일 것이므로 본서에서 말한 것과 부합한다. 제리니 씨는 장요서(長腰嶼)를 지금의 세낭(Senang) 섬의 또 다른 명칭인 바른(Barn)을 지칭하는 것 같다고 하였는데(『Researches On Ptolemy's Geography Of Eastern Asia』, 815쪽), 그럴 수도 있다.[5]

또 본서의 남무리 조목에 "풍속은 약탈을 좋아하여 단마석(單馬錫)에 버금간다(俗尚劫掠, 亞於單馬錫也)."라고 하였는데, 본 조목의 '본번(本番)'은

는 싱가포르 지역을 'Sabana'로 불렀고, 마르코 폴로는 말라이우르 왕국을 설명하면서 'Chiamassie'라는 지명을 언급했으며, 14세기 베트남 기록은 'Sach Ma Tich'를 언급하고 있다. 이들은 사실상 단마석의 'd' 또는 't'와 쉽게 어울리지 않는다. 쉬윈차오(許雲樵, 1905~1981)는 3세기 중반의 『강태오시외국전(康泰吳時外國傳輯注)』(44쪽)에 보이는 '포라중(蒲羅中)'을 'Pulau Ujong'의 음역으로 보고 싱가포르의 가장 이른 명칭으로 보았다(John N. Miksic, 『Singapore and the Silk Road of the Sea, 1300-1800』, 2013, 181쪽). 그러나 이 설은 음역으로는 그럴법하지만, 이후 중국 문헌 자료 어디에도 전혀 언급이 없고, 강태의 활동 지역과도 너무 멀다.

4) 고베르나도르(Governador)는 깁슨 힐(C. A. Gibson-Hill)의 「Singapore: Notes on the History of the Old Strait, 1580-1850」『JMBRAS』(1954), 175쪽에 따르면, 1616년 필리핀의 스페인 총독이 싱가포르 해협에 도착하여 알게 된 해협의 포르투갈 옛 명칭으로, '총독의 해협(Estreito do Governador)'이다.

'단마석의 번'을 말하고, 문(門)의 명칭인 능아(淩牙) 또는 용아(龍牙)는 링가(Lingga) 섬과는 다르다.

---

5) 용아문(龍牙門)과 『제번지』의 능아문(淩牙門)은 발음의 근접성 때문에 학자들에게 상당한 혼란이 있었다. 흐루너펠트 씨는 『성사승람』의 용아문 조목을 해석하며 "링가 해협은 팔렘방[삼불제]의 북서쪽에 있는데, 용의 이빨처럼 높은 산들이 마주하고 있고 그 사이로 배들이 지나간다(在三佛齊之西北也. 山門相對, 若龍牙狀, 中通過船)."라고 이해했다. 또 용아문에 주석을 내어 "이 '용아'라는 두 글자는 원래 명칭인 링가(Lingga)를 음역한 것으로, '용의 이빨'을 의미한다. 우리는 비신(費信)이 이 명칭의 의미에 사로잡혀, 이 나라의 지형에서 용의 입과 닮은 모습을 찾고 있음을 알 수 있다."라고 하였다(『말레이반도와 말라카에 관한 주석』, 79쪽). 이에 대해 워렌 반즈(Warren D. Barnes)는 흐루너펠트가 '용 이빨의 문'로 번역한 용아문(龍牙門)의 '용아(龍牙)'는 아모이어로 뱃머리에 있는 두 개의 돌출부를 지칭하는 말이다. 문제의 이 통로는 『무비지·항해도』의 내용과 너무 멀리 있는 링가 해협이 될 수 없으므로 그곳이 케펠 항구(Keppel, New Harbour)라고 추정했다(『JSBRAS』, 1911(60), 「Singapore old Straits and New Harbour」, 25~26쪽).

한편 록힐 씨는 『제번지』의 능아문(淩牙門)은 링가 해협을 말하는 것이 분명하므로 '용아문'과 혼동해서는 안 된다고 하였다. 록힐 씨는 용아문이 링가 해협이 될 수 없는 근거로, 『도이지략』 삼불제 조목에서 "용아문(龍牙門)에서 닷새를 밤낮으로 가면 이 나라에 도착한다(自龍牙門去五晝夜至其國)."라고 하였고, 섬(暹) 조목에서 "근래 70척이 와서 단마석(單馬錫)을 침략하여 성지(城池)를 공격하는데, 한 달도 걸리지 않았다(近年以七十餘艘來侵單馬錫, 攻打城池, 一月不下)."라고 하였으며, 남무리 조목에서는 "풍속은 약탈을 좋아하여 단마석(單馬錫)에 버금간다(俗尚劫掠, 亞於單馬錫也)."라고 한 것을 들었다. 또 필립스(G. Phillips)가 번역한 『무비지·항해도』의 해석(「The Seaports of India and Ceylon」, 『JCBRAS』, N.S. XX(1885), 209~226쪽과 XXI(1886), 30~42쪽)을 인용하면서 그 항해도에서 담마석(淡馬錫)은 장요서(長腰嶼) 근처에 그려져 있다는 점을 들었다. 따라서 조여괄(趙汝适)의 능아문(淩牙門)은 용아문과 아무런 관계가 없으며, 왕대연과 그 이후의 문헌에 보이는 용아문은 싱가포르 해협이라고 결론지었다(록힐, 「14세기 중국과 인도양 연안, 동부 열도와의 무역 관계에 관한 주석」,

130~131쪽). 록힐의 이 설명은 심증식(沈曾植)의 설에 따른 것으로 보인다.

필립스 씨의 해석과 항해도의 한자 원문은 다음과 같다. "말라카에서 5경을 가면 배는 세진 팅(Sejin Ting)과 바투 파핫(Batu Pahat) 강[원문에는 사전산(射箭山)으로만 되어있음]을 향한다. 이어서 3경을 가면 페상(Pesang, 昆宋嶼)섬에 이르며, 5경을 가면 카리마(Carima, 吉利門)에 이른다. 배는 동남쪽으로 가다가 동쪽으로 5경에 장요서(長腰嶼, 싱가포르)에 이르고 링가해협[龍牙門]으로 나간다. 용아문에서 동쪽에서 약간 북쪽으로 5경을 가면 배는 백초(白礁, Pedra Branca)에 이른다. 백초에서 북동쪽과 북쪽으로 5경을 가면 동서죽산(Pulor Aor)에 이르고, 동서죽산에서 북동쪽과 북쪽에서 약간 동쪽으로 가면, 푸로 콘도르(Pulo Condor, 崑崙山)의 동쪽에 이른다(滿剌加開船用辰巽針, 五更, 船平射箭山. 用辰巽針, 三更, 船平昆宋嶼. 用丹巽針, 取吉利門五更. 船用乙辰及丹辰針, 取長腰嶼, 出龍牙門. 龍牙門用甲卯針五更, 船取白礁. 白礁過用癸丑及丹癸針, 五更, 船平東竹西山外過. 東竹山過用子丑及丹癸針, 船取崑崙山外過)." 분명 필립스는 용아문을 링가 해협으로 보고 있다. 그렇다면 『제번지』에 보이는 능아문과 같은 곳이 된다. 후지타 씨도 이로써 『제번지』의 능아문과 『도이지략』의 용아문을 동일시하고 있다. 이러한 설은 펑 청쥔 씨로 이어졌다. 그는 '능아=용아'라는 설에 동의하며 모두 싱가포르 해협의 옛 고베르나도르(Governador) 해협으로 설명했다(『성사승람교주』, 후집, 4쪽). 또, 조여괄의 『제번지』를 교주하면서, 삼불제국(三佛齊國, 스리비자야)로 들어가는 길목으로 언급한 능아문(凌牙門)을 오늘날 링가(Lingga) 해협으로 추정하고, 『도이지략』의 용아문(龍牙門), 『동서양고(東西洋考)』 「서양침로(西洋針路)」에 보이는 용아산(龍雅山)을 모두 같은 곳으로 보는 착오를 했다(『제번지교주』, 1956, 13~14쪽). 쑤 지칭 씨는 원나라, 명나라 시기에 용아문은 싱가포르섬과 그 남쪽의 해협을 지칭했는데, 『도이지략』의 용아문은 싱가포르섬을 지칭한다고 하였고, 『제번지』의 능아문에 대해서, "링가섬은 『동서양고』에 용아산(龍雅山)으로 되어있다. 능아(凌牙)는 링가(Lingga)라는 음에 잘 부합한다. 그렇지만 내 생각으로, 능아문도 중국어 명칭이지, 음역이 아닐 것이다. 용아문이라는 명칭은 송나라 시기에 이미 있었고, 와전되어 능아문이 되었을 것이다."라고 하였다(『도이지략교석』, 215쪽). 결국 능아문=용아산 등식을 말하고 있다. 역자의 생각으로, 『제번지』의 '능아'는 링가(Lingga)의 음역이고, 『도이지략』의 '용아문'은 싱가포르 해협의 모습을 묘사한 중국식 명칭이다. 그러므로 두 곳은 다른 곳임에는 분명하다.

50. 곤륜(崑崙) [97~98]

옛날 곤륜산(崑崙山)은 군둔산(軍屯山)이라고도 했다. [곤륜]산은 높고 네모나며, 지반은 몇백 리이고, 바다 한가운데 우뚝 서 있으며, 참파[占城], 동서축(東西竺)과 세 발의 솥처럼 대치하며 서로를 향하고 있다. 아래에는 곤륜양(崑崙洋)이 있는데 이 때문에 붙여진 이름이다. '서양'으로 장사하러 가는 배들은 반드시 약탈당한다. 순풍에 7일 밤낮을 가면, 건널 수 있다. 속담에, "올라갈 때는 칠주(七州)가 두렵고 내려올 때는 곤륜(崑崙)이 두렵네. 방향 침이 헷갈리고 키를 잃으면, 배는 남아 [나지 않는다]."라고 하였다. 그곳에는 별달리 나는 산물이 없고, 사람이 사는 가옥들은 없지만, 산속 움집에는 남녀 수십 인이 사는데, 괴이한 신체와 모습을 하고 있으며, 굴에 살거나 들판에 산다. 의복은 없고, 낮에는 산에서 나는 과일, 물고기, 새우를 먹고, 밤이면 나무 둥지에서 잔다. 마치 태곳적 자연 상태의 세상이니 어찌 그러한 것인지 알겠는가? 뭇 배들이 고약한 바람을 만나면 그 산 아래 만에서 정박한다. 남녀가 무리 지어 희롱하고, 손바닥을 어루만지며 웃고, 한참 있다가 가니, 타고난 성품대로 자적(自適)했다. 그래서 나는 "무회씨(無懷氏), 대정씨(大庭氏)의 사람인가? 갈천씨(葛天氏)의 사람인가?"[1)]라고 하였다.

古者崑崙山, 又名軍屯山①. 山高而方, 根盤幾百里, 截然乎瀛海之中, 與占城·西竺鼎峙而相望②. 下有崑崙洋, 因是名也. 舶販西洋者[2)], 必掠之. 順風七晝夜

1) 무회(無懷), 대정(大庭), 갈천(葛天) 모두 중국 전설상의 제왕들이다. 이 마지막 두 문장은 도잠(道潛, 365~427)의 「오류선생전(五柳先生傳)」에 "술잔을 권하며 시를 지어 그 뜻을 즐기노라. 무회씨의 백성인가? 갈천씨의 백성인가(酬觴賦詩, 以樂其志. 無懷氏之民歟, 葛天氏之民歟)."라고 한 것에 '대정'을 더 추가해 활용하고 있다.

2) 사고전서본을 따르고 있는 쑤 지칭 씨의 교주본에는 '판(販)'자가 '범(泛)'자로

可渡. 諺云, 上有七州, 下有崑崙, 計迷舵失, 舟就存③. 雖則地無異產, 人無居室, 山之窩④有男人數十人⑤, 恠形而異狀, 穴居而野處. 旣無衣褐, 日食山果·魚蝦, 夜則宿於樹巢. 仿摽技野鹿之世[3)], 何以知其然也. 百艄阻惡風⑥, 灣泊其山之下. 男女羣聚而翫, 撫掌而笑, 良久而去⑦, 自適天趣. 吾故曰, 其無懷大庭氏之民歟! 其葛天氏之民歟!

① '군(軍)'자는 정본(丁本)에 '혼(渾)'자로 되어있다.

② '서(西)'자 위에는 '동(東)'자가 빠진 것 같다. 『성사승람』에 "점성, 동서축과 세 발의 솥처럼 서서 서로 바라보고 있다(與占城及東西竺鼎峙相望)."라고 하였다.

③ '계(計)'자는 '침(針)'자의 잘못이다. '취(就)'자는 정본(丁本)에 '숙(孰)'자로 되어있는데, '숙'자가 맞다. '주(舟)'자 위에는 '인(人)'자가 있어야 한다. 『성사승람』에 "속담에 '위로는 칠주가 두렵고 아래는 곤륜이 두렵네. 방향 침이 헷갈리고 키를 잃으니 사람과 선박이 남아나지 않는다(俗云, 上怕七洲, 下怕崑崙, 針迷舵失, 人艄莫存)."라고 하였다. 송나라 오자목(吳自牧)의 『몽량록(夢粱錄)』, (권12) 강해선함(江海船艦) 조목에 "갈 때는 칠주가 두렵고, 올 때는 곤륜이 두렵다(去怕七洲, 回怕崑崙)"라고 하였다.

④ '와(窩)'자는 지복재본에 '고(高)'자로 되어있어 정본(丁本)에 따라 고쳤다.

⑤ '남인(男人)'의 '인'자는 '여(女)'자의 잘못일 것이다, 정본(丁本)에는

되어있다. 어느 것을 선택하더라도 문맥에는 큰 차이가 없다.

3) '표지(摽技)'는 '표지(標枝)'로 필사본에서 손수변과 나무목변은 혼동하기 쉬운데, 바로 그 경우이다. 즉 표지야록(標枝野鹿)으로, 『장자(莊子)』 「천지(天地)」에 "지덕(至德)의 세상에는 어진 이를 숭상하지 않고 능한 자를 부리지 않았으며, 윗사람은 높이 솟은 나뭇가지처럼 무심하게 위에 있을 뿐이요, 백성들은 무심히 들판에 뛰노는 사슴과 같았다[上如標枝 民如野鹿]."라고 한 표현을 줄여 만든 성어이다.

"남자 수십 명, 여자 수십 명(男人數十, 女人數十)"으로 되어있다.

⑥ '백(百)'자는 '범(凡)'자의 잘못일 것이다.

⑦ 이 네 글자는 지복재본에 '운이거(云而去)' 세 글자로 되어있어, 정본(丁本)에 따라 고쳤다.

『신당서』, 『지리지』에는 가탐(賈耽)의 『도리기(道里記)』를 인용하여 분타랑주(奔陀浪洲)에서 이틀을 가면 군돌농산(軍突弄山)이라고 했는데[4], 군돌농산이 바로 곤륜산(崑崙山)이고 또 군둔산(軍屯山)이라고도 한다. 지금의 푸로 콘도르(Pulo Condore)이다. 『제번지』, 『문헌통고』, 『송사』 사바(闍婆) 조목에서 "바다로 나가 15일을 가면 곤륜국에 이른다(泛海半月至崑崙國)."라고 하였다. 혹 곤륜산(崑崙山)이라고도 한다. 그러나 흑인을 곤륜이라 하는 것은 곤륜국이 흑인들로 구성되어 있다는 말이지, 곤륜산 반드시 그렇다는 것은 아니다.[5]

---

4) 『신당서』, 권43하, 『지리지』(1153쪽): "또 반나절을 가면 분타랑주에 이르고, 또 이틀을 가면 군돌농산에 이른다(又半日行, 至奔陀浪洲. 又兩日行, 到軍突弄山)."

5) 『신당서·지리지』, 권50(1153쪽), "광주 동남쪽 바다로 나가 2백 리를 가면 둔문산(屯門山)에 이르고, 바람에 돛을 피우고 서행하여 2일이면 구주석(九州石)에 이른다. 또 남쪽으로 2일 가면 상석(象石)에 이른다. 또 서남쪽으로 3일을 가면 점부로산(占不勞山)에 이르는데, 산은 환왕국 동쪽 2백 리 바다에 있다. 또 남쪽으로 2일을 가면 능산(陵山)에 이른다. 또 1일을 가면 문독국(門毒國)에 이른다. 또 1일을 가면 고단국(古笪國)에 이른다. 또 반나절을 가면 분타랑주에 이른다. 또, 2일을 가면 군돌농산(軍突弄山)에 이른다. 또 5일을 가면 해협(海硤)에 이르는데 그곳 사람들은 '질(質)'이라 하는데, 남북으로 1백 리이고, 북안은 나월국이며, 남안은 불서국이다. 불서국에서 동쪽으로 물길을 따라 4~5일을 가면 가릉국에 이르는데, 남해 섬 중에서 가장 큰 곳이다(廣州東南海行, 二百里至屯門山, 乃帆風西行, 二日至九州石. 又南二日至象石. 又西南三日行, 至占不勞山, 山在環王國東二百里海中. 又南二日行至陵山. 又一日行, 至門毒國. 又一日行, 至古笪國. 又半日行, 至奔陀浪洲. 又兩日行, 到軍突弄山. 又五日行至海硤, 蕃人謂之質, 南北百里, 北岸則羅越國, 南岸則佛逝國. 佛逝國東水行四五日, 至訶陵國, 南中洲之最大者)."라고 하였는데, 심증식 씨는 "여기 해협(海硤)이 바로 지금의

말라카 수마트라 해협이므로, 군돌농산은 바로 군둔산(軍屯山), 즉 곤륜산일 것이다. 능산은 바로 다음 조목인 영산이다. 당나라 시기에 물길은 원나라 명나라 시기의 물길과 같다."라고 설명했다.

펠리오 씨의 추정에 따르면, 점부로산은 쿠라오 참(Culao Cham)이고, 구주(九州)는 칠주(七洲)로, 해남도 동북쪽에 있는 타야(Taya)이며, 상석(象石)은 해남도 동안 틴호사(Tinhosa, 大洲島) 또는 그 남쪽으로 추정했다. 이어서 분타랑(奔陀浪)이 오늘날 판랑(Phan Rang)이므로, 문독국(門毒國)과 고달국(古笪國)은 참파 왕국을 구성하는 지방으로 고달은 꾸이년 쪽이며 능산(陵山)은 더 북쪽인 싸호이(Sa Hoi) 곶으로 비정했다. 그러므로 군돌농산(軍突弄山)은 푸로 콘도르(Pulo Condore)임이 분명하다고 하였다(『8세기 말 중국에서 인도로 가는 두 갈래 여정』, 157~160쪽). 이로써 『신당서·지리지』, 즉 『황화사달기(皇華四達記)』에 보이는 군돌농산은 푸로 콘도르임에는 대체로 이견이 없다. 왕대연의 곤륜(崑崙) 또한 기술하고 있는 내용으로 판난할 때, 여기 곤돌농산을 말하고 있음을 확인할 수 있다.

1536년의 발문이 있는 황충(黃衷)의 『해어(海語)』, 권하(사고전서본, 1a-b), 곤둔(崐崸)산 조목에서 "[곤둔]산은 대불령(大佛靈) 남쪽에 있고, 무릇 7개 섬과 7개 항구가 있는데 이것을 칠문(七門)이라 한다【『당서』에, 광주 동남쪽에서 바다로 항행하여 3백 리를 가면 둔문산에 이른다고 하였는데 이 산일 것 같지만, 거리를 계산해보면 다르므로 아마도 아닐 것이다(唐書, 廣州東南海行, 三百里至屯門山, 或疑即此山, 計之道里不同, 恐非也)】. 옆으로는 도서들이 날개처럼 둘러싸고 있어, 여러 나라로 가려는 자는 이것을 표식으로 삼는다. 그 산에는 무소, 야생마, 큰 사슴, 기이한 뱀, 큰 나무 등이 있다. 평평한 하천이 많고 비옥한 땅이 수백 경(頃)이며, 야자수가 둘러 자라면서 떨어진 열매가 골짜기에 가득하고, 동과가 만연하고, 푸른 등나무는 직경이 1촌에 달하며 열매는 3~4척이나 크고, 큰 것은 한 아름을 넘어 진흙처럼 문드러져 썩는다. 그러나 뱃사람들이 땔나무를 하려 해도 백 명이 아니면 감히 가지 못한다. 노련한 장사꾼들이 벽에 새겨 위험을 알리고 방비를 표시했다고 한다(山在大佛靈南, 凡七嶼七港, 是謂七門. 其旁洲嶼皆翼然環列, 適諸國者, 此其標也. 其山多兕犀·野馬·巨麕·異蛇·大木. 復多平川, 沃壤數百頃, 椰樹環生, 墮實彌谷, 冬瓜延蔓, 蒼藤徑寸, 實長三四尺, 大踰一圍, 糜腐若泥淖. 然舶欲樵蘇, 非百人不敢即往. 老估嘗鑱壁識嶮, 以示防云)"

라고 하였다. 황충의 곤둔산은 『당서』의 둔문산(屯門山)이 아닌 것이 분명하다. 왕대연은 곤륜산이 군둔산(軍屯山)이라고도 한다고 하였다. 그렇다면 황충의 곤둔산은 왕대연이 말한 군둔산으로 연결될 개연성이 다분하다. 또 황충은 이 섬에 동과(冬瓜)가 만연하다고 기술하고 있다. 동과는 인도네시아어로 쿤두르(Kundur)라고 하므로, '곤륜'은 이 쿤두르의 음역 표기로 보면, 푸로 콘도르(베트남 남부의 꼰선)로 추론할 수 있다. 그렇지만 푸로 콘도르로 놓고 보면, 왕대연의 기술 중에 "점성, 동서축과 세 발 솥[鼎] 모양으로 서로 마주 보고 있다"라고 한 말을 이해하기 어려워진다. 왜냐하면 이전 학자들은 대체로 동서축을 말레이 반도 동안의 메르싱(Mersing) 동쪽 바다에 있는 푸로 아우르(Pulo Aur)로 추정하고 있기 때문이다. 푸로 아우르, 점성, 그리고 푸로 콘도르가 서로 바라보는 것은 불가능하다. 물론 점성 즉 참파와 푸로 콘도르는 대략 48km 떨어져 있으므로 가능하지만 푸로 아우르와는 멀어도 너무 멀다.

아부 자이드 하싼(Abū Zayd Ḥasan, 916년경)의 주석에 따른 가브리엘 페랑(G. Ferrand)이 번역한 『인도와 중국으로 가는 아랍 상인 슐레이만의 여행(Voyage du Marchand Arabe Sulaymān en Inde et en Chine rédigé en 851)』, 1922, 42쪽에, "[Kalāh-bar에서] 우물에서 나오는 담수를 길었다. 선원들은 샘물 또는 빗물보다는 우물물을 선호했다. 하르칸드(Harkand, 벵골만)[의 바다와] 이웃한 곳에 있는 말라야(Malaya)의 쿠람(Kūram)과 칼라 바르(Kalah-bār, 원문 그대로) 사이는 한 달 항해해 가는 거리이다. 계속해서 배들은 티유마(Tiyūma)[섬]이라 불리는 곳을 향해 가, 그곳에서 필요한 사람들은 담수를 긷는다. [칼라 바르에서] 티유마까지의 거리는 10일 항해해 가는 거리이다. 이어서 배들은 [이전 기항지에서] 10일 여정에 있는 쿤드랑(Kundrang)이라 불리는 곳을 향해 갔다. 필요한 사람들은 그곳에서 담수를 긷는다. 서인도의 섬들에서와 마찬가지였다. 우물을 파면 담수가 나왔다. 쿤두랑에는 이따금 노예들과 도적들이 피신하는 높은 산이 있다. 계속하여 배들은 이전 기항지에서 10일 여정에 있는 참파(Čampa, 안남과 현 코친차이나)라는 곳으로 갔다. 그곳에서 담수를 길었다. 사람들은 참파 알로에를 수출한다. 이곳에는 왕이 있다. 나라의 사람들은 갈색이며 그들은 각기 두 파네(pagne)를 입는다. 선원들은 물을 길은 다음 바다 섬인 춘두르 푸랏(Čundur fūlāt)이라 부르는 곳으로 갔다. 춘두르 푸랏과 이전 기항지 사이의 거리는 10일 항해하는 여정이다. 그곳에서 담수를 길었

『동서양고』에 『경주지(瓊州志)』를 인용하여 "문창 동쪽으로 1백 리, 바다에는 산이 있는데, 일곱 봉우리가 연달아 서 있고, 그 안에는 샘물이 있어 달고 맑아 마실 수 있다. 원나라 군대의 유심이 송단종을 추격하여 그 친속인 유정규를 잡은 곳이다. 민간에 전하는 바에 따르면, 옛날 칠주가 물에 잠겨 바다가 되어, 배가 지날 때 제물과 죽으로 바다귀신들에게 제사를 지낸다. 그렇지 않으면 탈이 난다. 배가 이 험한 곳을 지나 동쪽으로 조금 더 욕심내 가면 바로 만리석당이다(在文昌東一百里, 海中有山, 連起七峰, 內有泉, [甘]洌可食. 元兵劉深追宋端宗, 執其親屬俞廷[珪]之地也. 俗傳古是七州, 沈而成海, 舶過, 用

다."라고 하였다.

페랑은 다시 『극동과 관련된 아랍, 페르시아, 튀르크인들의 지리서와 여행 기술(Relations de voyages et textes géographiques arabes, persans et turks relatifs à l'Extreme-Orient)』(파리, 1913), 40쪽에서 "옛 발음으로 Čundur fūlāt이고 현 발음은 Ṣundur fūlāt이다. 'fūl'은 말레이어 'pulaw' 'pūlo'로, 섬+복수의 페르시아어 접미사 'āt'로 아랍어로 변화시킨 형태이다. 메콩강 델타 남쪽에서 40마일 떨어진 곳에 있는 푸로 콘도르이다."라고 춘두르 푸랏을 설명했다. 이에 대해 브라델은 "그러나 술레이만의 섬은 현 콘도르 군도의 북쪽으로 훨씬 더 멀어야 하거나 아니면 쿠라오 참(Culao Cham)일 것이다. 그러나 분명히 인도차이나 북부에 있는 섬일 것이다."(Roland Braddell, 「Notes on Ancient Times in Malaya」, 『JMBRAS』, Vol. 23-1, 23쪽)라고 하였다.

술레이만의 여정은 쿠람-칼라 바르-티유마-쿤두랑-참파-춘두르 푸랏까지로 항구마다 10일 여정의 거리에 있다. 쑤 지칭 씨는 여기 쿤두랑이 바로 곤륜섬, 즉 푸로 콘도르라고 확신했지만(『도이지략교석』, 221쪽), 참파와 쿤두랑의 거리는 10일 여정이므로 대륙과 짧게는 48km 떨어진 해상에 있는 푸로 콘도르가 될 수 없다. 따라서 춘두르 푸랏은 베트남 북부에서 찾아야 하며, 여기 푸로 콘도르와는 관련이 없다. 이상으로 발음은 비슷하지만 푸로 콘도르, 즉 현 꼰선 섬과는 다른 제3의 섬이 있었을 가능성이 있다. 설령 술레이만이 현 베트남 북부지역에 가지 않았다고 하더라도, 왕대연과 술레이만의 기록은 푸로 콘도르로 놓고 볼 때, 어긋나는 부분이 있다는 점은 부인할 수 없다.

牲粥祭海厲, 不則爲祟. 舟過此極險, 稍貪東便是萬里石塘).”[6]라고 하였다. 바로 『경주지』에서 말한 만주(萬州) 동쪽의 석당해(石塘海)이다. 배가 석당에 걸려 벗어나기를 바라는 칠주(七州)는 바로 파라셀(Paracels) 군도이고 만리석당은 메이클즈필드 천퇴(Macclesfield Bank)로, 본서에 별도의 조목이 있다. 『정화항해도』에 따르면 당시 해선들은 남해해협을 지나지 않고 그 바깥 바다로 항해했다.[7]

6) 시에 팡(謝方) 교주, 『동서양고』(중화서국, 2000), 172쪽.

7) 원나라 주달관(周達觀)의 『진랍풍토기』에는 진랍, 즉 캄보디아로 가는 여정을 기록하며 “일곱 섬의 바다를 건넌다(過七洲洋)”라고 하였다. 이에 대해 펠리오는 첫 번째로 『진랍풍토기』를 1902년 역주하면서, 메이어스(『차이나 리뷰』, III, 326쪽), 흐루너펠트(『Notes on the Malay Archipelago and Malacca』, I, 151쪽), 히어트(『통보』, V, 388쪽)의 설에 따라 칠주(七洲)가 파라셀 군도라고 생각했었다. 이러한 추정은 이후 1912년 히어트와 록힐 씨의 『조여괄』, 185쪽에서 여전히 유지되었고, 록힐 씨는 1915년 『통보』, 112, 113쪽에서도 계속되었다. “그러나 1904년부터 칠주가 사실상 8세기 말 가탐(賈耽)의 여정에서(‘九’자가 ‘七’자의 잘못임을 배제하지 않음) 구주(九州)와 같으므로, 어쨌건, 칠주는 해남의 남쪽에서 멀리 떨어진 파라셀 군도가 아니라, 해남의 북동쪽 지점에서 약간 동쪽에 있는 타야(Taya) 군도임을 지적했다(州=洲).”(『주달관의 진랍풍토기(Mémoire sur les coutumes du Cambodge de Tcheou Ta-Kouan)』, 파리, 1951, 86쪽)라고 하며 파라셀 군도에서 해남도 북동쪽 지점의 타야 군도로 비정했는데, 이 설은 쑤 지칭 씨도 그대로 따르고 있다(『도이지략교석』, 221~2쪽). 항로상 해남도 동안을 따라 베트남 중부로 가는 길은 위험한 파라셀 군도의 해양을 건너 우회할 필요가 전혀 없으므로 펠리오 씨의 추정을 따라야 한다.

51. 영산(靈山) [98~100]

산들은 험준하고 모나 있고, 암석에서 나오는 샘물이 소리 내며 흐른다. 가옥들은 별처럼 널려 있고, 그물질로 생활한다. 농토는 개간되어 농사짓기에 적합하다. 한 해에 두 번 곡식을 수확한다. 배가 그곳에 이르면, 뱃사람들은 3일을 재계하고 목욕한다. 무슨 일에도 부처를 숭배하며 불경을 왼다. 수등(水燈)을 피우고, 채색한 [종이] 배를 띄워 본국 선박의 재액을 물리친 뒤에 비로소 다음 일을 한다. 풍속, 기후, 남녀는 참파[占城]와 같다. 그곳에서는 등나무 지팡이가 나는데, 가볍고 작으며 검은 문양이 서로 마주한 것이 으뜸으로, 하나에 화두석(花斗錫) 하나로 교역한다.[1] 거칠고 크면서 문양이 성근 것은 하나의 화두석에 세 개로 교역한다. 배가 이곳을 왕복할 때는 반드시 물을 깃고, 땔나무를 하며 일용품을 더 마련한다. 다음으로 빈랑과 부엽(荖葉)[2]을 구하기도 하지만

---

1) 『성사승람』 만랄가 조목에서 "내륙에는 산이 있어 샘물이 냇물로 흘러드는데, 사람들은 물속에서 모래를 채질하여 주석을 채취한 다음 녹여 덩어리로 만드는데 두괴(斗塊)라고 한다. 각 덩어리는 중국 저울로 1근(觔) 4냥이 나간다(內有一山泉流溪下, 民以流中淘沙取錫, 煎銷成塊, 曰斗塊, 每塊重官秤一觔四兩)."라고 하였다.

2) 역자가 [부]로 읽은 '荖'자는 우리에게는 구장(蒟醬) '배'자로 알려져 있다. 송나라 요관(姚寬, 1105~1162)은 『서계총어(西溪叢語)』 권상에서, "민광(閩廣)의 사람들이 빈랑을 먹을 때, 하나하나 잘라 편으로 만든 다음, 굴 가루에 찍어 '荖葉'에 싸서 씹는다. '荖'자는 음이 노(老)이고 '포(蒲)'자와 '구(口)'자의 반절(反切)로 발음하기도 한다. 막 먹으면 약간 감각이 취한듯하고, 얼굴이 붉어지므로 소식(蘇軾)은 '홍조가 뺨에 올라 빈랑에 취했네.'라고 하였다(閩·廣人食檳榔, 每切作片, 蘸蠣灰以荖葉裹嚼之. 荖, 音老, 又音蒲口切. 初食微覺似醉, 面赤, 故東坡詩云, 紅潮登頰醉檳榔)."라고 했다. 빈랑을 함께 싸 먹는 것으로 부류등(扶留藤)이 잘 알려져 있고, 이 부류등은 구장(蒟醬)과 동일시되었다. 요관이 언급한 반절 발음을 재구성해보면, '푸'에 해당한다. 또, 『강희자전』에서 『자휘보(字彙補)』를 인용하여 '荖'자의 음이 배(培)라고 설명했는데, 이 '배(培)'자는 민(閩) 지방

여타 다른 것은 없다. 교역하는 상품은 질그릇, 소주(燒珠), 철선 등이다.

嶺峻而方, 石泉下咽. 民居星散, 以結網爲活. 田野闢, 宜耕種. 一歲, 凡二收穀. 舶至其所, 則舶人齋沐三日. 其什事, 崇佛諷經. 燃水燈, 放彩船, 以禳本船之災①, 始度其下. 風俗·氣候·男女與占城同. 地產藤枝②, 輕小黑文相對者爲冠, 每條互易一花斗錫. 麄大而紋疎者, 一花斗錫互易三條. 舶之往復此地, 必汲水·採薪以濟日用. 次得檳榔·荖葉, 餘無異物. 貿易之貨, 用粗碗·燒珠·鐵條之屬.

① 『성사승람』 영산(靈山) 조목은 대략 본서를 따르고 있는데 '본선(本船)'의 '본'자가 '인(人)'자로 되어있다.[3)]

② '지(枝)'자는 『성사승람』에 '장(杖)'자로 되어있는데, '장'자가 맞다.

『성사승람』 영산 조목에 "그곳은 점성과 산지로 연접해있다(其處與占城山地連接)."라고 하였으므로 섬이 아님을 알 수 있다. 『정화항해도』에 "영산에서, 임자 방향과 임 방향의 침으로 5경을 가면 배는 양서에 닿고 교배산에 이른다(靈山, 用壬子及單壬針, 五更, 船平洋嶼, 取茭杯山)."라고 하였는데, 바로 북쪽 항로이다. 『동서양고』 침로(針路) 조목에 "신주 교배서에서 …병오 방향으로 3경을 가면 양서에 이르고, …병오 방향으로 3경을 가면 연통산이다. 이곳은 교지와 점성으로 경계가 나뉘는 곳이다. …병오 방향으로 3경을 가면 영산에 이른다(新州交杯嶼, … 用丙午, 三更, 取羊嶼. …用丙午針, 三更, 取煙筒山. 此交阯·占城分界處也. …用丙午針, 三更, 取靈山)."라고 하였다. 이것은 남쪽 항로이다. 『정화항해도』의 교배산(茭杯山)은 바로 『동서양고』의 신주(新州) 교배

의 발음인 [po] 또는 [pʰui]를 표기했다고 추정한다. 따라서 부류등=구장=부(荖)임을 알 수 있으므로 '부'로 읽어야 할 것이다.

3) 쑤 지칭 씨는 여기 '선(船)'자가 후지타 토요하치 교주본에는 '선(舩)'자로 되어있다는 주석을 붙여두고 있는데(『도이지략교석』, 224쪽), 정확히 본문에서 보는 것처럼 정자로 되어있고, 또 '舩'자라고 해도 아무런 문제가 되지 않는다. 쑤 지칭 씨가 이 교감을 한 이유를 모르겠다.

서(交杯嶼)이다. 신주는 분명히 지금의 주앙 난(Juang-nan)이므로, 교배(交杯)는 쭈 마이(Chou May)에 해당하는 음임에는 의심이 없다. 또 이곳은 해갑(海岬)이지 섬이 아니다. 『정화항해도』와 『동서양고』 모두 착각하고 있다. 『정화항해도』의 양서(洋嶼)는 바로 지금의 쿠라오 참(Culao Cham)으로, 양(洋) 또는 양(羊)은 참(Cham)에 해당하는 음이다. 양서에서 영산까지 『정화항해도』에서는 5경이라 했고, 『동서양고』에서는 6경이라 했으므로, 영산은 지금의 꾸이년(Qui-nhon) 지방의 꾸이년 북쪽에 있는 랑선(Lang son) 항일 것이다. 영산은 이 랑선에 해당하는 음차이다.[4)]

『신당서』 「지리지」(권43하, 1153쪽) 점부로산(占不勞山)은 "환왕국 동쪽으로 2백 리 바다에 있다. 또 남쪽으로 이틀을 가면 능산에 이른다(山在環王國東二百里海中. 又南二日行至陵山)."라고 하였는데, 환왕(環王)은 바로 참

---

4) 영산(靈山)의 위치 추정은 학자마다 상당한 차이를 보인다. 먼저 심증식 씨는 『성사승람』에도 영산 조목이 있음을 밝히고, "점성과 산으로 연결되어 있다(與占城山地接連)"라고, 했고, "「전각월남도(滇刻越南圖)」에 영산은 빈 뚜안[平順] 동남해에 있는데, 바로 옛 점성의 항구이며, 프랑스인들이 방려만(芳黎灣)이라 명명했다."라고 하였다. 조지 필립스는 1886년 「인도와 실론의 항구들(The seaports of India and Ceylon)」(『JCBRAS』, XXI, 40쪽)에서 영산을 "가남(伽南, Camnanh, 현 Cam Ranh) 항구 근처에 있는 다바이치(Davaich) 곶"으로 추정했다. 한편 펠리오 씨는 앞 곤륜 조목에서 본 『신당서·지리지』, 권50(1153쪽)에 보이는 가탐(賈耽)의 여정에서 '능산(陵山)'과 여기 '영산(靈山)'과의 연관성을 언급하고, 『동서양고·서양침로』에 보이는 연통(煙筒)과 가남모(伽南貌) 사이에 있는 영산은 바렐라(Varella) 곶일 것으로 추정했다(『8세기 말 중국에서 인도로 가는 두 갈래 여정』, 158쪽). 바렐라는 꾸이년과 나짱 중간 지점 해안에 있고, 필립스의 다바이치는 판랑(Phan Rang) 동쪽의 곶이다. 거리상 상당한 차이가 있다. 이상의 두 설명에 대해 록힐의 주석에는 "조지 필립스는 영산이 Daviach Head라고 하였고, 펠리오는 꾸이년 북쪽 싸 호이(Sa Hoi) 곶이라고 하였다. 다른 사람들은 바렐라(Varella) 곶으로 보았다(95쪽)."라고 하였는데, 원문을 잘못 읽은 것으로, 펠리오가 '싸 호이'라고 추정한 곳은 바로 능산(陵山)이다.

파(Champa)로 당나라 시기에 지금의 후에(Hue) 지방에 도읍했으므로 소위 점부로라는 것은 바로 지금의 쿠라오 참(Culao Cham)이고, 능산(陵山)은 바로 영산이다. 『수서』「적토전(赤土傳)」에서 능가발발다(陵伽鉢拔多, Linga parvata)라고 한 곳이다.[5)]

5) 『수서·적토전』에는 상준(常駿)을 비롯한 사신들의 행로를 설명하면서 "초석산에 이르러 [그곳을] 지나, 동남쪽 능가발발다주에 정박하는데, 서쪽으로는 임읍과 마주하고 있고, 위에는 신을 모시는 사당이 있다(至焦石山而過, 東南泊陵伽鉢拔多洲, 西與林邑相對, 上有神祠焉)."(1834쪽)라고 하였다. 이 단락은 제리니가 「시암과 중국 관계(Siam's Intercourse with China)」(『AQR』, 3-11, 156쪽)에서 다루었는데, 그는 이 '능가발발다'가 팔리어로 'Linga-pabbata'이고 산스크리트어로 'Linga-parvata'에 해당하는 음이며, '링가의 산'이라는 의미임을 밝히고, 이곳을 발렐라 곶으로 추정했다. 이어서 이 '능가발발다'가 바로 여기 보이는 영산(靈山, 링가의 산 또는 링가의 곶)으로 설명했다. 다시 말해, 제리니는 능가발발다=영산=바렐라 곶으로 본 것이다. 이 바렐라를 심증식 씨가 방려(芳黎)라고 옮긴 것은 아닌지 모르겠다. 분명 바렐라는 능가발발다와 영산과 함께 신령한 그 무엇과 관련된 곳임을 짐작하게 한다. 『성사승람』(기록휘편본) 영산 조목에 "산꼭대기에는 부처의 머리를 닮은 바위 한 덩어리가 있어 영산이라 이름하였다(山頂有一石塊似佛頭, 故名靈山)."라고 하였다. 쑤 지칭 씨는 말레이어와 참파어에서 '보살신상', '신단'을 '베르할라(Verhala)'라고 하는데, 바렐라는 이에 해당하는 음이라고 생각했다. 물론 근거나 출처를 제시하지 않았지만, 상당히 그럴법한 추정이다. 하지만 쑤 씨는 능가발발다에 관한 제리니와 후지타 토요하치의 추정이 정확하지 않다고 하며 "임읍과 서로 마주 보고 있다"라는 설명에 사로잡혀 능가발발다주를 섬으로 확신하며 쿠라오 참(Culao Cham)으로 결론지었다(『도이지략교석』, 226쪽). 자기만의 독창적인 설을 세우려는 욕심에 불과하다. 『동서양고·서양침로』에 보이는 연통(煙筒)을 꾸이년 남쪽에 있는 푸옌으로 추정해 놓고, 이 연통과 가남모(伽南貌) 사이에 있어야 하는 영산이 어떻게 쿠라오 참이 될 수 있겠는가.

바위산이 우뚝 솟아 대치한 형세를 하고 있다. 지세는 동서가 남다른 모양을 갖추고 있지만, [어찌] 봉래산, 방장산과 비할 뿐이겠는가? 척박한 농토는 농사에 적합하지 않아 해마다 담양(淡洋)의 곡물에 의존하여 식량을 보충한다. 기후는 고르지 않아 4~5월에는 장맛비가 내려 여전히 썰렁하다. 풍속은 순박하고 소략하다. 남녀는 머리카락을 자르고 참파의 베[占城布]를 맨다. 바닷물을 끓여 소금을 만들고 야자즙을 발효시켜 술을 만든다. 추장이 있다. 그곳에서는 빈랑, 부엽(荖葉), 야자담(椰子簟), 목면화가 난다. 그곳 사람들은 야심(椰心)의 부드러운 것을 채취하여, 그대로 또는 염색하여 자리를 짜 중국인들에게 판다. 이 자리는 겨울에는 따뜻하고 여름에는 시원하다고 하니 또한 귀하게 여길 만하다. 교역하는 상품은 화석(花錫), 후추, 철기, 장미수 등이다.

石山嵯峨①, 形勢對峙. 地勢雖有東西之殊, 不啻蓬萊方丈之爭奇也. 田瘠, 不宜耕種, 歲仰淡洋米穀足食②. 氣候不齊, 四五月淫雨而尙寒. 俗朴略. 男女斷髮, 繫占城布. 煮海爲鹽, 醸椰漿爲酒. 有酋長. 地產檳榔·荖葉·椰子簟③·木棉花. 番人取其椰心之嫩者,[1] 或素或染, 織而爲簟, 以售唐人. 其簟冬暖而夏涼, 亦可貴也④. 貿易之貨, 用花錫·胡椒·鐵器·薔薇露水之屬⑤.

① '상(上)'자는 '산(山)'자의 잘못일 것이다.

② 담양(淡洋)은 본서에 별도의 조목이 있다.[2]

---

1) 쑤 지칭 씨의 교주본에는 '눈자(嫩者)'가 '눈이백자(嫩而白者)'으로 되어있다(『도이지략교석』, 227쪽). 바로 뒤에 희다는 의미의 '소(素)'자가 나오므로, '백(白)'자의 의미와 중복된다. 따라서 빼는 것이 맞다.

2) 사고전서본(28b)에는 '담정(淡淨)'으로 되어있다. 후지타 씨의 저본과 『성사승람』에는 확실히 '담항(淡港)'으로 되어있다. 따라서 후지타 씨는 왕대연이 기술한 담항으로 보았다. 그러나 왕대연과 명나라 시기의 담항은 수마트라섬 서북부

③ '자(子)'자는 '심(心)'자의 잘못일 것이다.

④ 『제번지』 야심담(椰心簟) 조목에 "산에서는 풀이 나는데, 그 모양이 등나무 같고, 길이는 1장(丈) 남짓 되고, 줄무늬는 곧고 매끈하며 마디가 없어 야심초(椰心草)라고 한다. 현지의 여인들이 채취하여 실처럼 쪼개 자리를 짜는데 혹 검붉은색으로 물들이기도 하는데 이것을 '화담(花簟)'이라고 한다. 겨울에는 따뜻하고 여름에는 시원하여 출입에 편리하다(山產草, 其狀似藤, 長丈餘, 紋縷端膩, 無節目, 名曰椰心草. 番之婦女採而絲破, 織以爲簟, 或用色染紅黑相間者曰花簟, 冬暖(温)而夏涼, 便於出入)."라고 하였다. 혹 초심담(蕉心簟) 또는 가문석(嘉文席)이라는 것이 바로 이것이다.

해안에 있는 타미앙(Tamiang) 강을 지칭한다. 따라서 동서축의 섬과 거리가 너무 멀기 때문에 그곳에서 곡물을 수입했을 가능성은 거의 없다. 이에 대해 록힐 씨는 "여기의 담양은 링가 북쪽 테미앙(Temiang) 군도를 지칭할 수 있을 것이다."(124쪽)라고 하고, 다시 파커(E.H. Parker)의 설명을 인용하여(『The island of Sumatra』, 144쪽) "이 언급은 수마트라에서 (수마트라와 육로로 연결된) 물자와(Mul Java)를 떠나 '스틸 해'를 통해 중국으로 가는 이븐 바투타의 여정에서 특별히 흥미롭다. 나는 두 명칭 사이에 어떤 연관성이 있다면 너무 거리가 멀다고 생각한다. 여기에서 사용된 담양에 대해 더 나은 다른 설명은 『영애승람』 구항(舊港) 조목에 보이는 담항(淡港) 즉 팔렘방강과 관계된다는 것이다."라고 하였다. 담항을 링가섬 북쪽의 테미앙군도, 또는 팔렘방 강으로 보더라도 거리가 먼 것은 틀림없다. 이러한 거리상의 이유로, 우리는 담항보다는 담정을 선택해야 할 것 같다. 쑤 지칭 씨는 "동서축, 조호르와 가까운 곳과 조호르의 동안에는 엔다우(Endau, 興樓)라는 이름을 가진 강과 항구가 있는데, 『대덕남해지』의 안두(晏頭)는 바로 이 항구 명칭에 해당하는 음이다. 이 강 북안에는 도총(Dochong, 또는 Pontian)이라는 지류가 있는데, 담정은 이 명칭에 해당하는 음으로 보인다."(『도이지략교석』, 229~230쪽) 쑤 씨가 말하는 곳은 바로 티오만섬 서쪽, 즉 말레이반도 동안에 있는 엔다우 강 유역을 말한다. 상당히 그럴법한 추정이다. 하지만 담정에 해당하는 음은 그 지역 해안을 따라 많이 보이는 탄중(Tanjung)에 해당하는 음이라고 보는 것이 더 타당하다.

⑤ 장미로(薔薇露)가 바로 장미수(薔薇水)이다. 여기에서 '로'자는 잘못 베낀 것으로 수(水)와 같다.[3]

『정화항해도』에는 서죽산(西竹山), 동죽산(東竹山)이 보이는데, 동서축(東西竺)과 음이 같은 다른 표기이다. "백초(Pedra Branca)를 지나 계축 그리고 계침 방향으로 가면 배는 동죽산에 이르고 바깥은 지난다(白礁遠(過), 用癸丑及單(丹)癸針, 船平, 東竹山外過)."라고 하였고, 『동서양고』 침로 조목에 "지반산(Timon)에서… 3경을 가면 동서축에 이른다(地盤山…三更, 至東西竺)."라고 하였다. 필립스 씨가 동서축을 푸로 아우르(Pulo Aor)로 추정한 것은 틀림없다. 이곳은 원래 하나의 산이나 두 봉우리가 우뚝 서 있어 흡사 두 개의 산처럼 보인다. 그 산의 남쪽 봉우리가 동축(東竺)으로 실제로 중국 배들이 왕래한 해협의 지표이다(Phillips, 『JCBRAS』, XXI, 39쪽). 아우르(Aor)는 말레이어 아와르(Awar)가 와전된 것으로 일종의 큰 대나무란 뜻이다. 푸로 아우르는 바로 죽도(竹島)라는 의미이다(Crawfurd, 『A Descriptive Dictionary of the Indian Islands & Adjacent Countries』, 25쪽). 그래서 죽산(竹山) 또는 축산(竺山)이란 명칭이 생긴 것이다.[4]

---

3) 반드시 잘못 베꼈다고 할 수 없다. '서양' 관련 중국 자료들은 장미로(薔薇露)와 장미수(薔薇水) 둘 다를 모두 보여주고 있기 때문이다.

4) 심증식 씨는 『영외대답(嶺外代答)』, 권3, 「항해외이(航海外夷)」에 보이는 중국으로 오는 항로를 설명한 문장을 다음과 같이 인용했다. "삼불제가 올 때, 정북쪽으로 항행하여 배가 상하축과 교지양을 지나면 중국의 경계에 이른다. 광주로 가려는 자는 둔문(屯門)으로부터 들어간다. 천주에 가려는 자는 갑자문(甲子門)으로 들어간다. 사바(자바)에서 올 때는 조금 서북쪽으로 항행하여 배가 십이자석(十二子石)을 지나면 축서(竺嶼) 아래에서 삼불제의 해로와 합쳐진다(三佛齊之來也, 正北行, 舟歷上下竺與交洋, 乃至中國之境. 其欲至廣者, 入自屯門. 欲至泉州者, 入自甲子門. 闍婆之來也, 稍西北行, 舟過十二子石而與三佛齊海道合於竺嶼之下)." 이어서 이 설명에서 말하는 '축(竺)'이 바로 동서축(東西竺)이라고 했다. 또, 『동서양고(東西洋考)』, 권9, 「남양침로」에서 "팽형(彭亨, 파항)에

서 오(午)침으로 5경을 가면 지반산(地盤山, 티오만섬)에 이르고, 3경을 가면 동서축에 이르는데, 유불(柔佛, 조호르)의 경계이다. 정미(丁未)침으로 10경이면 나한서(羅漢嶼)에 이르는데, 유불의 항구이다."라고 하며 동서축이 유불의 경계임을 설명하려 했다(『도이지략광증』, 하, 2쪽). 흐루너펠트는 이 섬을 정확히 특정할 수는 없지만, 『성사승람』의 기술과 『동서양고(東西洋考)』의 설명을 통해 그곳이 조호르 또는 그 인근임을 알 수 있으므로, "우리는 현 싱가포르섬으로 보는 데 주저할 것이 없다."라고 하며, '동서(東西)'가 원음을 전사한 것인지, 아니면 동쪽 섬과 서쪽 섬을 말하는 것인지에 대해서는 판단을 유보했다(『Notes on the Malay Archipelago and Malacca』, 140쪽).

록힐에 따르면, "『도이지략광증』은 [동서축이] 파항의 남부와 지반산(地盤山, Tiaman섬) 사이에 있는 푸로 아우르(Pulo Aor)로 보는 추정을 인정했다."(124쪽)라고 판단했지만, 사실 심증식 씨의 설명에는 푸로 아우르를 전혀 언급하지 않았다. 하지만 동서축을 푸로 아우르로 보는 추정은 상당히 그럴법하다. 왜냐하면, 『무비지·항해도』에 따르면 동서축은 동죽산(東竹山)과 서죽산(西竹山)으로 표기되었는데, 말레이어로 대나무를 '아우르'라고 하기 때문이다. 따라서 『영외대답』에 보이는 '축(竺)'자는 '죽(竹)'자로 읽어야 할 것으로 보인다. 이러한 추정은 필립스(『JCBRAS』, XXX, 39쪽)에서 비롯되어, 후지타 토요하치, 밀스(「Malaya in the Wu-pei-chih Charts」, 26쪽) 등으로 이어졌다.

동서축=푸로 아우르라는 추정에 있어서 한가지 상기해야 할 점이 있다. 앞서 본 곤륜(崑崙)조목에서 왕대연은 "점성(占城), 동서축(東西竺)과 세 발의 솥처럼 대치하며 서로를 향하고 있다(與占城·西竺鼎峙而相望)."라고 하였다. 동서축이 푸로 아우르라면 보이지도 않을 이 섬이 어떻게 점성, 곤륜(푸로 콘도르)과 마주보고 있을지 이해할 수 없다. 어쩌면 동서축=푸로 아우르라는 추정이 잘못되었을 가능성도 다분하다.

53. 급수만(急水灣) [102~103]

[급수]만은 파록두(巴碌頭)의 아래에 있고, 그 물살이 세차게 흐른다. 선박들은 이따금 한 달이나 지연되기도 하고, 조수간만의 차로 남북의 사람들도 능히 예측할 수 없어, 배가 그 속에서 선회하게 되면 한 달이 걸려도 벗어나지 못한다. 옛날 도원지박(度元之舶)[1)]이 그 가운데에서 20여 일을 표류하면서 바람을 잃고 방향을 찾지 못한 데다 배 키도 부러져 배가 결국에는 수심이 얕은 곳으로 이르게 되었다. 사람, 배, 상품들이 모두 이리저리 떠다녔다. 우연히 암초 위에서 살아남은 세 사람은 5일 동안이나 굶주렸고, 또 왕래하는 배들도 단절되어 암초 위에 있는 소라나 방합조개를 채취하여 먹었다. 그 당시에 목숨은 하늘에 달려있었다. 문득 하루는 큰 나무 두 개가 바다에 떠서 암초 옆으로 이르렀다. 사람들은 그 나무를 안고 바람을 따라 사무드라[須門答剌]라는 나라에 이르러 다행히 익사를 면했다.

灣居石綠嶼之下①, 其流奔駑. 舶之時月遲延, 兼以潮汐南北人莫能測, 舶洄漩于其中, 則一月莫能出. 昔有度元之舶, 流寓在其中二十餘日, 失風, 針迷舵折, 舶遂閣淺. 人船貨物, 俱各漂蕩. 偶遺三人於礁上者, 枵腹五日, 又且斷舶往來, 輒采礁上螺蚌食之. 當此之時, 命懸於天. 忽一日大木二根, 浮海而至礁旁. 人抱其木, 隨風飄至須門荅剌之國②, 幸而免溺焉.

① '석(石)'자는 '파(巴)'자의 잘못일 것이다. 『정화항해도』에는 파록두(巴碌頭)라는 것이 바로 이곳이다.

② 수문답랄(須門荅剌)은 소문답랄(蘇門荅剌)로도 표기하는데, 본서에 별도의 조목이 있다.

---

1) '도원(度元)'이 무엇인지 몰라 원문을 그대로 두었다. 록힐 씨는 이 '도원'을 고유 명사로 보고, 중국인 이름이 아니라 말레이어 '수령'을 뜻하는 '투안(tuan)'일 것으로 생각했다(145쪽).

『정화항해도』에 "수마트라에서 출발하여 축간(丑艮)과 을진(乙辰) 방향침으로 5경을 가면 급수만에 이르고 파록두에는 얕은 [바다가] 있다(蘇門答剌開船, 用丑艮及乙辰針, 五更, 船平急水灣, 巴碌頭有淺)."라고 하였으므로 급수만은 파록두와 대략 한 곳에 있다. 본서에서 "만은 석록서 아래에 있다."라고 하였으므로, '석'자는 '파(巴)'자의 잘못일 것이다. 파록서(巴綠嶼)가 바로 파록두이므로, 급수만은 파록두 아래에 있다. 『정화항해도』에서는 오히려 급수만을 파록두의 서쪽 뭍에 그려 놓은 것은 잘못된 것이다. 『동서양고』 침로(針路) 조목에 "파록두는…해침과 건술침 방향으로 5경을 가면 급수만에 이른다.…신유침 방향으로 5경을 가면 아제(Achin)에 이른다(巴祿頭…單亥及乾戌, 五更, 取急水灣.…用辛酉針, 五更, 取啞齊)."라고 했는데, 급수만을 금강갑(金剛岬, Diamond Point)으로 보는 것은 매우 잘못된 것이다. 파록(巴綠), 파록(巴碌), 파록(巴祿)은 모두 폴락(Porlak)에 해당하는 음으로, 마르코 폴로 여행기에는 페를락(Ferlac)으로 되어있다.[2)]

---

2) 급수만(急水灣)에 관하여, 심증식 씨는 『동서양고·서양침로』를 참고하여, "말라카 왕국에서 길을 나누어 수마트라로 들어가 건(乾) 침으로만 5경이면 면화서(綿花嶼)에 이르고, [그곳에서] 신술(辛戌) 침으로 4경이면 계골서(雞骨嶼)에 이르며, [그곳에서] 건술(乾戌) 침으로 10경이면 쌍서(雙嶼)에 이르고, [그곳에서] 신술 침으로 4경이면 단서(單嶼)에 이르며, [그곳에서] 신술 침으로 10경이면 아로(亞路)에 이르고, [그곳에서] 건술 침으로 15경이면 파록두(巴碌頭)에 이르는데, 그 옆이 구주산(九州山)이다. [그곳에서] 건술 침으로 5경이면 급수만(急水灣)에 이르고, [그곳에서] 신유 침으로 5경이면 아제(亞齊)에 이른다고 하였다. 그렇다면 급수만은 수마트라섬의 서북쪽 모퉁이에 있어야 한다. 여기서 말한 아로(亞路)는 『성사승람』의 아로국(阿魯國)이다."(『도이지략광증』, 하, 2쪽)라고 하였다. 록힐에 따르면, 급수만은 "수마트라섬 해안의 다른 명칭과 달리 순전히 중국어로 되어있다. 이곳은 수랏 항로(Surat passage, Sawang Arus Kechil)가 틀림없는 것 같다."라고 하였고 이어서 본문에 보이는 파록(巴綠)을 석록(石綠)으로 읽고 브라스섬에 끌어다 붙였다(144쪽). 이어서 "[이 항로는] 폭 2마일에서 2 케이블(438m)이 못 되는 좁은 깔때기 모양이다. 조류는 급하여 봄철 시속 5~6노트로 통로를 통해 북동쪽으로 설정한다. 가장 좁은 부분에서 항해하는

범선에 위험한 것은 아니지만 소용돌이가 쳐 항해를 어렵게 만든다. 종종 소용돌이가 있다."라고 『China Sea Pilot』을 인용했다. 그러나 "급수만은 나시 베사르(Nasi Besar)와 브라스 섬을 분리하고 있는 람푸장(Lampujang) 해협일 수도 있다. 이 해협에서, 위의 출처에 따르면, 수랏 통로보다는 강하지 않지만, 상당히 강한 조류가 흐른다."라고 하였다. 정리하자면, 록힐 씨는 '급수만'이 순수 중국어로, 수마트라섬 서북단 수랏 통로일 가능성이 제일 크고, 이어서 나시섬과 브라스섬 사이의 해협일 수도 있다며 특정하지 못했다.

후지타 씨는 여기 원문의 석록서(石綠嶼)를 파록두로 정확히 교정하고, 파록이 마르코 폴로가 말한 페를락(Ferlac)으로 정확히 보았지만, 정작 파록두와 급수만이 정확히 어디인지는 언급하지 않았다. 밀스(J.V. Mills)는 「무비지 지도에서의 말라야(Malaya in the Wu-Pei-Chih Charts)」, 『JMBRAS』, 15(1937), 11쪽에서 "동쪽으로 항해하는 지침서는 다음과 같이 항해하는 사람을 이끈다. 급수만(Telok Semawi Bay)를 거쳐 파록두(Perlak Head, Diamond Point), 이어서 남동쪽 방향으로 감배항(Kanpei River, 아마도 페락 강), 아로(Deli), 단서(Pulau Berhala), 쌍서(The Brothers)를 지나, 계골서(Aroa Islands)에 이르는데, 이곳에서 배는 반도의 물로 다가간다." 밀스가 파록두를 페를락 곶, 즉 다이아몬드 포인트로 보는 것은 조지 필립스, 1886년 「인도와 실론의 항구들(The seaports of India and Ceylon)」(『JCBRAS』, XXI, 38쪽)의 추정을 따른 것이다. 『무비지·항해도』 기록에는 "사무드라에서 출발하여 축간(丑艮, 40도)과 을진(乙辰, 115도)침으로 5경을 가면 배는 급수만에 이르고, 파록두에는 얕은 [바다가] 있다. [파록두에서] 진손(辰巽, 130도)침으로 15경을 가면 배는 아로(亞路)에 이른다. [그곳에서] 을진(乙辰, 115도)침으로 5경을 가면 배는 단서(單嶼)에 닿고, 다시 진손(辰巽, 130도)침으로 4경을 가면, 배는 쌍서(雙嶼)에 이른다. 손(巽, 135도)과 진손(130도)로 15경을 가면 배는 계골서에 이른다(蘇門答剌開船用丑艮及乙辰針五更, 船平急水灣, 巴碌頭有淺. 用辰巽針五更, 船取甘杯港, 用辰巽針十五更, 船平亞路. 用乙辰針五更, 船取單嶼, 再用辰巽針四更, 船取雙嶼. 用丹巽及辰巽針十五更, 船取雞骨嶼)."라고 하였다. 이처럼 급수만과 파록두 사이의 거리가 명시되지 않았다. 배는 급수만에 이른다고 하고 갑자기 파록두의 설명으로 이어진다. 쑤 지칭 씨는 '급수만' 뒤에 '又五更'이 빠진 것으로 읽었다(『도이지략교석』, 233쪽). 이러한 교정의 근거는 『동서양고·서양침로』(사고전서

『원사』(「세조본기」, 247쪽), 지원(至元) 19년(1282) 10월 을사(乙巳) 일에, “아탐을 보내 법리랑, 아로, 건백 등의 나라를 타일러 항복시키게 했다(遣阿躭招降法里郎·阿魯乾伯等國)”라고 하였고, 21년(1284) 윤 5월 을묘(乙卯) 일에(267쪽), “법리랄왕을 군왕으로 봉하고 호부를 차게 했다(封法里剌王爲郡王, 佩虎符)”라고 하였으며, 11월 계묘(癸卯) 일에(270쪽) “복건행성이 사신 팔합노사를 보내 남무리, 별리랄, 이륜, 대력 등의 네 나라를 타일러 항복하게 했다(福建行省遣使人八合魯思招降南巫里·別里剌·理倫·大力等四國).”라

본, 권9, 9쪽)에 “파록두【그 옆이 구주산이다.…해(亥, 330도)와 건술(乾戌, 305도)침으로 5경이면 급수만에 이른다.】(巴祿頭【其旁爲九州山. …單亥及乾戌, 五更, 取急水灣】)”라고 한 것이다. 이어서 이 급수만에서 아제국(啞齊國), 즉 소문답랄국(蘇門答剌國)까지 5경이라고 설명하고 있다. 따라서 쑤 씨의 이러한 교정은 타당하다. 이로써 소문답랄-급수만-파록두 사이의 거리는 각각 5경이다. 그러므로 후지타 씨가 『동서양고·서양침로』의 설명을 일축하고, 『무비지·항해도』의 기록를 신뢰하며 급수만과 파록두가 한 장소에 있다고 한 것은, 결국 급수만=파록두=페를락 곶=다이아몬드 포인트가 되므로, 자체 모순이 된다.

여기 급수만은 필립스와 밀스의 추정에 따라 텔록 세마웨, 즉 현 수마트라섬 서북쪽 록세우마웨(Lhokseumawe)이다. 여기 ‘텔록(Telok)’과 ‘록(Lhok)’은 만(灣)이라는 뜻이다. 한편, 조여괄의 『제번지』 삼불제(三佛齊) 조목에 그 속국으로 잠매(潛邁)라는 나라가 거명되어있다. 이 잠매에 관하여 히어트와 록힐 씨는 미상의 나라로 남겨두고, 제리니의 설을 참고로 언급해 두고 있다(『조여괄』, 66쪽). 제리니는 ‘Semāwi’ 또는 ‘Semāwei’, ‘vulgo Semoy’에 해당하는 음이며, 동명의 만(灣)으로, 수마트라섬 북부의 파세이(Pāsei) 강어귀에 있는 ‘천상의 만’이라는 의미의 텔록 세마위(Telok Semāwi)일 것으로 추정했다(『Researches On Ptolemy's Geography Of Eastern Asia』, 627쪽). 제리니는 이러한 근거로 잠매의 방언 발음 ‘Sen-mai’를 제시했지만, 민월(閩粵) 방언에 ‘S’ 발음은 알려지지 않았다. 따라서 잠매와 세마위 또는 세마웨이와는 음성적 근접성을 찾을 수 없다. 이 단순한 추측을 근거로 쑤 지칭 씨는 이 잠매가 록세우마웨에 대한 중국 자료 최초의 언급이라고 단언했다(『도이지략교석』, 233쪽).

고 하였고, 31년[3] 11월 병술(丙戌) 일에(397쪽) "담양 추장의 형 달항봉우, 법이랄 추장의 아우 밀랄팔도, 아로 추장의 아우 탈항홀선 등이 각각 금박 표문을 바치며 알현했다(毯陽酋長之兄脫杭捧于·法而剌酋長之弟密剌八都·阿魯酋長之弟脫杭忽先等, 各奉金表來覲)."라고 하였는데, 법리랑(法里郞), 법리랄(法里剌), 별리랄(別里剌), 법이랄(法而剌) 모두 페를락(Ferlac, Perlak)에 해당하는 음들이다. 즉 파록(巴綠), 파록(巴碌), 파록(巴祿)의 다른 음역 글자이다. 이는 아로(阿魯, Aru), 건백(乾伯, Kampat), 남무리(南巫里, Lamuri), 리륜(理倫, Lida), 대력(大力, Dili), 담양(毯陽, Tamiyang) 등을 연이어 일컫고 있는 것으로 알 수 있다. 이들 나라는 모두 현 수마트라 동쪽 해안에 있다.[4] 말레이 연대기인 『세자라 말라유(Sejarah Malayu)』에 따르면 이 나라는 적을 해안과 마주하고(말레이반도) 있어 패배한 사람들이 모두 수마트라 섬으로 도망해왔다고 한다. 원나라 말에 나라가 패망하였으므로 본서에서는 그곳의 바깥 바다의 험함을 이야기했을 뿐이다.

---

3) 원문에는 '원정(元貞) 원년(1295)'으로 되어있다.

4) 후지타 씨가 말한 '수마트라 동쪽해안'이란, 정확히 말하자면, 수마트라 섬 서북쪽의 동쪽 해안을 말한다.

54. 화면(花面) [104~105]

산은 구불구불 이어졌고, 땅은 습지로 이루어졌으며, 밭은 매우 비옥하고 훌륭하여 먹고도 남음이 있다. 남녀가 먹물로 얼굴에 문신을 새기기 때문에 '화면'이라 하고,[1] 그로 인하여 나라의 이름이 되었다. 기후는 곱절로 덥다. 풍속은 순박하고 추장이 있다. 토산으로 소, 양, 닭, 오리, 빈랑, 사탕수수, 부엽(荖葉), 목면이 있다. 교역하는 상품은 철사, 청포(靑布), 투박한 사발, 푸른 생활 용기 등이 있다. 선박이 그곳을 지날 때 교역하고 일용품을 제공하는 데 그칠 뿐이

1) 얼굴에 문신하는 수마트라섬의 인종에 관하여 율(Yule)은 『중국 그리고 그쪽으로 가는 길(Cathay and the Way Thither)』(Hakluyt Society, 1866), 86쪽에서 "같은 섬에서 남쪽으로 수몰트라(Sumoltra)라는 다른 왕국이 있다. 그곳에는 특이한 사람들이 있다. 그들은 얼굴 12곳에 달군 작은 쇠로 낙인을 찍는데 남녀 모두 그렇게 한다. 이들 풍습은 벌거벗고 다니는 다른 사람들과 항상 싸운다. 이 나라에는 아주 많은 산물이 난다."라는 오도릭(Odoric of Pordenone, 1286~1331)의 진술을 인용했다. 이어서 주석에서 "오도릭(Odoric)은 수마트라라는 이름을 매우 분명하게 사용한 서양 최초의 여행가로 인정받고 있다. 그렇지만 나는 이곳이 폴로의 사마라(Samara), 사마르차(Samarcha)와 같은 곳임을 의미하며, 폴로가 정확하게 기술했을 것으로 생각한다. 사무드라(Samudra)라는 도시는 이 이름이 섬 전체를 부르는 명칭이 되었는데 아무도 어떻게 되었는지 잘 모른다. 이 도시는 말레이 연대기에서 자주 언급되었고, 왕은 오도릭의 시대 또는 조금 이전 말릭 알 살라(Malik-al-Sálah)라 불리는 무슬림이었다. 파세이(Pasei), 페디르(Pedir) 사이, 지금은 사마를랑가(Samarlanga)라고 불리는 곳에서 가까운 곳에 있었다고 생각된다. 나는 오도릭이 묘사한 문신이 수마트라섬 어디에서 아직 이루어지고 있는지 모르지만, 서쪽 해안에서 떨어져 있 파기(Pagi) 섬사람 중에는 아마도 세상 어느 곳에서보다 높은 수준으로 남녀 모두 문신을 한다. 같은 해안에 있는 더 개화된 민족인 니아스(Nyas)족에게서도 찾을 수 있다."라고 하였다. 결국 오도릭과 왕대연에 의해 수마트라섬 서북부 내륙에서 얼굴에 문신하는 인종이 확인된 셈이다.

다. 나머지는 판매할 만한 것이 없다.

其山逶迤, 其地沮洳, 田極肥美, 足食有餘. 男女以墨汁刺於其面, 故謂之花面, 國名因之. 氣候倍熱. 俗淳, 有酋長. 地產牛·羊·雞·鴨·檳榔·甘蔗·荖葉·木棉. 貨用鐵條·青布·粗碗·青處器之屬. 舶經其地, 不過貿易以供日用而已. 餘無可興販也①.

① '흥(興)'자는 『지복재』본에 '여(與)'자로 되어있어 정본(丁本)에 따라 고쳤다.

『영애승람』 소문답랄 조목에서 "나고아왕은 또한 화면왕(花面王)이라고도 한다. 그 땅은 수마트라국 서쪽에 있고, 땅은 서로 붙어 있는데, 큰 산촌에 불과할 따름이다. 단 관리하는 사람들은 모두 얼굴에 뾰족한 세 개의 푸른 꽃을 새겨 호칭으로 삼기 때문에 화면왕이라 부른다. 땅은 넓지 않고, 백성들도 1천여 가구가 있을 뿐이다(那孤兒王, 又名花面王. 在蘇門答剌國西, 地連, 止有一大山村, 但其所管人民皆於面上刺三尖青花爲號, 所以稱爲花面王. 地方不廣, 人民止有千餘家)."라고 하였고, 『성사승람』에서 "이곳은 소문답랄국과 접경하고 있고, 남무리 옆에 있으며, 산지로 굽이굽이 이어져 있다(其處與蘇門答剌國鄰境, 傍南巫里, 逶迤山地)."라고 하였다. 그렇다면 나고아 화면국은 수마트라 서쪽 해변 지역임을 알 수 있다.[2] 또 『성사승람』[3]에서 "나고아의 한 산에서는 유황이 난다. 우리 조정의 선박이 수마트라에 머물 때, 선원들을 차출하여 이 산에서 유황을 채취하게 했다(那姑兒一山產硫黃, 我朝海船駐札蘇門答剌, 差人船於其山採取硫黃)."라고 하였다. 보리유(Beaulieu)씨는 아친(Achin, 아체)에서 페디르(Pedir) 까지는 약 18마일 지점에 깎아지른 산 하나가 있는데, 유황이 많이 난다고 하였는데(『Histoire générale des voyages』, IX, 340

2) 후지타 씨가 말하는 수마트라섬 서쪽 해변이란 말은 정확하지 않다. 수마트라섬 서북 해안이라고 해야 할 것이다.

3) 『고금설해(古今說海)』본, 『기록휘편(紀錄彙編)』본.

쪽)[4] 『성사승람』이 전하는 것과 부합한다. 마르코 폴로의 여행기에는 사마라(Samara, 수마트라)와 람브리(Lambri) 사이에 다그로이안(Dagroian)이 있다고 하였는데(Yule, 『Marco Polo』, II, 275쪽), 나고아와 음이 대략 비슷하다.[5]

---

4) 후지타 씨가 인용한 원문을 조금 더 보면, "아체 왕국은 옛날 많은 후추가 났다. 그러나 이러한 상업이 백성들을 게으르게 하는 것을 지켜본 어떤 왕이 대부분의 후추나무를 없애게 했다. 수도의 6류(약 24Km) 지점에 봉우리 모양의 높은 산이 페디르(Pedir) 쪽으로 펼쳐져 있다. 그곳에서는 많은 유황을 채취한다."(『기행 통사(Histoire générale des voyages)』, IX, Paris, 1751, 340쪽.)

5) 서양학자로는 슐레겔(G. Schlegel)이 처음으로 비신(費信)의 여정을 설명하면서, 화면국왕(花面國王) 또는 나고아(那孤兒)를 수마트라섬 북서쪽 해안에 있는 나쿠르(Nakur)로 추정했다(「지리 설명(Geographical Notes)」, 『통보』, 1898, 367쪽). 이어서 『제번지』에 보이는 발답(拔沓)을 수마트라 북부에 있는 '바탁(Battak)' 또는 '바타(Batta)'로 추정했다(「지리 설명(Geographical Notes)」, 『통보』(1901), 135쪽). 히어트와 록힐 씨는 슐레겔의 이 추정을 그대로 따랐다(『조여괄』, 66쪽). 제리니(Gerini)는 1909년 "이곳이 수마트라 북부 사말랑간(Samalāngan)과 파상간(Pasāngan) 사이에 있는 페다다(Pedada) 또는 피다다(Pidada)[드 바로스(De Barros)의 확인되지 않은 '피라다(Pirada)'일 것임]라고 생각하고 싶다. 물론 동자바 북위 3도 31분의 베다제(Bedagē) 일지도 모른다."라고 하며(『Researches On Ptolemy's Geography Of Eastern Asia』, 627쪽) '바탁'을 전혀 언급하지 않았다. 1915년 록힐이 다시 「14세기 중국과 인도양 연안, 동부 열도와의 무역 관계에 관한 주석」(『통보』, 146~147쪽)에서 "『제번지』에서 삼불제의 속국인 발답(拔沓)이 같은 종족이 아니라면, 이것이 중국 작가들이 이 종족을 언급한 최초의 기록이다. 니콜로 디 콩티(Ramusio, I, 339)는 타프로바나(Taprobana, 수마트라) 섬의 바테크(Batech) 사람들을 언급했다."라고 하며 화면=발답=바탁임을 확신했다. 그리고 드비치와 판 데르 리트(Devic and Van der Lith)의 『인도의 경이로운 것들에 관한 책(Livre des merveilles de l'Inde)』, 126쪽을 참조하게 했는데(「14세기 중국과 인도양 연안, 동부 열도와의 무역 관계에 관한 주석」, 146쪽 주2), 드비치의 불역본 해당 페이지에 바탁은 거론되지 않았다. 해당 페이지는 235쪽이다. "아자이브들은 라

메리(Lamêri)와 판수르(Fansour)는 이웃하고 있지 않으며, 판수르와 라메리 땅 사이에는 식인종들이 살고 있다고 말해주었다. 그들은 바로 바탁족들이다. 이들은 분명히 중국 역사서에서 보이는 여대(黎代)일 것이고, 그들은 오늘날에도 수마트라 바로스(Baros)와 매우 가까운 내륙 지방에 살고 있다."라고 하였다. 이 설명에서는 바탁족=리데(Lidé)=식인종임을 확인할 수 있다.

이후 다시 『제번지』의 발답=『도이지략』의 화면=『영애승람』의 나고아(那孤兒) 등식을 들고 나온 학자는 펑 청쥔이다(『바다의 왕국들』, 81쪽). 이는 슐레겔과 히어트, 록힐의 설을 받아들인 것으로, 이러한 추정을 가능케 하는 공통 요소는 바로 이들에게 보이는 식인풍습이다. 나아가 세데스(Cœdès)는 이미 1918년에서(『BEFEO』, XVIII, VI, 11쪽) 조여괄의 '발답'은 말레이반도에 있어야 한다고 하였고, 루파에르는 발답이 바탁족일 수 있음을 인정하면서도 이들은 대륙의 바탁족일 것이라고 하였다(『네덜란드 동인도의 언어, 토지 및 민족에 대한 기고(Bijdragen tot de Taal-, Land- en Volkenkunde van Nederlandsch-Indië)』, LXVII, 93, 135쪽). 이러한 주장들을 폐기하고 다르게 접근해야 한다고 보는 학자는 펠리오다.

펠리오에 따르면, "나고아는 [Nagur]에 해당한다. 바탁 왕국이라는 이름 때문에, 적어도 명칭에 관해서는 옛 나구르 바탁 왕국으로부터 분리될 수 없다, 그러나 이 옛 나구르 왕국은 더 남동쪽으로 토바(Toba)호에서 파네(Pané) 강까지 펼쳐진 지역에 있다. 한편으로 루파에르는 중국어 나고아(那孤兒)를 'Nagore'로 보았다. 이는 페디르(Pedir)의 옛 명칭이었다. 아마도 이는 타협이 가능하다. 중국 지도는 '크고 작은 화면[大小花面]'을 모두 언급하고 있는데, '대화면'이 아마도 토바호에서 파네까지의 나구르 바탁 왕국이고, '소화면'은 페디르 지역에 있었던 나구르('나고르') 바탁 왕국일 것이다. [나구르]가 페디르만큼 서쪽으로 놓는 것에 대해서는 확신이 서지 않는다. 왜냐하면, 이들은 리데의 동쪽이어야 하고(『통보』, 1915, 147쪽), 리데는 바로스(Barros)의 수마트라인 나라 목록에서 페디르의 동쪽에 있기 때문이다. 그렇지만 나고아와 연결하여 언급한 유황이 나는 산은 보류(Beaulieu)가 페디르쪽에 있다고 한, 그 산일 것임을 덧붙여야겠다."(『Notes on Marco Polo』, II, 614쪽) 따라서 나고아=화면은 성립하지만, 나고아=화면=발답은 아니라는 것이다. 펠리오 씨는 "발답은 [Bardap] 또는 [Badap]으로 예상된다. 지역이나 명칭이 전혀 바탁족과 맞지 않는다."라고 하며

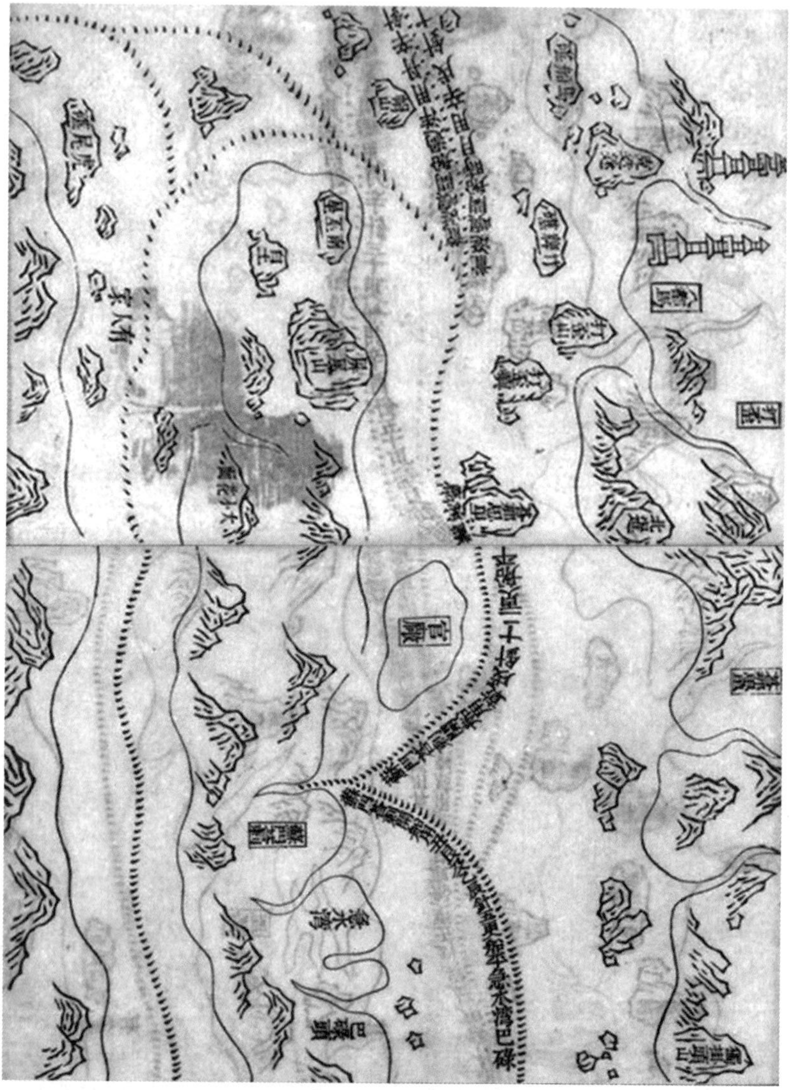

모원의(茅元儀, 1594~1640)가 1621년 편집한 『무비지(武備志)』, 권240에 수록된 정화(鄭和)의 항해도(航海圖). 17b~18a.

『도이지략』에 보이는 팔도마(八都馬), 즉 마르타반(Martaban), 『나가라크르타가마』의 마루트마(Marutma)로 추정했다(앞의 출처, 615쪽).

55. 담양(淡洋) [105~106]

항구는 관에서 운영하는 시장[官場]을 통해 1백여 리이고, [담]양의 바깥은 바다이다. 안에는 큰 계곡의 물이 있는데, 수원이 2천여 리이고, 세차게 흘러 바다로 들어간다. 그 해면(海面)에는 한 줄기의 맑은 민물이 흘러 뱃사람들이 지나면서 종종 물이 부족하면 여기에서 물을 긷기 때문에 '담양(淡洋)'이라 한다. 여기를 지나가면 짜지 않은 바닷물을 만날 수 없다. 산의 우묵한 곳에는 밭이 있는데, 언제나 [곡물이] 잘 자란다. 기후는 덥고 풍속은 순박하다. 남녀가 상투하고 몰디브의 베[溜布]로 맨다. 추장이 있다. 그곳에서는 강진향(降眞香)이 나는데, 맛은 아로(亞蘆)와 같다. 쌀알은 작지만, 밥을 지으면 향기롭다. 교역하는 상품은 적금(赤金), 철기(鐵器), 거친 사발 등이다.

港口通官場百有餘里, 洋其外海也. 內有大溪之水, 源二千餘里, 奔流衝合於海. 其海面一流之水清淡①, 舶人經過, 往往乏水②, 則必由此汲之, 故名曰淡洋. 過此以往, 未見其海洋之水不鹹也. 嶺窩有田,[1] 常熟. 氣候熱, 風俗淳. 男女椎髻, 繫溜布③. 有酋長. 地產降眞香, 味與亞蘆同④, 米顆雖小⑤, 炊飯則香. 貿易之貨, 用赤金·鐵器·粗碗之屬.

① 『지복재』본에는 '기해(其海)' 두 글자가 없어 정본(丁本)에 따라 보충하였다.

② '경과(經過)' 두 글자는 『지복재』본에는 '왕왕(往往)' 아래에 있어 정본(丁本)에 따라 고쳤다.

③ '유(溜)'는 바로 북류(北溜)이다. 본서에 별도의 조목이 있다.

④ 『제번지』의 노회(蘆薈)가 있는데, 히어트씨가 말한 소코트란 알로에

1) 정본(丁本)에는 '그 물을 길어 밭에 물을 주면(取其水灌田)'으로 되어있다. 쑤지칭 씨의 사고전서본에서도 마찬가지이다. 후지타 토요하치가 이 교정사항을 빠뜨린 것 같다.

(Socotran Aloes)라고 하는 것이다. 페르시아어로는 알와(Alwa)라고 하는데, 노회는 이 말에 해당하는 음이다(히어트와 록힐, 『제번지』, 225쪽 주). 아로(亞蘆) 또한 그렇다.[2)]

⑤ '과(顆)'자는 지복재본에 '곡(穀)'자로 되어있어 정본(丁本)에 따라 고쳤다.

『영애승람』 아로국(啞嚕國) 조목에서 "만랄가(滿剌加)에서 배를 타고 순풍에 나흘 밤낮을 가면 도착할 수 있다. 담수의 뱃길[淡水港] 한 갈래가 있어 그 뱃길로 들어가 나라에 이른다. [그 나라] 남쪽은 큰 산이고, 북쪽은 큰 바다이며, 서쪽은 소문답랄(蘇門答剌)과 나라 경계가 닿아있으며, 동쪽에는 평지가 있어 조생종 벼를 심을 수 있고, 그 쌀 알갱이는 가늘고 작으며, 식량이 사뭇 많다(自滿剌加國開船, 好風行四晝夜可到. 有淡水港一條, 入港到國. 南是大山, 北是大海, 西連蘇門答剌國界, 東有平地, 堪種旱稻, 米粒細小, 糧食頗有)."라고 운운했다. 본서에서 말한 것과 대략 같으므로, 여기 본 조목의 담양은 아로(啞嚕, Aru), 즉 『정화항해도』에 아로(亞路)라고 된 곳이다. 그러나 『성사승람』에는 아로국(阿魯國)이 있고 담양(淡洋)이 있다. 아로국 조목에, "이 나라는 구주산(九州山, Sembilan)과 서로 마주 보고 있으며, 만랄가에서 순풍에 사흘 밤낮을 가면 도착할 수 있다(其國與九州山相望, 自滿剌加順風三晝夜可至)."[3)]라고 하였다. 담항 조목에서는 "이곳은 아로산(阿魯山)과 이어져 있고, 만랄가에

2) 여기 원문에서도 후지타 토요하치가 빠뜨린 교정사항이 있다. 정본(丁本)에는 "그곳에는 강진향, 위율이 나는데 그 알갱이는 아로와 같다(地產降眞香·葦粟, 其粒與亞蘆同)."로 되어있다. 쑤 지칭 씨의 교주본에 이를 따르고 있는데, 문제는 위율이 무엇인가다. 이곳에서만 보이는 이 사물에 대해 쑤 지칭 씨는 "일종의 곡물로 옥수수 같은 것이어야 한다."(『도이지략교석』, 239쪽)라고 하였다. 역자가 생각하기에, '위율'은 후추의 일종인 '필발(蓽撥. 蓽茇)'을 잘못 베낀 것일 것이다. 어쨌든 이 논의는 후지타 토요하치가 근거한 판본에서는 문제가 되지 않는다.

3) 『기록휘편』본을 따르고 있다.

서 3일 일정이다(其處與阿魯山相連, 去滿剌迦三日之程【이하는 본서와 대략 같음】)"라고 하였다. 따라서 아로(阿魯)와 담양은 다른 곳이다.[4] 『원사』에는 아로(阿魯)가 있고 담양(毯陽)이 있는데, 이 담양(毯陽)은 바로 담양(淡洋)의 다른 음역으로, 여기에서 타미앙(Tamiang)이라는 '큰 강[大溪]'을 말한다. 담양(淡洋)이라 한 것은 그 물이 담수라는 의미와 그 음을 담고 있는 것이다. 명나라 초기에 이 나라는 아로(亞魯)와 합해졌으므로, 『영애승람』에는 아로(亞魯)만 있고, 담양이 없는 것이다. 『성사승람』 수산각(守山閣)본에는 아로국(亞魯國)을 전집(前集)에 넣고 담양은 후집(後集)에 배치했는데, 그 서문에 "전집은 직접 눈으로 보고 안 것들로 간 곳이며, 후집은 전하여 번역해 준 것 중에서 사실인 것을 채집한 것이다(前集者親監目識之所至也, 後集者採輯傳譯之所實也)."라고 밝혔다. 그렇다면 담양은 [전하는 바를] 채록한 것이지 직접 간 곳이 아니다.

4) 『서양조공전록』 아로국(阿魯國) 조목에 "순풍에 나흘 밤낮 가는 거리이고 담수항을 거쳐 나라로 들어간다(善風四晝夜程, 由淡水港入國)."라고 하였다. 또 소문답랄 조목에서는 말라카[滿剌加]에서 사무드라[蘇門答剌]에 이르는 경로를 설명하면서, "다시 4경을 가서 단서(單嶼)의 왼쪽을 지나, 다시 5경을 가면 아로국의 항구에 이른다. 또 10경을 가면 담양(淡洋)에 이르고, 다시 5경을 가면 대어항(大魚港)에 이른다(又四更過單嶼之左. 又五更至阿魯國之港. 又十更至淡洋. 又五更至大魚之港)."라고 하였다. '단서-5경-아로국-10경-담양-5경-대어항'에 이르는 경로이다. 『무비지·항해도』에 따르면, "감배항(甘杯港)에서 진손(辰巽)의 침으로 15경이면 배는 아로(亞路)에 닿는다(甘杯港用辰巽針十五更船平亞路)."라고 하였다. 위의 대어항을 감배항으로 놓고 보면 정확히 15경으로 일치한다. 따라서 아로국과 담양의 사이는 10경의 거리로 떨어져 있고 『영애승람』과 『서양조공전록』의 '담수항'이 바로 담양으로 추정할 수 있다. 239쪽 「항해도」를 참고하시오.

56. 수문답랄(須文答剌) [106~108]

험준한 산들이 감싸고 있고, 땅의 형세는 바다에 임해있으며, 농토는 척박하여 곡식이 적다. 남녀는 베로 만든 만(縵)으로 [몸을] 싸맨다. 풍속은 담박하다. 추장의 인물은 키가 훤칠하고, 하루 사이에도 반드시 세 번씩 얼굴색이 바뀌는데, 푸르거나, 검거나, 붉다. 해마다 십여 명을 살해하여 그 천연의 피로 씻으면 사계절 병에 걸리지 않는다고 하여 사람들이 모두 두려워하고 복종한다. 남녀는 상투를 틀고 붉은 베로 묶는다. 그곳에서는 뇌자(腦子), 거친 강진(降眞)이 나는데 향 맛이 오래가지 않는다. 학정(鶴頂), 두석(斗錫)이 난다. 가지 나무[茄樹]를 심는데, 키는 1장 남짓 되고 3~4년이 지나도 시들지 않으며, 자란 가지[茄子]를 사다리에 [올라가] 따면, 수박처럼 크고 무게는 10여 근이 나간다. 교역하는 상품은 서양사포(西洋絲布), 장뇌(樟腦), 장미수(薔薇水), 황유산(黃油傘), 청포(青布), 오색 비단 등이다.

峻嶺掩抱, 地勢臨海, 田磽穀少①. 男女繫布縵. 俗薄. 其酋長人物修長, 一日之間必三變色, 或青或黑或赤. 每歲必殺十餘人, 取自然血浴之, 則四時不生疾病, 故民皆畏服焉②. 男女椎髻, 繫紅布③. 土產腦子·粗降眞, 香味短, 鶴頂·斗錫. 種茄樹, 高丈有餘, 經三四年不萃④, 生茄子以梯摘之, 如西瓜大, 重十餘斤. 貿易之貨, 用西洋絲布·樟腦·薔薇水·黃油傘·青布·五色緞之屬.

① 『명일통지』에는 소문답랄(蘇門答剌)로 되어있고, 인용된 『도이지』에는 “風俗田磽穀少”로 되어있다. 후지타 토요하치의 원주는 “明一統志作須門答剌引島夷志云田磽穀少”로 약간의 착오가 있어, 『명일통지』 권90에 따라 고쳤다.

② 『명일통지』에 인용된 『도이지』의 문장과 같지만, ‘혹청(或青)’ 두 글자가 빠져있고, ‘병(病)’자가 ‘진(疹)’자로 되어있다.

③ 『명일통지』에 인용된 『도이지』에는 “男女繫布縵椎髻繫紅布”라고 되어있다.

④ '췌(萃)'자는 '췌(瘁)'자의 잘못으로 보인다. 정본(丁本)에는 '위(萎)'자로 되어있다. 『명일통지』 대가(大茄) 주에 "나무의 높이는 1장 남짓이고 3~4년이 지나도 시들지 않는다. 열매는 수박처럼 크고 무게는 10여 근에 달하며 사다리를 이용하여 딴다(樹高丈餘, 經三四年, 不瘁. 子大如西瓜, 重十餘斤, 以梯樀之)."라고 하였다.[1)]

---

1) 가수(茄樹)란 가자(茄子, 가지)나무를 지칭하는 것으로 보인다. 단성식(段成式, ?~863)의 『유양잡조(酉陽雜俎)』, 권19에는 중국 가자(茄子)에 관한 이전 언급들을 기록하고 있는데, 낙소(落蘇), 곤륜과(崑崙瓜)라는 이칭을 기록하고 있다. 또, "영남의 가자는 뿌리가 묵으면 나무로 자라 키가 5~6척이 된다(嶺南茄子宿根成樹, 高五六尺)."[『역주 유양잡조』(소명출판, 2011)의 번역을 조금 수정함]라고 하며 나무처럼 자라는 가자의 존재를 언급한 바 있다. 조금 뒤 유순(劉恂)의 『영표록이(嶺表錄異)』(사고전서본 권중)에는 보다 자세한 설명을 보여주는데, "남방 풀 채소는 겨울에도 시들지 않아, 텃밭에 가자를 심는다. 묵은 뿌리가 2~3년이 되면 점차 가지를 뻗어 큰 나무가 된다. 매년 여름과 가을에 익으면 사다리를 타고 올라가 딴다. 3년 뒤에 나무가 더 늙으면 열매가 드물어지는데 곧바로 베어버리고 다른 어린 것을 심는다(南中草菜, 經冬不衰, 故蔬園之中, 載種茄子, 宿根有二三年, 漸長枝幹, 乃爲大樹. 每夏秋熟, 則梯樹摘之. 三年後樹漸老, 子稀, 卽伐去別載嫩者)."라고 하였다.

나이지(羅以智, 1788~1860)가 교정한 명초본(明鈔本) 『성사승람(星槎勝覽)』, 소문답랄 조목에는 "과(瓜), 가(茄), 귤, 유자는 시고 감미로운 과일로 한 번 심으면 5년 동안 항상 꽃이 피고 열매를 맺는다(其瓜·茄·橘·柚酸甜之菓, 一種五年常花常結)."라고 하였다. '가(茄)'가 가지라면, 이 문장대로면 시고 감미로운 과일이 된다. '가(茄)'자와 '귤(橘)'자 사이에 빠진 문장이 있는 것으로 보인다. 『기록휘편』본 『성사승람』에 따르면, "오이와 가지는 한 번 심어 5년 동안 열매가 열리면 다시 심는다(其瓜茄一種五年結子再種. 橘·柚酸甜之菓, 常花常結)."라는 문장을 보여준다[펑 청쥔, 『성사승람교주』, 23~4쪽]. 비신(費信)은 상당 부분 왕대연의 기술을 따르고 있지만, 여기 왕대연이 말한 가수(茄樹)에 대한 설명은 매우 특이한 가지의 일종임에도 기술하지 않고 있다. 또한 마환(馬歡)의 『영애승람』 소문답랄 조목에는 많은 채소가 열거되어 있지만 '가(茄)'자도 보이지 않는다. 왕대연이 전하는 소문에 따라 기록해 두었을 가능성이 크다.

『영애승람』 소문답랄 조목에 “보선(寶船)들은 만랄가국에서 서남쪽으로 향해 가서 순풍에 닷새 밤낮으로 가면 먼저 바닷가에 임해있는 한 촌락에 이르는데, 답로만(荅魯蠻)이라고 한다. 그곳에 배를 대었다가 동남쪽으로 10여 리를 가면 도착할 수 있다. 그 나라에는 성곽(城郭)이 없으며, 큰 강물이 바다로 흘러 든다. 하루에 두 차례 조수의 출입이 있고, 바다 어귀에는 파도가 커서 선박들이 항상 침몰한다. 나라의 남쪽으로 1백여 리 멀리 떨어진 곳은 거대하고 깊은 산이고, 북쪽으로는 대해이며, 동쪽에도 큰 산인데, 아로(亞魯)국의 경계에 이른다. 정서쪽은 대해로, 그 산이 두 작은 나라를 연결하고 있는데, 먼저 나고아(那孤兒) 왕국의 경계에 이르고, 또 여대(黎代, Lidé) 왕국의 경계에 이른다(寶船自滿剌加國向西南, 好風行五晝夜, 先至濱海一村去處, 名荅魯蠻繫船, 往東南十餘里可到. 其國無城郭, 有一大溪水流入於海, 一日二次潮水長落. 其海口浪大, 船隻常有沉沒. 其國南去百里之遠是大深山, 北是大海, 東亦大山, 至亞魯國界, 正西邊海連小國二處. 先至那孤兒王界, 又至黎代王界).”라고 하였다. 수문답랄(須文答剌)이 소문답랄(蘇門答剌)이다. 『원사』에는 속목도랄(速木都剌), 또는 속목답랄(速木答剌)로 되어있는데, 모두 수무드라(Sumudra, 즉 Sumatra)에 해당하는 음이다. 또한 마르코 폴로 여행기에 보이는 사마라(Samara), 이븐 바투타의 여행기에 나오는 소모트라(Somothrah)이다.[2] 이

2) 이븐 바투타 여행기에 “우리는 벤데르(Bender), 즉 항구 쪽으로 내려갔다. 그 항구는 바닷가에 있는 큰 마을이었다. 그곳에는 여러 집이 있었다. 사람들은 그곳을 사르하(Sarha)라고 불렀다. [수마트라(Sumatra)에서] 4마일 떨어져 있었다.”라고 하였다. 이 문장을 쑤 지칭 씨는 당황스럽게 이해하고 있다. “이븐 바투타의 사르하는 마르코 폴로의 사마라(Samara)를 다르게 쓴 것”(『도이지략교석』, 242쪽)이라고 하였다. 분명 수마트라와 사르하는 4마일 떨어져 있는 다른 곳이다. 이븐 바투타의 여행기에 주석을 단 예라모스(S. Yeramos)는 “사무드라(Samudra)는 사무드라 파세이(Samudra Pasei) 왕국의 옛 수도이다. 항구와 마찬가지로 위치 문제가 제기되어왔다. 최초의 이슬람 이주자들은 13세기 말경에 사말랑가(Samalanga)에, 이어서 섬의 북쪽 해안에 있는 비루엔(Bireuen)에 정착했다. 이후 더 동쪽으로 옮겨가 강어귀에 정착했고 푸상안(Peusangan)

븐 바투타가 말한 것은 『영애승람』의 내용과 부합해 보이지만, 『영애승람』의 답로만(荅魯蠻)을 이븐 바투타는 사르하(Sarha)라고 한 것만 다를 뿐이다(Voyage D'Ibn Batoutah, IV, 228~229쪽).[3] 흐루너펠트는 현 파세이(Pasei) 강 좌안에, 바다에서 약 3마일 떨어진 곳에 사무드라(Samudra)라는 마을이 있는데, 바로 이 나라 명칭의 흔적이라고 하였다(Groeneveldt, 『Notes on the Malay Archipelago and Malacca』, 215쪽).

강을 따라 거슬러 올라갔는데, 이곳에서 최초로 사무드라가 형성된 것으로 보인다. 『파세이 왕들의 역사(Hikayat Raja Pasai)』에 따르면 1326년 이후 자바인들의 습격으로, 록세우마웨 동쪽 바다로 흘러드는 파세이 강 동쪽으로 수도를 옮겼다. 우리는 바로 이 강에서 이븐 바투타가 이 강 하구에 있었던 사무드라에서 찾았던 같은 명칭의 마을과 무슬림들의 옛 무덤들을 찾아볼 수 있다."라고 하였다.[데프레메리(C. Defremery)와 상귀네티(B.R. Sanguinetti)의 불어 번역본(1858)에, 예라시모스(Stephane Yersimos)가 주를 붙인 『Voyages』(Paris, La Découverte, 1997), III, 296쪽.]

3) 답로만(荅魯蠻)에 대해 현재까지 그럴법한 추정은 없다. 다만 펠리오 씨는 마르코 폴로의 다그로이안(Dagroian)과 연결 짓는 해법을 내놓았다. 이러한 연결의 출발은 마르코 폴로의 이야기로 볼 때, 다그로이안이라는 나라는 파세(Pasè) 강에 있는 사무드라와 람브리(Lambri, 오늘날 아체) 사이에 있어야 하고, 이들의 야만성(장례를 포함하여)은 이들 민족이 바탁(Battak)인들이라는 것을 보여준다는 것이다. 이어서 펠리오 씨는 "음성적으로 '다그로이안'에 가장 근접한 것은 『영애승람』에서 언급된 '답로만'이라는 마을일 것이다. 그러나 파세 강의 하구, 사무드라에서 10리밖에 떨어지지 않은 이 작은 마을은 독립된 왕국이 될 수 없다. 답로만은 이븐 바투타가 언급한 사르하(Sarḥā)의 와전된 형태임이 분명하다. 아마도 타르만(Tarman), 또는 타루만(Taruman)로 읽어야 할 것이다."라고 연관성을 언급했다(『Notes on Marco Polo』, II, 613쪽). 펠리오 씨가 제시한 아랍어 표기들은 그의 말대로 혼동할 정도로 표기가 비슷하다. 와전의 가능성이 충분하다. 하지만 펠리오 씨도 인정하고 있는 것처럼 마르코 폴로가 기술한 나라와 정황이 전혀 부합하지 않는다.

57. 승가랄(僧加剌) [108~110]

겹겹의 산이 푸르게 둘렀고, 바다가 비켜 이어 있다. 그 산허리에는 우뚝 불당(佛堂)이 서 있는데, 바로 석가불의 육신이 있는 곳으로, 사람들이 따르고 의지하며 지금까지 향촉을 올리는 일이 그대로인 것 같다. 바닷가에는 연꽃 누대처럼 생긴 바위가 있고, 그 위에는 부처의 발자국이 있다. 길이는 2척 4촌이고, 폭은 7촌이며 깊이는 5촌쯤이다. 발자국 안에는 바닷물이 들어와 짜지 않고 싱거우며 맛이 단술처럼 달다. 아픈 사람이 먹으면 낫고 늙은 사람이 마시면 수명을 연장할 수 있다. 그곳 사람들은 신장이 7척 남짓이며 자주색 얼굴에 몸은 검으며 눈은 크고 길다. 수족은 따뜻하고 부드러우며 건장한 것이 여실히 불가(佛家)의 후손들로, 나이가 1백여 살이 넘는 사람도 있다. 붓다는 당초 그곳 사람들이 가난하여 도둑질을 일삼는 것을 불쌍하게 여겨, 그 사람들을 선하게 교화하고, 또 감로수로 그곳을 씻어냈다고 한다. [그곳에는] 홍석(紅石, 루비)이 나는데 그곳 사람들이 그것을 팔 때, 왼손으로 얻은 것은 상품으로 치고, 오른손으로 취한 것은 부처에게 기도한 뒤에 교역하는 상품에 넣을 수 있는데, 모두 따듯하고 배부르게 하되 선량하게 한다. 부처의 탁자 앞에는 하나의 발우가 있는데, 옥도, 구리도, 철도 아닌 것이 두드리면 유리 소리를 내므로, 원나라 초에 세 차례 사신을 보내 그것을 얻었다. 이곳에 이르면 부처의 가르침을 말을 하여 유교를 믿는 사람들과 논쟁을 피할 수 없다. 그러나 그곳 사람들의 보살 같은 모습과 풍속의 도타움으로 볼 때, 누군들 믿지 않겠는가?

疊山環翠, 洋海橫繫. 其山之腰, 有佛殿巋然, 則釋迦佛肉身所在, 民從而像之, 迨今以香燭事之若存. 海濱有石如蓮臺, 上有佛足跡, 長二尺有四寸, 闊七寸, 深五寸許. 跡中海水入其內, 不鹹而淡, 味甘如醴. 病者飮之則愈, 老者飮之可以延年. 土人長七尺餘, 面紫身黑, 眼巨而長. 手足溫潤而壯健, 聿然佛家種子, 壽多至百有餘歲者. 佛初憐彼方之人貧而爲盜, 故以善化其民, 復以甘露水灑其地[①]. 產紅石. 土人掘之, 以左手取者爲貨, 右手尋者設佛後, 得以濟貿易之

貨, 皆令温飽而善良. 佛案前有一鉢盂, 非玉非銅非鐵, 色紫而潤, 敲之有玻璃聲, 故國初凡三遣使以取之②. 至是則擧浮屠之敎以語人, 故未能免於儒者之議. 然觀其土人之梵相, 風俗之敦厚, 詎可弗信也夫.

① 감로(甘露)는 마가사리(麻呵斯離) 주에 보인다.

② 이 세 글자는 『지복재(知服齋)』본에는 '취기(取其)' 두 글자로 되어있어 정본(丁本)에 따라 고쳤다.

『서역기』에는 승가랄(僧加剌, Sinhala)가 보이는데, 바로 사서에서 말하는 사자국(師子國)이다. 『원사』에는 신합납첩음(信合納帖音, Sinkala-duipa, Serendil)으로도 되어있다. 신합납(信合納)은 바로 승가랄의 다른 음역이다. 『제번지』의 세란국(細蘭國), 『성사승람』의 석란산국(錫蘭山國), 『영애승람』의 석란국(錫蘭國) 모두 세이란(Seilan, Ceylon)에 해당하는 음으로 승가랄이 와전된 형태들이다. 『영애승람』에 "이곳(취람산)을 지나 서쪽으로 배를 타고 7일을 가면 앵가취산(鶯歌嘴山, Trincomale?)이 보인다. 다시 이틀을 가면 불당산(佛堂山)에 이르러서야 별라리(別羅里)라고 부르는 석란국의 도회지에 도착하는데, 배를 정박시키고 해안으로 오른다. 해변의 산 아래 빛나는 돌 위에는 발자국 하나가 있는데, 길이는 2척쯤이다. 석가모니가 취람산(翠藍山)에서 와서, 이곳으로 뭍에 올랐는데, [이 바위를] 밟아서 이러한 발자국이 남았다고 한다. 가운데에 있는 얕은 물은 마르지 않아 사람들은 모두 손을 그 물에 담그고 얼굴과 목을 씻으며, '부처의 물이 청정하다.'라고 한다. 왼쪽에는 불교 사원이 있는데, 안에는 석가모니불 전신이 옆으로 누워있지만, 여전히 썩지 않고 남아있다. 그 누워있는 자리는 각양의 보석으로 장식하고 상감하고, 침향목으로 만들어 매우 화려하며, 그리고 당 안에는 부처의 이와 생생한 사리(유골) 등의 물품들이 있다. 석가모니가 열반에 든 곳이 바로 이곳이다(過此【翠藍山】投西, 船行七日, 見鶯歌嘴山. 再三兩日, 到佛堂山, 纔到錫蘭國馬頭名別羅里, 泊船登岸. 海邊山脚光石上有一足跡, 長二尺許, 云是釋迦從翠藍山來, 從此處登岸, 脚踏, 此跡存焉. 中有淺水不乾, 人皆手蘸其水洗面拭目, 曰佛水淸淨. 左右佛寺【'우'자는 '有'자의 잘못임】, 內有釋迦佛混身側臥【'混'자는 '橫'자의 잘못으로 보임】, 尙存不朽. 其寢座用各樣寶石粧嵌, 沉香木爲之, 甚是華麗, 及有佛牙幷活舍利子等物在堂內. 其釋迦涅盤, 正此處也).”라고 하였다. 『정화항해도』에 “이 섬 남안에는 불당(佛堂)이 있다(此島南岸有佛堂).”라고 하였다. 필립스(Phillips) 씨는 돈드라(Dondra) 곶이 바로 이곳이라고 하였다. 옛날의 사원은 이 책에서 말한 것처럼 웅장했으나 포르투갈 사람들이 훼손시켰다.[1] 또 『정

---

1) 실론섬(스리랑카)에는 부처의 유적이 많이 남아있다. 본 조목에서 말하는 부처의 발자국은 대체로 내륙 캔디(Kandy) 남쪽에 있는 아담스 피크와 남단 돈드라 헤드에 있는 것을 들 수 있는데, 왕대연이 말한 발자국은 어디를 말하는 것일까? 당연히 돈드라 헤드의 발자국을 말하고 있다. 설복성(薛福成, 1838~1894)이 영국, 프랑스, 이탈리아, 벨기에에 사신으로 다녀와 쓴 『출사영법의비사국일기(出使英法義比四國日記)』을 보면, 실론에는 유명한 불교 사원 3곳을 들고 있다. “하나는 개래남묘(開來南廟), 하나는 고탈해나묘(考脫海拿廟), 하나는 매격개은전묘(梅猞開恩殿廟)이다. 개래남묘는 해안에서 7마일 떨어져 있어, 나는 통역관, 수행원들과 함께 수레를 타고 그곳에 유람했다. 사원 안에는 여래(如來) 와불 1존이 있었는데, 길이는 2장 남짓이었다. 승려는 ‘150년 전에 만든 것’이라고 했다. 또 [와불을] 모시는 좌불 2존이 있었는데, 하나는 2400년 전에 만든 것이라고 했다. 사원에 들어가는 자는 모두 모자를 벗고 헌화하는 예를 올린다. 이곳이 바로 옛날 사자국(師子國)으로, 석가여래불이 성도(成道)한 곳이며, 혹 열반에 든 곳이라고도 하는데, 석가모니가 나고 자란 곳은 아니다. 큰 탑 1좌가 있는데, 높이는 10여 장이고 둘레는 4~6장으로, 석가모니의 진신사리가 있다고 하고, 어떤 이는 손톱이라고 한다. …사원 안에는 보리수가 있었는데, 한 아름이 넘는 듯했고, 키는 3~4장이었다. 전하는 바에 따르면, 석가모니가 태어나기 전에 이 나무를 심었다고 하니 이 또한 2천 수 백년 전의 옛 물건으로, 요즘 사람들은 성수(聖樹)라고 부른다고 한다. 해안에 올라 이 사원으로 가는 사람은 반드시 부교(浮橋)를 건너야 하는데 배로 연결되어 있어 선교(船橋)라고 한다. 이 강은 개래남(開來南) 강이라고 하는데, 강물이 상당히 깊고 폭은 4장쯤 되었다(一曰開來南廟, 一曰考脫海拿廟, 一曰梅猞開恩殿廟. 開來南廟距岸七英里, 余與翻譯隨員等乘馬車往游焉. 廟有如來臥像一尊, 長二丈外. 僧云, 百五十年前所塑. 又侍者坐佛二尊, 其一云係二千四百年前所塑. 入廟者, 皆脫帽獻花爲禮. 此地當即古之獅子國, 爲釋迦如來佛成道之所, 或係涅槃之所, 而非釋氏生長之地也.

화항해도』에는 별라리(別羅里)가 보이는데 『영애승람』과 같다. 필립스 씨는 지금의 벨리감(Belligam)으로 보았는데(『JCBRAS』, XX, 222쪽), 그럴 것이다.

또, 본서에서 "부처의 책상엔 발우 한 개가 있다(佛案有一鉢盂)"라고 운운한 것은 다른 책에서 보이지 않는다. 단 마르코 폴로는 대칸이 사신을 보내 홍석(紅石)을 구한 일을 기술하고 있을 뿐이다.[2)]

巨塔一座, 高十餘丈, 圍四五丈, 謂係釋氏真身所在, 或曰爪也.… 院內有菩提樹, 大可逾抱, 高三四丈, 相傳佛氏降生時先棲此樹, 亦二千數百年前舊物, 今人呼之爲聖樹云. 凡登岸赴廟者, 必過一浮橋, 以船聯成, 名曰船橋. 此江名開來南江, 江水頗深, 寬四丈許)."라고 하였다. 이로써 볼 때, 왕대연이 기술하고 있는 부처 유적은 바로 설복성의 개래남(開來南) 사원임을 알 수 있다. 심증식 씨는 추대균(鄒代鈞, 1854~1908)이 『서정기정(西征紀程)』, 권2(36쪽)에서 "캔디(Kandy)성 남쪽의 아담스 피크 바위 위에는 길이 5척의 발자국이 있다. 전하는 바에 따르면 부처가 남긴 것이라고 한다(刊的城南之亞當峯石上有足跡, 長五尺. 相傳爲佛祖所遺)."라고 한 문장을 들어 왕대연이 말한 발자국이 아담스 피크에 있는 유적으로 보았으나 실수이다. 마지막으로 쑤 지칭 씨는 "이 불당이 언제 세워졌는지는 고증할 수 없다. 1578년에 포르투갈인들이 훼손하여 그 흔적조차 없다."(『도이지략교석』, 246쪽)라고 하였는데, 앞서본 설복성의 견문 시기는 1890년이므로 쑤 씨의 이러한 설명은 잘못이다.

2) 후지타 씨가 말한 것과는 달리, 『원사·역흑미실전』(3198~9쪽)에 "지원(至元) 9년(1227) 세조의 명을 받들어 해외 팔라패국(八羅孛國, Malabar?)에 사신으로 갔다.…12년(1275) 다시 그 나라에 사신으로 갔다.…21년(1284) 소환되어, 다시 명을 받들어 해외 승가랄국(僧迦剌國)에 사신으로 가서 부처의 발우와 사리를 보았다.…24년(1287)에 마팔아국(馬八兒國, Ma'bar, 즉 코로만델 해안)에 사신으로 가서 부처의 발우와 사리를 얻어, 바다에서 바람에 막혀 일 년이 지나서야 이르렀다(奉世祖命使海外八羅孛國.…十二年, 再使其國.…二十一年, 召還. 復命使海外僧迦剌國, 觀佛鉢舍利.…二十四年, 使馬八兒國, 取佛鉢舍利, 浮海阻風, 行一年乃至)."라는 기록을 찾을 수 있다.

마르코 폴로는 다음과 같이 언급했다. "대칸은 이슬람교도가 이 산에는(석란도)에는 아담(阿聃)의 묘가 있는데, 부처가 남긴 이빨, 머리카락과 공양할 때의 발우가 여전히 남아 있다고 하는 것을 듣고, 그것을 얻고 싶어 했다. 1284년 사

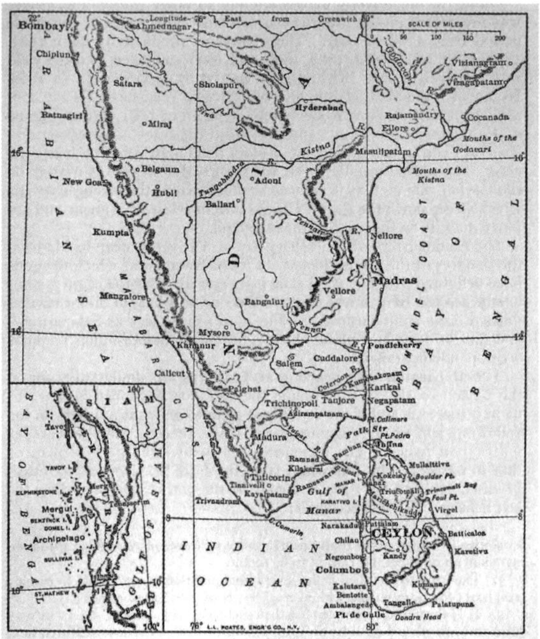

G.F. Kunz, C.H. Stevenson, 『The Book of the Pearl』, New York, The Century, 1908. 129쪽.

신을 석란에 보내 이러한 뜻을 전했다. 사신들은 여러 사람을 거느리고 산을 넘고 물을 건너 마침내 석란에 도착했다. 그들은 왕에게 가서 노력한 끝에 원했던 대로 크고 단단한 어금니 2개, 머리카락 그리고 발우를 얻었다. 발우는 매우 아름다운 녹색의 반암(斑岩)으로 만든 것이었다. 사신들이 여러 물품을 가지고 돌아왔다. 대칸이 머무는 캄발룩(Cambaluc)에 이르러 요청한 것을 가져왔다고 아뢰었다. 그러자 대칸은 사신들, 성직자 등을 초대하여 아담의 것으로 믿었던 그 유물들을 영접하러 갔다. 그러나 왜 내가 그에 관해 긴 이야기를 해야 하는가? 캄발룩의 모든 사람이 이런 유물들을 영접하러 갔고, 성직자들이 그것을 받아 대칸에게 가져가자 대칸은 성대한 연회를 열어주고 몹시 숭배했다는 사실을 알아야 한다. 나는 당신들에게 말해주겠네. 그들은 문헌에서 그 발우가 영험이 있다는 것을 알아냈다. 한 사람의 음식을 담으면 다섯 명이 먹어도 충분하다는 것을 알게 되었다. 대칸은 자신이 이를 시험해봤다고 했으며 사실이라고 단언했다."(Ricci, 『The Travels of Marco Polo』, 322~323쪽)라고 하였다.

58. 구란산(勾欄山) [110~112]

산은 높지만, 수목 숲은 무성하고, 농토는 척박하여 곡식이 적으며, 기후는 덥다. 풍속은 수렵을 업으로 삼는다. 국초(國初, 원나라 초기)에 군사들이 자바[闍婆]를 정벌할 때, 이 산 아래에서 풍랑을 만나 배들을 잃었지만, 한 척만 다행히 [피해를] 면해, 못과 석회가 남아있어, 이 산에 나무가 많은 것을 보고 그곳에서 배 십여 척을 건조하였다. 돛대, 키, 돛, 노 등등 갖추지 않은 것이 없이 표연히 [그 산을] 떠나갔다. 병에 걸린 병졸 1백여 명과 갈 수 없는 사람이 결국 그 산에 남게 되었다. 지금도 중국인들과 현지사람들이 섞여서 살고 있다. 남녀는 상투를 틀고 짧은 적삼을 입으며, 무륜포(巫崙布)로 맨다. 땅에서는 곰, 표범, 사슴, 사슴 가죽, 대모(玳瑁)가 난다. 교역하는 상품은 곡물, 오색 비단, 청포(青布), 구리기물, 청[자기] 등이다.

嶺高而樹林茂密, 田瘠穀少, 氣候熱. 俗射獵爲事. 國初, 軍士征闍婆, 遭風於山下, 輒損舟, 一舟幸免, 唯存釘灰. 見其山多木, 故於其地造舟一十餘隻. 若檣柁·若帆·若篙, 靡不具備[①], 飄然長往. 有病卒百餘人不能去者, 遂留山中. 今唐人與番人叢雜而居之. 男女椎髻, 穿短杉, 繫巫崙布. 地產熊·豹·鹿·麂皮·玳瑁. 貿易之貨, 用穀米·五色絹[②]·青布·銅器·青器之屬.

① '구(具)'자는 지복재본에 '의(宜)'자로 되어있어 정본(丁本)에 따라 고쳤다.

② 지복재본에는 '미(米)'자 아래 또 '미(米)'자가 있지만, 정본(丁本)에는 없다. 『성사승람』 교란산(交欄山) 조목은 이 책과 대체로 같은데 '오(五)'자로 되어있어 이에 따라 고쳤다.

『원사』「사필전(史弼傳)」(3802쪽)에 "다음 해 정월에 동동·서동산, 우기서에 이르렀고, 혼돈대양 감람서, 가리마답, 구란 등의 산에 들어가 병력을 주둔시켜 나무를 베어 작은 배를 만들어 들어갔다(明年正月, 至東董西董山·牛崎嶼,

入混沌大洋橄欖嶼, 假里馬答·勾闌等山, 駐兵伐木, 造小舟以入).”라고 하였다.[1] 혼돈대양이 본서에서 말한 곤륜양(崑崙洋)이고, 감람서(橄欖嶼)는 바로 곤륜산(崑崙山)이며, 가리마답은 본서의 가리마타(假里馬打)이고, 구란산(勾欄山)은 바로 구란(勾欄)이다. 「조와전」의 구란(拘欄)이라고 하는 곳이다. 『정화항해도』에는 교란산(交欄山)이 보이는데, 바로 구란산(勾欄山)의 다른 음역이고, 또 가리마달(假里馬達)이 보이는데 바로 가리마타이다. 배는 가리마타와 교란산 사이를 거쳐 조와에 이르고, 교란산은 보르네오 옆에 있으므로 그 산은 가리마달(假里馬達, Karimata) 동쪽에 있어야 한다. 필립스 씨는 현 겔람(Gelam)일 것이라고 했는데(G. Phillips, 「Seaports of India and Ceylon」, 『JCBRAS』, XXI, 40쪽), 맞다. 흐루너펠트 씨는 지금의 빌리톤(Biliton)으로 보았으나[2] 『정화항해도』 팽가(彭加, Banca) 동쪽에는 마리속(麻里束)이 보이는데, 속(束)은 아마도 ‘동(東)’자의 잘못이므로 바로 빌리톤이다.

대모(玳瑁, 瑇瑁, 매부리바다거북), 학명, Eretmochelys imbricata. 사진출처: 위키백과

1) 여기 언급되는 지명 고증에 대해서는 앞서본 46. 가리마타(假里馬打) 조목의 주석을 참고하시오.

2) 『Notes on the Malay Archipelago and Malacca』, 115쪽.

나라는 '소식(小食)'이라는 서남쪽 곳에 있다. 관장(官場)은 깊숙한 곳에 있는데, 앞에는 바위 절벽이 관문처럼 지키고 있고, 뒤로는 바위 동굴이 둘러있어 [사람들은] 그곳에서 산다. 토양은 진흙이지만 농토는 비옥하며 하천에 임해있고, 하천은 바다로 통한다. 바다 어귀에는 갑(閘)이 있어 봄에는 물을 틔워 관개하여 농사를 짓는다. 비가 내릴 때면 갑을 닫고 혹 가물면 연다. 사람들에게는 수해나 한해(旱害)의 근심이 없이 항상 풍년이 드는 경사가 있어 낙토(樂土)라고 부른다. 기후는 절기에 부합하고 풍속은 순박하다. 남녀는 몽둥이 모양으로 상투를 하고, 청포(靑布)로 묶는다. 바닷물을 끓여 소금을 만들고, 부엽(荖葉)을 발효시켜 술을 만들며 양을 구워 먹는다. 그곳에는 황랍, 면양(綿羊)이 나는데, 키가 4척쯤 된다. 파라(波羅)는 말[斗]만큼 크며, 멜론[甛瓜][1]은 둘레가 3~4척이다. 교역하는 상품은 마일포(麻逸布), 오색주단, 금단(錦緞), 쇠

---

1) 『본초강목』, 권33(사고전서본, 1a-b)에서 이시진은 첨과(甜瓜)는 감과(甘瓜) 또는 과과(果瓜)라고도 하며, 과(瓜)가 수염처럼 늘어진 덩굴 사이에 있는 모양을 본뜬 글자라고 설명한 다음, 첨과(甜瓜, 참외)의 맛은 여타의 과(瓜)보다 달기 때문에, 별도로 감(甘)이나 첨(甜)이라는 명칭을 얻었다. 옛날의 본초서에서는 채부(菜部)에 나열하였는데, 잘못이다. 왕정(王禎, 1271~1368)의 설을 인용하여 "과(瓜)는 부류마다 다르지만, 그 용법에는 두 가지이다. 과일로 쓰는 것은 '과과(果瓜)'라 하는데, 첨과(甜瓜, 멜론)와 서과(西瓜, 수박)가 있다. 채소로 쓰는 것은 '채과(菜瓜, 오이)'라 하는데, 호과(胡瓜)와 월과(越瓜)가 이것이다. 나무에서 자라는 것을 과(果), 땅에서 자라는 것을 과(蓏)라 한다. 큰 것은 과(瓜), 작은 것은 질(瓞)이라 한다. 씨는 렴(㼑), 속살은 양(瓤)이라 한다. 꽃받침은 환(環)이라 하는데, 꽃이 떨어져 나온 곳이며, 꼭지는 체(疐)라 하는데, 덩굴과 이어져 있는 곳을 말한다(瓜類不同, 其用有二. 供果者爲果瓜, 甜瓜·西瓜是也. 供菜者爲菜瓜, 胡瓜·越瓜是也. 在木曰果, 在地曰蓏. 大曰瓜, 小曰瓞. 其子曰㼑, 其肉曰瓤. 其跗曰環, 謂脫花處也. 其蒂曰疐, 謂繫蔓處也)."라고 하였다.

솔, 홍유포(紅油布) 등이다.

國居西南角, 名爲小食. 官場深邃, 前有石崖當關以守之, 後有石洞周帀以居之. 厥土塗泥, 厥田沃饒臨溪, 溪又通海. 海口有閘, 春月則放水灌田耕種. 時雨降則閉閘, 或歲旱則開焉. 民無水旱之憂, 長有豐稔之慶, 故號爲樂土. 氣候應節, 俗淳. 男女椎髻, 繫青布. 煮海爲鹽, 釀茭葉爲酒, 燒羊羔爲食. 地產黃蠟·綿羊, 高四尺許. 波羅大如斗①, 甜瓜三四尺圍. 貿易之貨, 用麻逸布·五色紬緞·錦緞·銅鼎·紅油布之屬.

① 『양서』의 부남(扶南) 조공품 중에 파라수엽(婆羅樹葉)이 보이고, 『수서』 「진랍전(眞臘傳)」에는 파나사(婆那娑) 나무가 보이는데, "꽃은 없고, 잎은 감나무 같으며 열매는 동과와 비슷하다(無花, 葉似柿, 實似冬瓜)."라고 하였다. 『통전』 다마장(多摩長)의 산물에 들어있는 파나파(婆那婆)는 마지막 '파'자는 '사(娑)'자의 잘못일 것이다. 『신당서』 「마게타전(摩揭它傳)」에는 "정관 21년(647)에 비로소 사신을 보내와 그로부터 천자와 교통하게 되었고, 파라수를 헌상했는데, 나무는 백양과 비슷했다(貞觀二十一年, 始遣使者自通于天子, 獻波羅樹, 樹類白楊)."라고 하였다. 『유양잡조』(권18)에 "파나사 나무는 파세[Pasè, 波斯國]에서 나고 또 불림(拂林)에서도 나며 아부타(阿蔀嚲)라고 부른다. 나무의 길이는 5~6장(丈)이고 껍질은 청록색이며, 잎은 빛나고 깨끗하며 겨울과 여름에도 시들지 않는다. 꽃은 없고 열매가 열리는데, 그 열매는 나무줄기에서 나오고 동과(冬瓜)처럼 크며, 각(殼)이 싸고 있다. 각에는 가시가 있으며 과육은 감미로워 먹을 만하다. 씨는 대추처럼 큰데, 하나의 열매에 수백 개가 들어있다. 씨 속은 밤처럼 누렇고 복아 먹으면 매우 좋다(婆那娑樹, 出波斯國, 亦出拂林, 呼爲阿蔀嚲. 樹長五六丈, 皮色青綠, 葉極光凈, 冬夏不凋. 無花結實, 其實從樹莖出, 大如冬瓜, 有殼裹之, 殼上有刺, 瓤至甘甜, 可食. 核大如棗, 一實有數百枚. 核中仁如慄黃, 炒食甚美)."라고 하였다. 후세사람들이 파라밀(婆羅蜜, Jack Fruit)이라고 하는 것이 바로 이것이다. 이 나무의 학명은 아르토카르푸스 인테그리포리

아(Artocarpus Integriforia)이고, 산스크리트어로는 파나사(Panasa), 팔라사(Phalasa)이다. 파라(婆羅)는 팔라사를 줄인 명칭이고 파나사(婆那娑)는 파나사(Panasa)에 해당하는 음이다(Yule and Burnel, 『Hobson-Jobson』, 335쪽, 『조여괄』, 212쪽).

『송사』「마량전(馬亮傳)」(열전 57)에 해선들이 오랫동안 오지 않았고, 대식(大食)의 타파리(陀婆離), 포합사(蒲含沙) 등을 언급한 말이 보이는데[2], 특번리는 바로 타파리의 다른 음역 명칭이다. 이 나라는 대식에 속했으므로 본서에서는 '소식(小食)'이라 명명했다. 『영외대답』 목란피국(木蘭皮國, Murabit) 조목에 타반지국(陀盤地國)이 보이는데, "대식의 타반지국에서 배를 타고 정서쪽으로 1백일 바다를 건너면 도달한다(自大食之陁盤地國發舟, 正西涉海一百日而至之)."라고 하였는데, 히어트 씨는 타반지가 아랍인들이 말하는 나일강 동쪽 지류에 있는 디미아트(Dimiath, Damietta)로, 12세기 이 항구는 알렉산드리아보다 더 중요한 항구였을 것이라고 하였다(『조여괄』, 143쪽). 특번리(特番里), 타파리(陀婆離)는 역시 이 항구를 말할 것이다. 또 본서의 '대계(大溪)'는 바로 나일강일 것이다.[3]

2) 『송사』, 권298, 「마량전(馬亮傳)」(9916쪽)의 해당 내용은 다음과 같다. "해선들이 오랫동안 이르지 않아 불러오게 하였더니 다음 해에 이른 배가 처음보다 갑절은 되어 진귀한 상품들이 많이 모여 조정에서 중사(中使)를 파견하여 잔치를 베풀고 노고를 위로했다. 이해 봉선(封禪)에 마량이 대식(아랍)의 타파리, 포합사를 도탑게 타일러 태산 아래 방물을 바치게 했다(海舶久不至, 使招來之, 明年, 至者倍其初, 珍貨大集, 朝廷遣中使賜宴以勞之. 是歲東封, 亮敦諭大食陀婆離·蒲含沙貢方物泰山下)."

3) 심증식의 추정에 따르면, 본서의 "만타랑(曼陀郎)은 서북쪽 모퉁이에 있다고 하는 것을 예증으로 삼자면, 이곳은 서남쪽 모퉁이에 있다고 하였으므로, 그 나라의 트라방코르(Travancore) 근처에 있을 것이다. 트라방코르의 수도인 트리방드룸(Trivandrum)과 대응하는 음은 거칠지만 역시 근접하다."(『도이지략광증』, 하, 5쪽)라고 하면서 여기 특번리를 인도 서남부의 트라방코르로 보고자 했

다. 그러나 이 트라방코르 왕국은 1729년의 왕국으로 등장한다. 록힐 씨는 이 특번리에 대해 위치를 특정하지 못하고, 수마트라섬에 있을 것이라는 의문을 남겼다(67쪽).

한편 후지타 씨는 『영외대답(嶺外代答)』, 마그리브(Maghrib) 또는 무라비트(Murābit)로 추정되는 목란피국(木蘭皮國) 조목에 보이는 타반지국(陁盤地國)의 타반지와 같은 나라로 추정했다. 해당 조목에 "목란피국은 대식(大食)의 타반지국에서 배를 타고, 정서쪽으로 100일 바다를 건너야 이른다."라고 하였다. 이 타반지국에 대하여, 펑 청쥔 씨는 고증할 근거가 없다고 했지만, 표기상의 변형을 상정하고, 구와바라 지스조(桑原隲藏)의 『당송무역항연구(唐宋貿易港研究)』, 17~46쪽의 설명을 참조하여, "당시 페르시아만의 바다에는 우볼라(Ubollah), 바스라(Basra), 시라프(Sirāf) 등의 항구가 있는데, 송나라 시기 이래로 중국의 상인들이 시라프항에서 오는 자가 가장 많았다. 『정사(桯史)』 권10에 천주(泉州)의 외국 사람 중에 이름이 시라위(尸羅圍)라는 자가 있었고, 『제번지』 권상, 대식국 조목에는 번국 상인 시나위(施那幃)는 대식 사람이라는 기술이 보이는데, 모두 지명을 인명으로 취한 것이다."라고 하며 페르시아만에 있는 항구 중 하나로 추측했다(『중국남양교통사』, 76쪽 주10). 이 명칭은 『제번지』 목란피국에도 보이는데, 히어트와 록힐 씨는 나일강의 동쪽 지류의 어귀에 있는 아랍의 디미아트(Dimiāth) 또는 다미에타(Damietta)일 것으로 확신하고 있다. "이곳은 12세기 알렉산드리아보다 더 중요한 항구였다."라고 하였다(『조여괄』, 143쪽). 확실히 후지타 씨는 히어트와 록힐에 근거하고 있지만, 이 타반지를 여기 특번리와 연결한 것은 독창적인 발상이다.

또한, 후지타 씨는 『송사』, 권298, 「마량전(馬亮傳)」(9916쪽)에 보이는 아랍의 타파리(陀婆離) 역시 같은 나라로 보고 있다. 즉 특번리=타반지=타파리의 등식을 설정했다. 쑤 지칭 씨는 여기 『송사』의 타파리는 파사(波斯), 즉 페르시아를 지칭하고 타브리즈(Tabriz) 해당하는 음으로 보았다(『도이지략교석』, 251쪽). 하지만 후지타와 쑤 씨가 거명한 타파리는 나라 이름이 아니라 중국에 온 사신 이름이 분명하다. 『송사(宋史)』 권490, 「대식전」(14120쪽)에 "옹희(雍熙) 3년(986)에 또 빈동롱국(賓童龍國, Panduranga) 사신과 함께 조공하러 왔다.… 함평(咸平) 2년(999)에 또 판관 문술(文戌, Mas'ud)이 왔다. 3년(1000)에 배 주인 타파리(陁婆離)가 사신 목길비(穆吉鼻)를 보내 조공했다.…대중상부(大中祥

符) 원년(1008) 10월에 어가가 봉신제를 위해 동쪽으로 가는데, 배 주인 타파리(陁婆離)가 상언하기를, '방물을 들고 태산에 가고자 합니다.'라고 하여 따르게 했다. 또 배 주인 이아물이 사신 마물(麻勿, Mahmud)을 보내 헌상했다. 4년(1011)년 분음(汾陰)에서 제사를 지낼 때 또 귀덕장군(歸德將軍) 타라리(陁羅離)를 보내 병(缾)과 향을 바쳤다.…5년(1012)에 광주(廣州)사람이 130살의 대식국 사람 무서홀로화(無西忽盧華)에 대해 말했다. 천희(天禧) 3년(1019) 사신 포마물(蒲麻勿, Abu Mahmud), 타파리(陁婆離), 부사 포가심(蒲加心) 등을 보내 조공했다(雍熙三年與賓同隴國使來朝. 咸平二年又遣判官文戊至. 三年舶主陁婆離遣使穆吉鼻來貢…大中祥符元年十月, 車駕東封, 舶主陁婆離上言, 願執方物赴泰山, 從之. 又舶主李亞勿遣使麻勿來獻. 四年祀汾陰, 又遣歸德將軍陁羅離進缾香.…五年廣州言大食國人無西忽盧華百三十歲…天禧三年遣使蒲麻勿陁婆離副使蒲加心等來貢)."라고 한 것을 참고할 수 있다.

이상으로 후지타 씨가 특번리와 타반지를 아프리카 북부 디미아트로 보는 설은 충분히 참고할 만한 가치가 있지만, 특번리=타파리 설은 전혀 받아들일 수 없다. 한편, 쑤 지칭 씨는 본 조목에서 산물로 나는 파라(波羅)를 파라밀(波羅蜜, 잭푸르트)로 보고, 이집트에는 이러한 과일이 나지 않는다는 이유로 아프리카 북부설을 일축했다. 그는 인도 남부 틴네벨리 구역(Tinnevelly District)에서 특번리를 찾으면서, 그 일대에 흐르는 탐브라파르니(Tambraparni)강을 여기서 말하는 대계(大溪)로 보았다. 또, 이 틴네벨리에 있는 두 성채인 쇼샤니푸티(Choççaniputty)와 판자람쿠리치(Panjalamkurichi)를 들고, 본 조목에서 말하는 소식(小食)은 바로 쇼샤니푸티의 약칭이라고 설명했다(『도이지략교석』, 252쪽).

본 조목에 보이는 부엽(荖葉)으로 술을 빚는 것은 대식국에서 8천 리 떨어져 있다고 하는 마가사리(麻呵斯離) 조목에도 언급되어있다. 후지타 씨의 추정대로 아프리카 북부를 일축할 수는 없다. 또한, 이 부엽은 포분(莆奔), 영산(靈山), 동서축(東西竺), 화면(花面) 등의 산물로도 언급되어있고, 또 마일포(麻逸布)를 교역한다고 한 점을 보았을 때, 수마트라섬 동쪽도 배제할 수는 없다. 파라(波羅)가 파라밀(波羅蜜), 파나사(婆那娑)와 잭푸르트를 지칭한다면, 반드시 인도 남부에만 국한할 필요는 없다.

역사적 기록에 따르면 멜론(Cucumis melo)은 기원전 3000년 전에 페르시아

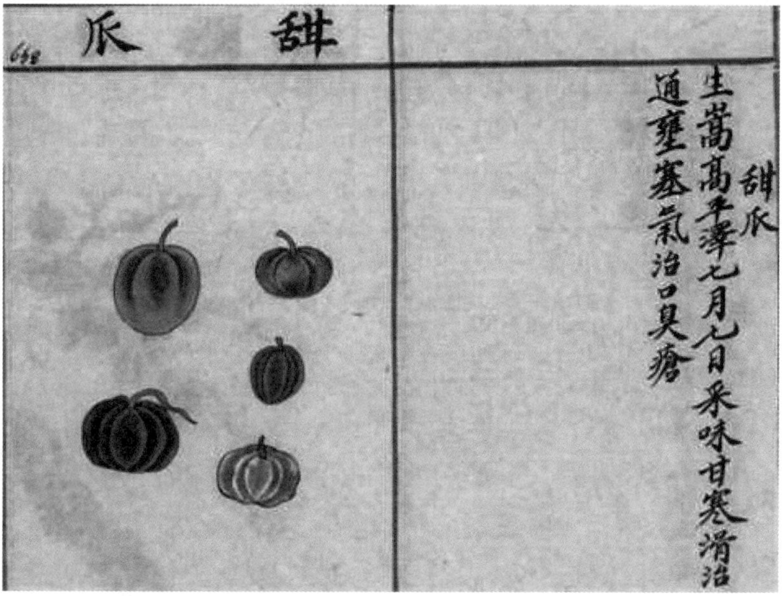

『중국 약용식물론과 라틴어 번역(Traité chinois de botanique médicale et traduction en latin)』(I), 18세기 익명의 사본.

(이란)에서 재배되었고, 대략 3000년 전에 이란과 코카서스로부터 유럽에 수입되었다. 멜론 또는 머스크멜론은 이란과 그 동서쪽의 인근 나라가 원산지이다. 사실 '머스크(Musk)'는 페르시아어로 일종의 향수를 의미하는 말이었고, '멜론'은 그리스어에서 나왔다. 다양한 멜론의 기원은 전통적으로 아프리카로 알려져 왔지만, 최근 분자 계통 연구에 따르면, 아시아에서 기원하여 아프리카로 들어온 것임을 시사하고 있다. 중앙아시아, 이란, 아프가니스탄, 인도, 코카서스산맥 남쪽의 코카시아, 투르크메니스탄, 타지키스탄, 우즈베키스탄, 중국 등이 주요 변종들의 중심지로 여겨진다(Mahmoud Raghami et al., 「Genetic diversity among melon accessions from Iran and their relationships with melon germplasm of diverse origins using microsatellite markers」, 『Plant Systematics and Evolution』, 300(2014), 139~140쪽). 주산지로 언급된 지역들은 대체로 중앙아시아의 동서쪽임을 확인할 수 있다. 그러므로 쑤 지칭 씨가 추정한 인도의 남단 지역이 과연 여기 특번리가 될 수 있을지 의문스럽다. 멜론의 분포로 볼 때, 후지타 씨의 아프리카 북부설은 힘을 얻는다.

땅은 귀굴파사국(鬼屈波思國)과 이웃하고 있으며 산들이 솟아있고 바위 지반이다. 농토는 척박하여 곡물이 적다. 기후는 약간 덥고 장맛비가 간간이 내린다. 풍속은 기괴하다. 민가 옆에는 매번 귀신이 있는데, 밤에 우는 소리가 사람 음성처럼 서로 이어지며 5경이 되어서야 울음이 그쳤다. 다음날 추장은 말을 탄 사람들을 보내 소라를 울리며 쫓아내 마침내 종적과 그림자도 보이지 않았다. 그 뒤에 반석 위에 사당을 세우고 그들의 제사를 지내 주었다. 그렇지 않으면 사람과 가축에게 질병이 생기고 나라에는 반드시 재앙이 생긴다고 한다. 남녀는 한 가닥으로 묶어 상투를 틀고, 무륜포(巫崙布)로 묶으며, 바느질과 베 짜는 일을 하지 않는다. 바닷물을 끓여 소금을 만든다. 그곳에서는 전자(甸子), 아홀석(鴉忽石),[1] 두라면(兜羅綿), 목면화, 청몽석(青蒙石)이 난다. 교역하는

1) 아골(鴉鶻)은 아고(雅姑), 아고(亞姑)라고도 표기하는데 아랍어 야쿠트(Yakut)에 해당하는 음으로, 보석이란 뜻이다. 도종의(陶宗儀), 『철경록(輟耕錄)』(총서집성초편, 109쪽) 권7, 회회석두(回回石頭) 조목에는 아골(鴉鶻)의 7종에 대한 설명이 보인다. 그에 따르면, "아골(鴉鶻) ①홍아고(紅亞姑)【상면에 백수(白水)가 있다.】, ②마사간저(馬思艮底)【돌이 붙어있고, 광택이 없다. 2종은 같은 갱에서 나온다.】, ③청아고(青亞姑)【상등품이다. 진한 청색이다.】, ④니람(你藍)【중등품이다. 연한 청색이다.】, ⑤옥박니람(屋撲你藍)【하등품이다. 물방울 같은 모양이고 돌이 붙어있으며, 온통 청색이다.】, ⑥황아고(黃亞姑), ⑦백아고(白亞姑).(鴉鶻, 紅亞姑【上有白水】, 馬思艮底【帶石, 無光, 二種同坑】, 青亞姑【上等, 深青色】, 你藍【中等, 淺青色】, 屋撲你藍【下等, 如水樣, 帶石, 渾青色】, 黃亞姑, 白亞姑)."라고 하였다. 브레트슈나이더의 설명에 따르면, 아라비아어와 페르시아어에서 야쿠트(yaqut)는 루비와 커런덤[corundum 강옥]에 적용되는 말이며, 무슬림 저자들은 홍, 청, 황, 백의 야쿠트로 구분한다고 하였다. 또 홍아고는 루비라고 하였고, 청아고는 사파이어 또는 블루 커런덤이라 하며, 현재 중국에서는 남보석(藍寶石)이라고 한다고 설명했다. 그리고 니람(你藍)은 인도지역에서는 블루 사파이어에 적용된다고 하였고, 도종의가 설명하지 않은 황아고에

상품은 여러 색의 비단, 청백의 자기, 철기, 오색 소주(燒珠) 등이다.

地與鬼屈波思國爲鄰, 山峙而石盤. 田瘠穀少. 氣候微熱, 淫雨間作. 俗怪. 屋旁每有鬼, 夜啼如人聲①相續, 至五更而啼止. 次日酋長必遣人乘騎鳴鑼以逐之, 卒不見其蹤影也. 厥後立廟宇於盤石之上以祭焉②, 否則人畜有疾, 國必有災. 男女丫髻, 繫巫崙布, 不事針鏤紡績. 煮海爲鹽. 地產甸子·鴉忽石·兜羅綿③·木棉花·青蒙石④. 貿易之貨, 用諸色緞·青白瓷·鐵器·五色燒珠之屬.

① '성(聲)'자는 지복재본에 '신(身)'자로 되어있어 정본(丁本)에 따라 고쳤다.

② 지복재본에는 '묘(廟)'자 아래 '수우(守宇)' 두 글자가 있고, '제(祭)'자는 '립(立)'자로 되어있어 정본(丁本)에 따랐다.

③ 『제번지』 길패(吉貝, Karpasa) 조목에 "그것으로 베를 짜는데, 가장 견고하고 두터운 것을 두라면이라 한다(以之爲布, 最堅厚者謂之兜羅綿)."라고 하였다. 히어트 씨는 두라는 바로 산스크리트어 툴라(Tula)에 해당하는 음이라고 했는데(『조여괄』, 219쪽), 바로 이 면포이다.[2)]

대해서는 동양의 토파즈(Oriental topaz)로 알려진 노란 커런덤 또는 사파이어이며, 백아고는 유럽인들이 화이트 사파이어라고 부르는 것이라고 설명했다(『Mediaeval Researches from Eastern Asiatic Sources』 I, 174~5쪽). 린메이춘(林梅村)의 「보석예술과 중외문화교류(珠寶藝術與中外文化交流)」(『考古與文物』, 2014, 76~88쪽)에서는 7종의 아고에 대한 대응하는 음을 다음과 같이 추정했다. 홍아고[humrah yāqūt], 마사간저[māsjayyidī], 청아고[kabūd yāqūt], 니람[nīlan], 옥박니람[qurbu nīlan], 황아고[페르시아어 zabarjad], 백아고[sifīd yāqūt]라고 하였다. 이로부터 아고(雅姑)란 색깔에 따라 4종으로 나누었으며, 홍아고만 루비에 해당하는 것임을 짐작할 수 있다.

2) 히어트와 록힐 씨는(『조여괄』, 219쪽) 두라(兜羅)는 면을 뜻하는 산스크리트어 툴라(tūla)[tūlā로 읽는 것이 나음]를 표현한 것이라고 하면서, 두라면이 조여괄의 책에서, 즉 1225년에 처음으로 보인다고 생각했다. 그러나 이러한 음역은 상당히 오래되었다. 사실 3세기 말 중국 불경에서 두라면을 찾아볼 수 있다(Jean

④ 『정화본초』 권5에 몽석(礞石)은 청몽석(青礞石)이라고도 한다고 하였는데 바로 이 청몽석(青蒙石)이다.[3]

이 나라와 귀굴파사(鬼屈波思)는 다른 책에서 보이지 않는다.[4] 도종의(陶宗儀)

Przyluski의 『La légende de l'Empereur Açoka』, 250쪽과 메이지 『대장경(大藏經)』 10책, 5a, 또한 오다 토쿠노織田得能의 『佛教大辞典』, 1278쪽을 보시오). 따라서 권위 있는 모든 텍스트에서는 항상 두라면(兜羅綿)으로 되어있다. 그렇지만 다소간에 두라금(兜羅錦)이라는 잘못된 것이 끼어들기도 했다(그 예로서는 라우퍼의 『Sino-Iranica』, 491쪽을 참고하시오).

3) 『송회요집고(宋會要輯稿)』, 「식화(食貨)」 41에는 신종 희녕 원년(1068) 12월 각도부(道府)에서 올린 산물을 기록하고 있는데, 연주(兗州, 산둥 서남과 허난 동부 지역)의 공물에는 청몽석(青礞石) 1근이 보인다. 청몽석(青礞石)에 대하여 이시진은 그 색이 뿌연[濛濛]하므로 붙여진 이름이라 설명하고, "몽석은 강북(江北)의 여러 산에 흔히 보이는데, 우산(盱山)에서 나는 것이 우수하다. 청색과 백색 두 가지가 있지만, 청색을 좋은 것으로 친다. 단단하고 가늘면서 청흑색이며, 쪼갰을 때 속에 흰 별점이 있는데, 불에 달군 뒤에는 연한 금[麩金]처럼 별점이 누레진다. 별점이 없는 것은 약용하지 않는다. 통성현(通城縣)의 산에서 나는 것은 장인들이 그릇을 만든다(礞石, 江北諸山往往有之, 以盱山出者爲佳. 有青·白二種, 以青者爲佳. 堅細而青黑, 打開中有白星點, 煅後則星黃如麩金. 其無星點者, 不入藥用. 通城縣一山產之, 工人以爲器物)."라고 하였다.

4) 반달리의 위치 추정은 특정할 수 없는 기술 때문에 상당히 어렵다. 심증식 씨는 "인도 동남쪽, 프랑스에 속한 땅을 퐁디쉐리(Pondichery, 本地治理)라고 하는데, 바로 반달리인 것 같다."라고 하고, 모유렴(慕維廉, William Muirhead, 1822~1900)의 『지리전지(地理全志)』를 참고하여, "퐁디쉐리에서는 산호, 진주, 찬석(鑽石, 다이아몬드), 은, 구리가 난다고 했는데, 이곳에서 언급한 산물과 서로 근접하다. 서양인이 부두를 건설한 대도시로 예부터 있었던 중심지이다."(『도이지략광증』, 하, 5쪽)라고, 반달리를 퐁디쉐리로 추정했다. 여기 심증식이 인용한 윌리엄 무어헤드의 『지리전지』는 안정(安政) 6년(1859) 간행본으로, 권1, 36쪽에서 다음과 같이 기술하고 있다. "마드라스[麻打拉薩]의 남쪽 연해는 퐁디쉐리[本地治理]라고 한다. 불란서의 부두로 총독부를 설치하여 통치하며 탄압했

다. 이곳에는 산호, 진주, 찬석(鑽石), 은, 구리, 가자(訶子), 유향(乳香), 몰약, 아편, 어시(魚翅, 상어 지느러미) 등이 난다(麻打拉薩之南沿海, 日本地治理. 爲佛蘭西埔頭, 設總督總轄, 以彈壓之. 其地產珊瑚·珍珠·鑽石·銀·銅·訶子·乳香·沒藥·鴉片·魚翅等).”라고 하였다. 심증식의 설명과는 달리 왕대연이 언급한 산물과 상당한 차이를 보인다.

한편 록힐 씨는 여기 반달리를 반달리나(班達里那)의 잘못된 표기로 보고자 한다. 즉 본서의 수문나(須門那) 조목에서 인접해있다는 반지니나(班支尼那, Fandaraina)의 다른 표기일 것으로 추측하며, “반달리에 관한 어떠한 설명도 찾을 수 없었고, 문제를 해결할 수 있는 왕대연의 어떠한 연관 기술도 없다.”(463쪽)라고 추정의 어려움을 밝혔다. 꼬르디에는 “『원사』, 권94, 「시박(市舶)」(2402쪽) 조목에 마팔아(馬八兒, Ma'abar), 패남(唄喃, 바로잡음 唄喃, Coilam), 범답랄역납(梵答剌亦納)라는 세 나라를 언급하고 있다. 범답랄역납은 이븐 바투타의 판다라이나(Fandaraina)임이 틀림없다. 나에게 이러한 정보를 준 펠리오 교수는 14세기 중반의 『도이지략』에 보이는 반달리(班達里)도 마찬가지라고 생각했다.”(『Ser Marco Polo』, I, 120쪽). 쑤 지칭 씨도 이러한 추정에 동의하고 있다.

오끼와라 히로아키(荻原弘明, 1921~1987)는 「황충의 『해어』에 수록된 말랄가국전에 대하여(黄衷の海語所収の滿剌加国伝について)」, 『鹿児島大学文科報告』, 1954(3), 135~160쪽에서, 반달리는 수마트라섬 북안의 페디르(Pedir)에 해당하는 음이며, 『해어(海語)』의 피제리(陂隄里)로 추정하고, 귀굴파사(鬼屈波思)는 바로 코코 파세이(Kokoh Pasei)로 복원할 것을 제안했다. 페디르가 피제리임에는 분명하지만, 피제리와 반달리의 음성적 유사성은 전혀 없고, 본서의 화면국(花面國) 조목에 이미 언급되었으므로, 여기 반달리와는 무관한 곳임이 분명하다.

귀굴파사(鬼屈波思)에 관하여, 쑤 지칭 씨는 ‘귀굴’과 ‘파사’ 두 나라로 볼 것을 주장하면서, “귀굴은 코탁칼(Kottakkal)의 줄인 음역으로, 현 바다가라(Badagara) 남쪽 약 3마일 지점에 있다. 파사는 마이야지(Mayyazhi)가 잘못 변화한 형태로, 현 텔리체리(Tellicherri) 남쪽 4마일 못 되는 지점에 있다.”(『도이지략교석』, 256쪽)라고 추측했지만, 바다가라 북쪽에 해안을 따라 있는 곳이 텔리체리이므로, 왕대연의 본문에서 귀굴파사와 이웃하고 있다는 기술과 부합하지 않는다. 그뿐만 아니라, 왕대연이 반달리의 지리적 위치를 설명하면서 이전까지 중국 자료에서 전혀 알려지지 않은 지명을 들어 설명할 필요가 있을까?

『철경록(輟耕錄)』 권7, 회회석두(回回石頭) 조목에 전자(甸子) 3종을 들고 있는데, 니사복적(你捨卜的, 곧 회회전자로, 문양과 결이 세밀함), 걸리마니(乞里馬泥, 즉 하서 전자로 문양과 결이 거침), 형주석(荊州石, 상양 전자로, 색이 변함)이다. 브레트슈나이더 씨는 [전자(甸子)를] 터기옥(Turquois)로 보고, 니사복(你捨卜)은 니샤푸르(Nishapur)에 해당하는 음이고, 걸리마니(乞里馬泥)는 키르만(Kirman)에 해당하는 음으로 생각했다.[5] 이들 지역에서 나는 터키옥은

이 반달리, 바로 이븐 바투타의 판다라이나(현 공식 명칭은 Koyilandy, 영어로는 Quilandy, 말레이어로는 Pandalayani Kollam, 아랍어로는 Fundriya, 포르투갈어는 Pandarani임)의 바로 아래에는 캘리컷, 즉 코지코데가 이미 중국에 잘 알려져 있었다. 그렇다면 이 코지코데의 어떤 발음을 전사한 것은 아닐까.

5) 『송사』, 권162, 「여복지(輿服志)」(3582쪽)에는 임금의 옥새를 넣어 두는 보록(寶盝)의 내부를 장식한 보석으로 파려(玻瓈), 벽석(碧石), 산호(珊瑚), 금정석(金精石), 마노(瑪瑙)를 들었다. 여기 '벽석'은 『송회요(宋會要)』, 여복(輿服) 6-8과 『문헌통고』, 권115, 「왕례고(王禮考)」에는 모두 '벽전석(碧鈿石)'으로 되어 있다. 또 『원사』, 권75(1875쪽)에 "세조 도상을 모신 당에는 진주 주렴이 있고, 또 산호수, 벽전자산(碧甸子山) 등이 있다(世祖影堂有真珠簾, 又皆有珊瑚樹·碧甸子山之屬)."라고 하였다. 한편 『조선왕조실록』, 태종 17년(1417) 5월 30일자 기사에는 "길주(吉州) 관내의 동쪽 해변 오라퇴(吾羅堆) 사동구(寺洞口)에 있는 난봉(卵峯)에 벽전아석(碧甸兒石)이 봉우리에 가득하다는데, 지금 같이 간 임군례가 번거롭게 친히 가지 말고, 임군례의 근수(根隨) 전 사정(司正) 최영달(崔永達)이 지휘하여 청지(聽知)하고 채취(採取)하여 올리게 하라. 그 좌우봉(左右峯)의 소산(所産)도 또한 굳게 금지하게 하라."라고 하였다. 이로부터 즉 벽전(碧鈿)=벽전(碧甸), '자(子)'는 '아(兒)'와 같이 접미사로 쓰였으며, 『원사』에 보이는 '산(山)'자는 '석(石)'자의 오기로 추정할 수 있다. 이 밖에도 벽전(碧瑱), 벽전(碧靛) 벽전(碧澱) 등의 표기도 보이는데 모두 한 가지 보석을 지칭한다고 추측할 수 있다. '벽'자는 자형의 변화가 없는 것으로 보아, 보석의 고유한 색상을 말하고 있지만, '전'자는 어떤 외래어의 전사로 보인다. 하지만 그에 해당하는 음은 복원하지 못하고 있다.

여기 왕대연이 말하는 전자(甸子)는 바로 벽전자(碧甸子)의 약칭으로, 터키석

마르코 폴로와 바르보사(Barbosa) 등이 이미 전하고 있지만. 본서에서 말한 반달리의 땅, 사람, 풍속은 전혀 비슷한 것이 없어 그곳이 어디인지 알 수 없다.

(옥) 같은 보석, 즉 녹송석(綠松石)이라 부르는 보석 같은 것으로 확인된다. 도종의(陶宗儀, 1321~1407)의 『철경록(輟耕錄)』(사고전서본, 권7, 7a), 회회석두(回回石頭) 조목에 전자(甸子) 세 종류를 다음과 같이 소개하고 있다(8a). "니사포리【회회의 전자로 무늬와 결이 가늘다】; 니이마니【하서의 전자로 무늬와 결이 거칠다】; 형주석【상양의 전자로 색이 바뀐다】(尼沙布哩【即回回甸子文理細】; 尼爾瑪尼【即河西甸子文理麄】; 荆州石【即襄陽甸子色變】)." 첫 번째 니사포리는 수입산이 분명하고, 니이마니는 역시 수입산인데 하서에서 나는 돌과 같다는 말로 읽힌다. 그러나 마지막 형주석은 음역으로 표기한 것이 아니라, 형주 그리고 그 북쪽인 상양, 즉 호북성의 지역에서 나는 돌이라는 의미이다. 왜 이 중국산 보석이 회회석두 조목을 차지하고 있는지 의문이다. 해법이라면, 형주 또는 상양에서 나는 것과 같은 돌의 아랍어 원음을 음차하지 않고, 의역한 것으로 읽을 수밖에 없다. 한편, 류 자오민과 린 메이춘이 니사포리와 니이마니를 'nīshāpūr', 'kirmānī'로 원음을 추정한 바 있다.(柳昭民, 「元明清西部少數民族對寶石和玉之開采及認識」, 中華科技史學會會刊 10, 2006; 林梅村, 「珠寶藝術與中外文化交流」, 考古與文物, 2014.)

'벽전'에 관한 이른 언급에 속하는 송나라 주밀(周密, 1232~1308)의 『신계잡식속집(癸辛雜識續集)』, 서역옥산(西域玉山) 조목에서는 "유한경이 일찍이 관군을 따라 연(燕)에서 수만 리 떨어진 소회회국(小回回國)에 갔다. 비가 내릴 때마다 산의 진흙이 다 씻겨 수백 리 사이가 모두 옥산으로 서로 비추었다. 벽전자(碧甸子)는 모두 키가 수 척이나 되었는데, 어찌 낭간(琅玕)이라고 하는 것이겠는가(劉漢卿嘗隨官軍至小回回國, 去燕數萬里. 每雨過, 山泥浄盡, 數百里間皆玉山相照映, 碧甸子皆高數尺, 豈所謂琅玕者耶)."라고 하였다. 여기서 주밀은 벽전자를 산호수, 또는 낭간 같은 형태로 인식하고 있었음을 알 수 있다. 또한 소회회국은 분명 대회회국, 즉 회회국의 상대적 지칭으로 쓰였을 것이다. 그렇다면 소회회국은 인도를 지칭한다고 짐작해 볼 수 있다. 따라서 반달리를 인도 남서부 해안의 판다라이나(코일란디)로 보는 추정은 상당히 그럴법하다. 하지만 인도에서는 이러한 터키석이 나지 않는다고 한다. 이에 대해 쑤 지칭 씨는 반달리 시장에서 중개 무역한 산물일 것이라고 추정했다(『도이지략교석』, 256쪽).

나라는 서북쪽 모퉁이를 경계로 파녕(播寧)과 땅이 붙어 있다. 땅은 척박하여 맥(麥)을 심기에 적합하다. 추장은 7척 남짓하다. 두 나라는 세력이 비슷하여 서로 침략하는 일이 없어 대대로 혼인을 맺어 사뭇 주진촌(朱陳村)[1]의 풍습이 있다. [이는] 남방의 오랑캐들에게서 들은 것으로, 다른 나라에서는 견문하지 못한 것이다. 기후는 약간 덥다. 남녀는 상투를 말고 흰 베로 머리를 감싸며, 검은 옷으로 옷을 만들어 입는다. 목서(木樨) 꽃으로 술을 빚는다.[2] 그곳에는 서각(犀角), 목면이 나는데, 네 말[斗]의 꽃을 따면 무게가 1근가량 된다. 수박[西瓜]은

---

1) 『백씨장경집(白氏長慶集)』(사고전서본, 권10, 1a-b)에 주진촌(朱陳村)이란 오언고시가 보인다. 백거이(白居易)는 이 시에서, "서주 고풍현에는 주진이란 마을이 있네(徐州古豐縣, 有村曰朱陳)"라고 시작하여, "온 마을에 두 성씨만 있어, 대를 이어 혼인하네(一村唯兩姓, 世世爲婚姻)"라고 한 시구를 볼 수 있다. 아래에는 "이 마을에는 주, 진 두 성씨만 있을 뿐이다(其村唯朱陳二姓而已)"라는 주(注)로 볼 때, '주진촌'은 주씨와 진씨만 있는 마을이란 의미이다.

2) 목서(木樨), 즉 목서(木犀)는 이시진의 설명에 따르면(사고전서본, 『본초강목』, 권34, 23a-b), 균계(箘桂)의 일종인 암계(岩桂)의 속칭(俗稱)이라고 한다. "잎은 감나무 잎을 닮지 않았고, 비파나무 잎처럼 톱니바퀴가 있으나 거칠고 떫은 종이 있고, 치자나무 잎처럼 톱니바퀴가 없으면서 빛나고 깔끔한 종이 있다. 바위 사이에 떨기로 자라는 것을 암계라고 하는데 민간에서는 목서라고 부른다. 그 꽃이 흰 것은 은계(銀桂), 노란 것은 금계(金桂), 붉은 것은 단계(丹桂)라고 한다. 가을에 개화하는 종이 있고, 봄에 개화하는 것이 있으며, 사철 피는 것이 있고, 달마다 피는 것이 있다. 그 껍질은 얇고 맵지 않아 약으로 적합하지 않다. 단지 꽃만 찻잎으로 거두거나, 술을 담그거나, 염장하기도 하며, 화장하는 분, 머리털을 윤택하게 하는 종류일 뿐이다(其葉不似柿葉, 亦有鋸齒如枇杷葉而粗澀者, 有無鋸齒如梔子葉而光潔者. 叢生岩嶺間, 謂之岩桂, 俗呼爲木犀. 其花有白者名銀桂, 黃者名金桂, 紅者名丹桂. 有秋花者, 春花者, 四季花者, 逐月花者. 其皮薄而不辣, 不堪入藥. 惟花可收茗·浸酒·鹽漬, 及作香搽·髮澤之類耳)."라고 하였다.

50여 근이나 나간다. 석류는 말[斗]만큼 크다. 교역하는 상품은 정향, 두구(荳蔻)[3], 양강(良薑), 필발(蓽茇), 오색포, 청자기, 두석(斗錫, 주석), 술 등이다.

國界西北隅, 與播寧接壤. 壤瘠, 宜種麥. 酋長七尺有餘. 二國勢均, 不事侵伐, 故累世結姻, 頗有朱陳村之俗焉. 蠻貊之所僅聞①, 他國之所未見者. 氣候少熱. 男女挽髻, 以白布包頭, 皂布爲服. 以木樨花釀酒. 地產犀角·木棉, 摘四斗花, 可重一斤. 西瓜五十斤重有餘. 石榴大如斗. 貿易之貨, 用丁香·荳蔻·良薑②·蓽茇③·五色布·青器·斗錫·酒之屬.

① '근(僅)'자는 지복재본에 '근(近)'자로 되어있어 정본(丁本)에 따라 고쳤다.

② 『제번지』 해남(海南)의 산물에 고량강(高良薑, Galangal root)이 보인다. 여기에서 말한 '양강'은 바로 고량강의 약칭이다.[4]

---

3) 두구(荳蔻, 豆蔻)는 우리나라 국어사전에 따르면, 육두구(Myristica fragrans)를 말한다고 설명하고 있다. 그러나 이시진은 1116년 『본초연의(本草衍義)』를 쓴 구종석(寇宗奭)의 설을 인용하여 "두구는 초두구이다. 이는 육두구를 상대한 명칭이다(豆蔻, 草豆蔻也. 此是對肉豆蔻而名)."라고 하였다. 즉 두구라고 하면 초두구를 말한다는 것이다. 이 초두구는 백(白)두구, 소(小)두구와 더불어 생강과에 속하는 식물이다. 이들 백·소·초두구는 사인(砂仁)의 대체 약물로 알려졌으며, 중국에서 상견된다. 한편, 육두구는 진장기(陳藏器, 681~757)의 설명에 따르면, "육두구는 호국에서 나며, 호국의 말로 가구륵이라 한다. 큰 선박이 [중국으로] 들어오면서 있게 된 것이지 중국에는 없었다(肉豆蔻生胡國, 胡名迦拘勒. 大舶來卽有, 中國無之)."(사고전서본 『본초강목』, 권14, 50쪽)라고 하였고, 존 크로포드에 따르면, 육두구(Myristica fragrans)는 몰루카스 제도를 원산지로 설명하였다(『A Descriptive Dictionary of the Indian Islands & Adjacent Countries』, 304쪽). 따라서 여기 만타랑 조목의 두구는 중국산 두구, 즉 백·소·초두구를 말하는 것인지, 육두구를 말하는 것인지 확인할 수 없다.

4) 양강(良薑)은 『제번지』 해남 조목에서 특산물로 언급한 고량강(高良薑, Alpina officinarium)을 말하는 것으로 보인다. 이시진의 설명에 따르면(사고전서본 『본초강목』, 권14, 34b-35b), 만강(蠻薑), 홍두구(紅豆蔻, 고량강의 씨)란 별명이

③ 『위서(魏書)』 파사(波斯) 산물에 보이는 필발(蓽撥)은 『수서』, 『통전』 등의 책에는 모두 같게 표기되어있다. 『유양잡조』(권18)에 "필발은 마가타국(Magdha)에서 나는데 필발리(蓽撥梨)라고 한다(蓽撥, 出摩伽陀國, 呼爲蓽撥梨)."라고 하였다. 본서의 필발(蓽茇)은 여기 필발(蓽撥)의 다른 음역 명칭이다. 산스크리트어로 필발리(蓽撥梨, Pippela)의 약칭으로 롱 페퍼(Long Pepper)이다. 『유양잡조』 보리수(菩提樹) 조목에서 "이 나무의 산스크리트어 명칭은 둘이 있는데, 하나는 '빈발리역차'이고, 하나는 '아습갈타파력차'이다. 『서역기』에서는 그것을 필발라라고 하였는데, 부처가 그 나무 아래에서 성도하여 도를 명칭으로 삼아, 보리(Bodhi) 력차(Vrikcha, 어떤 판본에는 婆力叉로 되어있음)라고 불렀다. 중국어로 번역하면 나무가 된다(此樹梵名有二, 一曰賓撥梨力叉, 二曰阿溼曷咃婆力叉. 西域記謂之畢鉢羅, 以佛於其下成道, 即以道爲稱, 故號菩提力叉, 漢翻爲樹)."라고 하였다. 빈발리(賓撥梨), 필발라(畢鉢羅) 또한 필발리(蓽撥梨)의 다른 음역 명칭들이다.[5]

만타랑(曼陀郞)과 파녕(播寧) 모두 다른 책에는 보이지 않아 어느 나라인지 알 수 없다.[6]

있으며, "도홍경이 '이 생강은 고량군에서 처음 나왔다.'라고 하여 이렇게 부른다. 고량은 지금의 고주(高州)로, 한나라 시기에 고량현(高凉縣)이었으나 오(吳)나라 시기에 군(郡)으로 고쳐 불렀다. 이 산이 높고[高] 서늘하여[凉] 고량(高凉)이라 부른 것이므로 고량(高良)은 고량(高凉)으로 되어야 한다(陶隱居言此薑始出高良郡, 故得此名. 按高良, 卽今高州也. 漢爲高凉縣, 吳改爲郡. 其山高而稍凉, 因以爲名, 則高良當作高凉也)."라고 하였다. 이에 따르면 고량강은 중국이 원산이다.

5) 여기의 필발(蓽茇, 蓽撥)은 후추과의 '인도 긴 후추(Indian long pepper)'인 피퍼 롱굼((Piper longum), 즉 산스크리트어 '피팔리(pippali)'에 해당하는 음으로 봐야 할 것 같다. 『제번지』에는 해남의 특산물로 기록하고 있다(『바다의 왕국들』, 449쪽을 참고하시오). 후지타 씨가 말한 보리수는 산스크리트어로 피팔라(pippala)라고 한다. 이를 착각한 것으로 보인다.

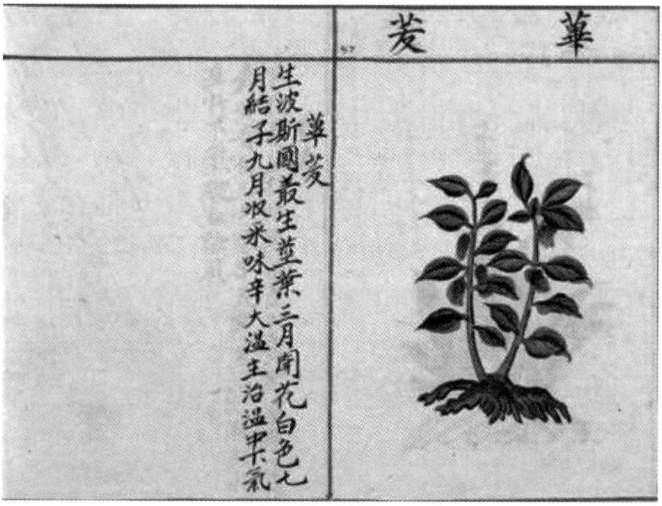

『중국 약용식물론과 라틴어 번역(Traité chinois de botanique médicale et traduction en latin)』(I), 18세기 익명의 사본. 필발(蓽撥, 蓽茇).

---

6) 심증식 씨는 이곳이 “남인도의 마두라이 땅으로, 그 서북쪽은 말라바르와 경계하고 있다. 말라바르는 본서에서 마팔아(馬八兒)로 되어있다. 이 나라의 도성은 푸네[布拿, 補納, 普那]로 여기서는 파녕(播甯)이라 했다. 음역한 명칭은 같지 않지만 한 곳이다.”라고 추정했다(『도이지략광증』, 하, 5쪽). 쑤 지칭 씨는 “본 조목에서 ‘나라의 경계인 서북쪽 모퉁이’, ‘맥(麥)을 심기에 적합하다’, ‘기후는 조금 덥다’, ‘검은 베로 옷을 만든다’라는 등의 말로 볼 때, 이 두 나라는 남천축에 있는 것이 아니라 서천호다랄(西天胡荼辣, Gujalat)의 북쪽, 지금의 인도 쿳치(Kutch, Cutch) 일대가 그곳일 것이다. 만타랑은 문드라(Mundra)의 변화된 형태이며, 그곳은 현 쿳치 남부 연해인 만드위(Mandwi) 항구 동쪽 50마일 지점에 있다. 현 지도에는 만드위는 그려져 있지만 문드라는 없다. 파녕(波寧) 또는 파녕(播寧)은 쿳치 중부에 있으며, 부니(Buni) 또는 분니(Bunni)에 해당하는 음이다.”(『도이지략교석』, 258~9쪽)라고 추측했다. 현 지도에서 쿠치만 북안에서 서쪽에는 만드위가 있고 동쪽으로 문드라가 보인다. 심 씨는 인도 말라바르로 보았고, 쑤 씨는 북부 쿠치만 북부 연안으로 보았지만, 대응하는 음이 만족스러운 것은 아니다. 두 사람 모두 인도로 보고 있는 것은 분명하다. 왕대연이 이곳 산물로 거명한 목화, 수박, 석류를 놓고 보면 북인도에 적합하다.

62. 남무리(喃哑哩) [115~117]

땅은 남무리(喃哑哩) 바다의 요충을 차지하고 있고, 큰 파도는 산과 같아 해와 달을 일렁이게 하며, 먼바다의 끝에는 육지가 없는 것 같다. 사람들은 산을 둘러 각기 살 곳을 차지하고 있다. 남녀는 상투를 틀고 몸을 드러내며 면포 사롱[捎]를 맨다. 밭은 척박하여 곡물은 많지 않다. 기후는 따뜻하고 풍속은 약탈을 좋아하여 단마석(單馬錫)에 버금간다. 땅에는 학정(鶴頂), 구통(龜筒), 대모(玳瑁)가 나고, 강진향은 외국 중에서 으뜸이다. 교역하는 상품은 금, 은, 철기, 장미수, 홍사포(紅絲布), 장뇌(樟腦), 청백의 꽃문양이 들어간 그릇 등이다. 무릇 선박이 파도에 쓸려 이 나라로 돌아 경유한다. 다행히 어룡(魚龍)의 화는 면했으나 다시 호랑이 입에 걸려 달아날 수 없으니, 이 또한 바람과 만조의 어긋난 시기가 그렇게 만든 것인가?

地當喃哑哩洋之要衝①, 大波如山, 動盪日月, 望洋之際, 疑若無地. 居民環山, 各得其所. 男女椎髻露體, 繫布捎. 田瘠穀少. 氣候暖, 俗尙劫掠, 亞於牛單錫也②. 地產鶴頂·龜筒·玳瑁, 降眞香冠於各番. 貿易之貨, 用金·銀·鐵器·薔薇水·紅絲布·樟腦·青白花碗之屬. 夫以舶歷風濤, 回經此國, 幸而免於魚龍之厄, 而又罹虎口, 莫能逃之, 其赤風汛汛之乖時③使之然歟!

① 심증식의 『도이지략광증』(하, 6쪽)에는 '리(哩)'자 아래에 '양(洋)'자가 빠진 것 같다고 하였는데, 그럴 수도 있겠다.

② '우(牛)'자는 '마(馬)'자의 잘못이며, '단(單)'자와 도치되었다. 본서의 용아문 조목에 단마석(單馬錫)이 보인다.

③ 두 번째 '신(汛)'자는 정본(丁本)에 '우(雨)'로 되어있고, 심증식의 원문에는 없으며, '적(赤)'자가 '역(亦)'자로 되어있는데, 맞다.

『영외대답』 고림국(故臨國) 조목에 "광주에서 배로 40일을 가면 남리(藍里)에 이르고, [그곳에서] 겨울을 지낸 다음 해 다시 개선하여 약 1개월이면 이른다(廣船四十日到藍里, 住冬, 次年再發船, 約一月始達).”라고 하였다. 『제번지』 남무리국(藍無里國) 조목에는 “남무리 나라에서는 소목(蘇木), 상아, 백등(白藤)이 난다. 나라 사람들은 호전적이고 대부분 독약을 바른 화살촉을 사용한다. 북풍을 타고 20여 일이면 남비(南毗) 관할의 세란국(細蘭國)에 도착한다(土產蘇木·象牙·白藤. 國人好鬪, 多用藥箭. 北風二十餘日到南毗管下細蘭國).”라고 하였다. 『원사』에는 남무리(南巫里) 또는 남무력(南無力)으로 되어있는데, 마르코 폴로가 람브리(Lambri)라고 한 곳이다. 『영애승람』에는 남발리(南浡里)로 되어있는데, “수마트라에서 정서쪽으로 가서, 순풍에 사흘 밤낮을 가면 도착할 수 있다. 이 나라는 바닷가에 있고, 사람들은 1천여 가구에 불과하지만, 모두 아랍인들로 매우 소박하다. 땅은 동쪽으로 여대왕의 경계와 접해있고, 서북쪽은 모두 대해에 임해있으며, 남쪽으로 가면 산이고, 산의 남쪽은 또한 대해이다(自蘇門答剌國往正西, 好風行三晝夜可到. 其國邊海, 人民止有千餘家, 皆是回回人, 甚朴實. 地方東接黎代王界, 西北皆臨大海, 南走是山, 山之南又是大海).”라고 하였고, 또 “산에는 강진향이 나는데, 이곳이 가장 좋으며, 연화강진이라 부른다(山產降眞香, 此處甚好, 名蓮花降眞).”라고 하였으며, 또 “나라의 서북쪽 바다에는 꼭대기가 평평한 험준한 산이 하나 있다. 반나절이면 이를 수 있는데, ‘모산(帽山)’이라 한다. 그 산의 서쪽은 대해인데, 바로 서양이다. 현지에서는 ‘나몰려 바다’라고 한다. 서쪽에서 대양을 지나오는 선박들은 모두 이 산을 향하여 기준으로 삼는다(國之西北海內有一平頂峻山, 半日可到, 名曰帽山. 山之西是大海, 正是西洋也, 番名那沒黎洋. 西來過洋船隻, 俱以此山爲準).”라고 하였다. 나몰려양(那沒黎洋)은 『성사승람』에 남무리양(南巫里洋)으로 되어있는데 모두 람브리(Lambri)에 해당하는 음이다. 『정화항해도』에서 수마트라 서북쪽 끝에 남무성(南巫星)이 있는데, ‘성’자는 ‘리(里)’자의 잘못이다. 이곳은 지금의 아친(Achin) 곶에 해당한다.[1] 그러나 본서의 중가

1) 남무리(喃哑哩)라는 옛 왕국은 현 인도네시아 수마트라 북서 지역을 차지하고 있었던 왕국으로 현재는 아체주에 속하는 곳이다. 중국 문헌에는 주거비(周去非)의 『영외대답』(1178년)에 ‘남리(藍里)’라는 명칭으로 가장 빨리 나타난다. 이

후 1225년 조여괄(趙汝适)의 『제번지』에는 남무리(藍無里)로 표기되었고, 『원사』에서는 남무리(南巫里), 남무력(南無力) 또는 몰리(沒理), 마환의 『영애승람』에서는 남발리(南浡里)로 기록되어 있다. 한편 페르시아 지리학자 이븐 코르다베(Ibn Khordabeh, 820~912)의 책에서 '람미(Ram[n]i)'라는 명칭으로 처음 기록되었고, 943년경 마수디(Al-Mas'udi, 896?~956)는 라민(Ramin)으로 표기했으며, 이후 1030년의 탄조레 비문에서 하무리(Hāmuri)라는 이름으로 나타나고 있으므로, 10~11세기 아랍의 세계에 먼저 알려지지 시작했음을 알 수 있다. 이후 마르코 폴로는 람브리(Lambrij)로, 라시드 앗 딘(Rashīd al-Dīn, 1247~1318)은 라무리(Lāmūrī)로, 오도릭(Odoric, 1286~1331)은 라모리(Lamori)로, 프라 마우로(Fra Mauro, 1400?~1464)는 라무리(Lamuri)로 거명하고 있다(H.K.J. Cowan, 「Lamuri—Lambri—Lawri—Ram(n)i—Lan-li—Lan-wu-li—Nan-po-li」, 『Bijdragen tot de Taal-, Land- en Volkenkunde van Nederlandsch-Indie』, 1933(90), 421~424쪽 또는 폴 펠리오, 『Note on Marco Polo』, Vol. 2, 761~762쪽을 참고하시오).

사실 이 남무리라는 나라의 위치 추정과 관련하여 이전 학자들의 설명은 거의 일치하고 있다. 그런데도, 쑤 지칭 씨는 의외의 주장을 펴고 있다. "『수서·적토전』의 파라사(婆羅沙), 『남해기귀내법전』의 파로사주(婆魯師洲), 『대당서역구법고승전』의 파로사국(婆魯師國), 『신당서·환왕전』의 파라국(婆羅國), 『황화사달기』의 파로국(婆露國)은 송나라 이전의 문헌에서 보이는 남무리(南巫里)인데, 모두 바루스(Barus)에 해당하는 음이다. 『신당서·실리불서전』의 낭파로사(郎婆露斯)도 이 나라를 지칭하는데, 이 명칭은 람 바루스(Lam-Barūs)로 복원할 수 있고, 이 람(Lam)은 아체어로 '지역'이라는 의미인데, 의미를 확장하여 '나라'라는 뜻이다. 람브리(Lambri)라는 명칭은 이 '람 바루스'에서 나온 것이다."(『도이지략교석』, 262~3쪽)라고 하면서 남무리를 바루스와 연결하여 중국 기록의 연원을 더 끌어올리려 했다. 이미 앞서 본 반졸(班卒) 조목에서 확인한 바이므로, 쑤 씨의 이 주장은 생각해볼 가치도 없다.

16세기 초 토메 피레스(Tomé Pires)는 "아친(Achin, 아체)은 수마트라섬의 해협 옆에 있는 첫 번째 나라이고, 람브리(Lambry)는 바로 그 옆에서 내륙으로 펼쳐져 있으며 비아르(Biar)의 땅은 아친과 페디르(Pedir) 사이에 있다. 현재 이들 나라는 아친의 왕에게 종속되어있고, 그는 이들 나라를 통치하며 그곳의

라(重迦羅) 조목에 "길타·아기 등의 나라들과 통상한다(與吉陀·亞崎諸國相通交易)"라고 하였는데, 여기의 아기(亞崎)는 아친이므로, 남무리는 양(洋)과 연해 지방을 말하지만, 아기는 그 도시를 말한다.[2)]

유일한 왕이다."(『The Suma oriental of Tome Pires』, New Delhi, Asian Educational Services, 2005, 138쪽)라고 하였다. 한편, 『서양조공전록』 남발리(南浡里) 조목에서는 "이 나라는 소문[답랄국]에서 서쪽으로 6백 리쯤에 있다(其國在蘇門西可六百里)."라고 하였는데, 여기 『영애승람』에서 "수마트라에서 정서쪽으로 가서, 순풍에 사흘 밤낮을 가면 도착할 수 있다(自蘇門答剌往正西, 好風行三晝夜可到)."라고 하였으므로, 거리는 서로 부합한다고 할 수 있다. 쑤 지칭 씨는 "이 두 나라의 명칭은 모두 명나라 중엽 이후의 역사기록에서는 보이지 않는데, 합병되어 아제(亞齊)로 국명을 바꾸었기 때문일 것이다. 그러므로 『동서양고』에는 아제국(亞齊國)은 있어도 남무리(南巫里)는 없으며, 또 소문답랄국을 아제의 다른 명칭이라고 하므로, '아제는 바로 소문답랄국으로, 소문달나라고도 하며, 서양의 중심지이다(啞齊卽蘇門答剌國, 一名蘇文達那, 西洋之要會也).'라고 한 것이다."라고 하였다(『도이지략교석』, 263쪽). 쑤 씨의 이 설명은 토메 피레스의 설명을 가져온 것이다. 크로포드에 따르면, 아체라는 명칭은 리치 나무를 뜻하는 텔링가(Telinga) 또는 텔루구(Telugu)에서 나왔을 것으로 추정한다(『인도 군도에 관한 사전(A Descriptive Dictionary of the Indian Islands & Adjacent Countries)』, 2쪽). 참고로, 왕대연의 『도이지략』에 힘입고 있는 1436년의 자서(自序)가 있는 비신의 『성사승람』에는 '남무리'는 보이지 않고 소문답랄(蘇門答剌)만 기록되어 있다. 또 마환의 『영애승람』의 남발리(南浡里)는 1416년 편집본에 들어있었을 것으로 추정된다. 그러므로 1416~1436년 사이에 남무리가 소문답랄국으로 합병되었으며, 그 중심도시가 아제(亞齊) 즉 아체였다고 추측할 수도 있을 것이다.

2) 아기(亞崎)가 아체에 해당하는 음일 것이란 추측은 록힐에게서 시작되었다(253쪽). 위에서 본 바와 같이 아체가 중국 사료에 등장하는 시기는 16세기 이후 임을 보여준다. 따라서 왕대연의 시기 아기=아체라는 설은 잠정적이다.

63. 북류(北溜) [117~118]

[북류의] 지세가 낮아 수만의 도서가 있다. 선박들이 서양으로 가면서 승가랄(僧加剌)을 지날 때 조류가 빠르고 급한데, 역풍을 만나면 곧바로 이 나라로 표류한다. 다음 해 여름 동남풍이 불기를 기다렸다가 선박들은 유(溜)를 거슬러 올라간다. [바닷]물에는 들쭉날쭉한 바위들이 있는데, 예리하기가 칼날 같아 배들이 남아나지 않는다. 그곳에는 야자로 만든 줄[椰子索], 파자(肌子), 건어(乾魚), 대수건포(大手巾布)가 난다. 바다의 상인들은 매번 배에 가득 파자를 싣고 오다(烏爹), 붕가랄(朋加剌)로 가서 배 한 척 남짓 실을 수 있는 쌀과 교역한다. 대저 이들은 파자(肌子)를 돈처럼 저울에 달아 사용하는데, 또한 아주 오래된 먹고사는 법이다.

地勢居下, 千嶼萬島. 舶往西洋, 過僧伽剌傍, 潮流迅急, 更值風逆, 輒漂此國. 候次年夏東南風, 舶仍上溜□之.[1] 水中有石槎中牙①, 利如鋒刃, 蓋已不勝舟矣②. 地產椰子索·肌子·魚乾·大手巾布. 海商每將一舶肌子下烏爹·朋加剌③, 必互易米一船有餘. 蓋彼番以肌子權錢用, 亦久遠之食法也.

① '중아(中牙)'는 '야(枒)'자의 잘못일 것이다.[2]

② '승(勝)'자는 정본(丁本)에 '이(利)'자로 되어있다.

③ 이상 두 나라는 본서에 별도의 조목이 있다.

---

1) 쑤 지칭 씨는 "舶仍上溜之北"로 교정하면서, 후지타 토요하치가 저본으로 삼은 지복재본에는 '지'자가 공백으로 되어있다고 교주했으나, 사실은 '지'자 위에 공백으로 처리되어 있다. 쑤 지칭 씨의 착각으로 보인다.

2) 후지타 토요하치의 교정에 따르면 "水中有石槎枒"로 되는데, '차아'는 차아(槎牙), 즉 가지런하지 않고 들쭉날쭉한 모양을 형용할 때 쓰는 의태어이다. 결국, 의미는 "바닷물에는 들쭉날쭉한 암석들이 있다."라고 해석된다. 따라서 후치타 토요하치의 교정은 정확하다.

북류는 말(Mal) 또는 발(Bal)에 해당하는 음이다.[3] 말(발)레디브(Malédive,

---

3) 몰디브에 어원에 관하여 대략 3가지 정도로 요약해 볼 수 있다. 먼저 인도의 고고학자 데라니야할라(P.E.P Deraniyagala, 1900~1976)는 「스리랑카와 교역로에 관한 고고학적 문제들(Some archaeological problems concerning Sri Lanka and its trades route)」이란 논문에서(『Studies in South Asian Culture』, VII(Brill, 1978), 52쪽), 몰디브는 싱할라어에 어원을 두는 것으로 설명하고 있다. 그에 따르면, 어원은 마알라 디바이나(Maala Divaina)로 '목걸이 섬'을 의미한다고 한다. 둘째, 미국의 경제사 연구학자인 얀 호겐돈(Jan Hogendorn, 1937~2017)은 『노예무역의 조개 화폐(The Shell Money of the Slave Trade)』(Cambridge University Press, 1986, 20~22쪽)에서 몰디브(Maldives)는 화환을 의미하는 말라(mālā)와 섬을 뜻하는 드위빠(dvīpa)라는 산스크리트어 단어의 조합에서 나왔다고 생각했다.
 이상 두 설명은 몰디브를 화환이나 목걸이처럼 둥근 이미지로 표현하고 있다는 점에서 의미상 큰 변화가 없으며, 현 몰디브 산호초 군도의 외형적 윤곽과도 상당히 닮아있다. 하지만 이와는 전혀 다른 어원을 말하는 증언도 있다. 포르투갈 르네상스 시기 의사였던 가르시아 드 오르타(Garcia de Orta, 1500?~1568?)는 그곳 사람들은 몰디브라고 부르는 것이 아니라, 날르디바(Nalediva)라고 불렀고, 마아바르(Maabar) 언어로 날르(nale)는 4를, 디바(diva)는 섬을 의미하여 그들 언어로 날르디바는 '네 개의 섬'을 뜻한다. 그러므로 현재의 몰디브는 날르디바가 와전된 것이라고 설명했다(『인도의 약과 약물과 약초에 관한 대화(Colloquies on the Simple and Drugs of India)』, Delhi, 2016, 22쪽). 현재 군도를 형성하고 있는 섬들을 생각해볼 때 '네 개'라는 말은 이해하기 어렵다. 비신(費信)과 마환(馬歡)도 이 군도의 큰 지역만 8개를 언급하고 있으니 말이다.
 이 몰디브 군도를 처음으로 기술한 사람은 앞서 인용한 이븐 바투타일 것이다. 그가 말한 디밭 알마할(Dhibat Almahal)이 분명히 몰디브 군도를 지칭한다는 것을 충분히 알 수 있다. 한편 중국에서 이 몰디브를 언급한 것은 이븐 바투타와 거의 동시대인 여기 왕대연의 북류(北溜)이다. 이는 중국 자료 중에 가장 이른 언급으로 확인된다. 왕대연이 기록한 내용은 이븐 바투타만큼은 자세하지 않지만, 조가비 화폐인 파자(叭子), 말린 물고기, 그리고 머리에서 어깨까지 쓰는 수건 같은 것은 이븐 바투타가 기술한 것과 일치한다. 그러나 왕대연은 유(溜)자의 의미를 설명하지 않아, '북류' 두 글자로 몰디브 군도의 어느 곳을 음역한 것인지, '북'자는 방향사로 실제로는 '유(溜)'만 음역한 것인지, 아니면 두 글자 모두 중국식으로 의역한 것인지 전혀 알 수 없게 되었다.

'유(溜)'자의 의미에 관하여, 현재 나온 사전으로는 그 의미를 만족스럽게 새길 만 한 정의가 없다. 구준(邱濬, 1421~1495), 『중편경대고(重編瓊臺稿)』, 권11에 따르면, "[만랄가국] 그 경계에서 서남쪽으로 배로 약 10여 일가는 거리에, 간섭국(幹韘國)이 있는데, 바로 유산(溜山)이란 곳이다. 바닷물이 기울어 급하게 쏟아지기 때문에 유(溜)라고 한다. 물의 힘이 점점 떨어져 부력이 겨자씨도 감당할 수 없다. 배가 잘못 그 속으로 들어가면 아래로 빠져 닿는 곳이 없어진다. 신선가들이 말하는 봉래약수(蓬萊弱水)가 이에 가깝지 않을까(距其境西南舟行約十餘日, 有幹韘國者, 即所謂溜山也. 海水傾注, 其名爲溜. 水勢漸下, 力不能勝一芥. 舟行誤入其中, 即沈下而無所底止. 神仙家所謂蓬萊弱水, 殆近是與)."라고 하였다. 여기에서 말하는 '간섭'은 바로 『영애승람』과 『성사승람』에서 유산의 다른 명칭인 첩간(牒幹)의 잘못임을 알 수 있다. 또한 '유(溜)'라고 하는 것은 바닷물이 급격히 기울어 쏟아지기 때문에 붙여진 이름이라는 설명에 주목할 필요 있다. 명나라 나무등(羅懋登)이 1597년경에 쓴 『삼보태감서양기(三寶太監西洋記)』, 59회에 보면 왜 유산국이라고 하느냐는 질문이 보인다. 이에 대해 국사(國師)는 "바다 가운데 산이 있는데, 자연적으로 이루어진 성궐(城闕)과 같은 천연의 3개 석문이 있다. 그 속의 물을 유(溜)라 하여 이 때문에 유산이라 부른다(山在海中, 天生的三個石門, 如城關之樣. 其中水名溜, 故此叫做溜山)."라고 하였다. 말하자면 작은 섬들이 이어져 고리 모양을 형성하고 있는데, 그 안쪽의 바다를 '유(溜)'라고 한다는 것이다.

이로써 몰디브를 유산으로 부른 것은 순전히 중국식 의역임을 알 수 있다. 그렇다면 왕대연이 부른 '북류(北溜)'의 '북'은 방향사일까? 아니면 고유 명사를 옮긴 것일까? 후지타 토요하치는 북류가 "말(Mal) 또는 발(Bal)에 해당하는 음이다. 말(발)레디브(Malédive, Balédive) 군도의 관장(官場)이 있었던 곳으로 『정화항해도』에서 관서(官嶼)라고 하는 곳이다."(『도이지략교주』, 118쪽)라고 하였다. 쑤 지칭 씨는 이 주장에 동의하며, "본서의 북류(北溜)라는 명칭은 후지타 토요하치의 주장에 따라 몰디브 중심지인 말레(Male)에 해당하는 음으로 보는 것이 가장 적합하다. 방언에서 [m]과 [p] 또는 [b]음은 서로 바뀔 수 있으므로 [ma]

Balédive) 군도의 관장(官場)이 있었던 곳으로, 『정화항해도』에서 관서(官嶼)라고 하는 곳이다. 『영애승람』, 『성사승람』 등의 책에 모두 유산국(溜山國)으로 되어있고, 유산양국(溜山洋國)으로 된 곳도 있다.[4] 『영애승람』에 "땅에서

는 북(北)으로 읽을 수 있다. 그러나 북류와 명나라 문헌에 보이는 유산(溜山)의 '유(溜)'자는 해당 지역의 해류나 땅 이름과 유관하다는 것을 보여준다."라고 하였으나, 음성적 유사성을 이끄는 근거들이 빈약하다. 앞서 본 바와 같이 '유(溜)' 또는 '유산(溜山)'이라고 의역된 중국 명칭은 몰디브를 지칭하는 말로 쓰였다는 것을 『도이지략』의 언급에서 확인할 수 있다.

『도이지략』 나위(羅衛) 조목에서 그곳 사람들의 복식을 설명하면서 "자주색 만(縵)으로 머리를 감싸고, 유포(溜布)로 묶는다(以紫縵纏頭, 繫溜布)."라고 하였고(『도이지략교주』, 47쪽); "담양 조목(105쪽)에서도 남녀가 상투하고 유포(溜布)로 맨다(男女椎髻, 繫溜布)."; 하리 조목(119쪽)에서도 "남녀는 삭발하고 유포(溜布)를 맨다(男女削髮, 繫溜布)."; 금탑 조목(122쪽)에서 "남녀는 몽둥이 모양으로 상투를 틀고 흰 베를 둘러 유포(溜布)로 묶는다(男女椎髻, 纏白布, 繫溜布)."라고 하였다. 학자들은 여기의 '유포'가 바로 북류, 즉 몰디브에서 나는 베로 보는 데 이견이 없다. 그러나 주목할 것은 대팔단(大八丹) 조목(124쪽)에서의 기술이다. "남녀는 짧은 머리에 남류포(南溜布)를 입는다(男女短髮, 穿南溜布)."라고 '남류'라는 언급을 하고 있다. 이에 대해 심증식 씨는 『도이지략광증』(하, 6쪽)에서 "남류(南溜)는 북류(北溜)와 마주하고 있으나 본서에서는 북류는 있는데 남류는 없다. 북류에서 나는 대수포(大手布)을 유포(溜布)라고 약칭하므로, '남(南)'자는 '북(北)'자의 잘못이다."라고 하였다. 후지타 토요하치는 심증식의 이러한 교정을 따르는 것처럼 소개만 하고 있고 아무런 언급이 없고, 쑤 지칭 씨는 전혀 주목하지 않고 있다. 사실 몰디브 군도는 남북으로 약 820km에 펼쳐져 있다. 남북으로 나누어 말할 가능성이 있다. 또한 여기 『도이지략』의 기술에 따르면, 다음 해 여름 동남풍이 불기를 기다렸다가 유(溜)를 거슬러 올라간다고 하였다. 그리고 수도인 말레는 군도에서 약간 북쪽 지점에 있다. 따라서 북류의 '북'자는 방향 위치를 지칭하는 의미로 봐야지, 그로부터 음성적 유사성을 찾는 것은 무리하다.

4) 비신(費信)의 『성사승람』, 나이지(羅以智) 교정본에는 유양국(溜洋國)으로 되어있고, 『기록휘편』본에는 유산양국(溜山洋國)으로 되어있다.

나는 야자가 매우 많아, 야자의 외피에 있는 볏짚 같은 것을 거칠고 가는 새끼줄로 꼬아 쌓아 둔 것이 집을 이룬다. 도처의 외래 선박들도 와서 수매하여 다른 나라에 판매하며, 배 등을 만드는 데 사용한다. [그들이 배를 만들 때는, 못 하나도 사용하지 않고, 다만 구멍을 뚫어 이 새끼줄로 연결하며, 나무쐐기를 추가한 다음 현지의 역청(瀝青)으로 그곳을 바른다](地產椰子甚廣, 其椰子外包之穰, 打成麤細繩索, 堆集成屋, 各處番舡亦來收買, 販往別國賣與, 造船等用. [其造番舡, 皆不用釘, 止鑿其孔, 皆以此索聯縛, 加以木楔, 然後以番瀝青塗之.]"라고 하였는데, 본서에서 말한 야자로 만든 새끼줄이다.[5] 또, "해파는 그곳 사람들이 채취하여 산처럼 쌓아 두고, 가려 덮어 속살을 썩혀, 섬라국, 방갈라국에 되돌려 파는데, 화폐로 사용한다(海䏠彼人採積如山, 罨爛內肉, 轉賣暹羅國·榜葛喇國, 當錢使用)."라고 하였는데, 본서에서 말하는 파자(䏠子)가

---

5) 야자삭(椰子索)이란 야자 외피에 있는 섬유질을 가공하여 만든 질긴 끈이다. 마환은 『영애승람』에서 "야자의 외피에 있는 볏짚 같은 것을 거칠거나 가늘게 새끼줄로 만들어 집에 쌓아 놓는다. 곳곳의 외래 선박들도 와서 수매하여 다른 나라에 판매하며, 배 등을 만드는 데 사용한다. 그들이 배를 만들 때는 못을 사용하지 않고, 다만 구멍을 뚫어 이 새끼줄로 연결하며, 나무쐐기를 추가한 다음 현지의 역청(瀝青)으로 이음새를 바르면, 물이 새어들지 않는다(其椰子外包之穰, 打成麄細繩索, 堆積在家, 各處番船亦來收買, 賣與別國, 造船等用. 其造番船, 皆不用一釘, 止鑽其孔, 皆以此索聯縛, 加以木楔, 然後以番瀝青塗縫, 水不能漏)."라고 하며 야자 외피의 섬유질로 만든 끈의 효능을 설명했다. 이어 이븐 바투타는 이 야자 섬유로 만든 끈을 칸바르(kanbar)라고 부른다고 하며, 다음과 같이 설명했다. "칸바르는 코코넛 섬유질에 부여된 명칭이다. 현지인들은 해변 근처에 판 구덩이에서 가공한 다음 곡괭이로 두무질하여 여인들이 끈으로 만든다. 배의 판자를 꿰는데 이 끈을 사용하고, 이 밧줄을 중국, 인도 그리고 예멘으로 수출한다. 칸바르는 마로 만든 끈보다 더 좋다. 인도와 예멘에서 배[판자]를 엮는 것은 바로 이 끈이다. 왜냐하면 인도의 바다는 암석으로 가득하여 쇠못을 사용한 배가 암석에 부딪히기라도 하면, 부서져 버리기 때문이다. 그러나 이 끈으로 꿰매면 탄력성이 있어 부서지지 않는다."라고 하였다(『Voyages d'Ibn Batoutah』(C. Defrémery, B. R. Sanguinetti, 파리, 1877), IV, 1877, 121쪽).

바로 이것이다.[6] 또, "마교어는 팔뚝만 한 큰 덩어리로 잘라서 햇볕에 말려 창

6) '파(貝八)'자는 '파(蚆)'자와 같은 글자이다. 이 글자는 원나라 이후의 문헌에서, 특히 '서양'과 관련된 자료에만 한정되어 나타난다. 연대를 추정할 수 있는 가장 이른 자료는 바로 여기 왕대연의 『도이지략』일 것이다. 일종의 접미사 '자(子)'자를 붙여 사용한 것을 보면, 동남아시아의 말을 '파'자로 음역하고 그에 해당하는 글자를 별도로 만든 것으로 추정된다. 나혹(羅斛) 조목에 "법으로 파자(貝八子)를 돈으로 대신하여 유통시킨다. 매 [파자] 1만은 중통초 24냥으로 기준 삼아 사람들에게 매우 편리하다(法以貝八子代錢, 流通行使, 每一萬準中統鈔二十四兩, 甚便民)."라고 하였고, 또 침로(針路) 조목에서 "파자를 섬(暹)에 유통하여 돈으로 사용한다(貝八子通暹, 准錢使用)."라고 하였으며, 섬(暹) 조목에서 "그리고 파자를 저울에 달아 돈처럼 사용한다(仍以貝八子權錢使用)."라고 하였다. 이 밖에도 북류(北溜) 조목에 "그곳에는 야자로 만든 줄, 파자, 건어, 대수건포가 난다(地產椰子索·貝八子·魚乾·大手巾布)."라고 하였고, 붕가랄(朋加剌) 조목에서 "파자 11,520 남짓으로 교역하며 소전(小錢)처럼 저울질하여 사람들을 편리하게 하므로, 참으로 유익하다(互易貝八子一萬五百二十有餘, 以權小錢便民, 良有益也)."라고 하였으며, 방배(放拜)의 교역하는 상품 중 하나로 언급되었고, 대오다(大烏爹)에서도 화폐로 사용하고 있다. 마지막으로 오다(烏爹) 조목에서는 붕가랄과 거의 비슷하게 "한 개의 은전(銀錢)은 2전(錢) 8푼이고 중통초(中統鈔) 10냥을 기준으로 하며, 파자(貝八子) 11,520여 개와 바꾸고, 돈으로 바꾸어 사용한다(每箇銀錢重二錢八分, 准中統鈔一十兩, 易貝八子計一萬一千五百二十餘, 折錢使用)."라고 하였다. 이상에서 『도이지략』에 나타난 파자(貝八子)는 화폐 특히 잔돈 대용으로 사용되었고, 이러한 파자가 몰디브를 중심으로 동남아시아 전역으로 거래되었음을 알 수 있다. 다음으로 이 '파'자를 사용하는 자료가 바로 마환의 『영애승람』으로, 비신의 『성사승람』에서는 보이지 않는다. 마환은 '해파(海貝八)'라고 하며 '해(海)'자를 덧붙여 의미를 명확하게 사용했다.

마르코 폴로는 자신의 기록에서 카라잔(Caragian, 운남)을 기술하면서 "바다에서 찾은 흰 폴스랜(porcelain)을 사용하고, 때로는 개의 목걸이로 걸기도 한다. 80개의 폴스랜 껍데기는 은전 1개의 값이 나가는데, 베니스 그로트로는 2이며 24피콜리이다. 은전 8개는 금전 1개에 해당한다." (『The Book of Ser Marco Polo』, II, 66쪽)라고 하였고, 또 콜로만(Coloman, 운남동북방) 지방

을 설명하면서, "대량의 금이 이 지방에서 발견된다. 작은 거래에서 그들은 내가 앞서 말했던 폴스랜 껍데기를 사용한다. 내가 말한 모든 지방, 즉 방갈라(Bangala), 카우지구(Caugigu), 안인(Anin)에서 폴스랜 껍데기와 금을 통화로 사용한다."(123쪽)라고 하였으며, 또 손두르(Sondur)와 콘두르(Condur) 섬을 지나 동남쪽으로 500마일 떨어진 곳에 있다는 로칵(Locac)을 기술하면서 "이 나라에서는 내가 앞서 말한 모든 지역에서 작은 거래에 사용되는 모든 폴스랜 껍데기가 채취된다."(276쪽)라고 하였다. 확실히 마르코 폴로는 폴스랜 같은 조개껍데기를 말했을 뿐 그것이 무엇이라 부르는지는 언급하지 않았다.

동시대 이븐 바투타의 기술에 따르면(『Voyages d'Ibn Batoutah』, IV, 121~122쪽), "이 제도 주민들의 화폐는 카우리를 사용한다. 사람들은 바다에서 주워 모은 생물(연체동물)을 그렇게 부른다. 그들은 해안에 파놓은 구덩이에 그것을 넣어 둔다. 살이 다 없어지면 하얀 뼈만 남는다. 이러한 100개의 조가비를 시야흐(syāh)라고 하고, 700개를 팔(fāl), 12,000개를 코타(cotta), 10만 개를 보스투(bostoū)라고 한다. 시장에서는 4보스투=금화 1디나르라는 기준으로 이러한 카우리로 계산한다. 종종 12보스투를 1디나르 정도로 값을 낮추어 팔기도 한다. 섬사람들은 벵갈 사람들에게 쌀과 교역하는데, 벵갈 사람들도 그것들을 화폐로 사용하기 때문이다. 또한, 모래 대신에 바닥짐으로 이것들을 쓰는 예멘 사람들에게도 판다. 이 카우리는 종종 본국에 있는 흑인들 사이에 교역의 수단으로도 사용된다. 나는 말리(Māly)와 주주(Djoudjou)에서 금화 1디나르=1,150으로 팔리는 것을 봤다."라고 하였다.

수많은 개오지(Cypraea) 중에서 '화폐'의 목적으로 사용된 것은 돈 개오지[Cypraea moneta]와 두 번째로 많이 사용한 것이 노랑 테두리 개오지[Cypraea annulus]로, 모두 바다 조가비이다. 선사시대부터 장식과 교환수단으로 유럽과 아시아 거의 전역에서 유통되었다. 조개를 화폐로 사용한 것은 중국 문헌에서 가장 빨리 보인다. 하지만 '서양'에서 화폐로 사용된 조가비는 원나라 시기가 되어서야 문헌에 기록되기 시작한 것으로 보인다. 영어의 카우리(cowry)는 힌두스탄어 카우리(cauṛi) 또는 카우디(kauḍi)에 어원을 두고, 이는 일반적으로 산스크리트어 카파르다(kaparda)와 카파르디카(kapardika)에서 왔을 것으로 추정한다. 쑤 지칭 씨의 설명에 따르면, 몰디브어로는 볼리(boli), 말레이어로는 비아(bia), 자바어로는 브야(beya), 타이어로는 브에르(beer), 중고에 저장해 두면, 각국이 또한 수매하여 다른 곳에 파는데, 해류어[유어]라고 한다(其馬鮫魚切成手臂大塊, 晒乾倉室收貯, 各國亦來收販他處賣之, 名曰溜魚).”라고 하였는데, 본서에서 말하는 어건(魚乾)이 바로 이것이다.[7] 또, “일등의 비단실을 섞어 짠 수건이 있는데, 매우 촘촘하고 길며 넓어, 다른 곳에서 짠 것들보다 월등하다(織一等絲嵌手巾, 甚密實長闊, 絕勝他處所織).”라고 하였는데 본서에서 말하는 대수건포(大手巾布)가 이것이다.[8]

국어 ‘패(貝)’자와 ‘파(𧴩)’자의 발음은 남해에서 왔다고 추정하고 있다(『도이지략교석』, 117쪽). ‘파(𧴩)’자는 이러한 조개 화폐를 지칭하기 위해 새로 만들어진 글자로, 이 글자의 중국 남방 방언 발음을 추적하기 어렵고, ‘패(貝)’자의 발음이 남해에서 왔을 것이라는 추측은 음성적으로 수긍하기 어렵다.

7) 건어(乾魚)란 말 그대로 말린 물고기를 말하는데, 마환은 『영애승람』, 유산국 조목에서 “마교어(馬鮫魚)는 팔뚝 굵기의 큰 덩어리로 잘라서 햇볕에 말려 창고에 저장해 두는데, 유어(溜魚)라고 한다. 각국이 또한 수매하여 다른 곳에 판다(其馬鮫魚切成手臂大塊, 曬幹, 倉屋收貯, 名曰溜魚. 各國亦來販買, 他處賣之).”라고 하였다. 또 이븐 바투타는 “주민들이 먹는 것은 리룬(lyroūn)과 비슷한 물고기인데, 그들은 쿨브 알마스(koulb almās)라고 부른다. 그 고기의 살은 붉고 지방질이 없지만, 냄새는 암양의 살과 비슷하다. 낚시질로 그 물고기를 잡아서 네 덩어리로 고기를 자른 다음 가볍게 익혀서 야자잎으로 만든 광주리에 넣고 걸어 훈연한다. 완전히 말려서 먹는다. 이 나라에서 사람들은 그것을 인도, 중국 그리고 예멘으로 수출한다. 그것을 쿨브 알마스라고 부른다.”라고 자세한 설명을 붙였다(『Voyages d'Ibn Batoutah』(C. Defrémery, B. R. Sanguinetti, 파리, 1877), IV, 1877, 112쪽). 여기 마지막에 언급한 ‘쿨브 알마스’는 원문에 ‘칼루-리리-마스(Kalu-lili-mas)’로 옮기고 있는데, ‘칼루 비리 마스(kalu-bili-mas)’로 옮겨야 한다. ‘칼루(kalu)’는 검다는 뜻이고, ‘빌리(bili)’는 가다랑이를, ‘마스(mas)’는 물고기를 뜻한다.

8) 대수건포(大手巾布)란 일종의 히잡 역할을 하는 크게 짠 천을 말하는 것으로 보인다. 마환은 『영애승람』 유산국 조목에서 “일종의 비단실을 섞어 짠 수건이 있는데, 매우 촘촘하고 길며 넓어, 다른 곳에서 짠 것들보다 월등하다. 또 일종의 금실로 짠 네모난 손수건이 있는데, 남자들이 머리를 싸맬 때 쓸 만하다. 그 값에

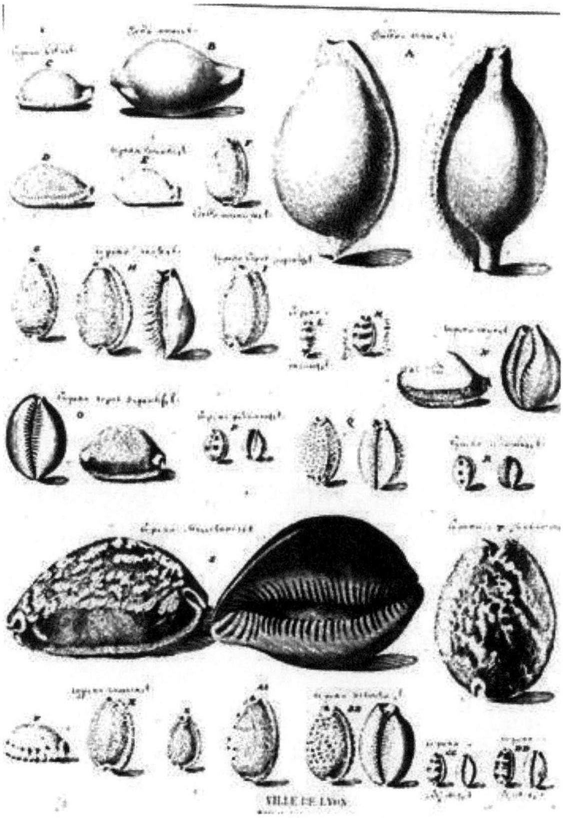

니콜로 괄티에리(Nicolai Gualtieri, 1688~1744), 『박물관에 보존된 조개화폐 목록(Index testarum conchyliorum quae adservantur in museo)』(1742년)에 보이는 조개 화폐(cauri, cowrie). 해파(海貝) 또는 파자(貝子).

는 2냥이나 비싸게 팔리는 것도 있다(織一等絲嵌手巾, 甚密實長闊, 絶勝他處. 又有一等織金方帕, 男子纏頭可用. 其價有賣銀二兩之貴者)."라고 하였다. 한편, 이븐 바투타도 "이곳 사람들의 옷은 파네(pagne, 사롱 같은 천)이다. 그들은 허리에 팬티 대신에 파네를 매고, 이흐람(ihrām, 순례 기간 무슬림들이 사용하는 천의 일종)과 비슷한 알루일리얀(alouilyān)이라는 천을 등에 걸친다. 어떤 사람은 터번을 하고 어떤 사람들은 작은 손수건으로 그것을 대용한다."라고 설명하고 있다(『Voyages d'Ibn Batoutah』(C. Defrémery, B. R. Sanguinetti, 파리, 1877), IV, 1877, 116쪽).

64. 하리(下里) [118~120]

나라는 소구남(小唄喃)과 고리불(古里佛) 중간에 있으며, 소항구(小港口)라고 도 부른다. 산은 공허하고 평원으로, 땅은 사방 수천여 리이다. 사람들이 정착하여 사는 곳은 별과 바둑판처럼 펼쳐져 있다. 집마다 풍요롭고 그 농토는 중하(中下)이다. 농사에 힘쓰며 기후는 온난하다. 풍속은 순수하다. 사람들은 기상을 높이 사 출입할 때는 활과 화살을 반드시 걸고 방패를 들고 다닌다. 남녀는 삭발하고 몰디브의 베[溜布]를 맨다. 땅에는 후추[胡椒]가 나는데, 외국 중에서 으뜸으로 [많이 나] 이루 다 계산할 수 없다. 후추[椒] 나무가 산에 가득하고 등나무처럼 만연해 있으며, 겨울에 꽃이 피고 여름에 열매를 맺는다. 사람들이 채취하여 훈증하고 햇빛에 말려, 말린 것을 계산한다. 그 맛은 맵고 채취하는 것은 크게 금지하지 않는다. 그 매운맛이 사람에 닿아 심해지면 천궁(川芎)을 달인 물로 해독한다.[1] 다른 외국에 있는 후추는 모두 이 나라에서 흘러간 나머지이다.

國居小唄喃·古里佛之中①, 又名小港口. 山曠而原平, 地方數千餘里. 民所奠居, 星羅棊布. 家給人足, 厥田中下. 農力耕, 氣候暖. 風俗淳. 民尙氣, 出入必懸弓箭及牌以隨身. 男女削髮, 繫溜布②. 地産胡椒, 冠於各番, 不可勝計. 椒木滿山③, 蔓衍如藤蘿, 冬花而夏實. 民採而蒸曝, 以乾爲度. 其味辛, 採者多不禁. 其味之觸人, 甚至以川芎煎湯解之. 他番之有胡椒者, 皆此國流波之餘也.

---

1) 천궁(川芎, Cnidium officinale Makino)은 중국 원산으로 우리나라에서도 많이 재배하는 한약재로, 향료로도 쓰인다. 『제번지』 소길단(蘇吉丹) 조목에 "후추를 채취하는 사람들은 매운 기운이 닥치기 때문에 대부분이 두통을 앓지만, 천궁(川芎)을 먹으면 낳을 수 있다(採椒之人爲辛氣薰迫, 多患頭痛, 餌川芎可愈)." 라고 하였다(『바다의 왕국들』, 120쪽). 이러한 효능 때문에, 천궁은 중국의 주요 수출품 중 하나였음을 확인할 수 있다.

① '고리불(古里佛)'은 재복재본에 고불리(古佛里)로 되어있어 정본(丁本)에 따라 고쳤다. 소구남(小唄喃)은 본서에 별도의 조목이 있다.

② '유포(溜布)'는 바로 북류포(北溜布)이다.

③ 초목(椒木)의 '초'자는 지복재본에 '수(樹)'자로 되어있어 정본(丁本)에 따라 고쳤다.

원나라 초, 마르코 폴로 여행기에 따르면 인도 서쪽 해안에 중국 배들이 왕래한 곳으로는 구남(唄喃, Kaulam), 갈립(竭立, Hili), 마랍발(馬拉拔, Malabar) 등 세 나라가 있다. 원나라 말에 이븐 바투타 기행에는 번답리납(番答里納, Fandaraina)가 보태져 네 나라가 되었고, 말라바르의 주요 항구는 가리굴(加里屈, Calicut)이었다. 본서에서 "나라는 소구남, 고리불의 중간에 있다"라고 했는데, 소구남은 판다라이나, 고리불은 쿠람(唄喃, 콜람, 퀼론)이므로, 여기서 말하는 하리(下里)는 바로 가리굴(캘리컷)임을 알 수 있다. 『영애승람』, 『성사승람』에서 모두 '고리(古里)'라고 한 것이 바로 이곳이다.[2] 두 『승람』에는 고리

2) 하리(下里)의 위치에 관하여 후지타 씨는 여기 하리(下里)가 말라바르 해안의 캘리컷, 즉 고리국(古里國)으로 추정한다. 심증식 씨는 본서 대불산(大佛山) 조목에서 "대불산은 아리(迓里)와 고랑보(高郎步) 사이에 경계하고 있다고 하였는데, 여기 하리(下里)는 바로 아리(迓里)이다."(『도이지략광증』, 하, 6쪽)라고 하면서 여기 하리가 스리랑카의 아리(迓里)로 추정하려 했다. 본 조목에서 "소구남(小唄喃)과 고리불(古里佛) 중간에 있다"라고 하였는데, 여기 소구남과 고리불은 모두 인도 말라바르 해안에 있으므로 심증식 씨의 추정은 제외해도 될 것이다. 한편 록힐 씨는 "조지 필립스가 복원한 15세기 지도에는 헐립(歇立)이 보이는데 필립스는 마르코 폴로의 힐리(Hili), 아랍 작가들의 라스 하일리(Ras Haili)라고 추정했다. 이븐 바투타는 『Voyages d'Ibn Batoutah』(C. Defrémery, B. R. Sanguinetti, 파리, 1877), IV, 81쪽에서 라스 하일리는 코친이나 캘리컷만큼 중국 배들이 많이 드나들었다고 하였다."(453쪽)

대략 1291~1292년 왕녀를 호송하여 귀국길에 오른 마르코 폴로는 말라카해협을 거쳐 인도 남단 코마리(Comari, 현 Comorin Cape)를 기술한 다음 그곳

으로부터 300마일 떨어져 있는 엘리(Eli) 왕국을 기술하며, "엘리는 코마리에서 약 300마일 서쪽으로 떨어져 있는 왕국이다.…이 나라에 제대로 된 항구는 없지만, 넓고 깊은 훌륭한 어귀를 갖춘 아주 큰 강이 있다. 후추와 생강이 그곳에서 나며 다른 향료들도 풍부하다. 왕은 매우 부자지만 권력은 그다지 강하지 않다. 그러나 이 왕국으로 들어가는 입구는 자연 지리상 매우 견고하여 아무도 공격하지 못해 그는 아무도 두려워하지 않는다."(『The Book of Ser Marco Polo』, II(1903), 385쪽)라고 하였다. 이 왕국에 대해 헨리 율(Henry Yule)과 앙리 꼬르디에(H. Cordier)는 앞의 책, 386쪽에서 "이제까지 엘리(Ely)로 알려진 도시나 지역은 없지만, 그 이름은 델리 산(Mount Dely)의 이름에 남아있다. 원래는 델리 산(Monte d'Ely)으로, 말라바르 사람들의 옐리-말라(Yeli-mala)이며, 사프타 샤일라(Sapta Shaila) 또는 세븐 힐즈(Seven Hills) 해안의 전설에도 그렇게 불린다. 이것이 마드라스 땅에 있는 바다에 닿는 고츠(Gháts)의 유일한 돌출부이다. 바스코 다 가마(Vasco da Gama, 1460~1524)가 1498[7]년 8월 아침에 처음 본 인도의 땅이자, 칸나노레(Cananore, 현 Kannur) 북쪽으로 약 16마일의 곶을 형성한, 독립되고 매우 두드러지는 언덕 또는 언덕 클러스터로, 항해가들에게 잘 알려졌지만, 매우 야심 찬 오늘날 지도에서는 빠지게 되었다. 아불페다(Abulfeda, 1273~1331)는 이곳을 '바다로 튀어나온 커다란 산으로, 멀리서부터 보이며, 라스 하일리(Ras Haili)라고 불린다'라고 기술했다. 그리고 이곳은 프라 마우로(Fra Mauro, ?~1464)의 지도에서 'Cavo de Eli'라는 명칭으로 보인다."라고 설명했다.

한편 비신의 『성사승람』, 소구남국 조목은 "산은 적토에 연이어 있고, 땅은 하리에 접해있다."라고 시작하는데, 펑 청쥔 씨는 "하리는 옛날 인도 서안 칸나노레에 있었으나 지금은 없어졌다. 원나라 시기 마르코 폴로의 여행기에 이미 보인다."라고 하며 마르코 폴로의 'Ely'=왕대연과 비신의 하리(下里)를 같은 곳으로 보고자 했다(『성사승람교주』, 31쪽).

이븐 바투타의 기술에 따르면 "힐리(Hīly)로 향해 떠나 우리는 이틀 뒤에 그곳에 도착했다. 큰 배가 들어갈 수 있는 큰 만에 취하여, 잘 건설된 큰 도시였다. 중국의 배들은 이 도시에 도착하여 도시의 항구에 정박하거나 까울렘(Caoulem, 콜람)과 캘리컷의 항구로 들어갈 뿐이다. 힐리는 큰 축복을 향유하며 빛이 찬란한 그 중심 모스크 때문에 무슬림과 우상 숭배자로 간주되었다. 바다를 항해하는 사람들은 그곳에 많은 제물을 바친다."라고 하였다(『Voyages d'Ibn

(古里) 이외에 가지(柯枝)도 보이는데, 호초(胡椒, 후추)를 많이 생산한다.[3] 그러나 가지는 카치(Kachhi)에 해당하는 음으로 지금의 코친(Cochin)이고, 명나라 초에 번성했다(Yule, 『Cathay and the way thither』, 455쪽).

Batoutah』(C. Defrémery, B. R. Sanguinetti, 파리, 1877), IV, 81쪽). 또 109쪽에서 "나는 히나우르(Hinaour)를 향해 바다로 출발했다. 그곳에서 나는 계속해서 파카나우르(Fācanaour), 만자루르(Mandjaroūr), 힐리(Hīly), 조르 파탄(Djor Fatan), 데흐파탄(Deh Fattan), 보드 파탄(Bodd Fattan), 판다라이나(Fandaraïna), 캘리컷으로 갔다."라고 했는데, 이 여정은 인도 서북부에서 서남부 해안으로의 여정을 말하고 있으므로, 힐리는 분명 캘리컷의 북쪽 해안에 있다. 이상으로부터 마르코 폴로의 엘리와 이븐 바투타의 힐리는 같은 지역이며, 캘리컷 북쪽에 있는 곳으로 추정할 수 있다. 그렇다면, 코모린 곶에서 300마일 떨어져 있다는 마르코 폴로의 설명에 맞지 않고, 왕대연의 하리가 힐리라면, 왕대연은 작은 항구라고 하였으므로 역시 부합하지 않으며, 왕대연이 소구남(小唄南)과 고리불(古里佛) 사이에 있다고 한 것과도 부합하지 않는다.

후지타 씨는 소구남을 이븐 바투타의 판다라이나, 즉 코일란디(Koilandi, Pandalayani Kollam), 고리불(古里佛)을 퀼론[唄喃], 콜람으로 추정하고, 여기 하리를 고리(古里) 즉 캘리컷으로 추정했다. 그렇지만 캘리컷과 코일란디는 너무 근접하고, 그곳과 콜람의 중심 지역이라면 코치(Kochi) 지역이 되어야지, 캘리컷을 중간 지점으로 위치를 설명했을 가능성은 적다. 이처럼 코치 주변에서 찾은 사람이 바로 쑤 지칭 씨인데, 그는 코치에서 동북쪽 내륙으로 20마일 떨어져 있는 알와예(Alwaye, 현 Aluva)라는 작은 항구라고 추정했다(『도이지략교석』, 268쪽). 그러나 이곳은 항구가 아니라 페리야르(Periyar) 강에서 15km 정도 떨어져 있다. 알루와의 옛 명칭인 알와예가 하리와 어떤 음성적 근접성이 있는지 모르겠다.

3) 후추 생산에 관하여, 마환은 『영애승람』, 가지(柯枝, 코치) 조목에서 "땅에서 나는 다른 것은 없고 오직 후추만 나는데, 사람들 대부분이 텃밭을 만들어 후추 심는 일을 산업으로 삼는다. 매년 후추가 익으면 그곳에서 수확한 후추를 수매하는 대호(大戶)가 있어 창고에 가득 쌓아 두었다가 여러 곳의 외국 상인들이 와서 사 가기를 기다린다(土無他出, 祗出胡椒, 人多置園圃種椒爲産業. 每年椒熟, 本處自有收椒大戶收買, 置倉盛頓, 待各處番商來買)."라고 한 것을 참고할 만하다.

65. 고랑보(高郎步) [120~121]

대불산(大佛山)[1] **아래, 물이 굽이지는 곳에는 가로세로 모두 노고석(鹵股石)**[2] **이다. 그 땅은 습한 물가로, 땅은 척박하여 미곡이 매우 귀하며,**[3] **기후는 온난하다. 풍속은 천박하다. 뱃사람들이 불행하게 바람을 잃고 혹 그곳 누각에서 머물기라도 하면 추장에게 이득이 될 뿐이다. 배 안에 있는 재물을 대부분 완벽히 [소진하고] 돌아가게 되므로 추장은 하늘이 부여한 기회로 여기니 어찌 뱃사람과 처자들이 굶주림과 추위로, 소망하는 것을 알겠는가! 남녀는 상투를 틀고, 팔절나간포(八節那間布)로 매고 사롱[梢]으로 삼는다. 바닷물을 끓여 소금을 만들고, 사탕수수즙을 발효시켜 술을 만든다. 추장이 있다. 땅에는 홍석두(紅石頭)가 나는데 승가랄(僧迦剌)**[4]**과 같다. 교역하는 상품은 팔단포(八丹布), 두석(斗錫), 술[酒], 장미수(薔薇水), 소목(蘇木), 금(金), 은(銀) 등이다.**

---

1) 대불산(大佛山)은 스리랑카 중부에 있는 아담스 피크(Adam's Peak)를 지칭한다. 붕가랄(朋加剌)[32] 조목의 주석과 아래 대불산 조목[79] 주석을 참고하시오.

2) 노고석(鹵股石)에 관한 설명은 앞의 마리로(麻里嚕)[14]의 주석을 참고하시오.

3) 이 문장에는 이해하기 어려운 내용이 어긋나고 있다. 저습한데, 어떻게 척박할 수 있을까? 쑤 지칭 씨는 코디너의 『실론에 관한 기술』(I, 1~12쪽)을 인용하여, "19세기 초에 실론 섬에 미곡과 생선값이 매우 비싸, 사람들은 과일로 식사를 대용한다고 하였다."라고 했지만, 해당 설명은 잘못되었다. 쑤 씨의 참조 사항에 따르면, "실론은 호수와 강이 잘 갖추어져 내륙 관개가 수월하고 농업적 목적에 매우 유용하게 할 수 있다. 그러나 풍부한 과일 수확과 인구의 부족으로 농사는 거의 행해지지 않는다."(James Cordiner, 『A Description of Ceylon』, I, London, 1807, 9쪽)라고 하였다.

4) 승가랄(僧加剌)은 본서에 별도의 조목으로 기술되어 있다. 또한 북류(北溜)[63], 고리불(古里佛)[83] 조목에도 언급되었는데, 왕대연의 승가랄은 스리랑카 남부 돈드라 헤드, 또는 벨리감으로 추정되고 있다.

大佛山之下, 灣環中, 縱橫皆鹵股石. 其地濕卑, 田瘠, 米穀翔貴, 氣候暖. 俗薄. 舶人不幸失風, 或駐閣於其地者, 徒爲酋長之利. 舶中所有貨物, 多至全璧而歸之①, 酋以爲天賜也, 孰知舶人妻子飢寒之所望哉! 男女撮髻, 繫八郎那間布捎②. 煮海爲鹽, 釀蔗漿爲酒. 有酋長. 地産紅石頭, 與僧加剌同. 貿易之貨, 用八丹布③·斗錫·酒·薔薇水·蘇木·金·銀之屬.

① '전(全)'자는 지복재본에 '금(金)'자로 되어있어 정본(丁本)에 따라 고쳤다.

② '랑(郞)'자는 '절(節)'자의 잘못이다.

③ '단(丹)'은 지복재본에 '주(舟)'자로 되어있어 정본(丁本)에 따라 고쳤다. 본서의 사리팔단(沙里八丹) 조목에 "그곳에서는 팔단포가 난다(地産八丹布)."라고 하였다.

본서 대불산(大佛山) 조목에 [대불산은] "아리, 고랑보 사이에 경계하고 있다(界于迓里·高郞步之間)."라고 하였고 소구남(小唄喃) 조목에서 "고랑부 중간에 있는 노고석의 위험에 막힌다(防高浪阜中鹵股石之厄)."라고 하였는데, 고랑보, 고랑부는 모두 콜롬보(Colombo)에 해당하는 음이다. 이븐 바투타의 여행기에서 칼란부(Kalanbu)라고 한 곳이다.[5] 또 본서에서 "뱃사람들이 불행하게 바람을 잃고 혹 그곳 누각에서 머물기라도 하면 추장에게 이득이 될 뿐이다."라고 한 것은 마리뇰리(Marignolli)가 전하는 것과 같다(Yule, 『Cathay

5) 이븐 바투타는 1346년경 "그러는 동안 우리는 디네웨르(Dīnéwer)에서 6파라상에 있는 작은 깔리(Kāly)라는 도시로 향했다. 선주 이브라힘(Ibrāhīm)이라 불리는 무슬림을 만났는데, 그는 우리를 자신의 집에 초대했다. 우리는 세렌디브(Sérendīb) 섬에서 가장 아름답고 가장 큰 칼렌부(Calenbu, Colombo)를 향해 떠났다. …[칼렌부를] 떠나 3일 후에 바딸라(Batthālah, 현 Puttelam)에 도착했다."라고 칼렌부(콜롬보)를 언급했다(『Voyages d'Ibn Batoutah』, IV, 185쪽). 콜롬보는 왕대연이 고랑보(高郞步), 고랑부(高浪阜) 등으로 언급한 이래, 고랑무(高朗務), 고로모(咕嚕慕), 고로모(考老母), 가륜파(可倫坡) 등으로 음역 표기되었다.

and the way thither』, 357쪽). [6]

『무비지(武備志)』, 권240, 「항해도」, 19b.

6) 마리놀리 일행은 페르빌리스(Pervilis, 콜롬보에서 멀지 않은 항구로 추정)라고 부르는 실론의 한 항구로 들어가 코야 잔(Coya Jaan)이라는 폭군을 만난 일을 이야기 하면서 "처음 그는 우리에게 고결한 척을 했지만, 얼마 되지 않아, 금, 은, 비단, 금으로 만든 옷, 보석, 진주, 장뇌, 사향, 유향과 향료, 대칸과 왕들에게서 받은 선물, 그들이 교황에게 보내는 선물 등 6만 마르크어치를 뺏어갔다."라고 하였다(『Cathay and the Way Thither』, II, 357쪽).

66. 사리팔단(沙里八丹①) [121~122]

나라는 고리불(古里佛, 퀼론)의 산 뒤에 있고, 그 땅은 비옥하지만, 농토가 적다. 풍속은 아름답다. 기후는 다소 따뜻하다. 남녀는 베를 묶어 머리를 감싸고, 바다를 따라 산다. 진주의 중심지이다. 사람들이 죄를 지으면 석회로 땅에 동그라미를 그려 두고 그 동그라미 안에서 발을 옮기지 못하도록 하는 것이 극형이다.[1] 그곳에서는 팔단포(八丹布)가 나며, 제삼항(第三港)으로 오는 진주는 모두 이곳에서 나온 물건들이다. 그곳에서 채취한 진주는 관청에서 모두 거두어들여, 작은 배로 이 나라(제삼항)로 건너와 교역한다. 부자들은 금은으로 [진주의] 값을 떨어뜨려 [사 두었다가], 배가 이르면 중국인들에게 파니, 그 이득이 어찌 가볍겠는가?

國居古里佛山之後, 其地沃衍, 田少. 俗美. 氣候微暖. 男女繫布纏頭, 循海而居. 珠貨之馬頭也. 民有犯罪者, 以石灰畫圈于地, 使之立圈內, 不令轉足, 此其極刑也. 地產八丹布②, 珍珠由第三港來③, 皆物之所自產也. 其地採珠, 官抽畢, 皆以小舟渡此國互易. 富者用金銀以低價塌之, 舶至, 求售於唐人, 其利豈淺鮮哉!

---

1) 원에 사람을 가두는 방식의 형벌은 마르코 폴로의 기록에서 찾아볼 수 있다. 마르코 폴로는 마아바르(Maabar, 馬八兒, 코로만델 해안)의 왕국에서 행해지는 채무 불이행자에 대한 처벌을 다음과 같이 기록하고 있다. "만약 채무자가 채권자로부터 여러 차례 빚을 갚으라는 요청을 받고도, 하루하루 계속 약속을 미루면 채권자는 채무자의 주위를 원으로 그리는 식으로 잡아둘 수 있는데, 채무자는 채권자를 만족시키든가 당일에 빚을 다 갚겠다는 약속이나 맹세를 하지 않고서는 원 밖으로 나올 수 없다. 그렇게 하지 않고, 채무자가 갚지 않고 당일에 갚겠다는 맹세를 하지 않고 원을 벗어나려 하면 왕이 세운 권리와 정의를 어긴 사람으로 사형으로 처벌받는다(A. C. Moule, P. Pelliot, 『Marco Polo』, I(London, 1938), 389쪽.

① '단(丹)'자는 지복재본에 '주(舟)'자로 되어있어 정본(丁本)에 따라 고쳤다.
② '단(丹)'자는 지복재본에 '주(舟)'자로 되어있어 정본(丁本)에 따라 고쳤다.
③ 제삼항(第三港)은 본서에 별도의 조목이 있다.

『정화항해도』에 사리팔단(沙里八丹)이 보이는데, 필립스 씨는 마술리파탐(Masulipatam)으로 생각했는데(『JCBRAS』, XX, 222~228쪽)[2], 음이 비슷하여 억지로 끌어 붙인 것이다. 본서의 사리팔단에서 나는 베를 팔단포(八丹布)라 한다고 하였다. 제삼항(第三港) 조목에 "농토, 기후, 풍속, 남녀는 팔단과 같다(田土·氣候·風俗·男女與八丹同)."라고 했으므로, 팔단(八丹)이라고 한 것은 바로 사리팔단을 말하는 것이며, 토탑(土塔) 조목에서 "팔단의 평원에 있다(居八丹之平原)."라고 하였으므로 토탑은 사실 사리팔단의 평원에 있다. 토탑은 일명 지나탑(支那塔)이라고 하는데 지금의 네가파탐(Negapatam) 서북쪽으로 약 1마일 지점이지만 그래도 이 탑은 사리팔탄, 현 네가파탐의 부근에 있었음에는 분명하다. 이곳은 바로 촐라(Chola) 왕국의 주요 항구로 촐라가 솔리(Soli)로 와전되었다. 따라서 사리팔단은 솔리파탐(Solipatam[Pattanam])에 해당하는 음일 것이다.[3]

---

2) 조지 필립스는 『JCBRAS』, XX, 223쪽에서 사리팔단을 모술리파탐(Mausulipatam)으로 추정했다.

3) 심증식 씨는 여기 사리팔단이 바로 「서남해이총도」에 보이는 사리보적(沙里普的)으로 추정하고 이어서 "『해록』에 '서령(西嶺)은 분지리(笨支里) 조금 북쪽에 있고, 고로모(咕嚕慕)라고도 부른다. 분지리에서 물길로 약 6~7일, 육로로 약 2순(旬)이면 이를 수 있다.'라고 하였는데, 여기 고로모가 고리불이고, 서령은 바로 세린가파탐(Seringapatam, Srirangapatna, Shrirangapattana) 근처로 같은 곳이 아니다."라고 하였다. 여기 심증식의 스리랑가파트나는 너무 내륙에 있으므로, 왕대연이 기술한 곳으로 보기 어렵다. 필립스(Philips)는 인도반도 동안에 있는 모술리파탐(Mausulipatnam, 현 Visakhapatnam)으로 보

의정의 『대당서역구법고승전』 권하에, 무행선사전(無行禪師傳)에, “또 15일을 가서 갈다국에 이르렀다. 겨울 말까지 기다려 배를 갈아타고 서행하여 30일이 지나서 나가발단나에 도착했다. 그곳에서 바다로 이틀을 가서 사자주에 도착했다(…又十五日到羯茶國. 至冬末轉舶西行, 經三十日, 到那伽鉢亶那. 從此泛海二日, 到師子洲).”라고 하였다. 여기 나가발단나(那伽鉢亶那)가 바로 나가파타나(Nagapatana)에 해당하는 음으로 지금의 네가파탐이다(Chavannes, 『Mémoire composé à l'époque de la grande dynastie T'ang sur les religieux éminents qui allèrent chercher la loi dans les pays d'occident par I-Tsing』, 144쪽). 그렇다면 당나라 시기에 이곳은 이미 인도 동쪽 해안의 주요 항구였고 이곳을 지나 사자주(師子洲, Ceylon)로 갔다.

았다(『JCBRAS』, XX, 223쪽). 한편 록힐에 따르면, 사리팔단은 아랍의 칸나노레(Cannanore, 현 Kannur)인 주르파탄(Jurfattan)인 것 같고, 그 남쪽에 아랍 작가들의 부드파탄(Budfattan), 즉 대팔단(大八丹)일 것으로 추정하고, 그 근거로 왕대연이 언급한 팔단포(八丹布)는 여러곳으로 수출된 것으로 보이고, 왕대연은 이 베를 동부 군도의 여러 곳에서 언급했다는 점이다. 이어서 『서양조공전록』(권2, 8쪽)에 사리팔단은 수마트라섬 람브리에서 약 10일 항해 거리에 있다고 하였고, 『명사』(권326, 10쪽)에는 아발파단(阿撥把丹)이 퀼론 근처의 작은 나라로 언급되어있는데 주르파탄의 다른 음역 형태로 보인다고 하였다(464쪽). 록힐의 추정을 정리하면, 사리팔단=주르파탄(칸나노레)=아발파단인데, 퀼론과 주르파탄은 400km 이상 떨어져 있으므로 퀼론 근처라고 할 수 없다. 이상의 추정한 지명들은 모두 사리팔단과 거의 근접하지 않는다. “나라는 고리불(古里佛, 퀼론) 산의 뒤에 있다”라고 하였는데, 여기서 말하는 산은 고츠(Gháts)산맥으로, 말하자면 동인도 해안을 말하는 것으로 보인다. 이에 해당하는 곳은 필립스의 비샤카파트남과 후지타 씨의 솔리파탐인데, 비샤카파트남은 너무 멀고 음성적 거리감도 크므로, 여기서는 후지타 씨의 설을 따르는 것이 가장 합리적이다.

67. 금탑(金塔) [122~123]

오랜 절벽 아래, 성스러운 우물 옆에는 10여 장 남짓의 탑이 있다. 탑의 꼭대기는 금으로 도금되어 있었으나 돌이 헐고 퇴락하여, 이끼가 끼어 푸르게 되었다. 그 위에는 7척 남짓의 학 둥지가 있어, 붉은 정수리를 가진 암수 두 마리 학이 높이 선회하며 울고, 매년 그 위에 둥지를 튼다. 추장에서 자손들로 이어 전해진 것이 1천여 년이 되었다. 봄에는 한두 마리의 새끼를 기르는데, 날개가 다 자라면 날아가고 늙은 학만 남아, 그 나라 사람들은 편액을 붙여 노학리(老鶴里)라고 써 두었다. 토양은 척박하고 사람들은 가난하다. 기후는 고르지 않고, 풍속은 소박하다. 남녀는 몽둥이 모양으로 상투를 틀고 흰 베를 둘러 유포(溜布)로 묶는다. 사람들은 바닷물을 끓여 소금을 만들고, 여자들은 농사와 베 짜는 것을 생업으로 한다. 나이가 1백여 살이 넘는 사람이 많다. 그곳에서는 대수건포(大手巾布), 목면이 난다. 교역하는 상품은 쇠솥, 오색의 베 등이다.

古崖之下, 聖井傍有塔十丈有餘. 塔頂曾鍍以金, 其頂頹而石爛, 惟苔蘚青青耳. 上有鶴巢, 寬七尺餘, 有朱頂雌雄二鶴迴翔鳴淚[①], 每歲巢于其上. 酋長子孫相傳以來千有餘年矣. 春則育一二雛, 及羽翼成, 飛去, 惟老鶴在, 其國人書扁曰老鶴里[②]. 土瘠而民貧. 氣候不齊, 俗朴. 男女椎髻, 纏白布, 繫溜布. 民煮海爲鹽, 女耕織爲業. 壽多至百有餘歲. 地產大布手巾·木棉. 貿易之貨, 用鐵鼎·五色布之屬.

① '회상명루(迴翔鳴淚)' 네 글자는 지복재본에 '장존(長存)' 두 글자로 되어있어 정본(丁本)에 따라 고쳤다.

② '재기(在其)' 두 글자는 정본(丁本)에 '존(存)'자로 되어있다.

무라(Moura) 씨는 『캄보디아 왕국』에서 지금의 캄보디아 수도는 프놈펜(Phnom-penh)인데, 중국인들은 금탁(Kim-thac)이라 부른다고 하였다(Moura, 『Royaume de Combodge』, II, 28쪽). 명칭은 같지만, 내용은 부합

하지 않는다.[1] 『영외대답(嶺外代答)』 대진국(大秦國) 조목에 "천축국은 그 나라

1) 후지타 씨는 여기 금탑(金塔)이 있는 곳을 전혀 특정하지 못했다. 록힐 씨는 이 조목에서 말한 '성스러운 우물[聖井]'이란 표현에서 스리랑카 남단 돈드라 헤드에 있는 부처의 발자국을 떠올렸다. 이곳은 이미 왕대연이 승가랄(僧加剌)로 언급한 바 있다. 왕대연의 금탑(金塔)은 동남아시아 여러 곳에 있으므로, 특정하기 어렵다. 다만 왕대연은 탑의 꼭대기를 금으로 도금했으므로 금탑이라 부른다는 사실을 암시하고 있음을 확인할 수 있다. 또 정수리가 붉은 암수 두 마리의 학에 관한 이야기, 몰디브에서 나는 베[溜布]로 사롱을 맨다는 기술, 바닷물을 끓여 소금을 만든다는 기술은 이 금탑이 있는 곳은 바닷가이며, 몰디브와 비교적 가까운 인도 남부 지역임을 상정하도록 이끈다.

마르코 폴로가 언급한 세븐 파고다(Seven Pagodas)가 있었던 것으로 추정되는 지역, 즉 마하발리푸람(Mahabalipuram)에서 서쪽으로 15km에 있는 티루 칼루 쿤람(Tiru kalu kunram) 사원에는 두 마리의 흰 독수리에 관한 전설이 잘 알려져 있다. 이 티루 칼루 쿨람은 '신성한 독수리 언덕'이란 뜻으로 팍시 티르탐(Pakshi Tīrtham), 루드라코티(Rudrakōti), 아디나라야나푸람(Ādinārāyanapuram), 베다기리(Vēdagiri) 등의 다른 명칭이 있다.

쿠마라사미 무달리야르(Kumarasāmi Mudaliyar)가 『신성한 독수리의 언덕(Tirukalukunram)』(1923)에서 보고한 바에 따르면, "언덕 지역은 264에이커이며 프라닥시나 바타이(Pradakshina Bāttai)라고 부르는 언덕을 두르는 오솔길은 2마일 402m다. …언덕을 도는 오솔길의 출발점은 언덕의 남단에서 시작하며 그곳에는 사원으로 이끄는 계단 입구가 보인다. 이 입구에는 두 사당이 있는데 하나는 친타드리 비나야가르(Chintādri Vināyagar)를 모시고 다른 하나는 싸스타(Sāsta), 즉 아이야나르(Ayyanār)를 모신다."(9쪽)라고 언덕 지역을 설명했고, 이어서 두 마리 독수리에 관한 전승을 소개하고 있는데, "두 마리 독수리가 특정한 시간에 매일 같은 장소로 와서 판다람(Pandāram)의 손에 있는 치즈나 조리된 달콤한 음식을 먹는 장면은 놀랍고 경외심이 일게 한다. 이들의 조용함과 품위있는 움직임은 다른 새들과 쉽게 구분된다. 이들은 약간 희고, 노란빛을 띤 부리를 가지고 있다. 이들에 부여된 신성함은 이들 독수리가 한때 리시(Rishi, 현자)였는데, 신의 결정으로 독수리로 환생했다는 전승 때문이다. 사람들은 이들이 옛날부터 갠지스강에서 목욕하고, 라메스와람(Rāmēsvaram)에서

의 속국이다. 나라에는 바람과 파도를 그치게 할 수 있는 성수가 있는데, 바다에 파도가 일면, 유리병에 담은 물을 뿌리면 그친다(天竺國其屬也. 國有聖水, 能止風濤, 若海揚波, 以琉璃瓶盛水灑之, 卽止).”라고 하였다. 이것이 삼삼(糝糁, Zemzem)이라는 우물물이다. 본서의 성정(聖井)은 무엇을 말하는지 모르겠다. ‘삼삼’에 관해서는 천축 조목의 주를 참고하라.[2)]

예배한 다음, 티루 칼루 쿤람(Tirukalukunram)에서 음식을 먹고 밤에는 치담바람(Chidambaram)에서 쉰다고 믿고 있다.”(13쪽)

1921년 6월 17일 두 마리 흰 독수리가 마두라 사원에서 목격되고 촬영되어 신문에 보도되었다고 한다. 그 기사에 “두 마리 독수리가 스리 미낙시(Sri Mīnākshi) 사원의 포타마리(Pottāmari) 저수지에서 오전 9시에 와서 목욕하고 거의 두 시간 동안 저수지 제방에서 쉬었다. 이들 사진은 약 오전 10시 30분에 촬영되었다.…이들은 포타마리 저수지를 비행하고 비부티 필라이야르(Vibhūthi Pillaiyār) 근처 저수지에 있는 만다팜(mandapam)에서 쉬었다. 이들은 몇 분 동안 잡혀 있다가 풀려났다. 이곳 사람들은 티루 칼루 쿤람에 매일 오는 독수리와 같은 독수리라고 한다.”(15쪽)라고 하였다.

이로부터 왕대연의 ‘옛 언덕 또는 벼랑[古崖]’는 사원이 있는 언덕, 성스러운 우물[聖井]은 두 마리의 독수리가 목욕한다는 저수지, 붉은 정수리를 가진[朱頂] 학은 두 마리의 흰 독수리에 대응시킬 수 있다. 또 여기의 금탑은 마르코 폴로의 세븐 파고다(Seven Pagodas) 중 하나였다고 추정해 볼 수 있다. 이러한 추정이 정확하다면, 현재 세븐 파고다를 언급한 최초의 중국측 기록이 될 것이다. 하지만 왕대연은 ‘정수리가 붉은 학’이라고 분명히 언급했고, 여기 티루 칼리 쿤람의 두 독수리는 희면서 약간 노란 부리를 가졌다고 하였다. 이 금탑을 왕대연이 직접 본 것이라면, 독수리를 학으로 의역하여 새의 신성성을 중국식으로 더 부각한 것으로 이해할 수 있을 것이다. 물론 다른 지역일 가능성도 얼마든지 있다.

2) 삼삼(糝糁)이란 우물에 대하여, 후지타 씨의 설명에는 착오가 있다. 이 우물의 명칭은 마환의 『영애승람』, 천방(天方, 메카) 조목에 보인다. 본서의 천축(天竺), 천당(天堂, 메카) 조목 어디에도 언급되지 않았다.

고건(皐揵)과 사이를 두고 있고, 가까운 희령(希苓)에서 수일 정(程)이다. 산은 척박하고 사람들은 한가롭다. 농토는 비옥하고 벼 수확이 많아 사람들이 충분히 자급한다. 기후는 덥다. 풍속은 농사짓는 소를 중시한다. 매년 2월에 쌀을 찧어 떡을 만들어 먹이는데, 농사의 근본에 보답하는 것이라고 한다. 남녀는 몽둥이 모양으로 상투를 틀고, 팔단포(八丹布)로 묶는다. 바닷물을 끓여 소금을 만들고 야자즙을 발효시켜 술을 만든다. 추장이 있다. 그곳에는 자바[闍婆]에 버금가는 후추, 대모(玳瑁), 목면, 큰 빈랑[大檳榔]이 난다. 교역하는 상품은 은, 오색의 베, 구리 솥, 철기, 소주(燒珠) 등이다.

皐揵相去有間, 近希苓數日程. 山瘠民閒. 田沃稻登, 百姓充給. 氣候熱. 俗重耕牛. 每於二月舂米爲餅以飼之, 名爲報耕種之本. 男女椎髻, 繫八丹布①. 煮海爲鹽, 釀椰漿爲酒. 有酋長. 地產胡椒, 亞於闍婆, 玳瑁·木棉·大檳榔. 貿易之貨, 用銀·五色布·銅鼎·鐵器·燒珠之屬.

① '단(丹)'자는 지복재본에 '주(舟)'자로 되어있어 정본(丁本)에 따라 고쳤다.

본서 조와(爪哇) 조목에는 희령(希苓)이 보이고, 이곳은 "희령에서 수일 정(程)으로 가깝다"라고 했으므로 이곳은 자바섬 또는 그 주변 지역에 있을 것이다. 그러나 이곳이 어디인지는 알 수 없다.[1)]

---

1) 자분(紫粉)에 관하여 6세기 전반 가사협(賈思勰)의 『제민요술(齊民要術)』, 권5에 만드는 법이 실려 있다. 그에 따르면, "곱게 빻은 흰 쌀가루 3푼, 호분(胡粉) 1푼을 잘 섞는다. 낙규(Basella rubra L.) 열매를 채취하여 푹 찌고, 천으로 즙을 짜 가루와 섞은 다음, 햇볕에 말린다. 색이 엷은 것은 다시 찌고 즙을 취해 이전 같은 방식으로 다시 물이 들게 한다(用白米英粉三分, 胡粉一分, 和合均調. 取落

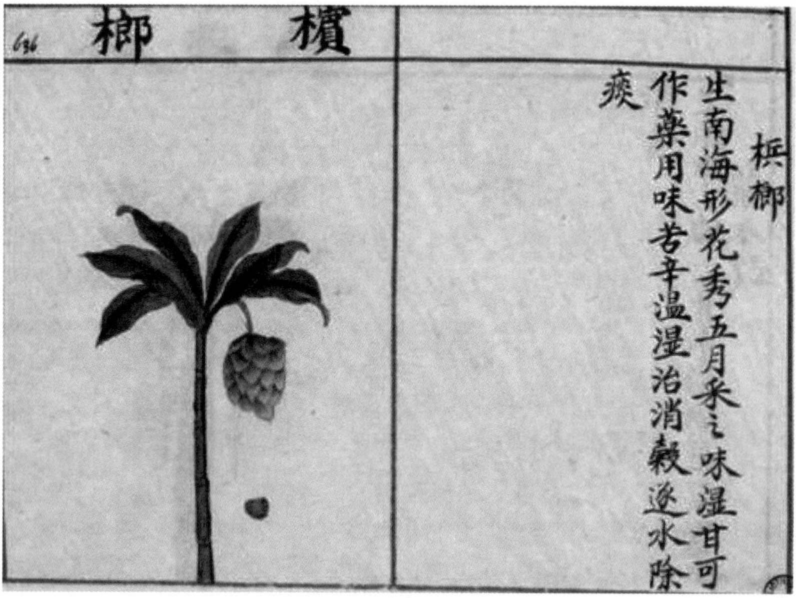

『중국 약용식물론과 라틴어 번역(Traité chinois de botanique médicale et traduction en latin)』(I), 18세기 익명의 사본. 빈랑.

葵子熟蒸, 生布絞汁, 和粉, 日曝令乾. 若色淺者 , 更蒸取汁, 重染如前法).”라고 설명했고, 1637년 송응성(宋應星)은 『천공개물(天工開物)』, 창시(彰施) 조목에서 연지(燕脂)를 만드는 옛 제조법을 소개하고 있는데, “근래 제녕로(1279년 산둥성에 설치한 행정구역)에서는 시든 홍화(紅花) 찌꺼기로 염색하여 연지를 만드는데, 값이 매우 싸다. 그 말린 찌꺼기를 자분이라고 하는데, 단청하는 사람들은 쓰기도 하지만 염색하는 사람은 찌꺼기로 버린다(近濟寧路但取染殘紅花滓爲之, 值甚賤. 其滓乾者名曰紫粉, 丹青家或收用, 染家則糟粕棄也).”라고 하였다. 이상의 설명으로부터 자분은 중국산 주요 염료 중 하나였고, 연지(燕脂)를 만드는 재료로도 사용되었음을 알 수 있다.

69. 대팔단(大八丹[①]) [124~125]

나라는 서양의 후미에 있고 작파령(雀婆嶺)이라 부르며, [바다와] 서로 수백 리 떨어져 있다. 농토는 평탄하여 [곡물이] 풍성하게 열리고, 때에 맞는 비가 촉촉히 적셔 준다. 근래 밭에서 떨기 벼가 자라났는데, 길이는 1장 남짓 되고 줄기는 48개이며, 알갱이가 130개로, [개당] 길이가 반 촌쯤 되어, 나라 사람들이 애완으로 전하며 벼의 왕[禾王]으로 여겼다. 사람들이 그 벼가 나는 흙을 파서 추장의 집으로 옮겼는데, 한 해가 지나자 올라와 줄기가 시들지 않았다. 그 뒤에 곡식이 저절로 떨어져 황금 같은 색이 되어, 벌레가 먹지 않도록 빈랑 가루에 넣어두었다. 지금까지 그 나라에 남아있으며, 간혹 햇볕에 말려 보물로 삼는다. 기후는 덥고, 풍속은 순박하다. 남녀는 짧은 머리에 남류포(南溜布)를 입는다. 바닷물을 끓여 소금을 만든다. 그곳에서는 면포(棉布), 파라밀(波羅蜜)이 난다. 교역하는 상품은 남사(南絲, 해남에서 나는 비단실?), 철선(鐵線), 자분(紫粉), 나무 빗, 백당(白糖) 등이다.

國居西洋之後, 名雀婆嶺, 相望數百里. 田平豐稔, 時雨霑渥. 近年田中生叢禾, 丈有餘長, 禾莖四十有八, 穀粒一百三十, 長半寸許, 國人傳玩以爲禾王. 民掘禾土[②]移至酋長之家, 一歲之上, 莖不枯槁. 後其穀自墜[③], 色如金, 養之以檳榔灰, 使其不蛀. 迨今存其國, 時出曝之[④], 以爲寶焉. 氣候熱, 俗淳. 男女短髮, 穿南溜布[⑤]. 煮海爲鹽. 地產棉布·婆羅蜜. 貿易之貨, 用南絲·鐵條·紫粉·木梳·白糖之屬.

① '단(丹)'자는 지복재본에 '주(舟)'자로 되어있어 정본(丁本)에 따라 고쳤다.

② '굴(掘)'자는 지복재본에 '간(間)'자로 되어있어 정본(丁本)에 따라 고쳤다. '토(土)'자는 심증식본에 '왕(王)'자로 되어있다.

③ '곡(穀)'자는 지복재본에 '국(國)'자로 되어있고, 다른 판본에는 '곡(穀)'자로 되어있으며, 정본(丁本)에는 '수(穗)'자로 되어있다.

④ '국시출(國時出)' 세 글자는 지복재본에 '시국인(時國人)'으로 되어있어 정본(丁本)에 따라 고쳤다.

심증식 씨의 『광증』에 "남류(南溜)는 북류(北溜)와 마주하고 있으나 본서에서는 북류는 있는데 남류는 없다. 북류에서 나는 대수포(大手布)을 유포(溜布)라고 약칭하므로, '남(南)'자는 '북(北)'자의 잘못이다."라고 하였다.

인도 연해에 팔단(八丹, Fatan, Patan)으로 칭하는 곳은 상당히 많아, 대팔단(大八丹)이 지금 어느 곳인지 모르겠다. 본서에서 이 나라는 '서양(西洋)'의 뒤에 있다고 하였고, 그곳에서는 면포, 파라밀(波羅蜜)이 난다고 하였으므로 인도 서북안에 있을 것이다.[1)]

---

1) 이븐 바투타는 델리에서 인도 서해안을 따라 실론으로 향해가는 여정에서, "우리는 힐리(Hīly)에서 조르 파탄(Djor Fattan) 시로 갔다.…우리는 조르 파탄에서 만(灣)에 있는 큰 도시, 데흐파탄(Deh Fattan)으로 갔다. 그곳에는 과수원이 많았다. 우리는 그곳에서 코코넛, 후추, 빈랑, 베텔 그리고 많은 토란(arum colocasia L)을 보았는데, 토란으로 인도인들은 고기를 요리한다. 바나나로 말하자면, 나는 가장 싼 가격으로 더 많이 생산하는 어떤 나라도 보지 못했다. 데흐 파탄에서 아주 큰 저수지, 즉 '바인(bâïn)'을 보았는데, 길이는 500보, 너비는 300보였다.…우리는 데흐 파탄을 떠나 큰 만에 있으며 중요한 도시인 부드 파탄(Bodd Fattan)으로 갔다.…부드 파탄에서 우리는 정원과 시장을 갖춘 아름답고 큰 도시인 판다라이나로 갔다.…"(『Voyages d'Ibn Batoutah』, IV, 82~87쪽). 이븐 바투타의 여정은 조르 파탄-데흐파탄-부드 파탄-판다라이나로 서해안을 따라 내려오고 있다. 여기 조르 파탄은 칸나노레(Cannanore, 현 Kannur)임에 이견이 없다. 판다라이나는 현 코일란디(Koyilandy), 영어로는 퀼란디(Quilandy), 말레이어로는 판다라야니 콜람(Pandalayani Kollam), 아랍어로는 푼드리야(Fundriya), 포르투갈어로는 판다라니(Pandarani)라고 하는 곳이다. 따라서 데흐 파탄은 Dharmapatnam[Darmadam]에, 주드 파탄은 Valarpatnam, Badagara에 대응시킬 수 있을 것이다(S. Jeyaseela Stephen, ed., 『The Indian Trade at the Asian Frontier』, 104~105쪽). 따라서 록힐이 주장한 부드파탄(Budfattan)=대팔단(大八丹)이라는 추정은 잘못되었다(464쪽).

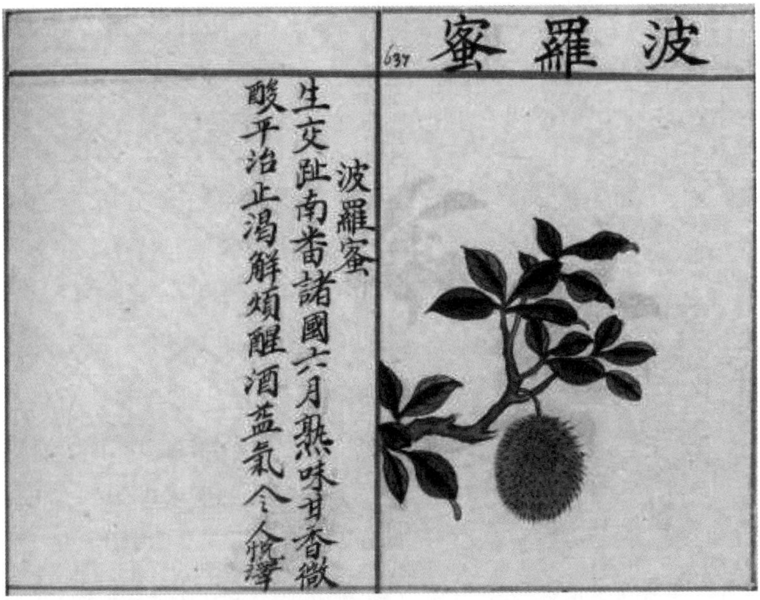

『중국 약용식물론과 라틴어 번역(Traité chinois de botanique médicale et traduction en latin)』(I), 18세기 익명의 사본. 파라밀, 잭푸르트.

'파탄' 또는 '파트남'은 '도시'을 의미하므로, 다르마파트남은 '법의 도시'라는 뜻이다. 데흐파탄은 왕대연의 대팔단과 음이 가깝다. 이로써 쑤 지칭 씨는 데흐파탄=대팔단 설을 주장했지만, 음성적 근접성에만 근거할 뿐이다. 왕대연은 벼, 빈랑, 면포, 파라밀(波羅蜜, 잭푸르트)를 언급했지만, 토란과 바나나에 관한 언급은 없다. 하지만 왕대연이 기술한 내용은 인도 서해안에 부합하고, 데흐파탄 외에는 다른 지역을 찾지 못했으므로, 우선은 데흐파탄=대팔단 설을 따른다.

작파령(雀婆嶺)에 관하여, 쑤 지칭 씨는 "남인도 반도의 동서 해안에는 모두 산맥이 펼쳐져 있는데, 동쪽의 것은 산스크리트어로 마헨드라(Mahendra)라고 하고, 서쪽의 것은 사햐드리(Sahyādri) 또는 카나카(Canaka)라고 하며, 타밀어로는 사이얌(Saiyam), 말라바르의 언어로는 마이나코파르바타(Mainakoparvata)라고 한다. 소위 작파령은 말라바르어 명칭에서 음을 얻은 것이다."라고 추정했다(『도이지략교석』, 281쪽). 근거한 자료도 밝히지 않았고, 음성적으로 전혀 부합하지 않는다. 왕대연이 말한 작파령은 산이나 산맥의 이름이 아니라, 대팔단의 다른 명칭으로 보인다.

70. 가리나(加里那) [125~126]

나라는 구산(具山)에서 가깝다. 땅은 메마르고 단단하여, 농토는 척박하고 곡물은 적다. 왕국의 아파(亞波) 아래에는 깊은 석굴이 있다. 흰 소[白牛]의 종자가 있는데, 매년 봄이면 흰 소를 낳는다. 또 암수가 있어 추장이 기르며 관우(官牛)라 하고, 나라에서 자연 그대로 기르도록 했다. 추장은 그 소가 많아지자 소들을 다른 나라에 황금 10냥에 팔았는데, 그 뒤로 소는 [새끼를] 낳지 않았다. 기후는 조금 덥고, 풍속은 순하고 인정이 많다. 남녀는 머리카락을 밀고 긴 적삼을 입는다. [소금] 우물을 끓여 소금을 만들고, 야자즙을 발효시켜 술을 만든다. 그곳에서는 면양이 나는데 큰 것은 2백 근에 달한다. 봄이 되면 꼬리를 자르고 자신들의 약을 발라 주면 다음 해에 예전처럼 꼬리가 생겨난다. 교역하는 상품은 청백의 꽃문양 그릇, 가는 비단[細絹], 소목(蘇木), 철선(鐵線), 수은 등이다.

國近具山. 其地磽確, 田瘠穀少. 王國之亞波下, 有石穴深邃. 有白牛種, 每歲逢春産白牛, 仍有雌雄, 酋長畜之, 名官牛, 聽其自然孳育於國. 酋長因其繁衍, 以之互市他國, 得金十兩, 厥後牛遂不産. 氣候稍熱, 風俗淳厚. 男女髡髮, 穿長衫. 煮井爲鹽, 釀椰漿爲酒. 地産綿羊, 高大者二百餘斤. 逢春則割其尾, 用番藥搽之, 次年其尾復生如故. 貿易之貨, 用青白花碗·細絹·蘇木·鐵條·水銀之屬.

마르코 폴로 여행기 페르시아 레오발레스(Reobarles, 지금의 Rudbár 주변의 평원) 주(州) 조목에서, “짐승들도 다르다. 그 소는 매우 크고, 색이 눈처럼 희며, 그 털은 매우 짧고 부드러운데 기후가 덥기 때문이다. 뿔은 짧고 거칠지만, 끝이 날카롭지는 않다. 양어깨 사이에는 약 두 뼘 정도 크기의 혹 하나가 있다. 세상에서 비할 데 없는 아름다운 짐승이다.…그곳에는 나귀만 한 큰 양이 있는데 그 꼬리가 크고 통통하여 약 30파운드 나간다. 고기 또한 도탑게 살이 쪄 좋은 육포를 만들 수 있다.”라고 하였다. 본서에서 말한 것과 대략 비슷하다. 마르코 폴로는 또 “평원의 많은 도시는 아주 높은 흙벽으로 둘러싸 도적을 방비한다. 그 도적들은 대부분 카라오나스(Caraonas)라고 부른다.”라고 하였다. 카라오나스는 여기 가리나(加里那)와 음이 비슷하다. 그러나 본서에서는 풍속은 순박하다고 했으므로 맞지 않는다. 시간이 흐르면서 달라졌을 것이다.[1)]

---

1) 가리나에 관하여 심증식 씨는 1878년 인도를 찾은 황무재(黃楙材)의 『인도차기(印度劄記)』를 인용하여, “칸데쉬(Khandesh, 刊代施)는 뭄바이 장군이 관할하는 곳으로, 그 수도가 고이나(高爾那)인데, 바로 여기 가리나이다. 기후가 약간 덥다고 하였으므로 적도와 비교적 떨어져 있지만, 인도 남쪽 경계가 아님을 알 수 있다. 칸데쉬는 『영환지략(瀛環志略)』의 두 지도에 하나에는 근적사(根的士), 다른 하나에는 감륵사(甘勒士)로 되어있다.”라고 하며 가리나=고이나=칸데쉬 설을 제기했다. 이어서 심증식 씨는 『송사』, 권490, 「천축전(天竺傳)」에서 북인도 우드야나(Udyana) 왕국을 지칭하는 오훈낭국(烏塡曩國)에서 인도로 가는 여정을 기록하고 있는데, “다시 서행 20일에 발뢰야가국에, 또 60일을 서행하면 가라나구야국에 이른다(又西行十二日至鉢賴野迦國, 又西行六十日至迦囉拏俱惹國)”라고 한 기술을 인용하고, “대략 그 땅을 추정해보면 남과 서인도 사이에 있으며, 바로 이곳이다.”라고 하였다. (『도이지략광증』, 하, 9쪽) 여기 ‘발뢰야기’는 바로 북인도 프라야가(Prayaga)에 해당하는 음이고, ‘가라나구야’는 네팔쪽 칸나우즈(Kannauj), 즉 칸야쿱자(Kanyakubja)에 해당하는 음이다. 심 씨는 ‘가라나구야’에서 ‘가라나’가 바로 여기의 가리나로 생각한 것으로 보이는데, 두 지역 간의 거리는 1,000km가 넘는다. 잘못 끌어다 붙인 것 같다. 한편 쑤 지칭 씨는 심 씨의 고이나(高爾那)가 『대덕남해지』의 차리(差里)인 것 같다고 하였다(『도이지략교석』, 283쪽). 그러나 『대덕남해지』에 ‘차리’는 없고, 차리야괄(差里野括)과 차리야국(差里也國)이 보인다. 두 곳 모두 현재 위치가 밝혀지지 않았다. 그런데도 쑤 씨는 ‘차리’가 인도 서안에 있는 유명한 도시이며, 땅이 척박한 곳이 아니라는 이유로 심 씨의 칸데쉬=가리나 설을 일축했다.

여기 후지타 씨는 마르코 폴로가 동쪽으로 올 때, 호르무즈까지의 여정에서 방문한 이란 케르만 동남쪽 지로프트 근처의 카마디(Camadi, 지루푸트 부근의 Qamadin)에서 목격한 레오발레스(Reobarles, 지금의 Rudbár 주변의 평원)의 소와 양에 관한 기술에 영감을 받고, 그곳에서 도적질과 약탈을 일삼은 카라오나스(Caraonas) 사람들을 여기 가리나로 추측했다. 카라나오스는 1250년대

아프가니스탄과 호라산 지역을 정복하기 위해 파견되어 그곳에 주둔한 몽골군대의 이름으로, 마르코 폴로는 이들이 사방을 돌아다니며 노략질하는 사람들이라고 규정했고, 그들이 그렇게 불리는 것은 그들의 어머니는 인도 사람이고 아버지는 타타르 사람이기 때문이라고 기술하고 있다(후지타 씨가 제시한 출처를 참고하시오). 사실 이들 카라오나스가 나라를 건설한 것으로는 보이지 않으며 또, 왕대연은 "풍속이 순박하다."라고 한 것과 어울리지 않는다. 마지막으로 어떻게 소와 양이 많은데, 땅이 척박할 수가 있겠는가? 게다가 마르코 폴로가 기술한 소와 양은 왕대연의 기술과 전혀 부합하지 않는다.

쑤 지칭 씨는 제삼의 장소를 제기했다. "나는 가리나가 현 이란 파르스(Fars) 해안에 있어야 한다고 생각한다. 이곳은 길이는 11마일이고 폭은 약 4마일에 달하는 반도로, 조류가 클 때는 섬이 되는데, 바로 본서의 가리나가 이곳이다. 지금 그 남쪽에는 라즈 할리라(Rás Halilah)라는 곳이 있는데, 그 명칭의 흔적이다. 서안에는 리시레(Richire)라는 옛 항구가 있는데, 사산조 페르시아 시기에 리브아르대시레(Riv-Ardaeshire)라는 유명한 항구가 바로 이 항구이다. 아랍인들이 북침하기 이전 이 항구는 페르시아만의 큰 시장이었지만 그 뒤로 갑자기 쇠락했다. 페르시아만의 무역이 점차 동쪽으로 옮겨가면서 시라프(Siraf, 撒那威), 키시(Kish, 怯失), 호르무즈(Hormuz, 忽魯謨斯) 등의 항구가 번성했다. 왕대연 시기에 호르무즈는 여전히 페르시아만 동부의 최대 시장이었으나 그 지점은 대륙에서 그 서남쪽 부근의 작은 섬으로 이동했을 것이다. …왕대연이 파르스 해안에 배를 댄 곳은 리시레(Richire)일 것이다. 리시레라는 명칭은 현 지도에서는 보이지 않지만 16~7세기 포르투갈 사람이 그린 지도에는 그 명칭이 들어있다." 쑤 씨의 설명은 그럴법해 보이지만, 거명한 어느 지명도 여기 가리나와 전혀 어울리지 않는다. 게다가 과연 페르시아만 파르스 해안에 야자가 있겠는가. 쑤 씨는 만년조(萬年棗), 즉 대추야자를 야자와 혼동했다고 추측했지만, 설득력이 없다. 마지막으로 왕대연이 그곳까지 갔을 가능성은 거의 없다. 그의 기록은 전문에 의존하고 있다는 점을 본문에서 충분히 확인할 수 있다.

이상 세 가지 추정에서 만족스러운 설은 아무것도 없다. 그래도 가능성을 따진다면, 심증식이 특정한 지역은 아닐지라도 적어도 인도에 있을 것이라는 느낌이 든다. 가리나를 특정할 수 없는 이상, 본문에 보이는 구산(具山), 아파(亞波) 등의 고유 명사를 추정하는 것은 무의미하다.

『일주서(逸周書)』에서 왕회(王會)는 "대하(大夏, Bactria)에서 백우가 난다(大夏玆白牛)."라고 하였는데, 현 페르시아 지방에서 백우가 나는 것은 유래가 아주 멀다. 『유양잡조』(권16)에 "강거(Sogdiana)에서는 꼬리가 긴 양이 나는데, 꼬리 위는 튼튼하고 넓으며 10근이 나간다. 또 현장이 서역으로 갈 때, 대설산 재 아래 한 마을에서는 나귀만큼 큰 양을 기르고 있었다(康居出大尾羊, 尾上旁廣, 重十斤. 又僧玄奘至西域, 大雪山高嶺下有一村, 養羊大如驢)."라고 하였고, 곽의공(郭義恭)의 『광지(廣志)』에 "대미양은 털이 가늘고 가죽은 얇으며, 꼬리 위는 튼튼하고 넓다. 무게는 10근이나 나간다(大尾羊, 細毛薄皮, 尾上旁廣, 重且十斤, 出康居)."라고 하였으며, 『영외대답』 목란피국(木蘭皮國) 조목에 "나는 호양(胡羊)은 키가 수 척(尺)이고 꼬리는 부채같이 크다. 봄철에 배를 갈라 지방 수십 근을 얻고 다시 봉합하면 산다. 꺼내지 않으면 양이 살이 쪄 죽는다(產胡羊高數尺, 尾大如扇, 春剖腹取脂數十斤, 再縫而活, 不取則羊以肥死)."라고 하였는데, 『제번지』에도 이를 따르고 있다. 여기서 말하는 꼬리가 큰 양들은 서양에서도 오래전부터 전해졌다(Yule, 『Marco Polo』, I, 101쪽, 『조여괄』, 143쪽). 목란피국, 즉 무라비트(Murabit)에는 실제로 나지 않는다. 이는 지역이 너무 멀기 때문에 억지로 끌어 붙인 것이다.[2)]

---

2) 이상 후지타 씨가 인용한 연관 자료에 『통전』 권192에 인용된 송응(宋膺)의 『이물지(異物志)』에 "월지국에 있는 양은 꼬리가 10근이나 나가는데, 그것을 잘라 먹어도 곧바로 예전처럼 자란다(月氏國有羊, 尾重十斤, 割之供食, 尋生如故者)."라고 한 기록도 있다. 대체로 중앙아시아 속디아나, 페르가나 지역의 양들을 말하고 있다.

꼬리가 잘려도 다시 자라나는 양은 알려지지 않았다. 쑤 지칭 씨는 가리나(加里那)의 면양이 '대미양(大尾羊)'[아마도 『영애승람』과 『서양조공전록』 호르무즈 조목에 보이는 대미양을 말하는 것으로 보임]이라고 설명하고 있는데(『도이지략교석』, 284쪽), 왕대연은 몸집이 크다고 했지, 꼬리가 크다고는 하지 않았으므로, 적절한 설명이 아니다.

71. 토탑(土塔) [127]

[토탑은] 팔단(八丹)의 평원에 있고, 나무와 바위로 둘러싸여 있는 곳에는 흙벽돌로 만든 높이 몇 장(丈) 되는 탑이 있다. 한자로 "함순(咸淳) 3년(1267) 8월에 공사를 마쳤다."라고 쓰여 있다. 전하는 소문에 중국 사람이 그해 그곳으로 돌아와 돌에 써 새긴 것인데 지금까지 마멸되지 않고 있는 것이라고 한다. 기후는 대체로 덥고, 가을과 겨울엔 조금 썰렁하다. 풍속은 선량하다. 민간에서는 대부분 상향성불(桑香聖佛)을 모시는데 금은으로 만든 그릇으로 제사한다. 남녀는 머리카락을 자르며, 몸은 칠(漆)한 것 같고, 흰 천으로 싸맨다. 추장이 있다. 그곳에서는 면포, 화포(花布), 대수건포(大手巾布), 빈랑이 난다. 교역하는 상품은 설탕[糖霜], 오색견(五色絹), 청단(青緞), 소목(蘇木) 등이다.

居八丹之平原①, 木石圍繞. 有土磚甃塔, 高數丈. 漢字書云, 咸淳三年八月畢工. 傳聞中國之人其年敀彼②, 爲書於石以刻之, 至今不磨滅焉. 土瘠田少, 氣候半熱, 秋冬微冷. 俗好善. 民間多事桑香聖佛, 以金銀器皿事之. 男女斷髮, 其身如漆, 繫以白布. 有酋長. 地產棉布·花布·大手巾·檳榔. 貿易之貨, 用糖霜·五色絹·青緞·蘇木之屬.

① '단(丹)'자는 지복재본에 '주(舟)'자로 되어있어 정본(丁本)에 따라 고쳤다.

② '박(敀)'자는 정본(丁本)에 '방(彷)'자로 되어있는데 '귀(皈)'자의 잘못일 것이다.

율(Yule)이 주석한 마르코 폴로 여행기에 네가파탐[Nagapatam, 那迦八丹] 서쪽으로 약 1마일 떨어진 곳에 흙으로 만든 벽돌탑이 있는데, 민간에서는 '중국탑'이라고 한다. 1846년에도 3층으로 남아있었으나, 1859년 복구할 수 없을 정도로 심하게 훼손되었다고 한다(Yule, 『Marco Polo』, 321쪽).[1] 이 탑이 세워진 시기와 이름이 붙여진 유래는 이 책에 따라 명확히 할 수 있으므로 학자들의 논쟁을 종식시킬 수 있다.

---

1) 여기의 토탑(土塔)은 기술한 내용으로 보아 지명을 전사한 것은 아닌 것 같음에도, 록힐 씨는 주르파탄(Jurfattan) 근처에 있는 것으로 추정했다(67쪽). 어디에 있는 어떤 탑을 말할까. 심증식 씨는 침묵했다. 후지타 씨는 율이 마르코 폴로 여행기 주석에서 마아바르(코로만델 해안)를 설명하면서 언급한 네가파탐(Negapatam)에 있는 소위 중국탑(Chinese Pagoda)일 것으로 추정했다. 율이 설명한 부분을 좀 더 자세히 살펴보자면(『The Book of Ser Marco Polo』, II, 336쪽), "중국 상인들이 탄조레 항구들에 드나들었다는 가정을 방증해주는 사실은 네가파탐 북서쪽으로 1마일에 있는, 붙이지 않은 벽돌로 만든 놀라운 탑이 민간에서 중국탑(Chinese Pagoda)이라고 불린다는 사실에서 찾을 수 있다. 이 건축물이 중국식이라는 것을 말하자는 것이 아니라, 이 특이한 성격의 유적에 이러한 명칭이 붙여졌다는 점은 중국 방문자들의 어떤 전승이 있었음을 시사한다. 이 탑을 스케치한 월터 엘리엇 경(Sir Walter Elliot)은 이 건물이 그가 알고 있는 인도 건축양식과는 근본적으로 다르고, 비문 또는 조각상들이 없으므로 그 진정한 내력을 추정하기 불가능하다고 했다. 그러나 네가파탐은 불교도의 성지로 알려졌으므로, 이는 그들이 남긴 것일 것이다. 1846년 계단식 벽돌로 만든 코니스로 나뉘는 3층으로 세워졌다. 그 내부는 꼭대기까지 열려있고 땅에서 약 20피트에 바닥이 있었던 흔적을 보여준다. 전체적인 외관은 삽화를 통해 볼 수 있다. 이 흥미로운 건물은 1859년 다 허물어져 수리가 필요한 상태로 보고되었으나 현재는 존재하지 않는다."라고 하였다. 후지타 씨가 밝힌 321쪽은 336쪽의 오기이다.

이상으로부터 왕대연이 말한 '팔단(八丹)'은 네가파탐(Negapatam)을 지칭하고, 서술한 생활상은 바로 네가파탐의 사람들임을 알 수 있다. 왕대연은 자신의 기술에서 '토포(土布)', '토주(土珠)' 등에 사용한 '토'자는 대체로 중국을 지칭했다. 따라서 여기 '토탑'은 흙으로 만든 탑 또는 지명의 음사가 아니라 단순히 '중국탑'이라는 의미로 읽어야 하고, 그곳의 소재지는 인도 동남부 코로만델 해안에 있는 네가파탐이다.

네가파탐(Nagapatam)에 있었다고 하는 '중국탑(Chinese Pagoda)'[1846년 Sir Walter Elliot의 스케치]-Yule, 『The Book of Ser Marco Polo』, II, 336쪽.

72. 제삼항(第三港) [127~129]

옛날에는 '연(淵)'이라 했고, 지금은 '신항(新港)'이라 한다. [항]구의 해안은 남북으로 나뉘며 사람들이 집을 지어 산다. 농토, 기후, 풍속, 남녀는 팔단(八丹)과 같다. 이 항구에서 80여 리 떨어진 곳에 '대랑(大朗)'이라는 바다가 있는데 [洋名大朗][1] 진주조개가 바다 안에 가장 풍부하다. 진주조개를 채취할 때, 추장은 사람을 죽이고 수십 가지의 제물로 해신에게 제사를 지낸다. 날짜를 골라 진주조개를 채취할 뱃사람을 모집하여, 각 배에는 다섯 사람으로 제한한다. 두 사람은 상앗대를 젓고, 두 사람은 밧줄을 잡는다. 한 사람은 둥근 대나무 광주리로 포대 입구를 만들어 목에 매달고, 잡은 밧줄로 허리에 돌을 매달아 바닷속으로 뛰어들어, 손으로 진주조개를 잡아 포대에 넣은 다음 잡을 줄을 끌어당긴다. 배에 있던 사람이 밧줄을 거두면 사람이 그밧줄을 잡고 올라와서, 진주조개를 배에 기울여 붓는다. 가득 싣고, 관장(官場)으로 돌아오면, 관병들이 그것을 지킨다. 며칠이 지나 그 [조개] 살이 썩기를 기다렸다가 그 껍데기를 제거하고 그물에 썩은 조개를 담아 흔들어 씻어내 살을 제거하여 진주만 남게 되면 크고 작은 체로 가려낸다. 십 분의 반은 관에서 거두고, 나머지 반은 뱃사람들이 고르게 나눈다. 만약 해신이 그들을 잡아가기라도 하면 물에 들어간 사람 대부분이 악어[2]의 배 속에 장사를 치르게 된다. 아! 그것을 얻는 것이 참으로

---

1) 대랑이라는 바다[洋名大朗]는 틀림없이 만나르만의 바다를 지칭할 것이다. 그러나 심증식, 록힐, 후지타 씨 모두 해당하는 음이 무엇인지에 대해서는 침묵하고 있다. 쑤 지칭 씨는 이곳 제삼항을 탐라파르니(Tamraparni) 강어귀로 추정한 이상(아래 주석을 참고하시오), 그곳의 산스크리트어 명칭인 탐브라파르니(Tambraparni)에 어원을 둔 것으로 추측했다(『도이지략교석』, 291쪽).

2) 왕대연의 악어는 마르코 폴로에게 '큰 물고기'로 나타난다. "먼저 그들은 잡은 10분의 1을 왕에게 바치고, 또 그들이 진주를 채취하러 물아래 들어간 사람들을 해치지 않도록 큰 물고기들에 마법을 걸어준 사람들에게 일부를 준다."(A. C. Moule, P. Pelliot, 『Marco Polo』(1938), I, 382쪽).

가련하다. 뱃사람들이 그것을 채취하는 시기에 맞으면, 종종 금으로 교역한다. 돌아오면 수십 배의 이익을 남기므로 부자가 될 수 있으나 그때를 맞추기가 매우 드물 따름이다.

古號爲淵①, 今名新港. 口岸分南北, 民結屋而居. 田土·氣候·風俗②·男女與八丹同③. 去此港八十餘里, 洋名大朗, 蚌珠海內爲最富. 採取之際, 酋長殺人及十數牲祭海神. 選日, 集舟人採珠, 每舟以五人爲率. 二人蕩槳, 二人收綆. 其一人用圈竹匡其袋口, 懸於頸上, 仍用收綆, 繫石於腰, 放墜海底, 以手爬珠蚌入袋中, 遂執綆牽制④. 其舟中之人收綆, 人隨綆而上, 纔以珠蚌傾舟中. 旣滿載, 則官場週回, 皆官兵守之. 越數日, 候其肉腐爛, 則去其殼⑤, 以羅⑥盛腐肉旋轉洗之, 則肉去珠存, 仍巨細篩閱. 於十分中, 官抽一半, 以五分與舟人均分. 若夫海神以取之, 入水者多葬於鰐魚之腹⑦. 吁, 得之良可憫也. 舶人幸當其取之歲, 往往以金與之互易. 歸則樂數倍之利, 富可立致, 特罕逢其時耳.

① 심증식 씨의 『광증』에 "'위연'은 필사본에 '마연(馬淵)'으로 되어있다."라고 하였다.[3)]

② 지복재본에는 '속(俗)'자 위에 '풍(風)'자가 없지만 다른 판본에는 모두 있다.

③ '단(丹)'자는 지복재본에 '주(舟)'자로 되어있어 정본(丁本)에 따라

3) 심증식 씨는 '위연'이 필사본에는 마연(馬淵)으로 되어있는데, '마'자가 맞는 것 같다고 하였다. 쑤 지칭 씨도 이에 따르고 있다(『도이지략교석』, 288쪽). 이어서 심증식 씨는 "이 제삼항은 분명 인도 서남쪽의 땅이고, 인도 서남쪽에는 마흑(馬黑, Mahé, Mayyazhi)이 있는데, 바로 『해록(海錄)』에서 마영(馬英)이라 한 곳으로 이에 해당하는 음이다. 그 지리적 형세가 마연(馬淵) 두 글자와 매우 부합한다. 『대당서역기』에 '마랍파국(摩臘婆國), 남라라국(南羅羅國)으로 성은 막하(莫訶) 강 동남쪽이 있다'라고 하였다. 영국의 지도에 따르면, 마흑의 북쪽에는 큰 강의 입구가 있는데, 마흑은 바로 '막하'로 땅을 강으로 이름하는 것은 유래가 오래되었다. 마랍파[Māḷavā]는 바로 말라바르로, 당나라 이래로 인도 서남해안을 차지하고 있었다."라고 마연의 위치를 추정했다.(『도이지략광증』, 하, 9쪽)

고쳤다.

④ '제(制)'자는 정본(丁本)에 '제(製)'자로 되어있는데 '체(掣)'자의 잘못일 것이다.

⑤ 정본(丁本)에는 '각(殼)'자로 되어있는데, 같다.

⑥ '라(羅)'자는 정본(丁本)에 '라(鑼)'자로 되어있다.

⑦ 해신(海神) 이하의 문장에는 잘못된 글자가 있는 것 같다.[4)]

마르코 폴로 여행기에는 마아바르(Ma'bar)의 진주잡이를 기술하면서 "진주를 캐는 사람들은 먼저 바탈라(Battala)로 항해해 가서 그다음 만에서 약 60마일 지점에 이른다고 했는데, 바탈라(Battala)는 지금의 푸틀람(Putlam) 항구일 것이다. 본서의 대랑(大朗)과 다소 비슷하다. 『원사』「마팔아전(馬八兒傳)」에 원나라 사신이 승가야산(僧加耶山, Sinhala)에서 마팔아국(馬八兒國) 신촌(新村) 부두에서 상륙했다고 하는데, 이 신촌이 신항(新港)과 같은 곳일 것 같다. "뱃사람 정진 등이 바람에 막혀 식량이 떨어지자, 마팔아국으로 가든지 아니면 육로를 통해 구람국으로 이를 수 있다고 권했다(舟人鄭震等以阻風乏糧, 勸往馬八兒國, 或可假陸路以達俱藍國)."라고 하였으므로, 신촌 부두는 대륙 해안에 있는 것 같다. 서양 사람들은 카얄(Kayal, Kail)에서의 [진주] 채취를 많이 전하고 있으며, 『원사』에 보이는 가일(加一)은 바로 카일(Kail)에 해당하는 음으로 신촌 부두가 아니다. 요컨대 신항의 신촌 마두는 틀림없이 만나르(Manar) 만 안에 있어야 한다. 본서의 제삼항은 푸틀람을 말할 수 있다.[5)]

---

4) 쑤 지칭 씨의 사고전서본 교정문에는 "若夫海神以取之" '약부'가 '비제(非祭)'로 되어있는데, 문맥은 상당히 매끄럽다. "해신에게 제사를 지내지 않고 진주조개를 채취하면" 정도의 의미가 될 것이다.

5) 마르코 폴로는 마아바르의 진주잡이를 기술하며, "당신들은 바다가 여기에서 실론 섬과 본토 사이에 하나의 만을 형성하고 있음을 알아야 한다. 이 만의 주변은 10~12패텀의 깊이에 지나지 않고, 어떤 곳은 2패텀도 되지 않는다. 진주잡이하는 사람들은 크고 작은 배를 타고 이 만으로 나가 그곳에서 4월 초에서 5월 중순까지 진주잡이를 한다. 그들은 우선 베텔라르(Bettelar, 실론 Patlam)라는 곳

으로 가서 그곳에서 만으로 60마일을 간다. 이곳에 닻을 내린 다음 큰 배에서 작은 배로 갈아탄다."라고 하였다(『The Book of Ser Marco Polo』, 331쪽). 두아르테 바르보사(Duarte Barbosa)는 "실론섬 가까운 바다에는 10~15패텀 깊이의 모래사장이 있는데, 그곳에서, 많은 양의 아주 고운 작고 큰 진주 씨와 약간의 진주가 난다. 무어인(Moors)과 이교도들(Gentiles)은 쿨람(Coulam, 콜람) 왕에 속한 씰(Seal)이라는 도시에서 이곳으로 와 관례로 일 년에 두 번 이 진주 씨를 채취하고, 그들은 우리에게 나는 것보다 약간 작고 더 부드러운 굴을 채취한다. 물속에 들어간 사람들은 상당 시간 동안 머물며 채취한다. 진주 씨는 자신들의 몫으로 채취하고 큰 진주는 왕을 위한 것이다. 왕은 그곳에 감독관을 배치할 뿐만 아니라, 그들은 작은 알 진주에 대한 모종의 의무를 이행해야 한다."라고 기술하고 있다(『A Description of the coast of East Africa and Malabar』(London, The Hakluyt Society, 1866), 스탠리(Henry E.J. Stanley) 역주본, 169~170쪽).

한편, 『영애승람』, 석란국(錫蘭國, 실론) 조목(『기록휘편』본)에는 "그 바다에는 하얗게 떠 있는 듯한 모래사장 한 조각이 있다. 일월이 그 모래사장을 비추면, 광채가 찬란하게 반짝이는데, 날마다 모래사장에는 진주 나합(조개)들이 몰려든다. 왕은 진주 연못[珠池]을 마련하여, 2, 3년마다 한 번씩 사람을 보내 채취한 나합들을 연못 속에 쏟아붓게 하고, 사람을 보내 그 못을 지키게 한다. 썩기를 기다렸다가, 물로 진주를 씻어내 관청에 바치게 한다. 몰래 훔쳐서 다른 나라에 파는 사람들도 있다(其海中有雪白浮沙一片, 日月照其沙, 光采瀲灩, 日有珍珠螺蚌聚集沙上. 其王置珠池, 二三年一次令人取螺蚌傾入池中, 差人看守此池, 候其壞爛, 則用水淘珠, 納官. 亦有偷盜賣於他國者)."라고 하며 실론의 진주 연못[珠池]을 기술하고 있다. 이로써 볼 때 진주잡이는 대체로 인도와 실론 사이 만나르만에서 행해졌음을 확인할 수 있다.

또한, 필리핀 술루 군도 역시 진주 어장으로 잘 알려진 곳이다. 크로포드(J. Crawfurd)는 『History of the Indian Archipelago』, III(1820), 444~5쪽에서 "진주와 진주층은 인도양 섬에서 나는 산물이다. 교역의 상품으로 진주는 술룩(Suluk) 군도 이외에는 보이지 않으며, 진주층도 주로 그곳에서 발견된다. 진주는 이 군도의 많으면서 위험한 얕은 곳에 있는 좁은 해협 또는 수로에서 발견된다. 진주는 군도의 여러 언어에서 같은 이름으로 알려졌고, 'Mutya' 또는

'Mutyara'라는 명칭은 산스크리트어이고 이로부터 장식품으로서 진주의 사용과 그에 따른 진주 잡는 기술이 인도인들에게서 알려졌다고 추론할 수 있다. 연간 중국으로 수출되는 양은 현지에서 25,000 스페인 달러에 달했고, 같은 나라로 수출된 진주층의 양은 1담(擔)에 14 스페인 달러 비율로 대략 5,000 담(擔), 70,000달러 즉 15,750파운드였다. 사납고 해적질을 하는 술룩 군도 원주민의 습성을 고려하면, 현지 이들 어장에 적용될 수 있는 것보다 더 큰 기술과 산업의 공유가 생산량과 가치를 크게 끌어올렸음이 분명하다."라고 하며 술룩 군도의 진주산업을 언급했다.

하지만 왕대연이 기술한 제삼항은 술루 군도의 진주잡이가 아님이 분명하다. 그곳의 풍습이 팔단(八丹, fattam)과 같다고 했으므로 제삼항은 인도에서 찾아야 한다. 심증식이 제기한 코지코드(캘리컷) 북안에 있는 '마에'는 진주의 산지로 언급된 바 없다.

록힐의 설명에 따르면, "왕대연은 고리불(古里佛)의 '뒤'에 있는 사리팔단은 진주잡이의 중심지이며 제삼항의 진주어장을 관리한다고 하였다. 내 생각으로 사리팔단은 아랍인들이 말하는 칸나로레(Cananore)라고 하는 주르파탄임에 의심이 없지만, 두아르테 바르보사의 씰(Seal)인지는 모르겠다. 이곳 씰은 일반적으로 샬리야트(Shaliyat)라고 하는데, 이러한 추정이 맞는지는 모르겠다. 어쨌든 제삼항의 진주잡이는 말라바르 해안에 있는 한 도시에 통제되었음이 분명하다. 마환과 비신은 실론 근처의 주지(珠池)를 언급하고 있지만, 그 위치에 대해서는 설명하지 않았다. 그렇지만 이들은 왕대연의 제삼항을 말하고 있음이 분명하다. 만나르만의 진주어장은 주로 마드라스 쪽에서 투티코린(Tuticorin, 현Thoothukudi)에 있는 어장 본부로 운송되었다. 실론섬과 만나르만 해안에 있는 실라바투리(Sillavaturi) 남쪽 바다로 8마일에 있는 마리치추카디(Marichchukaddi) 항구는 오늘날까지 중심지 중의 하나이다."(385~386쪽)라고 하며, 왕대연의 제삼항이 마환과 비신이 말한 실론섬의 주지(珠池)라고 추정했다. 록힐이 사리팔단을 주르파탄으로 본 것에는 동의할 수 없지만, 후지타 씨처럼 제삼항의 위치는 만나르만의 어떤 곳임에는 분명하다. 이제 제삼항이 어디인가를 특정하는 문제가 남았다.

후지타와 록힐 씨는 실론섬 만나르만 해안을 염두에 두고 있지만, 쑤 지칭 씨는 인도 동남안으로 추정하고 있다. "인도반도 남단에 있는 탐라파르니

(Tamraparni) 강은 만나르만으로 흘러든다. 이 강은 역사상 가장 빠르고 가장 유명한 콜코이(Kolkhoi, 현 Korkai)라는 대도시에 있다. 프톨레마이오스의 『지리지』와 지은이를 알 수 없는 『해국회항기(海國迴航記)』 모두 이 도시를 진주 대시장이라고 하였다. 이 항구의 명칭은 산스크리트어로 코르가라(Korgāra), 타밀어로는 코르호이(Korhoi), 말라바어로는 콜크(Kolk)라고 하는데, 판디아(Pandya) 왕조가 동쪽 마두라(Madurao)로 옮기기 전의 도성이었고, 탐라파르니 강 하류의 대항구였다. 뒤에 반도 남안의 지각이 상승하여, 해안 밖으로 뻗어 이 도시는 내륙이 되었다. 그 하류에 가일(加一, Kayal) 항구가 생기면서 대체되었다. 『대덕남해지』의 가일(伽一), 『무비지·항해도』의 가이성(加異城), 「서남해이총도」의 가익(加益), 『명사』의 가이륵(加異勒) 등이 모두 이곳이다. 원래 이 도시의 명칭은 카얄(Kayal)이고, 타밀어로 '물길'이란 뜻이다. 이후에도 지각이 계속 상승하여 해안은 계속 밖으로 뻗어나 이 도시는 항구에서 약 1마일 떨어진 내륙으로 축소되었다. 이를 대신한 항구가 푼네이 카얄(Punnei-Kayal)이다. 내 생각으로, 본서의 제삼항과 신항(新港) 그리고 『원사』(권210, 「마팔아 등국전」, 4669쪽)의 신촌마두(新村馬頭)는 모두 이곳일 것이다. '제삼항'이라 부르는 것은 티루첸두르(Tiruchendur)와 카얄파타남(Kayalpatanam) 두 항구의 북쪽에 위치하여 순서대로는 세 번째이므로, 제삼항이란 이름을 가지게 되었을 것이다. '옛날에는 마연(馬淵)이라 불렀다.'라고 한 것에서 '마(馬)'자는 샤먼어로 두 가지 음가가 있는데, 하나는 [má], 하나는 [bé]이다. [b]와 [p]는 청탁의 구분이므로, 마연(馬淵)은 푼네이 카얄의 약칭으로 볼 수 있다."(『도이지략교석』, 290~291쪽)라고 하였다. 쑤 씨의 이러한 추정에는 근거한 자료를 명확히 제시하지 않고 추측으로만 일관되어 있다. 또한 심증식의 마연(馬淵)은 이미 마흑(馬黑) 즉 코지코드 북쪽의 '마에'로 확인되었음에도 이를 푼네이 카얄과 음성적으로 끌어다 붙인 점은 신뢰도를 더욱 떨어뜨린다.

73. 화라(華羅①) [129~131]

[화라는] 야자수를 심어 경계를 구분하고, 청석을 쌓아 집을 짓는다. 농토는 척박하고 단단하여 벼[1]를 심기에 적합하다. 기후는 항상 덥고, 가을 겨울에 초목은 더욱더 무성해진다. 풍속은 괴이하다. 민간에서는 매번 네 개의 석정(石亭)을 세우고, 진흙으로 빚거나 돌을 새겨 상을 만들어, 아침저녁으로 경전을 외며 부처처럼 경배한다. 이어서 향, 꽃, 등촉으로 잘 공양한다. 모시는 제단, 행하는 곳, 집의 벽에는 모두 쇠똥으로 바르는데, 되레 청결하다고 여긴다. 이웃 사람들이 왕래할 때는 그 부류가 아니면 그곳에 갈 수 없다. 남녀의 형체는 검다. 추장이 없이 연장자가 주관한다. 언어는 차나(謶㗑)이다. 단향, 쇠똥을 이마에 바른다. 가늘고 흰 베로 머리를 싸매고, 긴 적삼을 입는데, 지금의 남비(南毗) 사람들과 대동소이하다.

植椰樹爲疆理, 疊青石爲室②. 田土瘠磽, 宜種稻. 氣候常熱, 秋冬草木越增**茂盛. 俗怪. 民間每創石亭數四, 塑以泥牛, 或刻石爲像, 朝夕諷經, 敬之若人佛焉. 仍以香花燈燭爲之供善. 凡所坐之壇, 所行之地, 及屋壁之上, 悉以牛糞和泥塗之, 反爲潔淨. 隣人往來, 苟非其類, 則不敢造其所. 男女形黑③, 無酋長, 年尊者主之. 語言謶④㗑⑤. 以檀香·牛糞搽其額. 以白細布纏頭, 穿長衫, 與今之南毗人少異而大同.**

① '남니(南尼)' 두 글자가 빠진 것 같다. 『영외대답』, 『제번지』에 모두 '서천남니화라국(西天南尼華羅國)'으로 되어있다.[2]

---

1) '도(稻)'자는 일반 벼를 말하는데, 앞서 땅이 척박하고 단단하다고 하였으므로, 잘 어울리지 않는다. 사고전서본에는 '도(稌)'로 되어있는데, 두 글자 모두 음이 같다. '도(稌)'자는 찰벼를 뜻하기도 하지만 서여(薯蕷), 즉 마를 뜻하기도 한다. 여기서는 마가 더 어울릴 것 같다.

2) 화라(華羅)에 관하여 심증식 씨는 앞에 '남니(南尼)' 두 글자가 빠진, 남니화라

② 정본(丁本)에는 '청(靑)'자가 없다.

③ '형(形)'자는 정본(丁本)에 '채(彩)'자로 되어있다.

④ 원주(原註)에 "'척'과 '가'의 반절(陟加反)."이라고 되어있다.

⑤ 원주(原註)에 "'녀'와 '가'의 반절(女加反)."이라고 되어있다.

(南尼華羅)로 추정했다. 그 근거로 조여괄의 『제번지』에 보이는 서천남니화라국(西天南尼華羅國)의 설명과 이를 요약 기술하고 있는 진원정(陳元靚, 1195~1265년 전후 생존)의 『사림광기(事林廣記)』, 권5의 "불교를 신봉하고 소를 존숭한다. 집과 벽에 소똥을 바르는 것을 청결하게 여긴다. 집마다 제단을 설치하고, 소똥을 바른 뒤에, 꽃과 물을 놓고 향을 피워 부처에게 공양한다. 외국 상인들은 집안에 들어오지 못하고 문밖에 앉는 것이 고작이다(事佛教, 尊牛. 屋壁皆塗牛糞以爲潔. 各家置壇, 以牛糞塗, 置花水爇香供佛. 蕃商到不得入屋, 只坐門外)."라는 기록을 인용했다. 이어서 "남니화라국은 사청고(謝清高)가 말한 내노왕국(乃弩王國), 『직방외기(職方外紀)』의 내륵(乃勒)으로, 이 나라의 땅은 중·서부 인도 사이에 있다."라고 추정했다. 마지막으로 이 나라는 또한 『송사·천축전』에 낭아라하라국(曩誐囉賀囉國)이 보이는데 이 낭아라하라가 바로 "남니화라(南尼華囉)와 음이 근접하므로 같은 나라일 것이다."라고 추정했다(『도이지략광증』, 하, 10쪽). 말하자면, 심증식 씨는 서천남니화라=낭아라하라=Naharawara를 말한다고 생각했다.

이렇게 소를 숭배하며 소똥을 바르는 풍습은 인도 동남부 마아바르(코로만델해안)에서도 확인된다. 마르코 폴로는 "이 지역의 사람들은 우상을 숭배하고, 소를 가장 숭배한다. 왜냐하면, 그들은 소가 곡물이 나도록 땅을 경작해 주기 때문에 가장 선량한 것이라고 하기 때문이다. 세상의 그 무엇 때문이라도 어떤 소의 살이라도 먹을 수 없으며, 세상의 황금 때문에, 어떤 방식으로도 소를 도살하지 않는다. 그러나 나는 당신에게 말해주겠다. 가비(gavi)라는 종족이 있는데 이들은 실제로 소의 살을 먹지만, 결코 소를 도살하지는 않는데, 그 때문에 결국 죽임을 당한다. 그러나 소가 자연사하거나 어떤 사건으로 죽게 된 경우에는 죽임을 당하지 않는다. 그래서 내가 말한 가비 사람들은 실제로 그것을 먹는다. 또 내가 당신에게 말해주겠다. 그들은 자신의 집 내부를 소의 똥으로 바르는데, 소의 신성함으로 보호받는다고 생각하기 때문이다."(A. C. Moule, P. Pelliot, 『Marco Polo』(1938), I, 388쪽)라고 하였다.

『영외대답(嶺外代答)』에 "서천의 남니화라국의 성은 세 겹으로 되어있다. 사람들은 아침저녁으로 목욕하고 울금을 몸에 바르는데 부처의 금색을 따라 하기 위함이다. 대부분 바라문(婆羅門)으로 칭하고 부처의 진짜 자손으로 여긴다. 가옥 벽과 앉는 자리는 모두 소똥을 칠한다. 매일 아침 향을 태우고 헌화하며 공양한다. 길은 서역(西域)으로 통하여 서역 사람들이 갑자기 빠른 말을 타고 빼앗아 가는 일이 있지만, 문을 닫고 거리를 두면 수일 내에 식량이 떨어져 저절로 물러난다(西天南尼華囉國, 城有三重. 其人早晩必浴, 以鬱金塗身面, 效佛金色. 國人多稱婆羅門, 以爲佛眞子孫. 屋壁坐席, 塗以牛糞. 家置壇, 崇三尺, 三級而升, 每晨以牛糞塗. 焚香獻花供養. 道通西域, 西域忽有輕騎來刧, 但閉門距之, 數日, 乏糧自退)."라고 하였다. 『제번지』에도 이 글을 수록하고, 또 "대식(大食)의 외래인들이 이 나라에 이르면 문밖에 앉게 하고 별실에서 머물게 하며 모기장과 그릇들을 제공한다. 부인들이 간음을 범하여 죽임을 당해도 관청에서는 불문에 부친다. 토산으로는 상등의 목향(Putchuk), 세백화예포가 있다. 사람들은 수락(酥酪), 쌀, 콩, 채소를 많이 먹고 물고기와 고기를 적게 먹는다(大食番至其國, 則坐之門外, 館之別室, 具供帳器皿. 婦人犯奸輒殺之, 官不問. 土產上等木香·細白花蘂布. 人多食酥酪飯豆菜, 少食魚肉)."라고 하였다. 히어트 씨는 서역의 경기병들이 와서 약탈하고 상등의 목향이 난다는 말을 근거로 이 나라가 신도(信度, Sindh)에 있을 것이라고 하였다(『조여괄』, 102쪽). 『제번지』에서 "대식(大食)의 외래인이 이 나라에 이르면 문밖에 앉게 하고 별실에서 머물게 한다"라는 것과 본서에서 "이웃 사람이 왕래하면서 그의 친족이 아니라면 거처하는 곳에 감히 이르지 못한다."라는 것은 인도 서안의 호다랄(胡茶辣, Guzarat)에서 말라바르에 이르는 바라문교 나라에서 모두 그러하다(Aboulféda, II, 108쪽[3], 이븐 바투타, IV, 71~72쪽[4]). 그러나 서역의 경기

---

3) 아불페다는 봄베이(뭄바이) 근처 탄나(Tanna)에 대해 다음과 같이 기술했다. "어떤 여행가는 타나가 구제라트 동쪽, 말라바르 서쪽에 있다고 한다. 이븐 사이드(Ibn Sa'id)에 따르면, 라르(Lār, 구제라트)의 마지막 도시인 타나는 여행자들의 기행문으로 잘 알려져 있다. 이 연안의 주민들은 가짜 신을 숭배하

병이 있고 상등의 목향이 난다는 이 나라는 호다랄에 있을 것이다. 혹자는 니화라(尼華羅), 즉 나르와라(Nahrwara)에 해당하는 음이라고 하는데 그럴 수도 있다.[5]

또 『제번지』에는 남비국(南毗國)이 보이는데 대략 아랍인들의 말라바르(Malabar)에 해당하며, 석란산(錫蘭山) 즉 실론도 그 가운데 있다. 『영애승

는 이교도들이다. 그들은 무슬림들이라면 아무도 그들 집에 재워주지 않는다." 『Géographie D'aboulféda』, Paris, 1848, II-II, 118쪽). 후지타 씨의 108쪽은 118쪽의 오기이다.

4) 이븐 바투타는 무슬림에 대한 차별을 다음과 같이 묘사했다. "우리는 또 사흘 뒤에 후추가 나는 물라이바르(Moulaïbār, Malabar)라는 나라에 도착했다. 센다부르(Sendāboūr, 고아)에서 까울렘(Caoulem)까지 해안을 따라 걸어서 두 달간의 긴 여정에 펼쳐져 있다. …말라바르 지역의 이교도들의 관습에, 무슬림은 집에 누구라도 들이지 않으며, 그들의 그릇에 먹이지도 않는다. 반대의 경우에, 그 그릇을 깨뜨려버리거나 다른 무슬림에게 줘버린다. 한 무슬림이 이 나라의 한 지역에 들어오면 무슬림에게 주어진 어떠한 집도 없다. 이교도들은 음식을 하게 하되 바나나 잎을 사용하게 하고, 양념을 그 위에 부어준다. 개와 새들이 남은 것을 먹게 한다. 말라바르를 건너는 이 길의 역참마다 무슬림들의 집이 있어 같은 신앙을 가진 사람들을 묵게 해 주고, 그들에게 필요한 모든 것을 판다. 이 사람들은 음식을 해준다. 이러한 도움이 없으면 어느 무슬림도 이 나라에서 여행할 수 없다."(『Voyages d'Ibn Batoutah』, IV, 71~71쪽).

5) 아불페다는 "이븐 사이드(Ibn Sa'id)는 나흐라와라(Nahrawālah)는 구제라트의 수도라고 하였다. 아부-르-라이한(Abou-r-Raīhān, Al-Bērūnī)에 따르면, 나흘라와라(Nahlawārah)로 읽어야 한다. 신뢰할 만한 저자는 이 사람이다. 어떤 여행가는 이븐 사이드처럼 읽고 구제라트의 나흐라와라(Nahrawālah)는 말라바르의 서쪽에 있으며, 캄바이(Cambaīe)보다 더 크다고 덧붙였다. 이어서 그는 이곳의 주거지는 초원과 강물로 서로 분리되어있다고 한다. 나흐라와라(Nahrawālah)는 바다에서 사흘 일정의 거리에 있는 항구라고 확인해 주었다. 그러나 소위 나흐라와라(Nahrawālah)의 항구는 바로 캄바이이다. 나흐라와라(Nahrawālah)는 땅만 있다."(『Géographie D'aboulféda』, Paris, 1848, II-II, 117쪽)라고 하였다.

람』 가지(柯枝) 조목에 나라 사람에는 다섯 등급이 있는데, 남곤(南昆)은 왕과 같은 부류이고, 이등은 회회인(回回人)이며, 삼등은 철지(哲地, Chittis)로 모두 재물주이고, 사등은 혁령(革令, Kling)이라 하며 중개와 보증하는 일을 담당하며, 오등은 목과(木瓜, Mukuva)라고 하고 가장 낮은 사람들이며 이들은 지금까지 해변에 산다고 했다. 남곤(南昆)은 장승(張昇)의 『영애승람집』에는 남비(南毘)로 되어있고, 『성사승람』(기록휘편본) 소갈란국(小葛蘭國) 조목에 "남녀는 대부분 회회 남비인이다(男女多回回喃毗人)"이라고 하였으므로, 남곤(南昆)은 남비(南毘)의 잘못일 것이다. 히어트 씨는 남비를 말라바르의 나이르(Nairs) 족으로 생각했는데(『조여괄』, 89쪽), 그럴 것이다. 이들은 왕과 동족이었기 때문에 송나라 때에는 남비국(南毗國)이라는 명칭을 가졌다.[6]

---

6) 록힐 씨는 이 '화라'는 본서의 어디에도, 동시대 다른 책에서도 보이지 않는다고 하면서 다음과 같이 추측했다. "호노레(Honore, 고아와 망갈로르 사이에 있는 Honāvar)일 것이다. 어쨌든 본 조목에서 말하는 이곳의 관습과 나이르 종족(Nairs) 관습과의 유사성으로 볼 때 말라바르 해안에 있는 것은 틀림없다."(465쪽) 사실 히어트와 록힐이 조여괄(趙汝适)의 남비국(南毗國)을 말라바르 해안에 사는 나이르족의 나라로 비정하면서(『조여괄』, 89쪽), 이들의 설명은 후지타 씨에게도 그대로 인정되었다. 이어서 펑 청쥔의 『제번지교주』에 검토 없이 그대로 받아들여졌고, 다시 『영애승람교주』(39쪽)에서는 남비(南毗)-나이르(Nair)-남부리(Nambūri)라는 음성적 연관성을 상정하기에 이르렀으며, 이는 『고대 남해지명 휘석』(578쪽)의 설명으로 이어졌다. 율과 버넬의 『영국-인도용어사전』(539쪽)의 설명에 따르면, 말라바르(Malabar) 해안은 아랍인들이 '후추 해안'으로 부르는 곳이다. 명칭의 구성을 분석해보면, 'Mala+bar'라는 형태이고, 접미사 'bar'는 아랍어 바르(barr, '대륙')와 산스크리트어 바라(vāra, '지역')를 가리킨다. 따라서 글자 그대로 '말라(Mala)의 지역(땅)'이라는 의미이다. 예를 들어 잔지바르(Zanzibar)는 '흑인들의 땅(지역)'으로 풀이되는 것과 마찬가지이다. 여기 '말라(Mala)'는 드리비다어에서 나왔으며, 'Male', 'Malai', 'Malīah'라는 고유 명사의 형태라고 설명하고 있다. 따라서 남비(南毗)와 이들 드라비다어 고유 명칭과 음성적 연관성을 찾기는 어려워 보인다. 한편, 히어트와 록힐은 조여괄의 시대, 즉 13세기 말라바르 사람들의 지배력은 인도 동부 해안 중간 지점인 넬로르

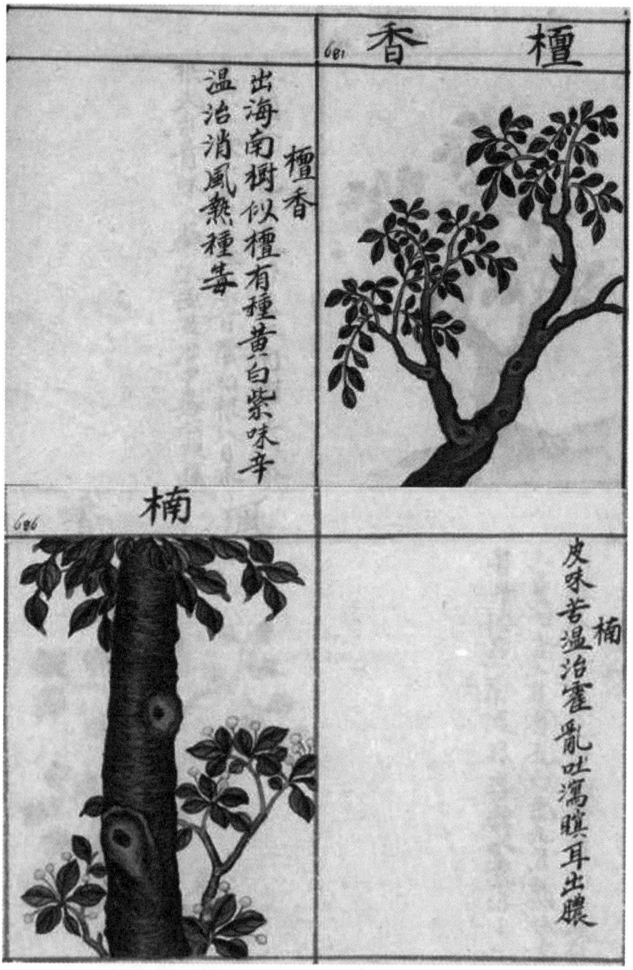

『중국 약용식물론과 라틴어 번역(Traité chinois de botanique médicale et traduction en latin)』(I), 18세기 익명의 사본. 위: 단향(檀香), 아래: 남수(楠樹).

(Nellore)에서 캄베이Cambay)까지, 나아가 실론섬까지 확장되어 있었다고 하였다(앞의 출처). 그렇다면 어떻게 남비(南毗)라는 나라를 말라바르 해안의 왕국으로 특정할 수 있을까. 현재로서 『제번지』의 남비국은 인도의 중남부 지역에 세력을 펼쳤던 왕국으로 남겨둘 수밖에 없다. 여기 남비(南毗)와 나이르 종족과의 연관성에 관해서는 뒤에 나오는 고리불 조목[83] 주4에서 자세히 논할 것이다.

74. 마나리(麻那里) [131~132]

[마나리는] 미려(迷黎)의 동남쪽과 경계하고, 원각(垣角)의 외딴섬에 있다. 암석에는 남수(楠樹) 만 가지가 있고 주위는 모두 바다이다. 굴[蠔]들이 산처럼 서 있고 그곳엔 사람들이 거의 가지 않는다. 땅은 엷고 농토는 척박하며, 기후는 고르지 않다. 풍속은 사치스럽다. 남녀는 변발하고 사롱[梢]을 매며, 팔에는 금 세공품을 찬다. 오색의 비단으로 짧은 적삼을 만들어 입고, 붕가랄(朋加剌) 베로, 한 폭의 치마를 만들어 싸맨다. 그곳에는 9척이나 되는 낙타가 나는데, 토착민들이 짐을 실어 다닌다. 키가 6척가량 되는 선학(仙鶴)이 있는데, 돌을 먹이로 먹는다. 사람들이 손뼉을 치면, 날개를 올리고 춤을 추는데 그 모습이 볼만하다고 하니 또한 기이한 동물이다.

界迷黎之東南, 居垣角之絕島①. 石有楠樹萬枝, 周圍皆水. 有蠔如山立, 人少至之②. 土薄田瘠, 氣候不齊. 俗侈. 男女辮髮以帶梢, 臂用金鈿③. 穿五色絹短衫, 以朋加剌布爲獨幅裙繫之. 地產駱駝, 高九尺, 土人以之負重. 有仙鶴高六尺許, 以石爲食. 聞人拍掌, 則聳翼而舞, 其容儀可觀, 亦異物也.

① '원각(垣角)' 두 글자는 문맥이 통하지 않는다.[1)]

② 지복재본에는 '지(之)'자가 없어 정본(丁本)에 따라 보충했다.

③ '이대소(以帶梢)' 세 글자는 문맥이 통하지 않는다. '전(鈿)'자는 '전(纏)'자의 잘못일 것이다.

---

1) 미려(迷黎)와 원각(垣角)은 모두 지명으로 보이는데, 마나리를 특정하지 못하는 이상 더 이상의 추정은 불가능하다. 쑤 지칭 씨는 미려가 "사바키(Athi-Galana-Sabaki)강 입구 서북쪽 동아프리카 대륙을 말란(Malan)이라 하는데", 이를 지칭하며, 원각은 웅가마(Ungama)에 해당하는 음이라고 추정했지만(『도이지략교석』, 296쪽), 억측에 지나지 않는다.

『영외대답』 곤륜층기국(崑崙層期國, Zanj) 조목에, “또 낙타학(駱駝鶴)이 있는데 몸통과 목 사이의 길이가 6~7척이나 되고 날개가 있어 날 수는 있으나 높이 날지는 않는다. 잡물과 염화(炎火)를 먹는데 혹 벌겋게 달군 동철을 주어도 먹는다고 한다(又有駱駝鶴, 身項長六七尺, 有翼能飛, 但不高耳. 食雜物炎火, 或燒赤熱銅鐵與之食).”라고 하였고, 『영애승람』의 조법아(祖法兒, Yafar), 아단(阿丹, Adan) 산물에는 타계(駝鷄)가 보이는데, “토착민들이 잡아 판다. 이 타계의 몸은 넓적하고, 목은 학처럼 길며, 다리는 3~4척이고, 발에는 두 개의 발가락이 있다. 털은 낙타와 같고, 녹두 등을 먹으며, 낙타처럼 다녀 이 때문에 타계라고 한다(土人捕捉來賣, 其身扁頸長, 其狀如鶴, 腳高三四尺, 每腳止有二指. 毛如駱駝, 食菉荳等物, 行似駱駝, 因此名駝雞).”라고 하였다. 본서의 선학(仙鶴)은 낙타학, 타계와 같이 타조를 말한다. 마나리에서 낙타와 타조가 난다고 하지만 대체로 아라비아 남안, 아프리카 동안에서 나지 않으므로 그 명칭은 잘못되었을 것이다.[2]

---

2) 마나리에 관하여 심증식 씨는 황무재(黃楙材)의 『인도차기(印度劄記)』에 보이는 말라바르의 방나리(邦那里), 위원(魏源) 지도의 문납리(門納利), 『광동통지』에 기록된 마륜니(麻倫尼)를 같은 곳으로 추정했다(『도이지략광증』, 하, 10쪽). 록힐 씨는 위치를 고증하지 못하고 동아프리카에 있을 것으로 추측만 남겼다(67쪽). 정리하자면, 후지타 씨와 록힐 씨는 본 조목의 산물에 보이는 낙타와 타조에 근거하여, 동아프리카 지역으로 추정했지만, 심증식 씨는 음성적 측면에서 인도 서남, 말라바르에 있다고 보고 있다. 이에 대해 쑤 지칭 씨도 동아프리카 설을 지지하고 있다. 쑤 씨는 “이 나라는 브라와(Brawa)와 몸바사(Mombasa, 케냐) 사이에 있는 말린디(Malindi, 케냐)에 위치한다. 『무비지·항해도』의 마림지(麻林地)는 이에 해당하는 음으로, 『명사·정화전』과 「외국전」에 보이는 마림(麻林), 『황명대정기(皇明大政記)』의 마록(麻祿), 모두 그 줄인 음역이다.”(『도이지략교석』, 295~6쪽)라고 추정했다. 여기 『무비지·항해도』의 마림지(麻林地)는 ‘마림(麻林)’의 오기이므로, 마리나와 마림의 음성적 유사성을 추적하기에는 부족하다.

사실 이 마나리가 있을 지역을 추정하는 실마리는 산물밖에 없다. 남목(楠木), 정남(楨楠)으로도 부르는 남수(楠樹)는 녹나무과(Lauraceae), 포에베속(Phoebe)의 교목으로 구이저우, 후베이, 쓰촨성의 특산으로, 견고한 목재로 알려져 황실 건물용으로 사용되었다. 본서 중가라(重迦羅) 조목에서도 남수(楠樹)가 언급되고 있는데, 왕대연이 정확하게 수종을 구분했을 리는 없고, 중국의 수종과 비슷하여 거명한 것으로 읽어야 할 것이다. 이 나무의 산지는 중국 특산으로 알려져 있으므로, 쑤 지칭 씨는 이 남수를 판다누스과(Pandanaceae) 판다누스속(Pandanus)의 상록수로 키가 작고 덤불을 이루는 관목, 스크류파인(screw-pine)이란 명칭으로 알려진 나무[Pandanus odorifer]로 설명했다. 이 나무는 폴리네시아, 오스트레일리아, 안다만 군도 그리고 필리핀제도가 원산으로 알려져 있고, 남인도와 미얀마에서도 분포한다. 왕대연이 기술한 이곳 마나리(麻那里)에는 낙타가 분포하고 있다고 했으므로, 서아시아, 남아시아, 북아프리카 지역으로 이끈다. 따라서 녹나무과(Lauraceae), 포에베속(Phoebe)의 교목은 아님이 분명하다. 또한 타조는 아프리카, 아라비아반도, 시리아, 이라크 등에 분포한다. 그렇다면 서아시아와 아프리카 북부와 동부 정도로 범위를 한정시켜 볼 수 있는데, 쑤 지칭 씨가 제시한 판다누스과(Pandanaceae) 판다누스속(Pandanus)의 상록관목의 분포지역과 부합하지 않는다.

한편 왕대연은 이곳 사람들은 붕가랄의 베로 치마를 만들어 입는다고 하였다. 붕가랄은 오늘날 방글라데시를 지칭한다. 따라서 아프리카 동쪽 해안으로 둔다면, 붕가랄에서 베를 수입하여 사롱을 만들어 입었다는 말과 어울리지 않고 거리도 너무 멀다. 게다가 왕대연은 이곳이 절도(絶島)에 있다고 하였으므로, 여기 마나리는 아프리카 동부보다는 남아시아 쪽에서 찾아야 할 것이다. 이러한 추정에 문제가 되는 것은 '선학(仙鶴)' 즉 타조이다. 최근 인도 서북지역 라자스탄과 마디아프라데시 지역에서 타조알 껍질 화석이 발견되었다는 보고가 있다. 그러므로 인도 서북쪽 해안에 있을 가능성을 배제하지 못한다. 게다가 '선학'이 타조라고 보는 것은 '돌'을 먹는다는 것과 키가 6척이라는 진술뿐이다. 실제로 타조가 돌을 먹는 것이 아니라 화산에 그을린 것을 먹기 때문에, 돌로 보였을 것이다. 6척의 키는 플라밍고 같은 큰 홍학에도 가능하다. 이 홍학은 서아시아, 남아시아에서 주로 분포한다.

75. 가장문리(加將門里) [132~133]

[가장문리는] 가리(加里)에서 2천여 리 떨어져 있고, 교목이 숲을 이루었으며 긴 대나무가 우뚝하다. 그 땅에는 보(洑)와 웅덩이가 있어 농토는 매우 비옥하여 곡물을 1년에 세 번 수확한다. 다른 나라에 통상하여 판매한다. 기후는 항상 덥고 풍속은 야박하다. 남녀는 상투를 말아 올리고, 긴 적삼을 입는다. 무리 지어 회인(回人, 아랍인)들과 섞여 산다. 현지 상인들은 매번 흑인 아이[黑囡]를 팔러 붕가랄(朋加剌)로 가서, 은화의 많고 적음에 따라 교역하는데, 키가 크고 작음에 따라 값을 흥정한다. 사람들은 바닷물을 끓여 소금을 만들고 [사탕] 수수즙을 발효시켜 술을 만든다. 추장이 있다. 그곳에서는 상아, 두라면(兜羅綿), 화포(花布)가 난다. 교역하는 상품은 소주(蘇州)와 항주(杭州)의 오색 수단[蘇杭五色緞], 남북사(南北絲), 토주견(土紬絹), 무륜포(巫崙布) 등이다.

去加里二千餘里①, 喬木成林, 修竹高節. 其地堰瀦, 田肥美, 一歲三收穀, 通商販於他國. 氣候常熱, 俗薄②. 男女挽髻, 穿長衫. 叢雜回人居之. 土商每興販黑國,[1] 往朋加剌互銀錢之多寡③, 隨其大小高下而議價. 民煮海爲鹽, 釀漿爲酒.[2] 有酋長. 地產象牙·兜羅綿·花布. 貿易之貨, 用蘇杭五色緞·南北絲·土紬絹·巫崙布之屬.

① '가리(加里)'는 심증식본과 다른 판본[3]에 '가리나(加里那)'로 되어있다.

---

1) '국(國)'자는 후지타 토요하치의 저본인 지복재본에 '닙(囡)'로 되어있는데, 인쇄상 오류인 것 같다. '닙(囡)'자는 '닙(囝)'자로 아이를 의미한다. 즉 흑닙(黑囡)이란 '흑인 아이'를 뜻한다.

2) 다른 판본에도 무슨 '장(漿)'인지 글자가 빠져있다. 다만 사고전서본에만 '자(蔗)'가 들어있다. 이를 따를 수밖에 없다.

3) 여기서 말하는 다른 판본은 정씨(丁氏) 죽서당(竹書堂) 소장본, 즉 선본실독서지(善本室讀書志)에 수록된 판본을 말한다.

② 정본(丁本)에는 '순(淳)'자로 되어있다.

③ '호(互)'자 아래, 정본(丁本)에는 '용(用)'자가 있고, 심증식본과 다른 판본에는 '시(市)'자가 있다.[4)]

본서 마팔아서(馬八兒嶼) 조목에 "서북쪽 모퉁이를 돌아 가장문(加將門) 오른쪽에 있다(控西北之隅, 居加將門之右)."라고 하였는데, 마팔아[Ma'bar]가 코로만델 해안이라면 여기서 말한 가장문은 감파리[甘巴里, Comorin, Kamuri]가 될 수도 있다. 그러나 명칭이 서로 비슷하지 않은 것이 의문스럽다. 마팔아는 본서에 별도의 조목이 있다.[5)]

---

4) 사실 이 문장에서는 술어가 있어야 한다. 정본(丁本)의 '용(用)'자를 넣어 해석하는 수밖에 없을 것 같다. 심증식 씨는 『도이지략광증』(하, 11쪽)에서 '호용(互用)'을 '호시(互市)'로 교정했는데, 문맥에는 가장 적합하다.

5) 가리(加里)에 대하여, 심증식 씨는 정본(丁本)의 가리나(加里那)를 따랐다. 가리나는 본서 70에 별도의 조목으로 기술되어 있다. 이미 가 본[기술한] 장소를 기준으로 위치를 설명하는 방법이 당연하므로, 가리나(加里那)를 말할 가능성도 크다. 하지만 우리는 앞서 가리나의 위치를 정확히 추정하지 못했으므로, 여기 '가리' 또는 '가리나'로부터 가장문리를 추적해갈 수는 없다. 후지타 씨가 언급하고 있는 것처럼, 가장문(加將門)이라는 명칭이 본서 마팔아서(馬八兒嶼) 조목에 보인다. 마팔아(馬八兒, Maabar)는 스리랑카 서북쪽과 마주 보고 있는 인도 동남쪽 코로만델 해안에 해당하는 명칭이다(마팔아에 관한 설명은 [89]마팔아서 조목을 참고하시오). 그러므로 마팔아서는 코로만델 해안의 섬을 지칭하는 것은 당연할 것이다. 여기 가장문이 바로 가장문리라면, '마팔아의 섬'과 가장문리는 인접해있다고 추론할 수 있으므로, 가장문리는 인도 남동쪽 코로만델 해안에서 찾아야 할 것이다.

정황이 이러함에도, 쑤 지칭 씨는 가장문리의 '장'자는 '랄(捋)'자의 잘못이라고 생각하고[모든 판본에 '장(將)'자를 보여줌에도 불구하고], 소위 '가랄문리(加捋門里)'는 아프리카 남동부, 모잠비크의 켈리마니(Quelimane) 항구에 해당하는 음이라고 주장했다(『도이지략교석』, 298~9쪽). 이곳은 중국에서 가장 먼 곳에 해당하는 곳이다. 존스턴 경(Sir Harry H. Johnston), 『영국 보호령 중앙아프리카(British Central Africa)』(런던, 1897, 55~56쪽)에 따르면, 이곳은 아랍 노예 상인들이 간헐적으로 온 것 이외에, 15세기 포르투갈 사람들이 오기 전까지는 아무런 외부와 접촉이 없었던 부시먼들이 살고 있었다고 한다. 또, 마스코 다 가마가 1495년 희망봉을 돌아 소팔라(Sofala)와 모잠비크의 아랍 정착지를 거쳐 말린디, 인도로 갔다고 설명하고 있다. 따라서 쑤 씨의 추정은 그럴법해 보이지만, 왕대연의 기술에서 언급된 '아랍인'과 '흑인 노예 아이[黑囡]'를 근거로 삼은 것에 지나지 않는다.

만약 쑤 씨의 주장대로, 가장문리가 켈리마니라면, 왕대연이 이곳은 교목이 무성하고, 대나무 숲이 있으며, 습지가 많고 농토가 비옥하여 1년에 곡물을 세 차례 수확한다는 기술과의 충돌을 해소할 길 없다. 게다가 이 가장문리의 산물에는 두라면(兜羅綿)이 보인다. 이 두라면은 본서에서 반달리(班達里)[60], 붕가랄(朋加剌)[84]의 산물로 알려져 있다. 또한, 가장문리의 사람들이 수입한 비단류들을 어떻게 설명할 것이며, 켈리마니에서 자주 '흑인 노예 아이'를 팔러 붕가랄로 왕래하기에는 거리가 너무 멀고, 14세기 켈리마니에 비단을 소비하며 이처럼 왕성한 교역을 주도한 나라가 있었다고 볼 수 없다.

쑤 씨는 자신이 교정한 '가랄문리'를 모잠비크 켈리마니로 추정한 이상, 왕대연이 첫 문장에서 언급한 가리(加里)라는 곳을 동아프리카 해안에서 찾으려 했다. "이 '가리'는 다른 곳이 아니라 『영외대답』의 곤륜층기(崑崙層期)라고 하는 '곤륜'이 바로 이곳이다. …이 항구의 원래 명칭은 킬와 키시와니(Kilwa Kisiwani)라고 하고, 아랍어로는 쿠루아(Culua)라고 하는 것을 위에서 보았다. 이 항구는 옛날 층기(層期) 제국의 수도이다."(앞의 출처)라고 설명했다. 사실 '곤륜층기'에 관하여 지금까지 이렇다 할 추정이 없을뿐더러, 가리와 곤륜의 음성적 유사성도 전혀 확인할 수 없다. 역자의 생각으로, 여기의 가리(加里)는 실론의 남부에 있는 갈레(Galle, Gaalla, Gaala, Kāli)에 해당하는 음으로 추측한다.

사실 쑤 지칭 씨가 가장문리를 아프리카로 추정을 시도하게 된 동기는 록힐이 "가장문리가 위치와 정보가 명확하지는 않지만, 동아프리카에 있을 것이라고 했다"(앞의 출처)라는 말에서 출발한다. 그러나 록힐 씨는 이 가장문리에 대해 아무런 추정도 내놓지 않았다. 쑤 씨가 말한 것은 앞서 본 마나리(麻那里)[74]에 관하여 추측한 말이다. 이상으로부터 가장문리에 관한 쑤 씨의 추정은 폐기되어야 하고, 그곳은 코로만델 해안에서 더 특정하자면 실론 맞은 편에서 찾아야 할 것이다.

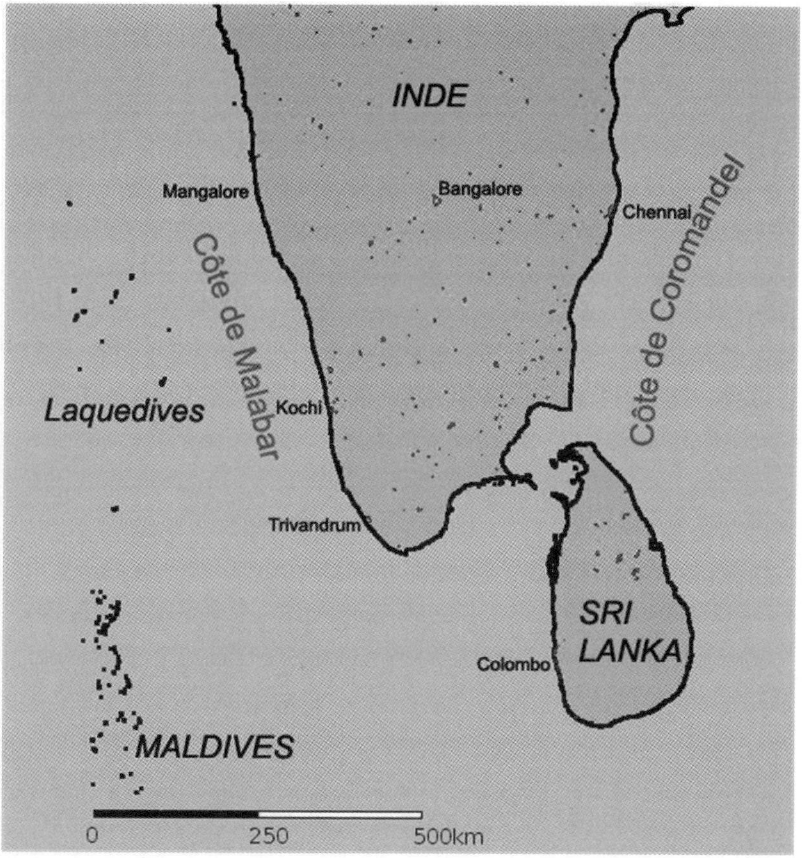

위키피디어. 인도의 왼쪽은 말라바르 해안이고 오른쪽은 코로만델 해안이다. '코로만델'이란 타밀어로 촐라(Chola) 왕국의 영토를 의미하는 '촐라만달람(Cholamandallam)'의 포르투갈어 발음에서 나왔다는 설이 일반적이다.

76. 파사리(波斯離) [133~134]

[파사리는] 서하(西夏)와 경계하며 이어져 있고, 땅은 사방 5천여 리이다. 관문과 시장 사이에 사람들이 물고기 비늘처럼 살고 있다. 농토는 밀과 벼에 적합하다. 기후는 항상 썰렁하다. 풍속은 사치스럽고 아름답다. 남녀는 키가 크고 머리카락을 땋으며, 낙타 털로 만든 적삼을 입으며, 연금(軟錦)[1]으로 자리를 만든다. 양을 구워 먹는다. 바닷물을 끓여 소금을 만든다. 추장이 있다. 그곳에는 호박, 연금, 낙타 털, 올눌제(膃肭臍)[2], 몰약(沒藥)[3], 만년조(萬年棗)[4]가 난

---

1) 연금(軟錦)은 연견(軟絹)을 말하는 것인지 모르겠다. 연견이란 부드럽고 얇으면서 질긴 견직물을 말한다. 이 연견은 『원사』, 「병지(兵志)」[2597쪽]에서 서책을 싸는 보자기로 사용되었다.

2) 『제번지』 하권 올눌제(膃肭臍) 조목에 "올눌제는 대식(大食, 아랍), 칼하트[伽力吉國]에서 난다. 모양은 활(猾)과 같고 다리 높이는 개와 같으며 색깔은 붉거나 검고 나는 듯이 빨리 달린다. 사냥꾼들은 그물을 바닷가에 펴서 잡아, 그 신장을 떼어내 기름으로 담가두는데, 이것을 '올눌제'라고 한다. 번국 중에서 보르네오[渤泥]에 가장 많다(膃肭臍出大食伽力吉國. 其形如猾, 脚高如犬, 其色或紅或黑, 其走如飛, 獵者張網於海濱捕之, 取其腎而漬以油, 名膃肭臍. 番惟渤泥最多)."라고 하였다. 자세한 설명은 『바다의 왕국들』, 430~432쪽을 참고하시오.

3) 라틴어로는 미르하(myrrha)로 알려진 몰약은 5세기 이전에 쓴 책이지만 이미 산실되고 후세 자료에 인용되어 전하는 서표(徐表)의 『남주기(南州記)』에 처음으로 언급되었다. 『남주기』에서 몰약을 언급한 문장은 이순(李珣)이 927~970년 사이에 저술한 『해약본초』에 인용되었다. 이로써만 볼 때 몰약은 당나라 이전에 중국인들에게 알려진 것으로 짐작할 수 있다. 그러나 이시진은 이순이 인용한 서표의 설명에 대해, "이순(李珣)은 '유향은 페르시아 소나무 수지다.'라고 했는데, 여기서도 '몰약도 소나무 수지다.'라고 한 것으로 보아, 잘못된 말에서 나왔을 것이다. 신향(神香)이라는 것은 어떤 물건인지 모르겠다(李珣言乳香是波斯松脂, 此又言沒藥亦是松脂, 蓋出傳聞之誤爾. 所謂神香者, 不知何物也)."라고 하였다(『본초강목』, 권34). 결국 이시진은 서표의 설명을 인정하지 않고 있

다. 교역하는 상품은 전담(氈毯, 모포), 오색단(五色緞), 운남의 엽금(葉金), 백

는 셈이다. 단성식(段成式, 803?~863)의 『유양잡조(酉陽雜俎)』(사고전서본, 권18, 13쪽)에 "몰수(沒樹)는 파사국에서 난다. 불림에서는 아착(阿縒)이라 부른다. 키는 1장 남짓이며 껍질은 청백색이고, 잎은 괴나무 잎과 비슷하나 길며, 꽃은 귤꽃과 비슷하나 크고, 열매는 검은색으로 큰 것은 산수유 같다. 맛은 시고 달아 먹을 수 있다(沒樹出波斯國, 拂林呼爲阿縒. 長一丈許, 皮青白色, 葉似槐葉而長, 花似橘花而大, 子黑色, 大如山茱萸, 其味酸甜可食)."라고 하였다. 몰수(沒樹)로 시작하지만, 기술하고 있는 것은 아착(阿縒), 즉 아람어 명칭인 아사(asa), 아랍어 아스(as)를 말하고 있다. 이시진은 몰수의 '몰'자가 '밀(蜜)'자로 판단하여 단성식의 이 조목을 밀향(蜜香) 조목으로 옮겼다(『본초강목』, 권34). 사실 몰수와 몰약은 전혀 다른 것이다. 따라서, 몰약의 존재가 당나라 시기에 중국에 알려졌다는 확실한 근거는 없다. 샤퍼(E. H. Schafer)가 "유향처럼 몰약도 아프리카와 아라비아의 수지로, 고대 근동지역에서 신성한 명성을 얻었다. 특히 몰약은 고대 이집트에서 시신을 방부 처리하는 사람들에게 필요한 것 중 하나로 알려져 있다. 이러한 전승은 예수의 시신을 보존 처리한 니코데무스(Nicodemus)에게로 이어졌다. 어두운 적색의 이 향은 당나라 시기에는 거의 알려지지 않았다."(『The Golden peaches of Samarkand』 1963, 171쪽)라고 한 것은 정확한 판단이라고 생각한다. 몰약에 관한 정보로는 조여괄(趙汝适)의 『제번지』에 보이는 설명이 가장 정확하다. 자세한 것은 『바다의 왕국들』, 312~314쪽을 참고하시오.

4) 만년조(萬年棗)란 종려나무과에 속하는 상록교목의 열매로 우리의 대추와 비슷하여 대추야자(Phoenix dactylifera)로 불린다. 천년조(千年棗), 해조(海棗), 파사조(波斯棗), 번조(番棗), 금과(金果), 봉미초(鳳尾蕉)라고도 불렸다. '천년조'니 '만년조'니 하는 것은 나무의 수령 때문에 붙여진 이름이다. 단성식(段成式, 803?~863)의 『유양잡조』, 권18에 "파사조(波斯棗)는 파사국(波斯國, 페르시아 지역)에 있는데, 파사국에서는 굴망(窟莽)이라 부른다. 나무의 길이는 3~4장이고, 둘레는 5~6척이며, 잎은 토종 등나무와 비슷하고 시들지 않는다. 2월에 바나나꽃처럼 생긴 꽃이 핀다. 두 갑(甲)이 점점 벌어져 그 안에는 10여 개의 방이 들어있다. 열매는 길이가 2촌이고 황백색이며 씨가 있다. 익으면 열매는 검어져 말린 대추 모양이다. 맛은 엿처럼 달아 먹을 만하다(波斯棗出波斯國. 波斯國呼爲

은(白銀), 왜철(倭鐵)[5]**, 대풍자(大風子), 상아 빗, 철기, 달랄사리(達剌斯離)의 향 등이다**.

窟莽. 樹長三四丈, 圍五六尺, 葉似土藤, 不凋. 二月生花, 狀如蕉花. 有兩甲漸漸開罅, 中有十餘房. 子長二寸, 黃白色, 有核. 熟則子黑, 狀類乾棗, 味甘如飴, 可食).”라고 하였다. 두보(杜甫, 712~770)가 「해종행(海棕行)」을 노래했는데, 해종(海棕)은 해종(海椶)으로, 대추야자 나무를 지칭한다. 이로써 볼 때, 8세기 전에 이미 대추야자가 중국에 알려져 있었음을 추론할 수 있다. 하지만 『본초강목』, 권31, 무루자(無漏子) 조목에 인용된 도종의(陶宗儀)의 『철경록(輟耕錄)』[사고전서본으로 27권 3쪽에 보이는데, 글자 상의 출입이 있다]은 이 나무의 연원을 한나라 시기로 거슬러 올라가고 있다. “사천 성도(成都)에는 금과수(金果樹) 여섯 그루가 있는데, 전하는 바에 따르면 한나라 시기의 것이라고 한다. 높이는 50~60장이고 둘레는 3~4심(尋)이며 화살처럼 곧게 뻗어 가지가 없다. 꼭대기에 종려나무 같은 잎이 있고, 표피는 용 비늘 같으며, 잎은 봉황의 꼬리 같고, 열매는 대추처럼 크다. 매해 중동(仲冬)에 유사(有司)가 제수를 갖출 때 채취하여 의공(醫工)에게 칼로 푸른 껍질을 벗겨내고 석회와 함께 삶아, 정제한 찬 꿀에 넣어 네 차례 뒤집어 준 다음, 병에 밀봉하여 진상토록 했다. 이런 방법이 아니면 날 것은 떫어 먹을 수 없다. 번국의 사람들은 고로마조(苦魯麻棗)라고 하는데 아마도 봉미초(鳳尾蕉)일 것이다. 만세조(萬歲棗)라고도 하는데, 천주(泉州)에 있는 만년조가 바로 이것이다(四川成都有金果樹六株, 相傳漢時物也. 高五六十丈, 圍三四尋, 挺直如矢, 木無枝柯. 頂上有葉如椶櫚, 皮如龍鱗, 葉如鳳尾, 實如棗而大. 每歲仲冬, 有司具祭收采, 令醫工以刀剝去青皮, 石灰湯瀹過, 入冷熟蜜浸換四次, 瓶封進獻. 不如此法, 則生澀不可食. 番人名爲苦魯麻棗, 蓋鳳尾蕉也. 一名萬歲棗, 泉州有萬年棗, 卽此物也).”라고 하였다. 여기의 고로마(苦魯麻)는 『유양잡조』의 굴망(窟莽)과 발음이 비슷하다.

5) 왜철(倭鐵)이라는 금속은 중국 자료에 보이지 않는다. 역자의 생각으로, 『영애승람』 조와국(爪哇國, 자바)과 방갈랄(榜葛剌, 벵갈) 조목에 보이는 빈철(鑌鐵)을 말하는 것으로 보인다. 1459년에 쓴 것으로 추정되는 조소(曹昭)의 『격고요론(格古要論)』(사고전서본), 권중, 18쪽)에 “빈철은 서번(西番)에서 나는데, 표면에는 나선형 문양이 있는 것이 있고, 참깨나 눈꽃 문양이 있는 것도 있다. 무릇 칼이나 검 그리고 도구들은 문질러 광채를 내는데, 금사반(金絲礬,

Fibroferrite)으로 산화시키면(?), 그 꽃이 드러난다. 가치는 은을 뛰어넘는다(出西蕃. 面上自有旋螺花者, 有芝蔴雪花者. 凡刀劍器打磨光淨, 用金絲礬礬之, 其花則見. 價直過於銀)"라고 하였다. 정확히 어떤 철을 말하는지 아직 밝혀지지 않았지만 빈철(鑌鐵)은 『주서(周書)』(권50, 6쪽)과 『수서(隋書)』(권 83, 7쪽)에서 사산조 페르시아의 산물로 언급되었고, 『태평환우기』(권182, 12쪽)에서는 계빈(罽賓, Kashmir)에서도 난다고 기술되었다. 『강희자전』에 '빈'자는 "매우 예리한 칼을 만든다."라고 되어있다. 이시진(李時珍)은 빈철이 서번(西番)에서 난다고 한 뒤에 10세기 헌원술(軒轅述)의 『보장론(寶藏論)』을 인용하여, "페르시아에서 나며, 단단하고 예리하여 금옥(金玉)을 자를 수 있다(出波斯, 堅利可切金玉)."라고 하였다. 이 때문에 빈철은 강철의 일종으로 설명되어왔다. 마르코 폴로는 페르시아 지역의 케르만(Cherman)과 코비난(Cobinan), 그리고 천산산맥 북쪽에 있는 긴긴 탈라스(Ghinghin talas)에서 나는 '안다니끄(andanique, 철의 일종)'에 대해 언급하고 있다. 율은 온다니끄(ondanique)로 옮기고 있는 이 금속에 대해 브레트슈나이더는 중국 자료에서 말하는 빈철(賓鐵), 또는 빈철(鑌鐵)일 것이라고 추정했다(『Mediaeval Researches from Eastern Asiatic Sources』, I, 146쪽). 펠리오에 따르면, "중국 자료에서 빈철은 6세기에 사산조 페르시아를 언급하며 처음으로 나타나며 그 뒤에도 빈철은 주로 페르시아에서 나는 외래물품으로 항상 언급되었다. 그러나 중앙아시아의 다른 곳에서도 났다. 강철에 대한 한자는 강(鋼)으로 이 글자는 단단하다는 의미인 '강(剛)'자에서 나왔다. 그러므로 빈철은 다소 다른 것이어야 한다. 『원사』 권85, 14쪽을 보면 한 관리가 빈철, 동(銅), 강(鋼) 등등의 관리를 맡았다고 하였는데, 이는 마르코 폴로 시대에 강철과 빈철 사이에 구분이 있었다는 것을 보여준다."(『Notes on Marco Polo』, I, 41~42쪽)라고 하며 빈철과 강철의 다름을 추측했었다. 라우퍼(Laufer)는 휴브슈만(Hübschmann)의 『페르시아 연구(Persische Stuien)』, 10쪽을 인용하여 이 '빈'자는 "이란어 스파이나(sapaina), 파미르어 스핀(spin), 아프간어 오스피나(ōspīna) 또는 오스파나(ōspana), 오세트어 아프산(äfsän)과 연결되었다."(『Sino-Irannica』, 515~16쪽)라고 하면서 음역한 글자로 추정했다. 이에 대해 펠리오 씨는 앞의 출처에서 이러한 설명이 원칙적으로는 맞지만, 중국인들에게 's'자를 탈락시킨 책임을 돌릴 수 없다고 한다. 당나라 시기 산스크리트-중국어 사전에 빈철은 산스크리트

境與西夏聯屬①, 地方五千餘里. 闤市之間, 民比居如魚鱗. 田宜麥禾. 氣候常冷. 風俗侈麗. 男女長身, 編髮, 穿駝褐毛衫, 以軟錦爲茵褥. 燒羊爲食. 煮海爲鹽. 有酋長. 地産琥珀·軟錦·駝毛·膃肭臍·沒藥·萬年棗. 貿易之貨, 用氊毯·五色緞·雲南葉金②·白銀·倭鐵·大風子·牙梳·鐵器·達剌斯離香之屬③.

① '서하(西夏)'는 '대하(大夏)'의 잘못일 것이다.[6]

② 명나라 조소(曹昭)의 『격고요론(格古要論)』에 "남번의 과자금, 부피금은 모두 생금이다. 운남의 엽자금(잎사귀 모양으로 제련한 금), 서번의 회회전 이것들은 숙금(순금)이다(南蕃瓜子金·麩皮金, 皆生金也. 雲南葉子金·西蕃回回錢, 此熟金也)."라고 하였다.

③ 달랄사리(達剌斯離)는 어떤 향인지 모르겠다. [본서의] 마가사리(麻呵斯離) 조목에 속랄사리포(速剌斯離布)가 보이는데, '속(速)'자는 '달(達)'자의 잘못일 것이다.[7] 아불페다(Aboulféda) 지리서에서 알베루니

어 피나(piṇa)에 해당하는 것으로 되어있다고 하였다. 이어서 이 '피나'라는 형태는 프라크리트어로 이란어에서 차용했을 것으로 보았고, 이것이 중국어의 '빈'자로 음역되는 실마리가 되었을 것으로 추정했다.

6) 서하(西夏)는 1038~1227년까지 중국 북서부 감숙성 지역을 차지하고 있던 탕구트 왕국이다. 따라서 파사리를 페르시아로 추정하려면, 이 서하를 대하(大夏)의 오기로 봐야 한다. 대하는 『사기』, 권123, 『대원열전』에 보인다. "대하는 대원(중앙아시아 페르가나)의 서남쪽으로 2천 리 떨어진 규수(嬀水) 남쪽에 있다(大夏在大宛西南二千餘里嬀水南)."라고 했으므로, 페르시아 지역에 해당한다고 할 수 있다. 하지만 쑤 지칭 씨는 대하를 토하라, 즉 토화라(吐火羅)로 보고 페르시아와 너무 멀다고 지적했다. 이어서 여기의 서하(西夏)는 우르(Ur)에 있는 유프라테스강 상류에는 사마와(Samawa, 薩馬瓦)라는 도시를 음역한 것으로, 서하는 대하(大夏)의 오기(誤記)가 아니라고 주장했다. 사실 '서(西)'자와 '대(大)'자를 혼동할 여지는 거의 없지만, 쑤 씨의 설도 억측에 가깝다. 잠정적으로 후지타 씨의 설을 따르기로 한다.

7) '달랄사리'라는 향에 관하여 쑤 지칭 씨는 "다르시니(dār-ṣīnī)로 복원할 수 있을 것 같다. 아랍어로 육계(肉桂)란 의미이다."(『도이지략교석』, 304쪽)라고 하였다. 여기 다르시니(Dārṣīnī)는 페르시아어로 'dār čīnī'로 '다르'는 나무란 뜻

와 이드리시를 인용하여 "타나(Tanah) 국에서는 탄시트(Tanschite), 타바시르(Tabaschir) 향이 난다."라고 했는데, 이와 음이 서로 비슷하다(II, 118쪽).

이 나라에 관하여, 혹자는 '파사'라고 한다.[8] '리(離)'자는 덧붙여진 것이 아니라 '사리' 두 글자가 도치된 것이다. 『제번지』 필사라(弼斯囉) 조목에 "사람들은 구운 빵과 양고기를 먹는다. 날씨는 추위와 더위가 조금 뚜렷하나, 삭망(朔望)이 없다. 낙타, 면양(綿羊), 천년조(千年棗)가 난다(人食燒麵餅羊肉. 天時寒暑稍正, 但無朔望. 產駱駝·綿羊·千年棗)."라고 하였다. 필사라는 바로 바스라(Basra)에 해당하는 음이므로, 페르시아만의 도시 명칭이다. 그렇다면 여기 파사리가 필사라의 다른 전사일 수도 있지 않을까?

이고, '치니'는 중국을 말하므로, 중국 계피(Cinnamomum cassid)를 가리킨다. 쑤 씨가 복원한 발음은 정확하다.

8) 여기의 '혹자'는 심증식을 가리키는 것 같다. 심증식 씨는 『도이지략광증』(하, 11쪽)에서 파사리(波斯離) 아래 "바로 파사국(波斯國)이다."라고 하였다.

77. 달길나(撻吉那) [134~135]

나라는 달리(達里)의 땅에 있는데 바로 옛날의 '서역'이다. 산은 적지만 농토는 척박하다. 기후는 대체로 덥지만, 하늘은 항상 흐리다. 풍속은 강(羌)과 같다. 남녀의 몸과 얼굴은 칠(漆)한 것 같고, 눈은 동그랗고 흰 머리는 헝클어져 있다. 연금(軟錦)을 덧대 옷을 만든다. 여자들은 직물을 짜 두는 것을 생업으로 하고 남자들은 아골석(鴉鶻石, 야쿠트) 채취를 하며 산다. 바닷물을 끓여 소금을 만들고 안석류(安石榴)를 발효시켜 술을 만든다. 추장이 있다. 땅에서는 안식향(安息香), 유리병, 붕사(硼砂)[1)]가 나고, 치자화(梔子花)[2)]는 다른 나라에서

---

1) 약재로 사용된 붕사(硼砂, 鵬砂)는 『본초정화(本草精華)』, 권하, 금석부에 따르면, "[붕사는] 서번과 남번에서 나는데, 황백(黃白) 두 종류가 있다. 서번에서 나는 것은 흰 명반(明礬) 같고, 남번에서 나는 것은 복숭아나무 진처럼 노랗다. 모두 제련하여 만든 것으로 요사(硇砂)류이다. 봉사(蓬砂), 분사(盆砂)라고도 한다(出西南番, 有黃白二種. 西者白明礬, 南者黃如桃膠, 皆煉結成, 如硇砂之類. 一名蓬砂, 盆砂)."라고 하였다.

2) 치자화(梔子花)에 대하여 이시진(李時珍)의 풀이에 따르면(『본초강목』, 권36, 巵子 조목), "치(巵)는 술 그릇이다. 치자가 그것과 비슷하여 이름을 붙인 것이다. 민간에서는 '치(梔)'자로도 쓴다. 사마상여(司馬相如)의 「자허부(子虛賦)」에 '선지가 노랗게 빛나네'라고 하였는데, 그 주에 '선지는 지자(支子)'라고 하였다. 불교 서적에 그 꽃을 담복(薝蔔)이라 하였고, 사령운(謝靈運)은 임란(林蘭)이라 하였으며, 증조(曾慥, 12세기)는 선우(禪友)라 불렀다(巵, 酒器也. 巵子象之, 故名. 俗作梔. 司馬相如賦云, 鮮支黃爍. 注云, 鮮支卽支子也. 佛書稱其花爲薝蔔, 謝靈運謂之林蘭, 曾端伯呼爲禪友)."라고 하였다. 첨복인지 담복인지 자형이 비슷하여 얼마든지 혼동할 수 있다. 하지만 이시진은 담복이 치자의 꽃이라고 설명하고 있다. 담복은 첨복으로 읽어야 한다. 산스크리트어로 참파카(champaka), 힌디어로 참팍(champak)에 해당하는 음이라는 것이 일반적이다. '담'자와 '첨'자의 혼동은 9세기에도 이어졌다. 『유양잡조(酉陽雜俎)』 권18에 "일반 꽃들은 (꽃잎이) 6개로 나는 것이 적은 데, 유독 치자화는 6개로 난다.

나는 것보다 더욱 우수하다. 교역하는 상품은 사금(沙金), 화은(花銀), 오색단(五色緞), 쇠솥, 동선(銅線), 유황, 수은 등이다.

國居達里之地, 卽古之西域. 山少田瘠. 氣候半熱, 天常陰晦. 俗與羌同. 男女身面如漆, 眼圓, 白髮鬅鬙. 籠軟錦爲衣[①]. 女資紡織爲生, 男採鴉鶻石爲活. 煮海爲鹽, 釀安石榴爲酒. 有酋長. 地產安息香[②]·琉璃瓶·硼砂, 梔子花尤勝於他國. 貿易之貨, 用沙金·花銀·五色緞·鐵鼎·銅線·琉黃·水銀之屬.

도홍경(陶弘景, 456~536)이 '치자는 잘린 꽃잎이 6개로 나며, 화방(花房)은 7갈래로 나뉘어 있어 꽃의 향기가 매우 진하다.'라고 하였다. 전하는 바에 따르면 서역의 담복화(薝蔔花)이다(諸花少六出者, 唯梔子花六出, 陶眞白言梔子翦花六出, 刻房七道, 其花香甚, 相傳即西域薝蔔花也)."라고 담복화에 대한 설명을 보여준다. 이러한 혼동은 송나라 주거비(周去非, 1135~1189)에게서도 마찬가지이다. 『영외대답(嶺外代答)』 권7에 "번치자(蕃梔子)는 대식국에서 난다. 불경에서 말하는 담복화(薝蔔花)이다. 바다의 외국 사람들이 그것을 말리는데, 염색하는 집의 홍화(紅花)같다. 오늘날 광주에서 용연(龍涎)을 향으로 만들 수 있는 것은 번치자를 사용하기 때문이다. 또한 광주 깊은 곳에는 백화(白花)가 있는데 치자화(梔子花)와 완전히 같으나 5개가 나와, 사람들은 천축에서 온 것이라 하고 또 담복(薝蔔)이라 한다고 하는데 이 설은 틀린 것 같다(蕃梔子出大食國. 佛書所謂薝蔔花是也. 海蕃乾之, 如染家之紅花也. 今廣州龍涎所以能香者, 以用蕃梔故也. 又深廣有白花, 全似梔子花, 而五出, 人云亦自西竺来, 亦名薝蔔, 此説恐非是)."라고 했다. 주거비도 '담'자로 썼지만, 이 담복이 바로 중국의 치자가 아니라 서역에서 나는 '번치자'라고 달리 봤다는 점에 주목해야 한다. 치자는 꼭두서니과[Rubiaceae]에 속하고, 첨복은 목련과[Magnoliaceae]에 속한다. 이탈리아 음악가 피에트로 델라 발레(Pietro Della Valle, 1586~1652)는 인도 여행에서 "그들은 크기와 형태 면에서 우리의 질리플라워(Gilly flower)와는 다른 꽃을 보여주었는데, 색은 연노랑이었으며, 매우 달콤하고 강한 향이 났다. 그들은 치암파(ciampa)라고 불렀다."라고 하면서, 서양인으로서는 가장 이른 언급을 남겼다(『The travels of Pietro della Valle in India』, I, Hakluyt Society, 1892, 40쪽). 자세한 사항은 『바다의 왕국들』, 329~330쪽을 참고하시오.

① '롱(籠)'자는 잘못된 것 같다.

② 『위서(魏書)』에서는 구자국(龜兹國, Kuchar)에서 안식향(安息香)이 난다고 하였고, 『진서(晉書)』「불도징전(佛圖澄傳)」에 안식향을 태우며 기도했다고 하였으며, 『수서』 조국(漕國)에서는 안식향, 청목(青木) 등의 향이 난다고 하였다. 『유양잡조(酉陽雜俎)』(권18)에 "안식향 나무는 파사국(波斯國)에서 난다. 파사 사람들은 벽사(辟邪)라고 부른다(安息香樹, 出波斯國, 波斯呼爲辟邪)."라고 하였고, 『제번지』에서 "안식향은 삼불제에서 난다(安息香出三佛齊國)."라고 하였으며, 『명일통지』에서는 안남(安南)에는 삼불제의 산물들이 모두 있다고 하였다. 이 향은 벤조인(Benzoin)을 말한다.[3)]

---

3) 음역 명칭인 안식향(安息香)에는 두 종류의 다른 향료를 지칭한다. '안식'은 2~3세기 이란고원을 차지하고 있었던 파르티아를 가리킨다. 이후 아르사케스 왕조가 전복되고 사산조 페르시아로 교체되었다. 수나라 시기(557~618)에는 파미르고원 북쪽에 있었다고 하는 조국(漕國)의 산물에 안식향이 들어있다(『수서』, 권83, 1857쪽). 또 구자(龜兹, 쿠차) 열전에서도 안식향의 존재를 언급하고 있다. 다시 말해 이란고원 지역에서 난 안식의 향이 중앙아시아 타클라마칸 사막을 경유하여 중국으로 유입되었을 소지가 다분하다. 그러나 이 파르티아산 안식향의 존재는 확인되지만, 어떤 종인지 여전히 알려지지 않고 있다. 히어트와 록힐 씨는 『본초강목』에 언급된 산스크리트어 졸패라향(拙貝羅香)에 대하여, [구패라]로 읽고, 그에 해당하는 산스크리트어로, 카디라(khādira) 또는 쿤두라(kundura), 즉 카테추(catechu, 인디언 프란킨시스)를 제시했다(『조여괄』, 202쪽). 이러한 추정에 대해, 펠리오는 히어트와 록힐의 책에 대한 긴 서평에서(『통보』, 1912, 480쪽), 의정(義淨)의 목록에 구구라(窶具羅), 또는 구구라(求求羅)라는 음역 표기가 보이므로, '졸(拙)'자를 '구'로 읽은 것은 정확하다고 지적한 뒤에, 이 구구라는 키디라나 쿤두루와 아무런 관련이 없고 그에 해당하는 음은 구굴라(guggula, 안식향)임을 밝히고, 말레이 지역에서만 보이는 스티락스 벤조인이 아니라, 발삼모덴드론 아프리카눔(Balsamodendron africanum)에서 추출한 것, 즉 육로의 안식향으로 보았다. 사실 히어트와 록힐이 추정한 카테추는 중국어로 해아차(孩兒茶)을 말하므로, 엄연히 다른 것이다.

한편, 10세기 이순(李珣)의 『해약본초(海藥本草)』에는 『광주기(廣州記)』를 인용하여, "남해의 파사국에서 나는 나무 수지이다. 생긴 것은 복숭아나무 진과 같고, 가을에 채취한다(生南海波斯國, 樹中脂也. 狀若桃膠, 秋月采之)."라고 하였다(사고전서본, 『증류본초』, 권13, 82a). 또, 단성식(段成式)의 『유양잡조(酉陽雜俎)』 권18을 보면, "안식향 나무는 파사국에서 난다. 파사국 사람들은 벽사(辟邪) 나무라고 부른다. 길이는 3장(丈)이고 껍질은 황흑색이며, 잎은 4각이고 추위에도 시들지 않는다. 2월에 개화하고, 노란색이며 꽃술은 옅은 푸른색이고, 열매는 열리지 않는다. 그 나무의 껍질을 깎아 보면 그 진액이 엿 같은데, 이것을 안식향이라 부른다. 6~7월에 단단하게 응고되면 채취한다. 태우면 신명(神明)에 통하여 여러 사악한 것을 물리친다(安息香樹, 出波斯國, 波斯呼爲辟邪樹. 長三丈, 皮色黃黑, 葉有四角, 經寒不凋. 二月開花, 黃色, 花心微碧, 不結實. 刻其樹皮, 其膠如飴, 名安息香. 六七月堅凝, 乃取之. 燒通神明, 辟衆惡)."라고 했다. 단성식의 설명은 『광주기』의 설명을 부연한 것이 지나지 않는다. 다만 '남해(南海)'라는 두 글자만 빠져있다. 여기의 파사국(波斯國)은 남해의 파세(Pasé)를 가리키는 것으로 봐야 한다. 이로써 남해산 안식향을 접할 수 있다.

남송의 조여괄(趙汝适)은 『제번지』에서 "안식향은 삼불제국에서 나는데, 이 향은 바로 수지이다. 그 모양은 호두의 속과 비슷하여 태우기에는 적당하지 않지만, 다른 향들을 두드러지게 할 수 있으므로, 사람들이 그것을 취해 다른 향과 섞는다. 『통전(通典)』에는 서융(西戎)에 안식국이 있는데, 후주(後周) 천화(天和, 566~572), 수(隋) 대업(大業, 605~618) 연간 조공해 왔다고 한다. 아마도 이 때문에 이름을 얻어서 삼불제에서 되돌려 거래되었을 것이다(安息香出三佛齊國, 其香迺樹之脂也, 其形色類核桃瓤, 而不宜於燒, 然能發衆香, 故人取之以和香焉. 通典敍西戎有安息國. 後周天和·隋大業中曾朝貢. 恐以此得名. 而轉貨於三佛齊)."라고 하면서, 육로의 안식향과 바닷길의 안식향을 하나로 연결하려는 시도를 엿볼 수 있다. 이는 당시 이 두 종류의 안식향은 중국인들을 혼란스럽게 했던 것이 분명하다. 이러한 혼동을 벗어나려는 시도였는지는 모르지만, 이시진은 "이 향은 나쁜 것을 물리치고, 사악한 것을 종식시킨다는 의미로 이렇게 이름하였다(此香辟惡, 安息諸邪, 故名)"라고 하였다.

이상으로부터 정리하자면, 비슷하지만 다른 두 종의 안식향은 육로와 해로를 통해 중국에 유입되었다. 당나라 시기에 접어들면서 비슷한 종인 남해산 안식

『제번지』 주련(注輦, 촐라) 조목에 서천의 붕가라국은 그 도읍을 차나길이라 하고, 성의 둘레는 120리이다. 사람들은 승부욕이 강하고 오로지 약탈을 일삼는다. 흰 아라(砑螺) 껍질을 갈아서 돈으로 만들어 쓴다(西天鵬茄囉國, 都號茶那咭, 城圍一百二十里. 民物好勝, 專事剽奪. 以白砑螺殼磨治爲錢).”라고 하였다. 여기 차나길(茶那咭)의 ‘나길’ 두 글자를 도치하면 달길나(撻吉那)가 된다. 그러나 이곳이 어디인지 모른다. 또 서인도 사막지방을 자르(Jhar)[4]라고 하는데 달리(達里)는 이에 해당하는 음인 것 같다.[5]

향이 육로의 안식향, 즉 스티락스 벤조인(Styrax Benjoin)으로 대체되었을 것이다. 따라서 『본초』 서적에서 기술하고 있는 것들은 모두 남해, 즉 말레이반도의 산물들일 것이다. 존 크로포드의 설명에 따르면, 말레이와 자바인들은 스티락스 벤조인(Styrax benzoin)을 Kamâñan, Kamiñan, Kamayan으로, 또는 축약하여 mâñan, miñan으로 표기한다. 약 7년 된 나무의 껍질을 상처 내 추출하는 것으로 수마트라와 보르네오섬의 특산이라고 한다(John Crawfurd, 『A Descriptive Dictionary of the Indian Islands & Adjacent Countries』, London, Bradbury & Evans, 1856, 50쪽). 즉 앞서 말한 남해의 안식향이다. 이러한 말레이어를 음역한 것이 바로 『제번지』에서 별도의 조목을 두고 기술한 금안향(金顔香)이다. 결국, 조여괄 시대에도 명확히 구분하지 못하고 혼동했음을 할 수 있다. 이러한 구분이 명확해진 것은, 원나라 왕대연(汪大淵)의 『도이지략』이다. 왕대연은 구항(舊港) 조목에서는 금안향이라고 했고, 달길나(撻吉那) 조목에서는 안식향으로 구분하여 사용했다. 금안향에 대해 자세한 것은 『바다의 왕국들』, 319~320쪽을 참고하시오.

4) 후지타 씨가 말하는 이 사막은 서인도 라자스탄의 타르(Thar) 사막을 지칭하는 것 같다. 인쇄상 오류일 것이다.

5) ‘달길리(撻吉里)’로 잘못 표기한 심증식 씨는 『도이지략광증』(하, 11쪽)에서 달길나(撻吉那)에 관하여 다음과 같은 추정을 제시했다. “원나라 시기 인도 북방의 덕렬(德列)은 대국으로, 왕은 돌궐 인종이다. 훌레구가 여러 차례 공격했으나 이기지 못했다. 여기의 달리(達里)는 바로 덕렬(德列)인 것 같고 달길나(達吉那)는 바로 ‘돌궐’이 와전된 음인 것 같다. 『명사』의 저리국(底里國)은 영락(永樂) 연간에 조서를 내려 그 나라 왕 마합목(馬哈木)을 불러 타이르고, 문기(文綺), 채백(綵帛)

등의 산물을 하사했고, 그 나라 땅은 소납박아(沼納樸兒)와 가깝다고 하였다[『명사』, 권326, 8455쪽]. 저리(底里)가 소납박아와 가깝다고 했으므로, 또한 그 나라가 중인도에 있었다는 증거이다. 또 『명사』에 따르면, 파라서(巴喇西)가 조공하며 그 사신이 말하기를 서란해(西瀾海)에 이르러 배가 파손되고 겨우 한 척의 작은 거룻배만 남았고, 또 8일을 표류하다가 득길영국(得吉零國)에 이르러 1년을 머물렀다고 하였다. [이후] 비득(秘得)에 이르러 8개월을 머물고, 육로를 따라 26일이 걸려 섬라(暹羅)에 이르렀다고 하였다[『명사』, 권325, 8429쪽]. 득길영(得吉零)이 바로 달길나(撻吉那)이고, 덕렬(德列)은 동쪽으로 벵갈[孟加剌]에 접해있으므로 해안을 따라서 섬라에 이를 수 있었다." 정리하자면, 심증식 씨는 현 인도의 수도인 델리인, 달리(達里)=덕렬(德列)=저리(底里)라는 등식을 제시하고, 이어서 『명사』의 득길영(得吉零)=달길나(撻吉那)이므로, 달길나는 중인도에 있다는 설명이다. 여기 후지타 씨는 서인도에 있는 것으로 추정했으므로, 심증식과 후지타 두 학자는 모두 달길나를 인도 내륙으로 추정하고 있는 셈이다. 하지만 이 인도로 추정하는 설은 바닷물을 끓여 소금을 만든다고 하는 설명과 거리가 멀다.

한편 쑤 지칭 씨는 여기 치자화(梔子花)가 다른 나라보다 우수하다는 설명에 주목한 것으로 보인다. 그는 치자화는 중국 자료에 따르면, 대체로 대식(大食)에서 난다고 알려져 있으므로, 페르시아 쪽에서 달길나를 찾으려 했다. "달길나는 페르시아 옛 항구인 타히리(Tahiri)에 해당하는 음으로 보인다. 지금도 이 명칭으로 불리고 있는데, 탑흑리(塔黑里)로 음역한다. 방언에서 'hi'는 'ki'로 잘못 읽을 수 있고, 'ri'는 'ni' 또는 'na'로 잘못 읽을 수 있으므로 타히리는 달길나 세 글자에 대응한다. 이 항구는 페르시아 파르스(Fars) 연해에 있으며, 원래는 시라브(Shirav, 아랍인들은 Sirāf로 씀)로, 원나라 오감(吳鑒)의 『청정사기(清浄寺記)』의 살나위(撒那威)이다. 9~12세기 중엽까지 3백 년 동안 페르시아만 동부의 가장 큰 상업항구였다. 그 뒤에 정치적 변화와 수로의 막힘으로 키시(Kish, 記施) 항구로 대체되었다."(『도이지략교석』, 306쪽)라고 페르시아만 설을 제기했다. 사실 달길나의 산물인, 안식향(安息香), 안석류(安石榴), 유리병, 붕사 등은 페르시아만으로 이끈다. 달길나를 페르시아만에서 찾자는 것은 동의하지만, 쑤 씨가 말한 타히리는 현 지도에서 타하리(Tahari)를 말하는 것으로 보이는데, 달길나라는 음에 어떻게 근접한지 여전히 의문이다. 하지만 왕대연이 제시한 달길나의 산물들은 인도 서북부로 비정한다고 해도 아무런 문제가 되지는 않는다.

78. 천리마(千里馬) [135]

[천리마의] 북쪽은 대분산(大奮山)과 확실히 경계를 이루고 있고, 하천물이 시장을 보호하고 있다. 사계절 내내 맑고 투명하며 형세가 넉넉하다. 농토는 척박하여 곡물은 적게 나며 기후는 약간 덥다. 풍속은 순박하다. 남녀는 머리카락을 자르고, 몸에는 사포(絲布)를 맨다. 바닷물을 끓여 소금을 만들고, 계핏가루를 [섞어] 발효시켜 술을 만든다. 추장이 있다. 그곳에는 취우(翠羽), 백합(百合), 서여(薯蕷)가 난다. 교역하는 상품은 철선, 거친 그릇, 소목(蘇木), 납, 바늘 등이다.

北與大奮山截界, 溪水護市, 四時澄徹, 形勢寬容. 田瘠穀少, 氣候乍熱. 俗淳. 男女斷髮, 身繫絲布. 煮海爲鹽, 釀桂屑爲酒. 有酋長. 地產翠羽·百合·蘿蕷①. 貿易之貨, 用鐵條·粗碗·蘇木·鉛·針之屬.

① '라(蘿)'자는 심증식본에 '서(薯)'자로 되어있는데, '서'자가 맞다.[1)]

원나라, 명나라 시기 자료에 '천리마'라 일컫는 곳은 없었다. 종종 천리달(千里達)이 보이는데 같은 것인지는 모르겠다.[2)]

---

1) 나여(蘿蕷)는 확인되지 않는 식물이다. 심증식과 후지타 씨는 '나(蘿)'자가 '서(薯)'자의 잘못으로, 서여(薯蕷), 산약(山藥)이라고도 하는 마의 일종으로 보았다. 쑤 지칭 씨는 '나'자가 싱할라어에서 나온 음역 된 글자로 생각했다(『도이지략교석』, 310쪽). 역자는 '나(蘿)'는 나복(蘿蔔, 무)과 서여(薯蕷) 두 종류의 식물로 읽을 것을 제안한다.

2) 이곳을 특정할 만한 내용상 실마리는 전혀 없다. 심증식 씨는 한마디 추측도 하지 못했고, 록힐도 수마트라섬에 있는 것으로 추측한, '소식(小食)'이라고도 불린 특번리(特番里) 근처라고 생각한 것이 전부이다. 여기 후지타 씨는 천리달(千里達)일지도 모른다고 의문을 남겼다.

『명사』에는 천리달이라는 나라가 두 차례 언급되고 있다. 먼저 「성조본기(成祖

本紀)』, 권7(98쪽)에 따르면, 영락(永樂) 16년(1418)에 "섬라, 점성, 조와, 소문답랄, 니팔랄, 만랄가, 남발리, 합렬, 사합로, 천리달, 살마아한이 조공해 왔다(暹羅·占城·爪哇·蘇門答剌·泥八剌·滿剌加·南渤利·哈烈·沙哈魯·千里達·撒馬兒罕入貢)."라고 하였고, 그다음은 권326, 「외국열전」 제7(8456쪽)에서 찾아볼 수 있는데, "천리달은 영락 16년(1418) 사신을 보내 방물을 바쳤다. [조정에서는] 그 사신에게 관대, 저사(紵絲), 사라(紗羅), 채백(綵帛), 대명보초(大明寶鈔)를 하사했다. 돌아갈 때 그들 왕에게 보탠 하사품을 내렸다(千里達, 永樂十六年遣使貢方物. 賜其使冠帶·紵絲·紗羅·綵帛及寶鈔. 比還, 賜其王有加)."라고 하였다. 이상 『명사』에 언급된 천리달로는 위치를 추정할 수 없다.

무엇에 근거한 것인지는 모르지만, 쑤 지칭 씨는 『대당대자은사삼장법사전(大唐大慈恩寺三藏法師傳)』, 권3과 권4에 보이는 달라비다(達羅毘茶) 왕국에 대응시켰다. "천리달(千里達)이라는 명칭은 티라미다(Tiramida)에 해당하는 음으로, 이 명칭은 『명사·외국전』에 보인다. 바로 타밀어 명칭으로 산스크리트어로는 드라비다(Draviḍa)와 드라미다(Dramiḍa)이고 승가라어로는 다밀로(Damilo)라고 하며 『대당서역기』에는 달라비다(達羅毗茶)로 되어있다. 그렇지만 이 나라는 9세기 말에 이미 주련국(注輦國, Coḷa) 영토의 일부로 되었고, 그 뒤로부터 이 나라의 명칭은 인도 역사에서 사라졌다. 단 남인도는 스리랑카와 물 하나를 사이에 두고 있을 뿐으로, 타밀 사람들이 남인도의 주요 민족이므로 바다를 건너 남쪽으로 온 것은 역사가 매우 오래되었다. 지금 이 섬 남부와 동부에 사는 민족은 모두 타밀인이 주류를 이룬다. 그러므로 『명사』의 천리달은 스리랑카 타밀족 구역 내에 있을 것이다."(『도이지략교석』, 309쪽)라고 하였다. 이 주장에는 오류가 가득하다. 이 달라비다 왕국의 도읍은 건지보라(建志補羅, Kāñcipura)로 알려져 있고 『대당대자은사삼장법사전』, 권4에 보이는 원주(原註)에는 "남인도의 경계(南印度境)"라고 설명하고 있다. 이미 실론은 오래전부터 중국에 알려졌는데, 왜 그 명칭을 사용하지 않고 『명사』에서 두 차례만 언급된 명칭을 사용했는지 설명하기 어렵다.

쑤 씨는 근거 없는 정보를 통해 결국 천리마를 스리랑카 동쪽 해안에 있는 트린코말리(Trincomalee)로 추정했다(앞의 출처). 이 명칭은 타밀어 'Thiru-kona-malai'의 약칭으로, 'Thiru'는 신성하다는 의미이고, 'kona'는 군주 또는 왕을 의미하며, 'malai'는 산이나 언덕을 뜻한다. 따라서 여기 천리마와는 음성적 근

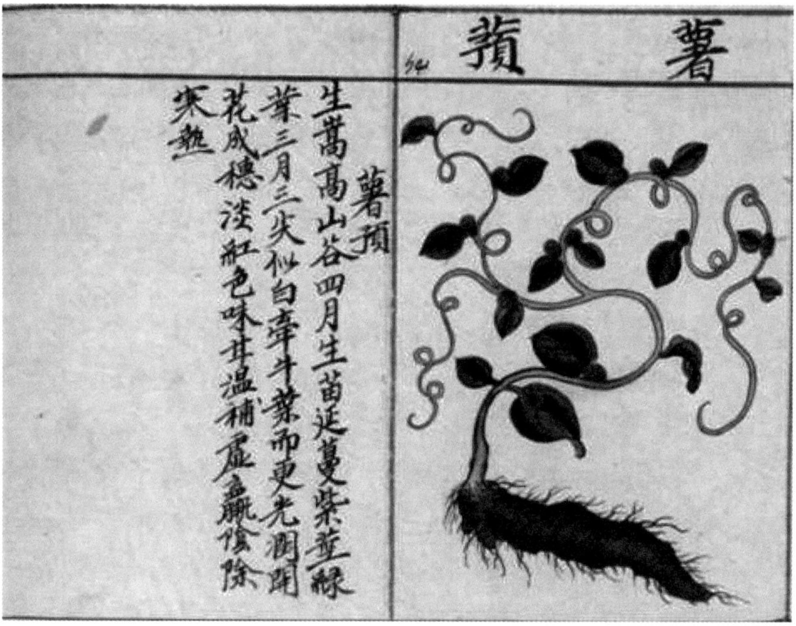

『중국 약용식물론과 라틴어 번역(Traité chinois de botanique médicale et traduction en latin)』(I), 18세기 익명의 사본. 서여(薯蕷), 참마.

접성이나 의미상의 연관성도 찾을 수 없다. 게다가 트링코말리의 북쪽으로는 이렇다 할 산이 보이지 않으므로, 본문에서 북쪽으로 대분산(大奮山)과 구분되어 있다는 설명과 부합하지 않는다. 물론 대분산이 어디인지 특정할 수도 없다.

사실 이곳 천리마를 특정하는 것은 불가능해 보인다. 다만, 왕대연 기술한 내용 중에 계핏가루 또는 조각을 담가 술을 빚는다는 정보는 주목할만하다. 계피로 술을 빚는다는 정보는 이곳이 유일할 것이다. 여기의 '계(桂)'란 육계(肉桂)를 말할 것이다. 이 육계로 술을 빚는다고 했으므로, 육계가 많이 난다는 말로 이해할 수 있다. 육계(Cinnamomum cassia)는 중국, 베트남, 미얀마, 실론, 말라바르 해안 등지의 산물이 알려져 있다. 풍부한 향으로는 실론 계피가 유명하다. 이로써 본다면 여기 천리마라는 곳은 실론 또는 인도 남부 지역에 있다고 추론해 볼 수 있다. 이 밖에 천리마라는 이곳에서 난다고 하는 산물은 다른 지역에서도 흔히 보이는 물총새 깃, 백합, 마의 일종 등이 고작이다. 이는 실론이나 남인도의 지역이 아님을 짐작하게 한다.

79. 대불산(大佛山) [136~137]

대불산(大佛山)은 아리(迓里)와 고랑보(高郎步) 사이에 있다. 지순(至順) 경오년(1330) 겨울 10월 12일에 [대불]산 아래에서 돛을 내렸다. 이날 밤은 달이 대낮처럼 밝고 파도는 일지 않았고, 물은 맑아 바닥까지 다 보였다. 일어나 배회하며 바다 세계를 굽어 살펴보니, 파사(婆娑) 같은 나무가 있었다. 나는 뱃사람에게 "이것이 청랑간(淸琅玕), 산호수(珊瑚樹) 아닌가?"라고 물으니, "아닙니다."라고 하였다. "이것은 달에 사라수가 비친 것이 아닌가?"라고 하자 또한 아니라고 했다. 이내 아이를 불러 물속에 들어가 채취하니 부드럽고 매끄러웠으며, 물 밖으로 꺼내자 쇠처럼 단단해졌다. 가지고 살펴보니 크기는 1척 남짓하면서 나무가 들쭉날쭉하게 엉켜 있는 것이 아주 기이했고, 가지에는 하나의 꽃과 술이 있었는데 천연의 붉은 색이었다. 이미 다 핀 것은 모란과 흡사했고, 반쯤 핀 것은 버섯이나 연꽃 봉우리 같았다. 뱃사람들이 불을 들고 빙 둘러 살펴보더니, 사람들이 폴짝 뛰며 "이것은 경수(瓊樹)에 꽃이 핀 것입니다. 정말 바다에서는 희귀한 것이고, 또한 중국에서도 들어보기 힘든 것입니다. 내가 40여 년을 편력했지만, 이곳에서 본 적이 없습니다. 당신께서 오늘 그것을 얻으셨으니 이는 천년에 한 번 올 운이 아니겠습니까?"라고 웃으며 말했다. 나는 다음 날 고체(古體)로 1백 [운(韻)의] 시 한 수를 지어 그 사실을 기록하여, 소매에 넣어 돌아왔다. 예장(豫章)의 소암(邵庵)[1] 우선생(虞先生)이 보고 시를 지었는데, 지금까지 군자당(君子堂)[2]에 남아 전하여 완상되고 있다.

1) 소암(邵庵)은 원나라 우집(虞集, 1272~1348)의 별호(別號)로 서재 이름이다. 구양현(歐陽玄)의 『규재문집(圭齋文集)』, 권9, 「우옹공신도비(虞雍公神道碑)」(사고전서본, 45b)에 "어려서부터 소옹의 책을 읽으면서 그 오묘함을 터득하고 자신의 서실을 소암이라 하였는데, 학자들이 이로써 소암 선생이라 불렀다(少讀邵子書, 領悟其妙, 題其室曰邵庵, 學者因號之曰邵庵先生)."라고 하였다.

2) 군자당(君子堂)에 관해서는 쑤 지칭 씨의 주석을 따른다. "송나라 말, 원나라 초

大佛山界子迓里·高郎步之間①. **至順庚午冬十月有二日**②, **因卸帆於山下. 是夜月明如晝, 海波不興, 水淸徹底. 起而徘徊, 俯窺水國, 有樹婆娑. 余指舟人而問, 此非淸琅玕·珊瑚珠者耶**③. **曰, 非也. 此非月中娑羅樹影者耶**④. **曰, 亦非也. 乃命童子入水採之, 則柔滑, 拔之出水, 則堅如鐵. 把而翫之, 高僅盈尺, 則其樹槎牙盤結奇怪, 枝有一花蘂, 紅色天然. 旣開者彷彿牡丹, 半吐者類乎菌萏. 舟人秉燭環堵而觀之, 衆乃雀躍而笑曰, 此瓊樹開花也. 誠海中之稀有, 亦中國之異聞. 余歷此四十餘年, 未嘗覩於此. 君今得之, 玆非千載而一遇者乎? 余次日作古體詩百首, 以記其實, 袖之以歸. 豫章邵庵虞先生見而賦詩, 迨今留於君子堂以傳玩焉.**

① '자(子)'자는 심증식본에 '어(於)'자로 되어있다. '우(于)'자의 잘못일 것이다. 고랑보(高郎步)는 본서 소구남(小唄喃) 조목에 고랑부(高浪阜)로 되어있다.

② '유(有)'자 위에 '십(十)'자가 빠졌을 것이다. 아래 문장에서 "밤에는 달이 대낮처럼 밝다(夜月明如晝)."라고 하였기 때문이다.[3]

③ '청(淸)'자는 '청(靑)'자의 잘못이다.[4]

사람인 왕의산(王義山)이 남창(南昌) 동호(東湖)에 집을 짓고, 집에 연(蓮)을 둘러 심고, 그 당(堂)을 '군자(君子)'라 명명했다. 『가촌유고(稼村類藁)』 30권이 있는데, 그 7권에 「군자당기」가 있다. 바로 왕대연이 말한 군자당으로, 뒤에는 왕대연이 소유한 것으로 보인다."(『도이지략교석』, 314쪽)

3) 정본(丁本), 지복재본, 사고전서본의 원문은 "十月有二日"로 되어있다. 문제는 '유(有)'자의 위치이다. 그래서 후지타 토요하치는 '유'자 위에 '십'자가 빠졌을 것으로 추정했다. 이러한 교정에 근거를 찾아낸 것은 쑤 지칭 씨이다. 그는 전증(錢曾)의 『독서민구기(讀書敏求記)』에 인용된 것에 따라 "十月十有二日"라고 교정했는데(『도이지략교석』, 311~312쪽), 타당하다.

4) 청랑간(靑琅玕)은 석난간(石闌干), 석주(石珠), 청주(靑珠)라고도 한다. 이시진(李時珍)은 『본초강목』(사고전서본), 권8(53~54a)에서 "낭간은 그 소리를 본뜬 명칭이다. 갈아서 구슬[珠]을 만들 수 있으므로 '구슬'이라는 명칭을 얻었다(琅玕, 象其聲也. 可礪爲珠, 故得珠名)."라고 명칭을 풀이했다. 또 진장기(陳藏器)

④ 사라(娑羅)는 산스크리트어로 살라(Sala)에 해당하는 음으로 쇼레아로부스타(Shorea Robusta)라고 하는 것이다. 『유양잡조』(권18) 사라 조목에서, "천보(742~756)초에 안서도에서 사라(娑羅) 나뭇가지를 진상하며, 장계를 올려 '신이 다스리는 네 진(鎭)[쿠차, 카라샬, 호탄, 카슈갈] 중에, 발한나국(拔汗那國, Ferghana)이 가장 가까이 있습니다. [그곳] 나무 중에 사라수가 있는데, 특히 기이하고 빼어납니다. 뭇 풀들이 덮지 못하고, 나쁜 새들이 머물지 못합니다. 솟은 가지들은 소나무나 전나무에 손색없고, 드리운 그늘은 복숭아, 오얏 나무에 못지않습니다. 근래 발한나에 관리를 보내, 앞서 말한 나무 200가지를 채집하여 오게 했습니다. 장락궁에 뿌리를 내리고, 건장궁에 싹을 틔울 수 있다면, 잎이 펼쳐져 드리울 그늘은 달 속 단계(丹桂)와 이웃할 것이며, 인접한 가지와 그림자

의 설명을 인용하여, "석난간은 대해의 바닥에서 자라는데, 키는 1척 남짓이고, 나무처럼 뿌리와 줄기가 있으며, 줄기에는 구멍이 있어 뭔가에 점을 찍어 놓은 듯하다. 어부들이 그물질로 얻는데, 처음 물에서 나왔을 때는 약간 붉지만, 뒤에는 점차 파랗게 된다(石闌干生大海底, 高尺餘, 如樹, 有根莖, 莖上有孔, 如物點之. 漁人以網罾得之, 初從水出微紅, 後漸靑)."라고 하며 산호수의 일종으로 설명하고 있다. 산호수와의 차이에 대해 소송(蘇頌)은 "가지는 산호와 비슷하지만, 위에는 구멍이 있어 좀이 먹은 듯하며, 두드리면 금석의 소리가 나므로 산호와 비슷한 종류이다(枝柯似珊瑚, 而上有孔竅, 如蟲蛀, 擊之有金石之聲, 乃與珊瑚相類)."라고 하였다. 하지만 이시진은 이상의 설들을 종합하여, "여러 설을 근거해 보면, 낭간은 서북과 바닷가 산 절벽에서 난다. 해저에서 그물로 채취한다고 하는 것은 산호이지, 낭간이 아니다. 산에 있으면 낭간이고 물에 있으면 산호인데, 산호에도 벽옥색이 있다. 지금 회회(아랍) 지방에서 나는 일종의 청주(靑珠)는 벽전(碧靛)과 유사하지만 아마도 낭간으로 만들었을 것이다(據諸說, 則琅玕生於西北山中及海山崖間. 其云生於海底網取者, 是珊瑚, 非琅玕也. 在山爲琅玕, 在水爲珊瑚, 珊瑚亦有碧色者. 今回回地方出一種靑珠, 與碧靛相似, 恐是琅玕所作者也)."라고 분명히 설명했다. 이로써 볼 때, 왕대연 역시 청랑간과 산호수의 차이를 잘 알고 있었다. 바닷물에서 건져 올렸다고 했으므로, 산호수인데, 아마도 매우 특이한 모습이었던 것 같다.

는 하늘의 백유(白楡)에 짝할 것입니다(天寶初, 安西道進娑羅枝, 狀云(言), 臣所管四鎭, 有拔汗郍最爲密近, 木有娑羅樹, 時(特)爲奇絕. 不庇凡草, 不止惡禽. 聳幹無慚於松栝, 成陰不愧於桃李. 近差官拔汗郍, 使令采得前件樹枝二百莖. 如得託根長樂, 擢穎建章. 布葉垂陰, 鄰月中之丹桂, 連枝接影對, 天上之白榆).”라고 하였다.

이븐 바투타의 여행기에는 칼리(Kaly)와 칼렌부(Calenbow)가 언급되어있다(『Voyages d'Ibn Batoutah』, IV, 185쪽). 바로 본서에서 보이는 아리(迓里)와 고랑보(高郎步)로, 지금의 갈레(Galle)와 콜롬보(Colombo)라는 곳이다.[5] 『정화항해도』의 별라리(別羅里, Belligam)[6]의 북쪽과 예금무(禮金務, Negombo)의 남쪽에는 고랑무(高朗務)가 있는데 바로 고랑보(高郎步)의 다른 음역이다. 대불산은 아리(迓里)와 고랑보(高郎步)와 경계를 이룬다고 하였으므로 아담스 피크(Adam's Peak)를 말하는 것 같다.[7] 『영애승람』에서 “큰

5) ‘아(迓)’자의 민남(閩南) 방언으로 ‘ga’로 발음하므로, 아리(迓里)는 이븐 바투타의 깔리(Kaly), 즉 오늘날 스리랑카 서남단 갈레(Galle)에 정확히 대응한다.

6) 『무비지·항해도』에 그려진 별라리(別羅里)를 후지타 씨는 벨리감(Belligam)으로 추정했는데, 이곳은 현 지도에서 스리랑카 남단 웰리가마(Weligama) 만을 지칭한다. 한편 쑤 지칭 씨는 이 별라리가 콜롬보에서 대략 70km 남쪽 해안에 있는 베루왈라(Beruwala)로 추정했는데 『무비지·항해도』에 그려진 위치로 보면, 쑤 씨의 추정이 더 적합하다. 356쪽의 「항해도」를 참고하시오.

7) 대불산(大佛山)이 스리랑카 캔디 지역에 있는 아담스 피크를 지칭하는 것임에는 이견이 없다. 왕대연은 이 지역에 관하여 이미 고랑보(高郎步)[65] 조목에서 기술했으므로, 왕대연은 이 대불산으로 들어가기 전 항구 근처에서 ‘경수(瓊樹)’라는 특이한 산호수를 얻은 이야기를 기술하고 있다. 문제는 왕대연이 어느 항구에 배를 대고 불당산에 갔느냐이다. 후지타 씨는 왕대연이 닻을 내린 곳이 칼투르(Caltur), 즉 현 지도에서 칼루타라(Kalutara)라는 곳이라고 한다. 이곳은 칼루강의 하구로 물길은 사실상 아담산 인근까지 이어진다. 따라서 칼루타라 항구에서 정박했다고 특정할 수 있다. 한편, 쑤 지칭 씨는 베루왈라 항구에서 정박

산이 있는데, 구름을 찌를 듯 높이 쏟아 있고, 산꼭대기에는 사람의 발자국이 하나 있다. 들어간 돌의 깊이는 2척이고 길이는 8척 남짓이다. 사람의 조상인 아담(阿聃) 성인, 즉 반고(盤古)의 발자국이라고 한다(有一大山, 侵雲高聳, 山頂有人腳跡一箇, 入石深二尺, 長八尺餘. 云是人祖阿聃聖人, 卽盤古之足跡也).”라고 한 곳이 바로 이곳이다. 그러나 본서에서 “산 아래에서 돛을 내렸다(卸帆於山下).”라고 한 항구는 지금의 칼투르(Caltur)인 것 같다.

한 것으로 추정했는데(『도이지략교석』, 313쪽), 대불산으로의 접근성으로 볼 때, 후지타 씨의 칼루타라가 더 그럴법하다.

80. 수문나(須文那) [137~139]

나라는 반지니나(班支尼那)와 접경하여 있고, 산은 외[瓜]나 박[瓠] 같고, 사람들은 정착 생활을 즐긴다. 농토는 척박하여 곡물이 적으며, 기후는 계절마다 다르다. 풍속은 저속하다. 남녀는 산발하고 사포(絲布)로 묶는다. 추장의 집은 석학(石鶴)[1]이 있는데, 높이는 7척 남짓이고 몸은 희고 머리는 붉어 살아있는 상[生像]을 방불케 하며 민간에서는 신성한 학으로 섬긴다. 4~5월 사이 밤에 우는 소리가 들리면 그해에는 풍년이 든다. 질병이 있으면 점을 치는데 메아리처럼 상응한다. 사람들은 바닷물로 소금 만드는데 뛰어나지 못하다. 그곳에서는 사포(絲布)가 나고, 후추[胡椒]는 희령(希苓)[2] 과 담막(淡邈)[3]에 버금간다. 해아차(孩兒茶)는 오다토(烏爹土) 또는 서실실지(胥實失之)라고도 하는데, 사실은 빈랑즙이다. 교역하는 상품은 오색의 세단(細緞), 청단(青緞), 두구(荳蔻), 크고 작은 물동이[水罐], 소목(蘇木) 등이다.

---

1) 석학(石鶴)은 문맥상 바위에 사는 학을 말하는 것으로 보인다. 본서 '금탑' 조목에서 정수리가 붉은 학[朱頂鶴]에 관한 전설이 언급되어있다. 여기에서도 '신학(神鶴)'이라 했으므로, 같은 전설을 공유하고 있다고 추측해 볼 수 있다. '금탑'이 티루 칼루 쿤람(Tirukalukunram)이라면, 여기 수문나 또한 코로만델 해안에 있을 다른 실마리를 제공하고 있다.

2) 희령(希苓)은 앞서본 동담막 조목에서 자바섬에 있음을 확인했다. 쑤 지칭 씨는 사고전서본에만 보이는 치령(郗苓)으로 읽고, 자바섬의 희령(希苓)이 아니라, 캘리컷 북쪽 부근의 항구인 힐리(Hili), 콩티(Conti) 여행기에 보이는 헬리(Helly)로 추정했다(『도이지략교석』, 316쪽). 자세한 사항은 동담막 조목[68]을 참고하시오.

3) 담막(淡邈)에 대해서는 별도의 조목과 동담막 조목을 참고하시오. 다만 본조목의 '담막'을 쑤 지칭 씨는 '동담막'으로, 즉 고아의 옛 명칭인 '신다부르'로 추정하고 있다(앞의 출처). 이에 대해서도 동담막 조목을 참고하시오.

國中班支尼那接境①, 山如瓜瓠, 民樂奠居. 田瘠穀少, 氣候應節. 俗鄙薄. 男女蓬頭繫絲②. 酋長之家有石鶴, 高七尺餘, 身白而頂紅, 彷彿生像③, 民間事之爲神鶴. 四五月間, 聽其夜鳴, 則是歲豐稔. 凡有疾則卜之, 如響斯應. 民不善煮海爲鹽. 地產絲布, 胡椒亞於希苓·淡邈. 孩兒茶一名烏爹土, 又名胥實失之, 其實檳榔汗也④. 貿易之貨, 用五色細緞·靑緞·荳蔻·大小水罐·蘇木之屬.

① ‘중(中)’자는 ‘여(與)’자의 잘못일 것이다.

② ‘사(絲)’자 아래 ‘포(布)’자가 빠졌을 것이다.

③ 정본(丁本)에는 ‘엄연여생(儼然如生)’으로 되어있다.

④ ‘한(汗)’자는 ‘즙(汁)’자의 잘못일 것이다. 해아차(孩兒茶)는 바로 테라 가포니카(Terra gaponica)로 미모사 카테추(Mimosa catechu)에서 만드는 것이다. 인도 서안의 앙콜라(Ancola) 북쪽 콘카나(Concana) 곳에 카이기(Kai’gi)라는 이 나무들이 매우 많이 자생한다(Kiter, Asia, IV, 697쪽).[4] 해아(孩兒)는 바로 카이리(Kairi)에 해당하는 음이다.[5]

---

4) 후지타 씨가 출처를 밝힌 “Kiter, 『Asia』, IV”은 독일의 지리학자 카를 리터(Carl Ritter, 1777~1859)의 『아시아의 지리(Die Erdkunde Von Asien)』의 잘못으로 바로잡는다.

5) 오다토(烏爹土)는 『도이지략』보다 반세기 정도 빠른 『대덕남해지』, 권7에는 ‘오다니(烏爹泥)’로 보인다. 『본초강목(本草綱目)』, 권7, 토부(土部)에 오다니(烏爹泥)라는 표제명으로 수록되어 있다. 별칭으로 오루니(烏壘泥), 해아차(孩兒茶)가 보인다. 여기 오다토는 바로 오다니의 다른 표현일 것이다. 이시진은 명칭을 설명하면서, “오다, 혹 오정(烏丁)이라고도 하는데, 모두 외국어이며, 정해진 글자는 없다(烏爹, 或作烏丁, 皆番語, 無正字).”라고 하였다. 이어서 “오다니는 남방 외국 자바[爪哇], 시암[暹羅] 등의 나라에서 나는데, 지금은 운남, 라오스[老撾] 모운장(暮雲場) 지방에서도 제조한다. 가는 아차나무 지엽[細茶末]을 대나무 통에 넣은 다음, 양쪽을 단단히 막고 진흙 구덩이에 묻어두었다가 며칠 뒤에 꺼내, 찧어 즙을 내고 졸여 제조한다. 그 덩어리가 작고 윤기가 나는 것이 상품이고, 덩어리가 크고 눌어 마른 것은 다음간다(烏爹泥, 出南番爪哇·暹羅諸國, 今雲南·老撾暮雲場地方造之. 云是細茶末入竹筒中, 堅塞兩頭, 埋汚泥溝中, 日久取出, 搗汁熬製而成. 其塊小而潤澤者爲上, 塊大而焦枯者次之).”라고 하였다.

『원사』「마팔아전(馬八兒傳)」에서 구람(俱藍) 아래의 여러 나라를, "마팔아, 수문나, 승급리, 남무력, 나왕, 정가아, 내래, 급란역대, 소목도랄 등이 모두 사신

녹차로 제조하고, 녹차의 색깔을 띠므로 '차'라고 불렀고, '토'와 '니'는 그 가루가 흙색과 비슷하여 붙여진 글자라고 볼 수 있다.

쑤 지칭 씨는 이 오다니, 오다차, 오루니의 어원을 타밀어 보달라이(vodalay)라고 추정했고, 타이어로는 '시시아트(Sisiat)'라고 하는데, 왕대연이 말한 '서실지(胥失之)'에 해당한다고 주장했다(『도이지략교석』, 317쪽). 결국 '오다', '오루'가 '보달라이'의 전사이고, 서실실지(胥實失之)에 해당하는 음이 '시시아트'라는 주장인데, 음성적 접근성이 떨어진다.

한편 메드허스트(W.H. Medhurst), 『English and Chinese Dictionary』, I(상해, 1847), 206쪽, 카테추(Catechu) 표제 아래, 테라 자포니카(terra Japonica), 아전약(阿煎藥), 아전말(阿煎茉), 아차(兒茶), 해아차(孩兒茶)라고 풀이했다. 이어서 심증식 씨는 "콩과 세네갈리아속 나무로, 그 나무를 잘게 쪼개 졸여 즙을 만든 것이지, 빈랑나무가 아니다. 그러나 빈랑 조목에 빈랑 열매는 수렴성 엑기스가 있으므로 세간의 한두 해아차는 이로써 제조하므로 빈랑의 땀 또는 즙[檳榔汗]이라는 말이 근거가 없는 것은 아니다."라고 설명했다(『도이지략광증』, 하, 13쪽). 한편, 쑤 씨는 빈랑을 졸여 만든 고약을 텔루구어로 칸시(kansi)라고 하므로, 빈랑한(檳榔汗)의 '한'자가 텔루구어 '칸시'의 음역이라는 친구의 설을 소개했는데(『도이지략교석』, 317쪽), 너무 멀리 나아간 해설이다.

인도 식물학자 다수투르(J.F. Dastur, 1886~1948)는 『인도와 파키스탄의 유용 식물(Useful Plants Of India And Pakistan)』(1964, 봄베이)이라는 책에서 현지에서는 'kher', 'khor', 'khor-ka-khor', 'kumta'로 불리며, 인도 라자스탄(Rajasthan), 신드(Sind, 파키스탄), 라스 벨라(Ras Bela) 등에 분포한다고 한다. 이 나무의 수지는 우선 약물로 널리 사용되고, 또 직물을 염색하거나 도자기 안료의 첨가제로 활용되며, 그 섬유질로는 튼튼한 끈을 만드는 유용하며 값비싼 수지라고 설명하고 있다(9쪽). 여기의 해아차는 바로 이 나무(Acacai Senegal Wild)의 수지를 졸여 덩어리로 만들어 보관하고 필요할 때마다 가루로 만들어 약용했던 것으로 보인다. 이러한 이미지로부터 '토(土)' 또는 '니(泥)'라고 의역되었을 것이다. 이 해아차는 우리나라 17세기 양예수(楊禮壽)의 『의림촬요(醫林撮要)』에서도 여러 차례 언급되었다.

을 보내 방물을 바쳤다(曰馬八兒, 曰須門那, 曰僧急里, 曰南無力, 曰馬蘭丹, 曰那旺, 曰丁呵兒, 曰來來, 曰急蘭亦䚟, 曰蘇木都剌, 皆遣使貢方物).”라고 하였다. 심증식 씨는 수문나(須門那)가 바로 여기의 수문나라고 하였으나 어느 곳인지는 말하지 않았다. 브레트슈나이더 씨와 율 씨는 『원사』의 수문나가 마르코 폴로의 세므나트(Semenat), 즉 지금의 솜나스(Sumnath)라고 하였다(Yule, 『Cathay and the way thither』, LXXVII; Bretschneider, 『Mediaeval Researches』, I, 191쪽). 마팔아(Maabar, 코로만델 해안), 승급리(Shin Kali, Shinguili=Cranayore)를 연속으로 언급하고 있는 것을 보아 이 설이 맞을 수도 있다.[6] 그러나 산물이 전혀 다르니 여전히 의문이 남는다. 반지니나(班支尼

6) 이 수문나(須文那)라는 나라에 관하여, 심증식 씨는 『원사』, 권210, 「마팔아등국전(馬八兒等國傳)」에서, 1286년 중국에 조공 10개 나라의 명칭을 들고, 그 중에 들어있는 수문나(須門那)가 여기 수문나라고 확인했다. 한편, 펠리오는 『Notes on Marco Polo』, II, 830쪽에서 다음과 같이 고증했다. “소목달(蘇木達) 또는 수문나(須門那)는 『원사』, 권12(4a), 권14(4a), 권210(8b), 『원문류(元文類)』, 권41(20b)에 언급되었는데, 아마도 1349~1350년 『도이지략』에 기술된 수문나(須文那) 왕국과 같을 것이다. 브레트슈나이더(『Mediaeval Researches from Eastern Asiatic Sources』, I, 191쪽)와 율(『Cathay and the Way Thither』, I, 82쪽)은 [구제라트에 있는] 솜나스(Somnāth)로 추정했고, 후지타 토요하치는 『도이지략교주』(92b)에서 의문의 여지를 남겼지만 받아들였다. 록힐 씨는 수문나(須文那)에서 후추가 나므로 이를 부정하고 망갈로르를 제기했다(『통보』, 1914, 435쪽; 1915, 463쪽). 그러나 망갈로르는 이 중국 명칭과 음성적 아무런 연관이 없다. 사실, 나는 소목랄, 수문나 그리고 수문나(須文那)는 모두 라시드 웃 딘이 두루 사문두르(Dūrū Samundūr)라고 부른, 마아바르 정북쪽 빌랄 라자(Bilal Rajas)의 수도인 [드와라] 사무드라([Dvāra] Samudra, 현 Dwarasamudra)에 해당한다(Elliot, 『The History of India』, I, 73쪽; Yule, 『Cathay and the Way Thither』, I, 82쪽)고 생각한다. 1282년 그 나라 왕은 타고아(打古兒, [Dagur?])였고, 그의 재상은 나리팔합랄탄적(那里八合剌攤赤, [Naribhadratanči?])였다. 왕국의 명칭은 라시드 웃딘은 ‘데오기르(Deogir)’라고 불렀다. 이 명칭은 『원사』, 권20(3b)에서 1300년 조길아(吊吉兒)로 되어있

那) 또한 밝혀지지 않았다.

는데 정확하게 '데오기르'에 해당한다."라고 하였다. 즉 수문나는 마르코 폴로의 세므나트(Semenat), 즉 현 드와라사무드라에 해당한다고 추정했다.

펠리오의 추정은 상당히 수긍할 만하다. 하지만 이 조목에서 수문나는 반지니나(班支尼那)와 접경하고 있다고 하였는데, 드와라 사무드라 주변에는 반지니나에 해당할 법한 곳이 없고, 드와라 사무드라가 상당히 해변에서 떨어져 있다는 이유로, 쑤 지칭 씨는 다른 추정을 제시했다. "현 봄베이(Bombay) 북쪽으로 약 30여 마일에 수파라카(Suppāraka)라는 옛 항구가 있는데, 현 지도에는 소파라(Sopāra)로 되어있다. 이곳이 음성적으로 보아 수문나(須文那) 또는 수문나(須門那)에 해당할 수 있을 것이다."라고 하고, 의문의 반지니나는 한 곳이 아니라, 두 지명으로 나누어, "반지(班支)는 와사이(Wasai), 즉 현 바쎄인이다.…니나(尼那)는 브라르(Vrar)를 가리킨다. 이곳은 북쪽 바이타라누(Vaitaranu) 강가에 있으며 남쪽으로 스파라와 약 10여 마일 떨어져 있다."라고 추측했다(『도이지략교석』, 316쪽). 첫째, 소파라(Sopara)는 뭄바이에 속한 도시로 상당히 오래된 서부 인도의 중심 항구로 기능했다. 'Śūrpāraka', 'Shuparak', 'Suppara Jataka' 등의 옛 명칭으로도 옛 자료에서 언급되었지만, 그 어느 것도 음성적으로 '수문나'에 해당하지 않는다. 또, '와사이'는 '바사이(Vasai)'로 표기해야 하고, 마하라티어로 'Bajipur', 영어로 'Bassein', 포르투갈어로 'Baçaim'으로 표기하므로, 쑤 씨가 샤먼 방언으로 접근한 발음과 큰 차이를 확인할 수 있다. 『원사』, 권210, 「마팔아등국전」(4670쪽)에서 1286년 조공을 바친 10개국의 순서를 보면, 마팔아(마아바르), 수문나 순이므로, 마팔아가 가장 먼 나라였을 것이다. 따라서 펠리오가 제시한 드와라 사무드라 지역도 마팔아보다 먼 데, 음역도 걸맞지 않은 소파라까지 거슬러 올라가는 것은 무리한 추정이다. 역자는 합리적인 수문나의 위치로 코로만델 해안 남쪽, 스리랑카와 마주 보는 지역일 것으로 예상해보지만, 한자표기에 대응하는 지명을 찾지 못했으므로, 잠정적으로 펠리오의 설을 따른다.

81. 만리석당(萬里石塘) [139~140]

석당(石塘)의 지골(地骨)은 조주(潮州)에서부터 생겨났다. 뱀처럼 줄줄이 이어져, 바다 한가운데를 가로질러 뻗어나가 바다의 여러 나라를 넘는다. 그래서 민간에서는 만리석당이라 한다. 내가 추산해보건대, 어찌 만 리에 그치겠는가! 선박이 대서문(岱嶼門)을 출발하여 네 개의 돛을 달고 바람을 받아 파도를 가르며 바다에서 나는 듯이 가도, '서양'에 이르려면 1백일 이상이 걸린다. 밤낮으로 1백 리를 간다고 계산해도 만 리는 이미 부족하다. 그러므로 지맥에서 나온 것임을 분명히 알 수 있다. 한 지맥은 자바[爪哇]에 이르고 한 지맥은 발니(勃泥)[1]와 고리지민(古里地悶)[2]에 이르며, 한 지맥은 '서양' 멀리 곤륜(崑崙) 땅에 이른다. 자양주자(紫陽朱子, 주희)는 해외의 땅은 중원의 지맥과 연결되어 있다[3]라고 한 것이 이 때문인가? 저 드넓고 끝이 없는 해양을 바라보더라도 석당을 속에 숨기고 있으니 누가 알고 밝힐 수 있겠는가? 피하면 다행이고, 만나면 흉하므로, 사람의 목숨은 나침반에 달려있다. 뱃사람들이 정통하지 않으면 뒤집혀 빠져 죽지 않을 수 있겠는가! 아! 자신 있는 곳이라도 다시 가지 말라. 어찌 풍파를 지름길로 삼을 수 있겠는가!

石塘之骨, 由潮州而生. 迤邐如長蛇, 橫亙海中, 越海諸國. 俗云萬里石塘. 以余推之, 豈止萬里而已哉! 舶由玳嶼門①, 掛四帆, 乘風破浪, 海上若飛, 至西洋或百日之外. 以一日一夜行里計之②, 萬里曾不足, 故源其地脈, 歷歷可考. 一脈至

---

1) 발니(勃泥)는 본서에서 발니(浡泥)로 표기되어 별도 조목[31]으로 기술되어 있다.

2) 티모르섬을 지칭하는 고리지민(古里地悶) 역시 본서에 별도 조목[48]으로 수록되어 있다.

3) 왕대연은 성리학의 집대성자 주희(朱熹, 1130~1200)의 말을 끌어왔지만, 어느 책에서 가져온 말인지 확인되지 않는다. "하늘 아래 왕의 땅이 아닌 곳이 없다(普天之下, 莫非王土)."라는 중화사상의 표현이 아닐까 한다.

爪哇, 一脈至勃泥及古里地悶, 一脈至西洋遐崑崙之地[③]. 蓋紫陽朱子謂海外之地, 與中原地脈相連者, 其以是歟! 觀夫海洋泛無涯涘, 中匱石塘, 孰得而明之. 避之則吉, 遇之則凶, 故子午針人之命脈所係. 苟非舟子之精明, 能不覆且溺矣. 吁! 得意之地勿再往, 豈可以風濤爲徑路也哉!

① '서(嶼)'자는 지복재본에 '여(璵)'자로 되어있어 정본(丁本)에 따라 고쳤다. '대서(玳嶼)'는 천주(泉州) 해구에 있는 '대서(岱嶼)'일 것이다. 『몽량록(夢粱綠)』 강해선함(江海船艦) 조목에서 상인들이 "바다로 나가려면 천주 해구에서 대서문에 이르러 바다로 나가 바다를 건너 외국으로 간다(若有出洋, 即從泉州港口, 至岱嶼門, 便可放洋, 過海泛往外國也)." 라고 하였다.[4)]

② '리(里)'자는 정본(丁本)에 '백일(百日)' 두 글자로 되어있다. '리'자 위에 '백(百)'자가 빠진 것 같다.

③ '하(遐)'자는 심증식본에 '달(達)'자로 되어있는데, '가(假)'자의 잘못일 것이다.[5)]

---

4) 『천주부지(泉州府志)』 혜안현(惠安縣) 산천(山川) 조목에 "대서는 현의 남쪽 대해에 있는데, 배들이 반듯이 거쳐 가는 곳이다(岱嶼在縣南大海中, 舟楫必經之地)."라고 한 것도 참고할 만하다.

5) 쑤 지칭 씨는 심증식본에 '원(遠)'자로 되어있다고 했는데(『도이지략교석』, 319쪽), '달(達)'자가 맞다. 곤륜(崑崙)에 관해서는 본서 곤륜[50] 조목의 주석을 참고하시오. 후지타 씨의 '가곤륜(假崑崙)' 설은 다른 중국 자료에서 확인되지 않을뿐더러, '가'자가 진짜와 가짜의 의미인지, 아니면 음역한 글자인지 판단할 수 없으므로, 하나의 가정에 지나지 않는다. 쑤 지칭 씨는 여기 곤륜이 『영외대답(嶺外代答)』에서 기술된 곤륜층기(崑崙層期)를 말하는 것이 아니라, 인도양 서남부 마다가스카르섬을 지칭한다고 추측했다(『도이지략교석』, 320쪽). 곤륜을 어느 특정 지역으로 한정할 수 없는 이상, 인도양 너머의 곤륜(崑崙)이란 발음과 비슷한 먼 지역을 나타내는 말로 이해할 수밖에 없다. 이에 대한 해답은 역자가 준비하고 있는 '곤륜'에 관한 연구가 완성될 때까지 보류해둔다.

『송회요』 진리부국(眞里富國) 조목에 "그 나라에서 바다로 나가 5일을 가면 파사란에 이르고 다음은 곤륜양에 이르며, 진랍국을 거쳐 수일이면 빈달야국에 도착하고, 여러 날을 가면 점성의 경계이며, 10일 대양을 건너면, 동남쪽 옆으로 '만리'라고 부르는 석당이 있는데, 그 바다는 깊기도 하고 얕기도 하며 물이 급하고 암초가 많아 배가 뒤집혀 빠져 죽는 자가 열에 칠팔 명이며 산기슭이 전혀 없다. 이윽고 교지 경계에 이른다(自其國放洋五日抵波斯蘭, 次崑崙洋, 經眞臘國, 數日至賓達椰國, 數日至占城界, 十日過洋, 傍東南有石塘, 名曰萬里, 其洋或深或淺, 水急礁多, 舟覆溺者十七八, 絕無山岸. 方抵交趾界)."[6]라고 하였다. 그렇다면 송나라 시기에 이미 만리석당이라는 명칭이 있었다. 『제번지』 해남(海南) 조목에 만리석상(萬里石床)이 보이는데 '상'자만 다를 뿐이다. 『원사』 「사필전(史弼傳)」에서는 만리석당이 칠주(七州, 파레셀 군도)와 연이어 언급하고 있고, 『정화항해도』 경주(瓊州) 독저산(獨猪山, Tinhoa)에 만리석당서(萬里石塘嶼)가 보인다. 흐루너펠트 씨는 메이클즈필드 천퇴(Macclesfield Bank)로 보았는데(Groeneveldt, 『Notes on the Malay Archipelago and Malacca Compiled from Chinese Sources』, 25쪽), 정확하다. 그러나 본서에서 '만리'라는 명칭은 지맥 때문에 붙여졌을 뿐이다. 조

---

6) 후지타 씨가 인용한 『송회요』는 『송회요집고(宋會要輯稿)』이다. 후지타 씨는 원문의 원주를 본문처럼 해석했는데, 그 원문과 번역은 다음과 같다. "중국으로 오려면, 그 나라에서 바다로 나가 5일을 가면 파사란에 이르고, 다음에는 곤륜양에 이르러 진랍국을 경유하여 며칠을 가면 빈달야국에 이르며, 며칠을 가면 점성 경계에 이르고, 10일 동안 바다를 건너【옆 동남쪽에는 '만 리'라고 하는 석당이 있는데 그 바다는 깊기도 하고 얕기도 하며, 물이 급하고 암초가 많아 배가 뒤집혀 빠져 죽는 사람이 열에 칠팔 명에 달한다. 산기슭이 전혀 없다.】 이윽고 교지 경계에 닿아, 5일을 가면 흠주와 염주에 이른다. 모두 순풍을 기준으로 계산한 것이다(欲至中國者 自其國放洋五日抵波斯蘭, 次崑崙洋, 經眞臘國, 數日至賓達椰國, 數日至占城界, 十日過洋,【傍東南有石塘, 名曰萬里, 其洋或深或淺, 水急礁多, 舟覆溺者十七八, 絕無山岸】方抵交趾界, 五日至欽·廉州, 皆計順風爲則)."

와(爪哇), 발니(勃泥), 고리지민(古里地悶) 모두 별도의 조목이 있다. 서양가곤륜(西洋假崑崙)은 인도 서쪽 흑인의 나라를 말할 것이다. 본서에서 말한 바에 따르면, 서양(西洋)에서 1백 일 밖에 있다는 것으로 알 수 있다.

『무비지(武備志)』, 권240, 「항해도」, 11b.

이곳은 도란초(都欄礁)[1]와 서로 가깝다. 그 땅은 검은 언덕으로 원래부터 곡물과 맥(麥)에 적합하다. 사는 사람들은 농사일에 게을러 해마다 오다(烏爹)에게 의존하여 쌀을 공급한다. 혹 바람이 빠르면 도착이 늦어지고, 말을 실은 배가 이미 가버려, 화물을 다 싣지 못한다. 바람이 빠르거나 역풍이면 남무리(喃哑哩) 바다를 지날 수 없거니와 고랑부(高浪阜, 콜롬보)에 있는 노고석(鹵股石)의 위험에 막힌다. 그래서 이곳에서 겨울을 보내고, 다음 해 8~9월 말을 실은 배가 다시 오기를 기다려, 배를 옮겨 타고 고리불(古里佛)로 돌아가 교역한다. 풍속과 남녀의 의복은 고리불과 같다. 촌주(村主)는 있으나 추장은 없다. 땅에

1) 가브리엘 페랑(Gabriel Ferrand)은 8세기에서 18세기 극동과 관련된 아랍, 페르시아 그리고 터키의 지리서와 여행기를 번역 소개하면서, 16세기 오스만 제국의 제독, 지리학자, 천문가, 시인이었던 세이디 알리 레이스(Seydi Ali Reis, Sīdī ʾAī Čelebī)가 1554년 항해한 기록을 다루었다(『Relations de voyages et textes géographiques arabes, persans et turks relatifs à l'Extreme-Orient』, Paris, 1913, 484~541쪽). 페랑은 세이디 알리 레이스가 기록한 항구나 만에서 북극성의 위치를 보여주며, 인도 서쪽 해안의 툴루완(Tuluwān)이란 지명을 다섯 차례나 언급했는데, 펑 청쥔 씨는 이 툴루완이 여기 왕대연의 소구남 조목과 비신의 대구남=대갈란 조목에서 말하는 도란(都欄)에 해당하는 음으로 추정했다(『성사승람교주』, 후집, 16쪽). 대응하는 음은 그럴법하지만, 사실 툴루완이 정확히 인도 서해안의 어디인지를 특정하기 어렵다.

쑤 지칭 씨는 대구남=대갈란이 띠루웬더부름(Thiruvananthapuram)과 콜람 중간 지점에 있는 앗팅갈(Attingal)의 '팅갈'에 해당하는 음으로 추정했고, '도란초'가 앗팅갈의 입구인 스트라얀킬(Strayankil)에서 's'를 뺀 나머지에 해당하는 음이라고 추측했다(『도이지략교석』, 324쪽). 이 스트라얀킬이란 명칭을 어느 지도에서 찾았는지 모르지만, 이곳은 현 지도에서 치라인키주(Chirayinkeezhu, Chirayinkil), 즉 안장고 포트(Anjengo Fort)로 알려진 곳이다. 쑤 씨가 생각하는 음성적 유사성을 전혀 확인할 수 없는 지명들로 더 언급할 필요가 없다.

서는 후추[胡椒], 야자(椰子), 빈랑(檳榔), 유어(溜魚, 몰디브에서 나는 말린 물고기)가 난다. 교역하는 상품은 금, 은, 청백의 꽃문양이 들어간 자기[青白花器], 팔단포(八丹布),[2] 오색단(五色緞), 철기 등이다.

地與都欄礁相近. 厥土黑墳, 本宜穀麥. 民居①懶事耕作, 歲藉烏爹運米供給②. 或風迅到遲, 馬船已去③, 貨載不滿. 風迅或逆, 不得過喃噁哩洋④, 且防高浪阜中鹵股石之厄⑤. 所以此地駐冬, 候下年八九月⑥馬船復來, 移船回古里佛互市. 風俗·男女衣著與古里佛同. 有村主, 無酋長. 地產胡椒·椰子·檳榔·溜魚. 貿易之貨, 用金·銀·青白花器·八丹布⑦·五色緞·鐵器之屬.

① 심증식의 주에 비본(費本)[3]에 따라 '거민(居民)'으로 되어야 한다고 하였다.

② 오다(烏爹)는 본서에 별도의 조목이 있다.

③ '마선(馬船)'은 감매리(甘埋里) 조목에 보인다.

④ '과(過)'자는 지복재본에 '우(遇)'자로 되어있어 정본(丁本)에 따라 고쳤다.

⑤ 고랑부(高浪阜)는 본서 대불산(大佛山) 조목에 고랑보(高郎步)로 되어있는데, "대불산(大佛山) 아래, 물이 굽이지는 곳에는 가로세로 모두 노고석(鹵股石)이다(大佛山之下, 灣環中, 縱橫皆鹵股石)."라고 하였다.

⑥ '하(下)'자는 지복재본에 '하(夏)'자로 되어있어 정본(丁本)에 따라 고쳤다.

⑦ '단(丹)'자는 지복재본에 '주(舟)'자로 되어있어 정본(丁本)에 따라 고쳤다.

---

2) 팔단포(八丹布)는 본서의 사리팔단(沙里八丹) 조목에서 "그곳에서는 팔단포가 난다(地產八丹布)."라고 하였다. 후지타 씨에 따르면 '사리'는 촐라[注輦]의 잘못된 표기이고, 촐라 왕국의 중심 항구인 솔리파탐(Solipatam, 현 Nagapattinam)으로 추정한다.

3) 여기의 비본(費本)은 바로 비신(費信)의 『성사승람』을 말한다.

이븐 바투타의 여행기에, 말라바르(Malabar)의 여러 항구 중에 중국 배들이 왕래한 곳은 코람(Kaulam), 캘리컷(Calicut), 힐리(Hili)이고, 판다라이나(Fandalaina)는 사실 겨울을 보낸 곳이라고 하였다(『Voyages d'Ibn Batouthah』, IV, 81, 88쪽)[4]. 본서의 고리불(古里佛)은 코람에 해당하는 음이고 소구남(小唄喃)은 판다라이나를 말하는 것 같다. 『원사·식화지』 시박(市舶) 조목에 "정원 2년에 정교한 제품을 마팔아, 구남(唄喃)[5], 범답랄역납(梵答剌亦納) 등 세 외국과의 교역을 금지했다(貞元二年, 禁海商以細貨於馬八兒·唄喃·梵答剌亦納三蕃國交易)."라고 하였는데, 구남은 바로 코람에 해당하는 음으로 본서에서 말하는 고리불이다. 범답랄역납(梵答剌亦納)은 판다라이나에 해당하는 음이다. 『정화항해도』에는 고리국(古里國) 서쪽 옆으로 번답리납(番荅里納) 또한 그렇다. 그러나 명나라 시기에 고리국은 콜리컷(Colicut)이라 했고, 본서의 고리불과 명칭이 비슷하지만, 그곳이 아니다. 판다라이나 또한 판다라이나-코람이라고도 하므로 소패남(小唄喃)[6]이라 한 것이다.[7]

---

4) 데프레메리(C. Defremery)와 상귀네티(B.R. Sanguinetti)의 불어 번역본(1858)에, 예라시모스(Stephane Yersimos)가 주를 붙인 『Voyages』(Paris, La Découverte, 1997)에 따르면, "[판다라이나] 중국이 배들이 겨울을 나는 곳이 이 도시이다. 우리는 판다라이나(Fandalaina)에서 말라바르의 큰 항구인 칼리쿠트(Kâlikoûth)로 갔다. 중국, 자바, 실론, 말디브, 예멘 그리고 파르스의 사람들은 여러 지역의 상인들과 그곳에서 만난다. 그 항구는 세계에서 가장 큰 항구다."(III, 206쪽).

5) 후지타 토요하치는 본서 전체에서 '패(唄)'자와 '구(唄)'자를 혼동하고 있다. 원문에도 분명히 '패(唄)'자로 되어있다. 구남(唄喃)으로 읽었기 때문에, 아래에서 코람과 같은 곳으로 보고 있다.

6) 여기서도 마찬가지로 소구남(小唄喃)이 되어야 한다.

7) 소구남(小唄喃)이 문제가 되는 것은 앞에 붙여진 '소'자 때문이다. 비신(費信)의 『성사승람』 천일각(天一閣)본 전집에는 소구남(小唄喃)과 대구남(大唄喃)이 보이고, 다시 『성사승람』의 『기록휘편』본에는 소갈란(小葛蘭)과 대갈란(大葛蘭)으로 나타난다. 따라서 소구남=소갈란, 대구남=대갈란임을 확인할 수 있다. 또,

여기 구남(唄喃)은 1178년 주거비(周去非)의 『영외대답(嶺外代答)』과 1225년 조여괄의 『제번지』에 보이는 고림(故臨)이고, 『원사』에 보이는 구람(俱藍), 각람(閣藍), 구남(唄喃), 그리고 『무비지·항해도』, 『영애승람』, 『서양번국지』, 『명사』에 보이는 갈란(葛蘭)과 같은 곳임에는 이견이 없다.

비신의 대구남=대갈란은 바로 왕대연의 소구남 조목을 그대로 옮겨 놓고 있다. 또, 왕대연의 책보다 반세기 정도 빠른 『대덕남해지(大德南海志)』(권7)에는 대고람(大故藍)이라는 나라가 보인다. 이 『대덕남해지』는 전문이 전하지 않고 제7권만 수습된 책으로, 대고람과 소고람의 구분이 있었는지 확인할 수는 없지만, 적어도 원나라 시기에 '소구남'이 있었으며, '소'자를 넣어 상대적으로 '대'구남의 존재를 상정하고 있다고 추론할 수 있다. 문제는 『영애승람』, 『서양번국지』, 『서양조공전록』, 정효(鄭曉)의 『황명사이고(皇明四夷考)』, 『무비지·항해도』, 『황명상서록(皇明象胥錄)』에 소갈란(小葛蘭)만 보인다는 점이다. 즉 소구남(小唄喃)만 언급되어있다.

『명사』, 권304, 정화와 후현 열전(7768쪽)에는 정화가 일곱 차례 항해를 통해 간 곳들을 열거하면서, 대갈란과 소갈란을 나란히 보여주고 있고, 또 권326, 외국7에 대갈란은 소갈란 조목에 딸려 추가 기술되어 있다(8444쪽). 기술한 내용의 분량이 소갈란이 더 많으므로, 대갈란은 소갈란보다 크기나 중요도에서 떨어진다는 의미라면, '대소'의 구분이 거꾸로 되었다. 가정하자면, 대갈란은 소갈란보다 큰 나라였지만, 지리적 환경에 따라 접근이 편리하지 않아 그보다 작지만, 접근이 편리하여 외국 배들이 많이 드나든 소갈란과의 교역으로 충분했으므로, 대갈란에 대한 기록은 무시되거나 축소되었을 가능성이 있다. 정리하자면, 송나라 시기에는 고림으로 알려졌고, 원나라 왕대연의 시기에 '대소'의 구분이 있음을 알게 되었으며, 이후 교역의 중요성에 따라 '대'구남(갈란)은 기록의 필요성을 잃었다. 따라서 고림=소구남의 정보가 동서양 교통의 중심을 차지하게 되었을 것이다.

비신이 기술한 대구남=대갈란이 왕대연의 소구남이라면, 비신은 왕대연이 본 소구남이 대구남=대갈란이라는 말이다. 그렇다면, 비신의 소구남=소갈란은 어디에서 온 정보인가? 또, 비신은 '대소'의 구분을 왜 바꾼 것일까? 마르코 폴로가 대자바와 소자바로 크기를 혼동한 것처럼, 비신이 실제 그곳에 가보니, 이전 '대소'의 구분이 잘못되었다는 말일까? 사실 필사본에서 '대(大)'자와 '소(小)'자가 혼동될 수 있다는 점도 배제할 수는 없지만, 비신은 이러한 혼동을 일축하듯이 소구남=소갈란 조목을 두어 다음과 같이 기술했다.

"산은 적토(赤土)에 이어 있고 땅은 가지국(柯枝國)과 접경하고 있다. 한낮에 시장이 열린다. 서양 여러 나라의 중심지이다. 이 나라에서는 당가(儻伽)라는 큰 금전을 유통 사용하는데, 한 개에 8푼이 나간다. 파남(吧喃)이라는 작은 금전은 40개가 큰 금전 1개에 해당한다. 농토는 척박하고 수확이 적어, 해마다 방갈랄 쌀에 의존하여 식량으로 삼는다. 기후는 항상 덥고, 풍속은 조금 순박하다. 남녀 대부분은 회회(回回), 남비(喃毗) 사람이다. 땅에서는 후추가 나는데, 하리(下里)에 버금간다. 말린 빈랑, 파라밀, 색포(色布), 기목향(其木香), 유향(乳香), 진주, 산호, 수유(酥油), 해아차(孩兒茶), 치자화는 모두 다른 나라에서 온 것이다. 정향, 두구, 색단(色段), 사향, 금·은·동·철기, 철선, 흑영(黑纓) 등을 교역한다(山連赤土, 地與柯枝國接境. 日中爲市. 西洋諸國之馬頭也. 本國通使大金錢名儻伽, 每箇重八分. 小金錢名吧喃, 四十箇准大金錢一箇. 田瘠少收, 歲藉榜葛剌米爲食. 氣候常熱, 風俗小淳. 男女多回回喃毗人. 地產胡椒, 亞於下里. 乾檳榔·波羅蜜·色布·其木香·乳香·眞珠·珊瑚·酥油·孩兒茶·梔子花, 皆自他國來也. 貨用丁香·荳蔻·色段·麝香·金銀銅鐵器·鐵線·黑纓之屬)."라고 하였다[펑 청쥔, 『성사승람교주』, 전집, 32쪽, 『기록휘편』본, 소갈란국(小葛蘭國)]

비신은 왕대연의 소구남의 기술과 전혀 다른 곳을 기술하고 있다. 이 비신의 소구남=소갈란은 마환의 『영애승람』과 비교할 만하다. 『영애승람』(기록휘편본), 소갈란국(小葛蘭國) 조목에는 "[퀼론 왕국은] 실론 왕국[錫蘭國]의 별라리(別羅里)라고 하는 부두에서 서북쪽으로 가서 순풍에 엿새 밤낮을 가면 퀼론 왕국에 도착한다. 이 나라는 바닷가에 있고, 동쪽은 큰 산이 이어져 있고, 서쪽은 대해이며, 남북의 땅은 좁고, 바다와 연접해있다. 국왕과 나라 사람들은 모두 촐라[鎖俚] 사람이다. 불교를 신봉하며, 코끼리와 소를 경배하고, 혼인과 장례 등의 일은 실론 왕국과 같다. 땅에서는 소목(蘇木), 후추가 나지만 많지 않고, 과일과 채소류는 모두 있다. 소와 양은 사뭇 다른데, 그 양은 털이 푸르고, 다리는 길며, 키는 2~3척이다. 황우(黃牛) 중에는 3~4백 근 나가는 것이 있다. 수유(酥油)를 파는 사람이 많다. 사람들은 하루에 두 끼를 먹고, 모두 수유를 밥에 섞어 먹는다. 왕은 금으로 돈을 주조하는데, 1개당 중국 저울로 2푼이 나가고, [그것을] 유통해 사용한다. 비록 작은 나라지만, 그 왕은 또한 방물을 들려 사람을 보내 조정에 바쳤다."라고 하였다.

마환은 작은 나라라고 기술하며, 수유(酥油)를 파는 사람이 많고, 수유가 없으면 밥을 먹지 못할 정도이며, 금으로 만든 주화를 사용한다고 설명하고 있다. 그러나 비신은 후추가 많이 나는 것으로 기술하지만, 마환은 후추가 많지 않다고 하였고, 수유에 대하여 비신은 모두 수입한 것으로 설명하고 있다. 확실히 두 사람 중 하나는 잘못된 정보를 보여주고 있다. 어쨌든 15세기 초의 두 통역관은 소갈란=퀼론(콜람)을 기술하고 있음에는 분명하다.

심증식 씨는 왕대연의 소구남이 "『원사』에 보이는 구란(俱蘭)이고, 명나라 시기에 이른바 소갈란(小葛蘭)이며, 위원(魏源)의 『해국도지(海國圖志)』의 남과 북의 가나랍(加那拉)이다."라고 하였다. 확실히 심증식 씨는 왕대연의 소구남=구란=콜람(퀼론)으로 보고 있다. 한편 록힐에 따르면, "소구남(마환과 비신의 소갈란)은 율이 『원사』의 승급리(僧急里)라고 추정한 대로, 요르다누스(Friar Jordanus)의 싱귈리(Singuyli)인 카얀 쿨람(Kayan Kulam) 또는 카인 콜란(Kain Colan)이다."라고 하며(446쪽), 카얀 쿨람=싱귈리=승급리 설을 주장했다. 그러나 승급리는 요르다누스의 싱귈리가 맞지만, 콜람의 북쪽 해안을 따라 40km 지점에 있는 카얌 쿨람(Kayamkulam)과는 음성적으로 아무런 연관성이 없다.

가브리엘 페랑(G. Ferrand)은 '작은 퀼론'이 카얀 쿨람이고 『성사승람』의 '큰 퀼론'이 퀼론임을 확인된 사실로 간주했다(『JA』, 1920, II, 101쪽; 1924, I, 115쪽). 이에 대해 폴 펠리오는 『성사승람』의 대구남=대갈란 조목이 임의로 만들어졌다는 생각을 버리지 않았다(『Notes on Marco Polo』, 400~401쪽). 펠리오처럼 『성사승람』의 대구남=대갈란을 부정한다면, 왕대연의 소구남도 인정하지 않아야 한다. 왜냐하면 비신은 왕대연의 문장을 거의 그대로 풀어놓고 있기 때문이다. 이상에서 우리는 두 곳의 콜람이 있었고, 한 곳은 동서양의 선박들이 몰려드는 중심지이고, 다른 한 곳은 지리적 환경 때문에 출입이 드문 곳이었음을 인정해야만 한다. 역자가 아는 한, 인도 서해안 지역에서 '콜람'이란 이름이 들어간 곳은 후지타 씨가 이븐 바투타의 판다라이나의 다른 명칭으로 찾은 판다라이나-콜람과 앞서 언급한 카얀 콜람이다. 이로써 후지타 씨는 왕대연의 소구남을 판다라이나-콜람으로, 록힐 씨는 카얀 콜람으로 추정한 것이고, 나아가 페랑 씨는 『성사승람』의 대구남=대갈란을 퀼론, 즉 콜람으로 확인했던 것이다. 후지타 씨

또, 『성사승람』 대갈란(大葛蘭) 조목에는 대부분 본서 이 조목의 문장을 답습하고 있으나 의미는 오히려 어렵게 되었다. 천일각(天一閣)본에는 후집에 실려있는데, 대패남(大唄喃)[8]으로 되어있다. 이미 소갈란이 있어서 '대(大)'자로 고친 것일 뿐이다.[9]

가 추정하지 못한 『도이지략』의 반달리(班達里)가 이븐 바투타의 판다라이나라고 여러 학자에 의해 고증되었으므로, 후지타 씨의 소구남=판다라이나 설은 철회하는 것이 타당하다. 역자의 생각으로, 비신이 왕대연의 소구남을 대구남=대갈란으로 옮긴 곳은 바로 카얀 콜람이고, 비신의 소구남=소갈란, 『영애승람』의 소갈란은 퀼론 즉 콜람에 대응시킬 수밖에 없다.

8) 여기서도 '패(唄)'자는 '구(呗)'자로 되어야 한다.

9) 왕대연의 이 소구남 기술은 비신의 대구남=대갈란으로 옮겨졌는데, 판본마다 상당히 다른 기술을 보여준다.

83. 고리불(古里佛) [142~146]

[고리불은] 대해의 요충에 있으며, 승가랄(僧加剌)과 밀접하며 또한 서양의 여러 [나라들의] 중심지이다. 산이 가로질러 농토는 척박하여 밀을 심기에 적합하다. 매년 오다(烏爹)의 쌀에 의존한다. 길을 가는 사람은 길을 양보하고 길에 떨어진 것을 줍지 않으며 풍속은 옛날에 가깝다. 법률은 매우 엄격하여 소 한 마리를 도난당하면 추장은 소의 머리를 기준으로 삼는다. [소를] 잃은 주인은 범인의 가산을 적몰하고 죽인다. 관장(官場)은 깊은 산속에 있고 바닷가가 시장이 되어 교역한다. 그곳에서 나는 후추는 하리(下里)에 버금가며, 민간에서는 창고에 그것을 비축해둔다. 파하(播荷)당 375근이고, 그 10분의 2는 세금으로 낸다. 다음으로 가장엽(加張葉), 피상포(皮桑布), 장미수, 파라밀(波羅蜜), 해아차(孩兒茶)가 난다. 산호, 진주, 유향 등의 물품은 감매리(甘埋里), 불랑기(佛朗)에서 온다. 파는 물건은 소구남국(小唄喃國, 카얀 콜람)과 같다. 잘 기른 말은 서극(西極)에서 오는데 배로 이 나라에 실어 온다. 한 필의 시장 가격은 금전으로 1천몇백에서 최곳값으로는 4천까지 유동적이다. [사지]않으면 현지인들은 그 나라가 궁핍하다고 비난한다.

當巨海之要衝, 去僧加剌密邇①, 亦西洋諸馬頭也②. 山橫而田瘠, 宜種麥③. 每歲藉烏爹米④. 至行者讓路, 道不拾遺, 俗稍近古⑤. 其法至謹⑥, 盜一牛, 酋以牛頭爲準⑦. 失主仍以犯人家產籍沒而戮之⑧. 官場居深山中, 海濱爲市, 以通貿易⑨. 地產胡椒, 亞於下里, 人間居有倉廩貯之⑩. 每播荷三百七十五斤, 稅收十分之二⑪. 次加張葉⑫·皮桑布⑬·薔薇水·波羅蜜·孩兒茶. 其珊瑚·珍珠·乳香諸等貨⑭, 皆由甘埋·佛朗來也⑮. 去貨與小唄喃國同. 蓄好馬⑯, 自西極來, 故以舶載至此國. 每疋互易, 動金錢千百, 或至四千爲率. 否則番人議其國空乏也.

① '이(邇)'자는 『지복재』본에는 '이(耳)'자로 되어있어 정본(丁本)에 따라 고쳤다. 『성사승람』 고리국 조목에는 대략 이 문장을 따르고 있는데, 역시 '이(邇)'자로 되어있다.

② '제(諸)'자 아래에 '국지(國之)' 두 글자가 빠진 것 같다. 『성사승람』에는 "서양 여러 나라의 중심지이다(西洋諸國之馬頭也)."[1]라고 되어있다.
③ 이 두 구는 『명일통지』 서양고리(西洋古里) 조목에 인용된 『도이지』와 같다.
④ '미(米)'자는 『지복재』본에는 '수(水)'자로 되어있어 정본(丁本)에 따라 고쳤다.
⑤ 『명일통지』에 인용된 『도이지』에도 같지만 '행(行)'자 위에 '지(至)'자가 없다.
⑥ '근(謹)'자는 정본(丁本)에 '탄(坦)'자로 되어있다.
⑦ 『영애승람』 석란국(錫蘭國) 조목에 "사사로이 소를 잡은 자는 왕의 법으로 사형에 처하고, 혹 소머리 크기의 금을 바치면 그 죄를 면제받는다(私宰牛者, 王法罪死, 或納牛頭大金以贖其罪)."라고 하였다.
⑧ 아마도 속죄를 받을 수 없는 사람일 것이다.
⑨ 이 두 구는 『명일통지』에 인용된 『도이지』와 같다.
⑩ '거(居)'자는 '구(俱)'자의 잘못일 것이다. 『성사승람』에서는 "그곳에서는 후추가 나는데, 하리에 버금가고, 모두 창고가 있어 그것을 저장한다(地產胡椒, 亞於下里, 俱有倉廩貯之)."라고 되어있다.
⑪ 『영애승람』 고리국 조목에 "무릇 향료 등의 상품을 달 때, 200근은 1파하(播荷)가 되고, 중국 저울로 320근에 해당하며, 후추를 달 때, 250근이 1파하이다(凡稱香貨之類, 以二百斤爲一播荷, 該官秤三百二十斤, 稱胡椒, 二百五十斤爲一播荷)."라고 했는데, 이곳과 약간 다르다. 흐루너펠트(Groeneveldt)는 파하(播荷)는 바하르(Bahar) 또는 바하라(Bahara)에 해당하는 음으로, 지역마다 제도가 다르며, 유럽인이 왔을 초기에도 여전히 파하를 사용했다고 하였다(Groeneveldt, 『Notes on the Malay Archipelago and Malacca Compiled from Chinese Sources』).

1) 『성사승람교주』, 소구남(小唄喃) 조목, 31쪽.

⑫ 『영애승람』 만랄가 조목에 "바다의 섬 해안 주변에는 수초 같은 것이 자라는데 '교장(茭蔁)'이라 한다. 잎은 칼 같은 띠와 같고, 고죽(苦竹)과 비슷하며, 껍질은 두껍고, 성질은 부드럽다. 질긴 열매는 여지 모양이고 달걀처럼 크다. 사람들이 그 열매를 따서 술을 담는데, '교장주'라 하고 마시면 사람을 취하게 할 수도 있다. 잎으로 조밀한 삿자리를 짜고, 폭은 겨우 2척, 길이는 1장 남짓으로 자리를 만들어 판다(海之洲渚岸邊生一等水草, 名茭蔁. 葉如刀茅樣, 似苦竹, 殼厚, 性嫩. 韌子如荔枝樣, 雞子大. 人取其子釀酒, 名茭蔁酒, 飮之亦能醉人. 葉織成細簟, 止闊二尺, 長丈餘, 爲席而賣)."라고 하였다. 가장(加張)과 교장(茭蔁)은 동음이자로, 모두 말레이어 카장(kajang)에 해당하는 음이다. 여러 종의 팜(Palm) 잎은 자리를 짤 수 있는데, 대체로 니파 팜(Nipa Palm, Nipa fruticans)을 사용한다. 본서의 가장(加張) 잎은 니파 팜의 잎을 말하는 것 같다. 『영애승람』에서 그 열매로 술을 빚는다고 했는데, 그런 것은 아니다. 술로 빚는 것은 그 열매가 아니라 꽃줄기에서 나오는 즙으로 만든다(Groeneveldt, 『Notes on the Malay Archipelago and Malacca Compiled from Chinese Sources』).

⑬ 피상(皮桑)은 말레이어 피상(Pisang), 바나나에 해당하는 음이고, 포(布)는 파초포(芭蕉布)를 말한다.

⑭ '제등(諸等)' 두 글자는 도치되었다. 유향(乳香)은 훈륙향(薰陸香)이라고도 하는데, 올리바눔(Olibanum), 즉 프란킨센스(Frankincense)이다. 아랍어로 루반(Luban)으로 '젖'이란 뜻이다. 『위서(魏書)』에서 파사(波斯)의 산물 중에 훈륙향(薰陸香)이 들어있고, 『제번지』(하권, 유향 조목)에, "마라피(麻羅拔, Merbat)[2], 시갈(施曷, Shehr), 노발(奴發, Dufar) 세 나라 심산의 깊은 골짜기에서 난다(出大食之麻囉拔·施曷·奴發三國深山窮谷中)."라고 하였다. 히어트씨에 따르면, 훈륙(薰陸)은 아랍어 쿤두르(Kundur) 또는 인도어 쿤두(Kundu, Kundura)에서 나온

2) 펑 청쥔 『제번지교주』(93쪽)에는 '마라발(麻囉拔)'로 되어있다.

것 같다고 하였다(『조여괄』, 196쪽).

⑮ 감매(甘埋)의 '매'자는 『지복재』본에 '리(理)'자로 되어있다. 단 본서에 감매리(甘埋里) 조목이 보이므로 '리'자는 '매'자의 잘못임을 알 수 있다.[3)]

⑯ '축호(蓄好)' 두 글자는 도치되었다. 『명일통지』에 인용된 『도이지』에는 '호축마(好蓄馬)'로 되어있다.

『영외대답(嶺外代答)』 고림국 조목에 "감비국(監篦國)은 해를 걸러 코끼리와 소를 팔았고, 대식은 말을 팔며 이전부터 이 나라와 교역했다(監篦國遞年販象·牛, 大食販馬, 前來此國貨賣)."라고 하였는데, 본서 감매리 조목을 보면, 그곳에서는 마선(馬船)을 건조하여, "아래에는 유향을 눌러 싣고, 위에는 말 수백 필을 싣는다. [그 말들은] 머리는 작고 꼬리는 가벼우며, 사슴 같은 몸체와 매달린 복부에, 네 굽은 쇠를 깎은 듯하며, 키는 7척가량 되고, 하루에 1천 리를 갈 수 있다(下以乳香壓重, 上載馬數百匹, 頭小尾輕, 鹿身吊肚, 四蹄削鐵, 高七尺許, 日夜可行千里)."라고 하였다. 그러므로 고림은 바로 콜람(Kaulam)에 해당하는 음이다. 감매(甘埋)는 감매리(甘埋里)로 쿠르모사(Kurmosa, Hormoz)를 말한다. 여기 조목에서 "잘 기른 말은 서극(西極)에서 온다."라고 운운했으므로, 고리불(古里佛)이 고림(故臨)임을 알 수 있다. 마르코 폴로, 라시드 웃딘, 와사프(Wassaf) 모두 마아바르(Ma'bar) 지방에는 말이 나지 않아 해마다 아랍에서 운송해 오는 것은 값이 매우 비싸고 아주 귀하다고 하였다. 여기서 말한 마아바르는 와사프에 따르면, 고론(故論, Kulam)에서 니랍

3) 쑤 지칭 씨는 여기 감리(甘理)가 "칼라트(Kalhat)의 줄인 음역으로 아라비아 동북부 옹만(甕蠻, Uman) 지역의 항구 중 하나이다. 중세 때 하나의 국제 시장으로 무역이 번성하였으며, 호르무즈 국의 속국이었다. 『제번지』 대식국 조목의 가력길(伽力吉)이 바로 칼라트(Kalhat)에 해당하는 음이다."(『도이지략교석』, 329~330쪽)라고 하였다. 위치상으로는 그럴법한 추정이지만, 음성적 접근성은 보이지 않는다.

화(尼拉華, Nilawar, Nellore) 연해 지역까지는 당시 아랍에서 운송해온 말들은 대체로 고론에서 들여온 것이었다. 고림(故臨, Kaulam)을 마르코 폴로는 코일룸(Coilum), 마리뇰리(Marignolli)는 콜룸붐(Columbum)이라 하였다. 본서의 고리불(Kau-li[la]but[mut]) 또한 콜람(Kaulam)에 해당하는 음이다. 『원사』의 구람(俱藍), 구남(嗊喃), 각람(閣藍) 등도 마찬가지이다. 지금의 퀼론(Quilon)이라는 곳이다. 『정화항해도』에서 감파리(甘巴里, Kamhori, Comari) 다음에 소갈란(小葛蘭)이 있는데 바로 이 나라이다. 『영애승람』, 『성사승람』, 『명일통지』 등의 책에는 모두 해당 조목이 있는데, 흥미로운 것은 『성사승람』, 『명일통지』는 본서의 고리불을 고리(古里, Calicut)로 여기고 있다는 점이다. 『성사승람』 고리(古里) 조목은 대략 본서의 고리불을 채록하고 있고, 『명일통지』 서양고리(西洋古里) 조목에서도 인용하고 있다. 여기서 말하는 고리국(古里國)은 본서의 하리(下里, 캘리컷)임을 몰랐던 것이다.[4)]

4) 중국의 학자들은 캘리컷에 관한 기술을 좀 더 이른 시기로 거슬러 올라가고 싶었던 것 같다. 조여괄은 『제번지』에서 "남비 나라는 서남쪽 끝에 있다. 삼불제에서 몬순 바람에 달포면 도착할 수 있다. 나라의 도읍은 멸아말(蔑阿抹)이라 하고 당나라 말로는 예사(禮司)라 한다(南毗國在西南之極. 自三佛齊便風月餘可到, 國都號蔑阿抹, 唐語曰禮司)."라고 하였다. 여기 나라 이름에 들어있는 '비(毗)'자는 『영애승람』, 가지(柯枝)와 고리(古里) 조목에서 나오는 다섯 등급의 나라 사람 중에서 남곤(南昆)으로 등장한다. 하나는 나라 이름으로, 하나는 나라 사람들의 신분계급 명칭으로 나타나는데, 이 둘을 처음으로 연결한 학자는 펑 청쥔 씨이다. 펑 청쥔 씨는 『제번지교주』에서 "[남비국은] 『영외대답』, 권3, 대식국 조목에 마리발국(麻離拔國) 또는 마라발(麻囉拔)이란 나라가 있는데 바로 이 나라이다. 본서에서 마라발이라 명명하지 않고 '남비'라고 한 것은 아마도 그 땅의 가장 중요한 마을인 바라문(婆羅門) 부락을 나라 이름으로 삼은 것으로 보인다. 이전 고증에 남비를 나이르(Nair)로 본 사람도 있고, 남부리(Namburi)로 본 자도 있는데 펠리오 씨는 근래 후자를 취했다. 여기 남비는 『영애승람』, 가지(柯枝), 고리(古里) 두 조목에서 남곤(南昆)으로 되어있다. 본서 하권 후추 조목에 딸린 주에 남비무리발국(南毗無離拔國)이 있는데 바로 이 나라의 원래 명칭이다."라고 하였다(『제번지교주』, 중화서국, 1956, 31쪽).

히어트와 록힐 씨는 “[남비국은] 더 정확하게는 ‘남비의 나라’ 즉 말라바르의 나이르사람들이다. 남비라는 명칭은 조여괄 이전에는 보이지 않는다. 조여괄이 제시한 남비의 속국들 목록에 비추어 볼 때, 말라바르의 지배력은 넬로르(Nellore)에서 캄베이(Cambay)까지 펼쳐져 있었다. 우리가 앞 조목에서 본 바와 같이, 이 나라는 실론 섬도 포함하고 있었다.”(『조여괄』, 89쪽 주1) 펑 청쥔 씨가 남비국과 남곤이란 계급을 연결한 것은 히어트와 록힐에서 근거하고 있음을 알 수 있다.

폴 펠리오 씨는 「다시 정화의 항해에 관하여(Encore à Propos des Voyages de Tcheng Houo)」, 『통보』, 32(1936), 221쪽에서 “펑 씨는 망설임이 없는 것은 아니지만, ‘남곤(南昆)’ 형태를 유지하면서(펑 청쥔본, 39쪽), 나이르(Naïr) 또는 남부리(Nambūri)와의 연관성을 짐작했다. 내가 보기에 나이르는 음성적으로 불가능해 보인다. 그러나 선본은 ‘남비(南毗)’라고 생각한다. 남부리 브라만들이 한 큰 역할에 관한 새로운 검토가 이루어진 뒤에 나는 남비가 실제 그들의 음역이라는 가설에 동조할 것이다.”라고 하며 판단을 유보했는데, 펠리오의 판단 유보가 적절해 보인다. 우선 조여괄의 시대와 마환의 시대는 200년 정도 차이가 난다. 즉 조여괄 시대의 사람들이 여전히 우위를 점하고 있었다는 보장이 없다. 둘째 남비와 말라바르는 음성적 측면에서 전혀 근접하지 않는다. 셋째 『제번지』에서는 이러한 왕국 사람들의 등급에 관해 전혀 언급이 없다. 넷째, 남비(南毗)가 맞는지 남곤(南昆)이 맞는지 정확한 고증도 없다. 그런데도 히어트, 록힐 그리고 펑 청쥔 씨가 남비를 말라바르로 추정하는 것은 그 수도인 멸아말(蔑阿抹) 때문일 것이다. 이들은 조여괄이 남비의 속국 목록에서 제시한 마리말(麻哩抹)의 다른 음역으로 보았기 때문이다. 왕국의 수도가 속국에 들어가 있는 것이 말이 되지 않는다. 게다가 일반적으로 해안 또는 민족을 지칭하는 말라바르가 왕국을 형성했는지도 의문이다.

이렇게 추정 근거가 약한 가설을 더욱 밀고 나간 학자가 바로 쑤 지칭 씨이다. 그는 『도이지략교석』 고리불(古里佛) 조목(328쪽)에서 다음과 같이 추정했다. “남비(南毗)는 이 해안 바라문 계급 남부리(Namburi)의 통칭이다. 멸아말(蔑阿抹)이라는 명칭은 마리암마(Mariamma)에 해당하는 음으로 보이며 고리불 여신의 이름이다. 이 여신은 원래 마리(Mari)라고 하였는데, 그 이름 뒤에 암마(amma)라는 존칭을 붙여 말라바르 언어로 ‘마마(어머니)’라는 의미가 있다.

「서남해이총도」에는 가익(加益), 구남(俱南), 아류(阿留) 세 명칭 뒤에 마랄리(馬剌里)라는 명칭이 보인다. 가익은 바로 카얄(Kayal)로 본서 제삼항(第三港) 조목의 주에 보이고, 구남은 구람(俱藍)이며, 아류는 하리(下里)의 다른 음역이고, 마랄리라는 명칭은 고리불이 아니면 귀속시킬 곳이 없다. 아마도 이 여신의 이름을 도성의 명칭 또는 항구의 명칭으로 삼았을 것이다. 중세기에 고리불은 남비(南毗)와 멸아말(蔑阿抹) 또는 마랄리(馬剌里)로 통일하여 불린 것으로 보이므로, '마랄리'라는 원래 명칭이 『제번지』, 『대덕남해지』에 보이지 않는 것은 바로 이 때문일 것이다. 1498년 포르투갈의 바스코 다 가마가 세 척의 배를 타고 대랑산(大浪山) 곶을 돌아 동쪽으로 왔을 때, 처음으로 인도에서 상륙한 곳이 바로 고리불이었다. 『제번지』에서 말하는 예사(禮司)는 남비라는 명칭의 의역(意譯)으로 봐야 한다. 남비는 원래 말라바르 해안의 바라문 계급을 일컫는 것이고, 바라문은 제사를 주관하는 승려들이기 때문일 것이다."

쑤 지칭 씨의 이 주장은 결국 고리불(古里佛)이 바로 『제번지』의 남비국이고, 『영애승람』의 고리국으로, 모두 캘리컷을 지칭한다고 본 것이다. 우리가 이견 없이 동의하고 있는 사실은 가지국(柯枝國)이 오늘날 코치(Kochi)라는 점이다. 마환은 코치 왕국에서 3일 서북쪽으로 가면 고리국(古里國)에 다다른다고 설명하고 있다. 만약 일반적으로 받아들여지는 주장대로 고리국이 캘리컷(현 코지코드)이라면, 현 지도에서 보는 바와 같이, 고치에서 캘리컷까지는 200km가 채 되지 않는 거리이다. 항로의 어려움을 고려하더라도 3일을 가야 하는 항해 거리는 쉽게 이해되지 않는다.

왕대연의 고리불(古里佛) 기술을 그대로 옮겨 놓고 있는 비신의 『성사승람』 고리 조목은 "승가(僧伽)와 매우 가깝다고 하였다." 이처럼 비신이 고리 조목에서 왕대연의 고리불 기술을 채록했기 때문에 쑤 지칭 씨가 고리불=고리라는 가설이 생겨난 것이다. 여기 승가는 왕대연이 승가랄(僧加剌)이라고 한 곳이다. 승가랄은 왕대연의 기술에서 실론 즉 스리랑카를 지칭했다. 결국, 왕대연은 고리불이란 곳이 실론 섬과 가깝다는 것을 말하고 있다. 이미 쑤 지칭 씨는 『도이지략』의 소구남(小唄喃)을 퀼론에 배당해 놓고 있었고, 고치 왕국은 왕대연 시기에 없었거나 겨우 형성되고 있었으므로, 승가 또는 승가랄을 실론으로 보지 못하고 캘리컷 가까운 곳에서 찾는 수밖에 없었다. 궁여지책으로 찾아낸 곳이 바로 코친에서 약 30km 떨어진 코둥갈루르(Kodungallur), 즉 영어로 크랑가노르 또 본서에서 말 가격이 “금전(金錢)으로 1천몇백에서 최곳값으로는 4천까지 움직인다.”라고 하였는데, 라시드 웃딘과 와사프가 전하는 바에 따르면, 한 필당 순금 220 디나르(Dinar)를 한도로 한다고 하였고, 마르코 폴로는 한 필당 5백 사게오(Saggio)라고 하였다.

또, 원나라 유욱(劉郁)의 『서사기(西使記)』에 “밀걸아국의 서쪽은 바다이다. 바다의 서쪽에는 부랑(富浪)이 있다. 부인들의 복식은 세속에 보살을 그려놓은 모습과 같다. 남자들의 호복(胡服)은 모두 우수하여 잠잘 때도 벗지 않는다. 부부라고 해도 다른 곳에 산다. 타(駝)라는 큰 새가 있는데, 발굽은 푸른색이고, 날갯짓하며 다니며, 키는 1장 남짓이다. 불을 먹고 알은 되만 하다(密乞兒國西卽海. 海西有富浪. 婦人衣冠, 如世所畫菩薩状. 男子胡服, 皆善, 寢不去衣. 雖夫婦亦異處. 有大鳥駝, 蹄蒼色, 鼓翅而行, 高丈餘, 食火, 卵如升許).”라고 하였다. 『원사·곽간전(郭侃傳)』에, 이미 밀석아(密昔兒)가 항복했고, “무

(Cranganore)로 추정하고, 『원사』, 권210, 「마팔아등국전(馬八兒等國傳)」에 보이는 승급리(僧急里)라고 주장했다. 그렇지만 이 시기는 1341년의 홍수 또는 지진에 의한 지질 변화로 코친 항구가 형성되고 있던 때이다. 과연 왕대연이 스리랑카를 지칭했던 명칭인 승가, 또는 승가랄이라는 지명으로 그곳을 언급했을까?

이처럼 쑤 지칭 씨의 무리한 추정을 부추긴 것은 황성증의 『서양조공전록』이었던 것으로 보인다. 황성증은 고리 조목에서 “이 나라는 가지에서 서북쪽으로 6백 리에 있다(其國在柯枝西北可六百里)”라고 하였다. 마환이 말한 것은 산이 동쪽으로 5~7백 리에 뻗어있다고 했지, 코치에서 5~7백 리 떨어진 곳에 고리국(古里國)이 있다고 말하지 않았다. 사실 황성증의 600리를 대략 킬로미터로 환산해 보면 현재 코치와 캘리컷 사의의 거리와 비슷하다. 앞서 본 것처럼 쑤 지칭 씨는 고리불=고리의 등식을 입증하려고 원문을 왜곡되게 이해했다. 그러므로 승가 또는 승가랄부터 다시 추정해가야 고리국과 그곳으로부터 동남쪽으로 3일 여정의 출발지를 확인할 수 있을 것이다. 이러한 문제 제기에 정확히 대답한 사람이 바로 후지타 토요하치이다. 그러므로 쑤 씨가 주장한 왕대연의 고리불=마환의 고리국이라는 등식은 폐기해야 할 것이다.

오년에 훌라구는 곽간에서 서쪽으로 바다를 건너가 부랑(富浪)을 거두게 하였다. 곽간은 화와 복으로 타이르자, 올도산탄이 '어젯밤에 꿈꾼 신인이 바로 장군이구려.'라고 하였다(戊午, 旭烈兀命侃西渡海, 收富浪. 侃喻以禍福, 兀都算灘曰, 吾昨所夢神人, 乃將軍也).”라는 대목이 보인다. 항복해온 밀걸아와 밀석아(密昔兒)는 동음이자로 므스르(Msr) 즉 지금의 이집트를 말한다. 브레트슈나이더 씨는 부랑(富浪)이 바로 프랑크(Frank)에 해당하는 음으로, 유럽인을 지칭하지만, 원나라 군대가 서유럽에는 이르지 않았고, 아마도 서유럽 사람들이 시리아에 있었을 것이라고 하였다(Bretschneider, 『Mediaeval Researches』, I, 142쪽). 또 『원사·순제기(順帝紀)』, 지정(至正) 2년 가을 7월에, “불랑국에서 기이한 말을 바쳤는데, 길이는 1장 1척 3촌이었고, 키는 6척 4촌으로, 몸은 완전히 검었으며, 뒤의 두 굽이 모두 흰색이었다(拂郎國貢異馬, 長一丈一尺三寸, 高六尺四寸, 身純黑, 後二蹄皆白).”라고 하였다. 율은 마리뇰리(Marignoli)가 바친 것으로 보았는데(Yule, 『Cathay and the way thither』, 340쪽), 그런 것 같다. 부랑(富浪), 불랑(佛朗)은 동음이자로 바로 프랑크(Frank)에 해당하는 음이다. 이후 불랑기(佛朗機) 또한 마찬가지이다.

84. 붕가랄(朋加剌)[1] [146~149]

다섯 산령(山嶺)이 우뚝 솟아있고, 나무숲은 무성한 곳에 사람들이 모여서 살며 해마다 농사를 생업으로 하므로 들에는 빈 땅이 없으며, 밭고랑은 매우 아름답다. 한 해에 세 번 곡식을 수확하고, 온갖 사물이 모두 저렴한 곳이 바로 옛 흔도(忻都, Hindustan)의 주부(州府)이다. 기후는 항상 덥고, 풍속은 가장 순후(淳厚)하다. 남녀는 가는 베[細布]로 머리를 싸매고 긴 적삼을 입는다. 관에서 거두는 세금은 10분의 2를 거둔다. 나라에서는 은전(銀錢)을 주조하는데, 당가(唐加)라고 하고, 한 개는 2전(錢) 8푼의 무게이며 [시장에] 유통해 사용한다. 파자(𧵳子) 11,520개 남짓으로 교역하며 소전(小錢)처럼 저울질하여 사람들을 편리하게 하므로, 참으로 유익하다. 필포(苾布), 고니포(高你布), 두라면(兜羅綿), 취우(翠羽)를 생산한다. 교역하는 상품은 남북사(南北絲), 오색견단(五色絹緞), 정향(丁香), 두구(荳蔲), 청백의 꽃문양이 들어간 자기[青白花器], 백영(白纓) 등이다. 이 외국에는 사람들이 편안하고 만물이 넉넉하여 모두 농사에 쓰는 힘을 고르게 한 소치라고 한다. 이 때문에 들과 제방에 있는 잡초의 땅을 사람들이 개간하며 농사에 게으르지 않아 농사에 두 번 수고로운 일이 없으며, 하늘의 때에 따라서 땅을 나누어 이롭게 하니, 나라의 부유함과 민속의

---

1) 붕가랄이 벵갈을 지칭하는 것임에는 분명하다. 심증식 씨는 "『승람』[영애·성사]의 방갈랄(榜葛剌), 『제번지』의 붕가라(鵬茄羅)라고 한 곳이다."라고 추정하고, 연관 자료로 『제번지』의 조목을 다음과 같이 인용했다. "서천의 벵갈[鵬茄羅國]은 그 도읍을 '차나길(茶那咭)'이라 하고, 성의 둘레는 120리이다. 사람들은 승리욕이 강하고, 오로지 약탈을 일삼는다. 흰 아라(砑螺, 자패) 껍질을 갈아서 돈으로 만들어 쓴다. 토산으로 보검, 두라면(兜羅綿) 등의 베가 있다. 혹자는 불교가 여기에서 시작되었다고 하여, 당나라 현장(玄奘)이 불경을 얻기 위해 여기에 왔다고 한다(西天鵬茄羅國, 都號茶那咭, 城圍一百二十里. 民物好勝, 專事剽奪. 以白砑螺殼磨治爲錢. 土產寶劍·兜羅綿等布. 或謂佛教始於此, 唐三藏玄奘取經曾到)."(『도이지략광증』, 하, 14쪽)

두터움이 팔렘방[舊港]을 앞지르고 자바[闍婆]를 뛰어넘는다고 한다.

五嶺崔嵬, 樹林拔萃, 民聚而居之①, 歲以耕植爲業, 故野無曠土, 田疇極美. 一歲凡三收穀, 百物皆廉, 卽古忻都州府也②. 氣候常熱, 風俗最爲淳厚. 男女以細布纏頭, 穿長衫. 官稅以十分中取其二焉③. 國鑄銀錢, 名唐加, 每箇二錢八分重, 流通使用. 互易贝子一萬五百二十有餘, 以權小錢便民, 良有益也④. 產苾布⑤·高你布⑥·兜羅錦·翠羽. 貿易之貨, 用南北絲·五色絹緞·丁香·荳蔻·青白花器·白纓之屬. 玆番所以民安物泰⑦, 皆曰平農力有以致之. 是故原防菅茅之地, 民墾闢, 種植不倦, □廉再勞之役⑧, 因天之時而分地利, 國富俗厚⑨, 可以淩舊港而邁闍婆云.

① 『명일통지』 방갈랄(榜葛剌) 조목 오령(五嶺) 주에 "산은 높고 숲은 무성하여 사람들이 그곳에서 모여 산다(山高林茂, 民聚居之)."라고 하였다.

② 『명일통지』에 인용된 『도이지』에는 "해마다 농사를 생업으로 삼아, 들에는 빈 땅이 없으며, 농토는 매우 훌륭하여 1년에 세 번 수확한다(歲以耕植爲業, 野無曠土, 田疇極美, 一歲三收)"라고 하였고, 또 "원래는 옛날 흔도의 주부였다. 서천(西天)에는 다섯 인도가 있었는데, 이곳이 동인도로, 그 나라 중에서 가장 크다(本古忻都州府. 西天有五印度, 此東印度也, 其國最大)."라고 하였다.

③ 『명일통지』에 인용된 『도이지』에는 "기후는 항상 덥다. 남녀는 가는 베로 머리를 싸매고 긴 적삼을 입는다. 관에서는 10의 2를 세금으로 거둔다(氣候常熱, 男女以細布纏頭, 衣長衫. 官稅十取其二)."라고 되어있다.

④ '매개(每箇)' 아래에는 두 글자가 빠진 것으로 보인다. 『명일통지』에 인용된 『도이지』에는 "나라에서 주조하는 은화를 '당가'라고 하는데, 한 개에 2전 8푼이고 작은 돈은 저울에 단다(國鑄銀錢名唐加, 每錢重二錢八分, 以權小錢)."라고 하였고, 『영애승람』 방갈랄 조목에 "국왕은 은으로 당가(儻伽)라는 동전을 주조하는데, 하나는 중국 저울로 3전의 무게가 나가고, 지름은 중국 자로 1촌 2푼이며, 배면에는 문양이 있다. 일체의 매매는 모두 이 은전으로 값을 따진다. 거리와 시장에서 자잘한 거래

에는 그곳 말로 고리(考黎, Cauris)라는 해파(海𧴩)를 사용하는데, 개수를 따져 교역하기도 한다(國王以銀鑄錢, 名曰儻伽, 一箇重官秤三錢, 徑官尺一寸二分, 底面有文, 一應買賣, 皆以此錢論價. 街市零用海𧴩, 番名考黎, 亦論箇數交易).”라고 하였다. 당가(唐加)는 당가(儻伽, Tangah, Tangkah)와 동음의 다른 글자로, 인도의 옛날 주화 명칭이다(Yule, 『Cathay and the way thither』, CCXLV, ii와 439쪽). 또 ‘만(萬)’자 아래에는 ‘일천(一千)’ 두 글자가 빠졌다. 오다(烏爹) 조목에서 “파자(𧴩子) 11,500여 개와 바꾸고(易𧴩子計一萬一千五百十有餘)”라고 하였다.[2)]

⑤ 『영애승람』에는 필포(蓽布)로 되어있다. “토산은 대여섯 가지의 가는 베가 있다. 하나는 그곳 말로 비박(卑泊)이라 하는 필포(蓽布)로, 폭은 3척 남짓이고, 길이는 5장 6~7척이며, 이 베는 분홍의 편지지처럼 고르고 가늘다(土產五六樣細布. 一様蓽布, 番名卑泊, 闊三尺餘, 長五丈六七尺,

2) 당가(唐加)는 『영애승람』 방갈랄(榜葛剌, 벵갈)과 천방국(天方國, 메카) 조목에 ‘당가(倘伽)’로 표기되어 보인다. 시앙 다 씨는 이 ‘당가’가 탕카(tanka)에 해당하는 음으로 당시 인도 서해안과 아랍의 몇몇 지방에서 금은화폐를 탕카로 불렀다고 하였다(『서양번국지교주』, 35쪽). 윌리엄 어스킨(William Erskine, 1773~1852)는 탕가 또는 탕카는 서투르키스탄 어원을 가지며 ‘흰 색’을 의미하는 탕(tang)에서 나왔다고 하였다(『A History of India under the Two First Sovereigns of the House of Taimur, Báber and Humáyun』, I, 546쪽). 『영국-인도 용어사전』에 따르면(896~7쪽), 탕카 또는 탕가는 13세기와 14세기 초반에 델리 군주들의 은화에 대한 일반적인 명칭으로 사용되었고, 벵갈에서도 타카(ṭakā)라는 형태로 사용되었다고 한다. 대략 1333~1343년 시기에 인도를 방문했던 이븐 바투타는 금화를 탕카 또는 디나르(dīnār)로 불렀고 1탕카는 10은디나르에 해당한다고 했다. 이러한 은디나르는 마쌀리크 알 압싸르(Masālik al-abṣār, 1340년경)가 ‘인도의 은 탕가’로 불렀다. 또한 시칸다르 로디(Sikandar Lodi, 1488~1517) 시대에는 ‘검은’(또는 구리)의 탕카도 보인다. 이로써 볼 때, 탕카 또는 탕가는 서투르키스탄에서 기원했으나, 남쪽으로 퍼지면서 본래의 의미인 ‘은화’를 벗어나 금화, 구리 주화에 모두 사용되었던 것으로, 특히 그냥 ‘주화’라는 의미로 사용되었다고 추정할 수 있다.

此布匀細如粉箋一般).”라고 하였다. ‘비박’은 비람파웃(Byrampaut)에 해당하는 음으로 보이는데, 이븐 바투타가 바이라미(Bairami)라고 한 것이다(율의 앞의 책, 411쪽).[3)]

---

3) 『영애승람』(기록휘편본) 방갈랄국 조목에는 필포(蓽布)로 되어있는데, “그곳에서는 비치라고 한다(番名卑治)”라고 하였는데, 이 ‘치(治)’자는 장승(張昇)본에는 ‘박(泊)’자로 되어있다. 뒤펜타크는 『기록휘편』본에 따라 비박(卑泊)를 비치(卑治)로 옮겨 놓고, 이 비치가 필립스에 의해 베틸라(betteela)로 확인되었다고 했다(『Ma Huan Re-Examined』, 63쪽). 이에 대해 펠리오의 고증은 다음과 같다. “그러나 율(Yule, 『Hobson-Jobson』, 90쪽)과 케른(H. Kern, 『Linschoten』, I, 66쪽)에 따르면, 오건디(얇은 모슬린 천)의 옛날 이름인 betteela는 beatilha로 표현되고, 달가도(Dalgado)가 자신의 『포르투갈-아시아어 용어집(Glossário Luso-asiático)』에 넣지 않고 『아시아 언어에서 포루투갈 어휘의 영향(Influência do vocabulário português em línguas asiáticas)』, 26쪽에 넣기로 남겨둔 순수한 포르투갈어다. 말레이어의 비틸라(bitila)가 포르투갈어에서 왔다면 그 차용은 마환의 시대보다 훨씬 뒤이다. 그러나 다른 텍스트를 보면, 장승은 ‘필포는 비박(卑泊)이라고 한다. 폭은 3척 이상 넓고, 길이는 56~7척이다. 풀 먹인 종이처럼 가늘고 매끄럽다.’ 황성증은 ‘필포(苾布)는 비박(卑泊)이라고 하는데, 폭은 2척이고, 길이는 56척이며, 고르고 가늘며 희다’라고 하였다. 마환과 장승의 기록에 비추어볼 때 이 천의 폭이 ‘3척 이상’이라고 인정할 수 있겠지만[반면 『승조유사』에는 황성증처럼 ‘2척’으로 되어있는데, 이것이 맞을 수도 있을 것이다], 장승과 황성증이 일치를 보인 것으로부터, 비치(卑治)는 유일한 마환 판본에 있었던 비박(卑泊)을 잘못 옮긴 것이라고 결론지을 수 있을 것이다[『승조유사』는 필포(蓽布)의 원래 이름을 언급하고 있지 않음]. 황성증의 필포(苾布)라는 표기는 가장 오래된 것이다. 왜냐하면 1349~1350년의 『도이지략』, 정확히는 벵갈 조목에서(록힐, 436쪽과 후지타 토요하치의 『도이지략교주』, 98a) 언급되어 있기 때문이다. 천의 이름으로 필(苾)은 마환이 음역한 필(蓽)과 마찬가지로, 14세기 무역 중국어에서 통용된, 외래어를 음역했음을 보여준다. 원래 이 음역어는 마환이 비박(卑泊)이라고 옮긴 원래의 이름과 일치한다. 후지타 토요하치는(98a) 마환의 비박이 이븐 바투타의 책에서 보이는 바이라미(bairamī)로 쓰인 천의 이름일 것으로 추정하고, 이 점에

⑥ 『영애승람』 아로(啞魯) 조목에 "면포는 고니(考泥)라고 부른다(棉布名考泥)"라고 하였다. 흐루너펠트 씨는 말레이어 카인(Kain)에 해당하는 음으로 보았다. 고니(高你)는 고니(考泥)의 다른 음역일 것이다.[4)]

⑦ 『명일통지』에 인용된 『도이지』에 "民安物泰"로 되어있다.

⑧ 『명일통지』에 인용된 『도이지』에는 "언덕과 방죽의 잡초가 무성한 땅을 개간하고 파종하는 것을 게을리하지 않고 다시 번거로운 일이 없다(原防菅茅之地, 墾闢種植不倦, 無再勞之役)."라고 되어있다. '렴(廉)'자

대해 율의 책을(Yule, 『Cathay and the Way Thither』, IV, 19쪽) 참조케 하였다. 나는 이 두 명칭 사이에서 발음상의 연관성을 찾을 수 없다. 어떤 사전에도 보이지 않는 필포(苾布)라는 명칭은 명나라 시기에 자주 사용되었다. 『명사』는 수문달나(須文達那, 권325, 5b, 유필포幼苾布 14필), 팔렘방(권324, 10b), 캘리컷(권326, 1b), 담파(淡巴, 권325, 6b)의 전(傳)에서 필포(苾布)에 대해 말하고 있다. 마찬가지로 『명사』는 말라카 전(傳)에서 백필포(白苾布), 벵갈에서(권326, 4a) 세백필포(洗白苾布)을 언급하고 있다. 필포(苾布)의 색을 특정하자면 언제나 흰 천임을 알 수 있다."(『15세기 초 중국의 대항해』, 424~426쪽).

4) 『영애승람』(기록휘편본), 아로국(亞魯國) 조목에서 "면포는 고니라고 한다(棉布名考泥)."라고 한다고 하였다. 흐루너펠트는 '고니(考尼)'로 옮기고 천을 지칭하는 말레이어 명칭인 카인(kain)일 것으로 생각했고(『말레이반도와 말라카에 관한 주석』, 94쪽), 록힐 씨는 장승(張昇)의 판본에 따라 '고니(栲泥)'로 옮기고 현지 용어일 것이라고 만했다(「14세기 중국과 인도양 연안, 동부 열도와의 무역관계에 관한 주석」, 141쪽 주2). 펑 청쥔 씨의 이 주석은 완전히 펠리오의 설명을, 출처를 표시하지 않고 자신의 것처럼 그대로 가져온 것이다. 펠리오의 설명은 다음과 같다. "1349~1350의 『도이지략』에서는 벵골에서 나는 면포를 '고니(高你)'라고 했고, 후지타 토요하치는(『도이지략교주』, 98a) 두 명칭을 연결했다. 그런데 kain은 발음상 만족스럽지 못할 뿐만 아니라 특히 말레이어 카인이 14세기에 벵골에서 사용되었는지 의심스럽다. 슐레겔은(『통보』, 1901, 360쪽) 'gûni' 즉 황마 자루를 뜻하는 명칭인 'gonī'를 제시했다(『Hobson-Jobson』, gunny 조목을 참고). 하지만 우리가 말하는 것은 면포이기 때문에 이 견해를 전혀 받아들일 수 없다."(「15세기 초 중국의 대항해」, 410쪽)

위에 빠진 글자는 정본(丁本)에는 '려(黎)'자로 되어있다.

⑨ 『명일통지』에 인용된 『도이지』에 "나라는 부유하고, 풍속은 후하다(國富俗厚)"라고 되어있다.

『원사』 본기 헌종 3년(1253), 여름 6월에 "탑탑아대살리, 토로화 등에게 흔도사(欣都思, Hindustan), 겁실미아(怯失迷兒, Kashmir) 등의 나라를 정벌하게 하였다(命塔塔兒帶撒里, 土魯花等征欣都思, 怯失迷兒等國)."라고 하였다. 피리스타(Firista)가 전하는 바에 따르면, 1244년 델리(Dehli)국 알라웃딘 마수디(Aláuddin Masáu'd)왕 시기에 몽골이 티베트 길을 경유하여 붕가랄(朋加剌, Bengala) 땅으로 들어왔다. 관병들이 물리친 연도는 비록 다르지만 『원사』에서 기재된 것과 상당히 비슷하다. 이 책에서 말하는 옛 흔도주부에 관하여, 원나라 시기에 흔도주부를 설치했다는 기록은 동서양 어디에도 보이지 않는다. 심증식 씨는 『도이지략광증』(하, 14쪽)에서 "『원사·세조본기』에 흔도초토사(忻都招討使) 양정벽(楊庭壁)이 해외를 안무하자, 남쪽 외국들이 모두 사신을 보내 조공했고 하였다. 이 당시 흔도에 초토사가 설치되어 있었다. 원나라 세조시기에 원수에서 만호에 이르기까지 모두 '부(府)'라고 칭했으므로, 흔도주부라는 명칭이 있게 된 것이다. 아마도 당나라 시기 서역에 설치한 도독부(都督府)와 같은 것일 것이다."라고 하였다. 『원사·세조본기』에 지원(至元) 19년(1282) 9월 무오(戊午)에 "아합마(阿合馬)의 셋째 아들 아산(阿散)을 주살했다(誅阿合馬第三子阿散)"라고 하였고, 신유(辛酉)에 "적인·살도노정과 아합마의 넷째 아들 흔도를 주살했다(誅耿仁·撒都魯丁及阿合馬第四子忻都)"라고 하였으며, "초토사 양정벽이 해외를 안무하자 남쪽의 외국들이 모두 사신을 보내 조공을 보내왔다(招討使楊庭璧招撫海外, 南番皆遣使來貢)."라고 운운하였다. 흔도(忻都)는 바로 아합마의 넷째 아들의 이름이고 흔도에서 문장이 끝난다.[5] 20년(1283) 조목에 초토사 양정벽이 선위사(宣慰使)가 되었다고 하

5) 흔도(忻都)에 관하여, 심증식 씨는 "『원사·세조본기(世祖本紀)』에 '흔도초토사 양정벽이 해외를 초무(招撫)하여 남쪽의 외국들이 모두 사신을 보내와 조공했다

였으므로 증명할 수 있다. 또 「마팔아전(馬八兒傳)」에 따르면, 양정벽이 초유한 것은 구람국(俱藍國)이지 붕가랄(朋加剌)이 아니다.

또 『영애승람』 방갈랄국(榜葛剌國) 조목에서 "우선 석지항(淅地港)에 이르고, 배를 정박시켜 놓은 다음, 작은 배로 항구로 들어가 5백 리 남짓을 가면 쇄납아항(鎖納兒港)에 도착하고, 뭍에 올라 서남쪽으로 35개 역참을 가면 그 나라에 이른다(先到淅地港泊船, 用小船入港, 五百餘里到地名鎖納兒港登岸, 向西南行三十五站到其國)."라고 하였다. 『성사승람』에서는 갈랄국(葛剌國)[6] 조목에 대략, "그 나라 바다 어구에는 찰지항이라는 항구가 있는데, 세금을 내는 곳이다. …항구에서 16역참을 가면 쇄납아강에 이르는데, 해자와 시장이 있어, 모인 상품들로 통상한다. …다시 20역참을 가면 판독와(坂獨哇)에 도착하는데, 바로 추장이 사는 곳으로 성곽이 매우 삼엄하다(其國海口, 有港曰察地港, 立抽分之所.…港口起程十六站, 至鎖納兒江, 有城池街市, 聚貨通商. …再行二十站, 至板獨哇, 是酋長之居處. 城郭甚嚴)."라고 운운했다. 석지항(淅地

(忻都招討使楊庭璧招撫海外, 南番皆遣使來貢).'라고 하였는데, 이 당시 흔도에 초토사를 설치했다. 원나라 시기 도원수(都元帥)에서 만호(萬戶)에 이르기까지 모두 부(府)라 칭했으므로 흔도주부(忻都州府)라는 명칭이 있게 되었다. 대체로 당나라 시대 서역에 설치한 도독부(都督府) 같은 것이리라."라고 하며 '흔도주부'를 설명했다. 여기 심증식 씨가 인용한 『원사·세조본기』, 권12(245쪽)의 전후 문장은 다음과 같다. "신유일에 적인·살도노정과 아합마의 넷째 아들 흔도를 주살했다. 초토사 양정벽이 해외를 안무하자 남쪽의 외국들이 모두 사신을 보내 조공을 보내왔다. 구람 국주가 사신을 보내 표문을 바치고, 보화, 검은 원숭이 한 마리를 헌상했다(辛酉, 誅耿仁·撒都魯丁及阿合馬第四子忻都. 招討使楊庭璧招撫海外, 南番皆遣使來貢. 俱藍國主遣使奉表, 進寶貨·黑猿一)."라고 하였다. 따라서 심증식 씨가 '흔도'라는 인명을 '흔도초토사'로 붙인 것은 잘못이라는 후지타 씨의 지적은 정확하다.

6) 후지타 씨가 어떤 판본을 사용했는지 확실하지 않지만, 펑 청쥔의 교주본(후집, 38쪽)에는 방갈랄국(榜葛剌國)으로 되어있다.

港), 찰지항(察地港) 모두 치트가온(Chatganw)[7]에 해당하는 음으로 지금의 치타공(Chitagong)이다. 쇄납아항과 쇄납아강은 수나르가온(Sunarganw)[8]으로 다카(Dacca)의 동남쪽 몇 마일 지점에 있다. 이로부터 상륙하여 서남쪽으로 2~30 역참을 가면 판독와(板獨哇)가 있는데 바로 버드완(Bardwan, Vardhamana)[9]임이 분명하다. 인도산 쌀이 이 때문에 으뜸으로 친다.

---

7) 'Chatganw'은 'Chatgawn'으로 읽어야한다 인쇄상오류이다. 아래의 '수나르가온'에서도 마찬가지이다.

8) 윌리엄 우즐리(William Ouseley)가 번역한 『The Geographical Works of Sádic Isfáni』(London, 1832), 30쪽에 따르면, '금세공인의 마을'이란 뜻이라고 한다. 수네르공(Soonergong) 또는 순네르가웅(Sunnergaum)이라고도 한다. 지금은 사라진 마을이지만 벵겔 동부의 중심 도시인 다카(Dacca)의 건설 이전에 있었다. 렌넬(Major Rennell)의 『Memoir of a Map of Hindoostan』, 57쪽에 보인다. 렌넬은 이 마을은 다카로부터 남동쪽으로 약 13마일 떨어진 부람푸터(Burrampooter)강의 지류에 있으며, 정교한 면제품으로 유명했다고 한다(앞의 책). 해밀턴(Hamilton) 씨는 『동인도 지방지(East India Gazetter)』에서 수네르공(Soonergong)은 원래 '수바루아 그라마(Suvarua grama)'라고 불렸는데, '황금의 마을'이란 뜻이라고 하였다.

9) Bardhaman. 약 50km 서북쪽에 위치한다.

85. 파남파서(巴南巴西) [149~150]

나라는 대향산(大響山) 남쪽에 있고 수십 리에 빙 둘러 있다. 땅은 척박하여 콩을 심기에 적합하다. 기후는 조금 서늘하고, 풍속은 경박하다. 남녀의 몸은 작고 검으며, 눈은 동그랗고 귀는 길며, 손이 무릎까지 내려온다. 몸에는 사융단피(絲絨單被)를 입는다. 민간 여자들은 아가(啞婯) 모습으로, 7세부터 부모가 가무를 가르쳐, 몸이 포개 겹쳐지고 둥글게 하는 등 온갖 자세를 연출하니 사뭇 볼만한 것이 있다. 다른 나라에 가서 이러한 기예를 보이면 소전(小錢)으로 보답해 준다. 그곳에서는 가는 면포를 생산하여 배를 타고 온 장사꾼들이 주석[錫]과 교역한다.

國居大響山之南, 環居數十里. 土瘠, 宜種豆. 氣候乍涼, 俗尚澆薄. 男女體小而形黑, 眼圓耳長, 手垂過膝. 身披絲絨罩被.[1] **凡民間女子, 其形啞[①]婯[②], 自七歲, 父母以歌舞教之, 身摺疊而圓轉, 變態百出, 粗有可觀. 倘適他國呈其藝術, 則予以小錢爲賞. 地產細棉布, 舶人以錫易之.**

① "'어'와 '가'의 반절이다(於加切)"라는 원주가 달려있다.

② "'약'과 '가'의 반절이다(若加切)"라는 원주가 달려있다.

알베루니(Abu Rayhan al-Biruni, 973~1050 이후 죽음)는 인도 역사에서 남인도 여러 나라 가운데 해안에 있는 바나바시(Vanavasi)를 들고 있다(Ed. C. Sachau, 『Alberuni's, India』(런던, 1910), I, 301쪽). 파남파서

---

1) 조(罩)'자는 다른 판본에 따라 '단(單)'자로 읽는 것이 좋겠다. 사융(絲絨)은 어떤 직물인지 확인되지 않는다. 다만 말레이어 사롱(sarong)을 옮긴 사롱(紗籠)의 다른 음역이 아닌지 모르겠다. 단피(單被)는 홑겹의 천을 말하는 것으로 보인다. 즉 사융단피는 '홑겹의 사롱'을 의미하는 것으로 생각한다. '단피'에 관해서는 붕가라 조목[32]의 주석을 참고하시오.

(巴南巴西)는 이에 해당하는 음일 것이다. 프톨레마이오스는 바나우아세이(Banauasei)라고 하고, 후세 사람들이 바나와시(Banawasi)라고 하는 곳이다(Julien, 『Mémoires sur les contrées occidentales』, III, 401쪽; Cunningham, 『The Ancient Geography of India』, 552쪽).[2] 「서남해이도(西南海夷圖)」 간지부남(干支不南, Kanchipuṛa, Conjaveram)의 남사리(南沙里, '리'자가 '黑'자로 잘못되어 있음, Soli pattanam)의 북쪽에 말남(韈南)이 보이는데 심증식 씨는 이곳을 방위에 따라 파남(巴南)으로 고증한 것은 잘못이다.[3] 파남파서는 사실 인도 서안에 있고, 「해이도」의 말남(韈南)은 간지부남(干支不南)에서 '부남(不南)'의 다른 음역으로, 두 나라를 잘못 본 것이다. 본서 대오다(大烏爹) 조목에서 나라는 파남(巴南)과 가깝다고 하였는데, 이 파남이 바로 파남파서이다. 대오다가 우데이푸르(Udeypur)를 말한다면 파남파서는 인도 서안 즉 바나와시에 있다는 것은 거의 의심이 없다.[4]

---

2) 프톨레마이오스의 지리서에도 언급된 것을 보면, 상당히 이른 시기부터 알려졌음을 짐작할 수 있다. 승가발타라(僧伽跋陀羅, Saṅghabhadra)가 488년에 광주(廣州)의 죽림사(竹林寺)에서 번역한 『선견비파사율(善見毗婆沙律, Samantapāsādikā)』, 권2에는 바나바사국(婆那婆私國)이 보이는데, 『불광대사전』에 따르면, 산스크리트어는 Vanavāsin, 팔리어로는 Vanavāsi라고 하는 남인도의 옛 나라라고 설명하고 있다. 그렇다면 후지타 씨가 추정한 바나와시에 대한 중국 자료로는 가장 빠른 언급이다. 사실 이 바나와시는 항구가 아니라 해안에서 약 100km 정도 떨어진 내륙에 있다. 아마도 이 고대 왕국은 호나바르(Honnavar)와 같은 서해안의 항구들을 차지하고 있었을 것이다.

3) 심증식 씨는 『도이지략광증』(하, 14쪽), 파남파서 조목 아래 "「서남해이총도」에서 오다(烏爹) 서남쪽 사리보적(沙里普的)의 동쪽에 말남(韈南)이 있는데 바로 여기의 파남(巴南)이다."라고 하였다.

4) 록힐 씨는 "내가 생각하는 것처럼, 이곳이 보르네오 남쪽에 있는 반제르마신(Banjermasin)이라면, 우리가 가지고 있는 자료 중에서 이 지역에 대한 가장 빠른 언급일 것이다. 『동서양고』, 권4, 15쪽에는 문랑마신(文郎馬神)으로 되어 있다."라고 하며, 파남파서=문랑마신=보르네오 반제르마신이라는 추정을 제시했다(267쪽). 쑤 지칭 씨는 비록 근거를 밝히지는 않았지만, 명나라 중기 이전에

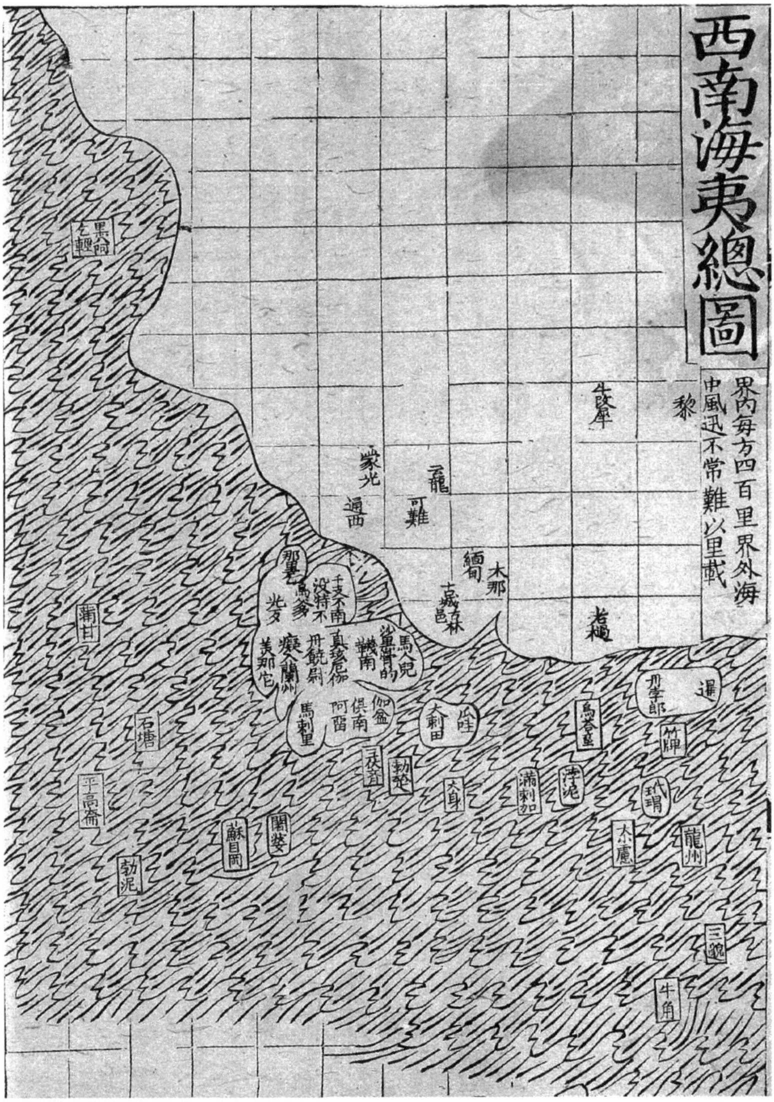

『광여도(廣輿圖)』에 수록된 「서남해이도(西南海夷圖)」.

는 반제르마신을 알지 못했다고 하면서 록힐의 설을 일축했는데(『도이지략교석』, 335쪽), 적절하다. 음성적으로도 전혀 그럴법하지 않다.

86. 방배(放拜) [150~151]

[방배는] 파애(巴隘)의 어지러운 암석들 사이에 있으며 다리를 건너 출입한다. 주위는 농토는 없이 평탄하고 넓으며 모두 육지로, 밀을 심기에 적합하다. 기후는 항상 따뜻하고 풍속은 질박하다. 남녀의 얼굴은 길고, 눈은 반백이며 용모는 칠처럼 검다. 머리를 땋아 끈처럼 만들고, 비스듬한 문양이 들어간 목면으로 만든 긴 적삼을 입는다. 바닷물을 끓여 소금을 만들고, 달군 아란석(鵝卵石)을 석탄 삼아 취사에 대용한다. 추장이 있다. 그곳에서는 아주 가는 베[絕細布匹]를 생산하는데, 폭이 7척에 달하고 폭은 1장 남짓이다. 단향은 여러 나라 중에서 으뜸이다. [교역하는] 상품은 금, 파자, 홍백(紅白)의 소주(燒珠) 등이다.

居巴隘亂石之間, 渡橋出入. 周圍無田平曠, 皆陸地, 宜種麥. 氣候常暖, 風俗質朴. 男女面長, 目反白, 容黑如漆. 編髮爲繩, 穿斜紋木棉長衫. 煮海爲鹽, 煅鵝卵石爲炭以代炊①. 有酋長. 地產絕細布匹, 闊七尺, 長有餘大②. 檳榔**爲諸番之冠. 貨用金·貝子·紅白燒珠之屬.**

① 아란석(鵝卵石)은 석탄을 말한다. 말레이어로 아랑 찬나(Arang Canah)라고 하는데 토탄(土炭)의 의미이다. '아란'은 아랑(Arang)에 해당하는 음이다.

② '대(大)'자는 '장(丈)'자의 잘못이고, '유(有)'자 위에 글자가 빠졌을 것이다.

마르코 폴로 여행기에는 타나(Tana) 왕국이 보이고, 라시드웃딘은 콘칸-타나(Konkan-Tana)라고 하였으며, 이븐 바투타는 쿠킨 타나(Kukin-Tana)라고 하였다. 알베루니는 타나가 바로 콘코우(Konkaw)의 도성이라고 했다. 현 살세트(Salsette) 섬에는 여전히 이 도시가 남아있는데 봄베이(Bombay)에서 약 20마일 떨어져 있다. 바르보사(Duarte Barbosa, 1480?~1521)는 이 도시가 타나 마임부(Tana-Maimbu)라고 했다. 서양 서적에 보이는 마임부

(Maimbu)라는 명칭은 이로부터 비롯된 것 같다. 본서의 방배는 바로 봄베이에 해당하는 음일 것이다. "다리를 지나 출입한다[渡橋出入]."라는 것은 타나이므로 원나라 말에 이미 이 명칭이 있었음을 알 수 있다.[1] 파애(巴隘)는 해당

---

1) 방배(放拜)에 관하여 심증식 씨는 이곳이 서인도의 맹하(孟夏), 혹 망매(網買), 혹 방배(放拜)라고 음역하는 곳으로, 원나라 시기 상선들은 소랍특(蘇拉特)에 모여들었지만, 이곳은 당시까지 중심지가 되지 못했으므로 이렇게 서술하는 것으로 그쳤다고 설명한 뒤에, 『광동통지』를 인용하여, "망미. 건륭 4년, 항구로 들어오는 배들이 있었다. '소서양' 북쪽은 망사라국(望娑羅國)이고, 또 북쪽은 마륜니국(麻倫你國)이며, 또 북쪽에서 조금 서쪽은 영길리국(英吉利國)이고, 또 북쪽에서 조금 서쪽은 망미(㠐嵋)로, 바로 홍모(紅毛)가 관할하는 곳이다. 또 북쪽으로 배를 타고 사흘을 가서 육로로 4~5일을 가면 소라(蘇喇)에 이른다(㠐嵋. 乾隆四年, 有船進口, 小西洋北爲望娑羅國, 又北麻倫你國, 又北少西爲英吉利國, 又北少西爲㠐嵋, 乃紅毛所轄. 又北舟行三日, 陸行四五日至蘇喇)."라고 하였다. (『도이지략광증』, 하, 15쪽)이로써 여기 방배(放拜)가 바로 봄베이[뭄바이]이며 망미(㠐嵋)로도 표기된다는 정보를 제시하였다.

한편, 록힐도 봄베이를 지칭하는 것 같다고 하면서, "이러한 추측이 맞는다면, 왕대연이 기술한 곳은 살세트(Salsette) 섬에 있는 타나(Tana)일 것이다. 『도이지략광증』(2, 15쪽)에는 그곳이 소랍특(蘇拉特, Surat)으로 보았다."(467쪽)라고 추정했다. 수라트는 봄베이[뭄바이]이 북쪽으로 약 280km 떨어져 있다. 타나는 현 타네(Thane)로 표기하며, 뭄바이에서 서북쪽으로 20km 남짓 되는 거리에 있다.

율과 버넬에 따르면, 봄베이란 명칭은 포르투갈어로 '좋은 만'이란 의미의 'Bombahia'의 변형된 형태이다. 그렇지만 이 명칭의 연원은 포르투갈인들이 1430년경 인도에 도착하기 이전으로 거슬러 올라간다. 마힘(Mahim), 뭄바-드비(Mumba-Devi)라는 섬들을 찾아볼 수 있는데, 이는 봄베이라는 통일된 형태로, 살세트(Salsette)와 함께 구제라트의 무슬림 왕에게 조공을 바친 힌두인 라이(Rāī)가 차지하고 있었다. 같은 형태가 바르보사(Barbosa)의 타나-마얌부(Tana-Mayambu)로 나타나고, 가르시아 드 오르타(Garcia de Orta)에게서는 몸바임(Mombaim)과 봄바임(Bombaim) 두 형태로 나타난다. 가르시아 드 오르타는 이곳에서 생산하는 빈랑의 우수함을 언급하면서 포르투갈 왕으로부터

하는 음이 무엇인지 알려지지 않았다.[2)]

아불페다(Aboulféda)는 이곳에서 나는 베를 '타나시트(Tanaschit)'라고 한다고 하였는데, 본서에서 말하는 절세포필(絕細布匹)이 이것일 것이다.[3)]

섬의 보조금을 받았다고 했다. 초기 영국 루피 화폐에는 관습적으로 봄바임으로 불렸다. 이 명칭이 나온 것으로 추정되는 여신 뭄바-드비(Mumba-Devi)의 사원이 17세기 중반까지 존재했다고 한다(『Hobson-Jobson』, 102쪽). 이상으로부터 여기 왕대연의 방배(放拜)가 봄베이를 지칭한 것이라면, 세계에서 가장 빠른 봄베이 언급일 것이다.

2) 파애(巴隘)에 관하여, 쑤 지칭 씨는 "록힐이 바쎄인(Bassein)으로 추정했다."라고 지적했지만, 록힐 씨는 여기 '파애'를 지명으로 보지 않고, '파애란석'을 '구불구불하고, 좁으며 복잡한 암석들'이라는 의미로 해석했다. 쑤 씨가 착각한 것 같다. 이어서 쑤 씨는 "봄베이 섬 북안에는 마힘(Mahim)이라는 옛 도시가 있는데, 『무비지·항해도』의 마합음(馬哈音)이 그에 해당하는 음이다. 파애는 이 명칭이 변형된 형태로 산스크리트어로는 마히카바티(Mahikavatī)이다."(『도이지략교석』, 338쪽)라고 추정했지만, 음성적 근접성도 수긍할 수 없고, 왕대연이 기술한 내용에도 부합하지 않는다.

3) 『Géographie D'aboulféda』, Paris, 1848, II-II, 118쪽. "알-베루니는 타나(Tānah)는 해안에 있으며 원래 이름은 타나시(Tānaschi)인데, 그곳에서 나는 천을 타나시트(tānaschite)라고 한다. 이드리시에 따르면, 그 땅과 산에서는 줄기 뿌리가 나는데, 이로부터 타바시르(ṭabāchir)를 추출하여 다른 나라에 수출한다."라고 하였다. 여기의 포필(布匹)은 필포(匹布)가 도치된 형태로 필포(苾布), 필포(蓽布)를 말하는 것일지도 모른다. 필포에 대해서는 붕가랄(朋加剌) [84] 조목의 주석을 참고하시오.

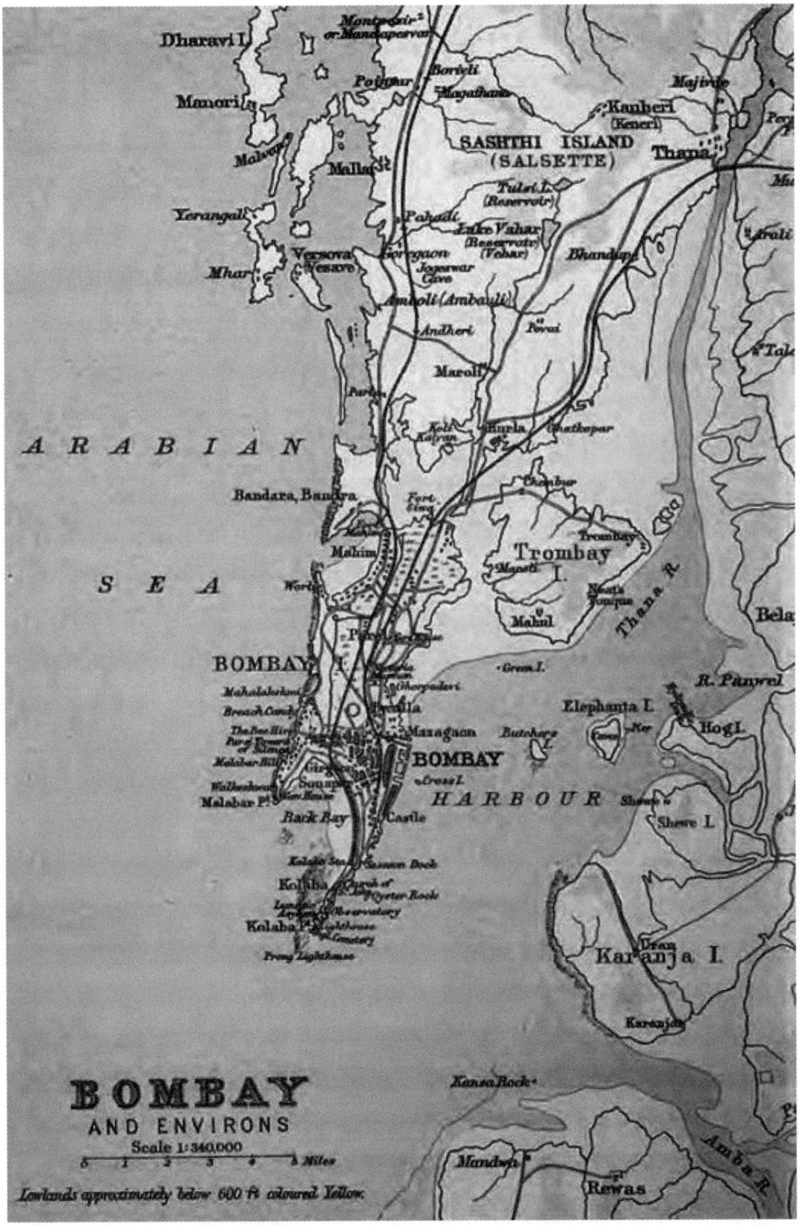

봄베이 섬으로 분리된 1893년 지도. 『Constable's Hand Atlas of India』, 1893

87. 대오다(大烏爹) [151~153]

나라는 파남(巴南)의 땅과 가깝고, '서양[벵갈해?]'의 중심과 경계를 이룬다. 산에는 노고석(鹵股石)이 많고, 농토에는 모래흙이 섞여 있으며 흑탄이 있어 콩을 심기에 적합하다. 기후는 항상 덥고 풍속은 순박함을 좋아한다. 남녀는 신장이 길고, 여자도 콧수염이 난다. 가는 베를 입고, 붉은 비단 사롱을 맨다. 여자들은 전투에 능하며 표창을 사용하고 대나무 화살을 쏘는데, 뱀보다 독하여 다른 나라 사람들이 몹시 두려워한다. 또 물고기 모양의 금전(金錢)과 파자(肌子)를 사용한다. 바닷물을 끓여 소금을 만들고 빠른 방법[逡巡法]으로 술을 빚는다.[1] 추장이 있다. 그곳에는 베, 묘아정(貓兒睛), 아골석(鴉鶻石, 야쿠트), 취우(翠羽)가 난다. 교역하는 상품은 백동(白銅), 북과 박판(拍板), 오색단(五色緞), 금, 은, 철기 등이다. 나라에서는 파자와 금전을 유통해 사용하는데, 사람들을 편리하게 하기 위함이다. 주나라 시기에 금전을 사용했고 한무제는 가죽 화폐를 만들고 백은을 주조했는데, 자모(子母)[2]가 서로 고르지 않음이 없었다. 서양의 여러 나라처럼 크고 작은 금전을 주조하여 사용하는 것은 중국의 동전과는 다르다. 화폐 없이 겸용했다고 할지라도 어찌 옛날 [우리의] 법도를 따른 것이 아니겠는가?

國近巴南之地, 界西洋之中峯, 山多鹵股, 田雜沙土, 有黑歲, 宜種豆①. 氣候常

---

1) 『당재자전(唐才子傳)』(사고전서본), 권8(15a)에 따르면, 한유(韓愈)의 조카인 한상(韓湘)은 "준순주를 제조할 줄 알았고, 순간에 꽃이 피게 할 수 있다(解造逡巡酒, 能開頃刻花)."라고 한 기록이 보인다. '준순'은 머뭇거리며 나아가지 못하는, '체류'의 의미이다. 『본초강목』(사고전서본), 권25(37b)에 따르면, 여러 가지 꽃, 복숭아씨, 누룩으로 49일간 발효시킨 술을 준순주(逡巡酒)라고 설명하고 있다.

2) '자(子)'는 화폐가 가볍고 가치가 낮은 것을 말하고, '모'는 무겁고 가치가 높은 것을 말한다.

熱, 俗尙淳. 男女身修長, 女生髭. 穿細布, 繫紅絹捎. 女善戰, 使標鎗, 批竹矢, 毒於蛇, 別國人極畏之②. 仍以金錢魚兼肌子使用③. 煮海爲鹽, 以薓巡法醸酒. 有酋長. 地產布匹·貓兒眼睛④·鴉鶻石·翠羽. 貿易之貨, 用白銅·鼓板·五色緞·金·銀·鐵器之屬. 國以肌子·金錢流通使用, 所以便民也. 成周之世, 用錢幣, 漢武造史幣⑤, 鑄白銀, 無非子母相權而已. 如西洋諸番國, 鑄爲大小金錢使用, 與中國銅錢異. 雖無其幣以兼之, 得非法古之道者歟!

① '흑세(黑歲)' 두 글자는 오류가 있는 것 같다.[3)]

② '별(別)'자는 지복재본에 '사(使)'자로 되어있어 정본(丁本)에 따라 고쳤다.

③ 여기의 '어(魚)'자는 잘못 베껴 넣은 것이다.[4)]

④ 『제번지』에 "묘아정은 모양이 엄지손가락만큼 큰 작은 돌이다. 고양이의 눈동자처럼 밝고 깨끗하며 투명하여 붙여진 이름이다(貓兒睛狀如母指大, 卽小石也, 瑩潔明透如貓兒睛, 故名)."라고 하였다. 캣츠 아이즈(Cat's eyes)가 바로 이것이다. 『철경록(輟耕錄)』에는 묘정(貓睛)의 두 종류를 들고 있는데, 묘정과 주수석(走水石)이다. 이 주수석은 시노파네(Cynophane) 같은 크리소베릴(Chrysoberyl)을 말할 것이다(Bretschneider, 『Mediaeval Researches』, I, 175쪽).[5)]

⑤ '사(史)'자는 심증식본에 '피(皮)'자로 되어있다.[6)]

---

3) '흑세(黑歲)'는 '흑탄(黑炭)'으로 읽어야 할 것 같다. 쑤 지칭 씨는 '흑세'를 지명으로 보고 오리싸 북부에 있는 카르수아(Kharsua)라는 강에 해당하는 음으로 추정했는데(『도이지략교석』, 341쪽), 음이 서로 부합하지 않고, 문맥에도 맞지 않는 억측이다.

4) 모든 판본에 '어'자가 들어있으므로, 모두 잘못 베껴 넣었다는 것을 상정하기는 무리한 듯하다. '금전어'란 물고기 모양으로 주조한 금전(金錢)을 말하는 것일 수도 있다.

5) '묘아정'에 관하여 자세한 설명은 『바다의 왕국들』, 410~411쪽을 참고하시오.

6) 여러 판본에 모두 '사(史)'자로 되어있지만, 심증식의 『도이지략광증』의 '피(皮)'자를 따라야 의미가 통할 것 같다. 피폐(皮幣)는 한무제 때 흰 사슴 가죽으로 만

대오다(大烏爹)는 우데이푸르(Udeypur, Udeyapur)를 말할 것이다. '오다'는 우다(Udya)에 해당하는 음이다. 이곳에서 나는 각종 보석과 구리, 철, 납, 주석으로 병장기를 만들어 오랫동안 강한 군대로 이름을 날렸다고 했는데(Carl Ritter(1777~1859), 『Die Erdkunde von Asien』, IV, 872~883쪽), 모두 본서에서 말한 것과 부합한다.

『통전』에 오독국(烏篤國) "오독국은 중천축 남쪽에 있는데, '오복나'라고도 한다. 땅은 사방 5천여 리이고 백성들은 매우 성실하며, 인성은 연약하고, 사뭇 교활하여 특히 주술에 능하다. 불교를 신봉하며 문자와 예법은 천축과 대략 같다(烏篤國在中天竺南, 一名烏伏那, 地方五千餘里, 百姓殷實, 人性輭(懦)弱, 頗詭詐, 尤工禁術, 篤信佛法, 文字禮儀略同天竺)."라고 하였다.[7] 오복나(烏伏那)의 '복'자는 '장(仗)'자의 잘못일 것이다. 바로 『서역기』의 오사연나(鄔闍衍那, Ujayana), 『송사』「천축전(天竺傳)」의 오연니국(烏然泥國)이 바로 이곳이다.[8] 본서의 대오다가 오독(烏篤)을 말하는 것인지는 알려지지 않았다.

든 화폐를 말한다.

7) 『통전』, 권188, 중화서국, 1988, 5책, 5105쪽.

8) 심증식 씨는 여기 '대오다'를 중인도의 오덕국(烏德國)이라고 추정하고, 모유렴(慕維廉, William Muirhead, 1822~1900)의 『지리전지(地理全志)』를 참고하여, "풍속에 노략질을 일삼아, 본디 '도수(盜藪)'라 칭한다(俗尚寇掠, 素稱盜藪)"라고 하였는데, 그 풍속은 지금까지도 변하지 않았다고 했다. 이어서 『송사』「천축전(天竺傳)」을 인용하여 "태평흥국 7년에 익주(益州)의 승려 광원(光遠)이 천축(天竺)에서 돌아와 그 나라 국왕 몰사낭(沒徙曩)의 표문을 올렸다. 천자가 천축 승려 시호(施護)에게 번역시켰다.…시호(施護)는 오훈낭국(烏塤曩國) 사람이다. 그 나라는 북인도에 속하는데, 서쪽으로 12일 가면 건타라국(乾陀羅國)에 이르고, 또 서쪽으로 20일 가면 낭아라하라국(曩誐囉賀囉國)에 이르며, 또 서쪽으로 10일을 가면 남파국(嵐婆國)에 이르고, 또 서쪽으로 12일을 가면 아야낭국(誐惹曩國)에 이르며, 또 서쪽으로 가면 파사국(波斯國)에 이른다."라고 하였는데, 소위 '오훈낭국'이 바로 여기 '오다'라고 주장했다. 여기 호훈낭의 '훈'자를 심증식 씨는 '전(塡)'자로 잘못 옮기고 있어 바로 잡았다. 여기의 오덕국(烏德國)

은 [99]오다 조목에서 오득국(烏得國)으로 다시 나타난다. 다시 말해 심증식 씨는 본서의 '대오다'와 '오다'가 모두 중인도 지역에 있을 것으로 추정한 셈이다.

후지타 씨는 『통전』, 권188에 보이는 오독(烏篤)과 『대당서역기』, 권3의 오장나국(烏仗那國)을 같은 곳으로 설명하고 있다. 『대당서역기』, 권3, 오장나국(烏仗那國) 조목에 "오장나국은 둘레가 5천여 리이고, 산과 계곡이 서로 이어져 있으며 하천과 늪으로 평원에 이어진다. 농사를 짓고 파종은 하지만 곡식을 심기는 하지만 땅의 이로움이 많지 않다. 포도가 많이 나고 사탕수수가 적다. 땅에서는 금과 쇠가 나고, 울금향에 적합하며, 나무와 숲이 울창하고 꽃과 과일이 무성하다. 날씨는 화창하며, 풍우도 절기에 순응한다. 사람들의 성격은 겁이 많고 나약하며, 풍속은 속이고 헐뜯기를 일삼는다. 즐겨 배우지만 공을 들이지 않고 주술을 기예로 여긴다. 대부분 흰 첩(氎)을 입고 더러는 다른 옷을 입는다. 언어는 다르기는 해도 인도와 대동소이하다. 문자와 예의범절은 인도와 상당한 관계가 있다(烏仗那國, 周五千餘里, 山谷相屬, 川澤連原. 穀稼雖播, 地利不滋. 多蒲萄, 少甘蔗. 土產金·鐵, 宜鬱金香, 林樹蓊鬱, 花果茂盛. 寒暑和暢, 風雨順序. 人性怯懦, 俗情譎詭. 好學而不功, 禁呪爲藝業. 多衣白氎, 少有餘服. 語言雖異, 大同印度. 文字禮儀, 頗相參預)."라고 하였다. 확실히 오독(烏篤)과 오장나(烏仗那)는 같은 나라임을 확인할 수 있다.

그러나 갑자기 후지타 씨는 이 오독=오장나라는 인도의 옛 왕국이 『대당서역기』의 오사연나국(鄔闍衍那國)이고 『송사』「천축전」에 언급된 오연니국(烏然泥國)이라고 설명했다. 『대당서역기』, 권11에, "구절나국(瞿折羅國)【서인도의 경계】에서 동남쪽으로 2,800여 리를 가면, 오사연나국(鄔闍衍那國)【남인도의 경계】에 도착한다(從此東南行二千八百餘里, 至鄔闍衍那國【南印度境】)."라고 하였고, 이어서 오사연나국를 기술하며, "오사연나국의 둘레는 6,000여 리이고 나라의 큰 도성의 둘레는 30여 리이다. 토지와 풍속은 소랄타국(蘇剌侘國)과 같다. 백성들은 매우 많으며 집안은 부유하다(鄔闍衍那國, 周六千餘里. 國大都城周三十餘里. 土宜風俗, 同蘇剌侘國. 居人殷盛, 家室富饒)."라고 하였다. 여기 오사연나는 산스트리트어로 우짜야니(ujjayanī)이며 우선야니(優禪耶尼), 오야니(烏惹儞) 등으로도 표기한다. 이처럼 오장나국(烏仗那國)과 오사연나국(鄔闍衍那國)은 완전히 다른 곳이다. 후지타 씨의 착각은 심증식의 영향을 받은 듯하다.

후지타 씨가 추정한 오장나국과 오사연나국은 모두 인도 내륙에 있는 옛 왕국들이다. 여기 왕대연의 기술을 보면, 파남[파남파서]와 가까우면서, 서양[벵갈해?]의 중봉(中峯, 중심)과 경계한다고 하였고 바닷물을 끓여 소금을 만든다고 하였으므로, 이곳은 바닷가 지역임을 추측할 수 있다. 후지타 씨가 추정한 대로, 파남이 파남파서를 지칭한다면, 파남파서는 서쪽 해안의 코지코드와 동쪽 해안의 폰디체리 중간 내륙이다. 이미 코지코드는 캘리컷으로 이미 왕대연이 기술한 바 있으므로, 여기서는 인도의 남중부의 동쪽 해안, 폰디체리 지점에서 찾아야 할 것 같다.

이와는 반대로, 쑤 지칭 씨는 이 '대오다'가 바로 『대당서역기』의 오다국(烏荼國), 『무비지·항해도』에 그려진 오리사(烏里舍), 즉 오리싸 지역임을 주장한다. 따라서 본문의 '파남(巴南)'을 앞서 본 파남파서(巴南巴西)로 보게 되면, 기술상 배치되기 때문에, '파남'을 오리싸 근처의 베르함푸르(Berhampur)의 약칭으로 추정했다(『도이지략교석』, 314쪽).

그러나 여기 '대오다'와 본서의 마지막 조목의 '오다'는 같은 글자로 표기되어 있다. 따라서 우리는 대오다의 '대'자는 '크다'는 의미로 읽도록 이끈다. 인도 지도를 놓고 보면, 동인도 켈커타와 인도 남단까지의 중간 지점이자, '가운데 봉우리[[中峯]'가 될만한 곳은 크리슈나강의 하구로, 벵골 바다로 튀어나온 지점이다. 하구를 따라 조금만 서북쪽으로 따라가면 비자야-와다(Vijayawada)가 있다. '비자야'는 '승리'의 의미이고 '와다'는 땅이란 뜻이다. 따라서 '승리의 땅' 또는 '위대한 땅'이라는 의미가 있다. 이로써 여기 대오다의 '오다'는 '와다'에 해당하는 음으로 추측해본다.

88. 만년항(萬年港) [153~154]

능문정만(淩門正灣)[1)]이 연장되어 마치 서로 바라보고 있는 것 같다. 가운데 [항구가] 있는데, 가로세로 20여 장이며, 수심이 끝이 없어 크고 작은 물고기 [魚龍]들이 모이는 곳이다. 옆으로는 […]처럼 산이 있어 사람들이 빙 둘러 거주한다. 농토는 넓지만, 땅이 협소하며, 벼와 밀에 적합하다. 기후는 항상 덥고 풍속은 순박하다. 남녀는 몽둥이 모양으로 상투를 하고 청포(靑布) 사롱을 맨다. 바닷물을 끓여 소금을 만들고 사탕수수즙을 발효시켜 술을 만든다. 추장이 있다. 그곳에서는 강진조(降眞條), 목면, 황랍이 난다. 교역하는 상품은 철선(鐵線), 동선(銅線), 토인화포(土印花布), 기와, 항아리 등이다.

淩門正灣爲之引從, 彷彿相望. 中有, 長闊二十餘丈①, 其深無底, 魚龍之淵藪也. 旁有山如, 民環而居②. 田寬地窄, 宜穀麥. 氣候常熱, 俗朴. 男女椎髻, 繫靑布捎. 煮海爲鹽, 釀蔗漿爲酒. 有酋長. 地產降眞條·木棉·黃蠟. 貿易之貨, 用鐵條·銅線·土印花布·瓦瓶之屬.

① '유(有)'자 아래 '항(港)'자가 빠졌을 것이다.

② '민(民)'자는 지복재본에 '씨(氏)'자로 되어있어 정본(丁本)에 따라 고쳤다. '여(如)'자 아래에는 글자가 빠졌을 것이다.[2)]

---

1) 능문정만(淩門正灣)은 여기 만년항이 브루나이 항구를 말한다면, 현 지도에서 브루나이만을 지칭함에는 분명하다. 하지만 여기 반디 세리 베가완 쪽 인근 항만에는 '능문정'에 해당시킬 만한 지명이 보이지 않는다. 쑤 지칭 씨는 림방(Limbang)으로 확신하고 있지만(『도이지략교석』, 344쪽), 음성적으로 만족스러운 것은 아니다.

2) 쑤 지칭 씨는 '씨(氏)'자를 '저(氐)'자로 읽고 비탈이나 언덕을 의미하는 '저(阺)'자의 의미로 생각했다. 이어서 그 뒤에 '민(民)'자가 생략된 것으로 보았다(『도이지략교석』, 342쪽). 즉, "옆에는 구릉 같은 산이 있어, [사람들이] 빙 둘러 거주한다."라고 해석한 셈이다. '산(山)'자와 '저(阺)'자의 직유가 적절해 보이지는 않는다.

『정화항해도』에는 만년서(萬年嶼)가 보이는데, 지금의 브루나이(Brunei)일 것이다. 본서에 이미 발니(渤泥)가 있고, 또 만년항(萬年港)이 있는데, 발니는 나라를 지칭하고 '만년'은 항구를 명명한 것일까? 그러나 의문은 남는다. 이곳에서는 단지 강진조(降眞條), 목면(木綿), 황랍(黃蠟)만 언급하고 뇌자(腦子)는 언급하지 않았다. 본서의 만년과 『정화항해도』의 만년이 명칭은 같아도 실은 다른 곳인가? 능문정만(凌門正灣)은 어느 만인지 알려지지 않았다.[3]

---

3) 만년항(萬年港)에 관하여, 록힐 씨는 링가섬 근처일 것으로 추측했는데, 아마도 본문에 보이는 능문정만(凌門正灣)이 능아문(凌牙門)과 비슷했기 때문일 것이다. 『무비지·항해도』에는 캄보디아의 남쪽으로 만년서(萬年嶼)를 그려져 있는데, 필립스 씨는 보르네오섬의 브루나이로 추정했다(George Phillips, 「The seaports of India and Ceylon」, 『JCBRAS』, XXI, 40쪽). 후지타 씨 역시 만년서와 같은 곳으로 추정하면서도 발니(浡泥, 보르네오)의 산물인 뇌자(腦子)를 언급하지 않았다는 약간의 의문을 남겼다.

쑤 지칭 씨는 후지타의 의문에 관해, "원나라 말과 명나라 초 이 항구는 이미 나라의 도읍이 있는 곳이 아니었으므로 당시 장사들과 항해하는 사람들은 그곳을 만년항 또는 만년서라고 했다."라고 하였고, "뇌자에 관해서, 용뇌향은 문래(文萊)의 주력 산물이 아니므로 왕대연이 기술한 만년항의 산물에서 뇌자를 들지 않은 것일 뿐 의심할 것이 없다."(『도이지략교석』, 343쪽)라고 후지타 씨의 의문을 해소했다. 하지만 쑤 씨가 이 만년항이 『유양잡조』에 보이는 파미란국(婆彌爛國)과 같은 나라로 언급한 것은 무리하다. 『유양잡조』(사고전서본), 권4(4a), 파미란국(婆彌爛國) 조목에 "파미란국은 장안에서 25,550리 떨어져 있다. 이 나라 서쪽 산들은 높고 가파른데, 그곳에는 원숭이가 많다. 그 원숭이들은 몸집이 아주 커, 늘 밭작물에 해를 끼치고 매년 2~30만 마리가 난다. 나라에서는 봄이 시작되면, 병사를 모아 원숭이들과 싸움을 벌여, 해마다 수만 마리를 죽이지만 그 소굴을 다 없애지 못한다(婆彌爛國, 去京師二萬五千五百五十里. 此國西有山, 巉巖峻險, 上多猿, 猿形絶長大, 常暴田種, 每年有二三十萬. 國中起春以後, 屯集甲兵與猿戰, 雖歲殺數萬, 不能盡其巢穴)."라고 원숭이를 특기하고 있다. 이로부터 파미란국과 만년항이 같은 나라라는 어떠한 흔적도 찾을 수 없다.

『무비지』, 권240, 「항해도」, 13a.

89. 마팔아서(馬八兒嶼) [154~155]

서북쪽 모퉁이를 돌아 가장문(加將門) 오른쪽에 있으며 산을 따라 산다. 땅은 소금기가 있고 농토는 비옥하여 해마다 곱절을 수확한다. 기후는 덥고 풍속은 음란하다. 남녀가 산발하고 야자 잎으로 부끄러운 곳을 가린다. 길쌈이나 베를 짜는 일에 종사하지 않는다. 우물을 파 바닷물을 끓여 소금을 만들고, 야자즙을 발효시켜 술을 만든다. 추장은 없다. 땅에는 취우(翠羽), 세포(細布), 1백여 근이 나가는 큰 양이 난다. 곡물의 값은 저렴하다. 교역하는 상품은 사금(沙金), 청단(青緞), 백반(白礬), 홍록소주(紅綠焇珠) 등이다. 다음으로 발홀(拔忽), 리달나(里達那), 골리방(骨里傍), 안기(安其), 가홀(伽忽)이라는 곳이 있는데 모두 이 나라의 관할에 속한다.

控西北之隅, 居加將門之右, 瀕山而居. 土鹹, 田沃饒, 歲倍收. 氣候熱, 俗淫. 男女散髮, 以椰葉蔽羞. 不事絹織. 鑿井煮海爲鹽, 釀椰漿爲酒. 無酋長. 地產翠羽·細布, 大羊百有餘斤. 穀米價廉. 貿易之貨, 用沙金·青緞·白礬·紅綠焇珠之屬. 次曰拔忽①, 曰里達那, 曰骨里傍, 曰安其, 曰伽忽, 皆屬此國之節制焉.

① '발홀'은 정본(丁本)에 '물발발(勿拔拔)'로 되어있다.

『원사』「마팔아등국전(馬八兒等國傳)」(4669쪽)에 "해외의 나라들 가운데 오직 마팔아(馬八兒)와 구람(俱藍)만이 족히 여러 나라를 거느릴 수 있지만, 구람은 또한, 마팔아 후면의 장애물이었다. 천주에서 이 나라[마팔아]까지는 약 10만 리이다. 이 나라에서 아불합(Abaka, Abaga) 대왕의 성까지는 해로로 순풍이면 약 14일 만에 도착할 수 있는데 다른 나라들에 비하여 가장 크다(海外諸蕃國, 惟馬八兒與俱藍足以綱領諸國, 而俱藍又爲馬八兒後障. 自泉州至其國約十萬里. 其國至阿不合大王城, 水路得便風, 約十五日可到. 比餘國最大)."라고 하였고, 또, "천주에서 바다로 들어가 3개월을 항해하여 승가야산(Sinhala dipa)에 이르렀다. 바람을 만나 식량이 떨어지자 뱃사람 정진 등이 마팔아국으로 가거나 아니면 육로를 빌려서 구람국으로 가야 한다고 권했다(自泉州入海, 行三月, 抵僧伽耶山, 舟人鄭震等以阻風乏糧, 勸往馬八兒國, 或可假陸路以達俱藍國).”라고 하였으며, 또 마팔아 재상의 말을 기록하여, “현 술탄 형제 5인이 모두 가일의 땅에 모두 모여 구람과의 교전을 의논하고 있습니다(今算彈兄弟五人皆聚加一之地, 議與俱藍交兵).”라고 하였다. 가일(加一)은 바로 마르코 폴로의 카일(Cail)이고, 『정화항해도』의 가이성(加異城)이며, 명나라 시기 여러 책에 보이는 가이륵(加異勒)이므로, 마팔아(馬八兒)는 마바르(Ma'bar)임에 틀림없다. 본서의 마팔아 또한 마찬가지이다. ‘발홀(拔忽)’ 이하의 나라 이름들은 고증되지 않았다.[1)]

---

1) 마팔아서(馬八兒嶼)는 ‘마팔아’라는 명칭을 통해 그 위치 추정은 큰 어려움이 없어 보인다. 하지만 심증식 씨는 “이 섬은 현 서양 지도에서 캄바트만[開母拜灣, 뭄바이 서북쪽, Khambhat]에 있는 섬이고, 가장문(加將門)은 쿠치만[扣齒灣, 구자랏 서부, Kutch]이다. 구치(扣齒)는 가지(加支)라고도 음역하는데 여기 가장(加將)과 음이 근접하다. 이 섬을 ‘마팔아’라고 한 것은 마팔아국(馬八兒國)의 속국이기 때문일 뿐이다.”(『도이지략광증』, 하, 16쪽)라고 설명했다.

왕대연의 처음 두 문장은 우리를 매우 당혹스럽게 한다. 먼저 첫 번째 글자 ‘공(控)’자는 활처럼 굽은 것[彎曲], 또는 급격하게 꺾이는 것[頓挫]을 의미하는 것 같다. 결국 첫 번째 문장은 “서북쪽의 모퉁이를 완만하게 굽거나 급격하게 돌아”라고 읽히는데, 어디의 서북쪽인지가 의문이다. 둘째, 가장문(加將門)의 오른쪽에 있다고 하였는데, 가장문이 정확히 어디를 말하는지 밝혀지지 않았거니와, ‘오른쪽’이 지도상의 오른쪽인지, 아니면 자신의 진행 방향에서 오른쪽인지가 애매하다. 쑤 지칭 씨는 이 가장문의 ‘장(將)’자가 가장문리(加將門里) 조목에서와 마찬가지로 ‘랄(捋)’자의 잘못으로 보고, ‘가랄문리’와 ‘가랄문’는 다른 곳으로 추정했다. 즉 가랄문(加捋門)은 스리랑카 섬 북부에 있는 칼무나이(Kalmunai)를 줄인 음에 해당하는 것으로 보았다. 쑤 씨가 말하는 칼무나이(Kalmunai)는 현 지도에서 쿠물라무나이(Kumulamunai)로 보이는데, 그곳의 오른쪽이라면 결국 실론 본섬이거나 만나르 섬에 해당한다. 이로써, 쑤 씨는 ‘마팔아서’를 “팜반(Pamban)섬에 국한되거나 그 동쪽에서 조금 남쪽에 있는 마나르(Manar)를 포함하기도 한다.”(『도이지략교석』, 345쪽)라고 수습할 수밖에 없었다.

사실 우리가 '마팔아서'를 추정할 수 있는 단서는 '마팔아'라는 명칭뿐이다. 이 마팔아는 마아바르(Ma'bar, Maabar)에 해당하는 음이라는 점에는 이견이 없다. 이 마아바르에 관하여 율은 상당히 정확한 정보를 제시하고 있다. "마아바르(Ma'băr)는 대체로 우리가 코로만델 해안(Coromandel Coast)이라고 부르는 곳에 해당하는 지역에 당시(13~14세기) 무슬림들이 부여한 명칭이다. 아랍어로 이 단어는 '통로' 또는 '연락선'을 의미하는데, 실론과의 교통을 의미하거나, 더 그럴법하게, 당시 아라비아와 걸프만에서 오는 여행자들이 자주 드나들던 해안임을 의미할 것이다. 이 명칭은 이드리시(Edrisi, 1100~1165)에게서는 보이지 않고, 내가 아는 한, 더 이전의 지리서에도 보이지 않는다. 이 명칭을 사용한 최초의 언급은 대략 1203~1204년에 쓴 이집트 출신 압달라티프(Abdallatif)의 기술일 것이다(『De Sacy, Rel. de l'Egypte』, 31쪽). 아불페다는 분명하게 말라바르가 끝나고 마아바르가 시작하는 지점을 코모린 곶(Cape Comorin)으로 구분하여 불렀다."라고 한 다음, 또 율은 와사프(Wassaf, 1265~1329)의 기술을 인용하여 "마아바르는 콜람(Kaulam)에서 닐라와르(Nilawar), 거의 300 파라쌍 해안을 따라 길게 펼쳐져 있다."(Yule, 『The Book of Ser Marco Polo』, II, 332~3쪽)라고 하였다.

『고대남해지명휘석(古代南海地名汇释)』 마팔아 조목(중화서국, 1986, 166쪽) 설명에 따르면, "아랍 페르시아인들은 인도 서남해안은 말라야-바르(Malaya-bar)라고 했는데, 마팔아(馬八兒, Ma'bar)는 바로 이 명칭의 약칭이다. 현 인도반도 서남쪽 말라바르(Malabar) 해안 일대이다."라고 하면서 말라바르=마아바르를 같은 지역으로 설명했다. 이러한 잘못된 설명은 앞서본 심증식의 설명에서도 확인할 수 있다. 바로잡아야 한다. 결국 심증식 씨는 마팔아서를 말라바르 해안에서 찾고 있으므로, 그의 추정과는 거리가 멀다.

마팔아=마아바르=코로만델 해안이므로, 그 근처에서 섬을 찾아보면, 코로만델 해안과 가까우면서 큰 섬은 바로 라메스와람(Rameswaram) 섬밖에 없다. 이 섬은 실론의 만나르섬과 소위 아담스 브릿지(Adam's Bridge)를 사이에 두고 있다. 이 라메스와람 섬은 인도 남동부 본토인 만다팜(Mandapam)과 바다를 사이에 두고 있다. 이 사이를 통해 인도의 남단으로 항해해 갈 수 있다. 그렇다면, 남해지명에서 '문(門)'은 팽가문(彭家門), 용아문(龍牙門) 등에서처럼 일종의 '해협' 또는 '통로'를 의미했으므로, 여기 가장문(加將門)은 '가장이라는 해협'으

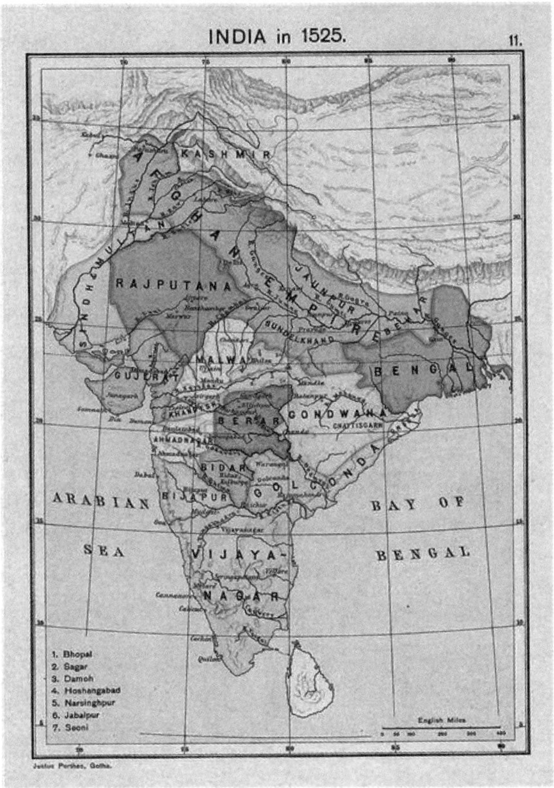

Charles Joppen S.J., 『A Historical Atlas of India』, London, Longman Greens, 1907.

로 읽을 수 있다. 그렇다면, 여기 왕대연의 설명은 다음과 같이 재구성해 볼 수 있다. 스리랑카의 서북쪽 모퉁이를 서남쪽으로 비스듬하게 돌아 내려오면 만다팜과 라마스와람섬 사이의 수로를 지나게 될 것이다. 그렇다면, 여기 '마팔아서'는 만다팜이 되고 '가장문'은 수로를 말하고, 앞서본 가장문리[75]는 라메스와람섬으로 가정할 수도 있다. 이렇게 추정한다면, 왕대연이 본 조목 아래에 거명한 발홀(拔忽), 리달나(里達那), 골리방(骨里傍), 안기(安其), 가홀(伽忽)과 같은 속령들을 만다팜 남쪽에서 서쪽으로 늘어선 섬들에 위치시킬 수 있을 것이다. 만약 쑤 지칭 씨의 추정을 따라간다면, 이 속령들은 모두 스리랑카 서북부에 위치시켜야 한다. 어쨌든, 쑤 씨의 추정에 따라 가장문을 실론 쪽에 둔다고 할지라도, 여기 마팔아서는 인도 남동부에 위치시켜야 하는 것은 분명하다.

90. 아사리(阿思里) [155~156]

[나라는] 서남쪽 달리(達里)의 땅에 있으며 산림은 한계가 없다. 바람이 불면 모래가 얼굴을 덮어 사람이 걸어 다닐 수 없다. 사는 사람들은 대나무를 짜서 모래를 가린다. 기후는 덥고 반년 동안 대부분 비를 볼 수 없다. 우물을 퍼마시는데, 깊이는 2~3백 장에 이르지만, 맛은 감미롭고 훌륭하다. 그곳의 막힌 들판에는 밀[麥]을 심기에 적합하고, 조수가 평원으로 이르면 그 땅은 매우 윤택해져, 밀 싹이 절로 피어난다. 풍속은 열악하다. 남녀는 머리를 땋고 소털로 끈을 만들어, 머리에서 무릎까지 내려 사롱을 하니 기이하다. 새 깃으로 옷을 만들고, 밀을 빻아 빵을 만들어 주식으로 삼는다. 사람들은 바닷물을 끓여 소금을 잘 만들지 못한다. 그곳에는 큰 면포, 작은 베를 생산한다. 교역하는 상품은 은(銀), 철기, 푸른 소주(燒珠) 등이다.

極西南達國里之地①, 無山林之限. 風起則飛沙撲面, 人不敢行. 居人編竹以蔽之. 氣候熱, 半年之間多不見雨. 掘井而飮, 深至二三百丈, 味甘而美. 其地防原, 宜種麥, 或潮水至原下, 則其地上潤, 麥苗自秀. 俗惡. 男女編髮, 以牛毛爲繩, 接髮梢②至齊膝爲奇. 以鳥羽爲衣, 搗麥作餠爲食. 民不善煮海爲鹽. 地產大棉布·小布匹. 貿易之貨, 用銀·鐵器·青燒珠之屬.

① 달길나(撻吉那) 조목에 "나라는 달리의 땅에 있다(國居達里之地)"라고 하였는데, 이 구는 "나라는 서남쪽 달리의 땅에 있다(國居西南達里之地)."라는 문장의 잘못인 것 같다.[1)]

---

1) 후지타 씨는 이 첫 문장을 달길나(撻吉那) 조목에 보이는 '달리(達里)'라는 지명을 염두에 두고 어순을 바꾸고자 했다. 이에 대해 쑤 지칭 씨는 달길나 조목에 보이는 달리를 타우리스(Tauris)에 해당하는 음으로 보고, 파사국(波斯國)을 지칭한다고 추정한 바 있다(『도이지략교석』, 307쪽). 따라서 이 문장에서 '달(達)'자는 술어로, '국리에 이르다'라고 읽기를 주장한다. 결국 "'국리' 두 글자는 카[히]

② '모(毛)'자는 지복재본에 '양(羊)'자로 되어있어 정본(丁本)에 따라 고쳤다. '소(捎)'자는 '초(梢)'자의 잘못인 것 같다.

이곳은 서인도 사막 지역에 있을 것이다. '아사리(阿思里)' 세 글자에는 오자가 있는 것 같다. 어디에 해당하는 음인지 알 수 없다.[2)]

라(Kā[hi]rah)에 대응하는 음이다. 마르코 폴로와 마리노와 같은 중세의 서구 여행가들은 이 도시의 옛 명칭을 바빌론이라 하였다."(『도이지략교석』, 348쪽)라고 추정했다. 하지만 어불성설이다. 『제번지』 물시리국(勿廝離國, 이집트) 조목에 게야(憩野)라는 지명이 보이는데, 히어트와 록힐 씨는 이 게야는 "알 카히라(al-Kāhirah)에 해당하는 음으로, '승리자들'이란 의미의 이 명칭은 최초의 파티마 칼리프의 장군이자, 969년 이집트를 정복한 알-모이즈(Al-Mo'izz)가 973년에 건설한 새로운 도시[카이로]에 주어졌다."(『조여괄』, 145쪽)라고 하였다.

2) 아사리는 심증식 씨의 추정에 따르면, 아덴과 마주한 해안으로, 대식해(大食海)의 동북 바닷가에 해당하여 일찍이 동방의 상선들이 교통했다고 하며, 『제번지』의 필파라(弼琶囉, 베르베라)가 이 나라의 서쪽에 있다고 한다(『도이지략광증』, 하, 16쪽). 쑤 지칭 씨는 현 이집트 홍해 서안의 쿠세이르(Qoseir)에서 후음 'k'를 빼면 아사리에 해당한다고 추측했으나(『도이지략교석』, 347쪽), 음성적으로 근접하지 않는다. 두 학자 모두 아사리의 위치를 홍해 쪽으로 추정하고 있다는 점은 공통적이지만, 정확한 위치는 향후 고증을 기다려야 할 것 같다. 내용상, 이곳은 사막과 바다가 양쪽에 있으며, 우기와 건기가 뚜렷이 구분되어있고, 우물을 파서 마시며, 큰 강물의 조수 덕택으로 밀을 많이 재배하여 빵을 만들어 주식으로 삼는 곳이고, 머리에서 무릎까지 길게 사롱을 착용한다는 것으로 보아, 페르시아만, 홍해의 동서남북 모두 가능하다.

91. 리가탑(哩伽塔) [156~158]

나라는 먼 서쪽 경계에 있으며 바로 국왕 바다의 해변이다. 농토는 척박하여 기장[黍]을 심기에 적합하다. 사람들은 판자와 돌을 포개 집을 짓는다. 땅을 1장 남짓 깊게 파서 종자를 보관하는데, 3년이 지나도 썩지 않는다. 기후는 가을엔 덥고 여름엔 시원하다. 풍속은 순박함을 좋아한다. 남녀는 마르고 키가 크며, 형색은 아주 독특하다. 머리카락은 길이가 2촌으로 더 길게 두지 않는다. 베로 원피스를 만들어 입고 검은 베로 사롱을 맨다. 바닷물을 끓여 소금을 만들고, 기장을 발효시켜 술을 빚으며 우유를 주식으로 삼는다. 그곳에는 청랑간(清琅玕)과 산호수(珊瑚樹)가 나는데, 이 나무는 길이가 1장 남짓, 또는 7~8척 가량 되고, [둘레는] 1척 남짓이다. 가을과 겨울에 민간에서는 모두 배를 타고 채취하는데, 횡목에 [산호수를] 부수는 그물과 촘촘한 끈을 그 위에 묶고, 밧줄로 횡목의 양쪽 끝을 묶어 사람이 배에서 끌고 가면 그 나무가 들쭉날쭉하여 걸리면 당겨 올린다. 교역하는 상품은 금, 은, 오색단(五色緞), 무륜포(巫崙布) 등이다.

國居遼西之界, 乃國王海之濱. 田瘠, 宜種黍. 民疊板石爲居. 掘地丈有餘深, 以藏種子, 雖三載亦不朽也. 氣候秋熱而夏涼. 俗尚朴. 男女瘦長, 其形古怪. 髮長二寸而不見長. 穿布桶衣, 繫皂布捎. 煮海爲鹽, 釀黍爲酒, 以牛乳爲食. 地產青琅玕·珊瑚樹, 其樹或長一丈有餘, 或七八尺許, 一尺有餘①. 秋冬民間皆用船採取, 以橫木繫破網及紗線於其上, 仍以索縛木兩頭, 人於船上牽以拖之, 則其樹槎牙, 掛挽而上②. 貿易之貨, 用金·銀·五色緞·巫崙布之屬.

① '일척(一尺)' 위에 '위(圍)'자가 빠졌을 것이다. 『제번지』 산호수(珊瑚樹) 조목에 "키는 3~4척(尺)에 이르고, 큰 것은 둘레가 1척이다(高極三四尺, 大者圍尺)."라고 하였다.

② 『제번지』에 "토착민들은 다섯 갈래의 닻을 줄에 매어 오연(烏鉛)을 사용하여 가라앉도록 바다에 던진다. 산호수의 뿌리를 뽑아 줄을 배에

매어 기중기로 들어 올린다(土人以絲繩繫五爪鐵錨兒, 用烏鉛爲墜, 抛擲海中, 發其根, 以索繫於舟上, 絞車搭起).”라고 하였다.

『사림광기(事林廣記)』(권5) 묵가랍국(默伽臘國) 조목에 “국왕이 있다. 바다에서는 산호수가 난다. 나라 사람들은 그것을 채취할 때, 새끼줄을 이용하여 십자로 나무를 묶은 다음 마(麻)로 만든 끈으로 어지럽게 십자 나무에 얽어 돌을 사용하여 물속에 넣고, 배를 저어 줄을 끌어 산호수를 뜯어낸다. 옛날에 철망으로 산호를 채취한다는 것이 이런 종류일 것이다(有國王. 海出珊瑚樹. 國人採之, 用索縛十字木, 將麻線亂絞在十字上, 用石墜入水中, 棹舡拖索刮取其樹. 古云鐵網取珊瑚, 蓋此類也).”라고 했고, 『제번지』 묵가렵(默伽獵) 조목에서 “바닷물은 20장 깊이이고, 산호수가 난다(海水深二十丈, 產珊瑚樹).”라고 하였다. 묵가랍(默伽臘)과 묵가렵(默伽獵)은 동음의 다른 글자이다. 히어트 씨는 마그레브(Magreb)[eleska]에 해당하는 음이며, 아라비아어로 ‘극서(極西)’의 뜻이라고 했는데(『조여괄』, 154쪽), 아프리카 서북단 쪽의 지중해 지방을 말한다. 본서에서 “나라는 먼 서쪽의 경계에 있다.”라고 했는데, 묵가랍(默伽臘)의 의미와 같고, 인접한 국왕의 바다에서는 산호가 난다고 했으므로 묵가탑은 묵가랍임을 확인할 수 있다. ‘묵(哩)’자는 어떤 판본에는 ‘묵(嘿)’자로 되어있고, ‘탑(塔)’자는 ‘랍(臘)’ 또는 ‘렵(獵)’자의 잘못일 것이다.[1] “국왕의 바다에서 산

1) 심증식 씨는 ‘리(哩)’자는 묵(嘿)자의 잘못이라고 교정하고, 위원(魏源)의 지도에 보이는 모사갑도(母士甲都)가 여기의 묵가탑(嘿伽塔)이라고 추정했다. 또 『영환지략(瀛環志略)』을 인용하여, “동방에 있는 아랍의 통상 항구를 목갑(木甲)이라 하는데, 부유한 상인들이 모이는 곳이다.”(『도이지략광증』, 하, 16쪽)라고 하였다. 심증식이 거명한 마사합특(馬斯哈特), 모사각특(謀斯刻特), 모사갑도(母士甲都)는 모두 무스카트(Muscat, Masqat, 오만의 수도)에 해당하는 음이다. ‘묵가탑’에는 ‘s’에 해당하는 글자가 빠졌고, 왕대연이 언급한 ‘요서(遼西)’라는 말과 부합하지 않는다. 이미 왕대연은 무스카트보다 더 먼 곳을 기술하고 있기 때문이다.
 1911년 히어트와 록힐 씨는 『제번지』의 묵가렵(默伽獵)을 주석하며, 아랍어로 ‘극서(極西)’를 의미하는 다르 엘 모그레브(Dar-el-Mogreb) 또는 모그레브-

호가 난다"라고 하는 그곳은 지중해임이 틀림없다. 상덕(常德)의 『서사기(西使

엘-악사(Mogreb-el-aksa)임이 틀림없다고 하면서, "얼핏 보기에 주거비(周去非)가 이러한 이름으로 이 먼 나라를 가장 먼저 언급한 것 같다. 그는 '묵가(默伽)'['렵'자를 빠뜨린 것은 실수임]라고 불렀지만, 그 이름만 알고 있었을 뿐이다."(『조여괄』, 154쪽)라고 하였다. 또, 록힐 씨는 왕대연의 묵가탑 조목을 역주하며, "『도이지략광증』(2, 16b)에서 심증식 씨는 첫 번째 글자는 묵(嘿)자가 되어야 하고, 무스카트[Muscat, 馬斯哈特]라고 추정했다. 묵가탑(嘿伽塔)으로 교정하는 것이 맞는다면, 본서에서 기술하고 있는 것처럼, 조여괄의 묵가렵(默伽獵, Mogreb-el-aksa, Far West, Morocco)을 떠올릴 수 있다. 이에 해당시킨다면, 산호 어장은 조여괄이 마그레브 해안을 따라 있었다고 한 곳이거나 비야야(毗喏耶, 튀니스와 트리폴리) 해안 근처일 것이다. 그렇지만 왕대연이 여기에서 언급한 사람들은 니그로 또는 소말리아인으로 보인다. 우유를 마시는 것은 후자 즉 소말리아인을 지칭한다(624쪽)."라고 하였다.

여기 후지타 씨는 히어트와 록힐의 설을 따르고 있다. 알 마그리브(Al-Maghrib)는 유럽인들이 트리폴리, 튀니스, 알제리, 모로코를 포함하는 바르바리(Barbary) 또는 소아프리카(Africa Minor), 북아프리카라고 부르는 지역을 아랍 작가들이 부여한 명칭이다(C.E. Bosworth, ed. al., 『The Encyclopaedia of Islam』, V, 라이덴, 1985, 1183쪽). 따라서 여기 묵가렵을 '마그레브'라는 지역 명칭에 한정하기에는 범위가 너무 넓다. 그렇지만 왕대연은 '요서(遼西)의 경계'에 있다고 했으므로, 알 마그리브 악사, 즉 모로코를 지칭한다고 볼 수 있다. 하지만 이러한 추정에는 '탑(塔)'자가 '렵(獵)' 또는 '랍(臘)'자의 오기임을 전제해야 하지만, 자형이나 발음에서 혼동할 만한 단서가 없다. 쑤 지칭 씨는 이점을 고려하여 새로운 추정을 제시했다.

쑤 씨의 설명에 따르면, "묵가탑은 무카테인(Mukatein)에 해당하는 음으로 현 아덴 시 남쪽에 있는 정박지는 이 명칭으로 부르고 있다. 아덴이라는 명칭은 명라나 초기 문헌에는 아단(阿丹)으로 되어있고 『대덕남해지』에는 아단(啞靼)으로 되어있는데 이 항구명이 원나라 초기에 기록된 명칭일 것이다."(『도이지략교석』, 350쪽)라고 하며 아라비아반도, 홍해 입구의 아덴으로 추정했다. 왕대연이 '아단'으로 알려진 명칭을 버리고 알려지지 않은 아덴의 남쪽 항구의 명칭을 음역해 기술했을 가능성은 적어 보인다. 쑤 씨의 설에 따른다면, '요서(遼西)'라는

記)』에서 "산호는 서남해에서 나는데, 철망으로 채취한다. 큰 것은 3척에 달하는 것도 있다(珊瑚出西南海, 取以鐵網, 高有至三尺者)."라고 한 것도 지중해를 말한다(Bretschneider, 『Mediaeval Researches』, I, 151쪽).

『후한서』「대진전(大秦傳)」에 이미 산호가 보이고, 『신당서』(권221, 拂菻)에 "바다에는 산호의 섬 있어 바닷가 사람들이 큰 배를 타고 나가 물 밑으로 철망을 떨어뜨린다. 산호는 반석에서 자라나, 버섯처럼 하얗지만 일 년이 되면 누렇게 되고, 3년이 되면 붉어지며 가지들이 서로 교차해 자라고, 키는 3~4척에 달한다. 철망으로 그 뿌리를 뽑도록 망과 배를 묶은 다음, 당겨 꺼내는데, 제때 꺼내지 못하면 썩는다(海中有珊瑚洲, 海人乘大舶, 墮鐵網水底. 珊瑚初生磐石上, 白如菌, 一歲而黃, 三歲赤, 枝格交錯, 高三四尺. 鐵發其根, 繫網舶上, 絞而出之, 失時不取卽腐)."라고 한 것도 지중해의 산호이다. 「대진경교유행중국비(大秦景教流行中國碑)」에 "남쪽으로 산호의 바다를 다스린다(南統珊瑚之海)."라고 하며 지중해를 '산호의 바다'로 불렀다.[2]

표현을 '극서(極西)'의 의미로 읽을 수 없으므로, 쑤 씨는 아덴 경내에 있는 지명으로 추측할 수밖에 없었다. 왕대연이 언급한 '국왕해'는 『사림광기』 묵가렵 조목에도 보임에도, 홍해에 해당시켜야 했다. 따라서 쑤 씨의 설보다는 후지타 씨의 설을 따르는 것이 비교적 타당할 것이다. 물론 왕대연이 '모로코'까지 갔다는 것은 아닐 것이다.

2) 한편 쑤 씨는 "묵가탑이 아덴이 있으므로, '국왕해'는 홍해로 보아야 한다. 홍해 또한 산호가 난다. 아랍어 사전에는 바다를 의미하는 글자가 매우 많은데, 쿰캄(Qumqām)이라는 것도 그 하나이다. 국왕해는 이 아랍어에서 이름을 얻었을 것이다."(『도이지략교석』, 351쪽)라고 주장했지만, 억지스럽다.

92. 천당(天堂) [158~159]

땅은 대부분이 광활한 사막으로 옛날 균충(筠冲)[1]의 땅이며, '서역'이라고도 한다. 풍경은 조화롭고 사계절이 봄이다. 농토는 비옥하고 곡물은 풍요로우며 사는 사람들도 생업을 즐긴다. 운남(雲南)으로 통하는 길이 있어 1년이면 그곳에 이를 수 있다. '서양'으로도 통하는 길이 있다. '천당'이라 부르는 이곳에는 회회력(回回曆)[2]이 있어 중국의 수시력(授時曆)[3]과 앞뒤로 3일의 차이가 있을

---

1) 균충(筠冲)이란 명칭은 왕대연의 책에 처음 보이는 것 같다. 이전 학자들 모두 침묵하고 있다. 록힐 씨는 균충(筠冲)에 관한 정보를 찾지 못했지만, 메디나 또는 그 영역을 지칭하는 고유한 옛 명칭이라고 하는 '야트레브(Yathreb)'를 전사하려 한 것은 아닐까 하는 의문을 남겼다. 이어서 "이 명칭은 아라비아를 기술한 이전 자료인, 『당서』(권221), 『송사』(권490)에 보이지 않는다. 『당서』에서 메디나는 마지나(摩地那)로 불렸다."라고 하였다. 록힐 씨가 언급한 '마지나'는 『구당서』, 권198, 「대식국열전」(5315쪽)에 구분마지나(俱紛摩地那)라는 산 이름으로 제일 먼저 보인다. 록힐 씨가 잘못 '마지나'로 떼어 읽었고, 메디나에 잘못 끌어다 붙인 것이다. 메디나는 『명사』 「역지(曆志)」, 권37(745쪽)에 묵적납(默狄納)으로, 『영애승람』 천방(天方, 메카) 조목에서 맥저납(驀底納)으로 음역 표기되었다. 한편 쑤 지칭 씨는 "'균(筠)'자는 샤먼어로 'hum' 또는 'hi'로 읽는데 그 음이 가깝다. 그리고 '충(冲)'자는 샤먼어로 'chóng' 또는 'chan'으로 읽는다. 알 히자즈는 원래 아라비아반도에 있었던 옛 나라의 명칭인데, 메카와 메디나는 그 경내에 있는 도시들이다."(『도이지략교석』, 354~355쪽)라고 추측했지만, 민월(閩粵) 지방 방언 발음에서 쑤 씨가 제시한 발음은 확인되지 않을뿐더러, 그렇다 하더라도 알 히자즈에 해당시키는 것은 억지스럽다. 여기 천당, 즉 메카는 왕대연이 가보지 않은 곳임이 거의 확실하므로, 전하는 소문을 듣고 옮기다 보니 표기상의 오류를 상정하는 수밖에 없다.

2) 『명사·역지(曆志)』에 "서역의 묵적납국(默狄納國, 메디나)의 왕 마합마(馬哈麻, 무함마드)가 만든 것이다. 이곳은 북위 24.5도이고, 서경 107도로, 운남의 서쪽에서 대략 8,000여 리에 있다. 이 역법은 수나라 개황(開皇) 기미년(己未

뿐, 택일하는 것에는 큰 차이가 없다. 기후는 따뜻하고 풍속은 매우 훌륭하다. 남녀는 변발하고 가는 베[細布]로 만든 긴 적삼을 입으며 가는 베로 만든 사롱을 맨다. 그곳에서는 서마(西馬)가 나는데 키가 8척가량이다. 사람들이 대부분 말 젖을 밥에 섞어 먹어 사람들이 살이 찌고 아름답다. 교역하는 상품은 은(銀), 오색단(五色緞), 청백의 꽃문양이 있는 자기[青白花器], 쇠솥 등이다.

地多曠漠, 卽古筠冲之地, 又名爲西域①. 風景融和, 四時之春也②. 田沃稻饒, 居民樂業. 雲南有路可通, 一年之上可至其地. 西洋亦有路通. 名爲天堂. 有回回曆, 與中國授時曆前後只爭三日③, 其選日永無差異. 氣候暖, 風俗好善. 男女辮髮, 穿細布長衫④, 繫細布捎⑤. 地産西馬, 高八尺許⑥. 人多以馬乳拌飯爲食, 則人肥美⑦. 貿易之貨, 用銀·五色緞·青白花器·鐵鼎之屬.

① 성(城)은 역(域)의 잘못이다. 『명일통지』 천방국 조목에 "옛날 균충의 땅은 옛날에 천당이라고 하였고 서역(西域)이라고도 하였다(古筠冲之地, 舊名天堂又名西域)."라고 하였고, 『성사승람』 천방국 조목에서도, "땅은 대부분이 광활한 사막으로 옛날 균충의 땅이며, '서역'이라 부른다(地多曠漠, 即古筠沖之地, 名爲西域)."라고 하였는데 모두 본서를 근거한 것이다.

年, 599)을 시원으로 삼는데 나라가 건국한 해이다. …이 역법은 윤월을 사용하지 않고 365일을 1년으로 계산한다(西域默狄納國王馬哈麻所作. 其地北極高二十四度半, 經度偏西一百七度, 約在雲南之西八千餘里. 其曆元用隋開皇己未, 即其建國之年也.…其法不用閏月, 以三百六十五日爲一歲)."라고 설명하고 있다. 헤지라(Hegira), 즉 메카에서 메디나로 옮겨간 시기를 기원으로 삼아 622년 7월 16일로 시작한다.

3) 원나라 초기 왕순(王恂), 곽수경(郭守敬) 등이 만든 것으로 지원(至元) 17년(1280)에 반포하여 시행되었다. 『철경록』에는 수시력 노래가 있는데 관방(官方)에서 편찬한 것으로 계산을 쉽게 하기 위한 것이다. 명나라 초기에 유기(劉基)가 만든 대통력(大統曆)은 이 수시력을 중심으로, 회회력을 참고하여 만든 것이다. 수시력은 원나라에서 명나라까지 360여 년 통용되었다.

② 이 두 문장은 『명일통지』에 인용된 『도이지』와 같다. '락(樂)'자는 『성사승람』에 '안(安)'자로 되어있다.

③ '지(只)'자는 『지복재』본에 '지(至)'자로 되어있어 정본(丁本)에 따라 고쳤다.

④ 『명일통지』에 인용된 『도이지』에 "회회력은 중국의 수시력과 앞뒤로 3일의 차이가 있다(有回回曆, 與中國授時曆前後差三日)."라고 하였다.

⑤ '장(長)'자는 『지복재』본에 '포(布)'자로 되어있어 정본(丁本)에 따라 고쳤다. 『명일통지』에 인용된 『도이지』에는 "풍속은 아주 선하다. 남녀 변발을 하고, 세포의 적삼을 입으며, 세포를 맨다(俗好善. 男女辮髮, 穿細布衫, 繫細布)."라고 되어있다.

⑥ 『명일통지』에는 "땅에서는 말이 나는데, 키가 8척쯤 된다(土產馬, 高八尺許)."라고 되어있다.

⑦ 『명일통지』에 인용된 『도이지』에 "사람들은 모두 우유를 밥에 섞어 먹으므로 사람들이 살이 쪘고 아름답다(人皆以牛乳拌飯, 故其人肥美)."라고 하였는데, 편집한 사람이 '마(馬)'자를 '우(牛)'자로 잘못 고친 것이다.

『원사』「곽간전(郭侃傳)」과 『서사기(西使記)』에는 천방국(天方國)이 보이는데, 바로 이 천당(天堂) 즉 메카(Mecca)이다. 『서사기』에 "보달(報達, Baudas, Baghdad)의 서쪽에서 말을 타고 20일을 가면, 천방(天房)이 있는데, 안은 천사신인 호(胡)의 조상이 묻힌 곳이다. 【마합마(馬哈嘛, Mohammad)가 묻힌 곳은 맥저나(驀底那, Medina)이다. 『영애승람』에서 맥저나는 무함마드 성인의 무덤이 바로 그 안에 있다(驀底那, 其馬哈嘛聖人陵寢正在內)라고 한 것이 이곳이다.】 [그] 성사(聖師)는 벽안팔아(癖顏八兒)라고 한다. 【페르시아어 페이겐베르(Peighenber)에 해당하는 음으로, 그 뜻은 모한맥덕(謨罕驀德, 무함마드)을 말한다.】 방 안에는 쇠줄이 있어 손으로 문지른다. 마음이 진실하면 만질 수 있고, 성실하지 않은 자는 절대 문지를 수 없다. 경전이 아주 많은데, 모두 벽안팔아가 지은 것이다. 큰 성 수십 개가 있고, 그 사람들은 부유하고 성실하다(報達之西, 馬行二十日, 有天房, 內有天使神胡之祖葬所也. 師名癖顏八

兒, 房中懸鐵絙, 以手捫之, 心誠可及, 不誠者竟不得捫. 經文甚多, 皆癖顏八兒所作. 大城數十, 其民富實).”라고 하였다. 천방(天房), 천당(天堂)은 개아백(愷阿白, Kaaba)를 둘러싼 예배당을 말한다. 부르크하르트(Burck-Hardt)는 그것을 베이툴라(Beitullah)라고 하였는데, 천당이라는 의미이다(『Mediaeval Researches』, I, 141쪽). 『영애승람』 천방국 조목에 “본국의 중심 도시는 그곳 말로 앙달(秧達, Djedda)[4]라고 한다. 앙달에서 서행하여[동행하여] 하루를 가면, 왕이 사는 도시에 이르는데, 그곳 말로 묵가국(默伽國)이라 한다. 다시 대략 반나절을 가면 천당의 예배당에 이르는데, 그 당을 그곳 말로 개아백이라 한다(本國馬頭, 番名秧達, 自秧達往西行(東行)一日, 乃到其王所居之城, 番名默伽國. 再行大半日, 到天堂禮拜寺, 其堂番名愷阿白).”라고 운운하였는데, 개아백(愷阿白)은 바로 사각형이라는 의미이다. 명나라 시기에 천방(天方)이라는 명칭의 어원이다(Bretschneider, 『Mediaeval Researches』, II, 303쪽).

---

4) 후지타 씨는 『기록휘편(紀錄彙編)』본을 참고하고 있다. 여기 ‘앙달(秧達)’은 『서양조공전록(西洋朝貢典錄)』 차월산방본(借月山房本)에만 ‘秧涾’으로 되어있고 나머지 사본에는 모두 ‘앙답(秧涾)’으로 되어있다. 사실 아랍어 명칭인 지다(Jidda)와 대응하는 음이 부합하지 않는다. 『영애승람』 『국조전고』본에는 ‘질답(秩踏)’과 ‘질달(秩達)’으로 되어있으므로 이에 따라 고치는 것이 맞다(펑 청쥔, 『영애승람교주』, 69쪽).

네덜란드 이슬람학자, 스눅 후르흐로녀(Snouck Hurgronje)가 1889년 찍은 카아바 사진. [1] 바누 사이바(Banu Shayba) 문, [2] 히즈르(Hijr), [3] 잠잠(Zamzam) 우물, [6] 마캄 이브라힘(Maqām Ibrāhīm)|마캄 샤피이(Maqam Shafi'i), [7] 민바르(Minbar), [8] 마캄 하나피(Maqam Hanafi), [9] 마캄 말리키(Maqam Maliki), [10] 마캄 한발리(Maqam Hanbali).

[천축은] 대식(大食)의 동쪽에 있으며, 진왕의 주[秦王之主][1]에 예속돼 있다. 바다에서 2백여 리 떨어져 있다. 기후는 고르지 않고 풍속은 고풍스럽다. 남녀의 신장은 7척이고, 작은 눈에 긴 목을 하고 있다. 수건[手帕]을 이마에 매고, 머리를 땋아 귀까지 늘어뜨린다. 등나무 껍질로 신발을 만들고, 면사(棉絲)로 양말을 만들어, 이들을 다 착용하여 예를 갖추었음을 보여준다. 바닷물을 끓여 소금을 만드는데 능하지 않고, 식량은 다른 나라에 의존한다. 민간에 금전을 유통해 사용한다. 추장이 있다. 그곳에는 사금(沙金), 준마(駿馬)가 난다. 교역하는 상품은 은(銀), 청백의 꽃문양이 들어간 자기[青白花器], 두석(斗錫), 술, 색을 넣어 날염한 베[色印布] 등이다.

居大食之東, 隸秦王之主. 去海二百餘里. 地平沃. 氣候不齊, 俗尙古風. 男女身長七尺, 小目長項. 手帕繫額, 編髮垂耳. 穿百結衣①, 藤皮織鞋, 以棉紗結襪, 仍將穿之, 示其執禮也. 不善煮海爲鹽, 食仰他國. 民間以金錢流通使用. 有酋長.

---

1) '진왕지주(秦王之主)'는 해석하기 매우 애매하다. 글자 그대로는 진왕의 주인이란 말일 것이다. 그렇다면 '진왕'은 어디를 지칭하는 것인지 모른다. 나라 이름에 '왕'자 들어가는 것은 이미 '환왕(環王)'이란 나라가 있었으므로, 그렇게 이상한 것은 아니다. 쑤 지칭 씨는 14세기 중엽 신도(信度) 왕조의 명칭인 삼마(Samma)에 해당하는 음일 것이라고 추측했으나(『도이지략교석』, 357쪽), 음성적으로 너무 차이가 있다. 또 그렇게 볼 근거도 없다. 뒤이어 나오는 문장은 "바다에서 2백여 리 떨어져 있다(去海二百餘里)"라고 했는데, 주어가 생략되었다. 그 나라를 말하는 것인지, 그 나라의 도읍 또는 국주가 사는 곳인지 선택하기 어렵다. 천축은 진왕(秦王), 즉 대진왕에 예속되어 있고, 그 나라의 중심은 바다로 2백여 리 떨어져 있다고 이해할 수는 없을까? 『제번지』에서 천축은 대진(大秦)에 예속되어 있다고 기술한 바 있다. 이렇게 생각하면 '진왕'을 고유 명사로 풀어야 하는 난관에서 벗어날 수 있을 것이다.

地產沙金·駿馬②. 貿易之貨, 用銀·青白花器·斗錫·酒·色印布之屬.

① '백결의' 세 글자는 정본(丁本)에 '세포장삼(細布長衫)'으로 되어있다.

② '사금(沙金)'은 지복재본에 '금사(金沙)'로 되어있어 정본(丁本)에 따라 고쳤다.[2)]

『영외대답(嶺外代答)』(권3) 대진 조목 끝에 "나라에는 성수(聖水)가 있는데 바람과 파도를 멈추게 할 수 있다. 만약 바다에 큰 파도가 치면 유리병에 담아둔 물을 뿌리면 그친다(國有聖水, 能止風濤, 若海揚波, 以琉璃瓶盛水灑之, 卽止)."라고 하였다. 『제번지』에서는 "천축국은 대진국에 예속되어 즉위한 국주(國主)는 모두 대진에서 선택된다. 사람들은 모두 머리를 땋아 늘어뜨리고 두 살쩍과 정수리에 비단 터번을 쓴다.…나라에는 성수가 있어 바람과 파도를 멈추게 할 수 있다. 외래 상인들은 유리병에 이 물을 가득 담아서 바다에서 갑자기 바람과 파도를 만나게 되면 이 물을 뿌리면 그친다(天竺國隸大秦國, 所立國主悉由大秦選擇. 俗皆辮髮垂下, 兩鬢及頂, 以帛纏頭. …國有聖水, 能止風濤, 番商用琉璃缾盛貯, 猝遇海歘波, 以水灑之則止)."라고 하였고, 『영애승람』 천방국(天方國) 조목에서는 "(메카에서) 서쪽으로 하루를 가면 맥저납이라는 한 도시에 도착한다. 마합마 성인의 무덤이 그 성안에 있는데, 지금까지 무덤 꼭대기에는 한 줄기 빛이 밤낮으로 구름을 뚫고 일어난다. 무덤 뒤에는 우물 하나가 있는데, 샘물이 맑고 달아 아필삼삼(阿必糝糝, Zamzam)이라 한다. 외국으로 가는[下番] 사람들이 그 물을 담아 배 옆에 저장해 두고, 바다 가운데에서 폭풍을 만나게 되면 이 물을 바다에 뿌리면 풍랑이 잦아든다(西行一日, 到一城, 名驀底納. 其馬哈嘛聖人陵寢正在城內, 至今墓頂豪光日夜侵雲而起. 墓

2) '천백결의(穿百結衣)'는 사고전서본에 '穿細布布衫'로 되어있다. '백결(百結)'이란 표현은 여러 번 기운 옷으로, 낡고 해진 옷을 의미한다. 풍속이 고풍스럽다고 했으므로, 전혀 어울리지 않는 말도 아니다. 하지만 전체 책에서 이런 표현은 처음 등장하고, 다른 판본들이 모두 세포(細布)의 적삼을 입는다고 기술하고 있으므로 우선은 정본(丁本)에 따라 해석해 둔다.

後有一井, 泉水清甜, 名阿必糝糝. 下番之人取其水藏於船邊, 海中倘遇颶風, 卽以此水灑之, 風浪頓息).”라고 하였다. 아필삼삼(阿畢糝糝)은 어떤 판본에는 아필삼삼(阿必糝糝)으로 되어있는데 바로 잠잠(Zamzam)이라는 샘으로, 메카 사마연(司麻烟, Ismaël) 무덤 뒤에 있다(『Voyages d'Ibn Batoutah』, I, 312; Bretschneider, 『Mediaeval Researches』, II, 303쪽). 『사림광기』 묵가국(默伽國) 조목에 “대식국의 조사(祖師)는 포라우(蒲囉吽, Abraham)라고 하며 어릴 때부터 이상한 모습이 있었다. 장성하여 아내를 얻어 황야에서 사내아이를 낳았는데, 물이 없어 씻길 수 없어 땅에 버려두고, 어미가 가서 물을 찾았으나 얻지 못하고 돌아와 보니 그 아이가 다리를 땅을 문지르자 샘물이 용솟음쳤는데 매우 맑았다. 이 아이가 장성하자 사마연(司麻煙)이라 불렀다. 섬돌을 놓고 큰 우물을 만드니 가뭄을 만나도 마르지 않았다. 바다에서 풍랑을 만나 이 물을 뿌리면 곧바로 그친다(大食國祖師名蒲囉吽, 自幼有異狀. 長娶妻, 在荒野生一男子, 无水可洗, 棄之地. 母走尋水不獲, 乃回, 見其子腳擦地, 湧出一泉甚清耳. 此子立, 名司麻煙. 砌成大井, 逢旱不乾. 泛海遇風濤, 以此水洒之, 應手而止).라고 한 것이 이것이다. 그러나 『영외대답』, 『제번지』는 모두 마가(麻嘉) 즉 묵가(默伽)가 있고, 본서에는 또 천당(天堂)이 있으므로, 본서에서 말한 천축(天竺)은 분명 메카가 아니다. 히어트 씨는 대진(大秦)의 왕을 안티오크(Antioch) 또는 바그다드(Baghdad)의 대주교로 보고 천축이 마드라스(Masdras) 해안이라고 했다(『조여괄』, 105, 112쪽). 그러나 본서에서는 대식(大食)의 동쪽, 바다에서 2백여 리 떨어져 있으며, 그곳에서 사금, 준마가 난다고 했으므로 서인도에 있을 것이다.[3] 신도(信度, Sind)를 말하는 것 같다.[4]

---

3) 마줌달(Majumdar)은 “인도에서 말이 부족한 정황은 항상 외국 여행자들의 주목을 받았다. 당시 슐레이만(Sulaimān)과 이븐 알 파키흐(Ibn al-Fakih)의 증언에 따르면, 인도인들은 중국과 달리 약간의 말이 있었다. 이 당시 인도의 우수한 품종은, 이전 시대에도 마찬가지로, 서방과 중앙아시아로부터 들어왔다. 『Abhidhānaratnamālā』에는 우수한 품종의 말로, 페르시아, 바나유(Vanāyu), 캄보디아, 발리카(Bāhlika, 발크), 신두(Sindhu), 신두 경계의 말들을 언급하고 있다.”(『The Age of Imperial Kanauj』, 봄베이, 1955, 404~5쪽).

4) 쑤 지칭 씨도 “본서의 ‘천축’이라는 명칭은 서천축의 신두(Sindhu, 信度)로 보는 것이 맞다. 이곳은 하크라(Hakra)와 마크란(Makran)의 사이에 있다. 신도라는 명칭은 『대당서역기』 권11에 보이고 7세기 초에 현장이 이 나라를 방문하기도 했다. 8세기 초 이래로 많은 아랍인이 이주해오면서 그곳의 민족과 종교를 바꿔버렸다. 왕대연이 이 조목에서 기록한 것은 신도의 항구임이 분명하다.”(『도이지략교석』, 357쪽)라고 추정했다. 『신당서』, 권43하, 「지리지」(1153쪽)에 인용된 가탐의 『황화사달기』에는 신도의 항구에 대해 “제율국에 이른다. 이 나라에는 미란태하(彌蘭太河)가 있는데, 신두하(新頭河)라고도 하는데, 북쪽 발곤국에서 발원하여 서쪽으로 흘러 제율국 북쪽에 이르러 바다로 들어간다(至提颶國, 其國有彌蘭太河, 一曰新頭河, 自北渤崑國來, 西流至提颶國北, 入于海).”라고 하였다. 여기 ‘제율’은 라시드 앗딘의 『집사(Jāmi' al-Tawārīkh)』에 보이는 다율(Dayul), 16세기 서양인들이 디울(Diul) 또는 디울 신드(Diul-Sind)라고 부른 곳이다(『Hobson-Jobson』, 320~321쪽). 『대당서역기』, 권11의 신도국(信度國) 조목(사고전서본, 23b)은 “신도국은 둘레가 7천여 리에 달한다. 이 나라의 중심도시는 비샤바푸라[Vichavapura, 毘苫婆補羅, 현 수쿠르 지방의 알로르(Alor)]로, 둘레가 30여 리이다. 땅은 농사에 적합하고, 보리[宿麥]가 많이 난다. 금, 은, 천연동[鍮石]이 나고, 소, 양, 낙타, 노새 등을 기른다. 낙타는 키가 작고 등에는 하나의 혹[峯]만 있다. 붉은 소금[赤鹽]이 많이 나는데 그 색은 마치 붉은 돌과도 같다. 흰 소금과 검은 소금, 그리고 백석염(白石鹽) 등은 이역의 먼 곳에서 약으로 쓰인다(信度國, 周七千餘里. 國大都城號毘苫婆補羅, 周三十餘里. 宜穀稼, 豐宿麥, 出金·銀·鍮石, 宜牛·羊·橐駝·騾畜之屬. 橐駝卑小, 唯有一峯. 多出赤鹽, 色如赤石, 白鹽·黑鹽及白石鹽等, 異域遠方以之爲藥)”라고 하였다. 지셴린[季羨林]은 신도(信度)가 산스크리트어 신두(Sindhu)에 해당하는 음이고, 중심도시는 파키스탄 수쿠르(Sukkur) 지역으로 추정했다(『대당서역기교주』, 하, 929쪽). 현장(玄奘)은 이전 조목 마지막에 보이는 ‘신도국(信度國)’ 아래, “서인도의 경계이다”(928쪽)라는 주석이 보이므로, 왕대연의 천축(天竺)이 신도국이라면, 현 파키스탄 신드주 카라치 쪽의 해안 지역을 말하는 것은 아닌지 모르겠다.

94. 층요라(層搖羅)[161~163]

나라는 대식(大食)의 서남쪽에 있고, 해안 절벽에는 숲이 없고, 땅에는 염분이 많다. 농토는 척박하여 곡물이 적게 나므로, 대부분 참마[薯]를 심어 양식으로 대용한다. 이곳에서 물건을 파는 사람들은 미곡이 있으면 그것으로 교역하지만, 그 이득이 매우 박하다. 기후는 고르지 않고 풍속은 고지식하다. 남녀는 상투를 말아 올리고, 이음새가 없는 짧은 치마를 입는다. 사람들은 그물질하여 새와 짐승들을 잡아 식용한다. 바닷물을 끓여 소금을 만들고 사탕수수즙을 발효하여 술을 빚는다. 추장이 있다. 그곳에는 홍단(紅檀), 자자(紫蔗), 상치(象齒), 용연(龍涎), 생금(生金), 압취담반(鴨嘴膽礬)이 난다. 교역하는 상품은 상아 상자[牙箱], 화은(花銀), 오색단(五色緞) 등이다.

國居大食之西南, 崖無林, 地多淳①. 田瘠穀少, 故多種薯以代糧食. 每貨販於其地者②, 若有穀米與之交易, 其利甚溥. 氣候不齊, 俗古直. 男女挽髮, 穿無縫短裙. 民事網罟, 取禽獸爲食. 煮海爲鹽, 釀蔗漿爲酒. 有酋長. 地產紅檀·紫蔗·象齒·龍涎·生金③·鴨嘴④膽礬. 貿易之貨, 用牙箱·花銀·五色緞之屬.

① '순(淳)'자는 심증식본에 '로(滷)'자로 되어있는데, '로'자가 맞다.[1)]

② '화(貨)'자는 지복재본에 '매(每)'자로 되어있어 정본(丁本)에 따라 고쳤다.

③ 『영외대답(嶺外代答)』(권7, 金石門 조목)에 "금이 쇳돌에서 나지 않고, 사토(沙土) 속에 자연적으로 응결되어, 작은 것은 밀기울만 하고, 큰 것은 콩만 하며 더 큰 것은, 손가락 첫 마디만 하다. 그것들을 생금이라

---

1) 『한서』, 권24상, 「식화지(食貨志)」(1120쪽)에 "산림, 늪과 못, 언덕과 구릉, 소금의 땅(若山林藪澤原陵淳鹵之地)"이라고 하였는데, 심흠한(沈欽韓)의 소증(疏證)에 "순(淳)은 함(鹹)이다."라고 하였다. 또, 순로(淳鹵)라는 표현은 이미 『좌전』 양공 25년에도 보인다.

한다(凡金不自礦出, 自然融結於沙土之中, 小者如麥麩, 大者如豆, 更大如指面, 皆謂之生金).”라고 하였다.[2)]

④ 『서사기(西使記)』에 압사(鴨思)가 보이는데, 아랍어의 야슴(Yasm) 또는 야슈트(Yasht)에 해당하는 음일 것이다, 바로 자스파르(Jaspar)를 말한다(Bretschneider, 『Mediaeval Researches』, I, 151쪽).[3)]

『제번지』 층발국(層拔國) 조목에서 “[층발국은] 호다랄국(Guzerat) 남쪽 바다 섬에 있는데, 서쪽으로 큰 산을 접하고 있다. 사는 사람들은 모두 대식(大食) 종족이고, 대식의 교리와 법도를 준수한다. 현지의 청색 베를 터번으로 두르고 붉은 가죽 신발을 신는다. 매일 쌀과 면, 구운 빵, 양고기를 먹는다. 향촌 산림에는 병풍 같은 산들이 층층이 중첩되어 있고, 기후는 따뜻하며 추위가 없다. 상아, 생금, 용연, 황단향이 난다. 매년 호다랄국과 대식 주변 등의 곳에 배를 타고 가서 교역하고, 백포, 자기, 적동, 붉은 길패를 사 온다(在胡茶辣國南海島中, 西接大山. 其人民皆大食種落, 遵大食教度. 纏青番布, 躡紅皮鞋. 日食飯麪·燒餠·羊肉. 鄉村山林多障岫層疊, 地氣暖無寒. 產象牙·生金·龍涎·黃檀香. 每歲胡茶辣國及大食邊海等處發船販易, 以白布·甆器·赤銅·紅吉貝爲貨).”라고 하였다. 층발(層拔)은 바로 잔지바르(Zanjibar)에 해당하는 음이다. 이곳에

2) 『본초강목』(사고전서본), 권8(1b)에 인용된 도은거(陶隱居)의 말에 따르면, “금은 곳곳에서 모두 난다. 양주, 익주, 영주 등 세 주에 많이 있고, 부스러기로 된 것을 ‘생금’이라 한다(金之所生, 處處皆有. 梁益寧三州多有, 出水沙中, 作屑, 謂之生金).”라고 하였다. 제련되지 않은 금을 말한다.

3) 후지타 씨는 압취(鴨嘴)와 담반(膽礬)을 별도의 산물로 읽었다. 록힐 씨는 ‘오리 부리의 황산구리’, 즉 하나의 산물로 읽었다. 『본초강목』(사고전서본), 권10(22a) 석담(石膽) 조목에 “오리 부리 색이 상품이며 속칭 담반이라고 한다(鴨嘴色者爲上, 俗呼膽礬).”라고 하였으므로, 록힐 씨가 읽은 것이 맞다. 쑤 지칭 씨도 “담반이라는 명칭은 『몽계필담』 권25에 보이는데, 그 성분은 황산나트륨[水硫酸铜]을 함유하고 있고 구리 함유량은 25.4%이다.”(『도이지략교석』, 360쪽)라고 설명했다.

서는 상아, 용연이 난다. 마수디(Masudi)와 마크코 폴로 모두 그 남쪽의 마다가스카르(Madagascar)에서 나는 홍단(紅檀)을 언급하고 있는데[4], 본서 층요라(層搖羅)에서 나는 것과 같고, 게다가 대식(大食)의 서남쪽에 있다고 했으므로 또한 잔지바르를 말할 것이다. 심증식 씨는 '요(搖)'자는 '발(拔)'자가 되어야 한다고 했는데, 맞다.[5] 이곳에서 나는 콩만큼 큰 금은 옛날부터 잘 알려져 있었다. 코스마스(Cosmas)가 이미 기술한 바 있는데(Yule, 『Cathay and the way thither』, clxviii), 바로 본서의 생금이다.

4) 비루니(Birūni)는 『Alberuni's India』(I, 18장, 211쪽)에서 "황단향(yellow sandal wood)은 잔즈(Zanj)라는 나라에서 가져온다."라고 하였고, 흐루너펠트도 황단향이 나는 것을 확인하고 있다(『Notes on the Malay Archipelago and Malacca』, I, 210쪽).

5) 심증식 씨는 층요라(層搖羅)의 '요'자가 '발(拔)'자의 오기라고 확신하며, 『제번지』의 층발(層拔) 조목을 그 근거로 인용했다(『도이지략광증』, 하, 17쪽). 록힐도 "이곳은 조여괄의 층발(層拔, Zanguebar) 또는 곤륜층기(崑崙層期)인 것 같다. 펨바(Pemba)와 마다가스카르(Madacasar) 또는 두 섬 모두를 포함하는 곳으로 생각할만한 근거가 있다."(622쪽)라고 하였다.

95. 마로간(馬魯澗) [163~164]

나라는 하이사남(遐邇沙喃)의 뒷산과 땅이 접해있고, 사람들은 생업을 즐기며 부유하다. 둘레는 1만 8천여 리이다. '서양'의 나라들은 모두 이 나라에 신속한다. 추장이 있다. 원나라 임장(臨漳) 사람 진(陳) 성을 가진 사람이다. 어릴 때 책을 읽을 줄 알았고, 항상 병법을 연마했다. 나라 초기에 군사를 거느리고 감주(甘州)[1]에 주둔하고 있다가 이 나라 변경을 토벌해 들어가 다시 돌아오지 않았다. 이곳에는 말이 나, 마군(馬軍)이 많다. 툭하면 이웃 나라들을 침략하여 병사가 몇만 명에 달한다. 매년 정월 3일에는 높은 제단을 세우고 군대의 하례를 받는다. [군대가] 이르는 곳은 바로 취락을 형성했다. 사람들이 서로 교역하여 소요의 우환이 전혀 없다. 아마도 형법이 그처럼 무거웠기 때문일 것이다. 위협이 되는 여러 나라를 살피고 상벌을 엄히 행했으니 또한 추장 중에서 우뚝 선 사람이도다!

國與遐邇沙喃之後山接壤, 民樂業而富. 週迴廣一萬八千餘里①. 西洋國悉臣屬焉. 有酋長. 元臨漳人, 陳其姓也. 幼能讀書, 長練兵事. 國初領兵鎭甘州, 遂入此國討境不復返. 茲地產馬, 故多馬軍. 動侵番國以兵凡若干萬. 歲以正月三日則建高壇以受兵賀. 所至之地, 卽成聚落一所. 民間互易, 而卒無擾攘之患. 蓋以刑法之重如此. 觀其威逼諸番, 嚴行賞罰, 亦豪酋中之表表者乎!

① '주(週)'자는 지복재본에 '차(遮)'자로 되어있어 정본(丁本)에 따라

---

1) 감주(甘州)는 원래 한나라 장액군(張掖郡) 지역으로 서위(西魏) 시기에 감주로 개칭되었다. 원나라 시기에 감주로(甘州路)가 설치되어 하서(河西)의 여러 지역을 관할했다. 차카타이는 위구르 지방에서 서쪽으로 부하라와 사마르칸트에 이르는 옛 카라키타이(Kara Khitai, 西遼) 제국의 땅을 물려받으며 건국의 기틀을 삼는다. 여기의 감주와 상당한 거리가 있다. 이에 대해 쑤 지칭 씨는 거란(契丹)과 음이 비슷하여 왕대연이 감주에 해당시켰다고 설명했지만(『도이지략교석』, 363쪽), 터무니없는 추측일 뿐이다.

고쳤다.

하이사남(遐邇沙喃)은 크리슈나(Krishna)[Kristna]에 해당하는 음 같다.[2)] 당시 인도에서 최강자는 달리(達里, Delhi)의 모하메드 투글루크(Mohammed Tughlak)였는데 여기와는 맞지 않는다. 마로간(馬魯澗)이 어느 나라인지, 진(陳)이라는 성을 가진 사람이 누구인지 알려지지 않았다.[3)]

---

2) 하이사남(遐邇沙喃)에 관하여, 후지타 씨는 음성적인 측면에서 인도 북부 지명을 제시했다. 미로간을 인도 북부지역에 있을지도 모른다는 암시가 담긴 것으로 읽을 수 있다. 그러나 쑤 씨는 "마라가의 남쪽에는 카스니 시린(Kasni Shirin)이라는 마을이 있는데, 하이사남과 음이 가깝다. 이곳은 케르만샤한(Kermanshahan) 서쪽으로 약 1백 마일에 있으며, 이 마을에서 북쪽으로 가면, 신네(Sinneh)와 사인 칼치(Sain Kalch)라는 두 마을을 지나서 마라가에 이르게 된다. 이른바 하이사남의 뒷산은 이 두 마을의 구역에 있는 것 같다."라고 하였는데, 이미 잘못된 전제에서 나온 추정이므로 역시 받아들일 수 없다.

3) 심증식 씨는 여기 미로간(馬魯澗)과 본문의 하이사남(遐邇沙喃)에 관하여, "『제번지』의 노미국(蘆眉國)은 일명 미로골(眉路骨)이라고 한다. 하미사남에 해당하는 음은 예루살렘과 매우 가깝다."(『도이지략광증』, 하, 18쪽). 주거비(周去非)는 『영외대답』, 권3, 대식국 조목에서 미로간은 '미로골돈(眉路骨惇)'으로 되어있다. 이 둘의 후반부 발음은 미로간과 부합하지 않는다. 또한, 하이사남이 어떻게 예루살렘의 발음과 가까운지도 이해할 수 없다. 다만 심증식 씨는 확실히 하이사남을 예루살렘에 연결하고 있는 것으로 보아, 미로간=미로골이 이탈리아 로마로 보는 것이 아니라, 룸 셀죽 술탄국(Rum Seljuk Sultanate)의 룸으로 추정하고 있는 것 같다. 한편 히어트와 록힐, 그리고 펑 청쥔은 노미=미로골=미로골돈=로마 설을 주장했다(『조여괄』, 141쪽; 『바다의 왕국들』, 224~225쪽).

쑤 지칭 씨는 일한국의 첫 번째 수도, 마라가(Maragha, Marāgheh)로 추정했다(『도이지략교석』, 361쪽). 이 수도는 훌라구 재위 기간(1256~1265)에 건설되었다가 1265년경 타브리즈로 수도를 옮겼다. 따라서 왕대연의 기술은 1349 또는 1350년의 것이므로, 100년 전의 수도였고, 만약 왕대연이 이곳에 직접 갔다면, 그때는 이미 나라도 멸망했을 때일 것이고, 그 마지막 도읍은 솔타니예

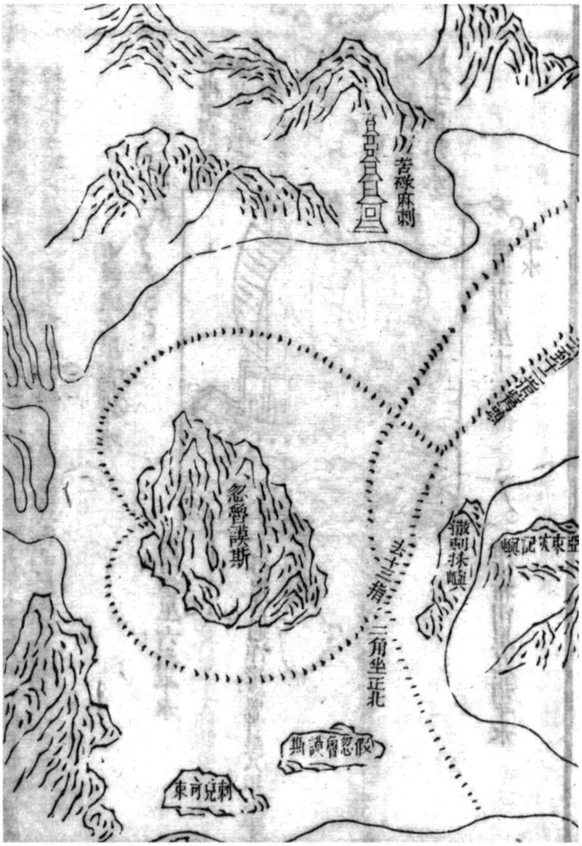

『무비지(武備志)』, 권240, 「항해도」, 22a. 가운데 홀로모사(忽魯謨斯, 호르무즈)와 그 아래 가홀로모사(假忽魯謨斯)가 그려져 있다. 다음 감매리(甘埋里) 조목에 참고하시오.

(Soltaniyeh, 이란 북서)였으므로, 쑤 씨의 추정 또한 받아들이기 어렵다.

왕대연은 마로간이 매우 큰 나라로 '서양'의 나라들이 신하로 복종한다고 했으며, 말이 많이 난다고 하였다. 이로써 볼 때, 쑤 지칭 씨처럼 일한국이나, 아니면 차가타이한국을 떠올릴 만하다. 일한국은 시기적으로 부합하지 않지만, 차가타이한국은 가능하다. 그러나 이 한국은 칭기즈칸의 둘째 아들 차가타이가 건국한 나라로, 중국 출신이나 성씨와는 아무런 관련이 없다. 이 미로간이라는 곳도 왕대연이 가지 않은 곳으로 보인다. 확인되지 않은 소문을 기록해 두었을 가능성이 크다.

96. 감매리(甘埋里) [164~165]

이 나라는 남풍(南馮)[1]의 땅과 가깝고 불랑(佛朗)과 서로 가깝다. 바람에 돛을 펴, 2개월이면 소구남(小唄喃)에 이른다.[2] 그곳에서 만드는 배는 '마선'이라 하는데, 상선보다 크고, 못과 석회를 사용하지 않고 야자 밧줄과 판자로 만든다. 선박은 2~3층이며 판자로 가로지르는 마판을 깐다. 물이 새어 들어오는 것을 감당할 수 없어 선원들이 밤낮으로 돌아가며 물을 퍼내는 것을 그치지 않게 한다. 아래는 유향(乳香)으로 무겁게 누르고, 위에 수백 마리의 말을 싣는다. [이 말은] 머리가 작고 꼬리가 가벼우며 사슴 몸에 배를 매달고 있는 것 같고 네 발굽은 쇠를 부수며, 키는 7척가량으로 주야로 천 리를 갈 수 있다. 가진 목향(木香)과 호박류는 모두 불랑국(佛朗國)에서 나는 것으로, '서양'과 거래하며 교역한다. 갈 때는 정향, 두구(荳蔻), 청단(靑緞), 사향(麝香), 홍색의 소주(燒珠), 소주(蘇州)와 항주(杭州)의 색단(色緞), 소목(蘇木), 청백의 꽃문양이 들어간 자

---

1) 남풍(南馮)에 대하여 쑤 지칭 씨는 다음과 같이 추정했다. "호르무즈의 지란(Jiran) 섬 서쪽 근방에 게슘(Geshm)이라는 약간 큰 섬이 있는데, 그 모양이 길쭉하므로 자지라 타윌라(Jazîrah Tawîlah)라고 하는데, 야쿠트(Yakut)는 라프트(Lâft)라고 불렀다(Lestrange, 『The Lands of East Caliphate』, 261쪽). 그 북안의 항구 명칭으로 전체 섬의 이름으로 삼은 것이다. 왕대연의 남풍은 나막단(Namakdan)을 줄인 음으로 보이는데 이 섬 동남부 구역 명칭을 전체 섬의 이름으로 생각했을 것이다."(『도이지략교석』, 368쪽). 음성적으로 크게 부합하지는 않는다. 역자의 생각으로, 호르무즈 섬 북쪽으로 맞은편 내륙에 만으로 삼각주를 이루며 흘러드는 나반드(Naband)강이 있는데, 강 이름은 일반적으로 지명을 따르므로, 이 명칭을 음역한 것은 아닌지 모르겠다.

2) 왕대연이 인도 서해안과의 거리를 두 달로 기술한 시간은 너무 긴 것 같다. 『영애승람』 홀로모시(忽魯謨厮) 조목에 "캘리컷에서 배를 타고 서북 방향으로 가서 순풍에 25일 가면 도착할 수 있다(自古里國開船投西北, 好風行二十五日可到)." 라고 하였다. '이(二)'자는 '일(一)'자의 오기인지도 모르겠다.

기[青白花器], 도자기 병, 철선(鐵線)을 팔고, 후추를 실어 돌아온다. 후추의 값이 비싼 것은 이들 선박이 실어 가는 것이 더 많기 때문이다. 상선들이 가져가는 것은 10에 1도 미치지 못한다.

其國邇南馮之地①, 與佛朗相近. 乘風張帆二月可至小唄喃. 其地造舟爲馬船②, 大於商舶, 不使釘灰, 用椰索板成片③. 每舶二三層, 用板横棧④. 滲漏不勝, 梢人日夜輪戽水不使竭. 下以乳香壓重, 上載馬數百匹. 頭小尾輕, 鹿身弔肚, 四蹄削鐵. 高七尺許, 日夜可行千里⑤. 所有木香·琥珀之類, 均產自佛朗國來⑥, 商販於西洋互易. 去貨丁香·荳蔻·青緞·麝香·紅色燒珠·蘇杭色緞·蘇木·青白花器·瓷瓶·鐵條, 以胡椒載而返. 椒之所以貴者, 皆因此船運去尤多. 較商舶之取, 十不及其一焉⑦.

① '풍(馮)'자는 심증식본에 '양(洋)'자로 되어있는데, 어느 판본을 근거한 것인지 모르겠다.

② '조주(造舟)' 두 글자는 정본(丁本)에 '선명(船名)'으로 되어있다.

③ '성편(成片)' 두 글자는 도치된 것 같다.

④ 『지복재』본에는 '횡(横)'자가 없어 정본(丁本)에 따라 보충하였다.

⑤ 『통전(通典)』 대식(大食) 조목에 두환(杜環)의 『경행기(經行記)』를 인용하여 "그 말은, 세간에 서해 바닷가에서 용이 말과 교배하여 낳은 것이라고 한다. 배는 작고, 다리와 굽은 길어, 뛰어난 것은 하루에 천 리를 간다(其馬, 俗云, 西海濱龍與馬交所產也. 腹肚小, 脚腕長, 善者日走千里)."[3]라고 하였다.

⑥ '균(均)'자 아래에 있는 '산(產)'자는 잘못 베낀 것 같다.

⑦ '교(較)'자는 잘못 베낀 것 같다.

못이 없는 해선은 서방에서 오래되었다. 중세 페르시아만에서 인도까지 종종 이 배를 타고 갔다. 마르코 폴로는 이 배를 호르무즈(Hormoz)의 배라고 생각

3) 『통전』, 권198, 중화서국, 5280쪽.

했다. 아래에는 화물을 싣고 짐승 가죽으로 덮었고, 위에는 말을 실어 인도에 팔았다고 하는데, 본서에서 말하는 것과 대략 같다. 오도릭(Odiric) 또한 이 배들을 호르무즈가 건조한 자세(Jase)【페르시아어 자하즈(Jahaz)의 오기로 배라는 의미이다】라는 배로 보았고, [이 배를] 타고 단나(丹那, Tana)까지 이르렀다고 하였다. 그렇다면 본 조목에서 말하는 것은 호르무즈가 감매리(甘埋里)임에 의심이 없다. 소구남(小唄喃) 조목에는 감매(甘埋)로 되어있다.[4] 아불비달(亞弗飛達, Aboulfeda)은 호르무즈가 바로 케르만(Kerman)의 해구(海口)라고 하였으므로, 감매는 케르만에 해당하는 음일 수 있다.[5]

---

4) 『도이지략』 소구남 조목에는 '감매'는 언급되지 않았고, '마선(馬船)'만 보인다. 바로 고리불(古里佛) 조목에 '감리(甘理)'라고 한 것을 말할 것이다. 후지타 씨는 고리불 조목에서 이 감리(甘理)를 감매(甘埋)로 교정했었다.

5) 홍해의 메카를 기술하고 있는 왕대연의 『도이지략』에는 호르무즈에 해당하는 기록이 없다는 점은 상당히 의문스럽다. 마르코 폴로는 쿠르모스[호르무즈]의 배에 관한 기술을 하면서 "그들의 배는 형편없어 대부분이 유실된다. 고정하는 쇠붙이를 쓰지 않고 인디언 넛의 껍질을 꼬아 만든 것으로 붙이기 때문이다. 말총처럼 될 때까지 그 껍질을 두드려 거기서 실을 꼬아 만든 다음, 널빤지를 붙들어 맨다. 바닷물에도 썩지 않지만, 폭풍우에는 견디지 못한다. 배들에 역청(瀝青)을 칠하는 것이 아니라 물고기 기름을 바른다. 돛대 하나, 돛 하나, 키 하나가 전부이고 갑판은 없고 짐을 실을 때 짐을 덮는 덮개가 고작이다. 이 덮개는 짐승의 가죽으로 만들어 이 덮개 위에 인도에 팔 말들을 싣는다. 쇠못을 사용하지 않기 때문에 배를 만들 때 나무못만 사용하여 내가 당신들에게 말한 꼰 끈으로 판자들을 붙인다. 그러므로 그들의 배로 항해하는 것은 위험한 일이고, 인도양의 폭풍이 심하게 불기 때문에, 이들 배의 대부분은 유실된다."(율과 꼬르디에, 『The Book of Ser Marco Polo』, I, 1903, 108쪽)라고 하였다. 마르코 폴로와 왕대연의 기술은 약속이나 한 것처럼 일치하고 있다. 따라서 여기 감매리와 호르무즈는 같은 곳을 말할 수 있다는 추론이 가능해진다.

한편 아불페다(Aboulféda, 1273~1331)의 기술에 따르면, "호르무즈는 케르만(Kerman)의 항구이다. 많은 종려나무가 있는 도시이며 기후는 매우 덥다. 최근 그곳을 방문한 한 사람이 '옛 호르무즈는 타타르인의 침입으로 폐허가 되어

주민들은 옛날 호르무즈 서쪽 모퉁이에 있는 자룬(Zaroun)이란 섬으로 이주했다.'라고 알려주었다. 약간의 하층민들이 옛 호르무즈에 살고 있다. 자룬섬은 오만과 마주하고 있다. 호르무즈에서 파르시스탄(Farsistan, 파르스)의 경계까지 대략 7일 거리이다. 호르무즈는 『모슈타릭(Maschtarik)』에서 모크란(Mokran)의 끝에 있는 도시라고 한다. 인도양에서 오는 배들은 해협을 통해 그곳에 접근한다."(『Geographie D'aboulféda』, 1848, II, VI장, 104쪽)라고 하였다.

심증식(沈曾植) 씨는 "현 페르시아 라레스탄[拉利斯坦, Larestan, Lalistan] 해안과 아라비아해의 아망만(俄莽灣, 오만만?)이 마주 보는 곳으로, 고모백로론(告母白魯倫)이라 한다. 「진도(陳圖)」에서 감발륜(甘勃倫)이라고 한 곳이 이곳이다. 『명사』에서 홀로모사(忽魯謨斯)라고 하는 곳 또한 여기에 있다. 하나는 남안(南岸) 땅을 일컫고 하나는 북안을 일컬을 뿐이다. 『제번지』 대식 속국에 감미(甘眉)가 바로 이곳이다."라고 하였다. (『도이지략광증』, 하, 18쪽) 심증식이 거명한 지명들은 정확히 확인하기 어렵지만, 분명한 것은 감매리가 홀로모사와 인접하고 있다는 점이다.

이상의 언급들을 참고한 쑤 지칭 씨에 따르면, "호르무즈에는 신구의 구분이 있다. 옛 도시는 페르시아 대륙 동남쪽 경계인 아에지르(Aejir) 상류에 있으며 바다로부터 약 반나절 일정에 있으며 배로 통할 수 있으며 그곳은 미나브(Mīnâb)인데 잘못 읽어 미나오(Minao)가 되었다. 마르코 폴로는 1272년과 1293년 두 차례 이 항구에 갔다. 그 후 얼마 되지 않아 페르시아 동부에 전쟁이 일어나 호르무즈는 안전을 우려하여 위정자가 곧바로 키시(Kish, Qays) 도주(島主)에게 지란(Jiran) 섬을 빌려 옛 도시의 상인과 주민들을 데리고 이 섬으로 이주했는데 이곳이 바로 신호르무즈이다, 이 섬은 대륙에서 약 5마일 떨어져 있고, 옛 도시에서는 약 15마일 떨어져 있었다. 옮긴 연대는 1302년경으로 본다. 옮겨온 이후로 무역이 대륙에 있었을 때보다 훨씬 번영을 이루었다. 이즈음 일한국에 부속되었다고 볼 수는 있지만, 케르만(Kerman)의 속국이었다고는 볼 수 없을 것 같다. 양추(楊樞)는 대덕(大德) 5년(1301)과 대덕 9년(1305) 두 차례 페르시아로 갔는데, 상륙한 지점은 섬에 있는 신 호르무즈였다. 왕대연이 서쪽으로 항해한 것은 지원(至元) 원년(1330) 이후이므로, 신 호르무즈였음에는 두말할 필요도 없다. 그러므로 『도이지략』의 감매리라는 명칭은 케르만에 해당하는 음으로 볼 수 없고 감리매(甘里埋)의 도치 형태, 즉 호르무즈의 다른 음역으

『영외대답』의 등주(藤舟) 조목에 "깊은 광주 연해의 주군(州軍)에는 쇠못과 오동나무 기름을 구하기 어려워 배를 만들 때는 모두 판자에 구멍을 뚫고 등나무로 묶어 만든다. 등나무 이음새에는 바닷가에서 나는 천초(茜草)를 말려 채우는데, 물에 닿으면 불어나 배가 그것 때문에 물이 새어들지 않는다. 그 배는 매우 커서 대해를 건너 장사하러 갈 때 모두 사용한다. 혹 자석의 산을 지나야 해서 그런 것이라고 하지만 자세하게는 알지 못한다(深廣沿海州軍, 難得鐵釘桐油, 造船皆空板穿藤約束而成. 於藤縫中, 以海上所生茜草, 乾而窒之, 遇水則漲, 舟爲之不漏矣. 其舟甚大, 越大海商販皆用之. 而或謂要過磁石山而然, 未之詳爾)."라고 하였다. 그렇다면 중국에도 이러한 바다 배가 있었다.[6)]

로 보는 것이 맞다(『도이지략교석』, 366쪽)"라고 하였다. 그렇지만 감매리와 쿠르모스[호르무즈] 사이에는 음성적 거리가 너무 멀다. 쑤 씨는 호르무즈를 표기한 마르코 폴로 여행기의 약 60개의 다른 표기 중에서 'charmusa' 선택하여, "'cha'와 'ka'는 통용하므로 감매리라는 명칭은 감리매(甘里埋)의 도치 형태로, 즉 하르무즈(Harmuz)에 해당하는 음이며, 『제번지』의 감미(甘眉)는 이를 줄인 음역으로 봐야 한다."라고 주장했다. 감매리의 도치 형태인 감리매(甘里埋)라고 하더라도, 'g' 또는 'k'가 'c', 'h', 'ch' 등과 어떻게 통용할 수 있는지 명확한 근거를 제시해야 할 것이다. 또한 '감리매'로 도치되었다면, 오히려 케르만 발음에 더 근접하게 들린다.

6) 당나라 말에서 오대(五代) 시기에 활동한 유순(劉恂)은 『영표록이(嶺表錄異)』(사고전서본, 상권, 1b)에서 광주(廣州) 인근의 섬들을 설명하며 "장사하는 배들은 쇠못을 사용하지 않고, 광랑 수염으로 묶고, 감람당을 바르는데, 그 당이 마르면 매우 견고하여 물에 넣어도 칠과 같다(賈人船不用鐵釘, 只使桄榔鬚繫縛, 以橄欖糖泥之. 糖乾甚堅, 入水如漆也)."라고 하였다.

97. 마가사리(麻呵斯離) [165~169]

[마가사리는] 대식국(大食國)[1)]에서 8천여 리 떨어져 있고 경판노국(鯨板奴國)과 서로 가깝다. 바다에서 강[溪]을 통하여 약 2백여 리이다. 가파른 돌길을 따라 관장(官場)까지는 3백여 리이다. 땅은 방석처럼 평탄하고 기후는 절기에 상응한다. 풍속은 비천하고 검소하다. 남녀는 머리를 땋고 눈은 구리 방울 같으며 긴 적삼을 입는다. 바닷물을 끓여 소금을 만들고 부엽(荖葉)을 발효시켜 술을 빚는다. 추장이 있다. 그곳에서는 청염(青鹽), 마유포도(馬乳葡萄), 쌀, 밀이 난다. 그 밀알은 길이가 반 촌(寸)쯤 된다. 감로가 매년 8~9월에 내리는데 민간에서는 깨끗한 연못을 만들어 받아, 햇볕에 말리면 얼음처럼 결정된다. 맛이 설탕과 같아 그릇에 담아 탕(湯)에 타서 마시고 악성 질병을 예방한다. 옛날 '감로왕여래(甘露王如來)'라는 곳이 바로 이곳이다. 교역하는 상품은 랄속사리포(剌速斯離布)[2)], 자금(紫金)[3)], 백동(白銅), 청랑간(清琅玕), 자바의 베[闍婆

---

1) '대식(大食)'은 아랍어 타지(Tāzi)에 해당하는 음으로 페르시아어로는 타직(Tājīk)에 해당한다. '대식'이 지칭하는 영역은 매우 넓다. 여기 '대식국'이란 표현은 정확히 어디를 말하는 것일까. 쑤 지칭 씨는 "아랍 제국의 흑의대식(黑衣大食, Abbasid) 왕조의 수도인 보달(報達, Baghdād)를 지칭한다."(『도이지략교석』, 371쪽)라고 추정했다. 바그다드에서 모술까지의 거리는 400km 남짓으로, 왕대연이 말한 8천여 리와 부합하지 않는다. 이에 쑤 씨는 원문의 팔천(八千)을 팔백(八百)으로 고칠 것을 제안했지만, '천(千)'자와 '백(百)'자를 혼동할 이유가 없으므로 원문을 고치기는 어렵다. 이곳도 왕대연이 직접 간 곳으로 보기 어렵다. 기존의 정보나 소문을 기록해 두었을 가능성이 크다. 여기의 '대식국'은 인도 서북지역을 말하는 것은 아닌지 모르겠다.

2) 랄속사리(剌速斯離)에 대해, 쑤 지칭 씨는 아랍어로 마포(麻布)를 의미하는 라자키 치니(razaki cīni)로 재구성하고자 했으나, 설득력이 없다. 왕대연은 '나라 이름(또는 지명)+천'의 형식을 사용했으므로, 여기서도 랄속사리는 지명이나 나라를 지칭하고 있다고 생각한다.

布] 등이다.

去大食國八千餘里, 與鯨板奴國相近. 由海通溪, 約二百餘里. 石道崎嶇, 至官場三百餘里. 地平如席, 氣候應節. 風俗鄙儉. 男女編髮, 眼如銅鈴, 穿長衫. 煮海爲鹽, 釀茏葉爲酒. 有酋長. 地產青鹽·馬乳葡萄·米·麥. 其麥粒長半寸許. 甘露每歲八九月下, 民間築淨池以盛之, 旭日曝則融結如冰①. 味如糖霜②, 仍以瓷器貯之, 調湯而飲, 以辟瘴癘. 古云, 甘露王如來卽其地也③. 貿易之貨, 用剌速斯離布·紫金·白銅·青琅玕·闍婆布之屬.

① '빙(冰)'자는 지복재본에 '수(水)'자로 되어있어 정본(丁本)에 따라 고쳤다.

② '여(如)'자는 지복재본에 '심(甚)'자로 되어있어 정본(丁本)에 따라 고쳤다.

③ 산스크리트어 아므르타(Amrta)는 여기 '감로'을 말한다. '감로왕'은 바로 감로반왕(甘露飯王, Amrto dana Raja)이다.

『영외대답』(권3, 大食諸國 조목)에 "물사리국(勿斯離國)이 있는데, 그 땅에는 이름난 산이 많다【'명(名)'자는 '석(石)'자의 잘못일 것이다. 『제번지』에는 '석'자로 되어있다.】 가을이슬이 내려 해가 비추면 얼음 설탕처럼 엉기는데 따서 먹으면 시원하고 단맛이 많다. 이것이 진짜 감로이다. 산에는 자생하는 나무가 있는데, 한 해는 속(粟)이【'속'자는 '율(栗)'자의 잘못이다. 『제번지』에는 '율'자로 되어있다.】 열리고 다음 해에는 몰석자가 열린다. 토산으로는 화완포, 산호

---

3) 자금(紫金)이란 자주색으로 제련한 금을 말한다. 『수경주』 권36(사고전서본, 30b)에 "중화 풍속에 상등의 금은 자마금이라 하고, 오랑캐 풍속에서는 상등의 금을 양매금이라 한다.(華俗謂上金爲紫磨金, 夷俗謂上金爲陽邁金)."라고 하였다. 조소(曹昭)의 『격고요론(格古要論)』, 권중, 에 "옛날에 반냥전(半兩錢)이 바로 자금(紫金)이라 했는데, 요즘 사람들은 적동과 황금으로 자금을 만들어, 그러니 세상에서 진짜 자금을 본 적이 없다(古云半兩錢卽紫金, 今人用赤銅和黃金爲之, 然世未嘗見眞紫金也)."라고 하였다.

가 있다(有勿斯離國. 其地多名山. 秋露既降, 日出照之, 凝如糖霜, 採而食之, 清涼甘腴, 此眞甘露也. 山有天生樹, 一歲生粟, 次歲生沒石子. 地產火浣布·珊瑚).”라고 하였다. 『제번지』는 ‘물시리(勿厮離)’라고 표기한 것 이외에는 이 문장을 그대로 따랐는데, ‘생속(生粟)’ 아래에 “포로(Ballut)라고 한다(名蒲蘆)”라는 세 글자가 추가되어있다. 히어트 씨는 물시리(勿厮離)가 마우실(Mausil)[Mosul]에 해당하는 음이라고 하며 몰석자(沒石子, Oak galls)가 난다고 하는 것으로 보아 시리아 북부임을 확인할 수 있다고 했는데(『조여괄』, 140쪽), 정확하다. 무카다시(Mukaddasi)[Al-Maqdisi]는 모술에서는 감로가 나는데 바로 만나(Manna)라고 했으나 『영외대답』과 『제번지』 모두 “설탕처럼 맺혀 있다(凝如糖霜)”라고 하였다. 히어트 씨는 이것은 ‘만나’가 아니라 가즈(Gaz) 즉 ‘알하이 만나(Alhaya manna)’라고 했다. 본서에서 얼음처럼 응결되어 있고, 맛은 설탕 같다고 했으므로 그것이 만나임에는 의심이 없고, 설탕 같다는 것은 그 맛을 말하는 것이다. 본서의 마가사리(麻呵斯離) 또한 마우실 또는 모술에 해당하는 음으로, 물사리(勿斯離)와 비교하여 더 원음에 가깝다.[4] 화완포

4) 조여괄의 『제번지』에는 물시리(勿厮離)와 물사리(勿斯里)라는 두 왕국을 다루고 있다. 물시리는 모술, 물사리는 이집트를 지칭한다. 물시리는 『영외대답』(권3, 대식제국)에서 물사리(勿斯離)로 되어있다. 발음이 유사하여 학자들의 많은 착각의 원인이 되었다. 심증식 씨는 마가사리(麻呵斯離)가 『제번지』의 물시리(勿厮離)를 말하며, 지금 페르시아 동쪽 법이사(法爾斯, 이란 Fars) 지역이라고 하였다(『도이지략광증』, 하, 19쪽). 결국 심 씨는 마가사리의 위치를 특정하지 않은 셈이다. 록힐 씨는 『조여괄』, 140쪽의 설명에 따라 모술이라는 추정을 유지했다. 다만 왕대연이 본문에서 언급한 ‘감로’를 ‘만나(manna)’로 번역하고, 이는 모술과 아무런 관련이 없다고 하면서, 정보가 뒤섞였을 가능성을 언급했다(621쪽).

사실 마가사리(麻呵斯離)를 모술로 보게 되면, 바닷물을 끓여 소금을 만든다는 정보를 해석하기 어렵다. 쑤 지칭 씨는 “바다는 함수호(鹹水湖)를 말하는 것 같다. 그러나 레자이예(Rezaiyeh) 호수와 반(Van) 호수는 모두 그 영토에 있지 않으므로 잘못 기록했을 가능성이 있다.”(『도이지략교석』, 371쪽)라고 하였다. 이러한 배치되는 내용은 왕대연이 직접 가보지 않고 전하는 정보를 기록해 두었다

(火浣布, Asbestos)와 산호는 원래 이 지역의 산물이 아니다. 본서 조목에 무역하는 상품 중에 청랑간(青琅玕)이 있었으므로 믿을 만하다. 본서에서는 또 “경판노국(鯨板奴國)과 서로 가깝다. 바다에서 강[溪]을 통하여 약 2백여 리이다.”라고 하였는데, 여기의 강[溪]은 티그리스강을 말할 것이다.[5] ‘경판노’는 고증되지 않았다.[6]

『사림광기』(권5) 대식물사리국(大食勿斯離國) 조목에 “가을에 태양이 내리쬐면 설탕으로 되는데 진감로이다. 나무에는 한 해에는 ‘포로’라는 밤이 생겨 자라는데 채취하여 먹을 수 있다. 다음 해에는 다시 마다택이라는 것이 자라는데 몰석자이다. 그다음 해는 또 밤이 자라고 한 해를 건너 몰석자가 자란다. 한 뿌리에서 다른 산물이 나니 또한 괴이하게 여길 만하다. 그곳에서 나는 밀은 한 알이 3촌에 달하고, 첨과는 한 개의 둘레가 5~6척에 달하며, 석류는 한 개의 무게가 5~6근에 달하고, 향연은 한 개의 무게가 20근에 달하며, 채(菜)는 한 뿌리당 10여 근이 나가고 잎의 길이는 3~4척에 달한다. 쌀과 밀은 모두 땅을 파서 묻어두는데, 3~40년이 지나도 썩지 않는다. 우물은 1백여 장을 뚫어야 물이 보인다. 키가 3~4척 남짓한 호양이 나는데, 꼬리는 부채와 같다. 매년 봄에 [배를] 갈라 지방 20근을 채취하고 다시 봉합하면 다시 살아난다. 채취하지 않으면 팽창하여 죽는다(秋時露降, 朝陽曝之, 即成糖霜, 眞甘露也. 有樹, 一年生如栗子而長, 名曰蒲蘆, 可採食之. 次年再生, 即名麻茶澤, 沒石子也. 明年又生栗子, 是間歲放生沒石子. 一根而異產, 亦可恠也. 產麥每粒長三寸, 甜瓜每

는 추측을 부추긴다.

5) 모술 주변으로 약 2백여 리 되는 곳에 바다는 존재하지 않는다. 그러나 티그리스강이 통과한다. 마가사리를 모술에 두고자 한다면, 여기 바다는 모술 댐 호수를 지칭할 것이다.

6) 모술 주변으로 경판노국(鯨板奴國)에 해당하는 지명을 찾지 못했다. 쑤 지칭 씨는 “ 중세기 모술 동남 부근에는 카바라(Kabara) 또는 오카바라(Okabara)라고 하는 도시가 있었는데, 경판노(鯨板奴)는 이에 카바라에 해당하는 음으로 봐야 할 것이다.”(『도이지략교석』, 371쪽)라고 추정했지만, 음성적으로 전혀 만족을 주지 않는다.

个圍五六尺, 石榴每个重五六斤, 桃子每个重二斤, 香橼每个重二十斤, 菜每根可重十餘斤葉長三四尺. 米麥皆開地窖之, 經三四十年不壞. 穿井百餘丈乃見水. 又產胡羊高三尺餘, 其尾如扇. 每歲春時, 割取脂二十餘斤, 再縫合仍生, 不取則脹死).”라고 하였다. 여기의 몰석자에 관한 설명은 『제번지』 몰석자 조목, 목란피(木蘭皮) 조목에서 따온 것이며, 『제번지』는 『영외대답』에서 가져왔다.

또 『태평어람』 권960에 인용된, 후한(後漢) 양부(楊孚)의 『이물지(異物志)』를 인용하여 “마주라는 나무가 있는데, 사조에서 자란다. 그 즙은 기름지고 윤기 나며, 그 진액은 고(膏)와 같고, 향기는 진하여, 오래 끓여 청으로 만들 수 있는데, 그곳 사람들이 즐겨 좋은 안주로 삼는다(木有摩厨, 生于斯調. 厥汁肥潤, 其澤如膏, 馨香馥郁, 可以熬膏, 彼州之民仰爲嘉肴).”라고 하였고, 『태평환우기』 권164에 “사조주에는 ‘마’라는 나무가 있는데 즙이 기름 같다(斯調州有木名摩樹, 汁如脂).”라고 하였는데, ‘마(摩)’자 아래 ‘주(廚)’자가 빠진 것 같다. 단성식의 『유양잡조』에 “무석자(無石子)는 파사국(波斯國)에서 나는데 파사 사람들은 마적(摩賊)이라 부른다. 나무는 6~7척이고 둘레는 8~9척이며 잎은 복숭아나무 잎처럼 길다. 3월에 꽃이 피는데 흰색이며 화심(花心)은 약간 붉다. 씨는 둥글어 탄환과 같은데, 처음에는 푸르고 익으면 황백색이다. 벌레가 먹어 구멍이 생긴 것이 잘 익은 것이다. 표피에 구멍이 없는 것은 약용으로 쓴다. 이 나무는 한 해는 무석자가 열리고 한 해는 발루자(跋屢子)가 열리는데 큰 것은 손가락만 하고, 길이는 3촌(寸)이며 위에는 껍질이 있고 가운데는 율황(栗黃) 같은 씨가 있어 먹을 만하다(無石子, 出波斯國, 波斯呼爲摩賊. 樹長六七丈, 圍八九尺, 葉似桃葉而長. 三月開花, 白色, 花心微紅. 子圓如彈丸, 初青, 熟乃黃白. 蟲食成孔者正熟, 皮無孔者入藥用. 其樹一年生無石子. 一年生跋屢子, 大如指, 長三寸, 上有殼, 中仁如栗黃, 可噉).”라고 하였다. 마주(摩廚), 마적(摩賊), 마다(麻荼), 무석(無石), 몰석(沒石) 모두 페르시아어 마유(Mayu)에 해당하는 음이다. 발루(跋屢)는 포로(蒲蘆)의 다른 음역이다(『조여괄』, 215~216쪽).

또 본서에서 “그 밀은 알 길이가 반 촌쯤 된다(其麥粒長半寸許)”라고 하였는데, 실제로 이곳에 나는 대맥과 소맥 중에 입자가 큰 것은 3~40 위(位)나 된다고 한다(Ritter, 『아시아의 지리』, IV, 495쪽).

98. 나파사(羅婆斯) [169~170]

나라는 승가나(僧加那)의 오른쪽 산과 이어져 있고, 기이한 봉우리들이 겹겹이 쌓여 마치 천마가 달려가는 듯하다. 형세는 바다에 임해있고, 남녀는 모습이 다르다. 직조를 못 해 옷을 입지 않으며, 새 깃털로 몸을 가린다. 음식을 할 때는 불이 없어 원시인처럼 털이 있는 채로 먹고 피를 마시며, 둥지나 굴에서 거처할 뿐이다. 그렇지만 음식, 궁실의 적절함[節宜][1]은 빠뜨려서는 안 되고, 사마(絲麻) 갈포(葛布)는 추위와 더위의 왕래에 어겨서도 안 된다. 낙수(洛水)를 남북으로 천리만 떨어져도 추위와 더위의 다름이 다른데, 하물며 먼 바다 여러 나라는 어떻겠는가! 그곳의 종탕(鐘湯?)이 온전하여 사람들에게 의복의 채비가 없어도 흡족히 자적하며 우주의 바퀴와 수레로 여긴다. 당연하게 먹고 마시는 것[茹飮]을 가리지 않고 소혈(巢穴)을 바꾸지 않으며 서로 태고의 세상과 더불어 떠 있도다!

國與僧加那之右山聯屬①, 奇峰磊磊, 如天馬奔馳. 形勢臨海, 男女異形②. 不織不衣, 以鳥羽掩身. 食無烟火, 惟有如茹毛飮血, 巢居穴處而已. 雖然飮食宮室節宜之不可闕也, 絲麻絺紵③寒暑來往之不可違也.[2] 夫以洛南北之地, 懸隔千里, 尙有寒暑之殊, 而況於窮海諸國者哉![3] 其地鐘湯之全, 故民無衣服之備④, 陶然自適, 以宇宙輪輿. 宜乎茹飯不擇⑤, 巢穴不易, 相與浮乎太古之天矣!

① ‘승(僧)’자는 지복재본에 ‘마(麻)’자로 되어있어 정본(丁本)에 따라 고쳤다.

---

1) 원문에는 ‘절의(節宜)’로 되어있으나 의미가 통하지 않는다. ‘의’자는 ‘선(宣)’의 인쇄상 오자일 것이다.

2) 사고전서본에는 “추위나 더위에도 혹시라도 어기지 않는다(寒暑之不可或違也)”로 되어있다.

3) 사고전서본에는 ‘도이제국(島夷諸國)’으로 되어있다.

② '남녀이형' 네 글자는 정본(丁本)에 '풍속야박(風俗野樸)'으로 되어있다.
③ '저(紵)'자는 심증식본에 '격(綌)'자로 되어있다.
④ '복(服)'자는 심증식본에 '식(食)'자로 되어있다.
⑤ '반(飯)'자는 심증식본에 '음(飮)'자로 되어있다.

의정 『대당서역구법고승전』에 나인국(裸人國)이 보이는데 지금의 니코바르(Nicobar)를 말한다. 9세기 아랍인들은 [이 군도를] 난자 발루스(Lanja-balus=Lankha balus)라고 불렀다.[4] 원나라 시기 마르코 폴로는 네쿠베란(Necuveran)으로, 라시드 [웃딘]은 락와람(Lakvaram)으로, 오도릭은 니코베란(Nicoveran)이라 하였는데, 명나라 사람들이 취람산(翠藍山), 나인국(裸人國)이라고 하는 곳이다. 본서의 나파사(羅婆斯)는 파라사(婆羅斯)가 도치된 것으로 바로 바루스(Barus)에 해당하는 음이다. "나라는 승가나의 오른쪽 산과 연결되어 있다"라고 했는데, '승가나'는 승가랄(僧加剌, Sinhala)의 다른 음역 같다. 남무리(南巫里)에서 승가랄에 이르는 바다에서 이 산이 멀리 보이므로, 승가랄 오른쪽 산과 연속해 있다고 생각한 것이다.[5]

---

4) 851년 술레이만 알 타지르(Sulaymān Al-Tājir) 등이 편집한 아부 자이드 알 시라피(Abū Zayd al-Sīrāfī)의 『중국과 인도에 관한 기술(Akhbār Al-Ṣīn wa'l-Hind)』에 "[세린디브] 다음에, 란자발루스(Lanjabālūs)라는 군도가 있다. 많은 인구가 살고 있고 남녀 모두 벌거벗고 산다. 다만 여인의 음부만 나뭇잎으로 가려져 있다. 배가 지날 때마다 크고 작은 카누를 타고 와서 지나가는 사람들에게 용연향과 코코넛을 팔아 그들이 필요로 하는 쇠붙이와 천을 교역하는데, 그곳에는 추위나 더위가 없기 때문이다."(『Arabic Classical Account of India and China』, 마끄불 아흐메드(S Maqbul Ahmed) 역주본, 1989, 35쪽)

5) 나파사(羅婆斯)에 관하여 심증식 씨는 "홍해 동쪽 해안에 있는 곳이다. 마가나(麻加那)는 바로 메카, 이슬람교의 발상지다. 서북쪽으로 랍파(拉波), 즉 여기의 파사라는 성이 있다."라고 하였다(『도이지략광증』, 19쪽). 그러나 그가 말한 '랍파'가 구체적으로 어디를 말하는지 확인되지 않지만, 나파사가 홍해 동안에 있는 곳으로 추정한 것임에는 분명하다.

한편, 『신당서』, 221하(6261쪽) 불름(拂菻) 열전에 "불림(拂林)에서 서남쪽으로 사막을 건너 2천 리 가면 마린(磨鄰), 노발살(老勃薩)이라는 나라들이 있다(自拂菻西南度磧二千里, 有國曰磨鄰, 曰老勃薩)."라고 하였는데, 록힐 씨는 여기 '노발살'이 본 조목의 나파사(羅婆斯)일 것으로 추정한다. 록힐에 따르면, "이 노발살은 소말리 해안에 있을 것이다. 동물의 피를 마신다는 것이 이를 알려준다. 하지만 히어트는 『중국과 동로마(China and the Roman Orient)』, 204쪽에서 시나이(Sinai) 반도(지중해와 홍해 사이에 있는 삼각형 모양의 반도)에 있을 것으로 추정했다. 이 나라 또한 왕대연이 방문하지 않은 나라 중의 하나이다."(625쪽)라고 하였다. 결국 히어트와 록힐 씨는 심증식의 설을 참고한 것으로 보인다.

하지만 여기 후지타 씨의 발상은 참신하고 당연히 그럴법하다. 그의 생각은 첫 문장에 보이는 승가나(僧加那)를 싱할라, 즉 스리랑카로 생각하면서부터 나온 결과이다. 스리랑카는 승가라(僧伽羅), 승가랄(僧加剌) 등으로 옮기므로, 얼마든지 '승가나'로의 변형을 짐작할 수 있다. 그러나 이 '승가나'는 사고전서본에는 '마가나(麻加那)'로 되어있다는 점이고, 정녕 실론 섬이라고 하더라도 "승가나의 오른쪽 산과 연이어 있다"라는 말과 니코바르 군도는 전혀 어울리지 않는다. 또한, 기술하고 내용도 왕대연 이전이나 이후의 기록과 다를 뿐만 아니라 뭉뚱그려져 있다. 유일한 공통점이라면 옷을 입지 않는다는 것뿐인데, 이는 적도 주변의 나라에서는 당연하다. 이러한 후지타 씨의 단순한 착오를 믿고 따른 학자가 바로 펑 청쥔이고(『중국남양교통사』, 89쪽), 이후 쑤 지칭 씨는 한 걸음 더 나가, 『대당서역기』 권11에 보이는 나라계라주(那羅稽羅洲, Nārikeladvīpa)에 대응시키는 지경에 이르게 되었다. 나리켈라드위빠는 '야자의 섬'이란 뜻이다. 쑤 씨는 니코바르에 해당하는 타밀어 낙카바람(Nakkavaram)이 음성적으로 비슷하다고 생각하고, 『대당서역기』의 내용조차 검토하지 않고 끌어다 붙였다(『도이지략교석』, 374~5쪽). 의미상 '나리켈라'는 야자이고, 드위빠는 섬 또는 땅이다. 또한 낙카(Nakka)는 '옷을 벗은'이란 의미이고 바람(varam)은 '옷'을 의미하는 단어의 변형일 것이다. [제리니, 『Researches On Ptolemy's Geography Of Eastern Asia』, 380~384쪽을 참고하시오] 역자의 생각으로, 나파사(羅婆斯)라는 곳은 왕대연이 직접 견문한 섬이나 나라가 결코 아니다. 말하자면 기술한 내용도 전문일 것이므로, 왕대연이 확인 없이 수집한 부정확한 정보를 꿰맞출 필요도, 의미도 없다. 따라서 '나파사' 그대로 읽어야 한다.

99. 오다(烏爹) [170~173]

나라의 [명칭은] 가리(伽里)라는 옛 명칭에서 나왔다.[1] 산림은 매우 적고, 그 땅은 둑과 보로 막아 반은 비어 있다. 사람들은 농업에 전일(專一)하며 농토는 비옥하여 식량이 끊어질 걱정도 없고 황남(蝗蝻)의 재해도 없다. 한 해에 세 번 익고 온갖 물품이 모두 저렴하여 길에서 유실물을 줍지 않으며, 마을은 화목하고 선비들은 의(義)를 더욱 숭상하여 풍속은 순후하고 백성은 편안하여 외국들이 미치지 못한다. 기후와 남녀는 붕가랄(朋加剌)과 대략 같으며, 세금은 10분의 1을 거둔다. 땅에서 많이 나는 것으로 흑국(黑國)[2], 취우(翠羽), 황랍(黃蠟), 목면(木綿), 세필포(細匹布)가 있다. 교역하는 재화로는 금, 은, 오색단(五色緞), 백사(白絲), 정향(丁香), 두구(荳蔻), 모향(茅香), 청백화기(青白花器), 고(鼓)와 슬(瑟) 등을 사용한다. 한 개의 은전(銀錢)은 2전(錢) 8푼이고 중통초(中統鈔) 10냥을 기준으로 하며, 파자(䏒子) 11,520여 개와 바꾸고, 돈으로 바꾸어 사용한다. 250개의 파자로 한 키의 익은 쌀을 사고, 중국의 두(斗)로 치면 1

---

1) '가리(伽里)'로 읽어야 할 것인지, 록힐처럼 '인가리(因伽里)'로 읽어야 할지 애매하다. 단 '인(因)'자가 술어 역할을 해야 하므로 '가리'로 읽는다. 나라의 명칭이 '가라'라는 옛 명칭에서 나왔다는 설명을 하는 것으로 보이지만, '가라'가 지명인지 아니면 어떤 종족을 의미하는 말인지 모르겠다. 쑤 지칭 씨는 "몽어로 미얀마 서쪽에 있는 나라들의 사람들을 모두 켈레(Kele)라고 하는데, 여기서는 인도 사람을 가리켜 말한 것이다."(『도이지략교주』, 378쪽)라고 설명했지만, 어디에 근거한 것인지 밝히지 않았다.

2) 흑국(黑國)의 '국'자는 사고전서본에 '오(烏)'자로 되어있고, 『지복재총서』에는 '닙(囡)'자로 되어있다. 본서 가장문리(加將門里)[75] 조목에 흑국(黑國)은 흑닙(黑囡, 흑인 노예 아이)를 지칭한 바 있다. "현지 상인들은 매번 흑인 아이[黑囡]를 팔러 붕가랄(朋加剌)로 가서, 은화의 많고 적음에 따라 교역하는데, 키가 크고 작음에 따라 값을 흥정한다."라고 하였으므로, 여기서도 중개 상품으로 팔기 위해 있었던 '흑닙'을 말하는 것은 아닌지 모르겠다.

두 6승이다. 1전으로 거둔 파자로 46키의 쌀을 얻을 수 있고, 모두 계량하면 73두 6승이 되므로, 두 사람이 한 해를 먹고 살고도 남음이 있다. 그러므로 이곳에 팔러 온 사람들이 열에 아홉은 돌아가지 않는다. 무릇 외이(外夷)이면서 농사에 힘쓰고 곡식을 중시할 줄 알아, 나라에 노는 사람이 없게 하여 집마다 풍족하고, 해마다 굶주림과 추위의 걱정이 없다. 행여 예양(禮讓)을 진작시키고 시서(詩書)와 예악을 가르쳤다면 중국의 풍속과 아무런 차이가 없었을 것이다. 누가 만맥(蠻貊, 오랑캐)의 나라라서 행할 수 없다고 말 할 수 있겠는가?

國因伽里之舊名也. 山林蓋少, 其地堰瀦而半曠. 民專農業, 田沃稼茂, 旣無絶糧之患,[3] 又無蝗蛹之災. 歲凡三稔, 諸佛皆廉①, 道不拾遺, 鄕里和睦, 士尤尙義, 俗厚民泰, 各番之所不及也. 氣候男女與朋加剌略同, 稅收十分之一也. 地産大者②, 黑國·翠羽·黃蠟·木棉·細匹布. 貿易之貨, 用金·銀·五色緞·白絲·丁香·荳蔻·茅香③·靑白花器·鼓瑟之屬. 每箇銀錢重二錢八分④, 准中統鈔一十兩, 易㺒子計一萬一千五百二十餘, 折錢使用. 以二百五十㺒子糴一尖籮熟米⑤, 折官斗有一斗六升. 每錢收㺒子可得四十六籮米, 通計七十三斗二升⑥, 可供二人一歲之食有餘. 故販其地者, 十去九不還也. 夫以外夷而得知務農重穀, 使國無遊民, 故家給人足, 歲無飢寒之憂. 設知興行禮讓, 敎以詩書禮樂, 則與中國之風無間然矣. 孰謂蠻貊之邦而不可 行者乎!

① '불(佛)'자는 '물(物)'자의 잘못이다.

② 지복재본에는 '자(者)'자가 빠져있어 정본(丁本)에 따라 고쳤다.

③ 모향(茅香)은 일종의 향초로, 학명은 Andropogone Schoenanthus, L.(Laureiro, 『Flora Cochin』, 793쪽; Bretschneider, 『Botanicum Sinicum』, 277쪽에서 인용된 것이다.[4]

---

3) 사고전서본에는 "旣無絶糧荛之災"로, 정본(丁本)에는 "旣無糧荛之雜"으로 되어있다. 아마도 후지타 토요하치가 저본이 해석상 이상이 없으므로 교주에서 뺀 것으로 보인다.

4) 모향(茅香)은 올시라(嗢尸羅), 향마(香麻) 등의 이칭을 가지는데, 백모향(白茅

④ 붕가랄(朋加剌) 조목에서 말한 당가(唐加)이다.

⑤ '라(籮)'자 위의 '첨(尖)'자는 잘못 베꼈을 것이다. 아래 문장에서는 보이지 않는다.

⑥ '이(二)'자는 '육(六)'자의 잘못일 것이다.

「서남해이도(西南海夷圖)」에서 간지부남(干支不南, Conjaveran) 다음에 몰특부(沒特不, Mutapalli)가 있고, 다음에 오다(烏爹)가 있는데, 바로 『서역기』의 오다(烏茶, Udra), 후세의 오리사(烏里舍, Orissa, Udradesa, 산스크리트어로 물의 나라)인 것 같다. 『정화항해도』의 가녕팔단(加寧八丹, Calingapatam), 골팔단(骨八丹, Manikapatam?) 다음에 있는 오리사성(烏里舍城)이 바로 이곳이다. 그러나 「서남해이총도」을 조사해보면 오다(烏爹)의 다음에 나리걸(那里乞)이 있는데, 이 나리걸은 바로 『서역기』에 보이는 야자의 섬이라는 의미의 나라계라주(那羅稽羅洲, Narikela-dpipa), 지금의 니코바르를 말할 것이다. 『해록(海錄)』에 오토국(烏土國)은 섬라의 봉아(蓬牙, Mergui) 서북쪽 강역에 있는데 섬라보다 더 크다. 봉아에서 육로로 4~5일을 가서, 수로로 순풍에 2일을 가면 타왜(佗歪, Tavoy)에 도착한다. 그곳은 오토(烏土)의 속국이다. 이곳에 이주해 사는 광주 사람들이 있다. 또 북쪽으로 1백여 리가면 미려거(媚麗居, Mrit, Martaban)에 이르고, 또 서북쪽으로 2백여 리를 가면 영공(營工, Rangoon)에 이르며, 또 서쪽으로 2백여 리를 가면 비고(備姑, Pegu)에 이른다. 모두 오토의 속읍들이다. 왕도는 앙화(盎畫, Ava)에 있는데 안으로 흐르는 하천을 따라 약 40일을 가면 이른다(烏土國在暹羅蓬牙西北疆域, 較遣暹更大. 由蓬牙陸路行四五日, 水路順風約二日到佗歪, 爲烏土屬邑, 廣州人有客於此者. 又北行百餘里到媚麗居, 又西北行二百餘里到營工, 又西行州二百餘里到備姑, 俱烏土屬邑. 王都在盎畫, 入內河水行約四十里方至)."라고 하였

香)과 구분한다. 모향은 중국에서 나는 띠풀 비슷한 향초를 말하고, 안남(安南)과 같은 외국에서 나는 것을 백모향이라 한다고 하였다(『본초강목』, 권14). 왕대연이 말한 모향은 바로 백모향을 가리키는 것 같다.

다. 그렇다면 오토(烏土)는 면전(緬甸, 미얀마)를 말하는 것이다. 또 『해국도지(海國圖志)』에 국사관(國史館) 「곽세훈전(郭世勳傳)」을 인용하여, "건륭 55년 섬라국왕 정화가 표에 이르기를, '건륭 36년 오토국과 교전하다가 성이 포위되어 국왕이 함락되었다.…'라고 하였다.…조서를 내려, 오토국이 바로 면전의 다른 이름이므로, …(乾隆五十五年, 暹羅國王鄭華表稱, 乾隆三十六年, 被烏土國構兵圍城, 國君被陷…詔以烏土國即緬甸別名, …)"라고 하였다. 오다(烏爹)는 오토(烏土)와 같은 음을 다른 글자로 표기한 것이다. 본서의 수문나(須門那) 조목에서 해아차(孩兒茶)[5]는 일명 오다토(烏爹土)라고 한다고 하였고, 『본초강목』에서는 오다니(烏爹泥)가 바로 해아차이고, 또 오첩니(烏疊泥)라고도 한다고 하였다. 면전(緬甸)은 미모사 카테츄(Mimosa Catechu)를 많이 생산하므로, 테라가포니카(Teragaponica)는 일명 페구 카테츄(Pegu-Catechu)라고도 한다. 면전은 비고(備姑)와 비슷하고, 또 오토는 오다처럼 부르는데, 근거한 바를 모르겠다.[6]

---

5) 해아차, 오다토(烏爹土)에 관한 설명은 수문나 조목[80]의 주석을 참고하시오.

6) 오다(烏爹)에 관하여 심증식의 설명에 따르면, "이 나라는 중인도의 오득국(烏得國)의 동쪽 경계로, 맹가랍(孟加拉, 방글라데시)를 차지하고 있으므로, 기후가 대략 같다고 한 것이다. 오다(烏爹)가 있고 대오다(大烏爹)가 있는데 당나라 『서역기』의 안달라(案達羅, 남인도 Andhra)와 대안달라(大案達羅), 『명사』에서의 소갈란(小葛蘭), 대갈란(大葛蘭)이라고 하는 것과 같다."(『도이지략광증』, 하, 19쪽)라고 하며, 네팔 쪽 우드(Oudh) 지역으로 추정했고, 대오다(大烏爹)의 '대' 자를 '크다'는 의미로 읽고 있다. 한편, 록힐 씨는 '대오다'에 대해서는 아무런 추정을 제시하지 못했지만, 여기 '오다'는 현장(玄奘)의 기록에 보이는 오다(烏茶, Orissa)로 추정하며, 그 근거로 필립스의 15세기 지도[소위 정화항해도]에 그려져 있는 오리사성(烏里舍城)을 오리싸로 추정한 사실을 들었다(444쪽).

후지타 씨는 더 깊이 있는 고증을 보여주고 있다. 여기 오다(烏爹)를 인도 동북의 오리싸 지역의 '오다'와 미얀마에 있었다고 추정되는 사청고(謝清高, 1765~1821) 『해록(海錄)』의 오토(烏土)일 두 가능성을 제시하고 있다. 심 씨가 추정한 지역은 너무 내륙으로 왕대연이 기술한 산물과 부합하지 않으므로 논외로 해야 할 것 같다.

왕대연의 마지막 조목인 여기 오다(烏爹)는 사실 『대당서역기』, 권10에 보이는 오다국(烏荼國)은 음성적으로도 그럴법하고, 현장(玄奘)의 기록과도 상당히 부합한다. "오다국은 둘레가 7,000여 리이다. 나라의 큰 도성은 둘레가 20여 리이다. 토지는 비옥하며 농사가 매우 성하다. 온갖 과실이 다른 나라보다 훨씬 크며 기이한 풀과 아름다운 꽃들은 말로 설명하기 어렵다. 기후와 절기에 따라 온난하거나 덥고, 풍속은 거칠고 난폭하다. 사람들의 생김새는 훤칠하고 얼굴색은 조금 검다. 그들의 언어와 풍습은 중인도와 다르다(烏荼國, 周七千餘里. 國大都城周二十餘里, 土地膏腴, 穀稼茂盛, 凡諸菓實, 頗大諸國, 異草名花, 難以稱述. 氣序溫暑, 風俗獷烈. 人貌魁梧, 容色釐黳. 言辭風調, 異中印度)."라고 하였다.

거칠고 난폭하다는 주민들의 성질만 제외하면, 왕대연이 말한 내용과 상당히 부합한다. 지셴린(季羨林) 씨는 『대당서역기교주』(중화서국, 2008, 823쪽)에서 오다(烏荼)는 산스크리트어로 우드라(Uḍra), 오다(Oḍḍa), 오드라(Oḍra)라고 하며, 지금의 오리싸(Orissa) 북부에 해당하는 것으로 추정했다.

'대오다'를 오리싸 지역으로 추정했던 쑤 지칭 씨는 여기 '오다'를 다른 곳에서 찾아야만 했다. 결국 후지타 씨가 제기한 미얀마 오토(烏土)일 가능성에 이끌려, 중통초(中統鈔)를 거래의 기준으로 삼고 있다는 점에서 이곳이 중국 근처이므로 미얀마의 오토(烏土)가 더 그럴법하다고 확신했다(『도이지략교석』, 377~8쪽). 하지만 쑤 씨는 수문나(須門那)[80]에 보이는 '오다토(烏爹土)'를 설명하며, 오다니(烏爹泥), 오루니(烏壘泥)의 어원을 타밀어 보달라이(vodalay)라고 추정한 바 있다(『도이지략교석』, 317쪽). 또 주목해야 할 것은 이곳 '오다'의 산물 중 하나인 정향(丁香)이다. 정향의 산지는 매우 한정적이다. 몰루카스 군도의 특산인 이 정향은 『제번지』에 따르면 스리비자야, 자바, 대식국 등에서도 나는 것으로 확인된다. 따라서 미얀마 지역보다는 오리싸 지역이 더 가능성이 크다.

본서에서 '오다(烏爹)'를 언급한 조목은 세 곳에서 보인다. 먼저 북류(北溜)[63]에서 "바다의 상인들은 매번 배에 가득 파자(𧴩子)를 싣고 오다(烏爹), 붕가랄(朋加剌)로 가서 배 한 척 남짓 실을 수 있는 쌀과 교역한다." 둘째, 소구남(小唄喃) 조목[82]에서 "사는 사람들은 농사일에 게을러 해마다 오다(烏爹)에게 의존하여 쌀을 공급한다."라고 하였고, 마지막으로 고리불 조목[83]에서 "매년 오다(烏爹)의 쌀에 의존한다."라고 하였다. 북류는 몰디브이고, 소구남과 고리불은 모두 서남인도 말라바르 해안에 있는 왕국들이다. 이로써 볼 때, 쌀을 수입해 오는 '오다'가 미얀마에 있고, 정기적으로 해로를 통한 것이라면, 미얀마는 너무 멀

인도 군도에서 나는 해아차는 운카리아 감비에(Uncaria gambier)로부터 만들어, 미얀마 인도에서 생산하는 것과 다르다. 본서 수문나(須門那) 조목에 빈랑즙이라는 설이 틀렸음을 알 수 있다.

다. 당연히 인도 오리싸 지역으로 보는 것이 더욱더 합리적이다.

기이한 소문을 모음[異聞類聚][1]

[1] **옛날에 기굉국의 사람들은 나는 수레를 만들 수 있어 바람을 타고 멀리 갔다고 한다. 『박물지』에 보인다(古有奇肱國之民, 能爲飛車, 從風遠行. 見於博物志矣).**

『태평광기』 권482, 기굉국(奇肱國) 조목 주에 "『박물지』에서 나온다."라고 하였다. 『사림광기』 전집4에도 같다.[2]

[2] **다음은 돈손국이다. [그곳에서는] 사람들이 죽으면 성곽 밖으로 보내 새들이 살을 다 먹고 가면 불로 그 뼈를 태워 바다에 뿌리는데 그것을 조장(鳥葬)이라 한다. 『궁신비원』에 보인다(次曰頓遜國. 其人死, 送于郭外, 鳥食肉盡乃去, 以火燒其骨, 卽沉於海中, 謂之鳥葬. 見于窮神祕苑矣).**

『태평광기』 권482, 돈손국(頓遜國) 조목 주에 "『궁신비원(窮神秘苑)』에 나온다."라고 하였다. 『사림광기』에도 같다.[3]

---

1) 심증식은 "이 조목에 기술된 것은 모두 『사림광기』 방국류(方國類)에서 나온 것으로, 어떤 책에 보인다고 한 것 역시 『광기』에서 원문을 인용했다."(『도이지략광증』, 하, 19쪽)라고 설명한다.

2) 『사림광기』 전집 권4에 인용된 『박물지(博物志)』의 기록은 다음과 같다. "기굉국(奇肱國). 사람들은 기계를 잘 다루어 온갖 짐승들을 잡고, 나는 수레로 바람을 타고 멀리 갈 수 있다. 탕(湯)은 서풍이 오랫동안 불면, 기굉 사람들의 수레가 예주(豫州) 경계에 이른다. 탕(湯)이 그 수레를 부수고 사람들이 보지 못하게 했다. 10년 뒤에 동풍이 다시 불자, 이내 수레를 타고 돌아가게 하니, 옥문관에서 서쪽으로 4만 리 떨어진 곳이었다(奇肱國其民善爲機巧以殺百禽, 能爲飛車從風遠行. 湯是西風久下, 奇肱人車至于豫州界中. 湯破其車, 不以示民. 後十年, 東風復至, 乃使乘車遣歸其國, 去玉門西萬里)."라고 하였다.

3) 이 풍습은 『태평어람』 권788에 인용된 축지(竺芝)의 『부남기(扶南記)』에도 보인다.

[3] **다음은 골리국이다.** [**그 나라에서는**] **낮이 길고 밤이 짧다. 저녁 무렵 양을 삶으면 비장이 익을 때 쯤이면 동방이 훤해진다. 『신이경』에 보인다(次曰骨利國. 晝長夜短, 薄暮, 煮一羊脾方熟, 東方已曙. 見於神異錄矣).**

『태평광기』 권480, 골리국(骨利國) 조목에 "『신이록(神異錄)』에 나온다"라고 하였다. 『사림광기』도 같다.[4] 지복재본에는 '골리' 두 글자가 빠졌고, 심증식본에는 보충되어 있다. '양비(羊脾)'는 '양갑(羊胛)'의 잘못이다.

[4] **다음은 대식국이다.** [**그 나라에서는**] **산의 나무가 사람 머리처럼 꽃이 피는데, 말은 할 줄 모른다. 사람들이 말을 하면 자주 웃는다. 웃으면 시들어 떨어진다. 『유양잡조』에 보인다(次曰大食國. 山樹花開如人首, 不解語. 人借問, 惟頻笑. 笑則彫落. 見於酉陽雜俎矣).**

『태평광기』 권482, 대식국(大食國) 조목에, "『유양잡조』에 나온다"라고 하였다.[5] 『사림광기』도 같다.

---

4) 『태평광기』 권480과 『사림광기』 전집4에 인용된 『신이록(神異錄)』에 "골리국(骨利國)은 한해(瀚海)의 북쪽에 있는데, 낮이 길고 밤은 짧으며, 하늘색이 황혼 같고, 양의 어깨뼈를 삶아 익으면 동방에 날이 튼다. 아마도 가까이 있던 해가 들어가는 곳이기 때문일 것이다(骨利國居瀚海之北, 晝長夜短, 天色正曛, 煮羊胛才熟, 東方已曙. 蓋近日入之所也)."라고 하였다. 쑤 지칭 씨는 "골리간(骨利幹)은 쿠리칸(Kourikan)에 해당하는 음으로 퀼테긴비(Kultegin), 빌가 카간(Bilgä Qağan) 비문에 보이며, 『원사·서북지부록(西北地附錄)』에는 앙가랄국(昂可剌國)으로 되어있다."(『도이지략교석』, 382쪽)라고 하였다. 쑤 씨가 말한 『원사』에는 길리길사(吉利吉思, 키르기스)의 주석에 '앙가랄하(昂可剌河)'이라는 강 이름으로 설명하고 있다(중화서국, 1574쪽). '앙가랄'과 '골리간'이 어떻게 음성적으로 부합하는지 모르겠다.

5) 『유양잡조』(사고전서본, 권10, 9b)에 "대식 서남쪽 2천 리에 나라가 있는데, 산골짜기 나뭇가지에는 사람의 머리 같은 꽃이 달리지만, 말을 하지 못한다. 사람들이 물으면 웃기만 할 뿐이고 웃으면 떨어진다(大食西南二千里有國, 山谷間樹

[5] 다음은 파등국이다. [이 나라에서는] 곡식을 심으면 한 달에 한 번 익는다. 『신이지기』에 보인다(次曰婆登國. 種穀每月一熟, 見於神異之記).

『태평광기』 권482, 타파등국(墮婆登國) 조목에 "『신이경(神異經)』에 나온다"라고 하였다. 『사림광기』에는 "『신이기(神異記)』에 나온다"라고 하였다.[6] 타파등(墮婆登)은 『통전』에 '파등(婆登)'[7]으로 되어있다.

[6] 다음은 격복국이다. [그 나라에서] 사람들에게 꼬리가 있어 앉으려면 먼저 땅을 파서 편하게 한다. 그 꼬리가 잘못 부러지면 죽는다. 『광주기』에 보인다(次曰繳濮國. 人有尾, 欲坐, 則先穴地以安之. 誤折其尾則死. 見於廣州之記).

『태평광기』 권482, 격복국(繳濮國) 조목 주에 "『광주기(廣州記)』에서 나온다"라고 하였다.[8] 『사림광기』도 같다.

枝上化生花如人首, 但不語, 人借問, 笑而已, 頻笑輒落)."라고 하였다. 이 나무는 아랍인들은 와끄와끄(Wāqwāq)라고 하였고, 또 일본 왜국(倭國)을 지칭하기도 하였다.

6) 이 이야기는 『태평광기』 권482와 『사림광기』 전집4에 인용되어 있다. "타파등국은 임읍의 동쪽에 있는데, 남쪽으로는 가릉과, 서쪽으로는 미려차(迷黎車)와 접해있다. 벼는 매달 한 번씩 익는다(墮婆登國在林邑東, 南接訶陵, 西接迷黎車. 稲每月一熟)."라고 하였다.

7) 쑤 지칭 씨에 따르면(『도이지략교석』, 382~3쪽), 파등은 "바통(Batong)에 해당하는 음으로, 지금은 '베통(Betong)'이라고도 한다. 수마트라섬 동남 해안에 있으며, 만과 시에는 아직 '베통'으로 불리는 이름이 있다. 타파등(墮婆登)의 '타'자는 순다(Sunda)어의 '다야(Daya)'에 해당하는 음일 것이다. 가릉(訶陵)은 원래 자바에 대한 당나라 시대의 통칭으로, 카링가(Kalinga)에 해당하는 음이다. 미려차(迷黎車)는 말라자(Malaja)에 해당하는 음으로, 적도 아래 부근으로 수마트라섬 서남쪽 해안이다." '가릉=카링가'를 제외하면, 모두 하나의 추측일 뿐이다.

8) 정초(鄭樵, 1104~1162)의 『통지(通志)』(사고전서본, 권197)에 "미복은 한나라 위나라 이후 흥고군(興古郡, 운남) 서남쪽으로 1,500리 먼 곳에 있다. 그 사람들은 3~4척이나 되는 꼬리가 있어, 앉으려면, 먼저 땅에 구멍을 파 그 꼬리를 넣는다. 꼬리가 부러지면 죽는다(尾濮, 漢魏以後在興古郡西南千五百里徼外. 其人

[7] **다음은 남방의 산옹이다. 요(獠) 부인이 아이를 낳으면 이불을 들고 남편을 안아 둘러싸 보호한다. 『남초신문』에 보인다(次曰南方之産翁. 獠婦娩子, 是擁衾抱雛[①]以護衛之. 見於南楚之新聞).**

① '추(雛)'자는 '서(壻)'자의 잘못이다.

『태평광기』 권483 요부(獠婦) 조목에, "월(越) 풍속에 그 아내가 자식을 낳으면, 사흘 만에 냇가에서 몸을 씻는다. 돌아와 죽을 갖추어 남편에게 바친다. 남편은 침상에 이불을 들고 남편을 끌어안는다고 하여 산옹(産翁)이라 부른다(越俗其妻或誕子, 經三日便澡身于溪河. 返具糜以餉壻. 壻擁衾抱雛坐于寢榻, 稱爲産翁)."라고 하였다. 『사림광기』 조목의 문장도 대략 같다.[9]

[8] **다음은 번우현이다. 사람이 텃밭을 잃어버렸는데, 백 리 밖으로 그것을 훔쳐 가 바다에 떳목처럼 떠다녀 현령이 그를 위해 판결해 주었다. 『옥당한화』에 보인다(次曰番禺縣民灾蔬園[①], 盜之于百里之外, 若浮筏乘流于海上[②], 有縣宰爲之判杖[③]. 見於玉堂之閒話).**

① '재(灾)'자는 '실(失)'자의 잘못이다.

② '부(浮)'자는 '부(桴)'자의 잘못이다.

③ '장(杖)'자는 '장(狀)'자의 잘못이다.

『태평광기』 권483, 번우(番禺) 조목에 "번우현에 한 부민이 하소연하면서, 지난밤에 텃밭을 잃어버렸는데, 이제 어디에 있는지 알았으니 현재(縣宰)께서 판단하여 가서 잡게 해달라고 청했다. 북쪽에서 온 나그네가

有尾長三四寸, 欲坐, 輒先穿地取穴, 以安其尾. 尾折便死)."라는 같은 이야기를 보여주고 있다.

9) 『사림광기』 전집 권4에 인용된 『남초신문(南楚新聞)』에 "남방에 있는 료(獠)의 부인들은 자식을 낳자마자 일어나고, 남편이 침상에 누워 산모처럼 마시고 먹는다. 조금이라도 보호해 주지 않으면 산모의 병이 모두 발생한다(南方有獠婦, 生子便起, 其夫卧牀褥, 飮食皆如乳婦. 稍不衛護, 則産婦病皆生焉)."라고 하였다.

그를 꾸짖자, 그 부민은 '바다의 얕은 물에는 마름 같은 것이 있는데, 바람을 맞아 날리는 모래와 마름이 섞입니다. 뿌리는 떠 있고 모래는 두께가 3~4척이나 되어 개간할 수 있습니다. 밤이면 도둑질을 당해 백여 리 밖으로 훔쳐 가니 뗏목으로 물결을 타고 가는 듯합니다.'라고 하였다(番禺縣嘗有部民諜訴云, 前夜亡失蔬國, 今認得在于某處, 請縣宰判狀往取之. 有北客詰之. 民云海之淺水中, 有藻荇之屬, 被風吹沙, 與藻荇相雜. 其根既浮, 其沙或厚三五尺, 可以耕墾. 夜則被盜者盜之百餘里外, 若桴筏之乘流也)."라고 하고, 그 주에 "『옥당한화(玉堂閒話)』에서 나온다"라고 하였다. 『사림광기』 번옹소포(番禺蔬圃) 조목도 대략 같다.[10]

[9-1] 저 여인국 같은 나라에서는 우물을 보면 자식을 낳는다(他如女人國, 視井而生育).

『사림광기』(권5) 여인국(女人國) 조목에 "그 나라에는 남자가 없고 우물을 볼 때마다 [여자 아이를] 낳는다(其國無男, 每視井即生也)."라고 하였다.

[9-2] 다필사국은 그곳으로 해가 들어가는데 소리가 천둥처럼 진동한다(茶弼沙國入其地①, 聲震雷霆).

① '입(入)'자 위에 '일(日)'자가 빠졌을 것이다.[11]

『제번지』 다필사국(茶弼沙國) 조목에 "이 나라는 빛이 밝은데 태양이 들어가는 곳이기 때문이다. 저녁에 해가 들어갈 때는 그 소리가 매우 진동하여 천둥소리보다 크다(其國光明, 係太陽沒入之地, 至晚日入, 其聲極

---

10) 『대만잡영(臺灣雜詠)』과 합간된 청나라 마청추(馬清樞)의 『대양잡흥(臺陽雜興)』(권3, 55쪽)에 "대나무를 엮어 물에 띄우면 풀에 의지하여 흙이 생겨나는데, 거기에 벼를 심은 것을 부전(浮田)이라 한다. 『번속육고』에 보인다(番俗架竹木浮水面藉草成土, 以種稻, 謂之浮田. 見番俗六考)."라고 하였다.

11) 후지타 토요하치의 추측대로 사고전서본에는 '일(日)'자가 있다.

震, 洪於雷霆).”라고 하였다.[12] 『사림광기』의 문장도 같다.

[9-3] 남방에서 묶어간 부인과의 혼인은 대부분 예로서 아내를 맞는 것이 아니다(至于南方縛婦成姻, 多非禮聘).

『태평광기』 권483에 『남해이사(南海異事)』를 인용하여 “부인을 묶어가는 사람들은 남의 아내를 선호하여, 몽둥이를 든 소년들을 데리고 저자길로 돌아다니며 기다리게 한다. 지나기를 기다렸다가 함께 묶어 잡아 돌아간다. 한두 달 지나, 그 아내에게 죄를 자백하는데, 그것을 ‘박부’라고 한다(縛婦民喜他室女者, 率少年持白挺, 往趨墟路值之. 俟過, 即共擒縛歸. 一二月, 與其妻首罪. 俗謂之縛婦也).”라고 하였다. 『사림광기』(권5) 남방박부(南方縛婦) 조목에도 대략 같다. 그러나 모두(冒頭)에 “남방 남녀의 혼사는 대체로 예로서 아내를 맞이하는 것이 아니다(南方男女婚嫁, 多非禮聘).”라는 두 구가 더 있다.

[9-4] 영남에서 좋은 여자는 베 짜는 일을 하지 않는다(嶺南之好女, 不事緝織).

『태평광기』 권483, 영남여공(嶺南女工) 조목에 『투황록(投荒錄)』을 인용하여 “영남에서는 빈부를 가리지 않고, 여자들을 가르치면서 뜨개질과 베 짜는 일을 공으로 여기지 않고, 직접 부엌일을 하거나 칼이나 기구에 근면할 뿐이다. 식혜나 젓갈을 잘 담는 사람도 좋은 여자가 될 수 있다고 한다(嶺南無問貧富之家, 教女不以針縷績紡爲功, 但躬庖廚, 勤刀機而已. 善醯醢葅鮓者, 得爲大好女矣).”라고 하였다. 『사림광기』 영남호녀(嶺南好女) 조목의 문장도 대략 같다.

[9-5] 남해의 가난한 사람들을 이름하여 ‘지복매’라고 부른다(南海之貧窶, 名爲腹指賣).

---

12) 『바다의 왕국들』, 255~256쪽을 참고하시오.

'복지(腹指)' 두 글자는 도치되었다. 『태평광기』 권483, 남해인(南海人) 조목에 "남해의 가난한 사람의 아내는 임신하면 부잣집으로 가서 뱃속 아기를 파는데, 그것을 '지복매'라고 한다(南海貧民妻方孕, 則詣富室指腹以賣之, 俗謂指腹賣)."라고 하였다. 『사림광기』 남해빈구(南海貧窶) 조목도 대략 같다.

[9-6] **남중의 사랑은 부인을 끼고 고기를 먹는다(南中之師郎, 擁婦而食肉).**

『태평광기』 권483, 남중승(南中僧) 조목에 인용된 『투황잡록(投荒雜錄)』에 대략 "남쪽 사람들은 불교를 믿지 않아 한두 불사는 있지만, 관리가 그 승려들에게 세금을 부과하여 농토와 시주한 재물을 내놓게 독촉한다. 가끔 한두 승려는 즐겨 부인을 끼고 고기를 먹으며 그 집에서만 살아 불사를 조금도 알지 못한다. 현지 사람들은 여자와 결혼한 승려를 '사랑'이라 부른다(南人率不信釋氏, 雖有一二佛寺, 吏課其爲僧, 以督責釋之土田及施財. 間有一二僧, 喜擁婦食肉, 但居其家, 不能少解佛事. 土人以女配僧, 呼之爲師郎)." 『사림광기』 남중사랑(南中師郎) 조목도 대략 같다.

[9-7] **이들 또한 인물과 풍속이 같지 않아 그것들을 기록하여 가려 볼 수 있도록 하였으므로 '이문류취'라고 하였다(此又人物風俗之不同, 錄之以備采覽. 故曰異聞類聚).**

이상의 조목에서 기술한 것은 『사림광기』와 대략 같으며, 대략 『태평광기』에 인용된 여러 서적에서 나온 것으로 또한 『태평광기(太平廣記)』와 같다.

부록 I

부록 I

1.「도이지후서(島夷誌後序)」[1]

원나라 하나로 통일된 천자의 덕이 멀리 이르지 않음이 없고, 넓은 강토는 전대미문인 바이다. 해외의 섬 민족은 수천의 나라로 헤아릴 수 없으나 신하를 칭하며 공진(貢進)하지 않음이 없이 백성으로서의 직분을 닦았다. 산을 넘고 바다를 항해하여 통상해 왔다. 중국 사람들은 동쪽과 서쪽의 고을처럼 이역(異域)을 오가며 장사를 했다.

나 대연은 어린 시절 배를 타고 바다로 나갔다. 지나는 곳마다 몰래 시를 짓고 그곳의 산천, 풍속, 풍경, 산물의 진위와 다름, 기이하고, 놀랍고, 비천하고, 가소로운 일들 모두 직접 유람하며 귀와 눈으로 직접 본 것을 기록했다. 전설의 일들은 기재하지 않았다.

지정(至正) 기축년(1349) 겨울에 나는 천주 남쪽에 들렀을 때, 마침 군현을 감찰하는 설후(偰侯)[偰玉立]가 삼산(三山)의 자(字)가 명지(明之)인 오감(吳鑒)에게 『청원군지(清源郡誌)』를 이어 짓게 하자, 청원(淸源)은 시박사(市舶司)의 소재지로 여러 외국인이 몰려두는 곳이므로 손색없이 기록해야 했다. 내가 해외의 일들을 두루 안다고 하며, 『도이지』를 군지(郡誌)의 뒤에 붙이자고 부탁했다. 비단 사대부의 이문(異聞)을 넓힐 뿐 아니라, 국조(國朝)의 위엄과 덕을 표방함이 이처럼 원대했기 때문일 것이다.

皇元混一聲教, 無遠弗屆, 區宇之廣, 曠古所未聞. 海外島夷無慮數千國, 莫不

---

1) 왕대연 자신이 썼다고 추정되는 이「후서(後序)」는 정씨(丁氏)의 죽서당(竹書堂)본에는 빠져있지만, 지성도재(知聖道齋)본과『지복재총서(知服齋叢書)』본에 수록되어있다. 저본인 후지타 씨의 교주본에는 수록되지 않아, 여기에 번역하여 참고 자료로 삼는다. 원문은 쑤 지칭 씨의『도이지략교석』에 실린 교감본(385쪽)을 따랐다.

執玉貢琛, 以修民職. 梯山航海, 以通互市. 中國之往復商販于殊庭異域之中者, 如東西州焉. 大淵少年嘗附舶以浮于海. 所過之地, 竊嘗賦詩以記其山川·土俗·風景·物產之詭異, 與夫可怪可愕可鄙可笑之事, 皆身所遊覽, 耳目所親見. 傳說之事, 則不載焉. 至正己丑冬, 大淵過泉南, 適監郡偰侯命三山吳鑒明之續清源郡誌, 顧以清源舶司所在, 諸蕃輻輳之所, 宜記錄不鄙. 謂余方知外事, 屬島夷誌附于郡誌之後, 非徒以廣士大夫之異聞, 蓋以表國朝威德如是之大且遠也.

2. 원표(袁表)[2]의 『도이지략(島夷誌略)』 발(跋)

가정(嘉靖) 무신년(1548) 5월 보름, 여남군(현 하남과 안휘성 경계). 섬나라 사람들을 살펴보면, 유독 일본이 문사(文事)을 중시하고, 칠, 금속 기물, 칼, 종이, 병풍 등이 가장 정교하다. 이 지(誌)에는 기재되지 않아 이를 언급한다. 나는 정덕(正德, 1506~1521) 초년에 일본국 사신이 조공하여 고소(姑蘇, 강소성 소주)에 머물렀다. 당시 정사(正使)는 요암(了庵)으로 나이 이미 88세였으나, 서로 시 편지를 주고받은 것이 아직도 도재(陶齋)에 남아있다. 원표 씀.
嘉靖戊申五月望, 汝南郡. 考島夷惟日本重文事, 其髹漆·金器·刀·紙·屏障最精. 此誌不載, 故及之. 予於正德初年, 日本國使臣朝貢, 留寓姑蘇. 其正使了庵年已八十八, 詩扎賡酬, 尙在陶齋. 袁表識.

3. 전증(錢曾) 『독서민구기』, 권2[장주 장씨 각본(長洲章氏刻本)]

왕환장(汪煥章)의 『도이지(島夷志)』 1권. 예장(豫章) 왕장환은 어려서부터 기

---

2) 뒤에 번역해 둔 『사고전서총목제요(四庫全書總目提要)』에는 원질(袁袠)로 되어 있다. 『천경당서목(千頃堂書目)』, 권23, 원표(袁表)의 『강남춘집(江南春集)』 주에, "자(字)는 방정(邦正)이고 호는 도재(陶齋)이며, 오현(吳縣) 사람으로 임강부(臨江府) 통판(通判)이다."라고 하였으므로 원표(袁表)가 맞을 것이다.

이한 기질을 타고나, 배를 타고 바다에 나아가 수년이 되어서야 돌아왔다. 목록에 언급한 적어도 수십 개국을 기술하여 한 권의 책으로 만들고 '『도이지』'라고 명명했다. 그중 한 곳에서 "지순(至順) 경오년(1330) 겨울 10월 12일에 대불산(大佛山) 아래에서 돛을 내렸다. 달은 밝고 물은 깨끗했는데, 물속에서 파사 나무가 보여 속으로 낭간, 산호 같은 것으로 생각했다. 동자에게 물에 들어가 채취하게 했다. 꺼내니 쇠처럼 견고해졌고, 키는 근 1척이며, 들쭉날쭉 기이하고, 가지에는 하나의 꽃술에 하나의 꽃으로 천연의 붉은 색이었다. 이미 핀 것은 모란과 흡사했고, 반쯤 핀 것은 버섯이나 연꽃 같았다. 뱃사람이 폴짝 뛰며, '이것이 경수(瓊樹)에 꽃이 핀 것으로, 바다에서는 희귀한 일로 천년에 한 번 있을 따름입니다.'라고 하였다. 가지고 군자당으로 돌아왔다. 우소암이 시를 지어 그 기이함을 썼다."라고 하였다. [책에서] 기록한 기이함이 대체로 이와 같다. 이 책은 원나라 사람의 옛 필사본이다. 지정(至正) 연간에 하동(河東)의 장저(張翥), 삼산(三山)의 오감(吳鑒)이 서문을 써서, 모두 그의 기술이 믿을 만하고 거짓이 없다고 하였다. 추연(鄒衍)이 이르기를 "구주(九州)의 밖에 또 구주가 있다."라고 하였다. 환장(煥章)은 여기에 이전에 듣지 못한 것들을 모두 기록했다. 나는 초파리[醯雞]로 항아리 하늘을 벗어날 수 없으니, 그냥 이 책만 가지고 있을 뿐이노라.

汪煥章島夷志一卷. 豫章汪煥章少負奇氣, 舶浮於海者數年始歸. 書其目之所及不下數十國, 勒成一書, 名島夷志. 中一則云, 至順庚午冬十月有二日, 卸帆於山下. 月明水淸, 水中見樹婆娑, 意謂琅玕·珊瑚之屬. 命童子入水拔之. 出則堅如鐵, 高僅盈尺, 槎牙奇怪, 枝有一蘂一花, 天然紅色. 旣開者彷彿牡丹, 半吐者類乎菌萏. 舟人雀躍曰, 此爲瓊樹開花, 海中稀有, 千年始一遇耳. 携歸君子堂. 虞邵庵賦詩誌其異. 其所記奇詭, 率多類此. 是書爲元人舊鈔本. 至正年間河東張翥·三山吳鑒序之, 咸謂其言可信不誣. 鄒衍曰, 九州之外復有九州. 煥章此志悉前古所未聞. 予醯鷄也, 無能發甕天之覆, 聊存其書而已.

4. 『사고전서총목제요(四庫全書總目提要)』, 권71, 史部地理類四

『도이지략』, 1권【절강 순무주의 집에 있는 천일각 소장본(島夷志略一卷 浙江范懋柱家 天一閣藏本)】. 원나라 왕대연(汪大淵)이 지었다. 왕대연의 자는 환장(煥章)이며, 남창(南昌) 사람으로 지정(至正) 연간(1341~1368)에 일찍이 상선[賈舶]을 타고 바다로 나가 수십 개국을 다니며, 그가 보고 들은 것을 기록하여 이 책을 지었다.

지금 명나라 마관(馬觀)[마환(馬歡)]의 『영애승람(瀛涯勝覽)』으로 서로 교감해 보면, 마관이 말한 참파[占城] 사람들은 세 봉우리가 있는 금으로 만든 화관[三山金花冠]을 머리에 쓰고 의복으로는 모두 비단 수건[綵帨]을 둘렀으며, [땅에서는] 가남향(伽南香), 관음죽(觀音竹), 강진향(降眞香) 등이 났다. 자바[瓜哇]의 시촌(厮村), 고탄(沽灘)[沙灘], 신촌(新村), 수라바야[蘇馬魯隘=蘇魯馬益] 항구 등 여러 곳의 풍속은 각기 달랐다. 또 그 나라 사람들에게는 세 가지 등급이 있고, 그 토산물로는 백지마(白芝蔴), 녹두(綠豆), 소목(蘇木), 금강자(金剛子), 백단(白檀), 육두구(肉荳蔻), 구통(龜筒), 대모(玳瑁), 홍록앵무(紅綠鸚鵡) 등이 있었고, 팔렘방[舊港]에는 화계(火鷄)와 신록(神鹿) 등이 있었다는 것들은 모두 이 책에 기록되지 않은 것들이다. 또 캄보디아[眞臘]의 산물로 기록한 것도, 원나라 주달관(周達觀)의 『진랍풍토기(眞臘風土記)』와 비교해보면, 겨우 열 중 네다섯 가지뿐이다. 아마도 [왕대연은] 머나먼 이역(異域)을 배 한 척에 의지해서 다녔기 때문에 결코 빠짐없이 다 둘러볼 수는 없었을 것이다. 본 것이 각기 다르면 기록도 각기 다르니, 이상하게 여길 것이 없다.

자바[瓜哇]는 바로 옛날 사바(闍婆)라고 하는 곳인데, 『명사』를 살펴보면 명 태조(太祖, 1368~1398) 때에 조와와 사바 두 나라가 모두 조공을 바치러 왔으며, 그 두 나라 국왕의 이름도 서로 다르다. 왕대연은 [이 두 나라를] 아울러서 하나의 나라로 여겼으니, 곧 잘못 전해 들은 것이다. 그러나 여러 역사서의 외국열전(外國列傳)들을 집필한 사람들이 모두 그곳에 가본 적이 없었고, 곧 조여괄(趙汝适, 1170~1231)의 『제번지(諸蕃志)』와 같은 책들도 대부분 상선에서 구전을 통해 얻은 것이다. 왕대연의 이 책은 직접 다니면서 손수 기록한 것이니, 결코 근거 없는 이야기에 비할 바가 아니다. 그러므로 그가 기록한 나위(羅衛), 나곡(羅斛), 침로(針路) 등의 여러 나라는 대부분 역사서에 실려 있지 않다. 또 여러 나라의 산천, 요충지, 지역, 영토 등에 대해 일일이 기술하고 있으니, 역사서에 실려 있는 내용도 이 책의 상세한 언급에는 미치지 못하니, 기록해 두면 고증의 자료가 될 만하다.

생각건대, 황우직(黃虞稷, 1629~1691)의 『천경당서목(千頃堂書目)』과 초횡(焦竑, 1541~1620)의 『국사경적지(國史經籍志)』에는 모두 이 책을 기재하지 않았고, 오직 전증(錢曾, 1629~1701)의 『독서민구기(讀書敏求記)』에서만 기재하였는데, [전증이 본 책은] 원나라 사람의 옛 필사본이라고 했다. 그런즉 이 책은 오래도록 간행되지 않아 유포가 매우 희귀해졌다. [『독서민구기』에서는] 또 지정(至正) 연간(1341~1368)에 하동(河東)의 장저(張翥)와 삼산(三山)의 오감(吳鑒)이 서문을 지었다고 했다. 지금 이 책을 살펴보면, 두 사람이 지은 서문이 모두 남아있다. 그러나 오감이 지은 서문은 두 편이 있는데, 이전 한 편에는 지정 기축년(1349)으로 쓰여 있으니 바로 이 책의 원서(原序)이고, 뒤의 한 편에는 지정 11년(1351)으로 쓰여 있고, 이전 서문보다 2년이 늦으니 바로 그가 지은 『청원속지(淸源續志)』의 서문이 이 책에 잘못 들어간 것이다. 아마도 오감이 『청원속지』를 편수(編修)할 때 천주(泉州)가 바닷길로 통하는 곳이자 장삿배들이 모이는 곳이었기 때문에 이 책을 『청원속지』의 끝부분에 덧붙여 간행하였고, 채록한 사람이 『청원속지』의 서문도 함께 베껴 적었기 때문일 것이다. 또 가정(嘉靖) 무신년(1548)에 원질(袁袠)이 지은 발문도 있다. 이 책에 일본(日本) 기술이 빠진 것을 거론하고 있는데, 아마도 왕대연의 이 책은 그가 본 것을 기록한 것도 아니고, 바다에 있는 모든 나라를 기록한 것도 아님을 몰랐기 때문일 것이다.

元汪大淵撰. 大淵字煥章, 南昌人. 至正中, 嘗附賈舶浮海越數十國, 紀所聞見成此書. 今以明馬觀『瀛涯勝覽』互勘, 如觀所稱占城之人頂三山金花冠, 衣皆縈綵帨, 産伽南香·觀音竹·降眞香之屬, 瓜哇之厮村·沽灘新村·蘇馬魯隘港口諸處, 風俗各異, 又其國人有三等, 其土産有白芝蔴·綠豆·蘇木·金剛子·白檀·肉荳蔲·龜筒·玳瑁·紅綠鸚鵡之屬, 舊港有火鷄·神鹿之屬, 皆爲此書所未載. 又所載『眞臘風土記』亦僅十之四五. 蓋殊方絶域, 偶一維舟, 斷不能周覽無遺. 所見各殊, 則所記各別, 不足異也. 至云瓜哇卽古闍婆, 考『明史』, 明太祖時瓜哇·闍婆二國竝來貢, 其二國國王之名亦不同. 大淵併而爲一, 則傳聞之悞矣. 然諸史外國列傳, 秉筆之人皆未嘗身歷其地. 卽趙汝适『諸蕃志』之類, 亦多得於市舶之口傳. 大淵此書則皆親歷而手記之, 究非空談無徵者比. 故所記羅衛·羅斛·針路諸國, 大半爲史所不載. 又於諸國山川·險要·方域·疆里一一記述, 卽載於史者亦不及所言之詳, 錄之亦足資考證也. 考黃虞稷『千頃堂書目』及焦竑『國史經籍志』皆不載是書, 唯錢曾『讀書敏求記』載之, 稱爲元人舊鈔本. 則此書久無刊板, 傳播殊稀. 又稱至正年間河東張翥·三山吳鑒爲之序, 今考此本, 二人之序俱存. 然吳鑒序乃有二篇, 前一篇題至正己丑, 乃此書原序, 後一篇題至正十一年, 在前序後二年, 乃所作『淸源續志』之序, 悞入此書. 蓋吳鑒修志之時, 以泉州爲海道所通, 賈船所聚, 因附刊此書於志末, 摘錄者併志序鈔之也. 又有嘉靖戊申袁衮跋, 頗議其漏載日本. 蓋未悉大淵此書, 非記所見, 非海國全志云.

부록 II.

1. 록힐(W.W. Rockhill, 1854~1914), 「**14세기 중국과 인도양 연안, 동부 열도와의 무역 관계에 관한 주석**(Notes on the relations and trade of China with the eastern archipelago and the coasts of the Indian Ocean during the fourteenth century)」, 『**통보(通報)**』, 1913, 473~476쪽.

[록힐은 서양학자로는 처음으로 『도이지략』을 부분적이지만 역주했다. 자신의 연구 두 번째 파트의 토대로서 『도이지략』을 중심으로 역주하면서, 다음과 같이 해제했다] …『도이지략』의 저자는 1330년과 1340년 사이 한 차례 또는 그 이상 해외를 여행했다. 그는 장삿배를 타고 말라바르(Malabar) 해안만큼 먼 서쪽으로 갔다. 상당히 의심스럽지만, 더 멀리 나아갔을지도 모른다. 그리고 그는 대략 1349년 여행기를 엮었다. 왕대연은 자신의 서문에서 자신이 기술한 내용은 직접 목격한 것에 기초했다고 분명하게 주장했다. 이는 안타깝게도 사실이 아니다. 그는 적지 않은 문장에서 이전 자료에서 취한 내용을 거의 글자 그대로 옮겨 넣었다. 그리고 자신의 책 몇몇 조목은 확실히 그가 방문하지 않은 나라들이고, 가장 모호하고 가장 부정확하게 언급한 것들은, 한편으로는 이전 저자들에게서, 한편으로는 민간전승에서 나온 것들이다. 게다가 그가 방문했다고 주장하는 각기 다른 나라와 지역에 관한 왕대연의 기술이 서로 비슷하고, 종종 상투적이며, 긴 해안을 따라가는 여행에서 자신의 배가 정박한 작고 중요치 않은 많은 항구와 마을을 확인할 수 없었으므로, 더욱 이해하기 쉽고 더 믿을 만한 마환의 책으로 대체되었다. 나는 왕대연의 기록과 비신(費信)과 황성증(黃省曾) 등과 같은 중국 저자들이 제공하는 믿을 만한 정보, 그리고 각주에서 밝힌 다른 자료를 통해 왕대연의 기술을 분명히 하고 완전하게 하려 했다. 이러한 작업 과정을 거치게 된 계기는 마환(馬歡)이 자신의 서문에서 왕대연의 책을 수시로 공부했고 그가 말한 놀라운 사실에 깊은 인상을 받았기 때문이다. 왕대연의 책은 마환에게 그렇게 지속적인 감명을 준 것으로 보이고, 어

느 정도는 1413년 정화(鄭和)가 남해의 나라에 사신으로 갈 때 통역을 맡게 된 동기였을 것이다. 마환은 이 여행을 통해 기록을 남겼다. 따라서 이 두 책은 서로 관련지어 연구해야 한다(475~6쪽).

2. 오루쏘(Léonard Aurousseau), 「『Georges Maspero : Le Royaume de Champa』-compte-rendu」, 『Bulletin de l'École française d'Extrême-Orient』, 1914, 8~43쪽.

[오루쏘는 조르주 마스페로(Georges Maspero)의 『참파 왕국(Le Royaume de Champa)』의 서평을 쓰며, 『도이지략』을 다음과 같이 해제했다(35~36쪽)] …『도이지략』의 저자에 관한 정보는 거의 없다. 몇몇 서지학적 자료와 본서의 서문을 통해 그의 이름은 왕대연(汪大淵, 자는 煥章)이고 강서성 남창(南昌) 출신임을 알 수 있다. 그는 대략 1300년경, 틀림없이 1329년 전에 태어났고, 20세가 되면서부터 여행을 시작했다. 그가 장삿배를 타고 남해 탐사를 떠난 시기는 1329년경이다. 이 여행에서 왕대연은 자신이 방문한 나라들의 지리, 역사, 관습, 산물에 관한 귀중한 정보를 수집했다. 1345년부터 그는 중국에 돌아와 있었고 곧바로 자신의 여행 기록을 교정하고 보완하기 시작했다. 그가 『도이지략』을 완성한 시기는 1349년 2분기였다.[1)]

이 책은 아주 오랫동안 필사본 형태로 남아있었다. 오늘날 우리에게 알려진 판본은 항주(杭州)[범씨(范氏) 천일각(天一閣)에 소장되어있던 사본으로 구성한 『사고전서』본], 남경(南京)[앞의 사본으로 구성된 것으로 보이는 정씨(丁氏) 선본서실(善本書室)에서 나온 필사본]의 개정 필사본들이다. 이들 필사본 외에도 두 간행본이 더 있다. 하나는 1892년 간행된 용봉표(龍鳳鑣)의 『지복재총서(知服齋叢書)』본이고, 다른 하나는 1912~1913년에 간행된 심증식

---

1) 오루쏘는 앞서 본 록힐 씨의 설명을 인용했으므로 여기서는 다시 번역하지 않는다. 쑤 지칭 씨는 이상의 본문은 번역하지 않고, 오히려 앞서 본 록힐의 설명을 인용한 주석만 번역해 둔 것은 이해하기 어렵다

(沈曾植)의 주석이 딸린 『고학휘간(古學彙刊)』의 교정본이다.[2)]

3. 폴 펠리오(Paul Pelliot), 『주달관의 진랍풍토기: 개정본, 미완의 해설(Mémoire sur les coutumes du Cambodge de Tcheou Ta-Kouan: Version nouvelle, suvie d'un commentaire inachevé)』, Paris, Adrien Maisonneuve, 1951, 72~73쪽.

『도이지략』 1권은 왕대연(汪大淵)의 저술이다. 왕대연은 자가 환장(煥章)이고 장시성 남창(南昌) 출신이다. 그에 관해서 이 책이나, 책 앞에 실린 서문 이외에는 알려진 것이 없다. 『사고전서』에 수록된 옛 필사본에 따르면(『사고전서총목제요』, 71, 12~14쪽), 이 책은 1896년 『지복재총서(知服齋叢書)』 속에 편제되었다. 이 총서 이전의 책으로 알려진 것에 대해서는 『BEFEO』, IV, 255쪽을 참고하시오.[3)] 15년 전에 심증식(沈曾植) 씨는 왕대연의 책에 주석을 『도이지략광증』 2권으로 『고학휘간(古學彙刊)』에 출판했다. 상당한 오류들 가운에 흥미로운 언급을 하고 있다. 나는 『통보』, 1912년, 450~451쪽에서 『도이지략』에 관해 언급한 바 있다. 오루쏘(Aurousseau) 씨는 『BEFEO』, XIV, 35~40쪽에서 이 책과 저자에 관한 정보를 제시했고 동시에 참파와 참파에 속한 세 '나라'들과 관계된 부분을 번역했다. 록힐도 「14세기 중국과 인도양 연안, 동부 열도와의 무역 관계에 관한 주석」(Notes on the relations and trade of China with the eastern archipelago and the coasts of the Indian Ocean during the fourteenth century)」에서 그 책과 저자에 관해, 『통보』, 1913, 475쪽과 특히 1914, 61~69쪽에서 언급하고 이어서 『통보』, 1914, 1915년에

2) 왕대연의 책은 『사고전서총목제요』(1910년본, 권71, 72엽), 『독서민구기(讀書敏求記)』(소랑환선관(小琅嬛僊館)본, 권2, 51엽), 『선본서실장서지(善本書室藏書志)』(1901년본, 권12, 19엽), 『천일각서목(天一閣書目)』에서 기술되었다.

3) 번역본으로는 『8세기 말 중국에서 인도로 가는 두 갈래 여정』, 220~221쪽을 참고하시오.

『도이지략』의 대부분을 번역해 발표했다.

나는 여기에서 오루쏘, 록힐 그리고 이전에 내가 발표한 것을 보충하고 교정하는 것으로 그치고자 한다. 『도이지략』에서 '도이'란 표현은 옛날 중국을 둘러싼 사람들을 구분하는 것에서 차용한 것으로, '도이'는 사마천의 현존하는 텍스트에는 조이(鳥夷)의 형태로 되어있다(Édouard Chavannes, 『Les Mémoires historiques de Se-ma Ts'ien traduits et annotés』, 89~90쪽에서 참조 사항들이 많이 보강되었다). 문헌학적 관점에서 오루쏘 씨는 정확한 참조 사항을 밝히지 않고, 『도이지략』은 『천일각서목(天一閣書目)』에서 기술되었다고 했는데, 이는 부정확하다. 『사고전서』에 사용된 사본은 천일각(天一閣)에서 나왔고, 『도이지략』이라는 제목으로는 건륭제의 편수관들에게 전해진, 천일각서목(天一閣書目)으로 시작하는 서목(書目)에 나타난다. 그 사본은 천일각에서 오지 않았고, 『천일각서목』이 1808년 편집될 당시 들어있지도 않았으며 그와 관련하여 어떠한 언급도 없었다. 반면, 오루쏘 씨가 설명한 것에 『절강채집유서총록(浙江採集遺書總錄)』 무집(戊集) 69엽과 『애일정려장서(愛日精廬藏書)』, 권17, 13~16쪽을 추가해야 한다. 원문 고증에 관해서 『대명일통지』에 상당히 많이 인용된 문장을 참작할 필요가 있고, 『대명일통지(大明一統志)』의 문장들은 『태평광기(太平廣記)』와 『사림광기(事林廣記)』로부터 취한 것들이다. 『도서집성(圖書集成)』에 인용된 것들은 신빙성이 떨어지며, 유구(琉球)에 관한 문장은 명대 『삼여췌필(三餘贅筆)』(『설부속(說郛續)』 14부 1쪽에서 축약한 본)에서 인용되었다. 록힐과 오루쏘 씨의 작업 이래로, 심증식의 것보다 훨씬 우수한 『도이지략』 주석이 후지타 토요하치 씨에 의해 이루어졌고, 나진옥(羅振玉) 씨가 『설당총각(雪堂叢刻)』 2책에 넣어 출판했다. 왕대연의 자인 환장(煥章)을 록힐 씨가 환장(換章)이라 한 것은 아무런 근거가 없다.[4] 필사본에는 환장(煥章)으로 되어있고 이 형태는 무엇보다도 『논어』를 환기하고 있고(8-19, 煥乎. 其有文章), 또 송나라 때는 환장각(煥章閣)이 있었기

4) 사실 록힐 씨는 '환(換)'자와 '환(煥)' 두 글자를 제시했으므로(62쪽), 틀렸다고는 볼 수 없다.

때문에 더욱 그럴법하다. 현전하는 『도이지략』에는 3편의 서문이 들어있는데, 하나는 오감(吳鑒)의 것으로 추정되는 1350년 1월 23일의 서문과 또한 오감이 쓴 1351년 4월 4일의 것, 마지막으로 장저(張翥)가 쓴 1350년 3월 9일의 것이 있다. 이 두 인물은 알려져 있다. 오감은 자가 명지(明之)이고 푸저우(福州) 출신이다. 이에 관해서는 『원사신편』, 권92, 11쪽과 『복건통지(福建通志)』(1868년), 권195, 9쪽을 참고하시오. 장저(張翥)는 자가 중거(中擧)이고 산서 출신으로 『원사』, 권186, 9~10쪽에 열전이 있다. 그는 1278~1368년을 살았다. 그에 관해서는 『원시기사(元詩紀事)』, 권9, 2~3쪽을 참고하시오. 장저는 또한 『태암집(蛻菴集)』을 남겼는데, 상당히 다른 두 목록을 가지고 있다(『사고전서총목제요』, 권167, 61~63쪽과 『막우지견지서목(莫友芝見知書目)』, 권 14, 11쪽). 『사고전서총목』 편수관들이 언급하고, 그들에 따라 내가 읽은 것처럼(『통보』, 1912, 451쪽), 1351년 4월 4일의 서문은, 1349년에 명을 받아 편집한 천주(泉州, 자이툰)에 관한 '보충' 기술인 『청원속지(清源續志)』의 서문이었다. 『청원속지』는 현재는 산실되었다. 그러나 오감이 『청원속지』의 마지막 서문을 1351년 4월 4일에 썼다면, 1350년 초부터는, 1350년 1월 23일 서문에서 오감은 이미 『청원속지』 뒤에 왕대연의 작품을 추가했다고 말하고 있으므로(故附清源續志之後), 20권의 편집이 끝났다는 것을 인정해야 한다. 게다가 판각도 이 시기부터는 완성되었어야 한다. 왜냐하면 1350년 장저는 왕대연의 책이 『청원속지』에서 이미 판각되었다고 특기하고 있기 때문이다. 그러나 왕대연이 고향으로 돌아온 시점에, 그는 책을 더 널리 유포시키기 위해 서강(西江, 이 지명은 천주 부근의 어떤 곳에 적용된 것인지 모르겠다)에서 새로운 판본을 만들었다. 이를 계기로 장저는 자신의 서문을 썼던 것이다(泉修郡乘, 旣以是誌刊入之. 煥章將歸, 復刊諸西江, 以廣其傳. 故予序之). 따라서 1350년 초에 이미 『도이지략』의 두 판본이 있었다. 어떠한 사본도 남아있지 않는다. 모든 필사본은, 서강에서 간행되어 장저가 서문을 쓰고 있는 두 번째 판본으로 거슬러 올라가는 것 같다. 그러나 이후 이 판본에 누군가가 판각하거나 필사하는 단계에서 『청원속지』를 위한 1351년 4월 4일의 서문을 추가했다. 1330년 11월 남해에 있었던 왕대연은 1345년에 중국으로 돌아왔다. 그리고 1349년 중반까지 자신의 기술을 교정했다. 그러나 내가 보기에, 오루쏘 씨는 왕대연의 첫 번째 기술이 나중의 내용과 너무 달랐다고 한 오감의 말을 오해했다. 내 생각에, "옛 기록과 큰 차이가 있었다(舊誌大有逕庭)"라는 문장은 분명 외국을 언급한, 저자들이 소문으로만 말한 이전의 저술들과 관계된 것이다. 그렇지만 왕대연이 1330년에서 1345년까지 계속 바다를 떠돌아다녔을 가능성은 없는 것 같다(오루쏘 씨가 동의하고 있는 것처럼 적어도 1329년에 중국을 떠났어야 한다고 강제하는 것은 없다). 장저는 왕대연이 중국 나이로 20세(서양식으로는 19세)에 항해를 시작했다고 했고, 두 차례 바다로 나갔다고 했으므로 그는 1310년 또는 1311년에 태어나, 1329~1331년 또는 1330~1331년에 첫 번째 여행을 했으며, 1343~1345년에 두 번째로 여행했을 것으로 생각한다.

4. 쑤 지칭(蘇繼廎), 『도이지략교석(島夷志略校釋)』, 중화서국, 1981, 9~11쪽.

왕대연의 생평(生平)은 알려지지 않았다. 책의 앞머리 장저(張翥)와 오감(吳鑒)의 두 서문에서 그의 자(字)가 환장(煥章)이고 남창(南昌) 사람이라고 하였다. 장저의 서에서는 "약관의 나이에 동서양으로 가는 배를 두 번이나 탄 적이 있다."라고 하였다. 옛날 남자들은 20세에 관을 쓰므로 여기의 관년(冠年)은 바다로 원유(遠游)한 시기가 방년 20세였음을 말한다. 실제 나이를 추산해보면, 그가 바다로 나간 나이가 19세였다면 그는 원나라 무종(武宗) 지대(至大) 4년(1311)에 태어났어야 한다. 왕대연은 이 책에서 두 간지를 기록하고 있는데, 하나는 「대불산(大佛山)」조목에서 문종(文宗) 지순(至順) 경오(庚午, 1330년)로, 이해 겨울 대불산(지금 스리랑카 서해안)에 정박했다고 말한 것이고, 하나는 「섬(暹)」 조목에서 순제(順帝) 지정(至正) 기축(己丑, 1349년) 여름에 섬(暹)이 항복하여 나혹(羅斛)에 부속되었다고 한 것이다. 이 두 간지(干支)의 차이는 20년에 가깝다. 여기 '지정 기축'의 간지는 전사하는 과정에서 잘못이 있는 것 같다. 「섬」 조목의 주석에서 상세히 설명했으므로 여기서는 생략한다. 장저의 서문에서는 "두 번씩 동서양으로 가는 배를 탄 적이 있다"라고 하였고, 오감의 서에서는 왕대연이 바다로 나간 횟수를 말하지 않고 다만 몇 년간 바다에 나가 있었는지를 말하고 있을 뿐이다. 왕대연이 두 차례 바다로 나간 것은 모두 8년 정도로 보인다. 왕 씨가 첫 번째 항해에서 언제 돌아왔는지는 알 수 없지만, 그 항해 범위는 인도양 지역을 중심으로 하고 있다. 그래도 원나라 시기 항해가의 이름이 기록 속에 보이는데 바로 양추(楊樞)로, 그의 나이는 왕 씨와 비슷하다. 황진(黃溍)의 「해운천호 양추 묘지명(海運千戶楊樞墓誌銘)」에서 양추는 대덕(大德) 8년(1304)에 경사를 출발하여 11년(1307) 호르무즈[忽魯模思]에 이르렀다고 하면서 "이 사행에서 그가 풍랑 속을 왕래한 것은 5년이 걸렸다(是役也, 君往來長風巨浪中歷五星霜)."라고 하였다(『금화황선생문집(金華黃先生文集)』 권35). 그러므로 왕대연이 첫 번째 항해에서 돌아온 것 또한 5년으로 볼 수 있는데, 그렇다면 돌아온 연대는 순제 원통(元統) 2년(1334) 여름과 가을 사이일 것이다. 왕대연이 귀국한 이후 천주 혹은 남창에 살았는데, 전후로 3년이라면 두 번째로 천주에서 바다로 나간 것은 순제 지원(至元) 3년(1337)일 것이고 편력한 범위는 첫 번째 때보다 적은 남양(南洋) 일대로 대략 3년이 걸렸다. 약 지원 5년(1339) 여름과 가을 사이에 귀국했다. 그러므로 왕대연의 두 차례 항해는 모두 8년으로, 당시 왕 씨는 27세로, 자서에서 "젊은 시절 배를 타고 바다로 나간 적이 있다"라는 말과 부합한다. 여기 왕 씨의 생년과 두 차례 항해를 정리해 보면 다음과 같다.

1311년(원 무종 지대 4년) 왕대연이 태어났다.
1330년(원 순제 지순 원년) 왕대연이 천주를 거쳐 처음 바다로 나갔다.
1334년(원 순제 원통 2년) 여름 가을 사이에 귀국했다.
1334년 가을에서 1337년까지(원 순제 지원3년) 국내에 머물렀다.
1337년 겨울, 천주에서 두 번째로 바다로 나갔다.
1339년(원 순제 지원 5년) 여름 가을 사이 귀국했다.

이상은 하나의 가설에 불과할 뿐이므로 펠리오가 고증한 것과 대조할 만하다.

왕대연의 자서에 따르면, 『도이지략』은 원나라 순제 지정 기축(己丑)년 겨울에 지었다고 했는데, 바로 1349년으로 왕대연이 마지막으로 항해한 것으로부터 9년 뒤이다. 오감의 서에서 또한 왕대연의 이 책을 “5년의 옛 기록을 교정한 것으로 큰 차이가 있다(校之五年舊誌, 大有逕庭矣).”라고 하였으므로 이는 왕 씨에게 이 책만 있었던 것이 아니라 다른 저술이 있었다는 것이다. 오감이 ‘5년의 옛 기록[五年舊誌]’이라 한 것은 왕 씨가 첫 번째 항해에서 돌아온 이후에 기록한 것으로 첫 번째 항해에 5년이 걸렸으므로 명명한 것이다.

왕대연의 『도이지략』은 원래 『청원속지(淸源續志)』를 위해 지은 것이다. 청원은 바로 천주이다. 지정 9년(1349)에 천주로(泉州路) 다루가치 설옥립(偰玉立, 1290~1365)은 『청원전지(淸源前志)』가 없어졌고, 『후지(後志)』는 순우(淳祐) 경술(1250)년에 그쳐 그가 부임한 시기까지 1백 년이 지났으므로, 오감에게 『청원속지』를 맡겼다. 또한 천주는 시박사(市舶司)의 소재지였기 때문에 여러 외국인이 몰려들어 기록하지 않을 수 없었다. 이에 해외에 여행하여 사정을 잘 아는 왕대연에게 『도이지략』을 짓게 하여 『속지』의 뒤에 붙였다. 그 뒤에 왕 씨가 또 이 기록을 단행본으로 만들어 고향 남창(南昌)에서 간행하였으므로 장저가 쓴 이 단행본 서문에는 “환장이 돌아와 서강(西江)에서 복간하여 널리 전파했다”라는 말이 있다. 현재 『도이지략』의 오감 서문 뒤에는 또한 『청원속지』의 서문이 붙어 있다. 그리고 오감의 서문 앞에는 또 장저의 서문이 있으므로 현재의 『도이지략』은 모두 남창에서 간행한 단행본에서 나온 것이지 『청원속지』에서 채록해 나온 것이 아니다. 이 단행본이 남창에서 나오고 천주에서 『청원속지』가 간행된 지 오래지 않아 절강은 이미 반원(反元)의 기치를 들었고, 강회(江淮) 일대 또한 들불 같은 기세가 있었으나 강서는 진우량(陳友諒)이 봉기한 세력권에 있었다. 만약 왕대연이 남창 혹은 다른 곳에서 이 시기의 농민봉기 이후에도 살아있었다면 주원장(朱元璋)이 남경을 도읍으로 명나라를 세웠을 당시는 나이가 채 60세가 되지 않았을 것이다.…

ㄴ

ㅁ

ㅌ

ㅍ

ㅎ